Thailand
Die Krise der Demokratie
Texte der Demokratiebewegung

วิกฤตประชาธิปไตยใน ประเทศไทย

บทความของความเคลื่อนไหวทางการเมือง

Für meine ungenannten thailändischen Freunde
ohne die dieses Buch niemals zustande gekommen wäre.

สำหรับเพื่อนร่วมงาน

Mr. Thaksin und die Rothemden erhalten inzwischen nicht nur Unterstützung von den Armen sondern auch von vielen Geschäftsleuten, die verärgert sind über die bürokratische Macht und Korruption der Beamten, von Teilen der Mittelklasse des Landes, die sich exzessiv von Bangkok dominiert fühlen, und von pro-demokratischen Aktivisten, die sich gegen die wieder erwachte Macht des Militärs und den schrillen Konservatismus der Gelben wehren.

Pasuk Phongpaichit und Chris Baker in *Far Eastern Economic Review*[1]

Dezember 2009

Thailand Krise der Demokratie
Text ©Mark Teufel^^/ Fotos ©Mark Teufel^^ (sowie Vermerke im Text)
Titelbild: ©Mark Teufel^^ **Fotomontage** aus verschiedenen Bildern,
u.a. von Karla Denker
Herstellung und Verlag: epubli GmbH, Berlin, www.epubli.de
ISBN-978-3-86931-177-7

---

[1] http://www.feer.com/essays/2009/december51/thaksins-cambodian-gambit

Thailand
Die Krise der Demokratie
Texte der Demokratiebewegung

วิกฤตประชาธิปไตยใน ประเทศไทย

บทความของความเคลื่อนไหวทางการเมือง

Reden und Artikel von Thailändern, die sich für ein demokratisches Thailand einsetzen, übersetzt mit der Hilfe von Thailändern die nicht genannt werden möchten und zusammengestellt von Mark Teufel^^.

Dieses Buch enthält Reden und Artikel bzw. Buchauszüge von zwei Polen der derzeitigen Demokratiebewegung der „Rothemden" in Thailand.

Chaturon Chaisaeng, ein ehemaliger Vorsitzender der Thai Rak Thai und ehemaliger Studentenaktivist soll stellvertretend für eine Strömung aufgezeigt werden, die versucht sich mit der Elite und der Monarchie zu arrangieren und einen Konsens für eine friedliche Koexistenz zu finden. Er glaubt, dass eine konstitutionelle Monarchie wie in Japan oder Großbritannien auch eine Lösung für eine friedliche Transition der Macht auf die Wähler darstellen könnte.[2]

Giles Ji Ungpakorn dagegen, hat seit dem Zeitpunkt da er gezwungen wurde in sein britische Exil zu gehen, die Hoffnung auf eine mögliche Zusammenarbeit zwischen Monarchie und parlamentarischer Demokratie aufgegeben und vertritt die Meinung, dass die Elite und ihre Repräsentanten schon zu lange eine wirkliche Demokratisierung verhindert haben. Er setzt sich daher für eine Republik und die Abschaffung der Monarchie ein, auch vor dem Hintergrund, dass er eine sozialistische Marktordnung anstrebt.[3]

Ich habe mich bemüht die Texte möglich wenig zu kommentieren um die Authentizität nicht zu verfälschen. In einigen Fällen möchte man gerne etwas erwidern. Aber manchmal ist Zuhören bis zum Ende und anschließendes Nachdenken wertvoll für das Verständnis einer anderen Meinung.

****

Es soll weit über 100.000 thailändisch – deutschsprachige Ehen geben, also Ehen, die zwischen Thailänder/Innen und Deutschen/Schweizer/Innen und Österreicher/Innen geschlossen wurden. Aber nicht alle deutschsprachigen Partner sind, meist mangels Sprachkenntnissen, in der Lage den politischen Entwicklungen in Thailand

---

[2] Die Texte stammen aus den angegebenen Quellen oder wo keine Quelle genannt ist aus dem Buch von Chaturon Chaisaeng „Krise der Demokratie", A.R. Information and Publication Limited Company Bangkok 2009 5. Auflage, 340 Seiten, (nur im thailändischen Buchhandel: ISBN 978-974-9672-80-8)

[3] Die Texte stammen aus zum Zeitpunkt der Erstellung dieses Buches noch nicht veröffentlichten Manuskripten von Giles Ji Ungpakorn, November 2009.

zu folgen. Und viele thailändische Menschen scheuen sich über politische Fragen zu diskutieren und meiden auch in der eigenen Familie jede Diskussion über politische Fragen.

Aus diesem Grund habe ich mich entschlossen einige Texte von thailändischen Demokratieaktivisten in thailändisch und mit deutscher Übersetzung nebeneinander anzubieten. Als Versuch, hierüber eine Diskussion und ein besseres Verständnis zwischen den Kulturen über die politische Situation in Thailand für deutsche Partner zu erreichen.

Um die Seitenzahl nicht zu stark anschwellen zu lassen, finden sich in einigen Bereichen, keine thailändischen Versionen der Texte. Dabei handelt es sich insbesondere um Teile eines noch nicht veröffentlichen Buches von Giles Ji Ungpakorn, dessen Texte sonst kaum in Deutsch verfügbar sind.

Bücher von Mark Teufel

Bücher in der Reihe Politik und Geschichte:

König Ananda – Des Teufels Diskus, 272 Seiten, ISBN 978-3-86931-126-5

Thailand 2006 – Der Coup, 204 Seiten, ISBN 978-3-86931-141-8

Thailand 2007 – Die Diktatur, 799 Seiten, ISBN 978-3-86931-180-7

Thailand 2008 – Jan. – Apr. Die Regierungsbildung ISBN-978-3-86931-175-3

Thailand 2008 – Der Coup, 800 Seiten, ISBN 978-3-86931-123-4

Thailand 2009 – Band 1 – Die Demokratiebewegung,
800 Seiten, ISBN 978-3-86931-133-3

Thailand 2009 – Band 2 – Die Unterdrückung
Erscheint ca. Januar 2010

Thailand Krise der Demokratie – Politische Texte der Demokratiebewegung
ISBN-978-3-86931-177-7 (dieses Buch)

Bücher in der Reihe Roman:

Mord in Pattaya – Ein Serienmörder macht Pattaya unsicher. Psychothriller mit Bildern und Ortsbeschreibungen des Touristenziels Pattaya. Erscheinungstermin voraussichtlich März 2010.

Bücher in der Reihe Reiseführer:

Thailand Unbekanntes Isaan – Das wahre Thailand
Erscheint ca. Frühjahr 2010

Vorwort

Mein besonderer Dank gilt dieses mal einer guten thailändischen Freundin, die einen großen Teil ihrer Freizeit damit verbrachte, mir thailändische Texte zu erklären. Ohne Sie wäre dieses Buch nicht zustande gekommen. Sie möchte nicht erwähnt werden, weil sie gesellschaftliche und strafrechtliche Konsequenzen fürchtet. Denn Thailand ist alles andere als eine freiheitliche Gesellschaft im westlichen Sinn.

Besonders seit dem Militärcoup am 19. September 2006 verschlechtert sich die Situation für Internet-Blogger, Journalisten und Korrespondenten immer weiter. Trotz gegenteiliger Beteuerungen des in Oxford geschulten Premierministers Abhisit Vejjajiva werden Webmaster mit 150 Jahre Gefängnis bedroht weil sie Kommentare von Lesern nicht schnell genug gelöst haben, oder werden Demokratieaktivisten in Prozessen die weitgehend unter Ausschluss der Öffentlichkeit stattfinden, mit mehr als 15 Jahren Gefängnis bestraft. Die Beurteilung von „Reporter ohne Grenzen" lassen das Ausmaß des Rückgangs der Freiheit erahnen. Thailand wird im Jahr 2009 an 130. Stelle von 175 Ländern bewertet. Direkt hinter Honduras und Gabun, aber noch vor dem muslimisch geprägten Malaysia. Im Jahr 2005[4], vor dem Beginn einer durch die Volksallianz für Demokratie (PAD) im Jahr 2006 begonnenen rechts-nationalistischen Demokratiebewegung, wurde Thailand zwar nicht als Vorbild, aber immerhin mit einem respektablen 107. Platz, direkt hinter Indien bewertet, aber noch deutlich vor Malaysia (113).

Kambodscha, ein kleines Nachbarland, gegen das Thailand seit einigen Monaten verbale und militärische Angriffe gestartet hat, rangierte übrigens im Jahr 2005 an 90. Stelle und im Jahr 2009 an 117. Stelle, allerdings schon wieder besser als im Vorjahr.[5]

Je näher das unvermeidliche Ableben des geschätzten König Bhumibol rückt, desto nervöser werden die Profiteure der autoritären Herrschaft in Thailand, besonders innerhalb der Generalität, die befürchtet ihre Legitimierung, die für 19 Coups und viele die Wählermeinung ignorierende politische Entscheidungen diente, die sie aus der Monarchie und der Autorität des Königs gezogen hatten, zu verlieren. Kein anderes Land der Welt hat eine so große Zahl von Generälen. Auf einen General entfallen 300 Mannschaftsdienstgrade. Und darin enthalten sind nicht die pensionierten Generäle, wie manchmal behauptet wird.

Zehntausende von Webseiten wurden geschlossen, dutzende von Verfahren wegen Computerstraftaten eröffnet, die nichts anderes sind als eine neue Spielart des archaischen Lèse Majesté, des Gesetzes gegen die Majestätsbeleidigung sind. Und dutzende von Verfahren wegen eben dieser Majestätsbeleidigung, die mit 15 Jahren Gefängnis pro Fall bestraft werden kann schweben über inzwischen rund 100 Beschuldigten. Sie schweben dort über Jahre und üben einen subtilen Druck aus, denn

---

[4] http://www.rsf.org/en-classement554-2005.html

[5] http://www.rsf.org/en-classement1003-2009.html

alle paar Monate werden sie wieder zu einem Verhör von der Polizei vorgeladen.

In meinen Jahrbüchern habe ich die Entwicklung des Landes seit dem Coup vom September 2006 beschrieben und insbesondere die neue, vom Militär geschriebene Verfassung, die zukünftig Militärcoups unnötig macht, weil sie eine Kontrolle durch das Militär und mit ihr sympathisierenden Kreisen der gewählten Politiker ermöglicht.

Wenn Richter zu Verfassungsrichtern ernannt werden, die den Militärcoup von 2006 verteidigten, mit dem die demokratische „Volksverfassung" des Landes von 1997 für ungültig erklärt, und eine mit überwältigender Mehrheit gewählte Regierung gestürzt wurde, kann man erkennen, in welche Richtung Thailands Gesellschaft taumelt.

Allerdings wird das auch innerhalb von Thailand von vielen noch nicht wahrgenommen. Und im Ausland wissen die Wenigsten, dass 120 Radiostationen und zwei Fernsehsender der Armee gehören, die nicht nur die Einnahmen aus den Sendern in unklarer Weise verteilt, sondern auch politischen Druck auf den Inhalt der Sendungen ausübt. Im Jahr 2007 hatte die von der Regierung ernannte Regierung mit fadenscheinigen Gründen den privaten Fernsehsender iTV verstaatlicht und einen der schärfsten Kritiker des gestürzten Premierministers zum Intendanten gemacht.

Aber damit beginne ich schon mit einer politischen Analyse, doch die soll einem separaten Buch vorbehalten werden. Hier auf diesen Seiten sollen jetzt thailändische Demokratieaktivisten zu Wort kommen.

Es sollen zwei Demokratieaktivisten zu Wort kommen, von denen einer, innerhalb von Thailand fast jede Nacht auf einer anderen Bühne der Rothemden als Redner auftritt und für eine parlamentarische Wahl-Demokratie und einen Sozialstaat einsetzt, ohne aber die grundsätzliche politische Ordnung in Frage zu stellen. (Was in Thailand auch nicht möglich wäre.) Chaturon war einst ein linker Studentenführer in den 1970er Jahren, der nach dem Massaker und der Zerschlagung der Linken in Bangkok in den Dschungel floh, dann aber nach der beschränkten Liberalisierung der thailändischen Gesellschaft zu einem nach deutschen Maßstäben sozialdemokratisch eingestellten Politiker wurde. Ein Politiker, der der letzte Vorsitzende der Thai Rak Thai vor ihrer Auflösung war, und der niemals versucht hatte, der Verfolgung durch das Militär durch einen Fahnenwechsel oder Anbiederung zu entgegen.

Und als Alternative dazu der politische Außenseiter, der linke Politikprofessor Giles Ji Ungpakorn, der sich seit seiner Flucht vor Verhaftung und Verurteilung wegen „Majestätsbeleidigung" von Großbritannien aus für eine Republik und einen generellen Politikwechsel einsetzt. Sein Einfluss ist derzeit nicht feststellbar, weil eine öffentliche Diskussion seiner Meinung nicht möglich ist. Aber seine Schriften werden wie Flugblätter von Hand zu Hand verbreitet und auch wenn Webseiten, die seine Texte bringen schneller blockiert sind als ein Wimpernschlag dauert, verbreiten sich seine Nachrichten auf die gleiche unergründliche Weise, wie sich CDs mit privaten Aufnahmen der Königsfamilie verbreiten.

Technische Erläuterung

> Ich habe mich bemüht, den thailändischen Text und den deutschen Text so zu platzieren, dass eine schnelle Orientierung möglich ist. Dadurch soll Deutschen und Thailändern die Möglichkeit gegeben werden, sich über bestimmte Punkte auszutauschen und sich gegenseitig ihre Meinung dazu zu äußern.

Quellenangaben die möglichst im Internet verfügbar sind sollen das Nachschlagen, Überprüfen oder Recherchieren erleichtern. Ein wichtiger Fortschritt, denn er ermöglicht direkter und für jeden (nicht nur Experten) das Hinterfragen und Überprüfen von Informationen. Leider werden mit zunehmendem Alter die Linkverbindungen immer öfter unterbrochen und in die Irre gehen.

Übersetzungen erscheinen manchmal holprig und vielleicht auch schwer verständlich. Aber eine Umwandlung in einwandfreies Deutsch hätte die Authentizität zerstört, denn auch im thailändischen Original und insbesondere in Reden sind manche Bedeutungen oft bewusst unklar gehalten.

Namen werden auf Grund der Übersetzung aus dem Thailändischen in Englisch oder Deutsch oft unterschiedliche geschrieben. Obwohl es eigentlich Richtlinien gibt, die zu einer Vereinheitlichung führen sollten. Aber sie werden in der Praxis zu wenig beachtet. Das führt zu Verwechslungen und Verwirrungen. Ich habe nicht versucht, künstlich eine Vereinheitlichung durchzuführen, sondern stattdessen die meisten wichtigeren Namen im Stichwortverzeichnis aufgeführt, wodurch man leichter unterschiedliche Schreibweisen überprüfen kann. Übrigens gilt das auch für englische Schreibweisen, so wird z.B. die PPP mal als People Power Party, mal als People's Power Party beschrieben.

Inhalt:

Bücher von Mark Teufel 4
Vorwort 5
   Technische Erläuterung 7
   Inhalt: 8
Chaturon Chaisaeng จาตุรนต์ ฉายแสง 10
   Die Wahrheit über die Krise der Demokratie 12
      Erklärung 12
      „Thaksins System" hat es in Thailand nie gegeben 16
      Die populistische Politik von Hass bis Zufriedenheit 30
      Gebt uns die Verfassung von 1997 zurück 38
      Die People's Alliance for Democracy (PAD) 51
      Die neue Politik 62
      Der Coup und die thailändische Politik 71
      Die Verfassung von 2007 88
      Justizokratie 98
      Der Kronrat im demokratischen System 111
      Die Parteien 119
      Die Rothemden 127
      Die Zivilgesellschaft 138
      Die thailändischen Intellektuellen 145
      Die thailändischen Medien 153
      Die ehemaligen Linken 163
      Die „Oktober-Menschen" 168
      Die Manager und Unternehmer 175
Giles Ji Ungpakorn ใจ อึ๊งภากรณ์ 182
   Briefe aus dem Exil 183
      Red Siam Manifest von Ji Ungpakorn 183
      Zum Jahrestag des Coups im Jahr 2009 191
      Will Prem die Macht nach Ableben von Pumipon? 196
      Die bedauernswerte „Genügsamkeitstheorie" 198
      Wenn König Pumipon stirbt 204
      Die Analyse der Macht der Amataya 213
   Kapitel 1 219
      Der rot-gelbe Klassenkampf für Demokratie 219
      Die Gründe für den Konflikt zwischen den konservativen Monarchisten und Thaksin . 219
      Hintergrund der politischen Krise Thailands 223
      Der Coup vom 19.09.2006 und die Politik der Junta 227
      Die neue vom Militär inspirierte Verfassung von 2007 232
      Vergleich der Verfassungen von 1997 und 2007 233
      Das Patron - Klientensystem 235
      Das Märchen der zwei demokratischen Gesellschaften 236
      Die Allianz der Konservativen und Monarchisten 238
      Die Gerichte und das Fehlen von Gerechtigkeit und Rechtsstaat ... 240
      Die Monarchie und der Kronrat 243
      Die faschistoide "*Volksallianz für Demokratie*" (PAD) und NGO-Monarchisten 244
      Die Panzer-Liberalen-Akademiker 244
      Die Regierung Thaksins 246
      Die autoritäre Regierung der Democrat Party 248
      Elitäre Demokratisierung 252
      Der Klassenkampf und die Bewegung für Demokratie 254

Kapitel 2 258
   Die Schande der NGOs, die halb-faschistische PAD und die Tragödie der
   Zivilgesellschaft 258
   Die Politik der PAD 259
   Wie die NGOs sich auf die Seite der konservativen Monarchisten schlugen 263
   Die Arbeiterklasse und Gewerkschaften... 275
   Gewerkschaften der Gelbhemden 279
   Die Studentenbewegung heute 281
   Außerhalb der traditionellen Bewegung: GLBT und Behinderte............................... 282

Kapitel 3 286
   Die thailändische Monarchie: Märchen oder Realität? 286
   Die vier wichtigsten Mythen 287
   Die dominante akademische Sicht: der mächtige König... 296
   Die wichtige ideologische Rolle der Monarchie 301
   Nach Pumipon 302
   สถาบันกษัตริย์ไทย นิยายและความจริง 305

Kapitel 4 324
   Ein historischer Ausblick: Vom Vor-Kapitalismus zur TRT 324
   Der Vor-Kapitalismus 324
   Imperialismus und kapitalistische Transformation... 325
   Problem mit der stalinistisch/maoistischen Analyse 327
   Von der Revolution von 1932 bis zur Militärdiktatur von 1973 329
   Der Aufstieg der privaten Kapitalisten 330
   Die 1970er Volksbewegung und "Oktober-Menschen".. 332
   Der Aufstand vom 14. Oktober.. 333
   Die Studentenbewegung nach dem 15. Oktober... 335
   Das Blutbad vom 6. Oktober 1976 341
   Autonomismus 348
   Postmoderne 351
   Der Dritte-Weg-Reformismus.. 354
   Die Wirtschaftskrise von 1997... 356
   Die Wahl der TRT-Regierung.. 361

Kapitel 5 364
   Der Krieg im Süden Thailands... 364
   Das Staatliche Verbrechen Takbai 367
   Vom 6. Oktober bis TakBai – Kriminelle Taten des Staates..................................... 368
   Krue Sae Moschee Massaker und Saba Yoi 370
   Folter und Inhaftierung ohne Verfahren 370
   Die Erschaffung des thailändischen Staates ist der Beginn der Gewalt..................... 371
   Die Geschichte staatlicher Unterdrückung im Süden.. 372
   Hilfreiche Erklärungen über die Gewalt im Süden... 375
   Wer sind die Aufständischen?.. 377
   Frieden im Süden kann geschaffen werden durch:.. 379

Stichwortverzeichnis 380

Chaturon Chaisaeng จาตุรนต์ ฉายแสง

Chaturon Chaisaeng war der letzte Vorsitzende der Thai Rak Thai vor ihrer Auflösung durch ein vom Militär eingesetztes Verfassungstribunal im Jahr 2007. Er ist auch einer der 111 Funktionäre der Partei, die durch eine Verordnung der Generäle aus 2006, die mit einer rückwirkenden Wirkung von dem Tribunal angewandt wurde, mit einem Berufsverbot belegt wurden, ohne dass es die Feststellung einer persönlichen Schuld gegeben hätte.

Chaturon Chaisaeng จาตุรนต์ ฉายแสง

จาตุรนต์ ฉายแสง เกิดเมื่อวันที่ 1 มกราคม พ.ศ. 2499 ณ จังหวัดฉะเชิงเทรา

Geboren am 1. Januar 1956 in der Provinz Chachoengsau.

ในระหว่างการศึกษาคณะแพทยศาสตร์ มหาวิทยาลัยเชียงใหม่ เขาได้ทำกิจกรรมนักศึกษาและได้รับเลือกเป็นนายกสโมสรนักศึกษา

Während seines Medizinstudium an der Chiangmai Universität und durch seine Aktivität in der Studentenschaft wurde er zum Vorsitzenden des Studentenverbandes gewählt.

ในวันที่ 6 ตุลาคม พ.ศ. 2519 นักศึกษาได้มีการประท้วงต่อต้านเผด็จการ แต่ถูกสลายการประท้วงนั้นด้วยความรุนแรง และมีการกวาดล้างผู้นำนักศึกษา จนทำให้เขาจำต้องไปใช้ชีวิตในป่าระยะหนึ่ง

Am 6. Oktober 1976, als die Studenten gegen die Militärdiktatur protestierten, wurde ihre Bewegung brutal aufgelöst. Die führenden Studenten wurden verfolgt, so dass er flüchten und einige Zeit im Dschungel leben musste.

หลังจากสถานะการณ์คลี่คลายลง จึงกลับไปศึกษาต่อ และจบการศึกษาปริญญาโทด้านเศรษฐศาสตร์ จาก State University of New York สหรัฐอเมริกา

Nachdem die Situation sich verbessert hatte, entschied er sich weiter zu studieren und erhielt anschließend einen Master der Wirtschaftswissenschaft von der State University of New York, U.S.A.

จาตุรนต์ เริ่มมีบทบาททางการเมืองตั้งแต่ปี พ.ศ. 2529 โดยได้รับเลือกเป็น ส.ส. ถึงสองสมัย ในนามของพรรคประชาธิปัตย์ ต่อมาจึงย้ายมาสังกัดพรรคความหวังใหม่และในที่สุดเข้าสังกัดพรรคไทยรักไทย

Chaturon war seit 1986 in der Politik aktiv und wurde in der Democratic Party, in seinem Heimatort für 2 Sitzungsperioden als Abgeordneter gewählt. Später wechselte er jedoch zu der Kuam-Wang-Mai Partei (die Partei der neuen Hoffnung) und anschließend zu der TRT.

ในปี พ.ศ. 2544 ดำรงตำแหน่ง รองหัวหน้าพรรค ไทยรักไทย หลังการรัฐประหารในปี 2549 พันตำรวจโท ดร.ทักษิณ ชินวัตร ลาออก จากการเป็นหัวหน้าพรรคไทยรักไทย นายจาตุรนต์ จึงเป็นหัวหน้าพรรครักษาการแทน

Im Jahr 2001 war er stellvertretender Vorsitzender der TRT. Erst nachdem Thaksin Chinawatra (Shinawatra), nach dem Putsch im Jahr 2006 seinen Parteivorsitz niedergelegt hatte, war er vorübergehend Parteivorsitzender.

ในวันที่ 30 พฤษภาคม 2550 ตุลาการรัฐธรรมนูญมีมติยุบพรรคไทยรักไทย นายจาตุรนต์ ถูกตัดสิทธิทางการเมืองพร้อมกับนักการเมืองอื่นๆเป็นเวลา 5 ปี

Als am 30. Mai 2007 löste ein von der Junta eingerichtetes Verfassungstribunal die TRT auf, und er und 110 andere Funktionäre der Partei erhielten ein fünfjähriges Berufsverbot.

นายจาตุรนต์ ฉายแสง ได้ให้คำปราศัยและความเห็นทั่วไปว่า *การตัดสินนั้นไม่มีความเป็นธรรม เพราะเป็นคำพิพากษาที่มาจากปากกระบอกปืน* จึงถูกกล่าวหาว่าเป็นการปลุกระดมประชาชนให้ต่อต้าน คมช.ปัจจุบัน

Chaturon Chaisaeng empfand das Urteil als ungerecht, *weil es ein Urteil war, das aus der Mündung der Gewehre kam.* Mit dieser Meinung reist er durch Thailand, so dass sein Gegner ihn als Volksverhetzer der gegen die jetzige Regierung agitiert, verleumden.

Die Wahrheit über die Krise der Demokratie

ความจริง วิกฤตประชาธิปไตย 27 ประเด็นที่สังคมไทยต้องการคำถาม

ตอน 1   Teil I

27 Fragen, worauf die thailändische Gesellschaft Antworten erwartet

ถ้อยแถลง สถาบันศึกษาการพัฒนาประชาธิปไตย

Erklärung

Institut zum Studium der Entwicklung der Demokratie

คนเราเสาะแสวงหาความจริงมาตลอดนับแต่อดีตจนถึงปัจจุบัน เพราะเชื่อว่าความจริงเป็นคุณค่าสำคัญอย่างหนึ่งที่มนุษย์ต้องเรียนรู้เพื่อที่จะเข้าใจถึงธรรมชาติของสรรพสิ่ง และ เพื่อที่จะเปลี่ยนธรรมชาติของสิ่งนั้นให้เป็นประโยชน์ต่อมนุษย์ แต่จนถึงทุกวันนี้คนเรายังค้นหา ไม่หยุดเพียงเพื่อจะรับรู้ว่า ยังมีความจริงอีกมากมายที่เราไม่รู้ ยิ่งสังคมมีความสลับซับซ้อนมากขึ้น ก็ยิ่งทำให้ความจริงที่เรารู้มีมิติแง่มุมที่หลากหลายมากขึ้น อันเนื่องมาจากมีการอธิบายความจริงด้วยมุมมองและแง่มุมที่แตกต่างกันไปตามแต่จุดยืนของแต่ละคน

Seit Menschengedenken bis heute versuchen wir, die Wahrheit zu finden und sind davon überzeugt, dass es Wert ist, die Wahrheit zu erkennen, um die Natur der Dinge zu verstehen, damit wir in der Lage sind, die Dinge für uns - Menschen – nutzbar zu machen. Bis zum heutigen Tag beschäftigen wir uns immer noch mit dem Suchen, aber nur um zu erfahren, dass es noch mehr Wahrheit gibt, die wir noch nicht kennen. Je komplexer die Gesellschaft ist, desto überwuchernder die Dimension der Wahrheit. Da es unterschiedliche Standpunkte gibt, beharrt der Mensch unbewusst auf seiner eigenen Version.

เสรีภาพในการคิดและแสดงความเห็นจึงเป็นเรื่องสำคัญที่สุดในการเสาะแสวงหาความจริง เพราะถ้าปราศจากเสรีภาพเสียแล้ว คนเราจะไม่สามารถคิดแตกต่างไปจากผู้มีอำนาจได้เลย ความจริงอย่างเดียวคือความจริงที่ผู้มีอำนาจเห็นชอบยอมรับ แม้ว่าจะเป็นความจริงแต่เพียงบางส่วนที่ไม่ครบถ้วนตื้นเขิน บิดเบี้ยว หรือแม้แต่ตรงข้ามกับความจริงในความรับรู้ของผู้คนส่วนใหญ่ เมื่อเป็นเช่นนี้ ในขณะที่คนเราค้นคว้าแสวงหาความจริง เราก็เรียกร้องต้องการเสรีภาพในการคิดและแสดงความเห็นอย่างเป็นอิสระพร้อมกันไปด้วย เพราะถ้าปราศจากเสรีภาพเสียแล้ว คนเราจะไม่สามารถค้นคว้าเสาะหาความจริงที่ครบถ้วนสมบูรณ์มากขึ้นเรื่อยๆได้

Freiheit des Denkens und die Freiheit sich auszudrücken sind deshalb sehr wichtig für die Wahrheit Suchenden. Ohne Freiheit werden wir nie in der Lage sein, anders als diejenigen zu denken, die uns beherrschen, Die einzige Wahrheit, die die Herrschenden, bereit sind, zu akzeptieren, ist ihre eigene Wahrheit, obwohl diese nur die halbe, banale, manipulierte oder bruchstückhafte Wahrheit ist, mehr noch: sie steht oft der Wahrheit diametral entgegen, die die meisten Menschen kennen. Daher, während wir diese Wahrheit suchen, müssen wir auch die Freiheit haben, sowohl zum Denken als auch zum Sprechen. Ohne dies, können wir keine vollständige Wahrheit erfahren.

คนเราคิดจึงเกิดความรู้ และเพราะคนเราคิดไม่เหมือนกัน จึงเกิดความรู้ที่แตกต่างหลากหลาย มากมายหลายอย่างสะสมเพิ่มพูนตามกาลเวลา จนเป็นขุมคลังองค์ความรู้มหาศาลน่าพิศวงที่คนรุ่นหลังได้ศึกษาเรียนรู้ ถกเถียง โต้แย้ง หักล้าง ปรับเปลี่ยน ต่อยอด ขยายความเรื่อยมา

Weil wir denken, schaffen wir Wissen. Da jeder Mensch nicht das gleiche denkt, sammelt sich - im Laufe der Zeit - ein enormes Wissen an. Dadurch entsteht eine große Menge außergewöhnlichen Wissens, das wir der nächsten Generation weiter vererben können, zum Kennenlernen, zur Diskussion, zum Verwerfen, zur Änderung und zur Weiterentwicklung.

คนเราคิดและค้นคว้าแสวงหาความจริงโดยไม่หยุดยั้ง คนเราจึงมีความหวังและจินตนาการถึง ความดี ความรู้แจ้ง ความหลุดพ้น ความสมบูรณ์ ทั้งของตัวเองและของสังคม และของมนุษยชาติ

Wir denken, wir forschen unaufhörlich nach der Wahrheit. Wir hoffen, ja wir träumen sogar, dass wir nach Güte, Erkennen, Befreiung und Perfektion greifen, für uns selbst, unsere Gesellschaft, und für die Menschheit.

คนเราเดินมาไกลมากแล้วจากยุคหิน และยุคกลางอันมืดมน เราผ่านยุคตื่นตัวทางปัญญาและยุครื้อฟื้นศิลปวิทยาการ จนมาถึงยุคสมัยใหม่และโลกาภิวัตน์ คนเรายังคงค้นคว้าแสวงหาความจริงและความรู้ต่อเนื่องจากบรรพบุรุษเมื่อหลายพันปีก่อน หากแต่ไม่ได้จำกัดอยู่แต่เฉพาะในท้องถิ่นใด หรือประเทศใดเท่านั้น คนเราทุกวันนี้ต้องการค้นหาความจริงของโลก ต้องการศึกษาค้นคว้าความรู้ที่เป็นสากลเกี่ยวกับโลกเกี่ยวกับมนุษยชาติ ควบคู่ไปกับการเรียนรู้จักตนเองและท้องถิ่น คุณสมบัติในการคิดอย่างเป็นอิสระและแสวงหาสัจจะจากความเป็นจริงมีอยู่ในตัวคนเราทุกคน ไม่ว่าจะอยู่ในที่แห่งใดของโลก

Wir sind schon weit von der Steinzeit und dem Mittelalter entfernt, erwacht in der Zeit der Aufklärung und der Veränderungen der Wissenschaft, wir schreiten weiter zur Moderne bis hin zur Globalisierung, dennoch sind wir im Begriff das Wissen und das Wissen unserer Vorfahren, der Jahrtausende vor uns, zu untersuchen und zu forschen. Wir suchen nach der Wahrheit nicht nur auf lokaler oder nationaler, sondern auch globaler Ebene. Wir wollen auch das Wissen über die Menschheit von internationaler Erfahrung, parallel zu unser eigenen erfahren und unserer Umgebung erforschen und dann zur Erkenntnis zu gelangen, die Fähigkeit zu erreichen, frei zu denken und die echte Wirklichkeit zu ersuchen. Das ist für jeden von uns notwendig, wo auch immer wir leben.[6]

---

[6] Anmerkung Mark Teufel: Für Europäer bedeutet „Freisein", frei zu sein von Belas-

Die Krise der Demokratie

Mark Teufel^^
Thailand

สถาบันศึกษาการพัฒนาประชาธิปไตยเกิดขึ้นบนพื้นฐานความเชื่อที่ว่า ความจริงและความรู้เป็นสองเสาหลักของความคิดด้านประชาธิปไตย ถ้าเราจะมีความหวังที่จะมีชีวิตที่สุขสงบในสังคมที่สันติมีอารยะ เราก็ต้องค้นคว้าแสวงหาความจริงบนพื้นฐานของความรู้ และพยายามศึกษาค้นคว้าหาความรู้โดยเคารพยึดมั่นต่อสัจจะความเป็นจริง

Das Studium des Instituts zur Entwicklung der Demokratie basiert auf dem Glauben, dass Wahrheit und Wissen zwei wichtige Eckpfeiler der Demokratie sind. Wenn wir die Hoffnung haben, in der Zivilgesellschaft friedlich zu leben, müssen wir uns die Wahrheit auf Wissen basierend suchen und versuchen zu erforschen, auf der Basis der Wahrheit, aus Respekt vor der Wirklichkeit.

สังคมประชาธิปไตยเป็นสังคมที่เปิดโอกาสให้คนเราสามารถแสวงหาความรู้อย่างเป็นอิสระ โดยปราศจากอำนาจบังคับให้คนต้องคิดต้องเชื่ออย่างใดอย่างหนึ่งเท่านั้น สังคมประชาธิปไตยเปิดโอกาสให้คนเราได้แสวงหาสัจจะความเป็นจริง โดยปราศจากอำนาจคุกคามขู่เข็ญให้คนต้องปิดหู ปิดตาไม่ให้เห็นความเป็นจริงในอีกด้านหรือในแง่มุมอื่น

Demokratische Gesellschaft ist eine, die uns die Möglichkeit gibt, Wissen frei zu finden, ohne dass Machthaber uns vorschreiben, wie oder was wir in eine bestimmten Richtung denken oder glauben dürfen. **Die demokratische Gesellschaft öffnet uns das Tor, die Wahrheit zu finden, ohne Bedrohung und ohne den Zwang, unsere Augen und Ohren verschließen zu müssen, damit wir die Wahrheit auch von andere Seite, von anderen Blickwinkeln aus sehen und hören können.**

ประชาธิปไตยจะเกิดขึ้นได้ในสังคมที่คนเรารู้จักคิดอย่างสร้างสรรค์ อย่างมีความหวัง และมีศรัทธาต่อวิถีประชาธิปไตย ซึ่งเคารพความคิดเห็นที่แตกต่างและอดกลั้น ไม่ใช้ความรุนแรงในการแก้ไขความขัดแย้ง ตลอดจนมีหนทางหาข้อสรุปโดยการยอมรับเสียงข้างมากและไม่ปิดบังเสียงข้างน้อย

Die Demokratie kann nur in einer Gesellschaft entstehen, die selbständig kreativ denkt, auf die Demokratie hofft und vertraut, die unterschiedliche Meinungen akzeptiert, toleriert und beim Konflikt kein Gewalt anwendet sowie eine Lösung bei der Mehrheit sucht, ohne die Fakten vor der Minderheit zu verschleiern oder sie zu belügen.

หนังสือ "ความจริง วิกฤตประชาธิปไตย 27 ประเด็นที่สังคมไทยต้องการคำตอบ กับผู้เขียนอย่าง

---

tung, von Verpflichtung oder von Arbeit, manchmal auch von materiellen Dingen, was uns hinführt zu einem freien Wesen. Für einen Thai jedoch bedeutet „Freisein", frei zu sein von materiellen Dingen, von Wünschen, von weltlicher Begierde, und sich hin zu einer transzendentalen Welt zu befreien. Ein Thai hütet sich davor, sich ein freies Leben zu wünschen. Viele benutzen diesen Ausdruck, weil er für Thais eine höchste Tugend, ist, ein Hauch von Moralität und Religiosität hat, obwohl sich kein Mensch daran hält.

จริงจัง ก็เชื่อว่าผู้เขียนคงจะยินดีที่มีผู้มาช่วยคิดต่อ ทำต่อ ให้เพิ่มพูนความรู้ความเข้าใจต่อการพัฒนาประชาธิปไตยในบ้านเรามากยิ่งๆขึ้นไปอีก

Das Buch: "die Wahrheit über die Krise in der Demokratie: 27 Fragen, für die, die thailändische Gesellschaft Antworten erwartet", von Chaturon Chaisaeng stellt viele wichtige Fragen, um die Diskussion in der Gesellschaft anzuregen, die Wahrheit der Demokratie zu suchen und zu erforschen. Damit mehr Erkenntnisse über die Entwicklung der Demokratie gesammelt werden, und gemeinsam ein Weg für die Demokratie der thailändischen Gesellschaft gefunden wird.

หากมีคำถามเพิ่มเติมหรือข้อโต้แย้งจากผู้อ่านเกิดขึ้นจากการที่ผู้อ่านได้ "เสวนา" กับผู้เขียนอย่างจริงจัง ก็เชื่อว่าผู้เขียนคงจะยินดีที่มีผู้มาช่วยคิดต่อทำต่อ ให้เพิ่มพูนความรู้ความเข้าใจต่อการพัฒนาประชาธิปไตยในบ้านเรามากยิ่งขึ้นไปอีก

Für den Fall, dass die Leser mehr Fragen oder Diskussionen wünschen, nachdem sie mit dem Autor ernsthaft diskutiert haben, glauben wir, dass sich der Autor freut, wenn er noch mehr Leute dabei hilft, sein Ziel zu verfolgen: um noch mehr Wissen und Verstehen für unsere demokratisches System zu erzeugen.

สถาบันศึกษาการพัฒนาประชาธิปไตย หวังเป็นอย่างยิ่งว่าหนังสือเรื่องนี้จะช่วยกระตุ้นให้เกิดการค้นคว้าหาความจริงบนพื้นฐานของความรู้ เพื่อสร้างประชาธิปไตยในสังคมไทยให้มีความมั่นคงยั่งยืนขึ้นได้ในที่สุด และขอขอบคุณผู้เขียนที่กรุณามอบข้อเขียนอันมีค่านี้มาให้จัดพิมพ์เผยแพร่เพื่อประโยชน์ต่อสาธารณะ และขอขอบคุณสำนักพิมพ์เออาร์ที่ได้ช่วยเป็นธุระดำเนินการจัดพิมพ์เป็นรูปเล่มอย่างสวยงามมาไว้ ณ ที่นี้

"Das Institut zum Studium zur Entwicklung der Demokratie" hofft sehr, dass dieses Buch den Wunsch entzündet, mehr über die Wahrheit - auf Wissen basierend - zu erhalten. Damit die Demokratie in der thailändische Gesellschaft stabil sei und in ihr erhalten bleibe. Danke dem Autor, der uns das Vertrauen schenkt und diese wertvolle Arbeit zum Druck und zur Publikation gegeben hat.

กุลชีพ วรพงษ์

ผู้อำนวยการสถาบันศึกษาการพัฒนาประชาธิปไตย

Kulcheep Woraphong

Direktor des Institutes zum Studium zur Entwicklung der Demokratie

„Thaksins System" hat es in Thailand nie gegeben.

"การมีคำว่า 'ระบอบทักษิณ' ขึ้น เป็นการคิดประดิษฐ์ถ้อยคำขึ้นจนกลายเป็นวาทกรรมที่ทรงอิทธิพลทางความคิด

Der Begriff „Thaksins System" ist eigentlich nur erfunden worden, um Leser und Zuhörer in die Irre zu führen.

เมื่อผู้คนรู้สึกว่าระบอบทักษิณจะมาแทนระบอบประชาธิปไตยก็ย่อมโกรธทันที เสร็จแล้วพอมาสาธยายเรื่องต่างๆ สารพัดเข้าไปอีก คนก็ยิ่งรู้สึกคล้อยตามได้ง่าย กลายเป็นเกลียดชัง ไม่ใช่เฉพาะทักษิณและรัฐบาลทักษิณ แต่เกลียดชังระบอบทักษิณ ซึ่งไม่ได้อยู่จริง ไม่ได้เป็นระบอบจริง แต่เมื่อคิดว่าเป็นระบอบ ก็ต้องล้มระบอบอะไรที่เกี่ยวกับทักษิณก็ต้องล้มให้หมด"

Als man dachte, dass das Thaksins System das demokratische System ersetzen würde, schlug der Glauben sofort in Wut um. Dann wurde diese Behauptung bei jeder Gelegenheit, z.B. in Gesprächen, in Seminaren oder in Diskussionen, im Fernsehen, benutzt, um die Zuhörer weiter anzustacheln. Und sie (die Zuhörer) glaubten daran. Der Glaube schlug in Hass um, nicht nur in Hass gegen Thaksin und seine Regierung, sondern gegen das in Wahrheit gar nicht existierende "Thaksin-System", {**den „Thaksinismus"**}. Seine Methoden wurden als System begriffen, weshalb man zu der Überzeugung kam, dass, was mit Thaksins zu tun hatte, vernichtet werden müsste.

คำว่า "ระบอบทักษิณ" ถูกใช้มาโจมตี พ.ต.ท.ทักษิณ ชินวัตร และรัฐบาลทักษิณมาจนกระทั่งทุกวันนี้ ที่ผ่านมามีการใช้คำนี้อย่างได้ผล จนคนจำนวนมากเห็นคล้อยตามไปแล้วว่ามี "ระบอบทักษิณ" จริงๆ แต่จะมีความเห็นแตกต่างกันเป็น 2 ฝ่ายคือ ที่เห็นว่าเลวร้ายและเห็นว่าดี

Der Begriff "Thaksins System" wurde bis zum heutigen Tag genutzt, um Thaksin und dessen Regierung anzugreifen. In der Vergangenheit schien das Wort Wirkung zu haben, viele Leute glaubten fest daran, „Thaksins System" sei etwas greifbares. Aber dann teilte man das System doch in zwei unterschiedliche Bedeutungen: Eine mit positivem und eine mit negativem Inhalt.

Der Begriff „Thaksins System"

ท่านที่อาจจะรู้สึกว่า "ระบอบทักษิณ" มีดีมากกว่าเสีย หรือนิยมชมชอบ "ระบอบทักษิณ" อย่างที่มีคนไปชูป้ายว่า "กูชอบระบอบทักษิณ" เป็นตัวอย่าง คงรู้สึกแปลกใจกับความเห็นที่ว่า "ระบอบทักษิณ" ไม่เคยมีอยู่

Jemand, der Thaksins System mehr schlecht als recht unterstützen will, also z.B. jemand der mit einem Poster herumläuft: „Ich mag Thaksins System!", der wird sich über meine Aussage „Thaksins System existiert nicht" wundern.

ส่วนท่านที่เห็นว่า "ระบอบทักษิณ" เลวร้ายนั้น คงจะขัดหูเอามากๆแน่ๆ

Aber für jemanden, der glaubt, Thaksins System wäre schlecht, den stört meine

Aussage noch mehr.

ทำไมถึงพูดว่า ไม่เคยมี "ระบอบทักษิณ"

Warum behaupte ich, dass „Thaksins System" nie existierte hätte?

ก่อนอื่นต้องทำความเข้าใจความหมายของ "ระบอบทักษิณ" ที่ต้นตำรับเขาอธิบายไว้เสียก่อน หลังจากศึกษาดูแล้วได้ความว่ามาจาก 2 ส่วน ส่วนหนึ่งจากนักวิชาการคือ ดร.เกษียร เตชะพีระ กับอีกส่วนหนึ่งเป็นข้อสรุปอยู่ในการเสวนาของนักวิชาการประมาณ 30 คน ที่ร่วมกันชำแหละ "ระบอบทักษิณ" และมีรายงานลงหนังสือพิมพ์วันที่ 19 มกราคม 2547

Zuerst möchte ich den Ursprung der Bedeutung des "Thaksins System" klar stellen. Das System könnte zwei Erfinder haben. Zum Teil kam der Begriff von einem Wissenschaftler, Dr. Kasian Techapeera, zum anderen aus der Zusammenfassung eines Seminars von 30 Wissenschaftlern, die versuchten, "Thaksins System" zu analysieren, zu obduzieren und in einer Tageszeitung am 19 Januar 2004 zu veröffentlichen.

ดร. เกษียร เตชะพีระ ให้คำนิยามคำว่า "ระบอบทักษิณ" เป็นคนแรกๆว่า "ระบอบอาญาสิทธิ์ทุนนิยมจากการเลือกตั้ง" โดยคำนิยามดังกล่าวแยกองค์ประกอบออกเป็น 2 ส่วนคือ

1.) มีลักษณะสมบูรณาญาสิทธิ์ทุน ในแง่การใช้อำนาจทางการเมือง

2.) มีหัวหน้าฝ่ายบริหารทางการเมืองของชนชั้นนายทุน

Dr. Kasian Techapeera war der erste, der "Thaksins System" definierte:

das System sei "ein System des aus Wahlen hervor gegangenen Absolutismus des Kapitalismus" (elected capitalism absolutism). Die Definition kann man dann noch unterteilen:

1.) es bestand aus einem absolutistischen Recht des Kapitalismus, das über die politische Macht verfügte, und

2.) es bestand aus der Führung des politischen Managements durch Kapitalisten.

ใจความก็คือ มีชนชั้นนายทุน หรือนายทุนใหญ่อย่าง พ.ต.ท. ทักษิณ มาใช้อำนาจทางการเมืองอย่างสมบูรณ์ มีคำอธิบายเพิ่มเติมในทางเว็บไซต์ว่า เป็นระบอบที่ยึดติดกับความคิดและตัวตนของ พ.ต.ท. ทักษิณ จนไม่สนใจเจตนารมณ์ที่แท้จริงของระบอบประชาธิปไตย ทำให้ประเทศแปรสภาพไปอยู่ในรูปของเผด็จการรัฐสภา บ้างก็เรียกการปกครองนี้ว่า "ทักษิณาธิปไตย" หรือ "ทรราชย์เสียงข้างมาก" และระบอบสมบูรณาญาสิทธิ์จากการเลือกตั้ง

Das heißt: es gab eine kapitalistische, ja eine großkapitalistische Gesellschaftsschicht zu der auch Thaksin gehörte, die die absolute politische Macht missbrauchte. Die Erklärung folgte auf der Website: Es ist ein System, das Thaksins Konzept und seinem Wesen anhaftet, ohne den wirklichen Sinn der Demokratie zu berücksichtigen. Weshalb sich das parlamentarische System in eine Diktatur des Parlaments veränderte. Manch einer bezeichnete es sogar als "Thaksinokratie" oder "Tyrannei durch die Mehrheit" oder „die absolutistische Macht durch Wahlen".

Die Krise der Demokratie   Mark Teufel^^
                                                            Thailand

Gemeint ist Thaksin + Demokratie

มีคำอธิบายของนักวิชาการอีกบางคน เช่น อาจารย์แก้วสรร อติโพธิ์ ให้คำจำกัดความไว้ 4 ข้อ

1.) ยักยอกรัฐธรรมนูญ แก้ไขหรือเปลี่ยนแปลงรัฐธรรมนูญให้มีความสอดคล้องกับการดำเนินธุรกิจ ที่เกี่ยวพัน หรือมีผลประโยชน์แอบแฝงเพื่อหมู่คณะของตนเอง

2.) หลงใหลทุนนิยมใหม่จนลืมประเทศชาติ สร้างกระแสระบบทุนนิยมจนลืมความเป็นรากเหง้าแห่งความเป็นไทย

3.) โกงกินชาติบ้านเมือง ปัญหาคอร์รัปชั่นจำนวนมากไม่ได้รับการแก้ไข ทำธุรกิจแอบแฝง

4.) ทำให้บ้านเมืองสิ้นความสงบสุข เป็นตัวกลางสร้างความแตกแยกให้เกิดขึ้นในประเทศชาติ

Es gab auch Erklärungen eines Wissenschaftlers, Prof. Kaewsan Atipho, der Thaksins Sünden in der Liste wie folgt zusammenstellte:

1.) Er, Thaksin veruntreute, veränderte und missbrauchte die Verfassung, je nach seinem Gusto, passte sie seinen Geschäften an, zum Nutzen seiner Gruppe oder seine Freunde.

2.) Er war gefangen von der Idee des neuen Kapitalismus. Er baute das kapitalistische System auf, und vergaß dabei sein eigenes Land und seine eigenen Wurzeln als Thai[7].

3.) Er betrog das Land, verheimlichte seine Geschäfte[8], und das Probleme von Korruption wurde nie beseitigt.

4.) Er verursachte das Chaos im Land, war ein Unruhestifter, und spaltete das Land[9].

---

[7] Hier wurde die nationalistische Karte gespielt, die sich in allen Ländern immer wieder eignet, um politische Gegner zu verunglimpfen. Dabei war Thaksin selbst ein Nationalist.

[8] Thaksin war einer der reichsten Menschen des Landes und verschleierte ein Teil seines Vermögens. Das war eindeutig falsch. Dafür wurde vor Gericht gestellt aber schließlich frei gesprochen, wie einige Beobachter vermuten auf Grund der Intervention des Kronrates. Dabei hatte sicher eine Rolle gespielt, dass die Menschen mit einem überwältigenden Votum bei den Wahlen gezeigt hatten, dass ihnen andere Dinge wichtiger waren. Aus rechtsstaatlicher und verfassungsrechtlicher Sicht ist es aber bedenklich und hat im Prinzip den Weg für den Coup schon geebnet. Richtig gewesen wäre eine Verurteilung und, anschließend ggfls. eine Amnestie.

[9] Er überging die alten verkrusteten Politik-Neo-Sakdina-Strukturen indem er die verschiedenen Hierarchiestufen bei der Verteilung der Gelder überging. So kam plötzlich Geld direkt in den Kommunen an, statt auf dem Weg zu den wirklich Bedürftigen in verschiedenen dunklen Kanälen zu versickern. Er verlangte Effizienz von der Verwaltung und wollte eine Bezahlung nach Leistung statt nach Rang und Alter einführen. Insofern machte er sich viele Feinde bei dem Versuch das Land zu modernisieren.

สำหรับความเห็นของ 30 นักคิดนักวิชาการที่ชำแหละ "ระบอบทักษิณ" พวกเขาเสนอหลักการและเหตุผลที่นำพาไปสู่การถกเถียงในหัวข้อนี้ โดยระบุว่านับตั้งแต่การก้าวขึ้นมาภายใต้การนำของ พ.ต.ท.ทักษิณ ชินวัตร มีปรากฏการณ์ใหม่หลายประการเกิดขึ้น ซึ่งสะท้อนให้เห็นถึงการเปลี่ยนแปลงของสังคมไทยอย่างมีนัยสำคัญ อาทิ การดำเนินนโยบายแบบประชานิยมที่อ้างว่าสร้างความเข้มแข็งตั้งแต่รากหญ้า การส่งเสริมวิสาหกิจขนาดกลาง และขนาดเล็ก การประกาศสงครามกับความยากจน ยาเสพติดและการคอร์รัปชั่น การปฏิรูประบบราชการไปสู่การบริหารประเทศในแบบซีอีโอ จนไปถึงการเดินตามแนวทางเศรษฐกิจสองแนวทาง

Die Meinungen von 30 Akademikern und Wissenschaftlern über "Thaksins System" führten schließlich zu Diskussionen, die zu dem Schluss kamen, dass seit Thaksin an die Macht gekommen war, etwas Neues, Ungewöhnliches, geschah. Etwas das zur unsichtbaren Veränderung der thailändischen Gesellschaft führte. Z.B. zur populistischen Politik, die als Grund für die Stabilität der Unterstützung im Bereich der „Graswurzel"-Gesellschaft genannt wurde. Und die Unterstützung für Groß- und Kleinunternehmen, der Kampf gegen Armut, Drogen und Korruption, Reform für ein Regierungssystem nach Art von Unternehmen. In dem ein "CEO" (Chief Executive Officer) „regierte"[10] und den Plan verfolgte, der zu einem so genannten zweigleisigen Wirtschaftssystem führen sollte.

เสร็จแล้วพวกเขาก็แบ่งหัวข้อในการถกเถียงกันเป็น 4 หัวข้อ เมื่ออ่านดูแล้วพบว่า เป็นการอภิปรายกันถึงสิ่งที่พวกเขาเห็นว่ามันเป็นปัญหา พอสรุปโดยย่อที่สำคัญๆคือ การยึดกุมธนาคารไว้หลายแห่ง แล้วใช้ธนาคารเป็นเครื่องมือสนองนโยบาย มีการควบคุมสื่อมวลชน ใช้ระบบพ่อปกครองลูก ให้ประชาชนกู้เงินโดยทำให้เข้าใจว่าเป็นเงินของทักษิณ ทำให้ข้าราชการเกรงกลัวด้วยการแสดงว่าเป็นผู้รู้ สร้างอาณาจักรพวกพ้องตัวเองจากการแต่งตั้งข้าราชการ ใช้นโยบายเศรษฐกิจที่มีผลต่อคะแนนเสียง คอร์รัปชั่นทางนโยบาย ลดการมีส่วนร่วมของประชาชน ลดการกระจายอำนาจและรวมศูนย์อำนาจ ใช้ระบบอำนาจนิยมโดยไม่มีองค์การใดๆ ในรัฐธรรมนูญไปถ่วงดุลได้

Dann teilen die Wissenschaftler - die Intellektuellen Akademiker - das System in vier Themen. Wenn man die Themen näher betrachtet, erkennt man dass es nur

---

[10] Die TRT führte wöchentlich Umfragen durch um festzustellen, wo den Wählern der Schuh drückte und benutzte die Ergebnisse um ihre Politik zu aktualisieren. Thaksin sah sich selbst als CEO des Unternehmens Thailand an. Ein CEO der jederzeit von den Inhabern des Landes, den Wählern abgewählt werden konnte, wenn sie eine andere Führung wünschten oder mit den Ergebnissen der Führung der „Thailand AG" nicht einverstanden waren. Dies stellte einen dramatischen Bruch mit der Geschichte der autoritären, paternalistischen Führung durch, die das Land währen der letzten Jahrhunderte geprägt hatte. Einzig unterbrochen durch die revolutionäre Phase von 1932 bis zur Machtübernahme durch Phibun sowie dann nach Kriegsende bis zum Coup von 1947, wieder durch Phibun.

darum geht Probleme herauszuarbeiten, für die sie sich interessieren:

Die Vereinnahmung mehrerer Banken zur Unterstützung seiner Politik, das Kontrollieren der Presse, die Einführung einer familiären Atmosphäre in der Bevölkerung, in der er wie ein Vater zu seinen Kindern auftrat[11]. Das Verleihen von Geld an die Bevölkerung mit der unterschwelligen Nachricht, dass das Geld von Thaksin kommen würde.

Die Angst der Beamten vor denen er sich als Besserwisser darstellte. Der Ausbau seines Reichtums mit Menschen die ihm loyal ergeben waren. Das Ernennen von Beamten durch ihn persönlich. Die Benutzung der Politik in der Wirtschaft als Werkzeug um mehr Wählerstimmen zu gewinnen, die Korruption in der Politik, die angebliche Reduzierung der Mitbestimmung der Bevölkerung, die Verringerung der Macht in den Provinzen und die Konzentration der Macht auf ihn selbst. Seine Machtbesessenheit, die eine Gewaltenteilung bzw. das Parlament außer Kraft setzten würde.[12]

เมื่อชี้ว่ามีปัญหาต่างๆมากมายดังนี้แล้ว ก็นำไปสู่ข้อสรุปว่า ต้องล้ม "ระบอบทักษิณ"

Als sie glaubten, dass zu viele Probleme bestanden, kamen sie zu dem Entschluss Thaksins System abschaffen zu müssen.[13]

ผู้ที่เห็นว่าภายใต้การบริหารของรัฐบาลทักษิณมีปัญหาต่างๆ ที่นักวิชาการได้รวบรวมมานั้นก็คง ต้องสรุปว่าเลวร้ายจริงๆ ปล่อยไว้ไม่ได้ แต่ก็มีผู้ที่ไม่เห็นด้วย หรือแม้กระทั่งเห็นในทางตรงข้าม คือ นิยมชมชอบการบริหารประเทศของรัฐบาลทักษิณ

---

[11] Wodurch er in Konkurrenz geriet mit König Bhumibol, der als "Vater der Nation" beworben wird. Andererseits lag er damit auf der Politik des Paternalismus, wie im Buch von Thak Chaloemtiarana beschrieben.

[12] "Während ihrer ersten Legislaturperiode an der Macht veranlasste die Regierung Thaksin grundsätzliche Reformen der Bürokratie, die so grundlegend waren, dass Pasuk und Baker von einer „*Entmachtung der Politik der Bürokraten*" sprach. „*Thaksin hatte eine entschlossen neo-paternalistische Sicht einer Vision. Er traf Personalentscheidungen quer durch staatliche Behörden, die vielleicht Berüchtigtste war die Ernennung von Thaksins Cousin, General Chaisit Shinawatra zum Oberkommandierenden der ... Armee im August 2003.*" (Michael Kelly Connors, Democracy and National Identity in Thailand, London 2007, S. 249-50) Auf Seite 250 wird auch der Einfluss beschrieben, den Thaksin auf die Besetzung des Senates ausübte.

Sieht man die dramatische Modernisierung der Gesellschaft, die Thaksin anstrebte, muss man nachträglich feststellen, dass diese Art der Absicherung seiner Politik sicher nicht unberechtigt war, sieht man die Geschichte von Coups und Umstürzen durch die Bürokratie und das Militär in Thailand. Dass er aber letztendlich durch diese Politik den Vorwand zu seinem Sturz lieferte, mag eine Ironie des Schicksals sein.

[13] Sieht man die Politik der Regierung im Jahr 2009, kommt man zu der Überzeugung, dass es nicht um die Beseitigung seiner Politik oder einer drohenden Dominanz ging, sondern nur darum, den Einfluss des Militärs und der Bürokratie wieder zurück zu erlangen. Anders kann man nicht erklären, dass die Regierung genau die Politik weiter treibt, die Thaksin eingeführt hatte, und die über Jahre als zum Untergang des Landes führend bezeichnet worden war (populistische Politik).

Mancher fand, dass es viele Probleme unter der Thaksin-Regierung gab, wie oben geschildert wurde. Menschen empfanden die Situation als tatsächlich schlimm und wollten sie deshalb nicht so weiter laufen lassen. Es gab auch Andere, die nicht derselben Meinung waren wie die erste Gruppe. Diese sahen daher Thaksins Management-Ansatz als richtig an.

ต้องยอมรับว่าปัญหาที่นักวิชาการรวบรวมมาก็มีหลายส่วนที่เป็นปัญหาจริง แต่ก็มีอีกหลายส่วนที่โต้แย้งได้ว่าไม่จริง รวมทั้งอาจชี้ให้เห็นได้ด้วยว่า หลายเรื่องที่เห็นว่าเป็นปัญหานั้น ก็สามารถมองได้ว่าเป็นเรื่องดีเป็นประโยชน์

Ich muss gestehen, dass die Situationen, wie die Wissenschaftler sie darstellten, zum Teil richtig analysiert waren. Es gab jedoch widersprüchliche Auslegungen der Situation. Was eine Gruppe als Problem empfand, sah die andere als nützlich an[14].

ลองยกตัวอย่างดูบ้างก็ได้

Folgende Beispiele soll man jedoch nicht verschweigen.

ที่บอกว่า "ระบอบทักษิณ" เป็นระบบสมบูรณาญาสิทธิจากการเลือกตั้ง เป็นอำนาจนิยมที่ไม่มีองค์กรใดตามรัฐธรรมนูญถ่วงดุลได้นั้นจริงหรือ การที่ศาลปกครองวินิจฉัยว่า พรก.แปรรูปกฟผ. เป็นโมฆะ และการที่ศาลรัฐธรรมนูญวินิจฉัยตัดสินให้การเลือกตั้งเมื่อ 4 เมษายน 2549 เป็นโมฆะ สามารถใช้เป็นตัวอย่างอธิบายได้เป็นอย่างดี

Der Vorwurf: Thaksins System wäre das Ausnutzen einer absolutistischen Macht, die durch ein Wahlergebnis erlangt worden wäre, das auf einer populistischen Politik gründete und dass diese Macht ohne Rücksicht auf andere Meinungen ihre Politik durchsetzte, war so nicht richtig.[15]

Der Fall des Gesetzes, mit der die Stromindustrie Thailands privatisiert werden sollte, oder die Tatsache, dass das Wahlergebnis der Wahl vom 4. April 2006 für ungültig erklärt wurde, war der Beweis dafür, dass ein System der Gewaltenteilung in Kraft war.

รัฐบาลทักษิณถึงขั้นยึดธนาคารของรัฐ แล้วเอามาเป็นเครื่องมือสนองนโยบายเชียวหรือ ธนาคารที่ว่านั้นอยู่ที่ไหนบ้าง การที่ใช้ธนาคารออมสินไปในโครงการกองทุนหมู่บ้าน รัฐบาลยังได้ตั้งงบประมาณใช้คืนธนาคารออมสินไม่ปล่อยให้เป็นภาระของธนาคาร

---

[14] Zum Beispiel war, was die Einen als Nepotismus ansahen für die Anderen eine Absicherung der Politik durch loyale Personen, wodurch eine Einmischung in die parlamentarischen Prozesse verhindert werden sollte. Schließlich war sogar dies unwirksam, wie man aus dem Militärcoup vom 19. September 2006 lernen musste.

[15] Schon innerhalb der eigenen Partei gab es heftige Richtungskämpfe und Meinungsstreit. Wir kennen das auch aus den großen Volksparteien in Deutschland. Je größer eine Partei, desto größer die Wahrscheinlichkeit, dass innerhalb der Partei die unterschiedlichsten Strömungen vertreten sind. Verbunden nur durch einen Grundkonsens.

Dann gab es den Vorwurf, dass Thaksins Regierung fähig gewesen wäre, seinen Einfluss auf eine (oder mehrere) staatliche Bank zum Zweck seiner persönlich politischen Ziele zu verwenden. Aber welche Banken waren das? Es wurden lediglich staatlichen Banken[16] verwendet, die als zentraler Fonds für den Eigenheimbau für die wenig Verdienenden heran gezogen wurden. Die Regierung hat jedoch den Etat aufgestockt, um den staatlichen Banken das Geld zurückzuzahlen und hat nie den Banken die Bürde der Finanzierung solcher Sozialmaßnahmen allein aufgelastet.[17]

รัฐบาลทักษิณควบคุมสื่อได้จริงหรือ ที่รัฐบาลทักษิณตกที่นั่งลำบากในตอนท้ายๆ ไม่ใช่เพราะสื่อมีส่วนอย่างมากหรอกหรือ

Konnte Thaksins Regierung tatsächlich die Presse kontrollieren? Weswegen stürzte seine Regierung? Hat die Presse damit wirklich nicht zu tun?

ถ้าจะโต้กันอย่างนี้ก็คงจะทำได้ยืดยาว แต่จริงๆแล้วนี่ไม่ใช่ประเด็น

Man kann einen solchen Schlagabtausch unendlich weiter führen, aber das ist nicht der Punkt.

ประเด็นก็คือ สิ่งที่นักวิชาการรวบรวมมานั้นคือ ปัญหาต่างๆที่ไม่ว่าจะจริงหรือไม่จริงตามนั้นก็ตาม ก็ไม่สามารถสรุปได้ว่าได้เกิดระบอบอะไรขึ้น

Der Punkt ist: sämtliche Argumente, die Probleme, die die Wissenschaftler vorgetragen haben - wahr oder unwahr - kann man trotzdem nicht als „System" bezeichnen.

มีวิธีทดสอบง่ายๆคือ ดูจากข้อเท็จจริงที่บัดนี้ พ.ต.ท. ทักษิณและรัฐบาลทักษิณก็ถูกล้มไปนานแล้ว พรรคการเมืองของทักษิณถูกยุบแล้วยุบอีก จากที่เป็นรัฐบาลก็เป็นฝ่ายค้านไปแล้ว พ.ต.ท. ทักษิณ และครอบครัวถูกอายัดทรัพย์สินจำนวนมหาศาล และตัวเองก็ไม่สามารถกลับเมืองไทยได้ ถามว่าปัญหาต่างๆ ที่นักวิชาการกลุ่มนั้นรวบรวมมาหมดไปจากประเทศไทยหรือไม่

Es gibt eine einfache Methode um das zu überprüfen, nämlich: wenn man den heutigen Tag anschaut. Thaksin und seine Regierung wurden schon vor lange Zeit eliminiert, seine Partei wurde immer wieder zerschlagen und aus der Regierung in die Opposition gezwungen. Sein Vermögen und das seiner Familie wurde zum größten Teil eingefroren oder beschlagnahmt, und er selbst kann nicht in seine Heimat zurückt. Nun möchte ich eine Frage stellen. Sind sämtliche Probleme, die alle diese Intellektuellen Denker so mühsam zusammengeklaubt haben, beseitigt geworden?

ถ้าเคยมีระบบทักษิณจริง ระบอบนั้นก็ควรถูกทำลายไปจนเกือบไม่เหลืออะไรแล้ว แต่ปัญหา

---

[16] Vergleichbar mit den regionalen staatlichen Sparkassensystemen in Deutschland

[17] Interessant ist, dass die staatlichen Banken sich nach dem Coup bemüht hatten die Kleinkreditprogramme weiter bedienen zu dürfen, da die Gewinnspannen zwar gering, aber die Rückzahlungen sicher waren.

ต่างๆทำไมยังอยู่ บางปัญหาอาจหนักหนากว่าเดิมด้วย

Sollte Thaksins System tatsächlich existieren, wäre es jetzt bereits zerstört worden. Aber warum existieren die Probleme immer noch, manche sind sogar noch schlimmer als früher?

รัฐบาลอภิสิทธิ์ในปัจจุบันมีองค์กรอิสระตามรัฐธรรมนูญไว้ถ่วงดุลหรือ ในเมื่อองค์กรต่างๆ นั้น ไม่มีอิสระ เพราะตั้งมาโดยคณะรัฐประหารเกือบทั้งนั้น

Gibt es unabhängige Kontrollorgane, zur Erreichung einer Machtbalance in der jetzigen Regierung Abhisit, wie die Verfassung es festlegt? Alle Organisationen in der jetzigen Regierung sind befangen, weil die meisten von ihnen von der Regierung ernannt wurden, die durch die Militärjunta von 2006 ernannt worden war.

การทุจริตคอร์รัปชั่นกำลังโผล่ขึ้นมาให้เห็นเหมือนดอกเห็ด โดยที่องค์กรตรวจสอบดูจะไม่ค่อยสนใจเท่าใดนัก

Korruption und Betrügereien gedeihen wie nie zu vor, und die Kontrollorgane interessieren sich herzlich wenig dafür[18].

นายกฯอภิสิทธิ์ไม่ใช่นายทุนใหญ่ แต่นายทุนใหญ่ทั้งหลายในสังคมไทยยังอยู่ครบ และหลายคนยังมีอำนาจผูกขาดทางเศรษฐกิจและมีอำนาจทางการเมืองอยู่ ระบบเศรษฐกิจก็เห็นสั่งธนาคารของรัฐเป็นว่าเล่น

Premierminister Abhisit ist zwar selbst kein großer Kapitalist, sämtliche Großkapitalisten des Landes sind dennoch vertreten. Viele haben sich sogar noch mehr Machtmonopole geschaffen, sowohl in der Wirtschaft als auch in der Politik, oder über die Kontrolle staatlicher Banken.

นโยบายที่เคยถูกโจมตีว่าเป็นประชานิยมยังอยู่เกือบครบ แถมยังออกนโยบายใหม่ๆ ที่เป็นประชานิยมที่เสียหายยิ่งกว่าเดิมอีกด้วย

Die Politik, die als Populismus verleumdet wurde, existiert bis jetzt immer noch, hinzu kam eine neue Politik, die noch „populistischer" ist und somit noch mehr Schaden anrichten kann, als die frühere.[19]

การแต่งตั้งโยกย้ายข้าราชการเพื่อสร้างฐานทางการเมืองก็เกิดขึ้นอย่างต่อเนื่องในช่วงเวลาสั้นๆ

Es gibt auch jetzt wieder Beförderung und Versetzung von Beamten aus politischen Gründen, ununterbrochen, und innerhalb kürzester Zeit.

---

[18] Stattdessen kämpfen Sie weiter gegen den tatsächlichen oder vermeintlichen Einfluss Thaksins.

[19] Wie erklärt man die Aushändigung von 2000 Baht Schecks, die sich die (bedürftigen) Menschen bei der Regierung abholen konnten, die aber nur in bestimmten Geschäftskonglomeraten eingelöst werden durften, also die Kleinunternehmer oder den Mittelstand in keiner Weise berücksichtigten?

ผู้ที่บัญญัติคำว่า "ระบอบทักษิณ" ขึ้น ได้ใช้คำนี้มาเป็นเครื่องมือในการรวบรวมผู้คนเพื่อล้ม รัฐบาลทักษิณ เขาใช้วิธีเรียกคำว่า "ระบอบทักษิณ" เพื่อให้คนมีความรู้สึกว่า ปัญหาที่เกิดขึ้นนั้น เป็นปัญหาของระบบ ใช้คำว่า"ระบอบ" คนจะนึกถึงอะไร คนย่อมจะนึกถึงระบอบเผด็จการ ระบอบประชาธิปไตยอันมีพระมหากษัตริย์ทรงเป็นประมุข นึกถึงคำใหญ่ๆ อย่างนี้เรื่องใหญ่ๆ อย่างนี้ คือหมายถึงระบบทั้งระบบ ระบอบทั้งระบอบ

Jemand, der den Begriff "Thaksins System" oder „Thaksinismus" erfunden hat, hat das Wort für seinen Zweck genutzt, um mehr Anhänger zu gewinnen und schließlich Thaksins Regierung zu stürzen. Er benutzte den Slogan "Thaksins System", damit die Bevölkerung glauben konnte, dass alle Probleme, die Probleme dieses einen Systems wären. Die Folge (dieser Propaganda) ist:

Wenn man „Thaksinsimus" hört, assoziiert man damit ein diktatorisches System, so wie man an ein gutes und großartiges System glaubt, wenn man den Begriff „eine Demokratie mit der Monarchie als Staatsoberhaupt" hört[20].

พอคนมาบอกว่าปัญหาทั้งหมดนี้เป็นปัญหาของ "ระบอบทักษิณ" ผลก็คือแค่ได้ยินชื่อก็รู้สึก เกลียดชังแล้ว เพราะว่าพ.ต.ท.ทักษิณ บังอาจอย่างไรมาสร้างระบอบขึ้น กลายเป็นระบอบอีก ระบอบหนึ่ง ระบอบแบบนี้มาแทนที่ระบอบแบบประชาธิปไตยแล้วหรืออย่างไร

Also wenn man sagt, dass die Probleme durch Thaksins System entstanden, dann kann einem schon alleine die Galle hochkommen, wenn man den Namen Thaksin hört, dann wird Hass erzeugt. Wie kann er, Thaksin es wagen, ein solches System in Thailand aufbauen zu wollen. Soll es etwa das demokratische System {mit dem König als Staatsoberhaupt} ersetzen?

ปัญหาทั้งหลายที่นักวิชาการหยิบยกขึ้นมา และต่อมากลุ่มพันธมิตรฯ ได้มีการหยิบยกขึ้นมาอีก ซ้ำแล้วซ้ำเล่า หรือมากมายกว่านั้นอีกก็ตาม เป็นเรื่องจริงหรือไม่จริง ดีหรือไม่ดี ยังถกเถียงกันได้ อีกมาก แต่ที่สำคัญก็คือ ถึงแม้ว่ามีปัญหาตามนั้น แต่ทั้งหมดก็ยังไม่สามารถเรียกได้ว่า "ระบอบ ทักษิณ" เพราะว่ามันไม่ใช่ระบอบ

Jedes Problem, das die Wissenschaftler vorher verurteilten, Probleme die dann später die PAD immer wieder plakativ wiederholten, ob wahr oder unwahr, gut oder weniger gut zu beurteilen, wie auch immer es sei, es sind Themen, worüber man sich noch lange streiten wird, zeigen doch einen wichtigen Aspekt, nämlich: obwohl wir viele Probleme haben, kann man sie nicht dem "Thaksin System" anlasten, weil ein solches System gar nicht existiert.

ถ้าดูจากพจนานุกรมฉบับราชบัณฑิตยสถาน พ.ศ. 2542 คำว่าระบอบมีความหมายดังนี้ "ระบอบ น. แบบอย่าง ธรรมเนียม เช่น ทำถูกระบอบ ระเบียบการปกครอง เช่น การปกครองระบอบ

---

[20] Deutsche Übersetzung nicht autorisiert durch Chaturon Chaisaeng

ประชาธิปไตย การปกครองระบอบสมบูรณาญาสิทธิราช"

Nach dem thailändischen Wörterbuch im Jahr 1999, definiert man "System" so: System, (N.): „Beispiel oder Modell, Tradition, Regelung oder Methode der Regierung. Z.B. die Methode der demokratischen Regierung, oder einer Regierung mit Bestimmungen der absolutistischen Monarchie."

สิ่งที่นักวิชาการได้ยกกันขึ้นมาอธิบาย ที่เขาเรียกว่าระบอบทักษิณนั้นคือ การหยิบยกปัญหาต่างๆ ที่เกิดขึ้น ที่พวกเขาเห็นว่าเป็นปัญหาที่เกิดขึ้นในระหว่างที่ พ.ต.ท. ทักษิณ เป็นหัวหน้ารัฐบาลอยู่ แต่สิ่งที่พวกเขายกขึ้นมาไม่ใช่ระเบียบการปกครองเหมือนอย่างในพจนานุกรม

Was die Wissenschaftler als das so genannte als "Thaksin System" zu erklären versuchten war, dass was in Thaksins Regierung angeblich existierte, eigentlich kein Modell der Regierung im Sinne des Wortes wäre.

ถ้าจะพอใช้คำว่าระบอบได้หมายความว่านักวิชาการเหล่านี้ก็ไม่ได้ผิดในแง่ภาษาไทย คงจะต้องดู ตรงที่ "แบบอย่างและธรรมเนียม" ซึ่งพอจะพูดได้อยู่เหมือนกันว่าสิ่งต่างๆ ที่เกิดขึ้นนั้นเป็น ระบอบในความหมายว่าเป็นแบบอย่างและธรรมเนียม ซึ่งถ้าบอกว่าเป็นแบบอย่างและธรรมเนียม อย่างทักษิณและเป็นปัญหาต่างๆมากมาย ก็ว่ากันไปว่าเราจะแก้ปัญหาแบบอย่างและธรรมเนียม อย่างทักษิณกันอย่างไร

Sollten wir das als "System" definieren, heißt es auch nicht, dass die Wissenschaftler es im Sinn der Sprache falsch interpretiert haben. Es bleibt nur, das System als Beispiel und Tradition zu definieren. Eigentlich können wir, das was passiert war, als System im Sinn des „Modells" und der Tradition definieren. Und wenn wir über Thaksins Modelle und Traditionen reden, die als Probleme angesehen werden, müssen wir auch darüber reden, wie wir diese Probleme lösen wollen.

แต่พอเอาคำว่าระบอบในความหมายระเบียบการปกครอง เช่นการปกครองระบอบประชาธิปไตย การปกครองระบอบสมบูรณาญาสิทธิราชมาใช้แล้ว ก็ทำให้เห็นว่าเป็นเรื่องใหญ่ เป็นเรื่องน่ากลัว เป็นเรื่องที่ทักษิณได้เข้ามาแทนที่การปกครองระบอบประชาธิปไตย เพราะฉะนั้นจึงเอาไว้ไม่ได้ ต้องล้ม

Sollen wir das "System" als Regelsystem im Sinn des Regierens verstehen, z.B. wie das Regieren in demokratischen Regelungssystemen oder Regieren im absolutistischen monarchistischen Regelsystem? Dann stehen wir vor dem riesigen, beängstigenden System, das Thaksin für seine eigenen Zweck anwenden wollte. Man kann so was nicht zulassen, das muss gestürzt werden.

แต่สิ่งที่เกิดขึ้น ถ้าเป็นปัญหาตามนั้น ก็เป็นปัญหาที่เกิดขึ้นในระหว่างที่ พ.ต.ท.ทักษิณเป็น หัวหน้ารัฐบาล ภายใต้รัฐธรรมนูญฉบับ 2540 แล้วระบบการปกครองในขนะนั้นคือระบอบ อะไร ก็ต้องบอกว่าระบอบประชาธิปไตย เพราะในขณะนั้นเราอยู่ภายใต้รัฐธรรมนูญบับ 2540 ซึ่งเป็นรัฐธรรมนูญที่เป็นประชาธิปไตยมากที่สุดฉบับหนึ่ง

Wenn eine solche Situation - unter Thaksins Regierung - ein Problem war, bedeutet das dann, dass es ein Problem unter der Verfassung des Jahres 1997 war? Eine Verfassung die im ganzen Land als die demokratischste Verfassung aller Zeiten galt?

ปัญหาที่มีการหยิบยกขึ้นมานั้นคือ ปัญหาที่เกิดขึ้นภายใต้การบริหารงานของรัฐบาลทักษิณ ภายใต้รัฐธรรมนูญฉบับ 2540 ซึ่งถ้าเป็นคนอื่น คือเป็นนาย ก นาย ข นาย ค นาย ง มาบริหารแทน พ.ต.ท. ทักษิณภายใต้รัฐธรรมนูญเดียวกัน ก็จะพบว่ามีปัญหากันได้ทั้งนั้น จะมีปัญหา อย่างไรก็ไม่ทราบ แต่ก็คงมีปัญหามากน้อยต่างกันไป ที่สำคัญคือไม่มีการเรียกว่า ระบอบนาย ก ระบอบนาย ข ระบอบนาย ค ระบอบนาย ง เพราะไม่เช่นนั้นก็จะเป็นระบอบตามจำนวนของ นายกรัฐมนตรีไปแล้ว บังเอิญว่ารัฐธรรมนูญฉบับ 2540 ใช้บังคับแล้ว กว่าจะใช้สมบูรณ์ก็ปี 2544 แล้วก็มีรัฐบาลทักษิณจนกระทั่งรัฐธรรมนูญถูกฉีกไปในปี 2549 จึงไม่ได้มีโอกาส เปรียบเทียบว่าคนอื่นมาบริหารจะเป็นอย่างไร

Alle Probleme, über die wir gesprochen haben, waren unter Thaksins Regierungszeit beschrieben worden, das heißt automatisch auch unter der Verfassung vom Jahr 1997. Wenn die Herren "A", "B" oder "C" unter derselben Verfassung statt Thaksin regiert hätten, dann wäre niemand auf den Gedanken gekommen, es das System von Herr "A", "B" oder "C" zu nennen. Anderenfalls hätten wir so viele Systeme wie wir Premierminister hatten. Und wie durch einen Zufall, tritt die Verfassung im Jahr 1997 bereits in Kraft, kommt aber erst im Jahr 2001 voll zur Gelten, bis sie im Jahr 2006 durch den Militärcoup wieder für ungültig erklärt wurde. Thaksin hatte nie eine Möglichkeit, seine Regierungsführung mit der einer anderen Regierung zu vergleichen.[21]

ถ้านายอภิสิทธิ์บริหารจะเรียกว่าระบอบอภิสิทธิ์หรือไม่ ประเด็นสำคัญอยู่ที่ไม่มีโอกาสพิสูจน์กัน นี่แหละคือปัญหา

Hätte Abhisit damals regiert, hätte man seine Regierung als "Abhisits System" bezeichnet oder nicht? Das kann man nicht mehr überprüfen. Und das ist eigentlich das wahre Problem.

ธรรมดาถ้าหากว่าไม่ได้ล้มรัฐธรรมนูญฉบับ 2540 ก็จะมีการพิสูจน์ว่าพอรัฐบาลทักษิณพ้นไป แล้ว คุณอภิสิทธิ์มาเป็นรัฐบาล ดีไม่ดีกว่ากันอย่างไร แล้วอันไหนเป็นปัญหาของรัฐธรรมนูญกว่า กันไป แต่ว่านี่ไม่ได้มีโอกาสให้พิสูจน์ เพราะว่ารัฐธรรมนูญฉบับ 2540 ไม่อยู่แล้ว ถูกล้มไปแล้ว

Wenn die Verfassung vom Jahr 1997 nicht eliminiert geworden wäre, könnte man

---

[21] Es war ein erklärter Zweck der Verfassung von 1997 gewesen, starke und stabile Regierungen zu erzeugen, die nicht auf wackelige und ständig wechselnde Koalitionen und von der Gnade des Militärs abhängig waren. Dieses Ziel war erreicht worden. Was man Thaksin vorwerfen kann war, das System überstrapaziert zu haben. Während seine Anhänger sagen, dass er es noch nicht genug strapaziert hatte, sonst wäre es nicht zum Militärcoup gekommen.

heute prüfen, welche Regierung besser bzw. schlechter war, Thaksins oder die Abhisits. Und wer ist hier eigentlich ein Betrüger an der Verfassung[22]? Leider war die Verfassung vom Jahr 1997 nicht mehr da, um die Fähigkeit der beiden zu vergleichen, sie ist jetzt weg.

ประเด็นคือ หลังจากที่มีการเคลื่อนไหวโจมตีระบอบทักษิณต่อเนื่องกันมานั้น สิ่งที่ล้มไปจริงๆ ไม่ใช่ระบอบทักษิณ ที่ล้มไปคือทักษิณ คือรัฐบาลทักษิณ และรัฐธรรมนูญฉบับ 2540 กับระบอบประชาธิปไตย ไม่ใช่ระบอบทักษิณ เพราะฉะนั้นสิ่งที่เกิดขึ้นตั้งแต่ก่อน 19 กันยายน จนถึง 19 กันยายน 2549 และหลังจากนั้นเรื่อยมาไม่ใช่การล้มระบอบทักษิณ และสิ่งที่มาแทนก็ไม่ใช่ระบอบสุรยุทธ์ แต่เป็นระบอบเผด็จการที่มีรัฐบาลที่เผด็จการตั้งขึ้นโดยมีพลเอกสุรยุทธ์ จุลานนท์ เป็นนายกรัฐมนตรี

Das Problem ist: seit die Bewegung gegen Thaksin ununterbrochen erfolgreich verlief, wurde dadurch nicht nur Thaksin und Thaksins Regierung gestürzt, sondern auch die beste Verfassung Thailands, die aus dem Jahr 1997. Und somit auch die Demokratie und nicht das "Thaksin System". Was auch immer passierte, vor dem 19. oder nach dem 19. September 2006, es ist kein Sturz des "Thaksin System", an dessen Stelle wurde auch nicht das "Surayud System" gesetzt, sondern ein diktatorisches System, wodurch ein gewisser General Surayud Chulanont als Premierminister an die Macht gekommen war.

ในปัจจุบันก็เป็นการปกครองที่ไม่ได้เป็นประชาธิปไตย ไม่ใช่ระบอบอภิสิทธิ์ แต่เป็นการปกครองระบอบที่ไม่ได้เป็นประชาธิปไตยอย่างที่เราได้พูดกันมาตลอดแล้ว เพราะฉะนั้นในหลายปีมานี้คำว่า "ระบอบทักษิณ" จึงเป็นวาทกรรม หมายความว่าเป็นเรื่องของการคิดประดิษฐ์คำให้มีผลในการใช้คำนั้นมาทำให้คนคล้อยตาม มาทำให้คนเกลียดชัง มาทำให้ร่วมต่อต้านคัดค้านสิ่งที่เรียกว่า "ระบอบทักษิณ"

Zurzeit haben wir kein richtiges demokratisches System, es ist zwar kein "Abhisit System", eher eine Regierung mit einem undemokratischen System, wie ich oft genug betont habe. Daher ist "Thaksins System" nur reine Rhetorik, ein Slogan der geschaffen und benutzt worden war, um mehr Anhänger zu gewinnen, die daran glaubten und in einem gemeinsamen Hass folgten und mit dem Hass gegen das „System" geschürt werden konnte.

การมีคำว่า "ระบอบทักษิณ" ขึ้นเป็นการคิดประดิษฐ์ถ้อยคำขึ้นจนกลายเป็นวาทกรรมที่ทรงอิทธิพลทางความคิด

Insofern wurde das Wort "Thaksins System" von einem erfundenen Kunstwort zu einem mächtigen Instrument für die Manipulation der Menschen.

---

[22] Es ist schon unverfroren Thaksin als „Verfassungsbetrüger" zu bezeichnen und das dann zum Vorwand zu nehmen, um sie gleich vollständig außer Kraft zu setzen.

เมื่อผู้คนรู้สึกว่าระบอบทักษิณจะมาแทนระบอบประชาธิปไตยก็ย่อมโกรธทันที เสร็จแล้วพอมาสาธยายเรื่องต่างๆ สารพัดเข้าไปอีก คนก็ยิ่งรู้สึกคล้อยตามได้ง่าย กลายเป็นเกลียดชัง ไม่ใช่เฉพาะทักษิณและรัฐบาลทักษิณ แต่เกลียดชังระบอบทักษิณ ซึ่งไม่ได้อยู่จริง ไม่ได้เป็นระบอบจริง แต่เมื่อคิดว่าเป็นระบอบ ก็ต้องล้มระบอบอะไรที่เกี่ยวกับทักษิณก็ต้องล้มให้หมด"

Bei der Vorstellung von "Thaksins System" fühlte man sich, als würde die Demokratie von einem System annektiert, man war in helle Aufregung versetzt. Dazu kam, dass es bei jeder Gelegenheit, z.B. in Gesprächen, in Seminaren oder Diskussionen, im Fernsehen, der Slogan benutzt wurde, um die Zuhörer weiter aufzustacheln. Und sie (die Zuhörer) glaubten daran. Der Glaube schlug um in Hass, nicht nur gegen Thaksin und seine Regierung, sondern gegen das nicht existierende "Thaksin System". Wenn seine Methoden als System begriffen wurden, dann fand man, dass das gesamte System gestürzt werden sollte.

แต่ถ้าเข้าใจว่าปัญหาเหล่านั้นเกิดจากการบริหารงานของรัฐบาลทักษิณภายใต้การปกครองที่เป็นระบอบประชาธิปไตย ภายใต้รัฐธรรมนูญฉบับ 2540 ที่เป็นประชาธิปไตยที่สุดฉบับหนึ่งนั้น สิ่งที่ควรทำ ควรแก้ไขก็คือ ต้องหาทางมาตรวจสอบอย่างจริงจัง มาหาทางป้องกันการทุจริต มาหามาตรการลงโทษผู้กระทำผิด ถ้าเห็นรัฐธรรมนูญมีปัญหา ก็ต้องช่วยกันรณรงค์แก้ไขรัฐธรรมนูญ แต่รักษาระบอบประชาธิปไตยไว้

Wenn wir glauben, dass die Probleme nur durch den Managementstil Thaksins entstanden sind, jedoch unter dem demokratischen System und der besten Verfassung vom Jahr 1997, die wir je hatten, möglich waren, sollen wir dann nicht die Situation nur punktuell ändern. Z.B. einen Weg finden, um vor Korruption sowie Betrügerei zu schützen und sie zu kontrollieren, die Schuldigen zu sanktionieren. Wenn die Verfassung Schlupflöcher hat, sollten wir sie ändern, aber so, dass die Demokratie geschützt wird?

วาทกรรม "ระบอบทักษิณ" ทำให้คนจำนวนไม่น้อยคล้อยตามไปจนกระทั่งแยกแยะไม่ออกว่าปัญหาของประเทศคืออะไรกันแน่ แล้วจะแก้ค่างไร แล้วในที่สุดก็ไปสู่การยึดอำนาจเพื่อที่จะล้มระบอบทักษิณ แต่สุดท้ายกลายเป็นล้มระบอบประชาธิปไตย แล้วก็ใช้วาทกรรมนี้อย่างต่อเนื่อง เพื่อสร้างการปกครองแบบอำมาตยาธิปไตย สร้างรัฐธรรมนูญที่ไม่เป็นประชาธิปไตยอย่างยิ่ง อย่างรัฐธรรมนูญปัจจุบัน แล้วเพื่อที่จะรักษาระบอบการปกครองที่ไม่ได้เป็นประชาธิปไตยอย่างในปัจจุบัน รวมทั้งพยายามที่จะทำให้ระบอบการปกครองในปัจจุบันนี้ยิ่งมีความเป็น "เผด็จการ" มากยิ่งขึ้น อย่างแนวความคิดของกลุ่มพันธมิตรฯ ที่จะให้มี "การเมืองใหม่" จึงยังคงใช้วาทกรรม ระบอบทักษิณ ก็คือยังอ้างอยู่ว่าระบอบทักษิณยังไม่ได้ถูกทำลายไปอย่างสิ้นซาก

Man lässt sich von der Rhetorik so beherrschen, dass man die Situationen nicht mehr erkennen kann, nicht mehr sieht, was die wahren Probleme des Landes sind und wie man sie am besten lösen kann. Man greift nach Macht, um Thaksin zu vertreiben, am Ende stürzte man die Demokratie selbst. Man war gewillt diese Rhetorik weiter zu führen, damit sich die bürokratische Macht (*Amataya*) ausbreiten konnte und die höchst undemokratische Verfassung in die Gesellschaft Einzug halten konnte. Eine Verfassung, die bis zum heutigen Tag das undemokratische System schützt und bereit ist, ein solches Regierungssystem weiter zu unterstützen, um dem diktatorischen System noch mehr Macht einzuräumen. Das kann man von den Ideen der PAD für eine „Neue Politik" deutlich sehen. Bis heute behaupten Sie immer noch, dass Thaksins System noch nicht endgültig zerstört wurde.

ถ้าจะพูดไปแล้ว "ระบอบทักษิณ" ไม่ได้มีมาแต่ต้น แล้วจนทุกวันนี้ก็ไม่ได้มีระบอบทักษิณ และที่บอกว่าที่ยังหลงเหลืออยู่มา ก็ไม่ใช่ "ระบอบทักษิณ" ถ้าจะบอกว่า พ.ต.ท. ทักษิณยังคงมีชีวิตอยู่และยังคงมีบทบาททางการเมืองอยู่ก็เป็นเรื่องหนึ่ง

Aber es gab nie "Thaksins System" weder früher noch heute. Die These, dass das "Thaksin System" immer noch besteht ist eine unglaubliche Behauptung. Die Meinung, dass Thaksin noch lebt und immer noch eine aktive Rolle in der Politik spielt, ist die einzige Wahrheit.

แต่สิ่งที่พวกเขาพูดกลับบอกว่าระบอบทักษิณยังไม่สิ้นซาก และต้องการทำลายระบอบทักษิณต่อไป จึงเป็นการใช้วาทกรรมเพื่อให้ฟังดูแล้วปลุกระดมคนได้ง่าย ทำให้คนคล้อยตามหลงเชื่อได้ง่าย ทั้งหมดนี้จึงไม่ได้มีหลักฐานเหตุผลทางวิชาการอะไร นอกจากการหยิบปัญหาสารพัดที่พวกเขามองเห็นที่นักวิชาการบางส่วนกับกลุ่มพันธมิตรฯนำมาเป็นวาทกรรม ใช้วาทกรรมนี้มาทำให้มันดูน่ากลัวมากๆ สร้างความน่ากลัว เป็นเทคนิค ใช้วิธีการหรือศิลปะในการที่จะรวบรวมปลุกระดมผู้คนเพื่อให้เกลียดชัง

Die Behauptung: „Thaksins System ist noch nicht endgültig eliminiert", ist deshalb nur eine Polemik, sie ist ein einfaches Mittel, womit man viele Menschen aufhetzen kann. Und sie folgen ohne zu fragen, ohne Grund, ohne einen wissenschaftlichen Beweis, sie folgen nur Worten, Polemik der PAD und einiger Intellektueller. Es klingt gefährlich, es macht einen gefährlichen Eindruck, aber es war nur eine Taktik, eine einfache Behauptung, um mehr Leute auf ihre Seite ziehen und Hass schüren zu können.

แต่สุดท้ายสิ่งที่พวกเขาได้ทำลายลงไปกลับเป็นระบอบอีกระบอบ ไม่ใช่ระบอบทักษิณ แต่คือระบอบประชาธิปไตย

Am Ende war, was sie zerstörten nicht Thaksins System, sondern ein anderes System, das System der Demokratie.

Die populistische Politik von Hass bis Zufriedenheit

นโยบายประชานิยม จากเกลียดชังมาเป็นชื่นชอบ

"ไม่น่า เชื่อว่าการเอาเรื่องที่เกิดขึ้นในประเทศอื่นและการโกหกซ้ำๆ ให้คนฟังคิดต่อกันนานๆเข้า สามารถทำให้ส่วนหนึ่งเชื่ออย่างงมงายว่า นโยบายของไทยรักไทยเป็นประชานิยมแบบที่จะ สร้างความหายนะให้กับประเทศชนิดที่จะปล่อยให้เป็นรัฐบาลไม่ได้เป็นอันขาด"

"Es war unglaublich: ein Ereignis, das aus einem anderen Land stammte, gemischt mit Lügen - immer wieder Lügen , konnte mit der Zeit die Menschen so beeinflussen, dass sie glaubten, dass Thai Rak Thais Politik „populistisch" im negativen Sinn war und das Land deshalb ruinieren könnte, so dass man die Partei nicht mehr gewähren lassen sollte."

เป็นเรื่องแปลกประหลาดที่เมื่อไม่กี่ปีมานี้คำว่า "ประชานิยม" ถูกใช้เป็นเรื่องโจมตี พ.ต.ท. ทักษิณ ชินวัตร และรัฐบาลพรรคไทยรักไทยอย่างเอาเป็นเอาตายถึงขั้นปล่อยเอาไว้ไม่ได้แม้แต่ วินาทีเดียว แต่มาถึงวันนี้เมื่อพรรคประชาธิปัตย์เป็นรัฐบาล คำว่า "ประชานิยม" กลับกลายเป็นที่ ยอมรับอย่างกว้างขวาง พรรคร่วมรัฐบาลต่างก็แข่งกันเสนอนโยบายประชานิยมกันเป็นการใหญ่

Es ist auch erstaunlich, dass es gar nicht so lange her ist, dass "Populismus" als Instrument von Thaksin Shinawatra und dessen Regierung "Thai Rak Thai" bis aufs Messer bekämpft wurde. Aber heutzutage unter der Regierung der „Democrat Party" und ihrer Koalition so weiter praktiziert wird, ja sogar versucht wird, den Populismus Thaksins noch zu überbieten.

"ประชานิยม"คืออะไรกันแน่ ทำไมวันหนึ่งพวกเขาใช้คำนี้เพื่อล้มรัฐบาลอีกวันหนึ่งกลับเห็นดี เห็นงาม ที่เคยโจมตีสาดเสียเทเสียก็ลืมกันไปหมดแถมยังเสนอนโยบายที่เป็น"ประชานิยม"ยิ่ง กว่าเมื่อก่อนอีกด้วย

Was ist eigentlich "Populismus"? Warum konnte man den Begriff einerseits einsetzen, um eine Regierung zu stürzen, andererseits ihm nun doch zustimmen? Dass es einmal als Teufelswerk verschrien war, wurde einfach vergessen, mehr noch man bietet eine zusätzliche Idee an, die populistischer ist als jemals zuvor eine andere.

หรือว่าขึ้นอยู่กับว่าใครเป็นผู้ใช้นโยบายนี้ หลักเกณฑ์บรรทัดฐานอยู่ที่ไหนกัน

Oder, es kommt darauf an, wer sie einsetzt? Worin besteht ihre Funktion und was ist eigentlich ihr Prinzip?

ตั้งแต่พรรคไทยรักไทยก่อตั้งขึ้นจนกระทั่งเป็นรัฐบาลบริหารประเทศอยู่ประมาณ 6 ปี พรรคไทย รักไทยเกือบจะไม่ได้เรียกนโยบายของตนเองว่าเป็น "ประชานิยม" เลย อาจจะมีช่วงปลายๆอยู่ บ้าง ที่คนของไทยรักไทยเรียกนโยบายของพรรคตัวเองอย่างสับสนว่าเป็น "ประชานิยม"

Seit der Gründung "Thai Rak Thai", die das Land 6 Jahre lang regierte, war es ihr nie bewusst gewesen, dass sie eine populistische Politik betrieb. Vielleicht in deren

Endphase, wo ein paar Mitglieder Verwirrung stifteten, indem sie Thai Rak Thai Partei als Populismus bezeichneten.

นโยบายประชานิยมในประเทศต่างๆ นั้น มีมานานหลายสิบปีแล้ว ความหมายก็แตกต่างหลากหลายสับสนอยู่ไม่น้อย และก็มีวิวัฒนาการกลายพันธุ์จนไม่มีความชัดเจนว่าคืออะไรกันแน่

Populismus existiert in anderen Ländern schon seit Langem, in miteinander verwobenen unterschiedlichen Formen und er hat sich weiter entwickelt und mit anderen Komponenten der Politik durchmischt, bis man nicht mehr erkennt, was eigentlich Populismus ist.

ในทางวิชาการคำว่าประชานิยมมาจากคำว่า Populism ซึ่งกินความหมายกว้างมาก โดยรวมๆ นโยบายประชานิยมอาจหมายถึงนโยบายทางการเมืองสังคม หรือเศรษฐกิจก็ได้ ความหมายที่เข้าใจกันตั้งแต่แรกๆคือ การเอาประชาชนเป็นศูนย์กลาง หรือให้ความสำคัญกับประชาชนมากกว่าที่จะให้ความสำคัญกับอภิสิทธิ์ชน

Der Begriff "Populismus" hat eine breite Bedeutung. Generell gesagt könnte Populismus eine soziale- oder wirtschaftspolitische Bedeutung haben. Der Ursprung des Begriffs ist: Eine Politik zu realisieren, die mehr dazu tendiert das Wohlergehen des Volkes als zentrale Frage als zentrale Aufgabe anzusehen, als für das Wohlergehen von privilegierten einzelnen Personen zu wirken.

อธิบายความหมายอย่างนี้ก็คงรู้สึกคุ้นๆกันกับคำว่า "หัวใจคือประชาชน" "เอาประชาชนเป็นศูนย์กลาง" หรือ "ประชาชนมาก่อน" ที่ใช้เป็นกระแสในช่วงหลายปีมานี้

Man kann dadurch erahnen, dass Begriffe wie "Das Herz der Nation ist das Volk", "das Volk steht im Mittelpunkt des Interesses" oder "Das Volk kommt zuerst", also Begriffe, die man seit ein paar Jahren benutzt, einen gemeinsamen Kern haben.

ในอดีตมีทั้งรัฐบาลประชาธิปไตยและรัฐบาลเผด็จการในหลายประเทศที่ใช้นโยบายประชานิยม และก็มีทั้งฝ่ายทุนนิยมเสรีและฝ่ายสังคมนิยมที่ใช้นโยบายนี้ จึงหาข้อสรุปได้ยากว่าอย่างไหนคือนโยบายประชานิยม และอย่างไหนไม่ใช่

In der Vergangenheit gab es auch populistische Politik sowohl in demokratischen wie auch in diktatorischen Regierungen in vielen Ländern, sowohl in kapitalistischen Systemen mit einem freien Markt als auch in sozialistischen Systemen. Es ist deshalb nicht so einfach zu definieren, was Populismus ist und welche Art von Populismus es ist.

นโยบายของพรรคไทยรักไทยถูกเรียกว่า "นโยบายประชานิยม" โดยฝ่ายที่วิจารณ์หรือโจมตีเสียมากกว่าจะเป็นการเรียกของพรรคไทยรักไทยเอง

Die Politik der Thai Rak Thai wurde als populistisch bezeichnet, mehr von deren Kritikern oder Gegnern als von den Mitgliedern der Thai Rak Thai selbst.

ข้อโจมตีที่ใช้ก็คล้ายกับที่เคยมีการวิจารณ์นโยบายประชานิยมที่ใช้กันในลาตินอเมริกา ซึ่ง

สาระสำคัญก็คือ การใช้นโยบายที่มุ่งหวังคะแนนเสียงหรือความนิยมจากประชาชน โดยไม่สนใจการปฏิรูปหรือปรับโครงสร้างที่มีความสำคัญในระยะยาว รวมทั้งการใช้จ่ายงบประมาณอย่างฟุ่มเฟือย จนทำให้เกิดภาวะเงินเฟ้อ ดอกเบี้ยสูง เศรษฐกิจตกต่ำ จนในที่สุดผู้คนเดือดร้อนกันทั้งประเทศ ในเมืองไทยมีการนำสาระทำนองนี้มาใช้โจมตีนโยบายของรัฐบาลไทยรักไทยว่าเป็น "ประชานิยม" ที่จะทำให้ประเทศชาติล่มจม

Der Vorwurf hatte eine Ähnlichkeit mit dem Vorwurf gegenüber dem Populismus in Südamerika. Dessen wichtiger Inhalt die Anwendung der Politik ist, um eine Popularität in der Bevölkerung zu erzeugen, ohne langfristige Reformen oder Änderungen der gesellschaftlichen Bedingungen. Während der Haushaltsetat überstrapaziert wurde, was zu Inflation, hohen Zinsen, niedrigem Wirtschaftswachstum und anschließend zu Leid und Elend in der Bevölkerung führte. So oder ähnlich haben die Gegner die Politik der Thai Rak Thai Regierung charakterisiert: Die TRT betreibe populistische Politik und ruinier das Land, war die Behauptung.

แต่ก็แปลกอีกเช่นกันที่เวลาพวกเขาโจมตี แทนที่จะใช้ตัวอย่างหรือข้อเท็จจริงที่เกิดขึ้นในเมืองไทยขณะนั้นมาอธิบาย กลับใช้กรณีที่เกิดขึ้นในลาตินอเมริกาบางประเทศมาเป็นตัวอย่างว่าล่มจมเพราะประชานิยม แต่ข้อเท็จจริงคือ ล่มจมเพราะคอร์รัปชั่น และการบริหารประเทศที่ล้มเหลว แต่ขยายความอย่างเกินจริงให้เห็นว่า ได้เกิดความหายนะกับประเทศเหล่านี้อย่างไร แล้วก็ทึกทักสรุปเอาว่าถ้าปล่อยรัฐบาลทักษิณไว้เมืองไทยก็จะล่มจมอย่างเดียวกัน

Doch statt mit Fakten und Vernunft zu argumentieren oder die damalige Situation des Landes zu erklären, benutzten sie solche gefälschte Fakten aus Ländern in Südamerika als Argument gegen die Thai Rak Thai Regierung. Die Tatsache aber war, dass das jeweilige Land durch Korruption und Missmanagement ruiniert wurde. Mit der übertriebenen Polemik suggerierten sie, dass solch eine Situation Thailand bevorstehen würde, wenn Thaksin noch länger an der Macht bleiben würde.

ตรรกะที่บิดเบี้ยวอย่างนี้ น่าแปลกที่ดูเหมือนจะมีคนคล้อยตามเชื่อกันมาก ชนิดที่ลืมหูลืมตาไม่ขึ้น ถึงขั้นโกรธแค้นชิงชังรัฐบาลไทยรักไทยที่ใช้นโยบายประชานิยม

Eine solche Manipulation der Logik konnte erstaunlicherweise viele Anhänger finden. Sie glaubten es blind und hassten die Thai Rak Thai Regierung samt ihrer Popularität.

จะว่าไปแล้วถ้าเอาตามความหมายดั้งเดิม การที่ให้ความสำคัญกับรากหญ้า เอาประชาชนเป็นศูนย์กลาง ก็ถือว่ามีกลิ่นอายของประชานิยมอยู่บ้าง

Aber, Hand aufs Herz, wenn man die Bedeutung in der ursprünglichen Form definiert - z.B. auf das Problem des Rak-Yas eingeht, der Philosophie, dass das Volk im Zentrum steht, könnte man meinen, dass das auch der Populismus der Thai Rak Thai dies sein könnte.

แต่ความจริงแล้วนโยบายไทยรักไทยไม่ใช่ประชานิยมในความหมายที่มีการนำมาโจมตีเลย

Mark Teufel^^
Thailand

Die Krise der Demokratie

In Wahrheit war die Politik der Thai Rak Thais kein Populismus im Sinne der Vorwürfe.

เหตุผลที่สำคัญที่ใช้ยืนยันได้ก็คือ การที่รัฐบาลไทยรักไทยจัดการกับงบประมาณรายจ่ายจากที่เคยขาดดุลอยู่หลายปี ให้กลายเป็นงบประมาณสมดุลภายในเวลา 2-3 ปีเท่านั้น และก็ได้ใช้งบประมาณสมดุลเรื่อยมาจนกระทั่งรัฐบาลล้มไป แม้ว่าในปีสุดท้ายเริ่มมีปัญหาการคลังบ้าง เพราะเศรษฐกิจไทยต้องเจอกับปัญหาสารพัด

Die eindeutige Widerlegung der Vorwürfe: Die Thai Rak Thais Regierung konnte den Staathaushalt, der seit Jahren defizitär war innerhalb von nur zwei bis drei Jahren zu einem ausgeglichenen Haushalt führen. Außerdem konnte sie ihn ausgeglichen halten bis zu ihrer Auflösung. Und das obwohl sie im letzten Regierungsjahr mit wirtschaftlichen Problemen konfrontiert wurde.

ถือว่าแตกต่างห่างไกลจากกรณีของประเทศอื่นที่นำมาใช้เป็นตัวอย่างโจมตีนโยบายประชานิยม

Dies war unterschiedlich zu anderen so genannten „populistischen" Systemen, so dass ein Vergleich mit anderen Ländern nicht möglich ist.

นอกจากนั้นรัฐบาลในช่วงนั้นยังได้ชำระหนี้ IMF ก่อนกำหนด และทำให้ประเทศไทยพ้นจากสภาพความเป็นลูกหนี้ต่างประเทศด้วย

Außerdem konnte Thaksins Regierung Schulden vorzeitig an IMF zurückzahlen und das Land von Schulden befreien.

ส่วนเรื่องการปรับโครงสร้าง หรือปฏิรูปเศรษกิจ ก็เป็นเรื่องที่มีความสำคัญอยู่ไม่น้อย แม้จะไม่มีผลอย่างชัดเจนนัก อาจเป็นเพราะผู้เกี่ยวข้องทั้งหลายยังไม่เข้าใจว่าจะทำกันอย่างไร แต่ก็จะเห็นความพยายามในการเพิ่มขีดความสามารถในการแข่งขัน และการทำให้ประเทศทันสมัย หรือเรียกว่า e-Government ซึ่งก็ไม่ใช่การลดแลกแจกแถม โดยไม่สนใจการปรับโครงสร้างอย่างที่โจมตีกัน

Struktur- und Wirtschaftreform waren genau so wichtig. Auch wenn man noch keinen nennenswerten Erfolg sehen konnte, weil es Unsicherheiten darüber gibt, wie die Zuständigkeiten für die Problemlösung verteilt sind. Trotzdem konnte man spüren, dass die Regierung versuchte, das Land modern und konkurrenzfähig voran zu bringen, unter dem Motto von e-Government. Die Vorwürfe, dass sie eine Politik der Umverteilung und des Verschenkens betrieben hätte ist deshalb nicht stichhaltig.

ไม่น่าเชื่อว่าการเอาเรื่องที่เกิดขึ้นในประเทศอื่น และการโกหกซ้ำๆให้คนฟังคิดต่อกันนานๆเข้า สามารถทำให้คนส่วนหนึ่งเชื่ออย่างง่ายดายว่า นโยบายของไทยรักไทยเป็นประชานิยมแบบที่จะสร้างความหายนะให้กับประเทศ ชนิดที่จะปล่อยไว้ให้เป็นรัฐบาลไม่ได้เป็นอันขาด

Es war unglaublich: Ein Ereignis, das aus einem anderen Land stammte, gemischt mit Lügen – und noch mehr Lügen, konnte mit der Zeit so glaubhaft erscheinen, dass die Politik der Thai Rak populistisch genannt wurde und angeblich das Land ruinieren könnte, so dass man sie nicht mehr gewähren lassen konnte.

ดีที่ประชาชนส่วนใหญ่ไม่ได้เชื่อตามไปด้วย ในการเลือกตั้งเมื่อ 23 ธันวาคม 2550 พรรคพลังประชาชนซึ่งใช้นโยบายคล้ายกับพรรคไทยรักไทยชนะการเลือกตั้ง

Gott sei dank, die meisten Menschen in der Bevölkerung glaubten ihnen nicht. Am 23 Dezember 2007 gewann die PPP die Wahl mit einem ähnlichem Wahlprogramm, wie Thai Rak Thai die Wahl gewonnen hatte.

ที่ชนะเพราะประชาชนเขาชอบนโยบายอย่างนั้น เมื่อมีคนมาโจมตีนโยบายที่พวกเขาชอบว่าเป็น "ประชานิยม" พวกเขาก็เลยบอกเสียเลยว่า "ประชานิยม"เสียหายตรงไหน น่าจะดีด้วยซ้ำไปที่ทำให้ "ประชานิยม" ดีกว่านโยบายที่ไม่สนใจประชาชน และ "ประชาไม่นิยม"

Sie gewann wegen des Wahlprogramms. Wenn man ihre Politik als Populismus anprangerte, antwortete sie einfach: "Was kann Populismus schaden, Populismus ist immerhin besser als die Politik, die sich nie für das Volk interessiert, eine Politik ohne Rücksicht auf das Volk.

ช่วงนี้เองที่หลายคนในพรรคพลังประชาชนพูดเสียเองว่า นโยบายของตนเป็นประชานิยม ในความหมายว่าเป็นนโยบายที่ให้ความสำคัญกับประชาชนพรรคการเมืองมีนโยบายก็ย่อมต้องการให้เป็นที่นิยมของประชาชน

In dieser Zeit gestanden selbst manche Mitglieder der Palang Prachachon (PPP): ihre Politik wäre "Populismus", in dem Sinne, dass die Partei eine Politik vertritt, die das Interesse des Volkes achtet. Wenn eine Partei ein politisches Programm hat, dann will sie auch vom Volk geliebt werden, was sonst.

การยืนยันว่านโยบายของตนเป็นประชานิยม คงจะเกิดจากความเข้าใจความหมายของประชานิยมตามความเข้าใจของประชาชนในช่วงหลังๆ โดยที่อาจไม่รู้หรือสนใจว่า นโยบายประชานิยมซึ่งเป็นที่รู้จักกันกว้างขวางนั้น เป็นนโยบายที่ถูกโจมตีในทางลบเสียมากกว่า

Indem man akzeptiert, dass die eigene Politik populistisch ist, könnte daraus das Verständnis des Volkes entstehen und das Volk könnte es verstehen, ohne darauf zu achten, dass die meisten Menschen den Begriff in einem negativen Sinn verstehen.

ความหมายของ "ประชานิยม" ในเมืองไทยในช่วงหลังจึงเปลี่ยนไปมากจากความหมายในทางลบกลายเป็นความหมายในทางบวก

In der letzten Zeit jedoch hat sich der Begriff "Populismus" um 180° gedreht. Eine Drehung um 180°. Aus schlecht wurde gut.

เมื่อประชาชนคิดอย่างนี้ และแสดงออกผ่านการเลือกตั้งให้เป็นที่ประจักษ์นักการเมืองและพรรคการเมืองทั้งหลายจะไม่ฟังได้อย่างไร

Wenn das Volk so entschieden hat, was es bei der Wahl deutlich zeigte, warum sollen die Politiker und Parteien nicht darauf reagieren?

เมื่อรัฐบาลพลังประชาชนล้มลง และพรรคประชาธิปัตย์เป็นแกนนำจัดตั้งรัฐบาล พรรคร่วมรัฐบาลก็ดูเหมือนจะแข่งกันเสนอนโยบายประชานิยมกันใหญ่

Als die PPP gestürzt, und die Democrat Party an die Macht gebracht wurde, schien die Koalition zu versuchen, so viele attraktive Programme wie möglichst anzubieten.

ดูเหมือนจะไม่มีเสียงวิพากษ์วิจารณ์คำว่า "ประชานิยม" อย่างที่เกิดขึ้นก่อนหน้านี้แล้ว จะมีก็แค่เสียงวิจารณ์ว่านโยบายบางข้อเป็นประชานิยมสุดกู่เกินไปเท่านั้น

Und es scheint, als würden die Stimmen, die sich kritisch über "Populismus" ausließen, verstummen. Und es bleiben nur ein paar Kritiker, um hier und da die schlimmsten Auswüchse des Populismus zu kritisieren.

ความจริงแล้วนโยบายเศรษฐกิจของรัฐบาลพรรคประชาธิปัตย์มีลักษณะลด แลก แจก แถม ที่แก้ปัญหาไม่ตรงจุดอย่างเห็นได้ชัด ทั้งยังไม่มีความพยายามปรับโครงสร้างหรือเพิ่มขีดความสามารถในการแข่งขันของประเทศ ทั้งๆที่กำลังใช้จ่ายขาดดุลอย่างมหาศาล

Im Grund genommen ist die Wirtschaftpolitik der Democrat Party viel eher ein sinnloses Verteilen, Verschenken ohne Wirkung, gegenüber der früheren Politik der Thai Rak Thai. Und dabei hatte sie nie eine Anstalt gemacht, irgendeine Struktur zu reformieren, oder auch nur ansatzweise versucht, das Land konkurrenzfähiger zu machen. Und das, obwohl das Land im tiefsten Haushaltdefizit aller Zeiten steckt.

นี่คือนโยบายที่เป็น "ประชานิยม" ตามความหมายของนักวิชาการและนักเคลื่อนไหวที่ใช้โจมตีใส่ร้ายนโยบายพรรคไทยรักไทยอย่างหนักมาแล้วนั่นเอง

So ist es heute tatsächlich ein Populismus im Sinne der Wissenschaftler und politischen Bewegungen, die der Politik der Thai Rak Thai in der Vergangenheit die ganze Zeit vorgeworfen worden waren. .

พอเจอของไม่ดีจริงๆ เข้า กลับไม่ค่อยมีเสียงวิพากษ์วิจารณ์

Aber dieser wahre Populismus erhielt keine Kritik.

เท่ากับว่าจะทำอะไร ทำอย่างไรไม่สำคัญ สำคัญที่ใครเป็นคนทำ

Das heißt: wie und was gemacht wird, ist nicht wichtig. Wichtig ist nur WER es macht.

คำว่า "ประชานิยม"ที่ใช้กันในช่วงที่ผ่านมาจึงขึ้นกับจุดมุ่งหมายทางการเมืองว่า จะต้องการล้มล้างใครหรือสนับสนุนใคร

Das Wort "Populismus" wurde in der Vergangenheit benutzt, um entweder den zu stürzen, oder jenen zu stützen.

ไม่ได้มีพื้นฐาน เหตุผลทางวิชาการ หรือมีหลักมีเกณฑ์อะไรเลย

Ohne Grund und wissenschaftliche Logik oder irgendeine Regel.

ประชาธิปไตยบนทางสองแพร่ง

Demokratie am Scheideweg

"ขณะนี้สังคมกำลังมาถึงทางเลือก 2 ทางแล้ว คือ...

1. เลือกระบอบประชาธิปไตย ที่มีพระมหากษัตริย์เป็นประมุข มีรัฐธรรมนูญ รัฐสภา

2. สนับสนุนให้เกิดการปฏิบัติที่จะนำไปสู่การมีคณะบุคคลเข้ามามีอำนาจตัดสินความเป็นไปของประเทศ โดยไม่ยึดโยงกับรัฐสภา ไม่มีกลไกใดเกี่ยวโยงกับประชาชน และประชาชนควบคุมไม่ได้

"Nun steht die Gesellschaft am Scheideweg, nämlich:

1. Hin zu einem demokratischen System mit dem König als Staatsoberhaupt, einer Verfassung und einem Parlament.

2. Oder hin zu einem System, das eine Person unterstützt, die über alle staatlichen Entscheidungen entscheidet, ohne Parlament, ohne Verbindung zur Bevölkerung und somit auch ohne deren Krontrolle.

เวลานี้สังคมไทยกำลังอยู่ในทางสองแพร่งนี้ มีทางเลือก 2 ทางนี้ให้เลือก ความเห็นและข้อเสนอนี้ไม่แน่ใจว่าจะมีคนยอมรับมากน้อยแค่ไหน เชื่อได้ว่าจะมีคนโจมตีมาก หรือไม่เห็นด้วยในวันพรุ่งนี้ หรือต่อๆไป แต่ผมมั่นใจว่า ใน 6 เดือนข้างหน้า หรือ 1 ปีจากนี้ไป ต้องมาพูดกันในเรื่องนี้ ผมไม่ได้พูดเพื่อปกป้องบุคคลหรือพรรคการเมือง แต่ผมมั่นใจว่า ในอนาคตอีกไม่นาน สังคมไทยจะต้องมาพูดกันถึงปัญหานี้ ที่ออกมาพูดต้องการบอกสังคมไทยว่า ขณะนี้มีวิกฤตใหญ่แล้ว และเป็นเรื่องที่ทุกฝ่ายน่าจะต้องพิจารณาเรื่องต่างๆ ด้วยเหตุด้วยผล โดยมีหลักประชาธิปไตยเป็นหลักยึด หักล้างความคิดที่ว่า ขอให้ได้ผลดีๆ คนดีมาระบอบจะเป็นอย่างไรก็ตาม ใช้ระบอบอะไรก็ได้ ประชาธิปไตยหยุดใช้ชั่วคราวก็ได้ เดี๋ยวก็ตั้งต้นกันใหม่"

Und die thailändische Gesellschaft ist jetzt gerade auf dem zweiten Weg, wobei ich nicht so sicher bin, ob diese Meinung oder Vorstellung die Akzeptanz vieler Leute findet. Ich glaube aber, dass sie eher Gegenwind ernten werden. Vielleicht dauert es bis Morgen, vielleicht weitere Tage, vielleicht auch sechs Monate oder ein Jahr, bis wir darüber reden.

Mein Argument dient bestimmt nicht zum Schutz einer Person oder Partei, ich glaube nur, dass in der Zukunft die thailändische Gesellschaft darüber reden muss. Was ich jetzt unbedingt sagen wollte, ist, dass wir in einer riesigen Krise stecken. Das fordert die Zusammenarbeit von allen Seiten, um die Situation mit Vernunft, in einem demokratischen Sinn, ohne Hintergedanken zu lösen. Ohne nur auf den eigenen Vorteil zu achten – egal mit welchem System das Problem auch gelöst wird. Selbst ein nicht demokratisches System mit dem man neu anfangen kann, das man neu untersuchen und ausrichten kann.

นายจาตุรนต์ ฉายแสง 28 มิถุนายน 2549 หนังสือพิมพ์ไทยรัฐ

Chaturon Chaisaeng den, 28 Juni 2006, Thairath (Zeitung)
"Demokratie am Scheideweg"

Gebt uns die Verfassung von 1997 zurück

เอารัฐธรรมนูญฉบับ 2540 คืนมา

"การฉีกรัฐธรรมนูญฉบับ 2540 เป็นการถอยหลังเข้าคลองครั้งใหญ่ ทำให้พัฒนาประชาธิปไตย ที่กำลังก้าวหน้าอยู่ต้องหยุดลง ยิ่งเมื่อได้รัฐธรรมนูญฉบับ 2550 มาแทนที่ ก็จะยิ่งเห็นได้ว่า บ้านเมืองถอยหลังไปอีกไกลเพียงใด ยิ่งรัฐธรรมนูญฉบับ 2550 แสดงอิทธิฤทธิ์มากขึ้นเท่าใด คนก็ยิ่งคิดถึงรัฐธรรมนูญฉบับ 2540 มากขึ้นเท่านั้น"

"Indem man die Verfassung von 1997 vernichtete, begab man sich in eine nach Rückwärts gewandte Politik. Die demokratische Entwicklung wird dadurch automatisch zum Stillstand gebracht. Nachdem man die Volksverfassung mit der von 2007 ersetzt hat, wurde deutlicher erkennbar, dass das Land noch weiter rückwärts gehen würde. Je mächtiger die Verfassung von 2007 verteidigt wird, desto mehr vermisst man die Verfassung von 1997."

ในระหว่างการอภิปรายรับร่างรัฐธรรมนูญฉบับ 2540 เมื่อวันที่ 4 กันยายน 2540 เคยพูดไว้ว่า

In der Debatte über die Verfassung von 1997 im Parlament am 4. September 1997 habe ich mich so ausgedrückt:

"......สาระสำคัญประการ 2 ที่ผมอยากจะกล่าวถึงร่างรัฐธรรมนูญ มีสาระสำคัญเป็นการส่งเสริม และคุ้มครองสิทธิเสรีภาพของประชาชน ให้ประชาชนมีส่วนร่วมในการปกครองและตรวจสอบ การใช้อำนาจรัฐเพิ่มขึ้น ตลอดทั้งปรับปรุงโครงสร้างทางการเมืองให้มีเสถียรภาพและ ประสิทธิภาพยิ่งขึ้น

"......Zwei wichtige Aspekte, worüber ich mich in der Diskussion über den Entwurf dieser Verfassung {von 1997} äußern möchte, sind diese:

Das Recht der Bürger auf Unterstützung seiner Freiheit und auf Schutz, die Teilnahme des Bürgers an der Regierung, und die Vergabe von mehr Kontrolle über die Machtbefugnisse der Regierung sind Kernpunkte. Hinzu kommt die Notwendigkeit von Reformen der Struktur der Politik zur Erreichung von mehr Stabilität und Leistungsfähigkeit.

มีความชัดเจนสอดรับกันคือมาตรา 2 เขียนไว้ว่าประเทศไทยมีการปกครองระบอบ ประชาธิปไตย อันมีพระมหากษัตริย์ทรงเป็นประมุข มาตรา 3 อำนาจอธิปไตยเป็นของปวงชน ชาวไทย พระมหากษัตริย์ผู้ทรงเป็นประมุขทรงใช้อำนาจนั้นทางรัฐสภา คณะรัฐมนตรี และศาล ตามบทบัญญัติแห่งรัฐธรรมนูญนี้

All das sollte in Artikel 2 deutlich werden: „Thailand hat ein demokratisches System mit dem König als Staatsoberhaupt", und dem Artikel 3: „Der Souverän ist das Volk. Der König ist das Staatsoberhaupt, der die Streitkräfte, das Regierungskabinett und das Parlament sowie die Gerichte nach den Bestimmungen dieser Verfassung leitet."

เมื่อพิจารณาทั้งฉบับเห็นว่า เนื้อหาสาระสำคัญที่ผมเห็นด้วยกับรัฐธรรมนูญฉบับนี้ เห็นด้วยกับคำปรารภนี้ เห็นด้วยกับรัฐธรรมนูญทั้งฉบับก็คือว่าในเรื่องเสรีภาพ สิทธิเสรีภาพ ส่งเสริมและคุ้มครองสิทธิเสรีภาพของประชาชน ในรัฐธรรมนูญยังได้พูดถึงการที่ให้ประชาชนมีอำนาจมากขึ้นมีส่วนร่วมในการปกครองมากขึ้น

Wenn man die Verfassung {von 1997} als Ganzes betrachtet, sieht man, dass ihr wichtiger Inhalt, mit dem ich einverstanden bin, folgender ist: die Freiheit, das Recht, die Unterstützung und der Schutz des Bürgers. Und so stand in der Verfassung, dass die Bevölkerung mehr Macht und Anteilname an der Regierung haben soll.

ในฐานะที่เป็นนักการเมืองคนหนึ่ง อยากขยายความในคำปรารภเรื่องของการเมือง การตรวจสอบนักการเมือง เรื่องที่มาของนักการเมือง ที่มาของฝ่ายบริหาร ที่มาของนักการเมืองในฐานะฝ่ายนิติบัญญัติ ได้มีการปรับปรุงเปลี่ยนแปลงแก้ไข สร้างระบบขึ้นมา ทำให้ที่มาของนักการเมืองต่อไปนี้จะเป็นที่มาที่มีความโปร่งใส มีความบริสุทธิ์ยุติธรรม ผ่านกระบวนการที่บริสุทธิ์ยุติธรรมมากขึ้น

Als Politiker möchte ich die politische Abwägung so erklären: Politiker sollten ihre Vergangenheit transparent aufzeigen; das System der Regierungsführung {Governance} und der Gesetzgebung sollte verändert und neu aufbaut werden, um mehr transparente Politiker und eine ehrliche Justiz im Dienst unseres Staates zu erhalten.

ระบบการเลือกตั้งและระบบพรรคการเมืองจะได้รับการพัฒนาขึ้นอย่างมาก ระบบการเลือกตั้งที่ใช้วิธีบัญชีรายชื่อของพรรคการเมืองต้องพัฒนาในเชิงนโยบาย คัดเลือกสรรหาบุคลากรของพรรคการเมืองต้องพัฒนาในเชิงนโยบาย คัดเลือกสรรหาบุคลากรของพรรคการเมืองเข้ามาให้ประชาชนได้พิจารณาตั้งแต่ต้น ตั้งแต่ก่อนการเลือกตั้งและระหว่างการเลือกตั้งและจะต้องทำหน้าที่นี้อย่างสืบเนื่องต่อไป

Das Wahl- und Parteiensystem wurde beträchtlich aufgewertet und sie sollten sich weiter entwickeln können. Die Wahlliste sollte aus einer Reihe von Parteien bestehen, die eine Politik entwickeln müssen. Das Personal der Partei soll sorgfältig ausgewählt werden da sie die Politik des Landes aufbauen sollen. Und die Personen müssen vor und während der Wahl durch die Bevölkerung akzeptiert werden und ihre Pflicht erfüllen.

ในระบบอย่างนี้ การเลือกตั้งแบบเขตละคน ซึ่งจะเป็นการเลือกตั้งที่ให้ ประชาชนทั่วไปทุกคนมีสิทธิเท่าเทียมกัน คือหนึ่งคนก็เลือกผู้แทนราษฎรได้หนึ่งคน ที่สำคัญก็คือจะทำให้มีความใกล้ชิดกันระหว่างผู้แทนราษฎรกับประชาชน ตรงนี้เป็นการผสมผสานความต้องการ 2 อย่างของการจะให้ได้ผู้แทนราษฎรที่ใกล้ชิด กับประชาชน กับผู้แทนราษฎรที่เป็นที่ยอมรับของประชาชนทั่วประเทศ

Das System "ein Wähler pro Bezirk" ist ein System, indem jeder Bürger das gleiche

Die Krise der Demokratie — Mark Teufel^^
Thailand

Recht hat, eine Stimmer für einen Vertreter abzugeben, damit Politiker bzw. nach der Wahl die Abgeordneten, eine bürgernahe Politik betreiben. Das erfüllt die Anforderung von Artikel 2 denn es entsteht ein Parlament, das dem Volk nahe steht und von den Bürgern des ganzen Landes akzeptiert werden.

การเมืองที่มีประสิทธิภาพยิ่งขึ้นจากการตรวจสอบ การควบคุมการถอดถอนซึ่งเป็นการสร้างองค์กร สร้างระบบอย่างใหม่ขึ้นมา เป็นระบบที่จะมีการตรวจสอบผู้บริหารหรือผู้มีตำแหน่งสำคัญต่างๆ ในบ้านเมืองนี้ทั้งหมด ทุกองค์กรต้องมีการตรวจสอบ เป็นหลักการใหญ่ที่น่าชื่นชม ความซับซ้อนของระบบคงจะมีปัญหาตามมาในอนาคตบ้าง แต่ว่าก็เป็นเรื่องที่คงจะแก้ไขกันไปได้

Die Politik sollte kontrolliert, überprüft und rechenschaftspflichtig werden, und dadurch auch leistungsfähiger. Deshalb sollte ein neues System der Überwachung und der Kontrolle aufgebaut werden. Ein System, dass die Führung der Politik des Landes kontrolliert ist wünschenswert, auch wenn es wegen der miteinander verflochtenen Interessen leicht zur stumpfen Waffe werden kann. Aber dieses Problem kann gelöst werden.

การเขียนรัฐธรรมนูญนี้ไม่ได้แยกโดดๆ ออกมาจากปัญหาของบ้านเมืองสภาวะการณ์ของบ้านเมืองที่ได้พัฒนามาเป็นลำดับ เปลี่ยนแปลงเป็นลำดับและไม่ได้แยกออกจากปัญหาของบ้านเมือง สภาพการณ์ของบ้านเมืองที่เป็นอยู่ในขณะนี้ และจะเป็นอยู่ต่อไปในอนาคต ข้อ 1 คือกระบวนการของการปฏิรูปการเมือง ซึ่งได้มีต่อเนื่องมา และเป็นความเรียกร้องต้องการของประชาชนทั่วประเทศที่เห็นว่า บ้านเมืองนี้จะพัฒนาต่อไปได้ จะไปแข่งขันกับชาวโลกเขาได้ ต้องปฏิรูปการเมือง

Diese Verfassung ist nicht losgelöst von den Problemen oder der Situation des Landes, die sich mit der Zeit ununterbrochen weiter entwickelt hat. Sie {die Probleme} entstanden auch nicht getrennt vom Problem der jetzigen und zukünftigen Situation.

Erstens: Sie {Die Verfassung} ist ein Prozess der die ununterbrochenen Entwicklung der Politik nach den Wünschen der Bürger des ganzen Landes widerspiegeln muss. Damit das Land in der Welt konkurrenzfähig ist, muss sich die Politik des Landes reformieren.

ข้อที่ 2 ที่ว่าแยกไม่ออกจากรัฐธรรมนูญฉบับนี้ก็คือ ปัญหาเศรษฐกิจของประเทศ ขณะนี้อยู่ในสภาวะที่เปราะบางอย่างมาก เป็นปัญหาที่สะสมมาในระยะเวลาไม่ต่ำกว่า 5 ปี 10 ปี เราไม่อาจจะเห็นวิกฤตการณ์ทางการเมืองที่จะมาทับถมใส่เศรษฐกิจที่เปราะบาง และเศรษฐกิจที่เปราะบางนี้จะรับไม่ได้ เนื้อหาของรัฐธรรมนูญฉบับนี้เขียนเรื่องประสิทธิภาพของโครงสร้างทางการเมือง ก็จะเป็นประโยชน์อย่างยิ่งต่อการแก้ปัญหาเศรษกิจของประเทศ

Zweitens: Was man nicht von der Verfassung trennen kann, sind die wirtschaftlichen Probleme des Landes. Es {das Land} ist jetzt sehr zerbrechlich. Wir haben Probleme, die sich seit mehr als 5 bis 10 Jahren angesammelt haben. Wir dürfen deshalb nicht zusehen, wie die politische Krise die Instabilität der Wirtschaft noch weiter erhöht, bis sie zusammen bricht. Der Inhalt dieser Verfassung wurde geschaffen um eine tragfähige Struktur der Politik zu konstruieren, was sehr nützlich für die Problemlösung der Wirtschaft des Landes sein könnte.

โครงสร้างทางการเมืองที่โปร่งใส ตรวจสอบ ควบคุมได้และมีประสิทธิภาพเท่านั้น จึงจะทำให้โลกทั้งโลกมีความเชื่อมั่นต่อเศรษฐกิจไทย และการแก้ปัญหาของเศรษฐกิจไทย ถ้าพิจารณาปัญหาอย่างเป็นปัจจุบันและอนาคตอันใกล้ หรืออนาคตระยะยาวออกไป การพิจารณารับหรือไม่รับร่างรัฐธรรมนูญฉบับนี้มีผลโดยตรงและจะมีผลโดยตรงต่อไปต่อปัญหาเศรษฐกิจของประเทศ

Nur mit einer transparenten politischen Struktur die kontrollierbar und rechenschaftspflichtig ist wird es möglich, dass sich die thailändische Wirtschaft gegenüber der Welt glaubhaft behaupten und die wirtschaftlichen Probleme beseitigen kann. Ob wir diese Verfassung akzeptieren oder nicht, hat selbstverständlich eine direkte Auswirkung auf das wirtschaftliche Probleme unseres Landes.

พิจารณาจากกระบวนความเป็นมาของปัญหาการเมือง การปฏิรูปการเมือง พิจารณาจากเนื้อหารัฐธรรมนูญฉบับนี้ พิจารณาความต่อเนื่องของกระบวนการปฏิรูปการเมือง ที่จะต้องพัฒนาแก้ไขปัญหาของประเทศชาติและพิจารณาจากปัญหาของเศรษฐกิจ ทั้งในปัจจุบันและอนาคต ผมเห็นด้วยอย่างยิ่ง นอกจากถูกต้องเหมาะสมแล้ว ยังเป็นความจำเป็นที่สมาชิกรัฐสภาแห่งนี้จะต้องสนับสนุน และให้ผ่านร่างรัฐธรรมนูญฉบับนี้ขอขอบพระคุณครับท่านประธาน"

Wenn wir den Prozess der Reform unseres Landes, der politischen Reform, des Inhalts dieser Verfassung und des permanenten Reformprozess der Politik, der für das Problem des Landes und der wirtschaftlichen Probleme entwickelt wurde, sowohl gegenwärtig wie zukünftig betrachten, sieht man voll und ganz ein, dass diese {Verfassung} nicht nur richtig sind, sondern dass es für die Mitglieder dieses Parlaments notwendig ist sie zu verabschieden. Es ist deshalb Wert, sie zu unterstützen, und hiermit bedanke ich mich, Herr Vorsitzender.

บทคัดย่อคำอภิปรายรับร่างรัฐธรรมนูญฉบับ 2540 เมื่อ 4 กันยายน 2540

Text der Debatte über die Verfassung von 1997 am 4 September 1997

รายงานการประชุมรวมกันของรัฐสภาครั้งที่ 2 (สมัยสามัญครั้งที่สอง)

Bericht über die Parlamentssitzung der zweiten Lesung

เล่มที่ 2 พ.ศ. 2540 / 2. Band im Jahr 1997

นายจาตุรนต์ ฉายแสง / Chaturon Chaisaeng

สมาชิกสภาผู้แทนราษฎรจังหวัดฉะเชิงเทรา

Abgeordneter der Provinz Cha Coeng Sau in der Gesetzgebenden Versammlung

รัฐธรรมนูญฉบับ 2540 ถูกเรียกว่ารัฐธรรมนูญฉบับประชาชน เพราะว่าร่างขึ้นโดยที่ประชาชนมี

ส่วนร่วมมากที่สุด รัฐธรรมนูญฉบับนี้มีเนื้อหาเป็นประชาธิปไตยมากที่สุดฉบับหนึ่งเท่าที่เคยมี มา ต้องการสร้างรัฐบาลที่เข้มแข็งและสุจริต มีเสถียรภาพทางการเมือง พัฒนาระบบพรรคการเมืองให้เข้มแข็งขึ้น นักการเมืองที่จะมาบริหารประเทศ ทั้งฝ่ายบริหารและฝ่ายนิติบัญญัติมีที่มาที่สุจริตและสามารถตรวจสอบได้ ทั้งโดยองค์กรรัฐธรรมนูญ และสังคม ทั้งยังส่งเสริมสิทธิเสรีภาพ และการมีส่วนร่วมของประชาชนในทางการเมืองด้านต่างๆอย่างมาก

> Die Verfassung von **1997** wurde auch Bürgerverfassung {oder Volksverfassung} genannt. Sie wurde entworfen, damit die Bürger mehr an den politischen Geschehnissen teilnehmen können. Der Inhalt dieser Verfassung ist somit wichtiger für die Demokratisierung als eine Verfassung es jemals zuvor war. Ihr Ziel ist es, eine stabile, offene und ehrliche Regierung aufzubauen, mehr Kompetenz und Stabilität für die Parteien und Politik, fähige Politiker zum Regieren des Landes heranzuziehen, sowohl in der Regierungsführung als auch in der Justiz, solche zu fördern, die vertrauenswürdig und kontrollierbar, sowohl von den Verfassungsorganen als auch Gesellschaft, sind. Sie {die Verfassung} unterstützte voll und ganz das Grundrecht der Freiheit und die Teilnahme des Bürgers.

รัฐธรรมนูญฉบับ 2540 เป็นความต่อเนื่องของการต่อต้านการสืบทอดอำนาจของรสช. และการปฏิรูปการเมืองที่เกิดขึ้นในเวลาต่อมา หลังจากที่รัฐบาลพลเอกสุจินดา คราประยูรล้มลงไป มีการแก้ไขรัฐธรรมนูญฉบับ 2535 ในประเด็นสำคัญบางประเด็น เช่น ให้นายกรัฐมนตรีมาจากส.ส. และให้ประธานสภาผู้แทนราษฎรเป็นประธานรัฐสภา เป็นต้น

Die Verfassung von **1997** ist die logische Fortsetzung der Institutionen, die Widerstand gegen das Nationale Sicherheitskomitee (*The National Security Committee*) leisteten, eine Bewegung die sich kontinuierlich entwickelte und später die politische Reform realisierte. Nachdem die Regierung von General Suchinda Kraprayul gestürzt worden war, wurden die Verfassungsänderungen von 1992 an manchen Artikeln {an der Verfassung von 1991} vorgenommen, z.B. dass ein Premierminister Abgeordneter sein musste und ein Parlamentvorsitzender aus den Reihen der Abgeordneten stammen musste.

ต่อมามีการตั้งคณะปฏิรูปการเมืองขึ้น และมีความพยายามที่จะแก้ไขรัฐธรรมนูญหลายมาตรา แต่ก็ไม่เป็นที่ยุติกระแสปฏิรูปการเมืองทำให้พรรคการเมืองต้องขานรับ ให้สัญญาว่าจะปฏิรูปการเมือง จากนั้นจึงเกิดการแก้ไข รัฐธรรมนูญในมาตรา 211 <u>ว่าด้วยการแก้ไขรัฐธรรมนูญ มีผลให้เกิดสภาร่างรัฐธรรมนูญ โดยการมีส่วนร่วมอย่างมากของประชาชนทั่วประเทศ แล้วจึงให้รัฐสภาลงมติเห็นชอบโดยไม่มีการแก้ไขใดๆ</u>

Dann wurde das Komitee für politische Reform gegründet, mit dem Ziel in der Verfassung weitere Artikel zu ändern. Die Idee für eine politische Veränderung riss aber nicht ab und das war der Grund des Versprechens aller Parteien, sie durchzuführen. Und so wurde die Änderung von Artikel 211 ohne jeden Einspruch modifiziert und es wurde eine Verfassungsgebende Versammlung einberufen, an deren Auswahl Bürger im ganzen Land teilnahmen.

รัฐธรรมนูญฉบับ 2540 เกิดขึ้นด้วยความคิดต้องการปฏิรูปการเมืองอย่างจริงจัง โดยเฉพาะได้มีการสรุปบทเรียนเกี่ยวกับปัญหาความไม่มีเสถียรภาพของรัฐบาล การที่ต้องเปลี่ยนรัฐบาลบ่อยมาก การที่ผู้นำหรือนายกรัฐมนตรีไม่มีอำนาจ ต้องคอยฟังพรรคการเมืองของตัวเอง ต้องคอยต่อรองกับกลุ่ม ส.ส. และพรรคร่วมรัฐบาลมาก จนกระทั่งไม่สามารถผลักดันนโยบายที่สำคัญๆ ได้ ทำให้ไม่สามารถเป็นผู้นำที่เข้มแข็งที่จะบริหารงานให้เกิดประสิทธิผลได้

Die Verfassung von **1997** entstand aus dem konkreten Wunsch, die Politik zu reformieren. Besonders wurde das Problem der Instabilität in der Regierung betont, weil sie zu oft wechselte. Wenn der Führer oder Premierminister eines Landes keine Macht hatte, nur auf seine eigene Partei hören oder mit anderen Abgeordneten oder Koalitionsparteien verhandeln musste, würde es ihm oft nicht gelingen, dringende Veränderungen auf den Weg zu bringen, denn er besaß keine ausreichende Macht, um das Land erfolgreich zu führen.

นอกจากนั้นก็มีกระแสความคิดที่ต้องการป้องกันและสกัดกั้นการทุจริตซื้อเสียง ต้องการแก้วงจรที่นักการเมืองทุ่มเงินซื้อเสียงเพื่อมาบริหารประเทศแล้วก็จะได้กอบโกย โกงกิน เพื่อที่จะได้รับการเลือกตั้งกลับมาอีกครั้งหนึ่ง ฉะนั้นในรัฐธรรมนูญฉบับ 2540 จึงให้มีคณะกรรมการเลือกตั้งและมีองค์กร ตามรัฐธรรมนูญเกิดขึ้นอีกหลายองค์กร เพื่อส่งเสริมให้พรรคการเมืองและระบบพรรคการเมืองเข้มแข็ง ส่งเสริมให้ประชาชนเลือกพรรคการเมืองมากขึ้นแทนที่จะเน้นตัวบุคคลอย่างในอดีตที่ผ่านมา

Außerdem sollte die Verfassung ein Instrument gegen Betrug durch Stimmenkauf sein, bzw. den Kreislauf des Stimmenkaufs unterbrechen. Der Stimmenkauf hatte dafür gesorgt, dass man, um einen Sitzplatz im Parlament zu erhalten, Zugang zu Betrug und Korruption benutzte, was eine Wiederwahl ermöglichte. Die Verfassung von 1997 enthält deshalb verschiedene neue Organisationen z.B. die Wahlkommission um das Parteiensystem und die Parteienpolitik zu stärken, damit die Bürger die Partei {und das Programm} wählen, statt wie früher sich nur auf die Person zu konzentrieren.

เมื่อมีการใช้รัฐธรรมนูญในช่วงแรกหลังปี 2540นั้น ยังไม่ได้ใช้รัฐธรรมนูญอย่างเต็มรูปแบบ รัฐบาลที่มาจากการเลือกตั้งปี 2539 ก็มาตามรัฐธรรมนูญก่อนหน้านั้น ประโยชน์ของการปฏิรูปการเมือง และการมีรัฐธรรม นูญปี 2540 ที่สำคัญมากอย่างหนึ่งคือ เมื่อประเทศไทยประสบวิกฤตเศรษฐกิจปี 2540 และดูเหมือนว่าเราจะประสบความยากลำบากในการแก้ปัญหาไม่ได้อยู่เป็นเวลานาน คนผิดหวัง ไม่พอใจต่อการแก้ปัญหา และก็เดือดร้อนกันทั่วแต่ก็ไม่เกิดเป็นวิกฤตการเมืองซ้ำเข้ามา ทั้งนี้สาเหตุที่สำคัญอย่างหนึ่งเป็นเพราะเราปฏิรูปการเมืองและการแก้รัฐธรรมนูญฉบับ 2540 มาก่อนแล้ว เป็นการรองรับอยู่นั่นเอง

Zu Beginn war die Verfassung von 1997 noch nicht vollständig wirksam. Für die Regierung, die durch die Wahl im Jahr 1996 an die Macht gekommen war, galt noch die frühere Verfassung. Die Verfassung von 1997 hat noch eine wichtige weitere Funktion: als Thailand von der schweren Wirtschaftskrise im Jahr 1997 heimgesucht wurde, schien es für lange Zeit, als könnten wir die Probleme nicht mehr in den Griff bekommen. Die Bürger waren mit den damaligen Problemlösungen unzufrieden, sie waren in Sorge. Es gab damals jedoch keine politische Krise, weil wir bereits die Reform in unserer Politik und eine Änderung der Verfassung von 1997 durchgeführt hatten.

เพราะฉะนั้นสังคมไทยซึ่งอยู่กับกระแสการปฏิรูปการเมือง และเพิ่งได้รัฐธรรมนูญฉบับประชาชน จึงไม่มีใครคิดถึงการล้มรัฐบาลโดยการยึดอำนาจกลับไปสู่ระบอบเผด็จการ

Da wir die Politik reformiert hatten und Bürger durch die neue Verfassung mehr Rechte erhalten hatte, dachte niemand daran die Regierung zu stürzen und zu einem System der Diktatur zurück zu kehren.

พอถึงปี 2544 ก็มีการใช้รัฐธรรมนูญฉบับ 2540 กันอย่างเต็มรูปแบบส่งผลตามมาคือ การมีพรรคการเมืองและระบบพรรคการเมืองที่เข้มแข็งขึ้น และมีรัฐบาลซึ่งมีนายรัฐมนตรีที่เข้มแข็ง

Erst im Jahr 2001 zeigte die Verfassung von 1997 ihre volle Wirkung: die Parteien und deren System waren stabil und erzeugten eine stabile Regierung mit starken Ministerien.

ความจริงแล้วสิ่งสำคัญที่เกิดขึ้นคือ การแก้ปัญหาและพัฒนาประเทศโดยพรรคการเมืองและรัฐบาลที่มาจากการเลือกตั้งของประชาชน ซึ่งได้ใช้นโยบายที่มาจากมีส่วนร่วมของประชาชนตั้งแต่การยกร่าง ไปจนถึงการสนับสนุนผ่านการเลือกตั้ง นี่ถือว่าเป็นการพัฒนากระบวนการทางประชาธิปไตยครั้งใหญ่ของประเทศ นอกจากนั้นที่มาและการตรวจสอบนักการเมืองและผู้บริหารปกครองประเทศ รวมทั้งการมีส่วนร่วมของประชาชนในด้านต่างๆ ก็ถือได้ว่าก้าวหน้าพัฒนากว่าในอดีตที่ผ่านมาอย่างมาก

Der Hintergrund war: durch die Problemlösung und die Entwicklung des Land durch eine gewählte Regierung, die die Teilnahme der Bevölkerung und das Wahlsystem unterstützte, wurde der Prozess begünstigt. **Dieser Prozess kann als die größte Entwicklung der Demokratisierung des Landes gelten.** Außerdem ging die Kontrolle über die Politiker und die Regierenden des Landes sowie die Teilnahme der Bevölkerung in unterschiedlichen Bereichen der Politik weit über das hinaus, was jemals vorher entwickelt worden war.

แต่ข้อบกพร่องของรัฐธรรมนูญฉบับ 2540 ก็มีอยู่หลายเรื่อง เช่น ที่มาขององค์กรอิสระหรือองค์กรตามรัฐธรรมนูญ การป้องกันไม่ให้องค์กรรัฐธรรมนูญไม่เป็นอิสระหรือไม่เป็นกลาง การอภิปรายไม่ไว้วางใจนายกรัฐ มนตรีและรัฐมนตรียากเกินไป การป้องกันการทุจริตคอร์รัปชั่น ทั้งที่ป้องกันโดยองค์กรตามรัฐธรรมนูญ โดยกลไกของราชการ และโดยภาคประชาชนเป็นต้น

Allerdings gab es auch negative Elemente in dieser Verfassung. Dazu gehören z.B. die von der Verfassung unabhängigen Organisationen die Schwierigkeit eine Debatte über die Vertrauensfrage über den Premierminister oder einen Minister ins Parlament einzubringen, der mangelhafte Schutz vor Betrug und Korruption sowohl von Verfassungsorganen als auch von Behörden und von Seite der Bevölkerung.

นอกจากนั้นที่เป็นปัญหาอันเป็นลักษณะพิเศษก็คือ การที่หลายฝ่ายพยายามกำหนดเนื้อหาสาระของรัฐธรรมนูญในรายละเอียดเพื่อให้สอดคล้องกับความคิดของกลุ่ม รัฐธรรมนูญนี้จึงมีเนื้อหาสาระในรายละเอียดมาก ส่วนใหญ่กำหนดไว้ในแนวนโยบายแห่งรัฐ ด้วยความคิดที่ว่าใครอยากให้บ้านเมืองดีอย่างไร ก็เอาความรู้ ประสบการณ์ ความต้องการของตัวเองในแต่ละส่วน กำหนดไว้ในแนวนโยบายแห่งรัฐ ด้วยความคิดที่ว่าใครอยากให้บ้านเมืองดีอย่างไร ก็เอาความรู้ประสบการณ์ ความต้องการอย่างละเอียดนี้มีข้อดีตรงที่ว่า ทำให้ได้เอาความคิดเห็นดีๆ ในด้านต่างๆ เข้าไปไว้ในรัฐธรรมนูญให้รัฐบาลทุกรัฐบาลต้องทำตาม

Außerdem gab es auch bestimmte, spezifische Schwierigkeiten: von verschiedenen Seiten versuchte man den Inhalt der Verfassung sehr detailliert zu formulieren, um ihn nach dem eigenen Willen zu gestalten. Die Verfassung ist somit detailbesessen, der Inhalt meist so detailliert, dass sie über die Regierungspolitik bestimmt. Wer es für das Land gut meinte, verstopfte mit seinen Wissen, seinen Erfahrungen und Wünschen Ausgänge für neue Politik und wirkte somit wie eine Richtlinie der Staatpolitik.

Einerseits waren die vielen berücksichtigten Wünsche gut, da solche Ideen nun in die Verfassung eingebaut wurden, und alle Regierungen sich danach richten mussten.

แต่ข้อเสียก็คือละเอียดเกินไป ทำให้มีปัญหาตามมาคือ เมื่อสถานการณ์เปลี่ยนไป บ้านเมืองเปลี่ยนไป เนื้อหาที่บัญญัติไว้ไม่สอดคล้องเสียแล้ว ก็จะมีปัญหาว่าจะแก้ได้ยาก เพราะการแก้ต้องแก้โดยรัฐสภา ซึ่งจะอาศัยการให้ พรรคการเมืองเสนอนโยบายว่าจะแก้อย่างไร แล้วให้ประชาชนผู้ลงคะแนนตัดสินทำได้ยากมาก เพราะผู้แทนราษฎรที่โยงกับพรรคการเมืองเป็นเพียงส่วนหนึ่งของรัฐสภา ในขณะที่อีกส่วนหนึ่งคือวุฒิสภานั้น ต่างคนต่างลงสมัคร ไม่มีการนำเสนอประเด็นทางนโยบายให้ประชาชนเลือก จึงเท่ากับจำกัดอำนาจของประชาชนนั้นเอง

Andererseits wurde die Verfassung so zu detailliert und es entstanden folgende Probleme: Wenn sich eine Situation änderte, und ein Land verändert sich nun einmal, dann stimmte der Inhalt der Verfassung nicht mehr mit der Situation überein, eine Änderung erwies sich aber als schwierig. Denn die Änderung kann nur durch das Parlament durchgeführt werden, und wenn Parteien einen Antrag stellen, wie oder was sie machen wollen.

Die Bevölkerung selbst abstimmen zu lassen, erwies sich auch als undurchführbar.

Die von der Bevölkerung gewählten Abgeordneten waren an ihre Partei gebunden, die aber nur Teil des Unterhauses war. Während für eine Verfassungsänderung auch die Zustimmung des Oberhauses notwendig war. Im Oberhaus wiederum kämpfte jeder gegen jeden, aber am Ende stellte niemand den Antrag die Bevölkerung selbst wählen zu lassen, was die Macht der Menschen automatisch einschränkte.

ความจริงแล้วเนื้อหาในรัฐธรรมนูญที่ดีนั้น ในส่วนแนวนโยบายแห่งรัฐควรจะกำหนดเนื้อหาหลักใหญ่ๆ แล้วเปิดโอกาสให้ประชาชนตัดสินใจผ่านกระบวนการเลือกตั้งเหมือนอย่างในประเทศที่พัฒนาแล้วเขาทำกัน ซึ่งเป็นการส่งเสริมให้เกิดการพัฒนาระบบพรรคการเมือง และให้อำนาจการตัดสินใจอยู่ที่ประชาชน ไม่ใช่ผู้ร่างรัฐธรรมนูญกำหนดไว้เสียหมด โดยเฉพาะจะเป็นปัญหามากถ้าผู้ร่างมาจากการแต่งตั้งของผู้ยึดอำนาจ และต้องการกำหนดทุกอย่างไว้เสียหมด ไม่ปล่อยให้ประชาชนแก้ไขอะไรได้อีกเลย ดังที่เกิดขึ้นในรัฐธรรมนูญฉบับ 2550 ในเวลาต่อมา

Eigentlich aber war der Inhalt der Verfassung gut. Sie sollte die wichtigsten Richtlinien der Politik des Staates festlegen und der Bevölkerung ermöglichen, selbst zu bestimmen, wie es in den entwickelten Industrieländern üblich ist. Und es sollte die Entwicklung von Parteien ermutigen, weil die Entscheidung bei der Bevölkerung liegen sollte. Und nicht bei jemanden der die Verfassung entworfen hat und damit alles bestimmen kann. Letzteres gilt besonders für die neue Verfassung, die durch den Coup installiert wurden und alles bestimmen will, die nie mehr zulassen wird, dass die Bevölkerung das Problem selbst lösen kann. Was wir aus der Verfassung von 2007 klar erleben.

น่าเสียดายและเป็นความเสียหายอย่างใหญ่หลวง ที่แทนที่จะมีการช่วยกันหาทางแก้ไขปัญหาที่เป็นข้อบกพร่องเหล่านั้น ด้วยการศึกษา สรุปบทเรียน แล้วแก้ไขรัฐธรรมนูญนั้นให้ดีขึ้น รัฐธรรมนูญบับ 2540 กลับถูกฉีกทิ้งไป พร้อมกับการรัฐประหารเมื่อ 19 กันยายน 2549

Leider ist der Schaden angerichtet. Statt dieser Probleme mit Studium und Schlussfolgerung, Stück pro Stück vorantastend, zu lösen, die Verfassung zu verbessern, wurde die Verfassung von 1997 beim Coup vom 19. September 2006 vernichtet.

แม้ว่ารัฐธรรมนูญบับ 2540 มีข้อบกพร่องมาก จึงถูกฉีกทิ้งใช่หรือไม่

Die Verfassung von 1997 wies Mängel auf, wurde sie deshalb beseitigt?

คำตอบคือไม่ใช่อย่างนั้น ที่รัฐธรรมนูญบับ 2540 ถูกฉีก ไม่ใช่เพราะมีความไม่เป็นประชาธิปไตยหรือมีข้อเสียมากเกินไป แต่การถูกฉีกมีเหตุผลสองข้อเท่านั้นเอง

Die Anwort ist "**nein**". Die Verfassung von 1997 wurde nicht zerstört, weil sie undemokratisch war, oder viele Fehler enthielt. Sie wurde nur aus 2 Gründen außer Kraft gesetzt:

1) มีเนื้อหาที่เป็นประชาธิปไตยมากเกินไป มากจนกระทั่งผู้ที่ไม่คุ้นเคยกับระบอบประชาธิปไตย ผู้ที่ไม่คุ้นเคยกับการที่ประชาชนเจ้าของอำนาจเป็นผู้ใช้อำนาจกันมากๆ อดรนทนต่อไปไม่ได้

1) Ihr Inhalt ist zu demokratisch, und wer nicht an die Demokratie gewöhnt ist, der will die Macht, die ja eigentlich den Menschen gehört, nicht mit ihnen teilen.

2) รัฐธรรมนูญบับ 2540 ก็เช่นเดียวกับรัฐธรรมนูญที่เป็นประชาธิปไตยหลายๆฉบับ คือไม่อนุญาติให้มีการเปลี่ยนแปลงรัฐบาลโดยการยึดอำนาจ

> **2) die Verfassung von 1997 war wie viele andere Verfassungen: sie verbot den Sturz der Regierung durch einen Militärcoup.**

เมื่อมีกลุ่มคนที่ต้องการเปลี่ยนแปลงรัฐบาล ล้มรัฐบาลโดยการยึดอำนาจ พวกเขากำลังจะทำสิ่งที่ขัดต่อรัฐธรรมนูญ และนั่นหมายความว่าพวกเขาต้องยึดอำนาจทำรัฐประหาร และในการยึดอำนาจทำรัฐประหารนั้น เมื่อขัดต่อรัฐธรรมนูญ จึงฉีกรัฐธรรมนูญฉบับ 2540 ทิ้งไป

Es gab aber eine Gruppe, die die Regierung verändern und die Macht an sich reisen wollte, und vor hatte, etwas gegen die Verfassung zu unternehmen. Im Klartext, sie wollten gern die Macht an sich reißen, und sie haben deshalb geputscht. Das war gegen die Verfassung, deshalb mussten sie sie vernichten.

แต่การทำรัฐประหารเมื่อ 19 กันยายน 2549 ไม่ได้มีผลเพียงการล้มรัฐบาลหนึ่งลงเท่านั้น การฉีกรัฐธรรมนูญฉบับ 2540 ที่ได้กระทำไปในคราวเดียวกัน ยังมีผลล้มล้างการปกครองระบอบประชาธิปไตย ทำให้เกิดรัฐธรรมนูญฉบับ 2550 ที่ไม่เป็นประชาธิปไตยอย่างยิ่งมาแทนที่

Der Coup vom 19 September 2006 stürzte nicht nur eine Regierung, er vernichtete auch gleichzeitig die Verfassung von 1997, er vernichtete auch die Demokratie. Er ersetzte diese durch die neue Verfassung von 2007, die höchst undemokratisch ist.

การฉีกรัฐธรรมนูญฉลับ 2540 เป็นการถอยหลังเข้าคลองครั้งใหญ่ ทำให้การพัฒนาประชาธิปไตย ที่กำลังก้าวหน้าอยู่ต้องหยุดลง ยิ่งเมื่อได้รัฐธรรมนูญฉบับ 2550 มาแทนที่ ก็จะยิ่งเห็นได้ว่าบ้านเมืองถอยหลังไปอีกไกลเพียงใด ยิ่งรัฐธรรมนูญฉบับ 2550 แสดงอิทธิฤทธิ์มากขึ้นเท่าใด คนก็ยิ่งคิดถึงรัฐธรรมนูญฉบับ 2540 มากขึ้นเท่านั้น

Indem man die Verfassung von 1997 vernichtete, begab man sich in eine nach Rückwärts gewandte Politik. Die demokratische Entwicklung wird dadurch automatisch zum Stillstand gebracht. Nachdem man die Volksverfassung mit der von 2007 ersetzt hat, wurde deutlicher erkennbar, dass das Land noch weiter rückwärts gehen würde. Je mächtiger die Verfassung von 2007 verteidigt wird, desto mehr vermisst man die Verfassung von 1997

ตราบใดที่ประเทศไทยยังใช้รัฐธรรมนูญฉบับ 2550 ที่ไม่เป็นประชาธิปไตยนี้อยู่ ประชาชนไทยก็ยังจะเรียกหารัฐธรรมนูญฉบับ 2540 ตลอดไป

Solange Thailand unter der undemokratischen Verfassung von 2007 leidet, wird die thailändische Bevölkerung nach der Verfassung von 1997 verlangen.

ความแตกต่างอย่างสิ้นเชิงระหว่างรัฐธรรมนูญ 2ฉบับ ทำให้ผู้รักประชาธิปไตยทั้งหลายต้องการให้ยกเลิกรัฐธรรมนูญฉบับ 2550 นี้เสีย แล้วกลับไปใช้รัฐธรรมนูญฉบับ 2540 ดั่งเดิม โดยแก้ไขส่วนที่เป็นปัญหา และคงสาระสำคัญที่เป็นประชาธิปไตยของรัฐธรรมนูญฉบับ 2540 ไว้

Aufgrund der totalen Unterschiedlichkeit der zwei Verfassungen, wünschen sich immer mehr Bürger die Aufhebung der Verfassung von 2007 und das erneute In-Kraftsetzen der Verfassung von 1997, selbst verständlich mit Veränderungen mancher Teile. Jedoch müssen die wichtigen Grundlagen der Demokratie erhalten bleiben.

สังคมการเมืองของประเทศไทยยังจะพูดถึงรัฐธรรมนูญฉบับ 2540 กันไปอีกนาน เพราะรัฐธรรมนูญฉบับ 2540 เป็นรัฐธรรมนูญฉบับที่ร่างกันขึ้นในท่ามกลางกระบวนการปฏิรูปการเมือง และโดยการมีส่วนร่วมของประชาชนมากที่สุดเป็นประวัติการณ์ นอกจากนั้นก็มีเนื้อหาที่เป็นประชาธิปไตยอย่างมากด้วย

Die thailändische Gesellschaft wird noch lange über die Verfassung von 1997 reden. Denn sie war die erste Verfassung, die während der politischen Reformen entworfen wurde, um die Mitwirkung der Bürger und die Demokratie zu begünstigen.

รัฐธรรมนูญฉบับนี้ได้ส่งผลให้เกิดพัฒนาการทางการเมืองของระบบพรรคการเมืองของระบบรัฐสภา เกิดพัฒนาการที่ทำให้เห็นว่าประชาชนมีช่องทางที่จะกำหนดความเป็นไปทางการเมืองผ่านพรรคการเมือง เพื่อให้พรรคการเมืองได้ไปตั้งรัฐบาล และนำเอานโยบายที่ได้ร่วมคิดกับประชาชนตามที่ได้สัญญาไว้กับประชาชนไปปฏิบัติ จนเกิดผลเปลี่ยนแปลงต่อชีวิต ความเป็นอยู่ของประชาชนครั้งใหญ่อย่างไม่เคยปรากฏมาก่อน

Diese Verfassung bewirkte die politische Entwicklung und die Entstehung eines starken Parteiensystems im Parlament. Die Bürger haben die Möglichkeiten durch die Parteien die Politik selbst zu bestimmen. Denn die Parteien müssen dieselbe Politik, die sie den Bürgern versprechen auch anwenden, um ihre Lebensumstände zu verbessern und verändern, was es noch nie in der Geschichte gegeben hatte.

ดังนั้นรัฐธรรมนูญฉบับ 2540 จะยังคงอยู่ในใจของประชาชนไทยไป อีกนาน การแก้รัฐธรรมนูญถ้าจะมีขึ้น ผู้ที่รักประชาธิปไตยซึ่งต้องการให้บ้านเมืองเป็นประชาธิปไตยทั้งหลายไม่พ้นที่จะหยิบยกรัฐธรรมนูญฉบับ 2540 ขึ้นมาเป็นต้นแบบ หรือขึ้นมาเป็นหลักในการแก้หรือยกร่างรัฐธรรมนูญฉบับต่อๆไป

Deshalb bleibt die Verfassung von 1997 weiter hin in der Erinnerung des Bürgers, und wenn eine neue Änderung entwickelt werden wird, wird es immer noch die Demokratie liebende Bürger geben, die diese Verfassung als Muster, für eine weitere Verfassung heranziehen werden.

ข้อเรียกร้องวันรัฐธรรมนูญ / die Anforderung am Tag der Demokratie

"......รัฐธรรมนูญปัจจุบันที่ใช้อยู่เป็นเพียงรัฐธรรมนูญชั่วคราวที่ไม่ได้ยืนยันอำนาจอธิปไตยของประชาชน จึงยังไม่ถือเป็นประชาธิปไตย แต่เป็นเผด็จการ ส่วนการร่างรัฐธรรมนูญฉบับถาวรเป็นเรื่องที่พรรคไทยรักไทยให้ความสำคัญมาก เพราะเป็นเครื่องยืนยันว่าเราจะได้รัฐธรรมนูญตามความหมายที่แท้จริงกลับคืนมาหรือไม่ ประชาชนจะมีสิทธิเสรีภาพเท่าเทียมกันหรือไม่ จะมีอำนาจอธิปไตยหรือไม่ ซึ่งได้เสนอไปแล้วว่าควรใช้รัฐธรรมนูญปี 2540 เป็นจุดเริ่มต้น

"....Die jetzige Verfassung {von 2007} ist nur ein Provisorium, sie unterstützt die

Souveränität der Bürger nicht, man kann sie nicht als demokratisch akzeptieren, einfach, weil sie diktatorisch ist. Ein neuer Entwurf für eine permanente Verfassung ist für Thai Rak Thai deshalb notwendig. Es ist ein Indikator, ob wir die Verfassung nach unserem Sinne zurück bekommen, ob die Bürger die Demokratie und das gleiche Recht bekommen sollen oder nicht. Wir wollen, dass die Verfassung von 1997 der Ausgangpunkt sein soll.

ขณะนี้มีบรรยากาศที่ทำให้น่าวิตกว่า รัฐธรรมนูญที่กำลังจะร่างใหม่อาจถอยหลังไปกว่าปี 2540 มีการพูดกันเป็นกระแสข่าวลือชนิดที่ปิดกันให้แซดว่า จะเปลี่ยนเนื้อหาของรัฐธรรมนูญ ทำให้พรรคการเมืองอ่อนแอ ทำให้นายกรัฐมนตรีไม่ต้องมาจากการเลือกตั้ง ให้ผู้มีอำนาจที่ไม่ได้มาจากการเลือกตั้งยังคงมีอำนาจ ซึ่งมีการพูดถึงรัฐธรรมนูญแบบไทยๆ ก็ไม่รู้หมายความว่าอะไร

Es ist jetzt zu befürchten, dass der neue Entwurf der Verfassung noch rückständiger sein könnte als der aus dem Jahr 1997. Es wurde gemunkelt; dass deren Inhalt geändert wird, um die Parteien weiter zu schwächen; dass der Premierminister nicht mehr aus den Reihen der gewählten Abgeordneten stammen muss, also einer, der gar nicht gewählt wurde, die Macht des Premierministers übernehmen könnte. Man mutmaßt: nach Thai-Art (baeb thai thai), was das sein soll, ist mir ein Rätsel.

จากประสบการณ์การต่อสู้เพื่อประชาธิปไตยของประชาชน เราจะพบว่ารัฐธรรมนูญเมื่อร่างโดยผู้ที่มีอำนาจจะออกมาในสิ่งที่ไม่ได้เรียกว่ารัฐธรรมนูญ ถ้าต้องการสิ่งที่เรียกว่ารัฐธรรมนูญจริง ประชาชนต้องช่วยกันดูแลเรียกร้องต่อสู้เพื่อให้ได้มาซึ่งรัฐธรรมนูญนั้นมา เพราะฉะนั้น พรรคไทยรักไทยยืนยันที่จะร่วมเรียกร้องต่อสู้เพื่อให้ได้มาซึ่งรัฐธรรมนูญที่แท้จริง ทั้งหมดนี้ต้องทำโดยสันติวิธี วันนี้เรามาปล่อยนกพิราบที่มีสัญลักษณ์ว่าสันติภาพและเสรีภาพ เพราะต้องการให้ประชาชนมีเสรีภาพในการเรียกร้องประชาธิปไตย แต่ขณะนี้ประชาชนยังไม่มีเสรีภาพในการแสดงความคิดเห็น ถ้ากระบวนการร่างรัฐธรรมนูญไม่เป็นประชาธิปไตย ประชาชนไม่มีเสรีภาพ การร่างรัฐธรรมนูญนั้นย่อมถูกครอบงำโดยผู้ที่มีอำนาจที่มาจากการรัฐประหาร "

Aus unserer Erfahrung ist, während des Kampfes für die Demokratie haben wir herausgefunden, wenn die Verfassung vom Machthaber entworfen wird, kann man sie nicht als Verfassung bezeichnen. In einer Verfassungsgebenden Versammlung müssen die Bürger dafür sorgen und kämpfen, damit sie die richtige Verfassung erhalten können. Deshalb besteht die Thai Rak Thai auf dem Kampf für eine richtige Verfassung, selbstverständlich friedlich. Heute werden wir die Taube als Symbol des Friedens und der Freiheit befreien, weil wir wünschen, dass das Volk die Freiheit hat, die Demokratie zu gestalten. Zurzeit haben sie nicht mal die Freiheit, ihre Meinung zu sagen. Wenn der Prozess des Verfassungsentwurfs nicht im demokratischen Sinn erfolgt, wird das Volk immer noch keine Freiheit haben. Und der Verfassungsentwurf kann leicht durch die Macht des Coups beeinflusst werden."

นายจาตุรนต์ ฉายแสง / Chaturon Chaisaeng

(รักษาการหัวหน้าพรรคไทยรักไทย)

(Vertreter des Vorsitzenden der Thai Rak Thai Patei)

วันรัฐธรรมนูญ 10 ธันวาคม 2549 / Der Tag der Demokratie am 10 Dezember 2006

ที่รัฐสภา หนังสือพิมพ์ไทยรัฐ / Parlament, Thairat (Zeitung)

Die People's Alliance for Democracy[23] (PAD)

Der potenziale Ruin

กลุ่มพันธมิตรประชาชนเพื่อประชาธิปไตย / ศักยภาพแห่งหายนะ

"การยึดสนามบินสุวรรณภูมิ ทั้งๆที่ไม่ยึดก็ล้มรัฐบาลได้ คือการประกาศว่าถ้าจะต้องปิดประเทศก็ไม่เห็นเป็นไร

„Man hätte die Regierung auch ohne Belagerung des Suvarnabhumi[24]-Flughafens stürzen können. Man hätte nur sagen müssen: „Wir können das Land jederzeit abriegeln, was ist schon dabei?"

จากกรณีนี้ต้องมาคิดกันว่า นอกจากกลุ่มพันธมิตรฯ ได้ทำสารพัดอย่างเพื่อให้ประเทศไทยไม่เป็นประชาธิปไตยดังกล่าวแล้ว พวกเขาเสนอนโยบายอะไรบ้าง พวกเขาต้องการให้มีการบริหารประเทศไปในทิศทางไหน"

Aus diesem Grund müssen wir fragen, warum es der PAD (People's Alliance for Democracy) möglich war zu verhindern, dass Thailand ein demokratisches Land werden kann. Hat sie eigentlich jemals irgendeine {konstruktive} Politik vorgeschlagen? Und in welche Richtung will sie das Land lenken?"

แกนนำของกลุ่มพันธมิตรฯ มารวมตัวกันเป็นกลุ่มพันธมิตรเพื่อ ประชาธิปไตย แล้วเคลื่อนไหวต่อเนื่องด้วยสาเหตุความเป็นมาต่างๆกัน ในที่นี้จะไม่พูดถึงสาเหตุความเป็นมาเหล่านั้น ภูมิหลังหรือพฤติกรรมส่วนตัวของแต่ละคน แต่จะพยายามถอดรหัสว่ากลุ่มพันธมิตรฯ คืออะไร ต้องการอะไร กำลังเสนออะไร และการกระทำของกลุ่มพันธมิตรฯมีผลหรือว่าจะทำให้เกิดผลอย่างไรต่อไปกับสังคมไทย

Die Führer der PAD vereinten sich, um die Demokratie kontinuierlich voran zu bringen (sagen sie), und das aus den verschiedenen Gründen, die wir hier auch nicht weiter verfolgen möchten. Sie sagen, sie würden nicht wegen ihrer Vergangenheit oder aus ihren privaten Motiven handeln. Wir wollen hier lediglich versuchen zu ergründen, wer sie sind, Was sie vorschlagen wollen, wie sie ihre Bewegung begründeten, in diesem unserem Land, unserer Gesellschaft. Und wir wollen die Auswirkungen analysieren.

รวมทั้งเราจะทำอย่างไรกับกลุ่มพันธมิตรฯ ด้วย

Und dann wollen wir fragen: Was wollen wir mit ihnen anfangen?

กลุ่มพันมิตรฯ ที่เริ่มต้นจากการไม่พอใจนายกฯทักษิณและรัฐบาลทักษิณ ได้เคลื่อนไหวคัดค้าน

---

[23] Volksallianz für Demokratie
[24] Suwannabhumi

รัฐบาลทักษิณ ประกาศจุดยืนอย่างชัดเจนว่าต้องการล้มรัฐบาลทักษิณด้วยเหตุผลต่างๆ ซึ่งก็คงเป็นที่ทราบกันดีอยู่แล้ว จากการที่กลุ่มพันธมิตรฯ ได้เคลื่อนไหวเพื่อล้มรัฐบาลทักษิณอย่างต่อเนื่อง ตั้งแต่ช่วงประมาณปี 2547-2548 เรื่อยมานั้น กลุ่มพันธมิตรฯค่อยๆ เสนอประเด็นที่ทำให้เราเข้าใจถึงความต้องการที่แท้จริงของพวกเขาได้ชัดเจนขึ้นเป็นลำดับ

Am Anfang stand die Unzufriedenheit mit Thaksin und seiner Regierung. Die Bewegung richtete sich somit gegen Thaksins Regierung. Sie hatten das klare Ziel, Thaksins Regierung zu stürzen. Aber aus unterschiedlichen Gründen, die wir auch von ihnen erfuhren. Die Bewegung war von 2004 bis 2005 kontinuierlich gewachsen. Dann diskutierte sie langsam ihre wahren Absichten bis es uns, Stück für Stück, dämmerte, was ihre wahren Absichten waren.

กลุ่มพันธมิตรฯได้มีข้อเสนอที่ประสานเสียงกับกลุ่มนักวิชาการและพรรคการเมืองซึ่งสนับสนุนกลุ่มพันธมิตรฯ อยู่โดยเสนอข้อเสนอและทางออกที่ไม่สอดคล้องกับรัฐธรรมนูญ หรือจะเรียกว่าขัดต่อรัฐธรรมนูญในขณะนั้นมากและชัดเจนขึ้นเรื่อยๆ เช่นเสนอว่า จัดการกับรัฐบาลก่อนแล้วค่อยแก้รัฐธรรมนูญที่หลัง รัฐธรรมนูญนั้นคนเขียนขึ้นได้ก็ฉีกได้ ฉีกทิ้งแล้วก็เขียนใหม่ได้ มีการเสนอให้ใช้รัฐธรรมนูญมาตรา 7 เพื่อให้มีการขอนายกพระราชทานแสนอให้มีนายกรัฐมนตรีรักษาการ และนายกรัฐมนตรีที่มาจากคนนอก งดเว้น การใช้รัฐธรรมนูญบางมาตรา

Die Mitglieder der PAD traten im Chor mit Wissenschaftlern, Intellektuellen und Parteimitgliedern {von damaligen Oppositionsparteien}, die sie unterstützen, auf. Ihre Unterstützer gaben verschiedene Vorschläge ab, die mit der Verfassung nicht in Einklang standen. Mit anderen Worten, sie waren verfassungsfeindlich. Die Vorschläge wurden immer deutlicher. So sollte man zunächst die Regierung und dann die Verfassung beseitigen. Man hatte sie entworfen, also könne man sie auch wieder zerreißen und dann eine neue machen. Sie machten einen Vorschlag, Artikel 7 der Verfassung zu ändern, damit der König einen Premierminister ernennen kann. Derzeit muss der Premierminister ein gewählter Abgeordneter sein. Sie wollten, dass eine beliebige Person vom König ernannt werden kann.

แล้วต่อมาก็เกิดการรัฐประหารยึดอำนาจขึ้นเมื่อ 19 กันยายน 2549 กลุ่มพันธมิตรฯ ได้ออกมาช่วยอธิบายแก้ต่าง สร้างความชอบธรรมให้กับรัฐประหารนั้น หลังจากนั้นกลุ่มพันธมิตรฯยังได้เข้าร่วม และสนับสนุนส่งเสริมการร่างรัฐธรรมนูญปี 2550 ที่ไม่เป็นประชาธิปไตย

Dann kam der Coup am 19 September 2006, die PAD versuchte den Coup zu rechtfertigen. Sie arbeitete dann auch aktiv dabei mit, die undemokratische Verfassung von 2007 zu gestalten.

สิ่งที่กลุ่มพันธมิตรฯได้ทำจนเป็นผลสำเร็จก็คือ การโค่นล้ม พ.ต.ท. ทักษิณ และรัฐบาลทักษิณ แต่ที่มากกว่านั้นคือ การล้มระบอบประชาธิปไตย แล้วสถาปนาระบบที่ไม่เป็นประชาธิปไตย ที่หลายคนก็จะเรียกว่า "อำมาตยาธิปไตย" ขึ้น

Was die PAD erreicht hat, ist Thaksin und seine Regierung zu stürzen. Darüber hinaus hat sie ein demokratisches System gestürzt und ein undemokratisches System geholfen einzusetzen. Ein System, das viele als „System der Beamten" (Amartya thipatai)[25] bezeichnen.

บทบาทของกลุ่มพันธมิตรฯ น้อยลงไปบ้างในช่วงที่ใกล้จะมีการเลือกตั้งและหลังจากการเลือกตั้งระยะหนึ่ง แต่เมื่อผลของการเลือกตั้งไม่ออกมาตามประสงค์ หรือแผนที่กำหนดไว้โดย คมช. หรือกลุ่มพันธมิตรฯ เองคือการที่พรรคพลังประชาชนได้รับเสียงมากที่สุด และเป็นแกนนำในการจัดตั้งรัฐบาลทำให้รัฐบาลหลังการเลือกตั้งเป็นรัฐบาลที่คัดค้านไม่เห็นด้วยกับการยึดอำนาจรัฐประหาร และไม่เห็นด้วยกับสิ่งที่กลุ่มพันธมิตรฯพยายามทำมาตลอด กลุ่มพันธมิตรฯ ก็กลับมาใหม่

Die aktive Rolle der PAD ließ vor der Wahl ein wenig nach, auch kurz nach der Wahl (im Jahr 2008). Aber dann wurden sie wieder aktiv, nachdem das Ergebnis der Wahl nicht zu ihrer Zufriedenheit ausgefallen war. Nicht so, wie "The National Security Committee[26]" (NSC) oder die PAD es sich gewünscht hatten. Die "Palang Prachachon Partei[27]" (PPP) bekam die meisten Stimmen, und somit eine Führungsrolle in der Regierung. Eine Partei kam also an die Regierung, die gegen den Coup und die PAD samt ihre Taten eingestellt war. Grund genug für die erneute Rückkehr der PAD.

กลุ่มพันธมิตรฯ เคลื่อนไหวอีกครั้ง โดยเนื้อหาในการเคลื่อนไหวยังเป็นการล้มรัฐบาลที่มาจากการเลือกตั้ง ปกป้องพิทักษ์รัฐธรรมนูญฉบับ 2550 และเสนอให้มีการเมืองใหม่

Die PAD mobilisierte sich noch einmal unter dem Motto: Stürzt die gewählte Regierung, schützt die Verfassung von 2007 und macht eine „neue" Politik.

การเคลื่อนไหวรอบนี้อ้างเสรีภาพในการชุมนุมเหมือนที่ผ่านมา แต่ก็มีข้อเสนอและการกระทำที่ขัดต่อรัฐธรรมนูญอยู่โดยตลอด รวมทั้งการเสนอให้ทหารทำรัฐประหารด้วย

Die neue Bewegung sollte wie üblich unter dem Mantel der Meinungsfreiheit agieren, dabei verstießen sie aber immer wieder {folgenlos} gegen das Gesetz. Sie luden sogar die Generäle zu einem Coup ein.

การเคลื่อนไหวของกลุ่มพันธมิตรฯ ไม่ใช่การเคลื่อนไหวที่สงบ ปราศจากอาวุธ แต่เป็นการทำผิดกฎหมายบ้านเมือง ใช้ความรุนแรง และเต็มไปด้วยอาวุธ

---

[25] Dieses System ist mehr als eine Bürokratie. Sie steht für den Beamtenstand vor der Beseitigung der absolutistischen Monarchie und beschreibt die Unterordnung der Menschen unter die Bürokratie die als Verlängerung des Armes des Monarchen angesehen wird. Folgerichtig ist die Bürokratie auch der eifrigste Verfechter einer starken Monarchie und gegen jede Demokratisierung in der das Volk das Souverän wird.

[26] Die Nachfolgeorganisation der Putschistenorganisation von 2006.

[27] People's Power Party = Macht des Volkes Partei

Die Bewegung der PAD war nicht so friedlich und ohne Waffen, wie sie uns vormachen wollen. Sondern sie war gewaltbereit, verstießen gegen Gesetze und das mit gefährlichen Waffen.

ที่น่าสนใจก็คือ การเคลื่อนไหวที่ผิดกฎหมายนี้ได้ยกระดับความรุนแรงขึ้นเป็นลำดับ ตั้งแต่มีการพกอาวุธ ใช้อาวุธในการตอบโต้กับเจ้าหน้าที่ตำรวจ หรือทำร้ายประชาชนที่ไม่เห็นด้วย การปิดถนนเส้นทางสำคัญ ต่อมาก็ลุกลามพัฒนาไปเป็นการเข้ายึดสถานีโทรทัศน์ของกรมประชาสัมพันธ์ และปิดทางเข้าสนามบินบางแห่ง หรือยึดสนามบินในต่างจังหวัดบางแห่ง ปิดล้อมรัฐสภามาถึงขั้นสุดท้าย คือการยึดสนามบินดอนเมืองและสนามบินสุวรรณภูมิ

Was es noch interessanter machte, war die Tatsache, dass die PAD Bewegung von Tag zu Tag gewalttätiger wurde. Sie trugen schließlich offen Waffen, die gegen die Polizei oder gegen die Bevölkerung, die nicht ihre Meinung waren, eingesetzt wurden. Sie sperrten die wichtigen Straßen, besetzten TV-Station, sperrten die Einfahrt zum Flughafen, besetzten ein paar Flughäfen in den Provinzen und das Parlamentgebäude. Am Ende jedoch besetzten sie "Don Muang Flughafen" und "Suwannabhumi Flughafen" in Bangkok.[28]

การเคลื่อนไหวของกลุ่มพันธมิตรฯ ทำให้เราเห็นได้ว่าไม่ใช่การใช้เสรีภาพตามรัฐธรรมนูญ แต่เป็นการเคลื่อนไหวของกองกำลังติดอาวุธนอกระบบ ที่เคลื่อนไหวอย่างผิดกฎหมายร้ายแรง จนถึงขั้นเป็นการก่อการร้ายสากล และขัดขวางการปฏิบัติหน้าที่ของรัฐบาลฝ่ายบริหาร และรัฐสภาฝ่ายนิติบัญญัติเข้าข่ายความผิดทางอาญาข้อหากบฏ และเป็นภัยต่อความมั่นคง

> Die bewies uns, dass es, im Sinn der Verfassung, gar keine friedliche Protest-Bewegung war, sondern die Bewegung einer bewaffneten Guerillaorganisation. Es war eine widerrechtliche Bewegung, die man mit Terroristen gleich setzen konnte. Sie kämpften gegen die Staatsgewalt und das staatliche, parlamentarische System, somit konnte sie als Staatsfeind definiert werden und stellt eine Gefahr für unser Land dar.

การใช้ความรุนแรงและผิดกฎหมายอย่างร้ายแรงอย่างนี้กลุ่มพันธมิตรฯต้องการอะไร

Die PAD wandte so viel Gewalt an und brach so viele Gesetze, was wollten sie eigentlich damit erreichen?

ตอนที่ยึดสถานีโทรทัศน์และทำเนียบรัฐบาลนั้น พวกเขาคงต้องการยึดอำนาจจริงๆ แต่เผอิญว่าพวกเขาไม่ใช่กองทัพ และกองทัพก็ไม่ได้เข้าร่วม พวกเขาจึงยึดอำนาจไม่สำเร็จ กลายเป็นผู้บุกรุกสถานที่ราชการ เป็นขบถและเป็นภัยต่อความมั่นคง

---

[28] Zu dem Zeitpunkt erklärte General Prem, der Vorsitzende des Kronrates im Fernsehen, dass man, um etwas zu erreichen, etwas opfern müsse. Gibt es dazu vielleicht ein Tag / Sendung / Quellenangabe?

Sie besetzten die Fernsehstation und das Parlament, zu diesem Zeitpunkt wollten sie wahrscheinlich die Macht ergreifen. Doch weil sie keine Soldaten waren und die echten Soldaten nicht mit machten, hatten sie keinen Erfolg, es blieb ihnen nur die Aggression, sie wurden zu Invasoren, die unerlaubt in die Regierungsgebäude eindrangen, und eine Gefahr für die Stabilität des Staates darstellten.

กลุ่มพันธมิตรฯ ถูกจับดำเนินคดี แต่ก็ได้รับการประกันตัวออกมายึดทำเนียบต่อไป ซ้ำยังบุกไปยึดสนามบินสุวรรณภูมิและสนามบินดอนเมืองอีกพวกเขาต้องการอะไร

Die Anführer der PAD wurden verhaftet, jedoch auf Kaution freigelassen, damit sie unbeirrt weiter versuchen konnten das Parlament in Besitz nehmen, und später die zwei Flughäfen in Bangkok in ihre Gewalt zu nehmen.

สิ่งที่กลุ่มพันธมิตรฯทำมาตลอดตั้งแต่ก่อน 19 กันยายน 2549 จนกระทั่ง มายึดทำเนียบรัฐบาล แล้วก็ยึดสนามบินสุวรรณภูมิก็คือ ใช้การเคลื่อนไหวที่รุนแรง และผิดกฎหมาย ทำทุกอย่างนอกกรอบ ไม่มีขีดจำกัด เพื่อที่จะทำลายความน่าเชื่อถือของรัฐบาล ทำให้เห็นว่ารัฐบาลปกครองไม่ได้และต้องการสร้างความรุนแรง หรือสร้างเงื่อนไขของความรุนแรงที่หนักกว่าให้เกิดขึ้น

Was die PAD seit dem 19 September 2006 an Gewalt angewandt hat, wie die Besetzung des Parlamentgebäudes und des Suwannabhumi-Flughafens, verstieß gegen das Gesetz, es waren gesetzwidrige Akte, gewalttätig, illegal und fast ohne Grenzen. Sie zerstörten somit die Glaubwürdigkeit der Regierung, suggerierten, dass die Regierung nicht fähig wäre den Staat zu kontrollieren, und manipulierten die öffentliche Meinung, um die Spirale der Gewalt weiter drehen zu können.

ในระหว่างนั้นมีการเสนอหลักเหตุผลที่ได้รับการประสานเสียงจากนักวิชาการ และผู้ที่ทำงานในสังคมบางส่วนว่า รัฐบาลจะใช้ความรุนแรงต่อประชาชนไม่ได้ หากมีความรุนแรงเกิดขึ้น ไม่ว่าจากการกระทำของใครหรือฝ่ายใด รัฐบาลต้องรับผิดชอบ คำว่ารับผิดชอบที่ว่านั้นรัฐบาลจะต้องลาออกไป รัฐบาลจะอยู่ไม่ได้

Währendessen versuchte man {auf Seiten der gewählten Regierung}, vernünftig, objektiv und wissenschaftlich die Meinung in der Öffentlichkeit vorzutragen, selbst verständlich mit Wissenschaftlern und Mitarbeitern mancher Ämter und Institutionen. Die Aussage war, dass die Regierung es sich nicht leisten konnte, Gewalt anzuwenden. Sollte etwas passieren, selbst nur einer Person, müsste die Regierung die Verantwortung übernehmen. Die Übernahme der Verantwortung in diesem Fall bedeutet: Sie müsste zurücktreten.

หลักเหตุผลอย่างนี้เป็นเรื่องที่ไม่เห็นด้วยมาตั้งแต่ก่อนการยึดอำนาจ 19 กันยายน และเคยแสดงความเห็นไว้ว่า ถ้าหากเราปล่อยให้มีการเคลื่อนไหวในลักษณะดังกล่าว และมีการนำเสนอเหตุผลอย่างนี้ ต่อไปก็จะมีการเคลื่อนไหวอย่างนี้ไม่สิ้นสุด แล้วก็จะทำให้เกิดภาวะที่รัฐบาลใดก็ตามที่จะมาบริหารประเทศ ถ้าหากไม่เป็นพวกเดียวกันกับกลุ่มพันธมิตรฯ และกองทัพ ก็จะไม่สามารถบริหารประเทศหรือเป็นรัฐบาลต่อไปได้

Schon vor dem Coup vom 19 September war ich mit einer so grenzenlosen Protest-

Die Krise der Demokratie
Mark Teufel^^
Thailand

Bewegung nicht einverstanden gewesen. Sollten wir sie weiter so gewähren lassen, würden wir mit einer solchen Bewegung jedes Maß verlieren. Sie wird die Ausübung der Regierung behindern, und jede Regierung, egal welche im Amt ist, illegal unter Druck setzen, so dass sie unfähig ist, das Land unabhängig weiter zu regieren. Es sei denn es handelt sich um eine Regierung der PAD oder des Militärs.

ต่อมาเหตุการณ์ก็เป็นอย่างนั้นจริงๆ เพียงแต่ว่าทั้งรัฐบาลสมัครและรัฐบาลสมชายไม่ได้ล้มไปเพราะการเคลื่อนไหวของกลุ่มพันธมิตรฯ แต่ล้มไปด้วยการใช้อำนาจกลไกตามรัฐธรรมนูญ

Diese Situation trat ein. Aber Samaks und Somchais Regierung wurden nicht durch die Bewegung der PAD, sondern durch das Instrument der Verfassung gestürzt.

เมื่อมองย้อนหลังไป ก็น่าคิดว่าในเมื่อกลุ่มพันธมิตรฯ ก็รู้อยู่แล้วว่าศาลรัฐธรรมนูญจะยุบพรรคพลังประชาชน มีผลให้รัฐบาลสมชายต้องพ้นหน้าที่ไป รู้แม้กระทั่งวันเวลาที่จะตัดสิน เหตุใดกลุ่มพันธมิตรฯ จึงต้องยึดสนามบินสุวรรณภูมิ ทำความเสียหายให้กับประเทศชาติอย่างร้ายแรง

Im Rückblick könnte man meinen, die PAD wusste bereits, dass das Verfassungsgericht die "Palang Prachachon Patei" auflösen wird, sie wussten sogar genau den Tag, aber warum mussten sie dann den Suwannabhumiflughafen einnehmen, und das ganze Land ins Unglück stürzen?

การยึดสนามบินสุวรรณภูมิเป็นการสำแดงอิทธิฤทธิ์ให้เห็นว่ากลุ่มพันธมิตรฯ จะทำอะไรที่ผิดกฎหมายอย่างไรก็ได้โดยไม่ต้องถูกลงโทษ ดังนั้นหากรัฐบาลใดไม่เป็นพวกเดียวกับกลุ่มพันธมิตรฯ ก็จะอยู่ในสภาพปกครองไม่ได้ และถ้าไม่ถูกกลไกตามรัฐธรรมนูญจัดการ ก็ถูกกองทัพที่ร่วมมือกับกลุ่มพันธมิตรฯจัดการไปในที่สุด

Die Besetzung von Suwannabhumi war nur eine große Schau, um so zu sagen, sie konnten ohne Rücksicht auf die Gesetze machen was sie wollten, sie würden nicht bestraft. Das heißt, wenn die Regierung nicht auf der selben Seite ist wie die PAD ist, wird die Regierung nicht in der Lage sein, das Land zu regieren. Entweder wird sie durch das Verfassungsinstrument oder aber durch die Armee gemeinsam mit die PAD beseitigt.

การยึดสนามบินสุวรรณภูมิ ทั้งๆ ที่ไม่ยึดก็ล้มรัฐบาลได้ คือการประกาศว่าถ้าจะต้องปิดประเทศก็ไม่เห็นเป็นไร

Ohne die Blockierung des Suwannabhumi Flughafens hätte die Regierung auch gestürzt werden können, indem man einfach veröffentlicht, dass man das Land abriegeln könnte, was wäre denn dabei?

จากกรณีนี้ต้องมาคิดกันว่า นอกจากกลุ่มพันธมิตรฯ ได้ทำสารพัดอย่างเพื่อให้ประเทศไทยไม่เป็นประชาธิปไตยดังกล่าวแล้ว พวกเขาเสนอนโยบายอะไรบ้าง พวกเขาต้องการให้มีการบริหารประเทศไปในทิศทางไหน

Aus diesem Grund müssen wir fragen, warum die PAD (People's Alliance for Democracy) alles mögliche machte, damit Thailand kein demokratisches Land wird.

Haben sie jemals irgendeine Politik vorgeschlagen? Und in welche Richtung wollen sie das Land lenken?

สิ่งที่กลุ่มพันธมิตรฯเสนอนอกจากเรื่องการเมืองใหม่แล้ว นโยบายสำคัญๆ ของกลุ่มพันธมิตรฯ ที่น่าสนใจคือ ต่อต้านโลกาภิวัฒน์ พวกเขาเห็นว่าการที่ประเทศไทยเข้าสู่โลกาภิวัฒน์เป็นเรื่องที่ไม่สมควร เป็นเรื่องที่อันตราย พวกเขาต่อต้านการทำข้อตกลงการค้าเสรีกับประเทศต่างๆ

Außer ihrem Vorschlag über die „neue Politik"[29] hatten sie noch einen anderen Vorschlag auf Lager, der interessant war, nämlich ihre Einstellung gegen die Globalisierung. Sie glaubten, dass für Thailand noch nicht die Zeit gekommen wäre, global zu denken oder zu handeln. Das wäre zu gefährlich. Deshalb sind sie gegen Freihandelsvereinbarungen mit anderen Ländern.

กลุ่มพันธมิตรฯ พร้อมที่จะปลุกระดมความคิดชาตินิยมบ้าคลั่ง เพียงหวังผนึกกำลังคนเพื่อล้มรัฐบาล เช่นกรณีเรียกร้องเอาเขาพระวิหารคืน หรือ แม้กระทั่งจะเอาพระตะบอง เสียมราฐ และศรีโสภณกลับคืนมาเป็นของไทย

Sie waren bereit, an das Bewusstsein des radikalen Patriotismus der Bevölkerung zu appellieren, um das für ihren Zweck, den Sturz der verhassten Regierung, zu nutzen.

กลุ่มพันธมิตร ไม่เห็นด้วยกับการทำประเทศให้ทันสมัย พวกเขาพูดต่อต้านนโยบายต่างๆ ที่ทำให้ประเทศทันสมัยอยู่เสมอ กลุ่มพันธมิตรฯไม่ต้องการให้มีการแปรรูปรัฐวิสาหกิจให้มีประสิทธิภาพมากขึ้น

Die PAD war mit der Idee des modernisierenden Staates nicht einverstanden. Sie war gegen alle Programme, die zu der Modernisierung des Landes, der Änderung und Privatisierung der staatlichen Unternehmung führen könnte. Sie war gegen eine Privatisierung die versuchen sollte größere Effizienz zu erzielen.

กลุ่มพันธมิตรฯ ไม่เอารากหญ้า ต่อต้านนโยบายประชานิยม ต่อต้านนโยบายที่เอาใจรากหญ้า โดยเห็นว่านโยบายที่แก้ปัญหาให้ประชาชนในระดับรากหญ้า หรือไปสร้างค่านิยมให้กับประชาชนนั้น เป็นเพียงการมอมเมาประชาชนให้เสพติดนโยบาย แล้วก็เป็นการสร้างคะแนนนิยมของนักการเมืองและพรรคการเมือง ซึ่งเป็นอันตราย

Die PAD war gegen Rak-Ya (Grasswurzelmenschen) eingestellt. Sie war gegen die politische Programme für das breite Volk (und nannten es: Populismus). Sie sahen die Programme, die die Probleme des Volks auf dem Rak-Ya-Niveau lösen sollte als populistisch und in die Irre führend an. Sie definierte diese Politik als gefährli-

---

[29] In der das derzeitige System: ein Wähler = eine Stimme abgelöst werden sollte durch ein System, in dem die Abgeordneten durch Berufsgruppierungen oder andere Gremien ernannt wurden. Und nur noch 30% der Abgeordneten aus einer direkten Wahl stammten.

che Stimmenfängerei der Politiker und Parteien.

กลุ่มพันธมิตรฯ ไม่เห็นด้วยกับนโยบายที่จะทำประโยชน์ให้ประชาชนทั่วไปมากๆ โดยเฉพาะกับคนรากหญ้า กลุ่มพันธมิตรฯไม่มีความเชื่อถือในประชาชน ไม่ยอมรับ ต้องบอกว่าดูถูกประชาชน เพราะเห็นว่าประชาชนเป็นผู้ที่หลงเชื่อมงายไปกับนโยบายต่างๆ ได้ง่าย ที่สำคัญก็คือโง่และขายเสียง ซึ่งเป็นเหตุผลสำคัญที่ทำให้กลุ่มพันธมิตรฯ ไม่เคยยอมรับผลการเลือกตั้ง ไม่ยอมรับว่าการเลือกตั้งเป็นวิธีการที่จำเป็นสำหรับระบอบประชาธิปไตย

Die PAD billigte also die für die breite Bevölkerung so nützlichen Programme nicht, schon gar nicht wenn es Programme für die Grasswurzel-Menschen waren. Sie vertraute diesem Teil der Bevölkerung nicht, sie akzeptierte sie nicht, ja sie verachtete sie. Sie glaubte, dass die jedem politischen Programm blind vertrauen würde. Dass dieser Teil der Bevölkerung zu dumm wäre und sich auf jeden Stimmenfang einlassen würde. Und dabei bereitwillig auch ihre Stimme verkaufen würde. Dies war der Grund, warum sie das Wahlergebnis nie akzeptierten, und nicht wissen wollten, dass Wahlen für die Demokratie notwendig sind.

กลุ่มพันธมิตรฯ ทำอะไรได้ดังใจมากไปแล้ว ล้มรัฐบาลของประชาชนได้แล้ว ตั้งรัฐบาลของพวกตนแล้ว ยังคงเคลื่อนไหวอย่างแข็งขัน การเคลื่อนไหวของกลุ่มพันธมิตรฯ นี้ย่อมมีผลเหนี่ยวรั้งการพัฒนาประชาธิปไตย การเคลื่อนไหวที่ใช้ความรุนแรงและผิดกฎหมายของกลุ่มพันธมิตรฯ ยังจะทำความเสียหายให้กับประเทศได้อีกมาก

Die PAD war so eigensinnig und verwöhnt. Sie konnte eine Volksregierung vertreiben, sie setzte ihre eigene Regierung ein, und dennoch trieben sie ihre Egomane unbeirrt weiter. Ihre Bewegung war nicht nur eine der Hindernisse für die Entwicklung der Demokratie des Landes, ihre Gewaltbereitschaft und Gesetzlosigkeit hätte das Land auch in den Ruin treiben können.

ที่เลวร้ายยิ่งกว่านั้นคือ การเคลื่อนไหวปลุกปั่นให้คนหลงงมงาย เหมือนกับการบ้าคลั่งในลัทธิความเชื่อที่อาศัยการโกหกซ้ำๆ จนทำให้คนเชื่อว่าเป็นความจริงนั้น เป็นอันตรายอย่างมากต่อความสงบสุขของสังคม เป็นเงื่อนไขที่จะทำให้เกิดความขัดแย้ง และความรุนแรงถึงขั้นวิกฤตได้ในอนาคต

Das Schlimmste war: ihre Bewegung stiftete die Massen zum blinden Hass an, ein System aus Lug und Trug wurde installiert, bis man glaubte. Es war eine Gefahr für eine friedliche Gesellschaft; es war ein Grund für die Konflikte der Gesellschaft, eine Situation, die zur tiefen Spaltung der Gesellschaft führte.

สิ่งที่สังคมไทยควรทำคือ หยุดให้ท้าย หยุดสนับสนุนกลุ่มพันธมิตรฯช่วยกันโต้แย้งความคิดและการกระทำที่ผิดๆ ของกลุ่มพันธมิตรฯ ให้คนส่วนใหญ่ตระหนักถึงภัยอันตรายที่กลุ่มพันธมิตรฯ ได้ทำให้เกิดขึ้นแก่บ้านเมืองแล้ว และที่กำลังจะทำต่อไปอีก

Was unsere Gesellschaft dagegen tun kann, ist, sie sollte sie (die PAD) nicht mehr unterstützen. Man sollte sich mit ihrer Tat oder auch Untat und ihrer Ideologie auseinandersetzen, sie analysieren, diskutieren, und erkennen, dass ihre Methoden eine Gefahr für das Land sind.

เมื่อผู้มีอำนาจทั้งหลายเห็นดีเห็นงามกับกลุ่มพันธมิตรฯ จะหวังพึ่งพาพวกเขาคงไม่ได้ ประชาชนผู้รักประชาธิปไตยและรักชาติบ้านเมืองทั้งหลายจะต้องช่วยหาทางแก้ปัญหากันอย่างจริงจังต่อไป

Da alle Mächtigen fanden, dass die Methoden der PAD in Ordnung wären, kann man ihnen nicht {mehr} vertrauen. Die Demokratie liebende Bevölkerung muss sich deshalb selber helfen, dafür sorgen, dass die Probleme endlich beseitigen werden.

ส่วนเรื่องที่พูดกันว่ากลุ่มพันธมิตรฯ จะตั้งพรรคการเมือง ซึ่งเกิดขึ้นในการชุมนุมแห่งหนึ่งของกลุ่มพันธมิตรฯ นั้น คงจะเกิดจากความไม่พอใจที่พรรคประชาธิปัตย์ตอบแทนกลุ่มพันธมิตรฯ น้อยเกินไปจากการช่วยล้มรัฐบาลสมชายให้ และยังช่วยเหลือในการเลือกตั้งรัฐบาลอภิสิทธิ์ด้วย

Die Geschichte der Gründung der PAD entstand bei einer Mitgliederversammlung der PAD. Wahrscheinlich aus Unzufriedenheit mit der "Democrat Party", weil diese zu wenig nach all den Jahren der Unterstutzung an die PAD zurück zahlte, und die PAD nicht ausreichend und erfolgreich die Regierung unterstützen ließ.

กลุ่มพันธมิตรฯ บ้างคนจึงส่งสัญญาณตักเตือนพรรคประชาธิปัตย์ให้คิดบ้างว่า ถ้ากลุ่มพันธมิตรฯ ตั้งพรรคขึ้นย่อมกระเทือนฐานเสียงของพรรคประชาธิปัตย์มากกว่าพรรคอื่น เพราะพวกเขาเป็นอันหนึ่งอันเดียวกันมาตลอด

Und so hat manches Mitglied der PAD eine Warnung gesandt: im Fall der Gründung einer Partei wird dies der Democrat Party Stimmen kosten, und das mehr als den anderen Parteien, weil sie ja die ganze Sache immer zusammen machten[30].

อีกเหตุผลหนึ่งคือ อาจมีกลุ่มพันธมิตรฯ บางส่วนที่รู้สึกว่าได้สู้มามากแล้ว แต่กลับไม่ได้อะไรมาก โดยเฉพาะไม่ได้อำนาจรัฐ จึงอย่างตั้งพรรคการเมืองเพื่อจะได้อำนาจรัฐกับเขาบ้าง

Oder vielleicht gab es auch manche Mitglieder, die empfanden, dass obwohl sie schon so lange für die Sache kämpften, erhielten sie fast nichts zurück, besonders nicht die Macht, deshalb waren sie der Meinung, dass die {Democrat Party} die Regierungsmacht mit ihnen teilen sollten.

แต่กลุ่มพันธมิตรฯ มีแนวความคิดที่ปฏิเสธพรรคการเมืองและระบบพรรคการเมืองมาตลอด ยิ่งไปกว่านั้นยังปฏิเสธการเลือกตั้งและระบบรัฐสภารวมทั้งไม่เชื่อในประชาชนด้วย

Und doch war ihre Ursprungsidee immer gegen ein Parteiensystem eingestellt gewesen und gegen das politische System insgesamt gerichtet. Sie akzeptierten keine

---

[30] Das Handelsblatt hatte daher im Jahr 2008 die Democrat Party den „politischen Arm" der PAD genannt.

Wahlen, wollen kein parlamentarisches System und vertrauen keiner Volksabstimmung.

การตั้งพรรคการเมืองจึงขัดแย้งกับแนวความคิดและการกระทำตลอดมา ของกลุ่มพันธมิตรฯ เพราะถ้าใครหรือบุคคลใดตั้งพรรคการเมืองขึ้นแล้วเป็นใครก็ต้องพยายามทำให้พรรคการเมืองนั้นเข้มแข็ง และจะยอมให้ระบบพรรคการเมืองถูกทำลายไปเรื่อยๆ ไม่ได้ หากมีกลุ่มพันธมิตรฯ บางส่วนไปตั้งพรรค นานๆเข้าก็จะพบว่าสิ่งที่ตนทำมาตลอดในระหว่างที่ยังไม่ตั้งพรรคการเมืองนั้นผิดไปเสียแล้ว

Die Gründung der Partei ist somit ein Widerspruch gegenüber ihrer eigentlichen Idee und Haltung. Denn wenn einer eine Partei gründet, will er doch auch versuchen, seine Partei zu stärken, er wird seine Partei nicht vernachlässigen. Wenn einer eine Partei mit der Einstellung der PAD gründen würde, würde er bald herausfinden, dass was er getan hat, unsinnig falsch war.

จึงเป็นไปไม่ได้เลยที่กลุ่มพันธมิตรฯ จะตั้งพรรค

Es ist deshalb unmöglich, dass die PAD eine erfolgreiche Partei gründet.[31]

ถ้าจะมีใครตั้งพรรคการเมืองขึ้น ก็อาจเป็นคนที่เคยเป็นพวกเดียวกับกลุ่มพันธมิตรฯ แต่ย่อมไม่ใช่แกนนำกลุ่มพันธมิตรฯ บางคนก็ปฏิเสธแล้ว สุดท้ายถ้าจะตั้งพรรคการเมืองกันจริงๆ ก็คงไม่เกี่ยวกับแกนนำกลุ่มพันธมิตรฯ ส่วนใหญ่แน่

Selbst wenn man eine gründen würde, könnte es nur von einer Person geschehen, die nicht in der Führungsebene war. Mancher hat auch schon angedeutet: letzten Endes könnte es nur jemand sein, der nie etwas mit der PAD-Führung zu tun hatte.

คิดถึงการตั้งพรรคการเมืองของกลุ่มพันธมิตรฯแล้ว คงเป็นเรื่องยากไม่แพ้การที่กลุ่มสันติอโศกจะกลับมาเป็นพระสงฆ์ในสังกัดมหาเถรสมาคม

Eine Parteigründung für die PAD ist genau so wenig realisierbar, wie die Rücktransformation der "Santi Asoke[32]" in den "Sangha der heiligen Mönche Verband"

นี่ยังไม่นับอุปสรรคในการที่แกนนำกลุ่มพันธมิตรฯ ทุกคนควรต้องถูกดำเนินคดีและจะต้องติดคุกตะรางอีกคนละหลายปีด้วย

Eine erfolgreiche Parteigründung ist genau so unwahrscheinlich wie die Vermu-

---

[31] Die Parteigründung wurde dann doch realisiert, wie wir heute wissen.

[32] Santi Asoke ist eine radikale Splittergruppe die sich von der Sangha, der klerikalen Organisation der thailändischen Buddhisten losgesagt hat, da diese zu weltlich und nicht dem ursprünglichen Buddhismus verhaftet erscheinen. Santi Asoke-Mitglieder gehören zu den ersten Mitgliedern der PAD. Chamlong Srimuang, einer der wichtigsten spirituellen Führer der PAD ist führendes Mitglied in der Santi Asoke Sekte. (Siehe Wikipedia)

tung, dass jedes Mitglied der PAD in einer Reihe von Prozessen verfolgt und möglicherweise zu mehreren Jahren Kerker verurteilt wird.

Die neue Politik

การเมืองใหม่ = ข้อเสนอที่ล้าหลังกลับไปปี 2475 = Ein rückständiger Vorschlag, der bis zum Jahr 1932 zurückreicht.

การเมืองใหม่ ข้อเสนอที่ล้าหลังกลับไปปี 2575

"ในการต่อสู้ทางความคิดกับ 'การเมืองใหม่' ต้องยืนยันหลักการสำคัญๆ ที่ตรงกันข้ามกับสิ่งที่การเมืองใหม่เสนออยู่ ต้องชี้ให้เห็นถึงอันตรายที่จะเกิดขึ้นจากแนวความคิดที่ล้าหลังนี้ และไม่เพียงแค่ยันความคิดที่ล้าหลังนี้ไว้ แต่ควรทำให้ถึงขั้นที่คนส่วนใหญ่พร้อมจะเดินสวนทางกับแนวความคิดนี้ไปสู่ความก้าวหน้าและเป็นประชาธิปไตยอย่างแท้จริง"

"Um die Idee 'der neuen Politik' den Kampf anzusagen, müssen wir den wichtigen Grundsatz der Demokratie gegen die neue Politik anwenden, dass diese Rückständigkeit eine Gefahr für unser Land sein könnte. Mehr noch, wir sollen den Menschen klar machen, dass wir gegen die rückwärts gerichtete Politk, und für eine neue Ära und eine wahre Demokratie sind"

"การเมืองใหม่" เป็นสิ่งที่กลุ่มพันธมิตรฯ ได้เสนอขึ้นในระยะหลังๆ โดยเฉพาะช่วงหลังการเลือกตั้งทั่วไป 23 ธันวาคม 2550 ในระหว่างที่พยายามล้มล้างรัฐบาลสมัคร สุนทรเวชและรัฐบาลสมชาย วงศ์สวัสดิ์ กลุ่มพันธมิตรฯ ได้เสนอสิ่งที่เรียกว่า "การเมืองใหม่" เป็นการเพิ่มเติมจากการล้มล้างรัฐบาล และปกป้องรัฐธรรมนูญปี 2550

"Die neue Politik" war eine Idee der PAD, die sie nach der Wahl am 23 Dezember 2007 vorschlug. Während sie versuchte, die Regierung von Samak Sundaravej und Somchai Wongsawat zu stürzen, schlugen sie zusätzlich die Idee der sogenannten "neuen Politik" vor, angeblich um die Verfassung von 2007 zu schützen.

"การเมืองใหม่" นี้คืออะไร? มีความหมายอย่างไร? ต้องไปฟังที่แกนนำพันธมิตรพูด

Was ist eigentlich "die neue Politik"? Um zu erfahren, was sie bedeutet, müssen wir dem Vortrag eines ihrer Führer zuhören.

นายสนธิ ลิ้มทองกุล แกนนำคนสำคัญ อธิบายว่า

Was folgt sind die Erläuterungen eines ihrer Führers, Sondhi Limthongkuls:

"การต่อสู้ของพันธมิตรฯ ไม่ได้มีเป้าหมายเพียงแค่ให้ พ.ต.ท. ทักษิณ ชินวัตร ติดคุก หรือรัฐบาลนายสมัคร ออกไป แต่ต้องเปลี่ยนแปลงบ้านเมืองและเอาประเทศคืนมา ทุกวันนี้การเมืองเก่า มีพรรคการเมืองเป็นเพียงบริษัทมีนายทุน ทุกอย่างทำเพื่อตอบสนองนายทุน จนกลายเป็นแก๊งการเมือง และมีอันธพาลการเมือง ประชาธิปไตยเป็นแค่ประชาธิปไตย 4 วินาที คือมีค่าแค่ตอนเข้าคูหา ส่วนประชาชนก็กลายเป็นเพียงลูกจ้าง

บริษัท จ่ายเงินเพื่อให้เลือกตั้ง ให้ลงคะแนน องค์การอิสระก็ถูกแทรกแซงด้วยอำนาจทุน แล้วก็อ้างว่าประชาชนเลือกตั้งเข้ามา การเมืองเก่าแบบนี้ หากใครมีเงินหมื่นล้าน ก็ซื้อประเทศได้ อย่าว่าแต่ซื้อประเทศเลย ล้มสถาบันก็ยังได้

"Das Ziel unseres Kampfes {der People's Alliance for Democracy – PAD} bestand nicht nur darin, Thaksin Shinawatra ins Gefängnis zu bringen oder Samaks Regierung zu vertreiben, sondern auch darin, unser Land zu verändern und es zurück zu fordern. Bis zum heutigen Tag besteht die alte Politik nur aus Parteien, die von den Kapitalisten beeinflusst wurden, sie müssen deren Forderungen nachkommen, bis sie sich in eine Bande von Politiker verwandelt hatten, die mächtig und einflussreich waren. Unser demokratisches System ist nur eine Demokratie mit 4 minütiger Gültigkeit, nämlich solange man in der Wahlkabine den Wahlzettel ausfüllt. Die Bevölkerung ist praktisch ihr Arbeitnehmer. Ein Arbeitnehmer, der nur dafür da ist, für die Politiker zu zahlen. Und sie sind für die nächste Wahl, für die nächste Stimmabgabe notwendig. Die nicht staatlichen Organisationen sind auch von den kapitalistischen Systemen verseucht. Sie {die Parteien des Kapitals} haben nur eine Ausrede, sie erklären, sie wären doch vom Volk gewählt. Mit dieser alten Politik kann man schon mit 4 Milliarden das ganze Land kaufen, und sogar die Institution der Monarchie stürzen."

ในขณะที่ทหารก็สามารถเข้ามาเปลี่ยนแปลงการเมืองได้โดยถูกต้องตามกฎหมาย หากเข้าเงื่อนไข 4 ประการคือ

1) สถาบันกษัตริย์ถูกหมิ่น พระบรมเดชานุภาพ แล้วรัฐบาลไม่ทำอะไร

2) มีเจตนาที่จะโค่นล้มสถาบันกษัตริย์ แล้วรัฐบาลปล่อยปละละเลย

3) มีการฉ้อราษฎร์บังหลวง

4) มีการยกอธิปไตยให้กับต่างชาติ

หากเข้าหลักการทั้ง 4 ข้อ ทหารสามารถเข้ามาได้ทันที..."

„Rechtlich darf sich das Militär in unsere Politik einmischen, wenn die vier folgenden Bedingungen erfüllt sind:

1) Die Institution der Monarchie wurde beleidigt, und die Regierung tut nichts dagegen.

2) Es bestehe die Absicht, die Monarchie zu stürzen, und die Regierung lässt es geschehen.

3) Es gibt Betrug und Korruption.

4) Die Souveränität des Landes wurde zugunsten anderer Länder aufgegeben.

Sollten diese Bedingungen erfüllt sein, könnte das Militär sofort eingreifen....."[33]

ทางด้าน พล.ต.จำลอง ศรีเมือง แกนนำพันธมิตรฯ อีกคนหนึ่งก็อธิบายว่า

Auf der anderen Seite erklärte Chamlong Srimuang - auch einer der PAD Führer – die Neue Politik so:

"คำที่พูดติดตลาดแล้วคือ คำว่าการเมืองใหม่ ถ้าใครไม่พูดถึงการเมืองใหม่ถือว่าเชยสิ้นดี และการเมืองใหม่ไม่ใช่เรื่องยาก หลักสำคัญที่สุดคือ ต้องเป็นประชาธิปไตยอย่างแท้จริง คือกลุ่มอาชีพทุกกลุ่ม โดยเฉพาะอย่างยิ่งกลุ่มที่มีคนจำนวนมากๆ ต้องมีตัวแทนเข้าไปเป็น ส.ว. ส.ส. และรัฐมนตรี

"...'Die neue Politik' ist jetzt in aller Munde. Wer sie nicht kennt, ist er einfach rückständig. Eigentlich ist sie nicht schwierig zu begreifen, wichtig ist, man muss wirklich demokratisch sein. Jede Berufsgruppe, Organisation, besonders große Gruppen sollen als Vertreter im Senat, als Abgeordnete sowie als Minister vertreten sein. ....."

การเมืองใหม่มีที่เหมือนกับการเมืองเก่าอยู่อย่างเดียวเท่านั้นคือ การเมืองในระบอบประชาธิปไตยอันมีพระมหากษัตริย์ทรงเป็นประมุข แต่การเมืองใหม่ไม่ยึดติดในรูปแบบที่ว่าการเมืองในประชาธิปไตยต้องเลือกตั้งทั้ง 100% เพราะเลือกตั้งทั้งหมดนั้นเองถึงได้เกิดปัญหา...."

„Es gibt nur eine Gemeinsamkeit, in der sich die alte und die neue Politik ähneln. Beide sind ein politisches demokratisches System mit dem König als Staatoberhaupt. Die neue Politik will aber die alte Regelung nicht, dass die demokratische Legitimation nur 100%ig aus Wahlen stammen soll, denn deshalb haben wir jetzt Probleme...."

เนื้อหาสำคัญของการเมืองใหม่ ส่วนที่ 1 ก็คือเรื่อง 70:30 ต่อมาเมื่อมีเสียงคัดค้านมากขึ้น ก็เปลี่ยนอัตราส่วนเป็น 50:50 แต่โดยสาระแล้วได้ความว่า ให้มีสมาชิกวุฒิสภามาจากสาขาอาชีพ และให้มีสภาผู้แทนราษฎรที่มาจากการเลือกตั้งเพียงครึ่งหนึ่ง อีกครึ่งหนึ่งให้มาจากการสรรหาจากสาขาอาชีพ

„Der wichtige Inhalt der neuen Politik besteht darin,

Erstens: Da sich gegen die so genannte 70:30 Regelung so viele ausgesprochen hatten, wurde das Verhältnis auf 50:50 geändert. Inhaltlich könnte man so sagen, Im Oberhaus sollten die Senatoren hauptberufliche Beamte sein, und im Unterhaus sollen 50 % der Abgeordneten aus Wahlen stammen, der Rest (die anderen 50%)

---

[33] Da das Militär selbst darüber entscheidet wann die Bedingungen erfüllt sind und keine anderen Macht Sanktionen verhängt oder in der Lage ist zu verhängen, wenn dies nicht zutrifft, ist es ein Blankoscheck zur Übernahme der Macht durch das Militär.

sollen aus den verschiedenen Berufsgruppen ausgewählt werden."

ส่วนที่ 2 คือเสนอให้มีการบัญญัติไว้ในรัฐธรรมนูญถึงเงื่อนไขและเหตุผล ที่จะให้ทหารเข้าแทรกแซง จัดการกับการเมืองและรัฐบาล เพื่อแก้ไขปัญหาการเมืองได้

„Zweitens: Die Verfassung soll eine Regelung enthalten, nach der bei einer Einmischung des Militärs in der Politik oder Regierungsführung, der Grund und die Bedingung genannt werden müssen, um das politische Problem lösen zu können."[34]

จะเห็นได้ว่าข้อเสนอของกลุ่มพันธมิตรฯ ที่ป่าวร้องป่าวๆ จากทำเนียบรัฐบาล และสนามบินสุวรรณภูมิ ที่พวกเขายึดไว้ มีลักษณะได้คืบเอาศอก ได้ศอกเอาวาแท้ๆ

Man sieht, dass die Bedingungen der PAD, die seit ihrer Besetzung der Parlamentgebäude und von Suvarnabhumi verlangt werden, folgendem Charakter entsprachen: wenn man ihnen den kleinen Finger reicht, nehmen sie gleich die ganze Hand.

รัฐธรรมนูญปี 2550 ที่พวกเขาปกป้องก็แย่เต็มที่แล้ว "การเมืองใหม่" ยิ่งแย่หนักเข้าไปอีก

Die Verfassung von 2007 war schon schlimm genug, die neue Politik ist aber das Schlimmste.

ประเด็นแรก ข้อเสนอ 70:30 หรือ 50:50 จะพบว่าเป็นการลดอำนาจประชาชนอย่างร้ายแรง การลดจำนวนผู้ที่มาจากการเลือกตั้งในสภาผู้แทนราษฎรก็คือการลดอำนาจที่มาจากประชาชน นั่นเอง เพราะผู้ที่มาจากการเลือกตั้งของประชาชนจะกลายเป็นเสียงส่วนน้อยในรัฐสภา เสียงส่วนใหญ่ประกอบด้วยผู้ที่มาจากสาขาอาชีพ ซึ่งไม่ได้มาจากการเลือกตั้ง กับ ส.ว. ที่มาจากสาขาอาชีพ ซึ่งก็ไม่ได้มาจากการเลือกตั้งของประชาชนด้วย เท่ากับเอาอำนาจจากประชาชนไปไว้ในมือของผู้ที่ไม่ได้มาจากการเลือกตั้งนั่นเอง

Erstens: in dem Vorschlag 70:30 bzw. 50:50 sehen wir, dass es nur darum geht, das Recht des Volkes zu beschneiden. Die Verringerung der Vertreter im Parlament bedeutet auch, die Macht Menschen zu schwächen. Denn die gewählten Abgeordneten wären die Minderheit im Parlament, die Mehrheit sind die nicht gewählten Vertreter aus den unterschiedlichen Berufen und die Berufspolitiker im Senat, die zwar fachlich kompetent sein könnten, jedoch nicht vom Volk gewählt wurden. Und das bedeutet, dass die Zukunft und das Recht des Volkes in der Hand der nicht gewählten Vertreter liegen würde.

การเลือกตั้งจะกลายเป็นเรื่องทำกันพอเป็นพิธี ไม่มีความหมายอะไร

Die Wahl bedeutet gar nichts mehr, sie ist nur noch ein zeremonieller Akt.

---

[34] Damit würde ein Militärcoup legalisiert. D.h. das Militär könnte jederzeit die Macht im Staat übernehmen, wenn sie die Gründe und ihr geplantes Vorgehen erläutern.

กลุ่มพันธมิตรฯ ยังได้เสนอว่า ผู้แทนที่มาจากการเลือกตั้งไม่จำเป็นต้องสังกัดพรรคการเมือง อันนี้จะยิ่งเป็นการซ้ำเติมเรื่องการทำลายพรรคการเมืองและบทบาทของพรรคการเมืองที่ในรัฐธรรมนูญ ส่วนอื่นก็มีอยู่แล้วรวมทั้งกฎหมายว่าด้วยการยุบพรรค และการที่ ส.ส. เป็นอิสละจากมติพรรคในการลงคะแนนเสียงต่างๆ เหล่านี้เป็นต้น

Sie {die PAD-Anführer} schlugen auch vor, die Volksvertreter müssten nicht unbedingt irgendeiner Partei angehören. Das heißt: das Parteiensystem und die Rolle der Parteien soll weiter geschwächt werden, was auch bereits in der Verfassung des Militärs von 2007 zum Ausdruck kommt. Sie enthält sowohl die gesetzliche Möglichkeiten der Parteienauflösung als auch Regelungen in Bezug auf das Recht des Abgeordneten. D.h. Abgeordnete müssen nicht mehr einer Partei angehören, um im Parlament abstimmen zu können oder gewählt zu werden.

"การเมืองใหม่" เป็นการลดอำนาจของประชาชน ทำลายความหมายของการเลือกตั้ง และทำลายระบบพรรคการเมือง ที่ว่าทำลายระบบการเมืองและพรรคการเมืองนั้น ผู้เดือดร้อนไม่ใช่พรรคการเมือง ผู้เดือดร้อนแท้จริงคือประชาชน เพราะในระบอบประชาธิปไตยระบบรัฐสภานั้น พรรคการเมืองเป็นสิ่งที่ต้องมีการพัฒนาควบคู่ไปกับประชาธิปไตย พรรคการเมืองเป็นองค์กรที่เป็นที่รวมของผู้มีความคิดและอุดมการณ์ในการแก้ปัญหาหรือพัฒนาประเทศใกล้เคียงกันมาอยู่รวมกัน มาสร้างมาพัฒนานโยบายขึ้น เสร็จแล้ว ก็เสนอนโยบายเหล่านี้ต่อประชาชน ให้ประชาชนช่วยแนะนำและให้ประชาชนสนับสนุนโดยผ่านการเลือกตั้งทั่วไป

"Die neue Politik" ist ein Instrument zur Reduzierung des Rechtes und des Einflusses der Menschen und zur Zerstörung des Parteiensystems. Der wahre Verlierer ist das Volk. Denn in ein demokratisches und parlamentarisches System gehört auch die Entwicklung der Demokratie. Die Parteien sind Sammelbecken von Ideen und Ideologien, um die Probleme des Landes zu lösen oder die Entwicklung voran zu bringen. Die Parteien sind auch dafür da, ihre Programmideen den Menschen nahe zu bringen, um aus dem Volk die Unterstützung für die politischen Programme über Wahlen zu erhalten.

ระบบพรรคการเมืองที่มีอยู่ควบคู่กับระบบอบประชาธิปไตย ทำให้ประชาชนสามารถกำหนดความเป็นไปของบ้านเมือง กำหนดชีวิตความเป็นอยู่ของตนเองโดยใช้พรรคการเมืองและระบบพรรคการเมือง ผ่านช่องทางการเลือกตั้ง แต่"การเมืองใหม่" ได้เสนอให้ทำลายสิ่งเหล่านี้ทั้งหมด

Das Parteiensystem und das demokratische System, die beide nebeneinander bestehen, ermöglichen den Menschen das Schicksal ihres eigenen Landes und ihre Lebensumstände selbst zu bestimmen. Denn sie können das Parteiensystem durch die Wahlen instrumentalisieren. Die neue Politik aber hat Programme vorgeschlagen, um solche Systeme zu vernichten.

ที่ผ่านมากลุ่มพันธมิตรฯ ได้เคลื่อนไหวล้มรัฐบาล ตั้งแต่รัฐบาลทักษิณ โดยเรียกร้องให้ทหารเข้ามาจัดการกับการเมือง ในที่สุดทหารก็รัฐประหารยึดอำนาจ แล้วผู้ยึดอำนาจก็ร่างรัฐธรรมนูญ

กำหนดกติกาในการปกครองบ้านเมือง แต่แค่นั้นดูเหมือนกลุ่มพันธมิตรฯจะยังไม่พอใจ เห็นว่า
ยังไม่เกิด เป็นความยั่งยืนที่ทหารจะเข้ามาแทรกแซงจัดการกับการเมือง

In der Vergangenheit ging es der PAD um die Vernichtung der Regierung Thaksin. Das erreichten sie, indem sie das Militär einlud, die Führung des Landes zu übernehmen. Das Militär tat, was es immer tat. Es übernahm die Macht, entwarf eine neue Verfassung, bestimmte die neue Bedingungen für die Regierung des Landes. Das gefiel der PAD immer noch nicht, weil es {das Militär} noch nicht fest im Sattel sitzt, weshalb sie noch einmal an die Front musste.

ในระหว่างที่กลุ่มพันธมิตรฯ พยายามล้มรัฐบาลสมัครและรัฐบาลสมชายผู้นำกองทัพได้ปล่อย
"เกียร์ว่าง" แม้ได้รับคำสั่งตามกฎหมายแล้วก็ไม่ทำอะไรอ้างว่าต้องเป็นกลาง จนทำให้เกิดการ
กระทำที่ผิดกฎหมายและเสียหาย ต่อประเทศอย่างร้ายแรง ผู้นำเหล่าทัพถึงกับบีบให้
นายกรัฐมนตรีลาออก และต่อมาเสนอให้ยุบสภา แต่ก็ยังไม่มีผล ซ้ำยังถูกคัดค้านและ
วิพากษ์วิจารณ์อย่างหนักจากผู้รักประชาธิปไตย

Während die PAD versuchte, Samaks und Somchais Regierung zu vernichten, blieb das Militär untätig, ignorierte Befehle {der zivilen Regierung}, indem es erklärte, dass es neutral bleiben müsste. Die Gesetze wurden gebrochen, was für unser Land schädlich war. Was machte das Militär, außer dass es versuchte, den Premierminister zu überreden, sein Amt niederzulegen und das Parlament aufzulösen? Es passierte nichts, dann wurde die Regierung von manchen Leuten die die Demokratie lieben geschmäht und kritisiert.

ขนะนั้นมีข่าวหนาหูว่าผู้นำเหล่าทัพบางคนพยายามจะยึดอำนาจ แต่ก็ไม่กล้า เพราะรู้ว่ายึดแล้ว
จะต้องตกที่นั่งลำบาก และประชาชนประสานเสียงต่อต้านรัฐประหารอย่างหนักแน่น

Dann trat ein Gerücht auf, dass Teile des Militärs gerne putschen wollten, es aber nicht wagten, weil sie wussten, dass es hart werden würde, da die Menschen sich zusammen schließen würden um sich, gegen das Militär zu verteidigen. Denn die Menschen haben genug von Militärcoups.

กลุ่มพันธมิตรฯจึงได้เสนอว่าให้กำหนดไว้เป็นเนื้อหาในรัฐธรรมนูญ คือกำหนดเงื่อนไขว่า
อย่างไรจึงให้ทหารเข้ามาแทรกแซงการเมือง เข้ามาจัดการกับการเมืองได้ นั่นหมายถึงกำหนด
เงื่อนไขไว้ในรัฐธรรมนูญให้ทหารเข้ามาเป็นใหญ่ มีอำนาจเหนือฝ่ายการเมือง เหนือฝ่าย
ประชาชน โดยไม่ต้องยึดอำนาจให้เสียเวลา เสียกำลัง หรือเสี่ยงต่อการต่อต้านคัดค้านแต่อย่างไร

Deshalb schlug die PAD vor, die Bedingungen in die Verfassung aufzunehmen, welche dem Militär die Möglichkeit geben würden, sich in die Regierung und Politik einzumischen. Das heißt, es würde dem Militär die Möglichkeit verschafft, Macht über Politiker und die Bevölkerung zu erlangen, ohne auch nur einen Finger dafür krumm machen zu müssen. Keinen Schweiß, kein Risiko und keine Konfrontation mit Demonstranten.

แต่เมื่อไม่มีกติกาอย่างนั้น ทั้งกลุ่มพันธมิตรฯและผู้นำเหล่าทัพจึงต้องทั้ง "รอ" และ "เร่งรัด" ให้

กลไกรัฐธรรมนูญจัดการกับรัฐบาลในขณะนั้นด้วยความกระวนกระวาย

Trotz solcher Bedingungen hatten die PAD und das Militär noch keine freie Bahn, es blieb ihnen nichts übrig als ungeduldig zu warten und den Druck zu erhöhen, bis das Verfassungsinstrument die (Somchai) Regierung in die Zange nehmen konnte.

ข้อเสนอแบบนี้มาจากการที่บางคนเห็นว่าเมืองไทยมีการยึดอำนาจกันอยู่เรื่อยๆ เพราะมีความไม่ลงตัวระหว่างบทบาท ของทหารกับบทบาทของรัฐบาลที่มาจากการเลือกตั้ง เพราะฉะนั้นเพื่อหาทางออกที่ประนีประนอมจึงกำหนดเงื่อนไขเสียเลยว่า ถ้ามีการทุจริตมากๆ หรือมีวิกฤตทางการเมืองหรือมีปัญหาที่เป็นภัยต่อความมั่นคง ก็ให้ทหารเข้ามาแทรกแซงการเมืองได้โดยชอบด้วยรัฐธรรมนูญ

Solche Bedingungen entstanden durch Äußerungen von manchen Leuten, die meinten, in Thailand wurde oft mit Gewalt die Macht übernommen, weil die Rolle des Militärs und der gewählten Regierung nicht zusammenpassten. Da müsste ein Kompromiss her, indem es hieß, wenn zuviel Korruption, politische Krise oder Probleme auftreten, die eine Gefahr für das Land sein sollten, dann darf das Militär sich in die Staatsangelegenheiten einmischen.

ความคิดอย่างนี้เป็นแนวคิดที่ล้าหลัง เป็นเผด็จการ ไม่สอดคล้องกับอารยประเทศ และไม่เป็นที่ยอมรับของสังคมโลกเลย เพราะหลักการประชาธิปไตยที่สำคัญที่สุดอย่างหนึ่งคือ รัฐบาลพลเรือนที่มาจากการเลือกตั้งมีอำนาจเหนือกองทัพในทุกสภาวะ ไม่ว่าจะมีปัญหาวิกฤต ปัญหาทุจริตคอร์รับชั่นมาก หรือมีปัญหาที่เป็นภัยต่อความมั่นคง หรือแม้ว่าประเทศกำลัง อยู่ในภาวะสงคราม ก็ไม่มีเหตุผลชอบธรรมใดๆ ที่ทหารจะเข้ามาแทรกแซงทางการเมือง หรือมีอำนาจเหนือรัฐบาลพลเรือนที่มาจากการเลือกตั้งหากรัฐบาลเป็นปัญหาก็ให้ประชาชนจัดการกับรัฐบาลตามวิถีทางในระบบประชาธิปไตย

Eine solche Anschauung ist einfach konservativ und diktatorisch, unangepasst und daher unakzeptabel für die zivilisierte Welt. Denn die wichtige Doktrin der Demokratie ist: eine Regierung des Volkes entstammt den Wahlen, **und die Regierung des Volkes hat die Macht über das Militär.** Ob das Land sich in einer Krisensituation, einem Korruptionssumpf oder in der Gefahr befindet instabil zu werden, ja selbst wenn es sich im Krieg befände, **hätte das Militär nicht das Recht sich in die Politik oder die Rechte der Regierung einzugreifen. Das Militär hat auch nicht das Recht die Regierung des Volkes zu missbrauchen, um indirekt ihre Macht auszuüben.** Sollte die Regierung Probleme haben, ist es ihre Pflicht und die des Volkes, die Probleme selbst in der Hand zu nehmen und in einem demokratischen Prozess zu lösen.

ในทางตรงกันข้าม ต้องยืนยันที่จะให้รัฐบาลพลเรือนที่มาจากการเลือกตั้งมีอำนาจเหนือกองทัพในทุกกรณี ทุกสภาวะ ยิ่งในภาวะสงคราม ยิ่งต้องให้รัฐบาลพลเรือนที่มาจากการเลือกตั้งในรัฐสภามีอำนาจเหนือกองทัพ เพราะไม่ควรจะปล่อยให้ผู้นำกองทัพเป็นผู้ตัดสินใจว่าจะทำ

สงครามกับใคร? อย่างไร? เพราะพวกเขาไม่ได้มาจากประชาชน ผู้นำกองทัพอาจจะกระหาย สงคราม อาจจะทำให้ค้าอาวุธ ถ้ากำหนดให้กองทัพมีบทบาทเหนือรัฐบาลพลเรือนที่มาจากการ เลือกตั้ง โดยที่ประชาชนตรวจสอบ คัดค้าน ทัดทานไม่ได้ ก็จะนำประเทศไปสู่ความเสียหาย อย่างร้ายแรง

Gleichzeitig muss betont werden, dass die Regierung des Volkes in jeder Situation die Macht über das Militär ausüben können muss. Ganz besonders im Falle eines Krieges muss die Regierungsgewalt im Parlament über das Militär bestimmen. Es darf nicht zugelassen werden, dass die Militärführung eine Narrenfreiheit hat, dass sie Entscheidungen selber treffen kann, und entscheiden kann, mit wem oder wie sie ihre Kriegskunst zur Schau stellt. Die Militärführung wurde nicht vom Volk gewählt, sie könnte kriegslüstern sein um Waffengeschäfte zu ermöglichen. Wenn das Militär Macht über die gewählte Regierung hätte, könnte die Regierung sich nicht widersetzen und das Land könnte in den Ruin getrieben werden.

เมื่อดูจากเนื้อหาสาระสำคัญทั้งหมดแล้ว เห็นได้ชัดเจนว่า "การเมืองใหม่" เป็นสิ่งที่ล้าหลังอย่าง ยิ่ง สวนทางและไม่สอดคล้องกับพัฒนาการของโลกและประเทศไทยแม้แต่น้อยเลย

Wenn man den Inhalt betrachtet, erkennt man, dass "die neue Politik" eine rückwärts gerichtete, widersinnige und unangepasste Weltströmung ist, auch im thailändischen Sinn.

ที่ว่าสวนทางกับพัฒนาการของโลกคือ โลกกำลังพัฒนาไปในทิศทางที่ส่งเสริมให้มี ประชาธิปไตยมากขึ้น ให้ระบอบประชาธิปไตยมีความมั่นคงมากขึ้น แม้แต่ประเทศที่ไม่ได้ ปกครองด้วยระบอบประชาธิปไตย ก็ยังหันมาให้ความสนใจ ส่งเสริมให้ประชาชนมีสิทธิ เสรีภาพ มีส่วนร่วมในการปกครองมากขึ้น

Die Entfernung von den Entwicklungen oder Strömungen in der Welt bedeutet: die Welt hat sich mehr und mehr in eine demokratische Richtung entwickelt, selbst in Ländern, die nicht mit dem demokratischen System regiert werden, unterstützt ihre Bevölkerung Tendenzen zu mehr Freiheit und um an Demokratie teilzuhaben.

ในส่วนของประเทศไทยเองก็มีพัฒนาประชาธิปไตยมาไกลพอสมควรเราเพิ่งผ่านการมี รัฐธรรมนูญฉบับประชาชน และผ่านกระบวนการเรียนรู้เกี่ยวกับการเลือกตั้ง พรรคการเมือง ระบบพรรคการเมืองมาเมื่อไม่กี่ปีมานี้เองใครต่อใครก็เห็นศักยภาพในการพัฒนาของประเทศ ไทยกันทั้งนั้น

In Thailand hat sich die Demokratie seit langem entwickelt. Wir hatten eine Volksverfassung (1997), kennen den Prozess der Parteienwahl und Parteienpolitik zwar erst seit ein paar Jahren, können aber dennoch vorzeigen, wie unser Land möglicherweise weit entwickelt werden kann.

เพราะฉะนั้นจึงพูดได้ว่า "การเมืองใหม่" เป็นสิ่งที่ไม่สอดคล้องและสวนทางกับพัฒนาการของ โลกและของประเทศไทย

Deshalb kann man sagen, "die neue Politik" ist gegen die Entwicklung in der Welt und gegen die Entwicklung der thailändischen öffentlichen Meinung gerichtet.

ถามว่าประชาชนจะทำอย่างไรกับการเมืองใหม่ ก็ต้องยืนยันคัดค้าน ไม่เห็นด้วย ต้องคัดค้านและต่อสู้ทางความคิดกับการเมืองใหม่ นั่นคือต้องร่วมกันชี้ให้เห็นว่าสิ่งที่เรียกว่า "การเมืองใหม่" แท้จริงไม่ใช่เรื่องใหม่ แต่เป็นการเมืองที่ล้าหลัง ที่จะนำความเสียหายอย่างร้ายแรงมาสู่ประเทศ

Die Frage ist, wie wird man mit dieser neuen Politik umgehen. Sollte man mit ihr nicht einverstanden sein und sich gegen sie wenden wollen, müsste man versuchen, sie zu demaskieren. Man müsste zeigen, dass die neue Politik eigentlich nicht neu, sondern eine rückwärts gewandte Idee und der Ruin für unser Land wäre.

ในการต่อสู้ทางความคิดกับ"การเมืองไทย" ต้องยืนยันหลักการสำคัญๆที่ตรงกันข้ามกับสิ่งที่การเมืองใหม่เสนอ ต้องชี้ให้เห็นถึงอันตรายที่จะเกิดขึ้นจากแนวความคิดที่ล้าหลังนี้ และไม่เพียงแค่ยันความคิดที่ล้าหลังนี้ไว้ แต่ควรทำให้ถึงขั้นที่คนส่วนใหญ่พร้อมจะเดินสวนทางกับแนวความคิดนี้ไปสู่ความก้าวหน้าและเป็นประชาธิปไตยอย่างแท้จริง

Um der Idee "der neuen Politik" den Kampf anzusagen, müssen wir mit den wichtigen Grundsätzen der Demokratie gegen die neue Politik argumentieren, nämlich dass diese Rückständigkeit eine Gefahr für unser Land sein könnte. Mehr noch, wir sollten den Menschen klar machen, dass wir gegen die rückwärts gerichtete Politik, und für eine neue Ära und eine wahre Demokratie eintreten.

ประชาชนผู้รักประชาธิปไตยยังต้องช่วยกันพัฒนาความรู้ความเข้าใจเกี่ยวกับการเมืองที่ดีของประชาชน ประชาธิปไตยที่ประชาชนต้องการนั้นเป็นอย่างไร มีหลักการที่สำคัญอย่างไร จะทำอย่างไรที่จะทำให้หลักการสำคัญนั้นเป็นที่รับรู้เข้าใจ ยอมรับและได้รับการปลูกฝังอยู่ในความคิดของประชาชนทั่วประเทศ

Leute, die die Demokratie lieben, müssen versuchen, die Entwicklung der Politik zu verstehen. Sie müssen erkennen, wie eine Demokratie für die Bevölkerung aussieht und mit welchem Grundsatz sie ausgestattet sein muss. Und die Menschen sollten wissen wie man Politik gestaltet, damit die Grundsätze {der Parteien oder Doktrin} verstanden werden. Damit die Grundsätze akzeptiert und in das Bewusstsein der Bevölkerung des ganzen Landes eingehen werden.

รวมทั้งก็ต้องมาช่วยกันคิดว่าทำอย่างไรความคิดที่เป็นหลักการสำคัญของประชาธิปไตย ซึ่งเป็นความคิดที่ก้าวหน้า สร้างสรรค์ หรือ"ใหม่" จริง จึงจะเป็นที่ยอมรับและได้รับการนำมาใช้ในประเทศเราได้จริง

Zugleich müssen wir darüber nachdenken, wie wir es anstellen werden, dass der wichtige Grundsatz der Demokratie, einer Demokratie die wirklich innovativ, kreativ und neu ist, für unser Land akzeptabel und nutzbar gemacht werden kann.

Der Coup und die thailändische Politik

Eine Gefahr für jede Situation

รัฐประหารกับการเมืองไทย / ภัยร้ายในทุกสถานการณ์

"เมื่อเกิดการรัฐประหารขึ้น ศาลทุกศาลต้องมีคำวินิจฉัยว่าการรัฐประหารนั้นไม่ชอบด้วยกฎหมาย ข้าราชการทั้งระบบควรปฏิเสธที่จะร่วมกับการรัฐประหารประชาชนต้องพร้อมที่จะออกมาชุมนุมกันเต็มท้องถนนไปหมด ทั้งในกรุงเทพฯและจังหวัดต่างๆ เพื่อร่วมกันต่อต้านคัดค้านรัฐประหารเหมือนที่เคยเกิดขึ้นมาแล้วในหลายประเทศ"

"Wenn ein Putsch stattfindet, muss jedes Gericht ihn als gesetzwidrig erklären. Sämtliche Beamte sollten die Zusammenarbeit mit den Anführern eines Coups verweigern und das Volk muss auch bereit sein, überall auf den Straßen von Bangkok sowie in verschiedenen Provinzen, gemeinsam gegen den Coup zu demonstrieren, so wie es in anderen Ländern üblich ist.

เมื่อครั้งปราศัยที่สนามกีฬาราชมังคลาสถานวันที่ 1 พฤศจิกายร 2551 ได้พูดไว้ว่า

Dies war eine Ansprache von Chaturon Chaisaeng im Sportstadion "Raja Mongkol Sathan" am 1 Novenber 2008:

"เราต้องมาพูดเรื่องค้านรัฐประหารเพราะอะไร รัฐประหารเลวร้ายอย่างไรและถ้าค้านรัฐประหารแล้วเราจะเดินไปทางไหนกันอีก

Wir müssen darüber reden, warum wir gegen den Coup protestieren müssen, wie schlimm der Coup ist, und in welche Richtung wir gehen wollen, wenn der Coup überstanden ist.

รัฐประหารคือความเลวร้ายที่สุดที่อาจจะเกิดขึ้นได้กับกระบวนการประชาธิปไตย ไม่มีอะไรในโลกนี้ที่จะเลวร้ายต่อระบอบประชาธิปไตยได้เท่ากับการรัฐประหาร การรัฐประหารจะทำให้กลุ่มคนที่มีอาวุธเข้ายึดอำนาจรัฐเพื่อปกครองประเทศ โดยปราศจากความยินยอมของพี่น้องประชาชน ล้มล้างรัฐธรรมนูญอันเป็นกฎหมายสูงสุด ตั้งตัวอยู่เหนือกฎหมาย เขียนกฎหมายเองโดยกลุ่มบุคคลนั้นใช้กฎหมายเองตามอำเภอใจ ทำลายความเป็นนิติรัฐของประเทศ ทำลายหลักนิติธรรมของประเทศ ทำให้ประเทศถอยหลังจากการเป็นประเทศอารยะ กลายเป็นประเทศไร้อารยะ ป่าเถื่อน

Ein Putsch ist das Schlimmste, was einer Demokratie passieren kann. Es gibt nichts schlimmeres für die Demokratie, als einen Coup. Durch einen Putsch ist es einer kleinen Gruppe (des Militärs) möglich, die Macht zu übernehmen und das Land zu regieren - ohne Einverständnis des Volkes, während sie die Verfassung - das höchste Gesetz des Landes – mit Füßen treten. Das Militär stellt sich über das Gesetz und glaubt sie (die Verfassung) nach ihrem eigenen Gutdünken neu entwerfen zu können. Sie zerstört das Gesetz des Staates sowie die Legitimität des Landes, und verursacht den Rückschritt von einem zivilisierten zu einem unzivilisierten Land, zum Land, das im wilden Osten versank.

ก่อน 19 กันยายน 2549 ประเทศไทยกำลังมีรัฐธรรมนูญที่ดีที่สุดในประวัติศาสตร์ คือ รัฐธรรมนูญฉบับ 2540 มีรัฐบาลที่เข้มแข็งที่กำลังมีผลงานทำให้เศรษฐกิจก้าวหน้า มีระบบพรรคการเมืองที่เข้มแข็ง ประชาชนต้องการอะไรก็เสนอผ่านพรรคการเมือง พวกเขาหาเสียงเลือกตั้งเสร็จ ก็เอานโยบายไป ทำตามที่ประกาศไว้ บ้านเมืองกำลังจะเข้าที่เข้าทาง ประเทศไทยมีบทบาทสูงมากในเวทีโลก ในวันเดียวนายกรัฐมนตรีของประเทศสามารถนั่งกระทบไหล่นั่งคุยกับผู้นำมหาอำนาจทั่วโลกทีเดียว 3-4 ประเทศ ไม่เคยมีมาก่อน

Vor dem 19. September 2006 hatte Thailand die beste Verfassung (die Verfassung von 1997) aller Zeiten, ein starkes Parteiensystem, und eine stabile Regierung, die ein gutes Ergebnis in der wirtschaftlichen Entwicklung präsentieren konnte. Was das Volk wollte, stellte es als Forderung an die Partei, wonach diese nach der Wahl die Forderung des Volkes in ihr politisches Programm zur Stabilisierung des Landes einsetzte. Thailand spielte damals eine wichtige Rolle auf der Weltbühne. Innerhalb von einem Tag führte unser Premierminister Gespräche mit drei bis vier wichtigen politischen Führern der mächtigen Länder. So was hatte es vorher noch nie gegeben.

แต่ว่าด้วยข้ออ้างอย่างในอดีต ในที่สุดก็เกิดรัฐประหาร 19 กันยายน 2549 ผลเป็นอย่างไร ภาพพจน์ของประเทศเสียหายยับเยิน ผู้นำประเทศของเราเคยไปพบผู้นำประเทศมหาอำนาจวันเดียว 3-4 ประเทศ กลายเป็นถูกจัดอันดับเท่าๆกับประเทศพม่า และประเทศเล็กๆในแถบแอฟริกา การร่วมมือต่างๆระหว่างประเทศหยุดชะงักหมด การลงทุนจากต่างประเทศลดน้อยถอยลงฮวบฮาบอย่างเห็นได้ชัด การลงทุนจากต่างประเทศนั้นลดลงอย่างเห็นได้ชัดในช่วงที่มีการรัฐประหารและหลังการรัฐประหาร

Trotzdem wurde am 19. September 2006 geputscht. Und was ist nun das Ergebnis? Das Ansehen des Landes ist ruiniert, unsere Führer, die an einem Tag Treffen mit drei bis vier Führungsmächten hatten, werden jetzt auf die gleiche Stufe mit der Militärsführung von Burma gestellt. Die Projekte der Zusammenarbeit mit den kleinen Ländern in Afrika werden bis zum Sankt-Nimmerleins-Tag verschoben. Die Investitionen aus dem Ausland wurden abrupt verringert. Sie waren in der Zeit des Coups und nach dem Coup deutlich gesunken.

การรัฐประหารยังได้ทำลายหลักนิติรัฐ หมายความว่าประเทศต้องปกครองด้วยกฎหมาย ทุกคนต้องขึ้นกับกฎหมาย ต้องปฏิบัติตามกฎหมายอย่างเท่าเทียมกัน การที่คณะบุคคลกลุ่มของพล.อ. สนธิ บุญยรัตกลิน ยึดอำนาจก็คือตั้งตัวอยู่เหนือกฎหมาย ทำลายหลักการที่ว่าทุกคนอยู่ภายใต้กฎหมายอย่างเท่าเทียมกัน นั่นคือ ทำลายความเป็นนิติรัฐของประเทศอย่างย่อยยับไปตั้งแต่วันที่ 19 กันยายน 2549

Der Coup zerstörte den Rechtsstaat, das heißt: jedes Land wird mit Gesetzen regiert, jeder steht unter dem gleichen Gesetz, und jeder muss sich nach dem gleichen Ordnungsprinzip richten lassen. Doch eine Gruppe unter General Sonthi Boonyaratglin vernichtete dieses Gesetz, das heißt, diese Leute stellten sich über das Gesetz, zerstörten das Prinzip: vor dem Gesetz sind alle Menschen gleich. Und dies ist die Zerstörung der Rechtsstaatlichkeit eines Landes und zwar seit dem 19 September 2006.

การรัฐประหารยังบอกว่าความถูกต้องชอบธรรมอยู่ที่ใครมีกำลังอาวุธซึ่งนั่นหมายความว่า ประเทศป่าเถื่อนเท่านั้นที่จะทำอย่างนั้น คณะรัฐประหารยังได้ทำลายหลักนิติธรรมของประเทศ กฎหมายมาจากคนกลุ่มเดียว ไม่ได้มาจากประชาชน เขียนกันขึ้นเอง ตั้งคณะขึ้นมาลงโทษคน อย่างตุลาการรัฐธรรมนูญ ตั้งคณะขึ้นมาตรวจสอบคนอย่าง ปปช. กับ คตส. อันนี้ทำลายหลักนิติธรรมทั้งนั้น ทั้งใช้กฎหมายย้อนหลัง ที่ตัวทำผิดนิรโทษกรรมตัวเองต่อไปอีกด้วย ส่วนกฎหมายที่เขียนขึ้นเองใช้ย้อนหลังได้ เช่นการใช้กฎหมายเผด็จการมาลงโทษกรณี 111 อดีตกรรมการบริหารพรรคไทยรักไทย

Außerdem sendet der Coup folgendes Signal aus: „das Recht ist auf der Seite der Stärkeren, des Militärs, der Macht". Nur die unzivilisierten Länder oder Gesellschaften folgen solchen Prinzipien. Der Coup zerstört die Legalität des Landes. Das Gesetz kommt jetzt von einzelnen Menschen, einer Gruppe - nicht von der breiten Bevölkerung, und nach deren eigenen Ideen. Das Komitee ernennt aus seinen eigenen Reihen z.B. die Verfassungsjustiz, oder den Kontrollapparat wie "die Nationale Anti-Korruptions-Kommission" (NACC) und die Kommission zur Überwachung der Vermögenserklärungen von Amtsinhabern. Dies sind Vorhaben, die ganz einfach illegal sind. Auch das Gesetz, durch das die Protagonisten des Coups sich selbst eine Amnestie erteilten, oder ein Gesetz wie z.B. Artikel 111 das rückwirkend gültig gemacht wurde, um die ehemaligen Funktionäre der Thai Rak Thai rückwirkend bestrafen zu können.

การรัฐประหารยังทำให้เกิดการร่างรัฐธรรมนูญที่ไม่เป็นประชาธิปไทย กำหนดไว้ว่าอำนาจต้องไม่อยู่ที่ประชาชน แต่อยู่ที่กลุ่มคนที่มาจากการแต่งตั้งที่กลุ่มคนที่เป็นอภิสิทธิ์ชนทั้งนั้น รัฐบาลต้องอ่อนแอ แล้วทำให้เห็นเป็นลำดับ การทำให้การเมืองและพรรคการเมืองอ่อนแอ ยุบพรรคการเมือง องค์กรอิสระ ไม่เป็นกลาง ไม่เป็นอิสระจริง เกิดขึ้นจากรัฐธรรมนูญฉบับนี้ ระบบยุติธรรมของประเทศได้รับความกระทบกระเทือนเสียหายมากที่สุดในประวัติศาสตร์ ก็เกิดจากรัฐธรรมนูญฉบับนี้

Ein Putsch erzeugt eine unrechtmäßige, undemokratische Verfassung, die bestimmt, dass die Macht nicht dem Volk gehört, sondern der Gruppe der Leute, die nur von privilegierten Personen ernannt werden. Die Regierung, Politiker und Parteien wurden dadurch geschwächt. Parteien wurden aufgelöst, die nicht staatlichen Organisationen waren befangen, unfrei. All dies auf Grund der Verfassung von 2007. Das Justizsystem wurde so beschädigt wie nie zuvor, auch wegen dieser Verfassung.

ข้ออ้างของการทำรัฐประหารที่บอกว่าต้องรัฐประหารเพื่อแก้ปัญหาความแตกแยก คนแบ่งเป็น

Die Krise der Demokratie — Mark Teufel^^
Thailand

ฝ่าย แล้วเป็นอย่างไรหลังรัฐประหาร แบ่งเป็นพันธมิตรฯฝ่ายหนึ่งเอาเผด็จการ ฝ่ายประชาธิปไตย ฝ่ายหนึ่งไม่เอาเผด็จการ มันก็แตกกันอยู่ดี ร่างรัฐธรรมนูญเองก็มีฝ่ายหนึ่งไปบอกชาวบ้านว่า ลงคะแนนให้ไปก่อนเถอะ แล้วเลือกตั้งเสร็จค่อยแก้ คือสนับสนุนรัฐธรรมนูญนั่นเอง แล้วก็มี เสื้อแดงเต็มไปหมดเหมือนกัน บอกไม่เอารัฐธรรมนูญฉบับกบฏ มันก็แตกต่างกันอยู่ดี

Ein Rechtfertigungsversuch: das Militär musste unbedingt eingreifen, um das Problem der Spaltung in der Gesellschaft zu lösen. Nun nach dem Putsch, was haben wir erreicht? Ein Teil der Gesellschaft, die PAD ist auf der Seite der Diktatur, ein anderer Teil ist für die Demokratie, will aber keine Diktatur. Das ist doch immer noch eine Spaltung. Nachdem die Militärverfassung fertig entworfen war, wurde die Bevölkerung überredet, der Militärverfassung zu zustimmen, nach der Wahl *könnte man sie ja zurechtrücken*. Das heißt, man sollte die Verfassung doch unterstützen, ob man sie nun wollte oder nicht. Es gab viele Rothemden, die wollten diese Militärverfassung nicht. Das war doch eine unversöhnliche Haltung, eine Vertiefung der Spaltung.

บอกว่าต้องรัฐประหารเพื่อแก้ปัญหาคอร์รัปชั่นที่มากมายเหลือเกินเสียหายยับเยินเป็นหมื่นเป็น แสนล้าน คนจะติดคุกเต็มไปหมด ขนาดตั้งกรรมการขึ้นมาสอบเอง จนบัดนี้เกือบ 3 ปีแล้ว ยังไม่ มีใครถูกตัดสินว่าได้กระทำความผิดฐานทุจริตคอร์รัปชั่นเลยแม้แต่คนเดียว พอยึดอำนาจเสร็จตั้ง คตส.เอง เอาคู่อริกับฝ่ายตรงข้ามเป็นฝ่ายตรงข้ามนักการเมืองมาเป็นกรรมการแล้วที่สำคัญ ปปช. ยังอยู่ทุกวันนี้

Eine Aussage: das Eingreifen des Militärs hatte als einen Zweck, die größte Korruption aller Zeiten - es geht um 10 oder 100 Milliarden Baht - zu beseitigen. Viele Leute sollten deswegen im Gefängnis landen, ein Anti-Korruptions-Komitee wurde ernannt, den Fall zu untersuchen. 3 Jahre sind vergangen, nichts ist passiert, keine einzige Person wurde für schuldig befunden. Nach dem Putsch wurde eine Kommission eingesetzt. Die Gegner aus den Reihen der Opposition wurden als Komitee eingesetzt, das sich heutzutage als "die National Anti-Korruptions-Kommission" darstellt.

บอกว่าป้องกันการนองเลือด จึงต้องมีการยึดอำนาจเห็นมีแต่พันธมิตรฯเท่านั้นที่เคลื่อนไปโน่น ไปนี่ ไม่เห็นมีใครไปทะเลาะด้วยเลย ฝ่ายที่ทำผิดกฎหมายไปเอาทหารมายึดอำนาจ คนที่เขา บริสุทธิ์ คนที่เขาอยากจะแก้ปัญหาบ้านเมืองเขาก็เลยต้องคิดบ้าง ต่อไปจะทำผิดกฎหมายบ้าง อัน นี้จะทำให้ เกิดความรุนแรงขึ้นกลายเป็นการนองเลือด ต้นเหตุที่สำคัญคือการรัฐประหารนั่นเอง

Die Aussage: der Putsch ist dafür da, um einen blutigen Kampf zu vermeiden. Die PAD bewegte sich mal hier hin und mal da hin, vollkommen ungehindert, und niemand wagte es, sie anzufassen. Ein Unschuldiger wurde seiner Rechte durch das Militär beraubt. Wer das Problem des Landes lösen will, denkt nun darüber nach, eventuell Gewalt anzuwenden. Eine Gewalt gegen Gewalt, der blutige Kampf scheint unvermeidbar, all das wegen eines Militärputschs.

อ้างว่ามีกรณีหมิ่นพระบรมเดชานุภาพ จึงต้องมีการยึดอำนาจ วันนี้ไม่ปรากฏว่ามีรัฐมนตรีใน

รัฐบาลทักษิณคนใดถูกพิพากษาตัดสินว่าหมิ่นพระบรมเดชานุภาพแม้แต่คนเดียว ในชีวิตผมเจอ
มาแล้ว เจอเหตุการณ์มา 3 ครั้ง มีการอ้างกรณีหมิ่นพระบรมเดชานุภาพทั้ง 3 ครั้งเพื่อยึดอำนาจ
คือ เหตุการณ์ 6 ตุลา เหตุการณ์ รสช. เหตุการณ์คมช. 19 กันยาฯ ทั้ง 3 กรณีเหมือนกันหมด เมื่อ
ยึดอำนาจแล้ว เรื่องหมิ่นพระบรมเดชานุภาพที่กล่าวหาก็ไม่ปรากฏใดๆทั้งสิ้น

Es gab den Vorwurf einer Majestätsbeleidigung (Artikel 112), das Militär sagte, es hätte daher die Macht übernehmen müssen. Aber bis heute gibt es noch keinen einzigen Minister der Thaksins Regierung der wegen einer Majestätsbeleidigung verurteilt wurde.

In meinem Leben wurde ich drei mal wegen Lèse Majèsté verurteilt, jedes Mal ging es aber eigentlich nur um die Macht: Am 6 Oktober 1976, ein Protest gegen den „Nationalrat zur Friedenssicherung" (the National Peace Keeping Council), und am 19 September gegen den „Rat für Nationale Sicherheit" (the National Security Council). Alle drei Fälle hatten das gleiche Muster: Nach der Machtübernahme war nirgendwo mehr eine Anklage von Majestätsbeleidigung zu sehen.

การรัฐประหารเกิดมา 18-19 ครั้งแล้ว 18-19 ครั้งที่เกิดรัฐประหารมันแปลว่าอะไร แปลว่า
ประเทศนี้ไม่ยึดถือระบอบรัฐธรรมนูญ ก็คือไม่มีกฎหมายสูงสุดนั่นเอง จะมีกี่ฉบับก็ตาม คณะ
ทหารก็ฉีกทิ้งได้โดยตลอด แสดงให้เห็นว่าที่มีรัฐประหาร 18 ครั้งได้ ประเทศนี้ไม่ใช่นิติรัฐ ไม่มี
หลักนิติธรรม ถ้าต้องการให้ประเทศเป็นอารยะ เป็นนิติรัฐ มีหลักนิติธรรมทุกคนเท่าเทียมกัน
ทางกฎหมาย จำเป็นต้องคัดค้านต่อต้านรัฐประหารไม่ให้เกิดขึ้นอีกในประเทศไทย

Wir hatten im Laufe der Zeit 18-19 Putsche, was soll das bedeuten? **Es heißt lediglich, dass sich das Land nicht an die Regeln des Verfassungssystems hält, das heißt, keine der höchsten Gesetze, gleich gültig wie viele Verfassungen wir auch hatten, wurde vom Militär verschont. Das zeigt doch, dass wir 18 Mal keinen Rechtsstaat und keine Legalität in diesem Land hatten.** Wenn wir unser Land als zivilisiert gelten lassen wollen, indem die Gesetze für alle gleich gelten, dann müssen wir gegen den Coup kämpfen, damit so was in Thailand nie mehr wieder passieren.

ไม่ว่าอะไรจะเกิดขึ้น ประเทศไทยยอมให้เกิดการรัฐประหารไม่ได้ เพราะการรัฐประหารจะนำ
หายนะมาสู่ประเทศ ที่เกิดความเสียหายอะไรอยู่ ถ้ามีการรัฐประหาร จะยิ่งเสียหายมากกว่านั้น
เป็นทวีคูณ ยอมไม่ได้เด็ดขาด

Was ist auch immer passiert, in Thailand soll nicht geputscht werden! Denn der Putsch ruiniert das Land. Und wenn es schon geschädigt ist, wird das Land durch einen Putsch in einen noch schlechteren Zustand getrieben. Das können wir uns nicht erlauben.

แล้ววิกฤตจะจบยังไง วิกฤตจบได้ เราต้องให้แน่ใจว่าการคัดค้านรัฐประหารสำเร็จ พวกที่จะ
รัฐประหารครั้งต่อไปนี้จะเป็นการคัดค้านรัฐประหารที่จะไม่ยอมให้การรัฐประหารสำเร็จ พวกที่

จะรัฐประหารต้องกลายเป็นโจรขบถ และจะต้องติดคุกติดตาราง ให้กลายเป็นความพยายามการทำรัฐประหารครั้งสุดท้ายของประเทศไทย

> **Wie könnte eine Krise zu Ende geführt werden? Zuerst müssen wir uns vergewissern, dass wir die Diktatur erfolgreich zum Teufel jagen können, damit der nächste Putsch keinen Erfolg haben wird. Putschisten müssen als Verbrecherbande bezeichnet werden, die in den Kerker gehören, und dieser Coup soll der letzte seiner Art in Thailand sein.**

แล้วเราจะทำอย่างไรถ้าเกิดรัฐประหาร ประชาชนผู้รักประชาธิปไตรต้องยึดมั่นกับสันติวิธี เราจะสร้างประเทศให้เป็นอารยะ จะไปใช้วิธีที่ผิดกฎหมายใช้ความรุนแรงอย่างกลุ่มพันธมิตรฯ ไม่ได้เป็นอันขาด

Aber wenn doch noch einmal geputscht wird, was könnte man machen? Wir als die Demokratie Liebenden müssen an einem friedlichen Weg festhalten, um unser Land zivilisiert zu erhalten. Die gesetzwidrige Gewalt - wie die Methoden der PAD - dürfen nicht angewandt werden.

เราต้องสร้างประชาธิปไตยให้ยั่งยืน ต่อสู้ทางความคิดกับกลุ่มพันธมิตรฯกับพวกแนวร่วม ทั้งนำประเทศออกจากวิกฤติทางการเมืองที่ไม่เป็นประชาธิปไตย สู้กับ "ปัญญาชนย้ายข้าง" ที่เห็นดีเห็นงามกับเผด็จการ สู้กับความคิดเรื่อง"การเมืองใหม่"

Unsere demokratische Ideologie muss so lang wie möglich in unserem Bewusstsein haften bleiben, damit wir die Ideologie der PAD und Co. standhaft weiter bekämpfen, unser Land aus dieser Krise - einer undemokratischen Krise – zurückführen können. Wir sollten die Intellektuellen, die die Seite gewechselt haben und die für das diktatorische System und ihre "neue Politik" arbeiten, bekämpfen.

เมื่อเราหาทางออกวิกฤตกันได้ เรายังต้องเดินไปข้างหน้า กลุ่มพันธมิตรฯ กำลังเสนอให้ย้อนไปประมาณปี 2475-2476 โน้น แต่เราจะมองไปข้างหน้าเสนอระบอบประชาธิปไตย ที่ก้าวหน้าปี 2575 ให้ห่างจากกลุ่มพันธมิตรฯ ไป 100 ปีกันดีกว่า อย่างนี้ 70-30 ไม่เอา เอาเลือกตั้งอย่างเดียวง่ายๆ การเมืองใหม่ของกลุ่มพันธมิตรฯไม่เอา เอาสร้างประชาธิปไตย

Wenn wir aus der Krise herauskommen wollen, müssen wir vorwärts - in die Zukunft - gehen und nicht in die Vergangenheit von 1932 - 1933, dahin wohin die PAD zurückgehen möchten. Wir müssen die zukünftige Demokratie vor Augen haben, 100 Jahre voraus, nicht nur wie vor 70 oder 30 Jahren, und wir wollen auch keine „neue Politik" der PAD, was wir wollen ist, die Demokratie aufzubauen.

เรื่องเอาทหารเข้ามาแก้ไขปัญหา โดยบัญญัติไว้ในรัฐธรรมนูญ เป็นความคิดของกลุ่มพันธมิตรฯ ผู้นำพันธมิตรพูดเองเลยว่าให้เขียนบัญญัติไว้ในรัฐธรรมนูญ บอกว่าถ้ามีเหตุการณ์อะไรอย่างนั้นอย่างนี้แล้วให้ทหารจัดการบ้านเมืองได้ เราจะต้องยืนยันหลักการประชาธิปไตยที่เป็นสากลที่บอกว่ารัฐบาลพลเรือนที่มาจากเลือกตั้งจะต้องมีอำนาจบังคับบัญชาเหนือกองทัพข้างน้อย แต่ทุก

คนต้องเคารพกฎหมาย เราจะยืนหยัดหลักการว่าบ้านเมืองนี้ต้องเป็นนิติรัฐ ใช้หลักนิติธรรม

Eine in der Verfassung eingebaute Regelung, dass das Militär in die Politik eingreifen darf, war die Absicht der PAD. Ihr Führer bestätigte, dass die Regelung in die Verfassung mit einbezogen werden soll, wenn diese oder jene Situationen auftreten, ist das Militär berechtigt, einzugreifen. So was können wir nicht erlauben, wir müssen an der Doktrin der internationalen Demokratie festhalten, indem das so geregelt wird, dass nur die Zivilregierung das Land regieren darf und eine Verfügung über die Streitkräfte hat. Jeder muss das Gesetz achten, jeder muss sich zum Rechtsstaat und dem Gesetz des Landes bekennen.

เราต้องร่วมกันช่วยกันชี้แจงให้ประชาชนทั่วประเทศเข้าใจว่า หลักการประชาธิปไตยคืออำนาจ 3 ฝ่ายต้องถ่วงดุลกัน ระหว่างอำนาจนิติบัญญัติบริหาร และตุลาการ ประชาชนต้องตรวจสอบได้ ต้องเชื่อมโยงกับประชาชนรัฐบาลต้องเข้มแข็ง พรรคการเมืองต้องเข้มแข็ง แต่ประชาชนตรวจสอบได้ ระบบยุติธรรมของประเทศนี้ควรจะได้รับการศึกษากันอย่างจริงจัง เพื่อไม่ให้ถูกทำลายไปมากกว่านี้ เพื่อให้ระบบยุติธรรมให้ความยุติธรรมได้โดยทั่วหน้าอย่างแท้จริง

Wir müssen versuchen, dem Volk zu erklären, dass die Demokratie von den folgenden drei Säulen gestützt wird: der Verfassung, der Regierung und der Justiz. Das Volk hat das Recht sie zu überprüfen, durch das Volk ist die Regierung stabil, wenn die Parteien stabil sind. Das Justizsystem sollte die Gesetze gründlich studieren und sorgfältig befolgen. Damit seine Kompetenz nicht hinterfragt wird, muss es auch seine Pflichten richtig und gerecht wahrnehmen.

ประชาชนไทยจะไม่ยอมให้มีการยึดอำนาจรัฐประหารอีกต่อไป กลุ่มพันธมิตรฯ ชอบไปหลอกลวงคนชุมนุม บ่อว่าครั้งนี้เป็นครั้งสุดท้าย วันนี้เป็นวันสุดท้าย แล้วจะชนะ แต่มันก็ไม่ชนะสักที เพราะมันไม่เป็นธรรม

Das thailändische Volk sollte die Machtübernahme durch einen Coup nicht mehr zulassen. Mit Tricks versucht die PAD, den Leuten weiszumachen: „dieses Mal ist das letzte Mal, oder heute wird der letzte Tag sein, dann werden wir gewinnen." Sie gewann niemals, weil sie im Unrecht war.

สำหรับพวกเราผู้รักประชาธิปไตย อย่าให้วันนี้เป็นวันสุดท้ายของการต่อสู้ ในวันนี้เป็นการเริ่มต้นที่เราจะคัดค้านเผด็จการรัฐประหาร เป็นวันเริ่มต้นของการต่อสู้ที่ยาวนาน ที่เราจะร่วมกับประชาชนทั้งประเทศสร้างประชาธิปไตยให้เกิดขึ้นได้ในประเทศนี้"

Für uns, die Demokratie Liebenden, gilt, dass wir nicht zulassen sollten, dass heute der letzte Tag des Kampfes ist. **Heute ist erst der Anfang, der Beginn im Kampf gegen die Diktatur, wobei wir sie noch lange werden bekämpfen müssen.** Wir werden mit der Bevölkerung des ganzen Landes die stabile Demokratie für unser Land zusammen gestalten.

บทคัดย่อคำปราศัย"ต้านรัฐประหาร"ของนายจาตุรนต์ ฉายแสง

เมื่อ 1 พฤศจิกายน 2551 สนามกีฬาราชมังคลากีฬาสถาน

Die Krise der Demokratie

Mark Teufel^^
Thailand

Die Rede (abgekürzte Version) "Gegen den Coup" von Chaturon Chaisaeng am 1 November 2008 in Sportstadion "Raja Mongkol Sathan"

ข้างต้นนี้เป็นคำปราศัยที่สนามกีฬาราชมังคลาสถาน เมื่อวันที่ 1 พฤศจิกายน 2551 ซึ่งเป็นช่วงที่รัฐบาลสมชายยังไม่ล้ม และกำลังมีข่าวหนาหูว่าอาจเกิดการรัฐประหารสถานการณ์การเมืองกำลังอยู่ในช่วงตึงเครียดอย่างมาก

Oben aufgeführt, war die Ansprache im Sportstadion "Raja Monkol Sathan" am 1 November 2008. Es war noch in der Ära von Somchais Regierung, die noch nicht aufgelöst war, doch sie steckte in tiefster Krise. Einem Gerücht zu Folge soll ein Putsch stattfinden.

แต่ยังมีประเด็นเกี่ยวกับการรัฐประหารที่ควรจะได้พูดเพิ่มเติมอีกบ้าง

Es gibt weitere Coupgerüchte über die man noch reden sollte.

ในช่วงที่กลุ่มพันธมิตรฯ เคลื่อนไหวล้มรัฐบาลสมัคร สุนทรเวช และรัฐบาลสมชาย วงศ์สวัสดิ์ มีความไม่แน่นอนที่จะเกิดการรัฐประหารขึ้นได้ ไม่ใช่มีเพียงแต่ข่าวลือ หรือข่าวที่พอเชื่อถือได้เท่านั้น แต่ถ้าวิเคราะห์สภาพการเมืองในขณะนั้นจะเห็นวิกฤตทางการเมืองที่ตึงเครียดมากยิ่งขึ้นทุกที

Als sich die PAD-Bewegung gegen Samaks und Somchais Regierung richtete, war man noch nicht sicher, ob es noch einmal einen Putsch geben würde. Es war nicht nur das Gerücht, sondern auch ein scheinbar glaubhaftes Gerede im Umlauf. Wenn man die Situation objektiv betrachtet, erfuhr man, dass die Krise von Tag zu Tag ernster geworden war.

ขณะนั้นเหตุการณ์กำลังพัฒนาไปตามหลักเหตุผลหรือตรรกะที่ว่า เมื่อรัฐบาลปกครองไม่ได้รัฐบาลก็ควรจะต้องออกไป เมื่อเกิดความรุนแรงขึ้น รัฐบาลต้องรับผิดชอบ มีเสียงเรียกร้องให้ทหารเข้ามาแทรกแซงการเมืองอีกให้มาปฏิวัติอีก รวมทั้งทหารก็ปฏิเสธที่จะทำตามคำสั่งของรัฐบาล มีคำพูดของผู้นำเหล่าทัพว่า "ถ้าเป็นผม ผมลาออกไปแล้ว" หรือมีการเสนอให้ยุบสภาบ้างถ้าไม่ยุบสภาจะหยุดใช้อำนาจรัฐบ้าง

Die menschliche Vernunft entwickelte sich zu solcher zwingenden Logik: Wenn die Regierung nicht fähig ist, soll sie entmachtet werden, oder wenn Gewalt angewendet wird, muss sie zur Verantwortung gezogen werden. Dann kam ein besserer Vorschlag: das Militär soll sich in die Politik einmischen, ja es soll bitte noch einmal putschen. Was machte das Militär? Nicht so wie man es argwöhnte, sondern es war ungewöhnlich nett und plötzlich zivilisiert, das Militär weigerte sich, den Regierungs-Befehl auszuführen. Eine Führung des Militärs machte folgenden Kommentar: "Wenn ich sie {die Regierung} wäre, hätte ich längst selbst gekündigt." Dann kam eine glänzende Idee: die Regierung möge sich selbst auflösen, wenn nicht, würde die Regierungsmacht unbeachtet (unbedeutet) bleiben.[35]

คำพูดเหล่านั้นใกล้เคียงกับการรัฐประหารอยู่แล้ว เพียงแต่ว่าจากการยึดอำนาจเมื่อ 19 กันยายน 2549 แล้วยกร่างรัฐธรรมนูญ ซึ่งเป็นกติกาที่ไม่มีความเป็นประชาธิปไตยนั้น ได้วางระบบไว้ที่จะทำให้กลไกตามรัฐธรรมนูญ สามารถล้มรัฐบาลได้อย่างแยบยล

Solches Gerede passte gut zu den Ideen der Putschisten. Sie haben am 19 September 2006 geputscht, die Verfassung von 1997 vernichtet, undemokratische Regelungen angewandt, ohne Skrupel schrieben sie sich selbst ein Instrument in ihre eigene diktatorische Verfassung, womit sie die rechtmäßige Regierung leichter stürzen können.

เมื่อเกิดวิกฤต ก็เป็นช่วงจังหวะเวลาเดียวกับการที่ศาลรัฐธรรมนูญล้มรัฐบาล ครั้นล้มรัฐบาลสมัครไปแล้ว พรรคร่วมรัฐบาลเดิมยังจับมือกันตั้งรัฐบาลได้อีก แต่ท้ายสุดรัฐบาลสมชาย วงศ์สวัสดิ์ ก็ถูกล้มไปจากการยุบพรรคพลังประชาชนพร้อมกับพรรคการเมืองอื่นๆ

Die Krise entstand zur gleichen Zeit, als das Verfassungsgericht die damalige Regierung auflöste. Nun war Samaks Regierung entmachtet, die Koalitionspartner gründeten wieder eine neue Regierung. Am Ende wurden Somchais Regierung samt Palang Prachachon[36] sowie andere Parteien durch Verfügung des Verfassungsgerichtes aufgelöst

การยุบพรรคและล้มรัฐบาลพรรคพลังประชาชนในครั้งนั้น เป็นขั้นตอนในช่วงท้ายของแผนบันได 4 ขั้นของคมช. ด้วยการล้มรัฐบาลสมชาย "กองทัพ" ได้ร่วมมือกับผู้มีอำนาจนอกระบบทั้งหลาย สนับสนุนให้พรรคประชาธิปัตย์เป็นแกนนำจัดตั้งรัฐบาลจนสำเร็จ นี่เท่ากับการทำให้แผนบันได 4 ขั้นของคมช.สำเร็จลุล่วงไปโดยไม่ต้องมีการรัฐประหารซ้ำอีก

Die Auflösung der Koalitionsparteien, der Regierung und der Palang Prachachon war eigentlich der Endspurt im Plan der vier Stufen des "Nationalrats für die Sicherheit"[37]. Dennoch, um Somchais Regierung zu entmachten, mussten die Streitkräfte mit den außerparlamentarischen Mächten und der Democrat Party zusammenarbeiten, indem die Democrat Party als Führung fungiert, um eine neue Regierung erfolgreich zu gründen. Und so würden die vier Stufen des Planes erfolgreich - ohne Putsch - realisiert.

คนจำนวนไม่น้อยพยายามกล่าวอ้างแบบตีขลุมว่า เมืองไทยกับการรัฐประหารเป็นสิ่งที่ควบคุม

---

[35] Das war zunächst die Situation, in der der Armeechef mit allen Kommandeuren der Streitkräfte den Premierminister in einer Fernsehsendung zum Rücktritt aufforderte (Coup per TV) und danach die Weigerung, die Flughäfen vor der PAD zu beschützen, oder von Demonstranten zu räumen.

[36] PPP- People Power Party oder Partei der Macht des Volkes

[37] คมช.the National Security Council

กันโดยอ้างถึงการทำรัฐประหารที่สำเร็จเป็นทางการในประวัติศาสตร์ นับแต่หลังปี 2475 เป็นต้นมา

Es gab nicht wenig Leute, die behaupteten: Thailand und Putsche können sich gegenseitig kontrollieren und ergänzen. Wenn man unsere Geschichte betrachtet, sieht man, dass sie seit dem Jahr 1932 gut aufeinander abgestimmt sind.

ที่จะขอยกมาเป็นตัวอย่างรัฐประหารในประเทศไทย ที่บันทึกตามลำดับ วัน เดือน ปี (ไม่นับความพยายามที่ไม่สำเร็จของคณะทหารอีกหลายครั้ง) มีดังต่อไปนี้

Die unten stehenden Aufzählungen sind Beispiele der Coups, sortiert nach Datum, Monat und Jahr (die erfolglosen Putsche werden hier nicht erwähnt).

1. รัฐประหาร 1 เมษายน พ.ศ. 2476 พระยามโนปกรณ์นิติธาดา ได้ประกาศพระราชกฤษฎีกาปิดสภาผู้แทนราษฎร พร้อมงดใช้รัฐธรรมนูญบางมาตรา

1. Putsch am 1. April 1933 geführt von "Praya Manopakorn Nititada", mit der Auflösung des Parlaments und Außerkraftsetzen der meisten Gesetzen in der Verfassung.

2. รัฐประหาร 20 มิถุนายน พ.ศ. 2476 นำโดยพลเอกพระยาพหลพลพยุหเสนา ยึดอำนาจ พระยามโนปกรณ์นิติธาดา นายกรัฐมนตรี

2. Putsch am 20. Juni 1933 geführt von "General Praya Pahol Polapayuha Sena", mit der Entmachtung des Ministerpräsidenten "Praya Manopakorn Nititada".

3. รัฐประหาร 8 พฤศจิกายน พ.ศ. 2490 นำโดย พล.ท.ผิน ชุณหะวัณ ยึดอำนาจรัฐบาล พล.ร.ต. ถวัลย์ ธำรงนาวาสวัสดิ์ นายกรัฐมนตรี

3. Putsch am 8. November 1947 geführt von General Pin Chunahawan, mit der Machtübernahme von Ministerpräsident Thawal Thamnongnawaswas.[38]

4. รัฐประหาร 6 เมษายน พ.ศ. 2491 คณะนายทหารกลุ่มที่ทำการรัฐประหาร 8 พฤศจิกายน พ.ศ. 2490 จี้บังคับให้นาย ควง อภัยวงศ์ ลาออกจากตำแหน่งนายกรัฐมนตรี และมอบตำแหน่งต่อให้ จอมพลป. พิบูลสงคราม

4. Putsch am 6. April 1948 geführt von demselben Team, das am 8 November 1947 putschte. Es zwang den Ministerpräsident Kuang Apaiwong zum Verzicht seines Amtes. Feldmarschall Phibul übernahm stattdessen dieses Amt[39].

---

[38] Damit wurde das erste vollständig gewählte Parlament entmachtet und es sollte bis 2001 bzw. bis zur Verfassung von 1997 dauern, bis die Menschen wieder das Recht erhalten sollten, ihre Gesetzgebende Versammlung und damit auch die Regierung vollständig zu wählen.

[39] Kuang hatte sich und die Democrat Party von Phibun als Instrument missbrauchen

5. รัฐประหาร 29 พฤศจิกายน พ.ศ. 2494 นำโดยจอมพล ป. พิบูลสงครามยึดอำนาจรัฐบาลตนเอง

5. Putsch am 29. November 1951 geführt von Feldmarschall Phibul, mit der Übernahme der Macht von seiner eigenen Regierung.

6. รัฐประหาร 16 กันยายน พ.ศ. 2500 นำโดยจอมพลสฤษดิ์ ธนะรัชต์ ยึดอำนาจรัฐบาล จอมพล ป.พิบูลสงคราม นายกรัฐมนตรี

6. Putsch am 16. September 1957 geführt von Feldmarschall Sarit Thanarat, mit der Machtübernahme von Ministerpräsident Feldmarschall Phibul.

7. รัฐประหาร 20 ตุลาคม พ.ศ. 2501 นำโดยจอมพลสฤษดิ์ ธนะรัชต์ ยึดอำนาจรัฐบาล จอมพลถนอม กิตติขจร นายกรัฐมนตรี(ตามที่ตกลงกันไว้)

7. Putsch am 20. Oktober 1958 geführt von Feldmarschall Sarit Thanarat, mit der Machtübernahme von Ministerpräsident Marschall Thanom Kittikachorn (nach Vereinbarung).

8. รัฐประหาร 17 พฤศจิกายน พ.ศ. 2514 นำโดยจอมพลถนอมกิตติขจร ยึดอำนาจรัฐบาลตนเอง

8. Putsch am 17. November 1971 geführt von Feldmarschall Thanom Kittikachorn, mit der Machtübernahme von seiner eigenen Regierung.

9. รัฐประหาร 6. ตุลาคม พ.ศ. 2519 นำโดย พล.ร.อ. สงัด ชลออยู่ ยึดอำนาจรัฐบาล ม.ร.ว.เสนีย์ ปราโมช นายกรัฐมนตรี

9. Putsch am 6. Oktober 1976 geführt von General Sangad Chaloyu, mit der Regierungsübernahme von Ministerpräsident M.R.W. Seni Pramoj.

10. รัฐประหาร 20 ตุลาคม พ.ศ. 2520 นำโดย พล.ร.อ. สงัด ชลออยู่ ยึดอำนาจรัฐบาล นายธานินทร์ กรัยวิเชียร นายกรัฐมนตรี

10. Putsch am 20. Oktober 1977 geführt von General Sangad Chaloryu, mit der Regierungsübernahme von Premierminister Thanin Kraivixien.

11. รัฐประหาร 23 กุมภาพันธ์ พ.ศ. 2534 นำโดย พล.อ. สุนทร คงสมพงษ์ ยึดอำนาจรัฐบาล พล.อ.ชาติชาย ชุณหะวัณ นายกรัฐมนตรี

11. Putsch am 23. Februar 1991 geführt von General Sunthorn Kongsompong, mit

---

lassen, um gegenüber dem Ausland den Anschein einer zivilen Regierung zu geben. Denn Phibul wurde von den Briten noch als Kriegsverbrecher angesehen. Aber schon nach ein paar Monaten hatte sich die Lage verändert, weil die Briten die Japaner repatriiert hatten und Thailand zum größten Teil verlassen.

der Machtübernahme von Premierminister Chatichai Choonhavan.

12. รัฐประหาร 19 กันยายน พ.ศ. 2549 นำโดย พล.อ.สนธิ บุญยรัตกลิน ยึดอำนาจรัฐบาล พ.ต.ท. ทักษิณ ชินวัตร นายกรัฐมนตรี

12. Putsch am 19. September 2006 geführt von General Sonthi Boonyaratglin, mit der Machtübernahme von Premierminister Thaksin Shinawatra.

(หมายเหตุ:บางตำราถือการปิดสภางดใช้รัฐธรรมนูญบางมาตราเมื่อวันที่ 1 เมษายน พ.ศ. 2476 เป็นรัฐประหารครั้งแรก และไม่แยกเหตุการณ์เมื่อ พ.ศ. 2491 เป็นรัฐประหารอีกครั้ง)

(Bemerkung: Manche meinten, dass die Auflösung des Parlaments am 1 April 1933 der erste Putsch war. Und zählten das Ereignis vom Jahr 1948 [4.Putsch] nicht als Coup).

จากข้อเท็จจริงที่ยกมา ทำให้มีคำถามว่าแล้วจากนี้ไปเมืองไทยจะมีการรัฐประหารอีกหรือไม่

Solch eine Geschichte macht uns nachdenklich, und man fragt sich, ob sich unser Land noch einmal mit einem Putsch auseinandersetzen muss.

จากรัฐธรรมนูญที่เขียนไว้อย่างปัจจุบันนี้ เมื่อมาถึงขั้นนี้แล้ว รัฐธรรมนูญที่ไม่เป็นประชาธิปไตย ฉบับนี้คงจะไม่สามารถแก้ได้ง่ายๆ แล้วอาจจะเรียกได้ว่าไม่สามารถแก้ได้แล้ว แม้มีพรรคการเมืองที่ต้องการแก้ไขรัฐธรรมนูญถึงชนะการเลือกตั้งก็คงจะถูกยุบไปอีก

Die jetzige Verfassung ist leider nicht demokratisch, man kann auch nicht einfach eine Änderung durchführen, man könnte auch meinen, sie ist nicht mehr veränderbar, wenn es eine Partei gäbe, die sich für die Veränderung der Verfassung einsetzen würde, und sie die Wahl noch einmal gewinnen könnte, **wird sie wieder gleich vernichtet.**

เพราะฉะนั้นเสียงข้างมากในรัฐสภา จึงยังคงจะเป็นเสียงข้างมากที่จะสนับสนุนและปกป้องรัฐธรรมนูญฉบับนี้ร่วมกับกลุ่มพันธมิตรและผู้มีอำนาจทั้งหลาย

Deshalb ist die Mehrheit im jetzigen Parlament die diese Verfassung schützt und unterstützt eine gegen die Mehrheit (eben eine nicht vom Volk gewählte Mehrheit),- zusammen mit der PAD und den derzeitigen {wirklichen} Machthabern.

ภายใต้รัฐธรรมนูญที่ไม่เป็นประชาธิปไตยอย่างนี้ ซึ่งได้รัฐบาลที่ไม่ได้มาจากประชาชน จึงไม่ต้องตอบสนองความต้องการของประชาชน และไม่เพียงมีที่มาไม่ชอบธรรม ยังเป็นรัฐบาลที่ปล่อยให้ปัญหาความไม่เป็นนิติรัฐของประเทศคาราคาซังต่อเนื่องไป สุดท้ายถ้าหากว่ารัฐบาลอ่อนแอแก้ปัญหาไม่ได้ หรือผู้นำเหล่าทัพเปลี่ยนไป สามารถรวมกันเป็นเอกภาพได้ และผู้นำเหล่าทัพชุดนั้นเป็นชุดที่กระหายอำนาจ ต้องการเผด็จการเต็มรูปแบบ กลับมาอีก การรัฐประหารก็จะเกิดขึ้น รัฐธรรมนูญก็จะถูกฉีก และต้องหาทางร่างรัฐธรรมนูญกันใหม่ เข้าสู่วงจรเดิมกันใหม่

Eine solche diktatorische Verfassung, die nicht vom Volk kommt, muss die Wünsche des Volkes nicht berücksichtigen. Sie stammt aus Unrecht, ist deshalb mit Rechtsstaatlichkeit nicht vereinbar, ein unlösbares Problem des Landes. Letzten Endes, wenn es das Land weiterhin so treibt (schwach und instabil), kommt eine neue Militärführung, die machthungriger, mächtiger und machtbesessener als je zuvor ist, dann hätte sie eine leichte Hand, das Land zu besetzen, die Verfassung zu vernichten und sie neu nach Lust und Laune zu gestalten, dann dürfen wir wieder mit einem neuen Teufelskreis beginnen.

ถ้าถามถึงแนวโน้มว่ารัฐประหารจะเกิดขึ้นอีกหรือไม่? คำตอบคือคงจะเกิดขึ้นอีกแน่ ส่วนเมื่อเกิดขึ้นแล้วจะสำเร็จหรือไม่ เกิดขึ้นแล้วจะถูกประชาชนต่อต้านคัดค้านมากน้อยเพียงใด ขึ้นอยู่กับความรับรู้ความเข้าใจของประชาชนในขณะนั้น แนวโน้มคือ เมื่อมีการรัฐประหารเกิดขึ้นอีกคงจะไม่ราบรื่น และประชาชนก็คงจะคัดค้านต่อต้านการรัฐประหารที่จะเกิดขึ้นในอนาคต

Die Frage, ob es einen neuen Putsch geben würde, könnte man so beantworten: Es wird ihn höchstwahrscheinlich wieder geben. Aber ob er lange dauern wird oder was das Volk dagegen machen wird, liegt am Kenntnisstand und Verstand des Volkes. Im Moment tendiert die Situation dahin, dass das Volk gegen einen neuen Coup eher stark protestieren würde.

ไม่ว่าจะเกิดอะไรขึ้นก็ตาม การเตรียมความรู้ความเข้าใจของประชาชนในเรื่องของประชาธิปไตย และให้เห็นโทษและอันตรายของการรัฐประหารเป็นสิ่งจำเป็น

Was auch passiert, eine Vorbereitung zu treffen und Kenntnisse über Demokratie sowie über die Gefahr eines Coups zu verbreiten ist unumgänglich.

หากเราต้องการให้ประเทศเป็นอารยะ เราต้องมีความใฝ่ฝันร่วมกันว่าจะร่วมกันผลักดันประชาธิปไตย ทำให้ประชาชนมีความรู้ความเข้าใจในระบอบประชาธิปไตย ยึดมั่นในหลักการประชาธิปไตย เกลียดชังระบอบเผด็จการ และพร้อมที่จะต่อต้านการรัฐประหารในอนาคตข้างหน้า

Sollten wir uns selbst als zivilisiertes Land definieren, müssen wir zusammen etwas für die Demokratie tun, wir müssen in unserem Volk die Kenntnisse über die Demokratie erweitern, fest an sie glauben, das diktatorische System verteufeln, auch bereit sein, zukünftig gegen den Coup zu kämpfen.

ถ้าประเทศไทยจะก้าวหน้าไปเหมือนกับประเทศที่กำลังพัฒนาหลายประเทศและประเทศที่พัฒนาแล้วส่วนใหญ่ ประเทศไทยต้องปกครองด้วยระบบรัฐธรรมนูญจริงๆ คือมีกฎหมายสูงสุด และทุกคนอยู่ใต้กฎหมายเท่าเทียมกัน ใครจะมาใช้กำลังนอกระบบยึดอำนาจรัฐประหารอย่างที่ผ่านมาไม่ได้

Sollte Thailand sich weiter entwickeln wollen, wie die Länder, die gerade oder bereits entwickelt sind, müssen wir unter dem richtigen demokratischen System regieren. Das heißt, es existiert das gerechte, höchste Gesetz, vor dem jeder gleich ist. Niemand darf aus dem Rahmen des Rechtsstaates fallen, wie der Militärputsch, der die Staatsmacht missbraucht, und sie an sich reißt.

อยากเห็นประชาชนส่วนใหญ่ทุกสาขาอาชีพ มีความรู้ความเข้าใจ มีความรักและความหวงแหนประชาธิปไตย เมื่อมีการรัฐประหารเกิดขึ้น ก็จะมีประชาชนจำนวนมากพร้อมที่จะใช้วิธีต่อต้านคัดค้านการรัฐประหารอย่างสันติวิธีที่เรียกว่า "อารยะขัดขืน" ประชาชนทั่วประเทศควรจะใช้อารยะขัดขืน

Mein Wunsch ist: Jeder Mensch aus jedem Beruf soll Kenntnisse über die Demokratie haben, sie lieben und schützen. Sollte es dennoch einen Putsch geben, müssen wir bereit sein, gegen ihn {den Coup} mit friedlichen Mitteln, dem so genannten "Zivilen Ungehorsam" kämpfen, ja wir sollten im ganzen Land solche Methoden gegen ihn einsetzen.

ถ้าประเทศไทยจะเป็นอารยะประเทศ เมื่อเกิดการรัฐประหารขึ้น ศาลทุกศาลต้องมีคำวินิจฉัยว่าการรัฐประหารนั้นไม่ชอบด้วยกฎหมาย ข้าราชการทั้งระบบควรปฏิเสธที่จะร่วมกับการรัฐประหาร ประชาชนต้องพร้อมที่จะออกมาชุมนุมกันเต็มท้องถนนไปหมด ทั้งในกรุงเทพฯและจังหวัดต่างๆ เพื่อร่วมกันต่อต้านคัดค้านรัฐประหารเหมือนที่เคยเกิดขึ้นมาแล้วในหลายประเทศ

Sollte Thailand ein zivilisiertes Land sein, dann muss bei jedem Putsch jedes Gericht ihn als gesetzeswidrig erklären. Sämtliche Beamte sollten die Zusammenarbeit mit der Regierung der Putschisten verweigern und das Volk muss auch bereit sein, auf den Straßen überall in Bangkok sowie in vielen Provinzen, gemeinsam gegen den Coup zu protestieren, wie es in anderen Ländern üblich ist.

มีตัวอย่างที่ชัดเจนเกิดขึ้นเมื่อเร็วๆนี้ ศาลสูงของประเทศอาร์เจนตินาได้ประกาศจับตัวอดีตผู้นำทหารเผด็จการที่เคยโค่นล้มรัฐบาล และฉีกรัฐธรรมนูญมาลงโทษกันทั่วหน้า โดยวินิจฉัยว่าคำประกาศโค่นล้มรัฐบาลและฉีกรัฐธรรมนูญเมื่อประมาณยี่สิบปีมาแล้ว เป็นการกระทำที่เป็นขบถ และกฎหมายนิรโทษกรรมตนเองของพวกเผด็จการที่ออกมาหลังจากนั้น ถือเป็นโมฆะ

Es gibt ein gutes Beispiel: Ein Militärputsch in Argentinien vor 20 Jahren, der die rechtmäßige Verfassung vernichtete und der die Putschisten vom Vorwurf des Landesverrates amnestierte. Nun nach 20 Jahren hat das höchste Gericht von Argentinien die ehemaligen Diktatoren des Landesverrats schuldig befunden, und sogar die Amnestie für ungültig erklärt.

ล่าสุดเมื่อเร็วๆนี้ ศาลประเทศฟิจิตัดสินให้รัฐบาลทหารที่มาจากการรัฐประหารเป็นรัฐบาลที่ผิดกฎหมาย เนื่องจากเข้าสู่อำนาจโดยไม่ชอบด้วยกฎหมาย และสั่งให้มีการเลือกตั้งขึ้นใหม่ให้สอดคล้องกับรัฐธรรมนูญ

Vor kurzem hat ein Gericht in Fiji die Militärregierung zur unrechtmäßigen Regierung erklärt, weil sie durch einen Putsch an die Macht kam, somit gesetzwidrig ist, und eine neue Wahl erlassen, nach dem Sinn der Verfassung.

ตัวอย่างที่เกิดขึ้นทำให้ทุกวันนี้ประเทศที่เคยมีจารีตของการรัฐประหารซ้ำแล้วซ้ำอีกในอดีต เกิด

การเปลี่ยนแปลงพัฒนาไปจนกลายเป็นประเทศที่ทหารไม่กล้าคิดที่จะปฏิวัติ และประชาชนก็ปฏิเสธการรัฐประหาร

Diese zwei Beispiele zeigen, dass jene Länder, die in der Vergangenheit immer wieder beputscht wurden, und sich aus Tradition daran gewöhnten, sich selbst im positiven Sinn entwickelt haben, so dass das Militär nicht mehr auf den Gedanken kam, noch einmal zu putschen, wenn die Bevölkerung den Putsch als illegal ablehnt.

แต่สังคมไทยคงต้องใช้เวลาอีกนานกว่าจะก้าวหน้าไปถึงจุดนั้น

Doch die thailändische Gesellschaft braucht noch lange, um zu diesem Punkt zu gelangen.

การที่ประเทศไทยเปิดสู่โลกภายนอก ก้าวหน้าสู่โลกาภิวัตน์จนทำให้โลกรู้จักว่าประชาชนไทยต้องการประชาธิปไตย และจากประสบการณ์การต่อสู้เพื่อสร้างประชาธิปไตยที่ประชาชนไทยได้สะสมมา ได้สร้างบทเรียนให้เห็นประโยชน์ของการพัฒนาประชาธิปไตย สิ่งเหล่านี้เป็นพื้นฐานที่ดีที่จะทำให้เกิดการพัฒนาต่อไปจนถึงขั้นที่ประชาชนทั้งประเทศจะพร้อมใจกันต่อต้านรัฐประหาร จนกระทั่งการรัฐประหารไม่เกิดขึ้นอีกเลย

Indem Thailand sich zur Außenwelt öffnete, zur Globalisierung, konnte die Welt unser Land kennen lernen, und sah, dass die thailändische Bevölkerung demokratisch ist. Die Erfahrung, die wir mit der Zeit durch den vergangenen Kampf für die Demokratie ansammelten, hat uns gelehrt, dass diese Lektion für die Entwicklung der Demokratie notwendig ist. Es ist ein Grundsatz, womit wir uns weiter entwickeln können, bis das ganze Volk einig sein kann, sich zusammen gegen Diktatur richten wird, damit es zukünftig nie mehr wieder einen Coup gibt.

หากต้องการให้ประเทศเป็นอารยะถึงแม้จะยาก ก็ต้องทำให้ได้ถึงขั้นนั้น

Wenn man sich sein Land zivilisiert wünscht, ist der Weg zwar nicht leicht, aber man muss ihn trotzdem gehen.

คัดค้านข้อเสนอมาตรา 7 ขัดรัฐธรรมนูญ

Gegen den Vorschlag vom Artikel 7, er ist nicht verfassungskonform.

Protest gegen die geplante Verfassung Abschnitt 7[40]

"....สถานการณ์การเมืองในขณะนี้สภาพเหมือนฝุ่นตลบ จึงต้องมีหลักยึดโดยปฏิบัติตาม

---

[40] Die Opposition wollte die Verfassung dahingehend ändern, dass der König einen beliebigen Premierminister einsetzen kann, auch wenn er nicht als Abgeordneter ins Parlament gewählt worden war. Das System, hatte es in den 1980er Jahren gegeben. Siehe z.B. unter dem Stichwort Premokratie (Regierungszeit von Prem Tinsulanonda).

รัฐธรรมนูญเพื่อรักษาประชาธิปไตยไว้ให้มั่น ท่ามกลางข้อเสนอจากฝ่ายต่างๆ ซึ่งเป็นข้อปฏิบัติที่ส่งเสริมไม่ให้ปฏิบัติตามรัฐธรรมนูญ เช่นข้อเสนอของพรรคประชาธิปัตย์ที่เสนอขอรัฐบาลพระราชทาน การตั้งคณะกรรมการการเลือกตั้งขึ้นมาใหม่ หรือยืดการเลือกตั้งออกไปเกินกว่า 60 วัน จุดสำคัญขณะนี้คือทำอย่างไรจึงจะให้มีการเลือกตั้งขึ้นในวันที่ 2 เมษายนให้ได้ ซึ่งหลังจากการเลือกตั้งแล้ว แม้มีความห่วงใยว่าจะเกิดความสับสนยุ่งยาก ทางข้อกฎหมายหรือวิธีปฏิบัติ แต่ก็ถือว่าเกิด ส.ส. บางส่วนแล้ว ซึ่งหมายความว่าการไม่ปฏิบัติตามรัฐธรรมนูญก็จะยากขึ้น เพราะมีการปฏิบัติตามรัฐธรรมนูญไปแล้วขั้นหนึ่ง"

"....Die Situation des Landes ist ziemlich unklar. Wir müssen deshalb an der Verfassung festhalten, um die Demokratie zu schützen. Die Vorschläge von den verschiedenen Seiten waren eigentlich gegen die Verfassung gerichtet, z.B. ein Vorschlag der Democrat Party für eine vom König ernannte Regierung, und eine neue Wahlkommission oder eine neue Wahlterminverschiebung um 60 Tage. Jetzt ist besonders wichtig, wie wir es schaffen, dass der Wahltermin am 2 April eingehalten wird, auch wenn nach der Wahl noch ein paar Komplikationen im Gesetz auftauchen könnten. Wenn die Abgeordneten gewählt sind, können sie möglicherweise manche Gesetzeswidrigkeiten verhindern und eine Aktion gegen die Verfassung wird auch schwieriger, weil ein Teil der Verfassung schon wirksam ist."

ผมคิดว่าทางแก้ไขของวิกฤตการณ์หลังวันที่ 2 เมษายนคือ การแก้ไขรัฐธรรมนูญ โดยให้ประชาชนเข้ามามีส่วนร่วมให้มาก และรัฐบาลทำหน้าที่อย่างจำกัดเท่านั้น เพื่อไม่ให้คนรู้สึกว่ารัฐบาลพรรคเดียว สภาพรรคเดียวที่กำลังบริหารประเทศ ทำอะไรหลายอย่างมากเกินไป โดยเฉพาะต้องส่งเสริมให้มีระบบตรวจสอบขึ้นมาดูแล และบริหารงานด้วยความโปร่งใส ประชาชนสามารถตรวจสอบการทำงานของรัฐบาลได้ และระยะเวลาการทำงานของรัฐบาลก็ต้องพยายามทำให้สั้นที่สุดเท่าที่เป็นไปได้

„Meiner Meinung nach, um die Krise zu lösen, sollte man die Verfassungsänderung nach der Wahl, also nach dem 2. April, vornehmen, damit soviel Teile der Bevölkerung wie möglich einbezogen werden. Die Regierung hat nur eine begrenzte Aufgabe in der Verfassungsänderung. Damit kein Vorwurf entstehen kann, dass die Regierung nur aus einer Partei bestehen würde oder die Änderung aus einem Ein-Parteienparlament entstanden wäre. Besonders sollten wir die Ideen für mehr Kontrolle und Transparenz unterstützen, damit die Bevölkerung die Möglichkeiten hat, ihre Arbeit zu überprüfen und jedes Programm so schnell wie möglich zu realisieren."

การที่ฝ่ายค้านอ้างมาตรา 7 เพื่อขอนายกรัฐมนตรีพระราชทานเป็นการอ้างข้างๆ คูๆเกินไป วิธีการที่หัวหน้าพรรคประชาธิปัตย์เสนอ เป็นการดำเนินการทางการเมืองที่สุ่มเสี่ยงมากของพรรคประชาธิปัตย์ นับตั้งแต่ตั้งพรรคประชาธิปัตย์มาจนถึงปัจจุบัน เพราะยังไม่เคยมีการเสนอยุทธวิธีและทางออกทางการเมืองที่ไม่ปฏิบัติตามระบอบรัฐธรรมนูญและระบบรัฐสภาเลย ดังนั้น ท่ามกลางทางฝุ่นตลบ สิ่งสำคัญคือ สังคมต้องยึดหลักการรักษารัฐธรรมนูญและประชาธิปไตยไว้

..."

„Indem die Opposition sich für eine Änderung von Artikel 7 aussprach, damit der König einen Premierminister ernennen kann, verwendet man eine absurde Ausrede. Diesen Weg, den die Democrat Party vorschlägt, verfolgt sie seit der Gründung der Partei. Es ist ein riskantester Vorschlag, denn bis jetzt gab es noch keine Partei, die jemals eine solche Strategie, die mit dem Verfassung- und dem parlamentarischen System nicht in Einklang steht, vorschlug. Bei solcher Unklarheit wäre es das Beste was man tun könnte, die Gesellschaft zu veranlassen, die Verfassung und die Demokratie zu verteidigen...."

นายจาตุรนต์ ฉายแสง / รองหัวหน้าพรรคไทยรักไทย / เว็บไซต์คม ชัด ลึก และเว็บไซต์ประชาไท เมื่อ 28 มีนาคม 2549

Chaturon Chaisaeng / Der Vorstand der Thai Rak Thai

Kom Chad Lueg und Prachatai Webseite, am **28. März 2006**[41]

---

[41] Bereits zu diesem Zeitpunkt zeichnete sich ab, dass Kräfte am Werk waren, denen die Verfassung herzlich wenige bedeutete, wenn sie nicht in das eigene Konzept passte. Die Gegner der Thai Rak Thai wollten einfach nicht einsehen, dass sie über die Wähler an die Macht kommen müssten, und sich um deren Unterstützung bemühen müssten. Schon zu diesem Zeitpunkt war klar, dass sie den umgekehrten Weg gehen würde, nämlich den Wählerwillen auszuschalten.

Interessant ist, dass es eine Phase im Jahr 2009 gab, in der die durch das Militär an die Macht gebrachte Democrat Party versuchte, mit populistischen Methoden die Wählergunst zu erhalten.

Die Krise der Demokratie — Mark Teufel^^ Thailand

Die Verfassung von 2007

Das Vorrecht der Verwaltung, der "Rat für Nationale Sicherheit".

รัฐธรรมนูญ 2550

ธรรมนูญการปกครองของคมช.

"การที่รัฐบาลปัจจุบัตั้งคณะกรรมการปฏิรูปการเมืองขึ้น ฟังจากรัฐบาลและผู้รับผิดชอบแล้ว เป็นการซื้อเวลา หวังจะลอกกระแสความไม่พอใจ เพื่อยืดอายุรัฐบาลและลดกระแสการเรียกร้องให้แก้รัฐธรรมนูญ แต่ความพยายามนี้คงไม่ได้รับความร่วมมือจากพรรคการเมืองนักวิชาการ และประชาชนที่ต้องการประชาธิปไตยจริงๆ คณะกรรมการนี้จึงจะประกอบด้วยคนฝ่ายเดียว ผลที่ออกมาอาจเป็นเพียงความพยายามสร้างความชอบธรรมให้กับระบบที่เป็นอยู่ แต่ก็จะไม่เป็นที่ยอมรับของสังคม"

"Die jetzige Regierung ernannte ein Komitee, um die politische Struktur zu reformieren. Dies geschah, so hörte man - von der Regierung und dem zuständigen Amt - um Zeit zu schinden, und in der Hoffnung, dass die Bevölkerung ihre Unzufriedenheit vergisst - mit der Zeit – und sich beruhigt, und der Protest gegen diese Verfassung abebbt, und dadurch die Dauer der Regierungszeit verlängert werden kann. Aber dieser Versuch fand gar keine Unterstützung durch die Parteien, Wissenschaftler sowie das Volk. Sie wollten eine echte Demokratie, so dass dem Komitee nichts anders üblich blieb, als nur aus einer einseitigen Gruppe zu bestehen. Das Ergebnis hätte für jeden gerecht sein können. Es ist aber für die breite Gesellschaft unakzeptabel."

ที่หวังจะให้นำไปสู่การแก้รัฐธรรมนูญให้เป็นประชาธิปไตยนั้น เป็นไปไม่ได้เลย"

Was man ein mal hoffte, dass die Änderung der Verfassung zur Demokratie führen könnte, war nicht umsetzbar."

เมื่อครั้งปราศรัยที่สนามหลวง วันที่ 15 สิงหาคม 2550 เคยพูดไว้ว่า

Bei der Rede am **15. August 2007** auf "Sanam Luang" sagte ich:

"การจะมีรัฐธรรมนูญฉบับหนึ่งจะต้องตอบปัญหาสำคัญว่าจะเป็นกฎหมายหลัก หรือจะเป็นกฎหมายสูงสุดที่ทุกคนต้องปฏิบัติตามอย่างเท่าเทียมกันหรือไม่ และประชาชนจะใช้อำนาจตรวจสอบการใช้อำนาจนั้นได้อย่างไร

Wollte man eine Verfassung schaffen, müsste man eine wichtige Frage beantworten, nämlich ob man eine Grundordnung oder eine Verfassung haben möchte, eine die für jeden Mensch gleich gilt, und die es dem Volk ermöglicht, sie zu überprüfen und zu kontrollieren.

รัฐธรรมนูญฉบับนี้มีปัญหา และมีปัญหาร้ายแรงมากถึงขั้นว่า ไม่น่าเรียกรัฐธรรมนูญฉบับนี้ว่า

เป็นรัฐธรรมนูญได้ด้วยซ้ำ การใช้อำนาจต้องมีการแบ่งแยกกันพอสมควร ไม่ใช่ก้าวก่าย แทรกแซงกันสับสนไปหมด ที่สำคัญในการตรวจสอบต้องเชื่อมโยงกับประชาชน ประชาชน ต้องได้รับการคุ้มครองสิทธิเสรีภาพในด้านต่างๆ โดยเฉพาะสิทธิเสรีภาพทางการเมืองที่จะ กำหนดการปกครองหรือการบริหารบ้านเมืองได้ นี่เป็นสาระสำคัญที่จะวัดว่าเราจะได้ รัฐธรรมนูญที่ดีหรือไม่ หรือเราจะได้รัฐธรรมนูญที่เป็นประชาธิปไตยหรือไม่เป็นประชาธิปไตย

Diese Verfassung (von 2007) hat zu viel gravierende Probleme, als dass man sie eine Verfassung nennen könnte. Man muss die Machtverhältnisse verteilen, und sich nicht überall einmischen. Wichtiger wäre, dass die Kontrolle unter Einverständnis des Volkes geschieht. Das Recht des Volkes muss sicher gestellt werden, besonders das Recht auf politische Meinungsfreiheit, wodurch die Regierenden des Landes bestimmt werden. Dies sind die Inhalte einer Verfassung, wodurch man abwägen kann, ob sie demokratisch ist oder nicht.

รัฐธรรมนูญฉบับนี้บอกว่า ห้ามสมาชิกสภาผู้แทนราษฎรก้าวก่ายแทรกแซงการปฏิบัติหน้าที่ของ ข้าราชการประจำ ซึ่งเรื่องไม่ให้เข้าไปเกี่ยวข้องกับการแต่งตั้งโยกย้ายนั้น เข้าใจได้และมีใน รัฐธรรมนูญฉบับก่อน แต่ครั้งนี้การเข้าไปก้าวก่ายแทรกแซงการทำงานของข้าราชการประจำก็ทำ ไม่ได้ด้วย ถามว่าเวลาเดือดร้อนประชาชนมักจะมาหาผู้แทน ผู้แทนก็ไปประสานหน่วยราชการ แต่หน่วยราชการอาจจะบอกว่าก้าวก่ายแทรกแซง ซึ่งจะถูกทำให้พ้นจากตำแหน่ง สมาชิกสภาผู้แทนราษฎรได้เลยตามกฎหมายนี้

Diese Verfassung verbietet den Abgeordneten, sich in die Angelegenheiten der Beamten einzumischen. Wenn es nur um die Ernennung oder Versetzung (von Beamten) geht, ist dieses Verbot gerechtfertigt, weil es auch in der Verfassung von 1997 stand. Doch sollte es aber um die Arbeitsweise der Beamten gehen, und die Abgeordneten müssen eingreifen, weil das Volk sich mit seinen Problemen an sie wendet, und sie ihm nachgehen müssten, würde man das als Einmischung definieren, müssten sie ihr Amt deshalb niederlegen?

ความเป็นผู้แทนของประชาชนก็จะน้อยลงเนื่องจากระบบแบ่งเขต เพราะอิทธิพลของเงิน อิทธิพลของผู้มีอิทธิพล อิทธิพลของระบบราชการ นอกจากนั้นประชาชนจะไปอาศัยพรรค การเมืองก็ทำยาก เพราะพรรคการเมืองอ่อนแอลงไปมาก เสนอนโยบายอะไรก็ไม่ได้ เพราะ นโยบายส่วนใหญ่กำหนดไว้หมดแล้วในแนวนโยบายแห่งรัฐ นโยบายพื้นฐานแห่งรัฐหลาย ข้อเขียนไว้จนใครมาเป็นรัฐบาลก็กำหนดนโยบายที่แตกต่างไม่ได้ ใครอยากจะทำอะไรก็ถูก กำหนดไว้ในนโยบายพื้นฐานแห่งรัฐหมดแล้ว ถ้าไม่พอใจต้องแก้ที่รัฐธรรมนูญเท่านั้น ทำให้ พรรคการเมืองทำอะไรไม่ได้มาก อ่อนแอในหลายด้าน ในอนาคตจึงจะไม่มีการแข่งขันกัน นำเสนอนโยบายต่อประชาชนอย่างเข้มข้นเช่นที่ผ่านมาอีกต่อไป

Wenn das so wäre, würde ihre Funktion als Vertreter noch weniger bedeuten, und Tür und Tor für die Korruptionen, die Willkür der Mächtigen und der Beamten in manchen Bezirken weit öffnen. Das Volk hätte gar keine Stütze mehr, weil das

Die Krise der Demokratie — Mark Teufel^^ Thailand

Parteiensystem dadurch geschwächt würde. Es könnte auch kein Programm aufbauen, weil alles bereits von dem Verfassungsprogramm bestimmt wurde. Die meisten Grundlagen der staatlichen politischen Programme wurden schon so festgelegt, dass es der neuen Regierung nicht möglich ist, sie anders zu gestalten. Wer unzufrieden ist, müsste die Verfassung ändern. Die Parteien können daher weniger bewirken, sie sind in den verschiedenen Bereichen so geschwächt, dass sie nicht fähig werden, gegenseitig mit ihren Programmen konkurrieren zu können, so wie es einmal war.

ส่วนส.ว.มีคน 74 คนที่มาจากการแต่งตั้ง ได้รับการสรรหาจากคน 7 คน ที่ไม่ได้มาจากการเลือกตั้งเลย สามารถถอดถอนนายกฯ ที่มาจากการเลือกตั้งของคนหลายสิบล้านได้ รัฐธรรมนูญฉบับนี้กำลังบอกว่า คน 7 คนเท่านั้นที่มีสิทธิมีเสียงเหนือกว่าประชาชนทั้งประเทศ มีกรรมการที่ คมช.แต่งตั้งไว้หลายคณะที่จะอยู่ต่อไปจนครบวาระ 7 ปี 9 ปีบ้าง ป.ป.ช. ก.ก.ต. จะอยู่จนครบวาระ พวกนี้จะร่วมกันกับข้าราชการประจำ กับตุลาการ แล้วไปเลือก ส.ว.ไปเลือกองค์กรอิสระต่างๆ ก็เลือกกันไปมา ถ้อยที่ถ้อยอาศัยกัน ประชาชนจะได้ตรวจสอบองค์การเหล่านี้อย่างไร

Die 74 Senatoren des Oberhauses, die von 7 Personen ernannt, und nicht vom Volk gewählt wurden, können irgendeinen Minister, der von Millionen Bürgern gewählt wurde, beliebig seines Amtes entheben. Das heißt, mit dieser Verfassung haben sieben Personen mehr Rechte als das Volk des ganzen Landes. Mehrere "Nationalräte der Sicherheit", die Nationale Anti-Korruptions-Kommission und die Nationale Wahl Kommission können 7 bzw. 9 Jahre im Amt lang bleiben. Sie können gemeinsam mit den Beamten und der Justiz die Senatoren des Oberhauses ernennen, die wiederum die Mitglieder der freien unabhängigen Organisationen ("Rat für Nationale Sicherheit", "Nationale Anti-Korruptions-Kommission" und "Nationale Wahl Kommission") ernennen. Sie arbeiten Hand in Hand und im Kreis, wie können die Burger sie jemals kontrollieren oder überprüfen?

ใครไปทำผิดสักคนหนึ่งก็สามารถโยงไปโยงมา แล้วบอกว่าทั้งพรรคต้องยุบไปเลย ใช้การตัดสินโดยองค์กรตามรัฐธรรมนูญที่ไม่ได้มาจากประชาชนและไม่มีความเชื่อมโยงกับประชาชนเลย ระบบพรรคการเมืองจะอ่อนแอ ระบบบัญชีรายชื่อก็จะทำให้การเลือกตั้งที่มุ่งเน้นนโยบายน้อยลง เพราะจะทำให้คนเลือกเป็นภูมิภาคมากขึ้น เลือกจากบุคคลมากขึ้น แทนที่จะเลือกที่นโยบายเพราะฉะนั้นรัฐธรรมนูญในแง่นี้จะทำให้ผู้แทนราษฎรมีบทบาทน้อยมาก

Nur weil eine Person schuldig war, wurde die ganze Partei belangt. Und prompt wurde sie aufgelöst, nach der Verfassungsregelung, die nicht vom Volk stammte, und nie eine Verbindung mit ihm hatte. So werden die Parteien geschwächt und haben weniger Anreiz, ein neues Programm anzubieten. Statt an Programmen orientiert sich das Volk mehr an den regionalen Vertretungen oder Personen. Die Vertreter des Volkes spielen daher immer weniger eine Rolle auf der politischen Bühne.

นอกจากนี้ยังให้มีองค์กรอิสระปฏิรูปกฎหมายในรูปขององค์การอิสระ เช่นการปฏิรูปกระบวนการยุติธรรมจะมีองค์กรอิสระทำ แล้วครม. ทำอะไร ทั้งที่ประชาชนเลือกมาเป็นรัฐบาล

แต่กลับมีองค์กรอิสระตั้งกันไว้หมดแล้ว สร้างกันมาโดย ส.ส.ร. การจัดงบประมาณต้องเพียงพอ สำหรับรัฐสภา ศาล องค์กรตามรัฐธรรมนูญเป็นบทบังคับ มีคณะคณะกรรมการตรวจเงินแผ่นดิน (คตง.) มากำหนดวินัยทางการเงินการคลัง และตรวจสอบหมดว่าการใช้เงินถูกต้องตามวินัยการเงินการคลังหรือไม่ ตามปกติทั่วโลกเขาถือว่าถ้าเสียภาษี ต้องมีผู้แทนราษฎรเข้าไปควบคุม แต่เวลานี้บอกว่าเสียภาษีแล้วการจะใช้เงินต้องมีองค์กรที่ไม่เกี่ยวกับประชาชนเลยมาควบคุม นี่คือผิดหลักการของรัฐธรรมนูญ

Außerdem es gab es bereits unabhängige Kommissionen, die Gesetze reformierten, z.B. wurde die Justizreform von einer unabhängige Kommission durchgeführt, und was machten die Ministerien? Das Volk wählte sie zum Regieren, bekam aber einen Haufen unabhängiger Kommissionen, die aus der Kommission für den Verfassungsentwurf stammten. Der staatliche Haushalt muss für das Parlament, die Gerichte und die staatliche Organisationen ausreichen, wie es die Verfassung vorschreibt. Es gibt zwar die Kommission zur Kontrolle des Staatshaushalts, die für die Einhaltung der staatlichen Finanzen zuständig ist, und zugleich kontrolliert, ob es bei den Finanzen mit rechten Dingen zugeht. Den internationalen Rechtsnormen nach müssten die Abgeordneten die Angelegenheiten der Steuern kontrollieren. Bei uns aber werden die Steuern von irgendeiner Organisation, die nichts mit den Bürgern zu tun hat, kontrolliert.

ปัญหาของรัฐบาลที่ไม่มีอำนาจคือ ความอ่อนแอ การถูกครอบงำโดยผู้มีอำนาจหรือระบบที่มีอำนาจมากกว่า และยังจะมีเงื่อนไขแวดล้อมอีก ถามว่าใครคือผู้มีอำนาจตามรัฐธรรมนูญนี้ เพราะว่าผู้แทนก็ไม่มีอำนาจ ครม.ก็ไม่มีอำนาจ

Das Problem der machtlosen Regierung ist ihre Charakterschwäche, sei es, ob durch eine Unterdrückung von jemand, der noch mächtiger ist, oder auch aus anderen zwingenden Umständen. Die Frage ist nur, wer hat eigentlich die Macht über diese Verfassung, denn die Abgeordneten haben sie leider nicht, die Ministerien auch nicht.

ผู้มีอำนาจมี 3 กลุ่มใหญ่คือ หนึ่งคือ คมช. (คณะมนตรีความมั่นคงแห่งชาติ) และกลไกกับบุคคลที่ คมช.ตั้งขึ้น สองคือ ส.ว. (สมาชิกวุฒิสภา) ที่ไม่ได้มาจากการเลือกตั้ง บวกกับศาล และองค์กรตามรัฐธรรมนูญ ทั้งหมดนี้ไม่มีความเชื่อมโยงกับประชาชนเลย และสามคือข้าราชการหรือระบบราชการทั้ง 3 กลุ่มใหญ่นี้คือผู้มีอำนาจอันแท้จริงในรัฐธรรมนูญนี้ ไม่ใช่ประชาชน

Die wahre Macht liegt in den Händen von drei Gruppen: Erstens, dem "Rat für Nationale Sicherheit" gemeinsam mit ein paar zuständigen Personen, die von dem Rat ernannt wurden, zweitens, den Mitgliedern des Senats, die nicht aus Wahlen stammen, und drittens, der Justiz und den Organen der Verfassung, allen fehlt die die Verbindung mit den Bürgen. Alle drei Gruppen sind Beamte, die der wahre Machtfaktor sind, nicht das Volk

โดยรวมแล้ว ร่างรัฐธรรมนูญนี้จึงเป็นส่วนหนึ่งของกลไกอีกหลายอย่างที่จะสร้างเสริมให้เกิดความมั่นคงของระบอบเผด็จการ ระบอบอำมาตยาธิปไตย ซึ่งคือข้าราชการหรือผู้ที่ไม่ได้มาจากการเลือกตั้ง มาเป็นใหญ่ในการปกครองบริหารประเทศ เป็นรัฐธรรมนูญที่ไม่ได้ส่งเสริมการปกครองในระบอบประชาธิปไตย แต่เป็นรัฐธรรมนูญที่สร้างเสริมความมั่นคงของระบอบเผด็จการและระบอบอำมาตยาธิปไตยอย่างชัดเจน

Eigentlich ist die Verfassung von 2007 eines der Instrumente zur Erhaltung der Stabilität eines diktatorischen Systems, des Systems der Beamten, eines Systems, das nicht vom Volk gewählt wurde, aber Macht ausübt, ein Land zu regieren. Sie ist deshalb keine Verfassung, die das demokratische System unterstützt, sondern eine Verfassung, die für die Stabilität des diktatorischen und bürokratischen Systems sorgt.

สาระสำคัญบางส่วนของคำปราศัยของนายจาตุรนต์ ฉายแสง / อดีตรักษาการหัวหน้าพรรคไทยรักไทย

เมื่อครั้งปราศรัยสนามหลวง เมื่อ 15 สิงหาคม 2550

ดีเบตรับ-ไม่รับร่างรัฐธรรมนูญบ้านมนังคศิลาเมื่อ 3 สิงหาคม 2550

Aus einer Rede von Chaturon Chaisaeng

Des ehemaligen stellvertretenden Vorsitzenden der Thai Rak Thai

Auf Sanam Luang am **15 August 2007**

Eine Debatte über die Verfassung in "Baan Mana ng Kasila" am 3 August 2007

*****

ในระหว่างที่มีการคัดค้านการผ่านร่างรัฐธรรมนูญฉบับ 2550 ก่อนมีการลงประชามติ รวมทั้งก่อนและหลังการเลือกตั้งเมื่อ 23 ธันวาคม 2550 ได้พูดไว้แล้วว่ารัฐธรรมนูญฉบับ 2550 นี้จะแสดงอิทธิฤทธิ์ที่เลวร้ายอย่างต่อเนื่องแล้วเหตุการร์ก็เป็นอย่างนั้นจริงๆ

Während des Widerstandes gegen den Verfassungsentwurf von 2007, vor der Volksabstimmung, sowie vor und nach der Wahl am 23 Dezember 2007 hatte ich gesagt, dass diese Verfassung dauernd Schwierigkeit machen werde. Und tatsächlich, bekam man dauernd Problem zu spüren, die von ihr verursacht worden waren.

รัฐบาลสมัครกับรัฐบาลสมชายล้มไปก็เพราะอิทธิฤทธิ์ของรัฐธรรมนูญฉบับ 2550 นี่เอง เป็นปัญหาทั้งเนื้อหาของรัฐธรรมนูญที่ให้อำนาจกลไกในรัฐธรรมนูญสามารถถอดถอนนายกรัฐมนตรีได้จากเรื่องไม่เป็นเรื่อง สามารถ ยุบพรรคการเมืองและเพิกถอนสิทธิกรรมการบริหารพรรคทั้งหมดจากการกระทำผิดของคนเพียงคนเดียว มีผลให้ล้มรัฐบาลได้

Die Regierung von Samak und Somchai wurde auch durch ihre {die Macht der Verfassung von 2007} Macht aufgelöst. Ihr Inhalt besitzt ein machtvolles Instrument, dass bei jeder Bagatelle einen Premierministers seines Amtes entheben kann, oder eine Partei auflösen kann, und Funktionäre einer Partei kalt stellen {mit Berufsverbot beleben} kann. **Mehr noch, nur durch die Schuld einer Person, kann die ganze Regierung vernichtet werden.**

นอกจากนี้ยังมีปัญหาจากการที่บทเฉพาะกาลของรัฐธรรมนูญกำหนดให้กรรมการองค์กรตามรัฐธรรมนูญที่คณะรัฐประหารตั้งไว้ ยังคงทำหน้าที่ต่อมาได้จนถึงทุกวันนี้ และต่อเนื่องไปอีกหลายปี องค์กรที่ควรเป็นอิสระจึงไม่ได้ปฏิบัติที่ไม่เป็นธรรมอย่างยิ่ง ซ้ำยังได้รับ "นิรโทษกรรม" ล่วงหน้าไว้ตลอดอายุของรัฐธรรมนูญฉบับนี้ด้วย

Außerdem, kann die Organisation, die durch den Coup geschaffen wurde, bis heute unbehelligt bleiben und wird wahrscheinlich noch mehrere Jahre weiter existieren können. Man darf ihr keinerlei Schuld geben, gleichgültig welche, weil sie eine Amnestie im Voraus bekommen hat, so lange diese Verfassung noch besteht.

ที่สำคัญคือเนื้อหาของรัฐธรรมนูญนี้ได้นำไปสู่การล้มล้างรัฐบาลที่มาจากการเลือกตั้ง เปลี่ยนแปลงมติของประชาชนจากการเลือกตั้งทั่วไป ทำให้ได้รัฐบาลที่ประชาชนไม่ได้เลือกมา

Das Schlimmste ist der Inhalt der Verfassung, der zur Vernichtung einer gewählten Regierung führen kann, der die Wahl des Volkes verändern kann, so dass die Wähler am Ende die Regierung bekommt, die es gar nicht gewählt hat.

ระบบภายใต้รัฐธรรมนูญฉบับ 2550 นี้มีปัญหาใหญ่ที่สุดที่จะตามมาคือ ประชาชนไม่สามารถเปลี่ยนแปลงรัฐบาลได้ เพราะถ้าหากว่าประชาชนพร้อมใจกันเลือกพรรคการเมืองที่ไม่ยอมสนับสนุนการยึดอำนาจที่ผ่านมา หรือไม่ยอมรับคณะผู้มีอำนาจที่ร่วมกันกำหนดความเป็นไปของบ้านเมืองในขณะนี้ พรรคการเมืองนั้นแม้ชนะการเลือกตั้ง ก็จะถูกยุบในที่สุด โดยกลไกที่รัฐธรรมนูญกำหนดไว้ให้สามารถที่จะยุบพรรคการเมืองได้โดยง่าย อันจะมีผลต่อการเปลี่ยนแปลงล้มล้างรัฐบาลที่มาจากการเลือกตั้งของประชาชนได้อีก

Unter der Verfassung von 2007 werden wir noch große Probleme bekommen. Die Bürger dürfen die Regierung nicht wechseln. Denn wenn sie gemeinsam versuchen sollten, eine Partei zu wählen, die den Coup oder die Bedingungen der Machthaber nicht unterstützt, wird sie auch bald beseitigt sein, trotz ihres Wahlgewinns, so ist es auch der gewählten Regierung {2008} ergangen.

ความไม่เป็นประชาธิปไตยของรัฐธรรมนูญฉบับ 2550 จึงยังคงเป็นปมที่สำคัญของบ้านเมืองไทยต่อไป ทำให้การเมืองไทยไม่มีทางที่จะเกิดความสมดุลลงตัวได้ และจะทำให้การเมืองของประเทศไทยพัฒนาไปสู่ความขัดแย้งที่ตึงเคลียดมากยิ่งขึ้น และในที่สุดก็อาจจะลงเอยด้วยความรุนแรง

Die Verfassung von 2007 ist nicht demokratisch, sie ist daher weiterhin ein Problem des Landes und ein Grund für die Destabilisierung der thailändischen Politik, wodurch das Land in einen Konflikt geführt wird und schließlich in Gewalt endet.

ฉะนั้นทางออกของการเมืองไทยเพื่อให้บ้านเมืองเป็นประชาธิปไตยและเพื่อหลีกเลี่ยงความ

รุนแรงทั้งหลายที่อาจจะเกิดขึ้น จึงต้องแก้รัฐธรรมนูญฉบับ 2550

Deshalb, um Gewalt zu vermeiden, muss sich Thailand hin zu einem demokratischen Prozess bewegen und diese Verfassung von 2007 verbessern.

ในช่วงก่อนการลงประชามติ ดูเหมือนจะมีการพูดตรงๆว่า เมื่อรัฐธรรมนูญผ่านประชามติไปแล้ว ก็สามารถแก้ไขได้ ก่อนการเลือกตั้ง 23 ธันวาคม 2550 พรรคการเมืองต่างๆพูดเหมือนๆกันว่า จะแก้รัฐธรรมนูญ

Vor der Verabschiedung der Verfassung sagte man uns, trotz des Referendums und einer Zustimmung der Wähler könnte man sie {später} nach unseren Wünschen {den Wünschen der Menschen} verbessern. Vor der Wahl am 23 Dezember 2007 hat jede Partei unisono erklärt, dass die Verfassung verbessert werden sollte.

แต่พอหลังการเลือกตั้ง พรรคพลังประชาชนซึ่งเสนอนโยบายมาตลอดว่า ถ้าเป็นรัฐบาลจะแก้รัฐธรรมนูญกลับยืดเวลาการแก้ออกไป จนใจที่สุดมีกระแสต่อต้านและเกิดวิกฤตทางการเมือง ไม่สามารถแก้รัฐธรรมนูญได้จนกระทั่งถูกยุบพรรคและพ้นจากความเป็นรัฐบาลไป เท่ากับว่าเราได้พลาดโอกาสในการแก้ไขรัฐธรรมนูญไปอย่างน่าเสียดาย

Doch nach der Wahl, versprach die Palang Prachachon {PPP}, als Regierung würde sie zuerst die Verfassung ändern. Sie verschob leider ihr Vorhaben, als ein Protest gegen die Verfassungsänderung begann, der dann zu einer Krise und schließlich zur Auflösung der Regierung führte. Daher hatte sie sie {die Verfassung} nicht ändern können. Wir verpassten leider die einzige Chance, die wir jemals hatten.

รัฐธรรมนูญนี้จะแก้ได้จริงหรือ และใครจะเป็นคนแก้ ดูจากรัฐสภาในขณะนี้แล้วก็เชื่อได้ว่า รัฐสภาชุดปัจจุบันรี้ ส.ว. ที่มาจากการสรรหาก็ได้ประโยชน์เต็มๆ จากรัฐธรรมนูญฉบับนี้ ทั้ง 2 ส่วนนี้มีเสียงรวมกันอย่างท่วมท้น ย่อมไม่ต้องการให้มีการแก้รัฐธรรมนูญ ยิ่งกระแสของกลุ่มพันธมิตรฯ ผู้พิทักษ์ปกป้องรัฐธรรมนูญยังทรงอิทธิพลอยู่ การแก้รัฐธรรมนูญก็ยิ่งทำได้ยาก

Hätten wir noch die Gelegenheit, sie zu verändern? Wenn ja, wer soll die Änderung durchführen? Man kann schon ahnen, dass der Senat der jetzigen Regierung von ihr profitiert. Der Verfassung nach hat die Regierung (durch den {ernannten} Senat im Oberhaus und die Mehrheit im Unterhaus) im Parlament die überwältigende Mehrheit, weshalb niemand daran denken wird, sie {die Verfassung} in irgendeiner Weise zu ändern. Schon gar nicht, da die PAD, die diese Verfassung so sehr schützt, noch aktiv ist und das Sagen haben.

การที่รัฐบาลปัจจุบันตั้งคณะกรรมการปฏิรูปการเมืองขึ้น ฟังจากรัฐบาลและผู้รับผิดชอบแล้ว เป็นการซื้อเวลา หวังจะลดกระแสความไม่พอใจ เพื่อยืดอายุรัฐบาลและลดกระแสการเรียกร้องให้แก้รัฐธรรมนูญ แต่ความพยายามนี้คงไม่ได้รับความร่วมมือจากพรรคการเมือง นักวิชาการ และประชาชนที่ต้องการประชาธิปไตย จริงๆ คณะกรรมการนี้จึงจะประกอบด้วยคนฝ่ายเดียว ผลที่ออกมาอาจเป็นเพียงความพยายามสร้างความชอบธรรมให้กับระบบที่เป็นอยู่แต่ก็จะไม่เป็นที่

ยอมรับของสังคม

Die jetzige Regierung ernannte ein Komitee, um die politische Struktur zu reformieren. Dies geschah, so hörte man - von der Regierung und dem zuständigen Amt - um Zeit zu schinden, und in der Hoffnung, dass die Bevölkerung ihre Unzufriedenheit vergisst - mit der Zeit – und sich beruhigt, und der Protest gegen diese Verfassung abebbt, und dadurch die Dauer der Regierungszeit verlängert werden kann. Aber dieser Versuch fand gar keine Unterstützung durch die Parteien, Wissenschaftler sowie das Volk. Sie wollten eine echte Demokratie, so dass dem Komitee nichts anders üblich blieb, als nur aus einer einseitigen Gruppe zu bestehen. Das Ergebnis hätte für jeden gerecht sein können. Es ist aber für die breite Gesellschaft unakzeptabel.

ที่หวังจะให้การตั้งคณะกรรมการปฏิรูปทางการเมืองของรัฐบาลนี้นำไปสู่การแก้รัฐธรรมนูญให้เป็นประชาธิปไตยนั้น เป็นไปไม่ได้เลย

Was man ein mal hoffte, nämlich dass die Veränderung der Verfassung zur Demokratie führen könnte, war in weite Ferne gerückt."

ทางออกจากวิกฤตรัฐธรรมนูญความจริงก็พอมีอยู่ ไม่ใช่ไม่มีเสียเลย ดังที่เคยเสนอให้ตั้งสมาชิกสภาร่างรัฐธรรมนูญ (สสร.) ขึ้นมาแก้รัฐธรรมนูญทั้งฉบับหลังจากการเลือกตั้งครั้งที่แล้วผ่านไปไม่นานนัก ต่อมารัฐบาลสมชายได้กำหนดเป็นนโยบายว่าจะสนับสนุนการตั้งสสร. แต่ยังไม่ทันได้ทำอะไร รัฐบาลก็ล้มไปก่อน มาถึงวันนี้ข้อเสนอนี้ก็ยังใช้ได้

Es gibt noch eine Möglichkeit, aus der Misere herauszukommen. Die Lösung ist, eine Kommission für einen Entwurf einer Verfassungsänderung einzusetzen, wie man nach der Wahl vorschlug. Doch Somchais Regierung hatte keine Gelegenheit dazu, den Plan zu realisieren, sie wurde vorher aufgelöst.

รัฐสภาควรแก้ไขรัฐธรรมนูญมาตรา 291 เพื่อตั้งสสร. ขึ้นมาชุดหนึ่ง โดยอาจกำหนดคุณสมบัติให้เหมาะสม และให้มาจากการเลือกตั้งของประชาชนทั่วประเทศ เมื่อได้สสร.มาแล้ว ให้สสร.ร่างรัฐธรรมนูญโดยรับฟังความคิดเห็นของประชาชนอย่างกว้างขวาง เมื่อร่างเสร็จแล้ว ก็ให้เสนอรัฐสภาพิจารณาเห็นชอบ หรือไม่เห็นชอบ โดยไม่มีการแก้ไข เมื่อรัฐสภาเห็นชอบแล้ว ก็ให้ประชาชนทั้งประเทศลงประชามติอีกครั้งหนึ่ง

Das Parlament soll eine Änderung von Verfassungsartikel 291 vornehmen, und eine Kommission ernennen. Die Kommission sollte bestimmte Bedingungen erfüllen, und von der Bevölkerung des ganzen Landes gewählt werden. Sie sollten die Meinung aller Bürger berücksichtigen, danach sollte der Entwurf vom Parlament beschlossen werden, indem man abstimmt und verändert, bis ein Konsens besteht, und anschließend wird das Volk {in einer Volksabstimmung} noch einmal dafür oder dagegen stimmen.

วิธีนี้จะทำให้สามารถแก้รัฐธรรมนูญได้โดยแก้ไขปัญหาสำคัญประการหนึ่งได้ด้วย นั่นคือ การที่มีความเห็นขัดแย้งแตกต่างกันในเรื่องนี้จนกลายเป็นวิกฤตทางการเมืองกระทั่งถึงทุกวันนี้ วิธีนี้

Die Krise der Demokratie — Mark Teufel^^ Thailand

เท่ากับให้ประชาชนทั่วประเทศเป็นผู้ตัดสิน ซึ่งทุกฝ่ายควรจะยอมรับกันได้

Nur eine solche Methode könnte die Verfassung gerecht verändern, damit das wichtige Problem der Meinungsverschiedenheiten, die zur Krise führten, endlich gelöst werden können. Die Methode ist vergleichbar mit einer Volksentscheidung und kann zur Zufriedenheit aller Seite führen.

เรื่องขึ้นอยู่กับการตัดสินใจของรัฐบาลปัจจุบันเป็นสำคัญ

Es hängt von der Entscheidung der jetzigen Regierung ab, ob sie mitspielt.

หากรัฐบาลไม่เห็นด้วย สิ่งที่จะตามมาก็คือ ความขัดแย้งจะดำรงอยู่ต่อไปไม่รู้จบ และอาจจะลุกลามใหญ่โตยิ่งขึ้น

Sollte sie nicht mitmachen wollen, könnte die Meinungsverschiedenheit unendlich weiter andauern und zu unlösbaren Krisen führen.

แล้วจะเกิดอะไรขึ้นกับรัฐธรรมนูญฉบับนี้

Was würde dann mit der Verfassung passieren?

ยิ่งถ้าผ่านการเลือกตั้งแล้ว ประชาชนต้องการเปลี่ยนรัฐบาล แต่เมื่อเปลี่ยนแล้วก็ถูกล้มไปโดยการยุบพรรคอย่างไม่เป็นธรรมได้อีก การเรียกร้องให้แก้รัฐธรรมนูญก็อาจจะเข้มข้นขึ้นจนรัฐสภาจะต้องแก้ให้

Nach der Wahl will das Volk eine neue Regierung haben, wenn diese und ihre Partei vernichtet wurde, wird es selbstverständlich noch mehr und immer mehr Widerstand gegen die Verfassung geben, am Ende muss das Parlament sie doch ändern.

หรือไม่สิ่งที่จะเกิดกับรัฐธรรมนูญฉบับ 2550 ก็คือ รอวันฉีกรัฐธรรมนูญซึ่งจะเกิดขึ้นเมื่อผู้นำเหล่าทัพกระหายอำนาจ อาศัยสถานการณ์ที่รัฐบาลอ่อนแอ บริหารประเทศไม่ได้ผล หรือมีการทุจริตกันมาก แล้วใช้เป็นข้ออ้างในการยึดอำนาจ ซึ่งก็จะต้องฉีกรัฐธรรมนูญอีกครั้งหนึ่ง

Oder es könnte auch folgendes mit der Verfassung von 2007 passieren, nämlich: sie könnte einem Militärcoup zum Opfer fallen, einer Macht die gieriger, hungriger ist als je zuvor, die lauert, pirscht und wartet auf das Zeichen einer schwachen und korrupten Regierung, um dann diese als Grund zu nennen, die Verfassung zu vernichten.

ดังนั้นถ้าต้องการได้รัฐธรรมนูญที่เป็นประชาธิปไตย สิ่งที่ฝ่ายประชาธิปไตยต้องทำก็คือ เรียกร้องรณรงค์ให้มีรัฐธรรมนูญที่เป็นประชาธิปไตย ชี้ให้เห็นโทษร้ายที่เกิดจากรัฐธรรมนูญฉบับนี้ และควรจะช่วยกันรวบรวมความรู้ความเข้าใจ เพื่อทำเป็นข้อเสนอว่า รัฐธรรมนูญที่ดีควรเป็นอย่างไร เตรียมไว้ให้พร้อมในวันหนึ่งข้างหน้า ความรู้ความเข้าใจเหล่านี้จะได้นำมาใช้แน่ เพียงแต่ว่าจะนำมาใช้จากกระแสที่มีอย่างกว้างขวาง เรียกร้องกดดันให้มีการแก้รัฐธรรมนูญ หรือมาจากการยึดอำนาจ ฉีกรัฐธรรมนูญ ซึ่งมีความเป็นไปได้ มากว่า แต่ในที่สุดก็จะถูกกระแสของ

Mark Teufel^^
Thailand

Die Krise der Demokratie

ประชาชนกดดันให้มีรัฐธรรมนูญที่เป็นประชาธิปไตยเกิดขึ้นจนได้

Deshalb, wollte man eine demokratische Verfassung haben, müsste man dafür sorgen, sie zu einer wirklich demokratische gesinnten Verfassung zu ändern, sowie ihre Nachteile auf zu zeigen, damit man weiß, wie ein gerechtere Verfassung aussehen soll, und wie man sich vorbereiten kann, falls man sie eines Tages erhält, um diese auch richtig einzusetzen. Durch welche Methode auch immer wir eine neue Verfassung bekommen, durch Protest oder den Coup, letzten Endes wird der Druck ist so hoch sein, dass eine Verfassung demokratischer werden muss.

ไม่ว่าจะเกิดอะไรกับรัฐธรรมนูญฉบับนี้ก็ตาม ในที่สุดสังคมไทยก็มีความจำเป็นอย่างยิ่งที่จะต้องยกเลิกรัฐธรรมนูญที่เป็นเผด็จการฉบับนี้ และยกร่างรัฐธรรมนูญฉบับใหม่ที่เป็นประชาธิปไตย โดยที่เนื้อหาสาระสำคัญนำมาจากรัฐธรรมนูญฉบับ 2540

Was auch passiert mit dieser Verfassung, unsere Gesellschaft wird einsehen, dass wir statt einer Militärverfassung eine neue demokratische Verfassung benötigen, eine, wie die im Jahr 1997.

แต่สังคมก็ต้องเรียนรู้และพัฒนาความรู้ความเข้าใจเกี่ยวกับรัฐธรรมนูญที่ดี ที่เป็นประชาธิปไตย เตรียมไว้ให้พร้อม รวมทั้งผลักดันให้เกิดความเข้าใจว่า บ้านเมืองที่เป็นประชาธิปไตยจะต้องมีรัฐธรรมนูญที่เป็นประชาธิปไตยเกิดขึ้นให้จงได้

Aber unsere Gesellschaft muss eine gute Verfassung erkennen und diese Erkenntnis erweitern, um für die Demokratie vorbereitet zu sein. Wir müssen auch versuchen zu verstehen, dass ein demokratisches Land eine Verfassung braucht, die die Demokratie unterstützt.

Justizokratie[42]

Seine Rolle unterschiedet sich von einer normalen Justiz.

ตุลาการภิวัฒน์ / ตุลาการภิวัฒน์ / บทบาทที่ผิดเพี้ยนของตุลาการ

Die Rolle der Justiz ist eine andere als die in anderen Ländern

"ที่สำคัญกว่านั้นคือ ฝ่ายตุลาการของประเทศไทยที่ว่าเป็นอิสระและปลอดจากการเมืองนั้น ความจริงก็คือเป็นอิสระและปลอดจากประชาชน ไม่มีสัมพันธ์ยึดโยงใดๆกับประชาชน ไม่ได้มาจากประชาชน ประชาชนไม่สามารถตรวจสอบได้ แตกต่างจากฝ่ายตุลาการในประเทศที่เป็นประชาธิปไตยทั้งหลาย"

> "Das Wichtigste ist: Die thailändische Justiz sollte frei und unabhängig von der Politik werden. In Wahrheit aber ist sie frei und unabhängig von den Bürgern, weil sie dem Volk keine Rechenschaft ablegen muss und nicht von ihm gewählt wurde. Sie (die Bürger) können sie nicht kontrollieren. Unsere Justiz unterscheidet sich daher von der in Ländern, die demokratisch sind."

การเปลี่ยนแปลงทางการเมืองของประเทศไทยในช่วงประมาณ 3 ปีมานี้มีลักษณะพิเศษกว่าการเปลี่ยนแปลงในอดีต ตรงที่ในอดีตนั้นมักจะมีการทำรัฐประหารยึดอำนาจโดยกองทัพ แล้วก็สร้างกติกาที่ต้องการผูกขาดสืบทอดอำนาจต่อไป ยอมให้มีการเลือกตั้ง ยอมให้มีรัฐธรรมนูญพอที่จะให้สังคมโลกเขายอมรับได้ แต่ผู้ที่มีบทบาทหลักในการจัดการให้เกิดการเปลี่ยนแปลงก็คือกองทัพ

Die politischen Veränderungen im Lauf der {letzten} 3 Jahren in Thailand sind anders als in der Vergangenheit verlaufen. In der Vergangenheit waren es meist das Militär und die Generäle, die die Initiative ergriffen, um die Macht an sich zu reißen. Sie bauten auch die Möglichkeiten aus, um ihre Macht weiter zu festigen. Sie erlaubten zwar dem Volk zu wählen und eine Verfassung, damit die Welt sie akzeptiert. Dennoch sorgten sie dafür, dass sie diejenigen waren, die eine zentrale Rolle spielten.

การเปลี่ยนแปลงในช่วง 3 ปีที่ผ่านมาจนกระทั่งแผนบันใด 4 ขั้นของ คมช. สำเร็จ มีลักษณะพิเศษอยู่ที่บทบาทของฝ่ายตุลาการได้เข้ามามีบทบาทอย่างมากชนิดที่ไม่เคยปรากฏมาก่อน บทบาทของตุลาการที่เกิดขึ้นเป็นไปตามแนวคิดตุลาการภิวัฒน์ ซึ่งมีการเสนอในช่วงที่ความขัดแย้งเกิดขึ้นมาระยะหนึ่ง แล้วก็มีการอธิบายความหมายและอธิบายสนับสนุนต่อเนื่องกันเรื่อยมา

---

[42] Der Begriff wurde von Mark Teufel in seinen Jahrbüchern geprägt. Die eigentliche Übersetzung könnte auch Justizaktivismus oder Justizdominanz lauten.

Die Veränderung in den letzten 3 Jahren, die bis zum Vier-Stufenplan des "Rates für Nationale Sicherheit" erfolgreich war, hatte einen spezialen Charakter. Nämlich die Justiz spielte eine wichtigere Rolle als jemals zuvor. Ihre Rolle verkörpert die Idee einer Justiz, die jenseits ihrer Pflichte hinaus Aufgaben wahrnimmt, wodurch Konflikte entstehen. Doch mit der Erklärung über ihre Funktion und Bedeutung versuchte sie, ihre Idee weiterhin zu verfolgen.

Justizaktivismus {Justizdominanz}: bedeutet, dass die Justiz ihre Macht über die Regierung, Politik, Politiker sowie die Kontrolle über die Gesetzregelung missbraucht. Sie agiert über ihre Recht und Pflichten hinaus - z.B. bei der Auslegung von Gesetzen (durch Urteile) - was wir daher, milde gesagt, "Justizaktivismus" , oder im schlimmen Fällen, "Justizwillkür" {oder Justizokratie} nennen.

คำว่า "ตุลาการภิวัฒน์" ความจริงควรจะหมายถึงการพัฒนาและการปรับปรุงเปลี่ยนแปลงของฝ่ายตุลาการเอง เพื่อให้ทำหน้าที่ของฝ่ายตุลาการได้ดียิ่งขึ้น นั่นคือรักษาความยุติธรรมในบ้านเมือง คุ้มครองประชาชน เพื่อไม่ให้เสียหายจากการละเมิดกฎหมายของผู้อื่นและรัฐ

"Justizaktivismus" soll eigentlich bedeuten, dass die Justiz sich selbst entwickelt, um sich zu verbessern. Dabei sollte eigentlich ihr Ziel sein, die Gerechtigkeit für das Land und das Volk zu verbessern und die Ordnung zu schützen, damit niemand aus der Reihe tanzt, was dem Land und der Gesellschaft schadet.

แต่"ตุลาการภิวัฒน์" ที่มีการเสนอกันคือ การอาศัยฝ่ายตุลาการเข้ามาเปลี่ยนแปลงบ้านเมือง เข้ามาจัดการแก้ปัญหาทางการเมือง แก้ปัญหาความขัดแย้ง หรือวิกฤตทางการเมือง

Es wurde vorgeschlagen, dass der "Justizaktivismus" als ein Justizsystem bestehen soll, das sich in die Angelegenheit des Landes und der Gesellschaft einmischt, um die gesellschaftlichen Konflikte und die politische Krise zu lösen.

เหตุผลที่ใช้สนับสนุนคือ ปัญหาทางการเมืองไม่สามารถแก้ได้โดยฝ่ายบริหารและฝ่ายนิติบัญญัติได้แล้ว จำเป็นต้องอาศัยฝ่ายตุลาการเข้ามาเป็นผู้จัดการแก้ปัญหา

Ihre wichtige Argumente sind {die Argumente der Befürworter des Justizaktivismus}: wenn die Regierung und Gesetzgebung die Probleme des Landes nicht lösen können, muss die Justiz dafür sorgen, sie selbst zu lösen.

ทำไมต้องตุลาการ? มีการอธิบายว่าเพราะฝ่ายตุลาการปลอดจากการเมือง เป็นอิสระจากการเมือง และในหลายๆประเทศ ฝ่ายตุลาการทำหน้าที่ในการพิทักษ์รัฐธรรมนูญและคุ้มครองสิทธิเสรีภาพของประชาชน เพราะฉะนั้นฝ่ายที่เสนอจึงเห็นว่าควรจะให้ฝ่ายตุลาการของประเทศไทยทำหน้าที่อย่างเดียววกันกับที่เคยเกิดขึ้นในบางประเทศ

Warum die Justiz? Ihre Erklärung war, weil die Justiz frei und unabhängig von der Politik ist und in vielen Ländern ist es ihre Pflicht, die Verfassung und das Recht der Bürger zu schützen. Deshalb meinten diejenigen, die diese Idee vorschlugen, dass die Justiz in Thailand auch seine Pflichte genau so wahrnehmen sollte, wie in diesen Beispielen.

นายธีรยุทธ บุญมี ดูเหมือนจะเป็นคนแรกในสังคมไทยที่สนับสนุนการใช้ตุลาการภิวัฒน์อย่าง

จริงจัง โดยอ้างว่า ปัจจุบันคนไทยก็เข้าสู่ภาวะ 5 เสื่อมได้แก่

1) ความสามัคคีในบ้านเมืองเสื่อม เกิดความแตกต่างแยกระหว่างประชาชนระดับรากหญ้าที่นิยมทักษิณกับชนชั้นกลางที่ไม่เอาทักษิณ

2) ภาคการเมืองเสื่อม มีการคอร์รัปชั่นและใช้อำนาจไม่ชอบธรรมของพรรคการเมืองและนักการเมือง โดยที่กลไกภาคการเมืองคือรัฐสภาและการเลือกตั้ง ไม่สามารถคลี่คลายวิกฤตได้

3) ภาคสังคมคือสถาบันวิชาการและสื่อเสื่อม แตกแยกทางความคิดความเห็นการถกเถียงด้วยเหตุด้วยผลไม่สามารถคลี่คลายปัญหาได้

4) อำมาตยาธิปไตยเสื่อม เพราะมีความคิดล้าหลังไม่ทันสถานการณ์

5) คุณธรรมเสื่อม คนไทยเริ่มมองว่าคอร์รัปชั่นเป็นเรื่องธรรมดา โกงก็ได้ขอให้ทำงาน

Theerayut Boonmi war der Erste, der in der thailändischen Gesellschaft dieses Justizsystem (Justizaktivismus) konkret unterstützte, aus einem einfachen Grund: zurzeit ist die Moral der Thailänder in fünf Bereichen tief gesunken:

1) Die Bereitschaft zur Einigkeit der Gesellschaft hat sich verschlechtert. Die Bevölkerung spaltet sich in zwei Lager, auf der einen Seite die Rak-Ya die für Thaksin sind, während die andere Seite, die Mittelschicht, Thaksin nicht haben will.

2) Die Glaubenwürdigkeit der Politik im Land verschlechtert sich zusehends, sie steckt in einem Korruptionssumpf. Ihre Macht wurde von Politiker und Parteien missbraucht, ihre Mechanismen, wie das Parlament und die Wahlen, können die Krise auch nicht beenden.

3) Die Gesellschaft, Institutionen und Medien verschlechtern sich, ihre Meinungsverschiedenheit konnte auch nicht mit Argumentation, Vernunft und Logik beseitigt werden.

4) Die Bürokratie verschlechtert sich, weil ihre Anschauung rückständig ist und sie hinkt hinter der Entwicklung in der Welt herhinkt.

5) Die Ethik und Moral liegt auf einem Tiefstand. Die Gesellschaft fängt an, die Korruptionen als normal zu akzeptieren, Hauptsache man arbeitet.

ทำให้เพียงสถาบันเดียวคือศาลยุติธรรม ซึ่งมีหลักการปกครองโดยหลัก กฎหมาย (rule of law) ที่จะมาช่วยคลี่คลายวิกฤตการณ์ในที่สุด ทั้งนี้เพราะศาลย่อมพิพากษาตัดสินโดยปราศจากอคติล่วงหน้า ถ้าทุกฝ่ายยอมรับการตัดสินของศาล วิกฤตในไทยก็อาจคลี่คลายได้ในที่สุด

Deshalb könnte die Justiz die einzige Institution sein, die mit Gesetz und Recht zu tun hat, die fähig sein könnte, Probleme lösen. Denn nur das Gericht ist fähig, nach dem Gesetz objektiv zu urteilen. Jede Seite wird ihr Urteil akzeptieren und die Krise in Thailand wird somit beseitigt.

คำกล่าวอ้างรับรองความชอบธรรม "ตุลาการภิวัตน์" ของนายธีรยุทธ ก็คือว่า อำนาจยุติธรรม

เก่าแก่กว่าประชาธิปไตย

Das wichtigste Argument von Theerayut für den "Justizaktivismus" lautete: Das Justizsystem ist immerhin älter als die Demokratie.

นายนครินทร์ เมฆไตรรัตน์ คณะบดีคณะรัฐศาสตร์ มหาวิทยาลัยธรรมศาสตร์ ให้ความเห็นว่า ศาลน่าจะเข้ามาจัดการในหลายๆ เรื่องก่อนหน้านี้ เนื่องจากการเขียนคำพิพากษาในคดีสำคัญเกี่ยวกับการเมือง เห็นว่ายังอ่อนไป ต้องเอาหลักปรัชญามาชี้แจงต่อภาคสังคม และอยากเห็นกระบวนการยุติธรรมเป็นส่วนหนึ่งของพลังการเปลี่ยนแปลง ที่ต้องมีการปรับปรุงการเข้าสู่อำนาจของนักการเมืองต่อไป

Nakarin Mektrairat, ein Dekan des Fachbereichs Politikwissenschaft an der Thammasat Universität war der Meinung, dass die Justiz ihren Tätigkeitsbereich ausweiten sollte, weil er glaubte, dass die richterlichen Begründungen für Urteile ziemlich mild abgefasst waren, und die Richter sollten das philosophische Gedankengut der Gesellschaft erklären. Und er wünschte sich, dass das Justizsystem ein Teil der Reformkraft wäre, damit es sich in die Richtung der politischen Macht bewegt, und anschließend dort etabliert würde.

นายวิชา มหาคุณอดีตผู้พิพากษาที่ได้รับการแต่งตั้งเป็นกรรมาธิการยกร่างรัฐธรรมนูญ พ.ศ. 2550 กล่าวเอาไว้ว่า การที่มีผู้วิจารณ์ว่ารัฐธรรมนูญฉบับนี้เพิ่มอำนาจให้ศาลมากเกินไป เป็นตุลาการภิวัฒน์ว่า "สำหรับผมอย่างจะบอกว่า "น้อยไปสิ เพราะเหตุผลว่า" ...เรารู้อยู่แล้วว่าการเลือกตั้งเลวร้ายเรายังจะซ้ำรอยหรือ สำหรับการเลือกตั้งสมาชิกสภาผู้เทนราษฎรนั้นจำเป็นต้องยกให้เพราะเป็น"ความชั่วร้ายอันจำเป็น" เพราะไม่มีทางที่ประชาชน 60 ล้านคนจะไปออกกฎหมายเอง เป็นไปไม่ได้ จำเป็นต้องมีผู้แทน"

Wicha Mahakun, ein ehemalige Richter, war einer in der Kommission, der die Verfassung von 2007 entwarf, er wehrte sich gegen die Kritik, die meinte, dass die Justiz zu viel Macht durch diese Verfassung bekam, indem er sagte "ich finde sie eher zu gering (ihm ist die Macht für die Justiz zu wenig), weil ....wir wissen, dass das Wahlsystem missbraucht wurde … wollen wir sie trotzdem? Für Die Wahl der Volksvertreter..ok.. müssen wir leider **das Übel** {der Wahl} in Kauf nehmen, weil es ein *"notwendiges Übel"* ist, und weil es unmöglich ist, die 60 Millionen Bürger die Gesetze selbst entwerfen zu lassen, sie brauchen daher die Vertreter."

ล่าสุดความเห็นของนายสุเมธ อุปนิสากร กกต.ด้านกิจการการมีส่วนรวมออกมายอมรับว่า กรรมการ กกต. ที่มีอยู่ตอนนี้เป็นนักกฎหมาย ผู้พิพากษาและอัยการ ซึ่งไม่ถนัดงานบริหารงาน ทำให้การจัดงานฝ่ายบุคคลล่าช้า

Und letztlich war da Sumeth Upanisakorn, einer aus der Wahlkommission, der uns bestätigte, dass die jetzige Wahlkommission meistens aus Juristen, Staatanwälten und Richtern besteht, wodurch sie nicht genügend Kompetenz im Bereich des Managements aufweist, sodass ihre Arbeitseinteilung Verzögerungen hervorruft.

"ผมยอมรับว่า กกต. ชุดนี้เป็นของปลอม เพราะถูกตั้งโดยคมช. ไม่ได้ถูกตั้งมาตามรัฐธรรมนูญ หรือได้รับการโปรดเกล้า เรื่องนี้ไม่ขอโต้เถียงใครที่กล่าวหา แต่ผมเห็นว่าแม้ไม่ได้มาตามรัฐธรรมนูญแต่กฎหมายก็เปิดโอกาสให้ทำได้" และกล่าวถึงอนาคตของตุลาการภิวัฒน์ว่า "หากบ้านเมืองเรียบร้อยอยากเห็นตุลาการกลับเข้ากรมกอง ชีวิตการเป็นศาลกับการอยู่ข้างนอกไม่เหมือนกัน หากออกมามากๆกลัวจะเละ เพราะการเมืองต้องเจอหลายประเภท และการที่ศาลจะกลับได้ต้องอยู่ที่การแก้รัฐธรรมนูญ"

"Ich muss akzeptieren, dass die Wahlkommission unrechtmäßig ist, sie wurde vom Rat für Nationale Sicherheit ernannt, und nicht vom König oder von solchen {Organen}, wie die Verfassung es vorschreibt. In diesem Punkt will ich nicht darüber diskutieren, dennoch bin ich der Meinung, obwohl die Ernennung nicht verfassungskonform ist, war sie gesetzlich doch gültig." Wobei er über die Rolle des Justizaktivismus folgendes voraussagte: "Sollte die Situation im Land sich verbessern, würde ich es gern sehen, wenn die Justiz wieder zurück in den Rahmen ihrer Aufgaben gehen würde. Im Rahmen oder außerhalb des Rahmens zu agieren ist ein Unterschied, sie wird mit der Zeit verderben, wenn sie zulange **ihre Kompetenzen überschreitet**. In der Politik wird man mit allem Wasser gewaschen. {Aber} sie {die Justiz} kann nur zu ihrem Ursprung zurückkehren, wenn die Verfassung sich ändert."

ทั้งหมดได้สะท้อนภาพ "ตุลาการภิวัฒน์" เกิดขึ้นจริงๆ ได้เกิดอะไรขึ้นบ้าง เราพบว่ากระบวนการตุลาการภิวัฒน์ที่เกิดขึ้นไม่ได้หมายถึงการปรับปรุงฝ่ายตุลาการให้รักษาความยุติธรรมให้ดีขึ้น ตรวจสอบได้มากขึ้น และรักษาความยุติธรรมได้มากขึ้น แต่กลับเป็นการเข้ามาจัดการกับปัญหาทางการเมืองชนิดที่ไม่เคยมีมาก่อน

All das sind Definitionen des Justizaktivismus, diese „Regierungskontrolle durch die Justiz" existiert. Wir finden auch heraus, dass der Prozess des Justizaktivismus nicht zu dem gewünschten Effekt z.B. zur verbesserten Gerechtigkeit, mehr Kontrollen und Schutz für das Recht führt, sondern {stattdessen} wurde die Regierung und Politik von ihm {Justizaktivismus} beeinflusst, was noch nie da war.

จะยกตัวอย่างที่เห็นชัดเจนให้เห็นว่า สิ่งที่เรียกว่าตุลาการภิวัฒน์นั้นได้ทำให้เกิดปัญหาขึ้นอย่างไร ตัวอย่างเช่น กรณีที่ฝ่ายตุลาการ 3 ศาลหารือกันและออกมาชี้แจงว่าจะพิจารณาคดีสำคัญๆ ไปในทิศทางเดียวกัน นี่ผิดหลักการของการมีศาลคู่หรือมีศาลยุติธรรม ศาลปกครอง และศาลรัฐธรรมนูญ ซึ่งต้องการให้เป็นอิสระจากกัน และยังจะต้องคานกัน รวมถึงจะต้องส่งเสริมให้เป็นอิสระจากกัน และแตกต่างกันได้ โดยในกรณีที่ขัดแย้งในเรื่องขอบเขตอำนาจหรือคำวินิจฉัย ก็จะมีศาลรัฐธรรมนูญเป็นผู้ตัดสิน การมาหารือกัน และบอกว่าจะตัดสินไปในทิศทางเดียวกัน จึงขัดต่อหลักการนี้

Hier ein paar Beispiele von Justizaktivismus, der Probleme verursacht hatte: z.B., als drei Richter vorher eine illegale Vereinbarung trafen, und dann das gleiche Urteil abgaben. Der Vorgang ist gesetzeswidrig, sowohl im Fall der öffentlichen Gerichtsbarkeit, den Zivil- und Strafgerichten, als auch den Verwaltungsgerichten und Verfassungsgerichten. Die drei Zuständigkeiten müssen unabhängig voneinander urteilen, sie müssen auch gegenseitig die freie Entscheidung anregen, und die Unterschiedlichkeit akzeptieren. Bei einer Widersprüchlichkeit im Bereich der Zuständigkeit oder des Urteil muss das Verfassungsgericht letzen Endes die Entscheidung treffen. **Aber dass man von vornherein eine Absprache trifft und dadurch das gleiche Urteil fällt, ist nicht zulässig.**

ต่อมาเราได้เห็นศาลรัฐธรรมนูญตัดสินว่าการเลือกตั้งเมื่อวันที่ 2 เมษายนเป็นโมฆะ ด้วยเหตุผลที่ไม่เป็นเหตุเป็นผลเพียงพอเลย คือการที่กกต. จัดคูหากลับด้าน ทั้งๆที่ในการเลือกตั้งครั้งนั้นพรรคการเมืองที่ลงสมัครไม่มีคู่แข่งสำคัญ ไม่ว่าจะจัดคูหาอย่างไรผลการเลือกตั้งก็ออกมาทำนองเดียวกันอยู่ดี แต่ศาลรัฐธรรมนูญกลับตัดสินให้การเลือกตั้งครั้งนั้นเป็นโมฆะ เท่ากับเป็นการล้มล้างอำนาจอธิปไตยของประชาชน นั่นคือ ล้มล้างการที่ประชาชนใช้อำนาจกำหนดว่าใครจะเป็นรัฐบาล

Wie wir sehen: das Verfassungsgericht erklärte die Wahl am 2. April {2006} für ungültig, aus einem Grund, der gar kein ausreichender Grund war, nur weil die Wahlkommission die Wahlkabinen andersherum gestellt hatte. Obwohl die Parteien nicht gegeneinander konkurrierten, und wie man die Wahlkabine auch drehte, wäre das Wahlergebnis doch das gleiche gewesen. Aber das Verfassungsgericht entschied sich gegen das Ergebnis, das heißt, das Gericht eliminiert die Entscheidung des Volkes, es bestimmte für das Volk, wer seine Regierung sein sollte. Das war unzulässig.

เมื่อมีการยึดอำนาจรัฐประหารแล้วเมื่อ 19 กันยายน ก็มีคณะตุลาการรัฐธรรมนูญซึ่งไม่ใช่ศาล แต่ตั้งโดยคณะผู้ยึดอำนาจ มาทำหน้าที่พิจารณาคดียุบพรรคการเมือง และเกิดการยุบพรรคโดยใช้หลักความเชื่อที่ไม่ต้องพิสูจน์ไม่ได้เปิดโอกาส ให้ผู้ที่ถูกดำเนินคดีได้มีโอกาสโต้แย้ง แต่ในที่สุดมีการยุบพรรคคณะตุลาการคณะนี้ยังเต็มใจที่จะใช้คำสั่งคปค.ฉบับที่ 27 ซึ่งเป็นคำสั่งของเผด็จการให้มีผลย้อนหลัง มาให้โทษแก่นักการเมือง

Nach dem Coup vom 19. September wurden die Parteien von Richtern[43], die kein Gericht waren, und von den Putschisten ernannt worden waren, aufgelöst. Die Parteiauflösung geschah „im Guten Glauben", ohne Beweise und ließ keine Rechtsmittel zu. Die Auflösung erfolgte durch einer Gruppe von Richtern, die bereit war, dem Befehl Nr. 27. nachzukommen

ในรัฐธรรมนูญมีการกำหนดให้องค์ประกอบของคณะกรรมการสรรหากรรมการในองค์กรอิสระมาจากฝ่ายตุลาการเป็นส่วนใหญ่ และให้องค์ประกอบของคณะกรรมการสรรหาสมาชิกวุฒิสภามาจากฝ่ายตุลาการร่วมกับประธาน ขององค์กรอิสระ ซึ่งตั้งโดยคำสั่งของคปค. แต่สามารถทำ

---

[43] Die Verfassung war schon für ungültig erklärt worden und die Putschisten hatten die Verfassungsrichter abgesetzt.

Die Krise der Demokratie — Mark Teufel^^ Thailand

หน้าที่ต่อไปจนครบวาระตามบทเฉพาะกาล

Es wurde in der Verfassung festgelegt, dass eine unabhängige Kommission, zum größten Teil aus Richtern, ausgesucht werden soll. Diese Kommission bestimmt die ernannten Senatoren des Oberhauses. Die Senatoren des Oberhauses wiederum ernennen die Vorsitzenden der Kontroll-Kommissionen. Und die Amtszeiten sind lange und die Mitglieder können ihre Amtszeit zu Ende führen, egal was kommen mag.

การตั้งคตส.และปปช. โดยคณะผู้ยึดอำนาจให้มาทำหน้าที่แทนพนักงานสอบสวน เป็นขั้นตอนหนึ่งของกระบวนการยุติธรรม โดยที่คณะบุคคลเหล่านี้มีคติและแสดงตนเป็นปฏิปักษ์กับผู้ถูกดำเนินคดีอย่างชัดเจน เมื่อองค์กรเหล่านี้ เช่น คตส. หมดอายุไป ผู้ที่เคยเป็นผู้พิพากษามาก่อนก็ยังสามารถกลับไปเป็นผู้พิพากษาได้อีก

Die Ernennung des AEC[44] (Assets Examination Committee) und der NACC (National Anti-Korruptions-Kommission) **während des Coups** um die Untersuchungen {gegen Thaksin und seine Verwaltung durchzuführen} war nur ein Teil des Planes der {Benutzung der} Justiz. Die genannte Kommission hatte von vornherein ein eindeutiges Vorurteil und deutliche Feindseligkeit gegenüber den Beschuldigten. Als die Amtszeit der Kommission zu Ende war, konnte derjenige, der Richter war wieder zurück in sein Amt.

บุคคลและองค์กรอิสระต่างๆ ที่คปค.ตั้งไว้ รวมทั้งคตล. ซึ่งล้วนมีหน้าที่เกี่ยวข้องกับการให้ความยุติธรรมทางการเมือง ยังได้รับนิรโทษกรรมล่วงหน้าไว้ในบทเฉพาะกาลมาตรา 309 ทำให้บุคคลและองค์กรเหล่านี้อยู่ในฐานะ"ทำอะไรไม่ผิด" ไปตลอดการบังคับใช้รัฐธรรมนูญฉบับ 2550 นี้

> **Die Ämter und Institutionen, die der Coup einrichtete, bestanden meistens aus Leuten, die Stellungen in der Justiz hatten, sie wurden auf Grund des Verfassungsartikels 309 von jeder {möglichen} Schuld {und Verantwortlichkeit} befreit, das macht die Personen "für alle Zeit" nicht schuldig, solange sie unter dem Schutz der Verfassung von 2007 stehen.**

ต่อมาศาลรัฐธรรมนูญก็ได้ตีความเรื่องมาตรา 190 เกี่ยวกับกรณีที่รัฐมนตรีต่างประเทศไปลงนามในข้อตกลงกับรัฐบาลกัมพูชา โดยอาศัยการตีความเพิ่มเติมจากเนื้อหาที่กำหนดไว้ให้รัฐธรรมนูญ ซึ่งนำไปสู่การกล่าวโทษคณะรัฐมนตรีทั้งคณะ

Dem Verfassungsartikel 190 wurde später (auf Grund des Vertrag mit Kambodscha über Prea Vihear) eine zusätzliche Bedingung hinzugefügt, die als Ursprung des Vorwurfs gegen das gesamte damalige Regierungskabinett galt.

---

[44] Vermögensprüfungskomitee, war beauftragt worden das Vermögen von Thaksin zu durchleuchten um Korruptionsanklagen vorzubereiten.

นอกจากนั้นยังถอดถอนนายกรัฐมนตรีโดยอาศัยคำแปลจากพจนานุกรมแทนที่จะใช้ความหมายตามที่กฎหมายที่เกี่ยวข้องกับบัญญัติไว้ ทำให้รัฐบาลที่มาจากการเลือกตั้งโดยประชาชนทั้งคณะต้องล้มไป แค่จากการทำครัวออกโทรทัศน์ของนายกรัฐมนตรี

Außerdem wurde ein vom Volk gewählter Premierminister auf Grund der Verwendung einer Begriffserklärung in einem Lexikon, statt der Verwendung einer Begriffserklärung die in anderen Gesetzen bestanden und verwendet wurden, seines Amtes enthoben, und das wegen eines Kochkurses im Fernsehen.

ต่อมาศาลรัฐธรรมนูญได้ยุบพรรคการเมือง มีผลให้เพิกถอนสิทธิ์เลือกตั้งของคณะกรรมการบริหาร และเป็นการล้มรัฐบาลที่มาจากการเลือกตั้งของประชาชน

Dann war da das Urteil der Parteiauflösung durch die Verfassungsrichter, was gleichzeitig bedeutete, dass das gesamte Kabinett und die gewählte Regierung annulliert wurden.

จะเห็นว่าจากแนวความคิดตุลาการภิวัฒน์นี้เองที่นำไปสู่การกำหนดในรัฐธรรมนูญ ให้ศาลรัฐธรรมนูญมีบทบาทถึงขั้นล้มล้างรัฐบาลที่มาจากการเลือกตั้งของประชาชนได้

Wie wir sehen, war die Idee des Justizaktivismus der Grund, die Rolle des Verfassungsgerichts zu stärken, um legal gewählte Regierung vernichten zu können.

แล้วยังมีปัญหาว่า นอกจากฝ่ายตุลาการจะใช้อำนาจก้าวก่ายการแก้ปัญหาทางการเมือง และสามารถจะมีอำนาจเหนือกว่าฝ่ายบริหารและฝ่ายนิติบัญญัติแล้ว รัฐธรรมนูญฉบับ 2550 ยังบัญญัติให้ฝ่ายตุลาการสามารถทำหน้าที่อันเป็นหน้าที่ของฝ่ายบริหารและฝ่ายนิติบัญญัติได้เองด้วย เช่นการบัญญัติให้ศาลสามารถเสนอพระราชบัญญัติให้ฝ่ายตุลาการสามารถทำหน้าที่อันเป็นหน้าที่ของฝ่ายบริหารและฝ่ายนิติบัญญัติได้เองด้วย เช่นการบัญญัติให้ศาลสามารถเสนอพระราชบัญญัติเองได้ หรือให้ศาลสามารถเสนอการแปรญัตติงบประมาณตรงไปที่คณะกรรมการธิการงบประมาณได้เอง

Es war definitiv ein Problem, dass die Justiz sich in die Politik einmischte. Durch diesen Vorgang konnte sie die Macht über die Regierung und die Gesetzgebung erlangen. Mehr noch legte die Verfassung von 2007 auch fest, dass sie {die Justiz} regieren kann und Gesetze erlassen kann. **Z.B. legt eine Regelung fest, dass das Gericht einen Richter einsetzen kann, dass dieser als Regierung und Gesetzgebung agieren darf, oder dass das Gericht einen Vorschlag machen kann, dass der Haushaltplan direkt von der Haushaltskommission aufgestellt werden kann.**

จากตัวอย่างที่เกิดขึ้นจะเห็นได้ว่า สิ่งที่เรียกว่า "ตุลาการภิวัฒน์" นี้ขัดต่อหลักการที่ว่าอำนาจอธิปไตยเป็นของประชาชน และหลักการแบ่งแยกอำนาจอธิปไตยเป็น 3 ฝ่าย แทนที่ฝ่ายตุลาการจะมีอำนาจเฉพาะในการรักษาไว้ซึ่งความยุติธรรม แต่กลับมีอำนาจมากเกิน ตั้งแต่ก้าวก่ายทำแทนฝ่ายบริหารและฝ่ายนิติบัญญัติ ไปจนถึงขั้นที่จะทำหน้าที่ในการถอดถอนฝ่ายบริหารและฝ่ายนิติ

Die Krise der Demokratie

Mark Teufel^^
Thailand

บัญญัติ ไปจนถึงขั้นที่จะทำหน้าที่ในการถอดถอนฝ่ายบริหารและฝ่ายนิติบัญญัติ ล้มรัฐบาลที่มา จากการเลือกตั้งของประชาชน ซึ่งเท่ากับล้มล้างมติของประชาชน

Die Beispiele zeigen uns, dass der so genannten "Justizaktivismus" gegen die Souveränität des Volkes gerichtet ist. Die Idee der drei Säulen als Stütze des Staates besagt, dass die Machtbefugnis der Justiz nur im rechtlichen Bereich liegt. Stattdessen wurde ihr mehr Macht als nötig zugewiesen, sie agiert {ihre Befugnisse} überschreitend, indem sie sich in die Regierung und Gesetzgebung einmischt, ganze Ministerien annullierte, die gewählte Regierung auflöste. Kurz gesagt, sie vernichtete die Stimme und somit das Recht des Volkes.

นอกจากนี้ยังมีปัญหากระทบต่อความน่าเชื่อถือของฝ่ายตุลาการเองอย่างมาก ด้วยการนำเอาผู้พิพากษาระดับสูงมาทำหน้าที่ในคณะกรรมการตุลาการรัฐธรรมนูญ และบางคนมาทำหน้าที่เป็นกรรมการคตส. เมื่อกรรมการชุดนี้หมดอายุแล้วก็สามารถกลับไปเป็นผู้พิพากษาอาวุโสได้อีก ในขนะที่คดีทีคตส. พิจารณาไว้ถูกส่งเป็นขั้นเป็นตอนไปให้ศาลพิจารณาอีก โดยที่กรรมการ คตส. บางคนกลับไปเป็นผู้พิพากษา แม้จะไม่ได้พิจารณาคดีก็ตาม แต่การที่ผู้พิพากษาออกมาทำหน้าที่ฝ่ายบริหาร รวมทั้งออกมาทำหน้าที่ในการยกร่างรัฐธรรมนูญ เสร็จแล้วก็กลับไปเป็นผู้พิพากษา หรือไม่ก็กลับไปเป็นตุลาการรัฐธรรมนูญเสียเองนั้น ก่อให้เกิดการทับซ้อนและขัดแย้งในเชิงอำนาจ

Dadurch verspielte die Justiz ihre eigene Glaubwürdigkeit. Die höchsten, kompetentesten Beamten wurden als Verfassungsrichter genutzt, mancher wurde im AEC (Assets Examination Committee) eingesetzt, wenn seine Amtdauer abläuft, kann er wieder zurück, noch ehrenwerter als er war. Doch der Prozess, den er (der Ehrenwerte) angefangen hat, läuft weiter, und endet dann in einem Gerichtsverfahren, in dem er als Richter tätig ist, obwohl er jetzt mit ihm (dem Prozess) nichts zu tun hat, zeigt die Situation doch, wie unübersichtlich und rechtlich nicht ganz einwandfrei sie ist.

กรณีที่กระทบความน่าเชื่อถือของฝ่ายตุลาการมากที่สุดในรอบหลายสิบปีที่ผ่านมา คงไม่พ้นกรณีที่เพิ่งมีการเกิดเผยข้อมูลเกี่ยวกับการที่มีบุคคล 7 คน ซึ่งประธานศาลปกครอง และประธานศาลฎีกา ในขนะนั้นรวมอยู่ด้วยไปหารือกันที่บ้านของนายปีย์ มาลากุล ณ อยุธยา เมื่อวันที่ 6 พฤษภาคม 2549 และในวันอื่นๆ อีกรวม 4 ครั้งผู้ที่เปิดเผยข้อมูลได้ยืนยันว่าในการพบกันนั้นมีการหารือกันเกี่ยวกับการพยายามทำให้พ.ต.ท.ทักษิณ ชินวัตร หายตัวไปและเกี่ยวกับการทำรัฐประหาร แม้กรณีนี้จะไม่มีการพิสูจน์ว่าเป็นจริงหรือไม่

> Die Glaubenwürdigkeit der Justiz wurde in kurzer Zeit stark beschädigt. Besonders im Fall der Planung des Coups als sieben führende Personen im Haus von Pi Malakul am 6. Mai 2006 und danach noch vier Male auftraten, was bestätigt wurde (von Sonthi), dass eine Planung existierte, nicht nur um Thaksin zu entmachten sondern auch ihn zu eliminieren (verschwinden zu lassen). Das ist eine beweisbare Tatsache, ja, es ist real.

Mark Teufel^^
Thailand

Die Krise der Demokratie

แต่น่าสังเกตว่าผู้ที่ถูกระบุว่าอยู่ในเหตุการณ์ได้ออกมาทั้งรับและปฏิเสธในระดับความน่าเชื่อถือที่ต่างๆกัน โดยยังไม่มีใครดำเนินคดีต่อผู้เปิดเผยข้อมูลในข้อหาใส่ร้ายหรือทำให้เสื่อมเสียชื่อเสียงแต่อย่างใด การที่ไม่มีใครดำเนินการอะไรในเรื่องนี้ให้กระจ่างชัด ย่อมทำให้เกิดความเคลือบแคลงสงสัยจนเป็นความมัวหมองแก่ผู้เกี่ยวข้องเรื่อยไป

> Es war bemerkenswert, dass die genannten Personen es sowohl bestätigt als auch verneint haben, mit unterschiedlichen Ausreden, dennoch hatte es bis jetzt hat noch keine gerichtliche Konsequenz, keine Anklage, keine Anschuldigung oder Verleumdungsklage gegeben. Und solange niemand die Wahrheit feststellen will, wird Skandal, Vermutung oder Zweifel weiterhin in dem Personenkreis von sieben Personen bestehen bleiben.

สิ่งเหล่านี้ทำให้เห็นได้ชัดเจนว่าฝ่ายตุลาการไม่สามารถจะอ้างความเป็นกลางและความเป็นอิสระทางการเมืองได้อีกต่อไป การเอาฝ่ายตุลาการมาทำหน้าที่กรรมการเลือกตั้งมาดูแลการเลือกตั้ง ซึ่งเป็นงานบริหาร ที่ควรใช้บุคลากรผู้มีความรู้ความสามารถในการจัดการเลือกตั้ง ทั้งๆที่คนเหล่านี้ไม่มีความรู้และประสบการณ์การเลือกตั้ง และยังมาดูแลและจัดการกับพรรคการเมืองด้วย เป็นการจัดระบบที่ผิดฝาผิดตัวอย่างยิ่ง

Es zeigte deutlich, dass ihr Ruf (der Ruf der Justiz) als neutral und frei von Politik nicht mehr glaubhaft erscheint. Indem man die Richter als Wahlkommissare einsetzte, was eigentlich zur Aufgabe der Verwaltung gehört, die mehr Erfahrungen und Kenntnisse in dem Bereich hat, zeigt man uns doch, dass solches Gedanken jenseits der Realität sind.

ถ้าดูการอธิบายของฝ่ายที่เสนอแนวความคิดตุลาการภิวัฒน์ จะเห็นได้ว่าพยายามอธิบายอย่างสลับซับซ้อนมาก ดูเหมือนมีหลักฐานและเหตุผลทางวิชาการมากมาย แต่ถ้าดูจากสิ่งที่เกิดขึ้น ก็จะเห็นว่าไม่ได้เป็นไปตามคำอธิบายเหล่านั้นเลย

Wenn man die Erklärung genau beobachtet, sieht man sofort: Je genauer die Erklärung dargestellt wird, desto komplizierter ist sie zu verstehen. Weil sie nicht aus einer Wissenschaft begründet wird. Und wenn man die Situation gründlich betrachtet, wird man herausfinden, dass sie nicht mit der Erklärung übereinstimmt.

ความจริงในข้อเสนอเกี่ยวกับตุลาการภิวัฒน์นั้นมีจุดอ่อนที่สำคัญที่จะทำให้เห็นได้ว่า จริงๆ แล้วในประเทศไทยเราไม่สามารถอาศัยฝ่ายตุลาการมาเป็นผู้แก้ปัญหาทางการเมือง หรือแก้ความขัดแย้งและวิกฤตทางการเมืองได้เลย เพราะว่าโดยประวัติศาสตร์แล้วฝ่ายตุลาการของประเทศไทยแตกต่างจากฝ่ายตุลาการของประเทศที่พัฒนาแล้วหลายประเทศ คือไม่เคยมีประวัติของการพิทักษ์รัฐธรรมนูญ

Ein Schwachpunkt der Idee des Justizaktivismus ist der: Thailand braucht hat gar keine Justiz gebraucht, um die Probleme und die Krise des Landes zu lösen. Schon immer unterscheidet sich Thailands Justiz wesentlich von anderen Entwicklungsländern, unsere Justiz hat unsere Verfassung niemals geschützt!

Die Krise der Demokratie   Mark Teufel^^
                                                                 Thailand

เมื่อเกิดรัฐประหารแต่ละครั้ง ฝ่ายตุลาการก็ทำหน้าที่ยืนยันความเป็นองค์รัฏฐาธิปัตย์ของคณะผู้ยึดอำนาจ แทนที่จะยืนยันว่าคำสั่งของคณะรัฐประหารขัดต่อรัฐธรรมนูญหรือขัดต่อกฎหมาย ซึ่งเป็นหน้าที่ของฝ่ายตุลาการที่จะต้องทำอย่างนั้น แต่กลับไม่ได้ทำ และฝ่ายตุลาการในประเทศไทยก็ไม่มีประวัติของการคุ้มครองสิทธิเสรีภาพของประชาชนเท่าไรนัก หรือถึงจะมีก็น้อยมาก

Bei jedem Putsch bestätigte unsere Justiz jedes Mal die absolutistische Herrschaft der Putschisten, statt sie zu ermahnen, dass ihr Vorhaben nicht verfassungskonform ist, wie es eigentlich ihre Pflicht gewesen wäre. Aber nichts dergleichen wurde gemacht. In unserer Geschichte hat unsere Justiz die Freiheit der Bürger nicht geschützt, nur das Gegenteil getan.

ที่สำคัญกว่านั้นคือ ฝ่ายตุลาการของประเทศไทยที่ว่าเป็นอิสระและปลอดจากการเมืองนั้น ความจริงก็คือ เป็นอิสระและปลอดจากประชาชนไม่มีสัมพันธ์ยึดโยงใดๆ กับประชาชน ไม่ได้มาจากประชาชน ประชาชนไม่สามารถตรวจสอบได้ แตกต่างจากฝ่ายตุลาการในประเทศที่เป็นประชาธิปไตยทั้งหลาย เพราะฉะนั้นย่อมไม่ใช่เรื่องแปลกเลยที่เมื่อฝ่ายตุลาการเข้ามาจัดการกับการเมือง จึงเกิดปัญหาต่างๆ ตามมามากมายอย่างที่กล่าวไปแล้ว รวมทั้งต้องประสบกับปัญหาการขาดความชอบธรรมด้วย

"Das Wichtigste ist: die thailändische Justiz sollte frei und unabhängig von der Politik werden. In Wahrheit aber ist sie frei und unabhängig von den Bürgern, weil sie dem Volk keine Rechenschaft ablegen muss und nicht von ihm gewählt wurde. Sie (die Bürger) können sie nicht kontrollieren. Unsere Justiz unterscheidet sich daher von der in Ländern, die demokratisch sind."

การที่ฝ่ายตุลาการมีบทบาทที่ผิดเพี้ยนไปในกระบวนการตุลาการภิวัฒน์นี้นอกจากไม่สามารถแก้ไขปัญหาวิกฤตทางการเมืองได้แล้วยังซ้ำเติมปัญหาให้หนักยิ่งขึ้น นั่นคือ ทำให้เกิดปัญหาความไม่เป็นกลางทางการเมืองของฝ่ายตุลาการ ทำให้ฝ่ายตุลาการอยู่ในสภาพที่เลือกข้างให้คุณกับฝ่ายหนึ่ง แต่ให้โทษกับอีกฝ่ายหนึ่ง และยังช่วยสร้างความมั่นคงให้กับระบบการปกครองที่ไม่เป็นประชาธิปไตยที่เป็นอยู่นี้ด้วย

Weil unsere Justiz nach der Idee des Justizaktivismus strebt, können sie deshalb unsere Probleme und Krisen nicht lösen, stattdessen wurden die Probleme noch mehr vertieft. Durch ihre einseitige und doppelbödige Moral und Haltung in der Politik, unterstützt sie automatisch eine undemokratische Gesinnung.

สิ่งที่เรียกว่า "ตุลาการภิวัฒน์" ยังกำลังทำให้เกิดความเสียหายต่อฝ่ายตุลาการเอง ความน่าเชื่อถือและความเป็นที่พึ่งของประชาชนลดลงไปอย่างมากชนิดที่ไม่เคยปรากฏมาก่อน นอกจากนั้นยังทำให้ประเทศไทยห่างไกลออกไปจากความเป็น "นิติรัฐ" ห่างไกลออกไปจากการเป็นประเทศที่ยึดถือ"หลักนิติธรรม" มากกว่ายุคสมัยใดๆ

Der Begriff "Justizaktivismus" ist eigentlich für ihren {den Ruf der Justiz} Ruf schädlich, ihre Glaubenwürdigkeit als Beschützer des Volkes reduziert sich, wie noch nie vorher. Sie spiegelt den Zustand unseres Rechtstaates, der noch weit davon entfernt ist, zur Weltnorm aufzuschließen.

ถามว่าแล้วเราจะทำอย่างไร? ก็คงหนีไม่พ้นที่ต้อง "โต้แย้ง-หักล้าง" แนวความคิดตุลาการภิวัฒน์ ต้องรณรงค์ให้เกิดการทบทวนแนวความคิดนี้เสียใหม่ช่วยกันชี้ให้เห็นว่าสิ่งที่เรียกว่า "ตุลาการภิวัฒน์" นี้กำลังทำให้เกิดความเสียหายต่อประเทศ ต่อระบอบประชาธิปไตย ต่อความเป็นนิติรัฐ และต่อบทบาทความน่าเชื่อถือของฝ่ายตุลาการเองอย่างไร

Was sollen wir machen? Es bleibt uns wohl nichts anders üblich als zu analysieren und zu diskutieren. Wir müssen versuchen, richtig darzustellen, wie schädlich der Justizaktivismus für uns, unser Land, unsere Demokratie, unseren Rechtsstaat und sogar für ihre Glaubwürdigkeit {die Glaubwürdigkeit der Justiz} sein kann.

ต้องช่วยกันเสนอว่าฝ่ายตุลาการนั้นแท้จริงควรมีบทบาทอยู่ตรงไหน ต้องช่วยกันทำให้เห็นว่าฝ่ายตุลาการควรจะหันมาปรับปรุงฝ่ายตุลาการเองให้มีความเป็นอิสระจากฝ่ายอื่นๆ โดยเฉพาะฝ่ายที่ยึดอำนาจ และก็ต้องให้ผู้พิพากษาเป็นอิสระในการพิจารณาอรรถคดี จากทุกฝ่าย รวมทั้งผู้พิพากษาด้วยกันเอง

Wir müssen den Weg vorschlagen, wohin wir gehen könnten, und aufzeigen, dass die Justiz sich selbst reformieren muss. Sie muss frei von Einflüssen aller Seiten sein, besonders von Einflüssen der Diktatoren, sie muss auch frei von Vorurteilen im Fall eines Prozesses sein, frei von jedem Vorurteil, besonders gegenüber Ihresgleichen.

มาช่วยกันทำให้ฝ่ายตุลาการทำหน้าที่ในการตัดสินคดีในการรักษาความยุติธรรมให้เกิดแก่ประชาชน และก็ต้องไม่ไปก้าวก่าย หรือไปทำหน้าที่แทนฝ่ายบริหารหรือฝ่ายนิติบัญญัติ นั่นคือเอาหลักการแบ่งแยกอำนาจอย่างที่เขาทำกันในประเทศที่พัฒนาแล้ว มาทำให้เกิดความชัดเจนขึ้น

Wir müssen gemeinsam unserer Justiz helfen, die ihr eigene Pflicht wahrzunehmen, einen Weg zur Gerechtigkeit für die Bürger zu finden, ohne sich in die Politik und Regierung einzumischen, indem man die Aufgaben trennt. So wie es die entwickelten Länder es vormachen.

นอกจากนั้นก็ต้องช่วยกันคิดระบบที่จะทำให้ฝ่ายตุลาการสามารถถูกประชาชนและสังคมตรวจสอบได้ การตัดสินคดีต่างๆ ประชาชนต้องวิจารณ์ได้ ที่มาและการดำรงอยู่ของฝ่ายตุลาการและต้องมีการยึดโยงกับประชาชน ฝ่ายตุลาการต้องไม่ได้รับการยกเว้นที่จะต้องรับผิดชอบต่อรัฐสภาและต่อประชาชน

Wir müssen auch einen Weg finden, wie wir sie und ihre Prozesse kontrollieren und ihre Richtigkeit überprüfen können. Die Bürger sollen sie auch kritisieren dürfen. Ihr Wesen und ihr Dasein müssen mit dem Volk verbunden sein. Es soll keine Ausnahme für sie geben, sie sollen die Verantwortlichkeit gegenüber dem Parlament, dem Land und dem Volk übernehmen.

ถ้าทำอย่างนี้ได้จริงจึงจะเรียกว่า "ตุลาการภิวัฒน์" แต่จะทำให้เกิดสิ่งนี้ได้ก็ต้องมีการรณรงค์ชี้แจงทำความเข้าใจกันขนานใหญ่ ปรากฏการณ์ของสิ่งที่เรียกว่า "ตุลาการภิวัฒน์" เป็นเงื่อนไขสำคัญที่ทำให้ประชาชนจำนวนมาก นักวิชาการ หรือแม้แต่คนในฝ่ายตุลาการเองสนใจกับปัญหานี้มากกว่าในอดีตที่ผ่านมา

Wenn die Reform vollendet würde, wäre es gerechtfertig das „Justizaktivismus" zu nennen. Bevor es aber soweit kommen kann, haben wir noch einen langen Weg zu gehen.

"Justizaktivismus" ist ein Phänomen, das die Wissenschaftler, Gelehrten sowie viele Bürger schon lang verfolgen, wir müssen die richtige Bedingungen dafür schaffen.

เพราะฉะนั้นใครที่ต้องการแก้ปัญหาบ้านเมือง และเห็นปัญหาที่เกิดจากสิ่งที่เรียกว่าตุลาการภิวัฒน์นี้แล้ว ก็ควรจะใช้โอกาสนี้ให้เป็นประโยชน์ด้วยการรวบรวมความรู้และสร้างความรู้ความเข้าใจ เพื่อแก้ปัญหานี้กันให้ได้อย่างจริงจังต่อไป

Wer das Problem des Landes lösen will, und sieht, dass es von solchem Justizaktivismus stammt, der sollte dann diese Chance wahrnehmen ihn besser kennen lernen, ihn verstehen, damit wir das noch bestehende Problem beseitigen können.

ระบอบประชาธิปไตยนั้นถือหลักว่าอำนาจเป็นของประชาชน เพราะฉะนั้นประชาชนต้องทวงอำนาจของตนเองคืนมา

Die Demokratie ist die Macht des Volkes, daher muss das Volk selbst die Macht zurückfordern.

Der Kronrat im demokratischen System

องคมนตรี / ในระบอบประชาธิปไตย

"องคมนตรีพึงมีบทบาทอย่างไร ประชาชนมีสิทธิ์ที่จะวิพากษ์วิจารณ์องคมนตรีหรือไม่ และหากประชาชนเห็นว่าองค์มนตรีคนใดปฏิบัติตนหรือกระทำสิ่งใดที่ไม่ถูกต้องเหมาะสม ประชาชนมีสิทธิ์ที่จะทำอะไรได้บ้างหรือไม่

"Welche Rolle spielt der Kronrat, darf das Volk ihn kritisieren? Und wenn das Volk sähe, dass das Verhalten des Kronrats nicht angemessen wäre, oder er Unrecht täte, hätte es die Möglichkeit, etwas zu unternehmen?"

คำถามเหล่านี้กำลังเป็นประเด็นสำคัญประเด็นหนึ่งในสังคมไทย ควรที่จะหยิบยกมาทำความเข้าใจให้เกิดความชัดเจน"

Solche Fragen sind der thailändischen Gesellschaft wichtig. Darüber soll man weiter diskutieren, um ein besseres Verständnis zu erzeugen und die Hintergründe zu beleuchten."

"องคมนตรี" มีมาตั้งแต่สมัยรัชกาลที่ 5 โดยใช้คำว่า "ปรีวี เคาน์ซิล" (Privy council) หรือ "ที่ปรึกษา" ในพระองค์

Ein "Kronrat" existiert seit Rama V, man nannte ihn damals "Privy Council" oder "Berater" des Königs.

หลังเปลี่ยนแปลงการปกครองเมื่อ 24 มิถุนายน 2475 แล้ว ไม่มีการรับรองสถานะขององคมนตรีในธรรมนูญการปกครองหรือรัฐธรรมนูญ จนกระทั่งได้มีการรับรองสถานะขององคมนตรีครั้งแรกในรัฐธรรมนูญแห่งราชอาณาจักรสยาม พ.ศ. 2490 โดยไม่ได้ใช้คำว่า "องคมนตรี" แต่ใช้คำว่า "อภิรัฐมนตรี" แทน หลังจากนั้นรัฐธรรมนูญฉบับต่อๆ มาได้รับรองสถานะของตำแหน่งองคมนตรีในทุกฉบับ

Nach der politischen Veränderung am 24 Juni 1932 wurde seine {des Kronrats} Position bedeutungslos und in der Verfassung nicht mehr erwähnt. Später wurde er - nach doch so langer Zeit - zum ersten Mal im Jahr 1947 wieder in der Verfassung verankert[45]. Er wurde zuerst nicht als "Kronrat"(องคมนตรี), sondern als "Die hinter den Ministern stehen" (อภิรัฐมนตรี) benannt. Erst in den folgenden Verfassungen wurde es {das Beratergremium} als "Kronrat" bezeichnet.

---

[45] Mit dem Coup von 1947 wurde die erste demokratische Verfassung Thailands, die vorsah, dass das Unterhaus und Oberhaus zu 100% aus gewählten Abgeordneten bestehen sollte, für ungültig erklärt und es sollte bis 1997 dauern, bis eine ähnliche Verfassung wieder in Kraft treten konnte.

รัฐธรรมนูญตั้งแต่อดีตจนถึงรัฐธรรมนูญฉบับปัจจุบันกำหนดว่า คณะองคมนตรีมีหน้าที่ถวายความเห็นต่อพระมหากษัตริย์ในพระราชกรณียกิจทั้งปวงที่พระมหากษัตริย์ทรงปรึกษา และมีหน้าที่อื่นตามที่บัญญัติในรัฐธรรมนูญนี้

Von Anfang an bis jetzt steht in der Verfassung, dass es die Pflicht des Kronrats ist, seiner Majestät, dem König, zu dienen, ihn in allem Bereich zu beraten und ein paar andere Tätigkeiten auszuführen.

"หน้าที่อื่น" ตามที่บัญญัติในรัฐธรรมนูญนั้นส่วนใหญ่จะเกี่ยวกับการสืบราชสันติวงศ์

Nach der Verfassung, bedeutet ein "paar andere Tätigkeit" zum größten Teil Angelegenheiten zu regeln, die mit der Thronfolge zu tun haben.

นอกจากรัฐธรรมนูญจะได้กำหนดหน้าที่ขององคมนตรีไว้อย่างเจาะจงและชัดเจนแล้ว ยังได้กำหนดข้อห้ามมิให้องคมนตรีดำรงตำแหน่งในองค์กรต่างๆทั้งฝ่ายนิติบัญญัติ ฝ่ายตุลาการและฝ่ายบริหาร รวมทั้งองค์กรตามรัฐธรรมนูญ ตลอดจนห้ามเป็นข้าราชการประจำ พนักงานรัฐวิสาหกิจ เจ้าหน้าที่อื่นๆ ของรัฐ สมาชิก หรือเจ้าหน้าที่ของพรรคการเมือง และที่สำคัญต้องไม่แสดงการฝักใฝ่ในพรรคการเมืองใดๆ

Außer den Pflichten, die in der Verfassung ganz genau festgelegt wurden, sind noch ein paar Regelungen zu beachten, z.B. ein darf ein Kronrat keine andere Tätigkeit bei einer anderen Organisation ausüben, weder einer gesetzgebenden(นิติบัญญัติ), juristischen(ตุลาการ), noch regierenden(บริหาร) Organisation (d.h. keine Tätigkeit in einer der drei 3 Säulen, die den Staat stützen[46]), auch nicht in irgendeinem Verfassungsorgan, nicht als Beamter, Angestellter oder Verwalter, Mitglied oder Vorstand in irgendeiner Partei. Das Wichtigste ist: Ein Kronrat darf nicht parteiisch sein.

รัฐธรรมนูญยังได้กำหนดด้วยว่าก่อนเข้ารับหน้าที่ องคมนตรีต้องถวายสัตย์ปฏิญาณต่อพระมหากษัตริย์ว่า "ข้าพระพุทธเจ้า....ขอถวายสัตย์ปฏิญาณว่า ข้าพระพุทธเจ้าจะจงรักภักดีต่อพระมหากษัตริย์ และจะปฏิบัติหน้าที่ด้วยความซื่อสัตย์สุจริตเพื่อประโยชน์ของประเทศและประชาชน ทั้งจะรักษาไว้และปฏิบัติตามซึ่งรัฐธรรมนูญแห่งราชอาณาจักรไทยทุกประการ"

Es wurde in die Verfassung auch festgelegt, dass ein Kronrat, bevor er in dieses Amt eintritt, er vor dem König schwören muss: "Ich....schwöre, dass ich Ihrer Majestät loyal diene, und meine Pflicht gegenüber dem Land und dem Volk aufrichtig erfüllen werde. Ich bin bereit, meine Aufgaben **nach der Verfassung des Thailands getreu wahrzunehmen und sie zu schützen.**" (alles in Rajasap, der Sprache des Hofes, versteht sich)

---

[46] Gemeint ist die Gewaltenteilung in Judikative, Exekutive und Legislative. In keinem dieser Bereiche darf ein Kronart einer Tätigkeit oder Einfluss ausüben.

เรื่องที่ควรบัญญัติในรัฐธรรมนูญให้องคมนตรีมีบทบาทอย่างไรนั้น เคยมีการถกเถียงกันใน ระหว่างที่มีการร่างรัฐธรรมนูญและในวงวิชาการ แต่ไม่ได้กลายเป็นประเด็นทางการเมืองที่ ใหญ่โตนัก

Es gab auch eine Diskussion während der Arbeiten zum Verfassungsentwurf[47] über die Rolle des Kronrates zwischen den Akademikern. Aber es schien damals kein wichtiges, politisches Ereignis in unserer Gesellschaft zu geben, {weshalb das hätte vertieft werden müssen.}

เรื่องขององคมนตรีกลายเป็นประเด็นทางการเมืองขึ้นมาเมื่อมีผู้วิจารณ์องคมนตรีบางคนว่า มี ส่วนเกี่ยวข้องหรืออยู่เบื้องหลังการรัฐประหาร 19 กันยายน 2549 ทำให้เกิดการถกเถียงโต้แย้ง กันว่าประชาชนมีสิทธิ์ที่จะวิพากษ์วิจารณ์องคมนตรีได้หรือไม่

Der Kronrat erschien erst auf der politischen Bühne, als man manchen Kronrat kritisierte, dass er insgeheim mit dem Coup vom 19 September 2006 zu tun hätte. Das war der Anfang der Diskussion darüber, ob das Volk das Recht haben sollte, den Kronrat zu kritisieren.

ผู้ที่วิจารณ์องคมนตรีถูกโจมตีว่าลามปาม และการวิจารณ์องคมนตรีก็ถูกกล่าวหาเสมือนเป็นการ หมิ่นพระบรมเดชานุภาพ

Demjenigen, der den Kronrat kritisiert, wurde prompt vorgeworfen, dass es ein Akt der Anmaßung wäre, und die Kritik würde als Majestätsbeleidigung gewertet.

มีนักวิชาการด้านกฎหมายออกมาอธิบายให้เกิดความชัดเจนในเรื่องนี้ว่า องคมนตรีไม่ได้รับการ คุ้มครองเป็นพิเศษกว่าบุคคลทั่วไป ที่เรียกกันว่าข้อหาหมิ่นพระบรมเดชานุภาพนั้น ไม่ได้ ครอบคลุมถึงองคมนตรีแต่อย่างใด

Mancher Rechtsgelehrte versuchte zu erklären, dass ein Kronrat nicht besonders geschützt wird, nicht mehr als ein normaler Bürger wäre. Das so genannte Lèse Majèsté-Gesetz beinhaltet den Schutz des Kronrats nicht.

แต่องคมนตรีก็ได้รับการคุ้มครองโดยกฎหมายในเรื่องของการดูหมิ่น หมิ่นประมาท เช่นเดียวกับ ประชาชนทั่วไป

Ein Kronrat bekommt genau soviel Schutz vor Beleidigungen wie ein normaler Bürger ihn erhält.

ประชาชนไม่มีสิทธิ์ที่จะใส่ร้ายป้ายสี หมิ่นประมาท องคมนตรีได้โดยเสรี เพราะเป็นการผิด กฎหมาย แต่ประชาชนก็มีสิทธิ์ที่จะวิพากษ์วิจารณ์องคมนตรีในฐานะที่เป็นบุคคลสาธารณะได้ หากเป็นการติชมเพื่อประโยชน์แก่สังคมหรือเพื่อให้เกิดความถูกต้องชอบธรรม

---

[47] Gemeint ist die Verfassung von 1997.

Die Bürger dürfen den Kronrat nicht beliebig beleidigen, weil dies gegen das Gesetz verstößt. Doch sie können ihn wohl kritisieren, weil ein Kronrat eine öffentliche Person ist, wenn die Kritik der Gerechtigkeit und der Gesellschaft dient.

มีการวิพากษ์วิจารณ์กันอยู่บ้างว่า บทบาทขององคมนตรีตามที่กำหนดไว้ในรัฐธรรมนูญนั้นครอบคลุมแค่ไหนกันแน่ องคมนตรีสามารถแสดงความเห็นทางการเมืองต่อสาธารณชนได้หรือไม่ เมื่อองคมนตรีแสดงความเห็นต่อเรื่องใดแล้ว ผู้ที่รับผิดชอบในเรื่องนั้นควรปฏิบัติอย่างไร เป็นต้น

Es gab auch Kritik, dass der rechtliche Bereich in dem der Kronrat agiere, nicht klar festgelegt wäre. Kann ein Kronrat seine Meinung über die Politik öffentlich äußern? Und wenn etwas geäußert würde, wie müsste die Person sich verhalten, über die der Kronrat spricht?

จากบทบัญญัติในรัฐธรรมนูญเกี่ยวกับบทบาทขององคมนตรีดังกล่าวแล้ว ปรมาจารย์ทางด้านกฎหมายเคยอธิบายความหมายไว้ว่าองคมนตรีต้องไม่พัวพันกับการเมือง ไม่แสดงความคิดเห็นเกี่ยวกับการเมือง เศรษฐกิจและสังคมโดยเปิดเผย ถ้าไตร่ตรองดีๆ ก็จะเห็นว่าคำอธิบายนั้นมีเหตุผลอยู่แต่ในปัจจุบันไม่ค่อยมีการอธิบายอย่างนี้

Nach den Regelungen der Verfassung wurde die Rolle des Kronrat von Rechtswissenschaftlern so definiert: Ein Kronrat darf nicht politisch tätig werden, er darf keine Meinung über Politik, Wirtschaft und Gesellschaft öffentlich äußern. Wenn man die Definition genau betrachtet, kann man sehen, dass der Beschluss seinen Grund darin hat, den man heute kaum erklären braucht.

ถ้าพิจารณาจากบทบาทหน้าที่ขององคมนตรีที่บัญญัติไว้ในรัฐธรรมนูญแล้ว ก็ต้องถือว่าการแสดงความเห็นใดๆ ต่อสาธารณชนเป็นเพียงความเห็นส่วนบุคคล ไม่ใช่การแสดงความเห็นในหน้าที่ขององคมนตรี แต่เนื่องจากผู้คนทั่วไปส่วนใหญ่มักแยกไม่ออก และเข้าใจว่าเมื่อองคมนตรีแสดงความเห็นในเรื่องใด ก็ย่อมเป็นทำหน้าที่อย่างหนึ่งขององคมนตรีด้วย การแสดงความเห็นเกี่ยวกับการเมือง เศรษฐกิจและสังคมของผู้ดำรงตำแหน่งองคมนตรีจึงควรคำนึงถึงผลกระทบที่จะตามมาด้วย

Wenn man die Pflicht des Kronrats genau betrachtet, kann man so feststellen, dass irgendeine öffentliche Äußerung des Kronrats nur seine persönliche sein kann und nicht die seines Amtes. Die normalen Bürger können {aber} die {beiden} Situation nicht auseinander halten, und daher könnte {ein Kronrat} so verstanden werden: Wenn ein Kronrat irgendeine Meinung ausdrückt, tut er das aus seiner Pflicht {als Kronrat} heraus. Daher sollte er sich darüber im Klaren sein, dass, was er auch äußert, ob es eine politische, ökologische oder gesellschaftliche Meinung ist, sie eine Konsequenz haben wird.

ในระยะหลังผู้ที่แยกแยะได้ว่าการแสดงความเห็นในเรื่องต่างๆขององคมนตรีนั้นเป็นการแสดงความเห็นส่วนตัว ไม่ผูกพันกับตำแหน่งองคมนตรี หรือคณะองคมนตรี ก็วิพากษ์วิจารณ์

ความเห็นขององคมนตรีกันมากขึ้น

Erst vor Kurzem wurde manchem klar, dass die Meinung des Kronrats eigentlich von persönlicher Natur ist, und nichts mit seinem Amt als Kronrat zutun hat. Und das machte ihn zu einer Zielscheibe für noch mehr Kritik.

เรื่องเกี่ยวกับองคมนตรีมากลายเป็นประเด็นที่ร้อนแรงมากขึ้นเมื่อมีการระบุว่า "ผู้มีบารมีนอกรัฐธรรมนูญ" ดังที่เคยเรียกกันนั้น หมายถึงประธานองคมนตรี จนกระทั่งมีการเรียกร้องให้ประธานองคมนตรีลาออก และกลายเป็นประเด็นทางการเมืองที่แหลมคมที่สุดอยู่ในขณะนี้

Die Frage des Kronrats wurde noch heftiger kritisiert, als jemand über die "Herrschaft außerhalb der Verfassung" hin deutete. Der Hinweis wurde als Hinweis auf den Kronrat identifiziert, gefolgt von solchem Gerede: Er(der Kronrat) möge sein Amt niederlegen. Dies wurde umgehend als brisante politische Äußerung eingestuft.

เรื่องที่ดูจะเป็นปัญหาหนักหนาและน่าสนใจติดตามศึกษาต่อไปอย่างมากก็คือ กรณีที่มีบุคคล 7 คนไปหารือกันที่บ้านนายปิย์ มาลากุล ณ อยุธยา เมื่อวันที่ 6 พฤษภาคม 2549 และในวันอื่นๆ อีกรวม 4 ครั้ง พล อ.พัลลภ ปิ่นมณี ซึ่งอยู่ในเหตุการณ์ด้วย ได้เปิดเผยว่าในการพบกันนั้นได้มีการหารือกันเกี่ยวกับการทำให้พ.ต.ท. ทักษิณ ชินวัตร หายตัวไป และการรัฐประหาร รัฐบาล พ.ต.ท. ทักษิณ

Die Geschichte, hat gravierende Auswirkungen und ist gleichzeitig auch interessant. Daher sollten wir sie weiter verfolgen und nachforschen. Es gab eine solche Behauptung, dass 7 Personen am 6 Juni 2006 im Haus eines gewissen Pin Malakul na Ayudhaya waren, auch an anderen Tagen, insgesamt an 4 Tagen. General Pallop Pinmanee war auch da, er veröffentlichte es folgendermaßen: Am Tag als er dabei war, sprachen sie darüber, wie man Thaksin verschwinden lassen könnte und über einen möglichen Putsch gegen Thaksin.

เรื่องนี้มาเกี่ยวข้องกับองคมนตรีตรงที่ใน 7 คนนั้นมีคนหนึ่งคือ พล.อ.สุรยุทธ จุลานนท์ องคมนตรีในขณะนั้นและในปัจจุบัน กับอีกคนหนึ่งคือนายชาญชัย ลิขิตจิตถะ ประธานศาลฎีกา ในขณะนั้น และองคมนตรีในปัจจุบันรวมอยู่ด้วย

> Die Geschichte hatte mit dem Kronrat zu tun, denn einer der 7 Personen war General Surayud Chulanont, ein damaliger wie jetziger Kronrat, sowie Chanchai Likitjitta, ein ehemaliger Vorstand des obersten Gerichtshofes und jetziger Kronrat. Sie waren dabei.

องคมนตรีทั้งสองคนที่ถูกกล่าวถึงกำลังถูกเรียกร้องให้ลาออกจากตำแหน่งในขณะนี้

Die oben erwähnten Kronräte werden also aufgefordert, ihr Amt niederzulegen.

ผู้ที่อยู่ในเหตุการณ์หลายคนได้ออกมายอมรับว่ามีการพบปะหารือกันจริงแต่ก็แบ่งรับแบ่งสู้ โดยชี้แจงว่าเป็นการหารือกันในเรื่องอื่นๆ และปฏิเสธว่าไม่ได้ไปคุยกันเรื่องการสังหารพ.ต.ท.

ทักษิณหรือการรัฐประหาร

Mehrere Personen haben nur halbherzig bestätigt, dass sie auch dabei waren, mit einer Erklärung: es handelte sich um eine Beratung untereinander, aber es wäre nicht um Thaksins Beseitigung gegangen.

ที่น่าประหลาดใจอย่างมากคือ ทั้งๆที่มีการเปิดเผยให้ลักษณะชัดทอดถึงบุคคลสำคัญขนาดองคมนตรี ว่าเกี่ยวข้องกับเรื่องที่ผิดกฎหมายและเสื่อมเสียอย่างร้ายแรง แต่กลับไม่มีการฟ้องร้องหรือดำเนินคดีกับผู้ที่นำเรื่องมาเปิดเผยแต่อย่างใด จึงเกิดความเคลื่อนแคลงสงสัยต่อองคมนตรีที่ถูกกล่าวถึง หรือแม้กระทั่งเกิดความเชื่อความเชื่อตามข้อมูลที่ถูกนำมาเปิดเผยในหมู่คนจำนวนไม่น้อย

Was uns noch stutzig macht, war: Obwohl die wichtigen Personen, wie der Kronrat, durch die Anschuldigung z.B. dass sie an einer gesetzeswidrigen Handlung beteiligt waren, in ihrem Ruf stark geschädigt wurden, erhob niemand eine Klage, als sie davon erfuhren. Niemand verklagte denjenigen, der die Geschichte publik gemacht hatte. Und das ist höchst verdächtig.

เรื่องนี้หากปล่อยทิ้งไว้ก็รังแต่จะนำความเสื่อมเสียมาสู่ผู้ที่เกี่ยวข้องทั้งหลาย ดังนั้นจึงควรจะมีการดำเนินการให้เกิดความกระจ่างชัดเสียโดยเร็วโดยอาจดำเนินการได้เป็นสองทางคือ ทางที่หนึ่งผู้ที่เห็นว่าการเปิดเผยข้อมูลดังกล่าวทำให้ตนเสียหาย สามารถจะฟ้องร้องหรือแจ้งความดำเนินคดีกับผู้เปิดเผยข้อมูลนั้น หรือทางที่สอง รัฐบาลตั้งคณะกรรมการที่เชื่อถือได้ขึ้นมาตรวจสอบ สอบสวนกรณีที่เกิดขึ้น เพื่อให้เกิดความชัดเจนว่าใครทำอะไร เป็นความผิดหรือไม่

Eine solche Situation ist schädlich für allen Beteiligen, man sollte sich Klarheit verschaffen, und dazu hätte man die folgenden zwei Möglichkeiten: Erstens, wer meint, dass durch die Anschuldigung sein Ruf beschädigt wurde, kann den Anschuldigenden gerichtlich belangen, oder aber zweitens, die Regierung ernennt eine glaubwürdige Person oder Kommission, um diese Geschichte zu untersuchen, damit klar wird, was wahr oder unwahr ist.

ถ้าจะให้ดียิ่งขึ้นไปอีก ควรจะมีการสอบส่วนด้วยว่า ใครอยู่เบื้องหลังการรัฐประหารเมื่อ 19 กันยายน 2549 เสียด้วย

Am bestens wäre, man würde den Prozess weiter verfolgen, ermitteln würde, bis man endlich weiß, wer eigentlich hinter dem Coup vom 19 Juni 2006 steckte.

จริงอยู่ความผิดฐานก่อกบฏหรือเป็นภัยต่อความมั่นคง ที่เกิดขึ้นในการรัฐประหารที่ผ่านมานั้นได้รับการนิรโทษกรรมไปเรียบร้อยแล้ว แม้พบว่าใครอยู่เบื้องหลังหรือเกี่ยวข้องอย่างไร ก็ไม่สามารถนำตัวมาลงโทษหรือแม้พิจารณาคดีได้อีกแล้ว แต่หากพบว่ามีผู้ใดเข้าไปเกี่ยวข้องจริงผู้นั้นย่อมไม่อาจหลีกเลี่ยงความรับผิดชอบทางสังคม หรือทางการเมืองได้

Mark Teufel^^
Thailand

Die Krise der Demokratie

Es ist wahr, wer sich in der Vergangenheit durch einen Putsch des Landsverrates schuldig oder zum Staatsfeind gemacht hatte, bekam immer eine Amnestie. Selbst wenn man heraus finden würde, wer dahinter steckt, kann man ihn nicht mehr gerichtlich bestrafen. Wenn man aber heraus findet, dass er mit irgendeinem Putsch zu tun hatte, könnte er sich den politischen Konsequenzen nicht entziehen.

ยิ่งถ้าพบว่ามีองคมนตรีคนใดอยู่เบื้องหลังการรัฐประหารด้วยแล้วองคมนตรีนั้นย่อมต้องแสดงความรับผิดชอบเพื่อรักษาเกียรติของคณะองคมนตรีไว้มิให้เสื่อมเสียตามไปด้วย

Wenn man herausfinden würde, dass ein Kronrat den Coup arrangiert hat, müsste er für seine Tat die Verantwortung übernehmen, um die Institution des Kronrats zu schützen.

ในทางตรงข้ามหากสอบสวนแล้วพบว่าไม่มีองคมนตรีคนใดไปเกี่ยวข้องกับการรัฐประหารหรือวานให้ฆ่าใครแต่อย่างใดทั้งสิ้น ผู้คนก็จะหมดความเคลือบแคลงสงสัย และเรื่องนี้ก็จะไม่เป็นประเด็นทางการเมืองอีกต่อไป แล้วยังจะช่วยลดความขัดแย้งแตกต่างทางความคิดในสังคมที่มีอยู่ในขณะนี้ได้อีกด้วย

Im Gegenzug, wenn aber kein Kronrat mit dem Putsch oder dem Mordanschlag {gegen Thaksin} im Spiel war, wird er auch nicht mehr verdächtigt, und es wird auch gar keine politische Wirkung haben, und die Meinungsverschiedenheit wird somit beseitigt werden können.

การพยายามแก้ปัญหาการที่องคมนตรีถูกกล่าวหาโจมตี โดยการอ้างว่าการกล่าวหาโจมตีนั้นเป็นการจาบจ้วงสถาบัน หรือเป็นส่วนหนึ่งของการล้มสถาบันพระมหากษัตริย์นั้น ไม่ใช่การแก้ปัญหาที่ถูกต้อง เพราะนอกจากไม่ได้มีการพิสูจน์ว่า อะไรจริงหรือไม่จริงอย่างไรแล้ว ยังเป็นการอาศัยเบื้องสูงมาปิดปาก ไม่ให้ผู้คนเขาเสนอความคิดเห็นที่อาจจะเป็นประโยชน์ต่อส่วนรวม และอาจจะถูกมองได้ด้วยว่าเป็นการอวดอ้างใช้สถาบันเบื้องสูงมาปกป้องคุ้มครององคมนตรีเอง ให้พ้นจากการวิพากษ์วิจารณ์และการพิสูจน์ความจริงให้เป็นที่ปรากฏแก่สาธารณชนทั่วไป

Man versuchte, das Image des Kronrat zu schützen, indem man die Anschuldigung als eine Diffamierung der Institution definierte, oder sie als ein Teil des Plan um Umsturz der Monarchie ansieht. Aber das ist wahrlich keine gute Lösung, **weil noch gar nicht untersucht wurde, ob die Geschichte stimmt oder nicht**. Was man aber tat war zu versuchen, die noch mächtigere Institution ins Spiel zu bringen, um die Geschichte im Keim zu ersticken. Und somit zu verhindern, dass die Wahrheit, die möglicherweise nützlich für die Gesellschaft sein könnte, herausgefunden würde. Mit einer solchen Methode wird der Kronrat eher als jemand angesehen, der die Monarchie für seinen Zweck beansprucht, sie als eigenen Schutzschild benutzt. Um ihn von Kritik zu befreien, muss man die Wahrheit finden und die Schuldigen in der Öffentlichkeit anprangern.

รัฐธรรมนูญหลายฉบับทั้งในอดีตและปัจจุบันได้กำหนดบทบาทหน้าที่ของคณะองคมนตรีไว้เหมาะสมแล้ว สำหรับบทบาทขององคมนตรีเป็นรายบุคคลในทางปฏิบัติที่เป็นจริงนั้น หากเปิด

โอกาสให้สังคมได้ตรวจสอบและตำหนิติชมได้ด้วยความบริสุทธิ์ใจ เพื่อให้เกิดความถูกต้องชอบธรรมแล้วก็จะยิ่งส่งเสริมสนับสนุนให้คณะองคมนตรีโดยรวมสามารถทำหน้าที่อันทรงเกียรติตามที่กำหนดไว้ในรัฐธรรมนูญอย่างชัดเจนแล้วนั้นให้เกิดประโยชน์แก่ประเทศชาติและประชาชนได้ดียิ่งขึ้น

In jeder Verfassung in der Geschichte Thailands {seit 1947} wurde die Rolle des Kronrats bereit angemessen festgelegt. Wenn aber diese Rolle in die Praxis umgesetzt würde, und die Bürger die Gelegenheit hätten, sie zu kontrollieren und ehrlich zu kritisieren, dann wären die Bürger bereit die ehrenvolle Pflicht, wie die Verfassung sie vorschreibt, zu akzeptieren. Weil diese Methode dem Land und dem Volk nutzt.

Die Parteien

der Mechanismus wurde unwiederbringlich vernichtet

พรรคการเมือง / เครื่องมือที่จำเป็น แต่ถูกทำลายย่อยยับ เสียหายที่สุด

"ในระบบอย่างนี้ ประชาชนจึงไม่สามารถกำหนดความเป็นไปของบ้านเมืองผ่านการเลือกพรรคการเมืองในการเลือกตั้งได้ เพราะว่าเลือกไปแล้วสุดท้ายองค์กรตามรัฐธรรมนูญที่มาจากเผด็จการก็สามารถที่จะหักล้างมติของประชาชน สามารถที่จะยุบเลิกพรรคการเมืองต่างๆ ที่เป็นปฏิปักษ์ เพื่อเปิดทางและสนับสนุนพรรคการเมืองที่เป็นพวกเดียวกันกับตนเองเป็นรัฐบาล"

"Bei einem solchen System können die Menschen das Geschehen des Landes selbst nicht mit gestalten. Wenn sie irgendeine Partei wählen, die das Land verändern will, würde gleich wieder die Militärverfassung ihre Entscheidung annullieren, indem sie sämtliche Parteien, die sie (die Verfassung) ändern will, auflöst, um den Weg für die Parteien, die in ihrem Sinne arbeiten, frei zu machen, und sie dann als Regierung zu beschützen." [48]

ไม่เคยมียุคสมัยใดที่มีการทำลายพรรคการเมือง และระบบพรรคการเมืองอย่างเป็นระบบเท่ากับสมัยนี้

Das hat es in der Geschichte noch nie gegeben, dass das Parteiensystem so gründlich vernichtet wurde, wie jetzt.

ในอดีต เมื่อมีการยึดอำนาจรัฐประหาร ก็เคยมีการยุบเลิกพรรคการเมืองและยึดทรัพย์สินของพรรคการเมืองแบบไม่ต้องอ้อมค้อม เห็นได้ชัดว่านั่นคือการปกครองระบอบเผด็จการ

In der Vergangenheit, wurden nach einem Coup, die Parteien aufgelöst, ihr Eigentum ohne Skrupel beschlagnahmt. Und man konnte eindeutig sehen, dass das ein diktatorischer Akt ist.

แต่แล้วเมื่อจะต้องมีรัฐธรรมนูญ ก็จะต้องบัญญัติให้มีระบบพรรคการเมือง และพรรคการเมืองก็

---

[48] Die Verfassung von 2007 schränkt die Regierungen in einer starken Form ein und degradiert sie praktisch zu Verwaltungen, die vorher in der Verfassung festgelegte Aufgaben abarbeiten. Wenn nun eine Regierung hier Veränderungen vornehmen will, gilt das als eine Änderung der Verfassung oder als Verfassungsbruch und eine Veränderung der Verfassung ist durch die Konstruktion der Verfassung und die Regeln theoretisch einfach, aber praktisch durch die Kontrolle des Senats und der Richterschaft, und durch den Mob der PAD, ausgeschlossen. Daher wird eine Partei, die die Politik, die in der Verfassung vorgeschrieben wird, verändern will, als gegen die Verfassung verstoßend angesehen und entmachtet werden. Bisher konnte man dies beobachten indem eine Regierung wegen eines Kochkurses des Premierministers und eine Regierung wegen Verstößen gegen die Wahlgesetze aufgelöst wurden. Bisher wurden über 200 führende Politiker des Landes mit Berufsverbot belegt.

เกิดขึ้นแล้วก็พัฒนาได้ ชั่วแต่ว่าพรรคการเมืองต้องลัมลุกคุกคลาน เพราะเดี๋ยวก็ยึดอำนาจ เดียวก็ยึดอำนาจ และก็ต้องยุบพรรคการเมืองอีก

Danach braucht man eine Verfassung, die Parteien vorschreiben muss. Nachdem die verschiedenen Parteien dann einigermaßen etabliert sind, wird auch wieder geputscht, und geputscht, und die neuen Parteien werden wieder aufgelöst, ein Teufelskreis.

ในช่วงหลังๆ โดยเฉพาะตั้งแต่สมัยรสช. พ.ศ. 2534 ต่อเนื่องเรื่อมาจนถึงการยึดอำนาจ 19 กันยายน 2549 เมื่อมีการยึดอำนาจแล้วไม่มีการยุบพรรคการเมือง เลือกใช้วิธีที่จะห้ามทำกิจกรรม ไม่ให้ดำเนินการทางการเมืองได้

In letzte Zeit, besonders in der Zeit, als der NPKC (Nationalrat zur Friedenssicherung[49]) im Jahr 1991 gegründet wurde, bis zu dem Zeitpunkt als das Militär am 19. September 2006 erneut putschte, wurden die Parteien nicht vernichtet, sondern es wurde ihnen verboten, da oder dort irgendeine politische Aktivität zu veranstalten.

ในกรณี 19 กันยายน 2549 นี้ใช้วิธีให้หยุดดำเนินกิจกรรมทางการเมืองซึ่งดูเหมือนจะดีกว่าในอดีต ที่มีการยุบพรรคการเมืองและการยึดทรัพย์พรรคการเมืองไปเลย ที่เป็นอย่างนั้นก็เพราะพวกเขารู้ว่าถ้าทำถึงขั้นนั้น ก็จะไม่เป็นที่ยอมรับทั้งจากในและต่างประเทศ

Im Fall des Putsches vom 19. September 2006 war die Tatsache, dass es nur ein Verbot von politischen Veranstaltung gab, etwas, das zivilisierter als früher erschien, als die Parteien vernichtet und ihr Eigentum beschlagnahmt wurden. Denn die Militärs wussten, dass sie von allen Seiten beobachtet wurden, dass man sie nicht akzeptieren würde, wenn sie zu roh wären.

แต่ว่าสิ่งที่ได้เกิดกับพรรคการเมืองนั้น กลับกลายเป็นการทำลายพรรคการเมืองและระบบพรรคการเมืองอย่างเป็นระบบที่สุด

Aber was mit den Parteien passierte, war gleich einer Vernichtung des gesamten politischen Systems.

การทำลายพรรคการเมืองและระบบพรรคการเมืองนี้ นอกจากเกิดจากการใช้อำนาจสั่งการเป็นกฎหมาย สร้างกลไกขึ้น หรือใช้บุคคลที่สั่งกันได้แล้ว ยังพัฒนามาจนกระทั่งเป็นการวางระบบและกติกาที่ทำลายพรรคการเมืองและระบบการเมืองไว้ในรัฐธรรมนูญ

Die Vernichtung der Parteien und deren Systeme erzeugte nicht nur die Macht, die das Gesetz bestimmte, sondern diese Macht brachte auch ein Instrument hervor, womit man einen Befehl geben kann. Und dieser Befehl ging so weit, dass er in der

---

[49] Die Putschisten geben sich immer sehr blumige Namen und benennen sich auch immer wieder mal gerne um. Aber fast immer enthält der Name die Begriffe „Frieden" oder „Demokratie".

Verfassung verankert wurde, um die Parteienpolitik und das politische System zu zerstören.

เรียกว่าเป็นกระบวนการทำลายพรรคการเมืองและระบบพรรคการเมืองอย่างถูกต้องตามกฎหมายและรัฐธรรมนูญนั่นเอง

Man könnte ihn als Prozess der Zerstörung bezeichnen. Ein Prozess, indem erlaubt wurde, das ganze politische System und das System der Parteien zu vernichten.

ความจริงพรรคการเมืองไทยในอดีตนั้น ต้องล้มลุกคลุกคลานมานาน เพราะมีการยึดอำนาจบ่อย ทำให้ไม่มีโอกาสพัฒนาอย่างต่อเนื่อง นอกจากพรรคการเมืองไม่เข้มแข็งแล้วยังไม่สามารถสร้างวัฒนธรรมทางการเมืองที่ให้ความสำคัญกับพรรคการเมือง ซึ่งประชาชนสนใจที่จะเลือกพรรคการเมืองที่สร้างนโยบายและบุคลากรแข่งกัน

Seit der Vergangenheit musste das Parteiensystem des Landes dauernd ums Überleben kämpfen, weil zu oft geputscht wurde. Das Land hatte kaum die Möglichkeit, sich selbst kontinuierlich zu entwickeln. Daher kann das Land kein vernünftiges politisches System bilden, das zeigt, dass die Parteien wichtig sind, dass die Menschen auf die Parteien zählen, damit die Parteien konkurrierende ideologische Programme anbieten können.

ฉะนั้นพรรคการเมืองไทยในอดีตจึงไม่เข้มแข็งและไม่ต่างกันมากในเชิงนโยบาย เวลาบริหารประเทศจึงมักเป็นรัฐบาลผสม ที่ทำให้รัฐบาลไม่มีเสถียรภาพและไม่มีนโยบายเด่นชัด ต้องอาศัยฝ่ายราชการ โดยเฉพาะสภาพัฒนาเศรษฐกิจ และสังคมแห่งชาติเป็นผู้ร่างนโยบายให้ ประชาชนส่วนใหญ่ก็มีความรู้สึกว่า เลือกพรรคใหม่มาก็เหมือนกันหมด เพราะว่าเป็นนโยบายของฝ่ายราชการ สภาพที่พรรคการเมืองไม่เข้มแข็ง ระบบพรรคการเมืองไม่เข้มแข็งและรัฐบาลก็ไม่มีเสถียรภาพ ทำให้ประเทศเสียโอกาสไปมาก

Die thailändischen Parteien waren in der Vergangenheit nicht so stabil, und boten daher auch keine verschiedenen Programme an. Zum Regieren brauchten sie deshalb Koalitionen, was wiederum zur Instabilität der Regierung führte, weil sie kein konkretes Programm zusammen bilden konnten. Sie brauchen die Unterstützung der Bürokratie (Amatya – System), oder z.B. des Nationalrats der ökonomischen und sozialen Entwicklung, der das Programm für sie entwickelte. Und dies gibt den Bürgern das Gefühl, welche Partei sie auch wählten, dass sie alle gleich wären, weil die Programme der Regierung eigentlich die Programme der Behörden sind und nicht das Programm der regierenden Parteien. Die Parteien sehen dann schwach aus. Wenn das politische System schwach ist, ist die Regierung instabil, und das Land verpasst vielleicht günstige Chancen.

เมื่อมีการปฏิรูปการเมืองและมีการร่างรัฐธรรมนูญฉบับ 2540 ได้มีการสรุปบทเรียนเกี่ยวกับการเมืองและระบบพรรคการเมืองว่า รัฐธรรมนูญฉบับ 2540 ควรจะส่งเสริมให้เกิดพรรคการเมืองและระบบพรรคการเมืองที่เข้มแข็ง ส่งเสริมให้ประชาชนเลือกพรรคการเมืองกันมากขึ้น

Die Krise der Demokratie — Mark Teufel^^ — Thailand

ส่งเสริมให้มีการแข่งขันทางด้านนโยบาย เพื่อให้มีระบบการเมืองที่เข้มแข็ง และมีรัฐบาลที่มีเสถียรภาพ มีประสิทธิภาพในการที่จะบริหารประเทศ

Als die Politik des Landes reformiert und die Verfassung im Jahr 1997 entworfen wurde, waren wir der Meinung, dass die Verfassung zur Stabilisierung des Parteiensystems und des politischen Systems beitragen wird, und die Bürger sich mehr auf die Parteien konzentrieren. Die Parteien werden konkurrieren, um ihre Programme gegenseitig im Wettbewerb darzustellen, die Politik wird dadurch stabil, die Regierung ist dann fähig, dem Land Stabilität zu verschaffen.

เมื่อมีการใช้รัฐธรรมนูญฉบับ 2540 มาระยะหนึ่งก็ปรากฏว่าทำให้เกิดระบบพรรคการเมืองที่เข้มแข็ง และพรรคการเมืองที่แข่งขันมาอย่างชัดเจนมีการแข่งขันระหว่างพรรคการเมืองที่เข้มข้นขึ้น พรรคการเมืองต้องเข้มแข็งในทางนโยบาย ประชาชนได้เรียนรู้เกี่ยวกับประชาธิปไตย เกี่ยวกับความสำคัญ ของพรรคการเมืองและระบบพรรคการเมืองผ่านการเลือกตั้ง โดยการที่ได้เลือกพรรคการเมืองและนโยบายพรรคการเมืองที่ตนชอบ และพรรคการเมืองนั้นก็ได้เข้าไปบริการประเทศตามนโยบายที่แถลงไว้กับประชาชน

Als die Verfassung von 1997 einige Zeit in war, schien es so, als wäre das Parteiensystem gefestigt. Das spornte die Parteien an, stärker in Konkurrenz gegeneinander zu gehen. Die Parteien boten mehr interessante Programme an, die Bürger hatten die Möglichkeiten, den Prozess der Demokratie, die Funktion der Parteien und der Wahl besser kennen zu lernen, indem sie nur die Partei, die ihnen die interessantesten Programme anboten, als ihre künftige Regierung wählten.

เพราะฉะนั้นผลพวงจากรัฐธรรมนูญฉบับ 2540 เพียงระยะสั้นๆ ได้ทำให้การเมืองไทยพัฒนาไปก้าวใหญ่ ประชาชนมีความรู้ความเข้าใจเกี่ยวกับพรรคการเมืองและระบบพรรคการเมือง

> Als Ergebnis führte die Verfassung von 1997 zur sprunghaften politischen Entwicklung in Thailand. Die Menschen fingen an, die Parteien und das politische System zu verstehen.

แต่สิ่งที่เกิดขึ้นแทนที่จะเป็นที่น่ายินดี สำหรับผู้ที่ร่วมกันยกร่างรัฐธรรมนูญและสนับสนุนรัฐธรรมนูญฉบับ 2540 ซึ่งต้องการเห็นพรรคการเมืองที่เข้มแข็งและระบบพรรคการเมืองที่เข้มแข็ง กลับกลายเป็นว่าทำให้คนจำนวนหนึ่งกลัวว่าพรรคการเมืองและระบบพรรคการเมืองจะเข้มแข็งเกินไป

Was damals geschah, sollte eigentlich zur Freude derer sein, die die Verfassung von 1997 entwarfen und unterstützten, und die sich das politische System und die starken Parteien wünschten. Dem war leider nicht so, es gab einige Gruppen, die den starken Parteien das gefestigte System nicht gönnten.

ในกระบวนการที่จ้องจะทำลายนายกฯ ทักษิณและรัฐบาลทักษิณ ได้พลอยทำลายพรรคการเมืองของทักษิณไปด้วย ซึ่งต่อมาก็ปรากฏว่า ไม่เพียงแต่ทำลายพรรคการเมืองของทักษิณเท่านั้น แต่

Mark Teufel^^
Thailand

Die Krise der Demokratie

เป็นการทำลายพรรคการเมืองต่างๆและระบบพรรคการเมืองโดยรวมอย่างร้ายแรง

Als man versuchte Thaksin und seine Regierung zu zerstören, vernichtete man auch seine Partei, was danach geschah, war nicht nur eine Zerstörung der Partei Thaksins, sondern auch gleich die totale Vernichtung aller politischen Parteien des Landes.

พรรคการเมืองแรกที่ถูกทำลายคือพรรคไทยรักไทย การทำลายพรรคการเมืองนี้ทำโดยอาศัยรัฐธรรมนูญกับกฎหมายเดิมที่มีอยู่แล้ว แต่ได้อาศัยคณะตุลาการที่คณะผู้ยึดอำนาจตั้งขึ้นทำการแทนศาลรัฐธรรมนูญ ส่วนการเพิกถอนสิทธินักการเมืองก็ใช้กฎหมายเผด็จการที่คณะผู้ยึดอำนาจเขียนขึ้น และใช้ให้มีผลย้อนหลัง

Die erste Partei, die vernichtet wurde war die Thai Rak Thai. Die Vernichtung geschah durch die Verfassung, das alte Gesetz und die Richter, die von der Militärdiktatur eingesetzt worden waren, statt dem Verfassungsgericht. Und das politische Berufsverbot geschah durch ein diktatorisches Gesetz, das von den Putschisten erlassen worden war, und rückwirkend wirksam wurde.

การทำลายพรรคการเมืองในระบบพรรคการเมืองหลังจากนั้น ถูกทำให้เป็นระบบโดยบัญญัติไว้รัฐธรรมนูญ อันเป็นการสร้างระบบที่ทำลายพรรคการเมืองอย่างถูกต้องตามกฎหมายขึ้น ในระบบนี้การยุบพรรคการเมืองสามารถทำได้ง่าย แตกต่างจากประเทศที่พัฒนาแล้ว หรือประเทศที่เป็นประชาธิปไตยทั้งหลาย ส่วนการเพิกถอนสิทธินักการเมืองทำโดยอาศัยหลักเหตุผลที่ไม่สอดคล้องกับหลักนิติธรรม เช่น คนทำผิดคนเดียว ลงโทษทั้งพรรคผู้ที่ไม่ได้กระทำผิด ผู้ที่ไม่ได้รู้เห็นด้วย ก็กลับถูกลงโทษอย่างร้ายแรงไปด้วยทำให้พรรคการเมืองต้องสูญเสียบุคลากรไปรุ่นแล้วรุ่นเล่า

Die oben erwähnte Methode wurde dann in der Verfassung {von 2007} fest verankert, damit diese Vernichtungsmethode gesetzlich sanktioniert ist. Mit solchem Gesetz kann die Parteiauflösung einfacher gemacht werden, was **sich drastische von den Ländern unterscheidet, die bereits entwickelt und demokratisiert sind.** Im Fall des politischen Berufsverbots ging es auch nicht mit rechten Dingen zu, z.B. wenn eine Person einen Fehler machte, wurden alle Parteimitglieder, auch die unschuldigen, mitbestraft. Die Partei verliert somit einen nach dem anderen, ihr gesamtes Personal.

พรรคการเมืองที่เป็นฝ่ายตรงข้ามกับผู้ยึดอำนาจ"ถูกยุบ" และบุคลากรถูก "ขจัด" ไปรุ่นแล้วรุ่นเล่า เกิดสภาพ ที่พรรคการเมืองต้องหาตัวสำรอง หาตัวแทนเข้าไปเป็นกรรมการบริหารพรรค คนที่มีความรู้ความสามารถและมีศักยภาพก็ไม่ต้องการเป็นกรรมการบริหารพรรค เพราะไม่แน่ใจว่าอาจจะถูกเพิกถอนสิทธิ์ ทั้งๆที่ตัวเองไม่ได้กระทำผิดอะไรเลยก็ได้

Die Parteien, die von den Oppositionellen Gruppen und dem Coup "vernich-

tet" wurden, und ihre Mitglieder wurden gleichzeitig eliminiert, und sie gerieten in einen Zustand, in dem sie ständig neue Mitglieder im Managementbereich suchen mussten. Derjenige, der Potential hat und kompetent ist, wollte keine Stelle mehr als Funktionär annehmen, weil er ja nicht wusste, wann seine Stelle als hinfällig erklärt wird, obwohl er gar nichts getan hatte.

นอกจากนั้นยังมีกติกาที่กำหนด ส.ส. ไม่ต้องปฏิบัติ ตามมติพรรค ให้เอกสิทธิ์ ส.ส. อย่าง มากมายเพื่อที่จะได้ไม่ต้องทำตามมติพรรค ทำให้เกิดกรณี งูเห่า หรือการ "แหก" มติพรรค ซึ่งก็จะทำให้รัฐบาลไม่มีเสถียรภาพ

Außerdem wurde festgelegt, dass das Mitglied einer Partei das als Abgeordneter fungiert dessen Regeln nicht folgen muss, es kann nach seinem eigenen Bedürfnis individuell abstimmen, und muss nicht auf die Parteiraison achten. Aufgrund dessen könnte jeder Abgeordnete unabhängig von seiner Partei {im Parlament abstimmen} und zugleich auch Gift für die Partei sein. Das Ergebnis ist die Instabilität der Regierung.[50]

ยังมีปัญหาใหญ่อยู่ด้วย นั่นก็คือ องค์กรตามรัฐธรรมนูญในระบบอย่างปัจจุบัน เป็นองค์กรที่ประกอบด้วยบุค คลและบุคลากรที่ไม่ได้มาจากการเลือกตั้ง หรือไม่ได้รับการคัดเลือกมาโดยผู้ที่มาจากการเลือกตั้งของประ ชาชน บางองค์กรที่มีอำนาจหน้าที่โดยตรงเกี่ยวกับพรรคการเมืองนั้นได้รับการแต่งตั้งโดย คณะผู้ยึดอำนาจ และยังคงดำรงตำแหน่งอยู่เพื่อใช้อำนาจเหล่านี้ต่อไปจนกว่าจะหมดอายุ ซึ่งเป็นเวลานานหลายๆปี.

Das größte Problem war: Die Verantwortlichen der von der Verfassung festgelegten Organisationen stammen meistens aus dem Kreis von Personen, die nicht von den Vertretern des Volkes gewählt wurden. Manche Organisationen, die vom Militärcoup ernannt wurden, können ihre Macht über die Parteien bis jetzt direkt ausüben, und weiter im Amt weiter bleiben, bis sie am Ende ihrer Amtsperiode angekommen sind.

---

[50] Die „Gewissensentscheidung" eines Abgeordneten kennen viele parlamentarische Demokratien. Aber es gibt auch viele Mischsysteme, in denen die Freiheit des Abgeordneten auf bestimmte Grundentscheidungen beschränkt ist. Für Thailand bedeutet die Freiheit der Gewissensentscheidung, dass einer Bestechung der Abgeordneten die Tür weit aufgestoßen wurde. Denn nun konkurrieren die Parteien nicht mehr nur während entscheidender Perioden wie vor Wahlen, Auflösungen des Parlaments etc. um die Gunst der Abgeordneten, sondern während der gesamten Wahlperiode. Und natürlich wird es für „Kräfte außerhalb der Verfassung" wesentlich leichter Druck auf einzelne Abgeordnete auszuüben.

Für Thailand wäre während einer Übergangsphase sicher ein Mischsystem angebrachter, bei dem Abgeordnete nur in klar umrissenen Fragen z.B. betreffend Menschenrechten, Verfassungsänderungen etc. nach ihrem Gewissen entscheiden können, ansonsten aber der Parteiraison folgen sollten. Schließlich haben sie immer noch die Möglichkeit aus der Partei auszutreten.

องค์กรตามรัฐธรรมนูญเหล่านี้สามารถใช้อำนาจตามรัฐธรรมนูญตามกติกาที่ได้ออกแบบไว้ เพื่อที่จะทำลายพรรคการเมือง ทำลายระบบพรรคการเมืองโดยกำหนดได้ถึงขั้นว่าต้องการให้พรรคใดเป็นรัฐบาล ถ้าหากประชาชนเลือกพรรคการเมืองที่ไม่เป็นที่ถูกใจขององค์การที่มีอำนาจเหล่านี้แล้ว พรรคการเมืองนั้นก็อาจจะถูกยุบไปเสียเมื่อไหร่ก็ได้

Solche Organisationen können ihre Macht nach den Regeln der Verfassung so nutzen, dass sie die Parteien vernichten können. Das Instrument der Vernichtung kann so wirken, dass wenn der Organisation irgendeine Partei nicht gefällt, dann können sie diese Partei ohne weiteres, wann immer sie wollen, auflösen.

ในระบบอย่างนี้ประชาชนจึงไม่สามารถกำหนดความเป็นไปของบ้านเมืองผ่านการเลือกพรรคการเมืองในการเลือกตั้งได้ เพราะว่าเลือกไปแล้วสุดท้ายองค์กรตามรัฐธรรมนูญที่มาจากเผด็จการก็สามารถที่จะหักล้างมติของประชาชน สามารถที่จะยุบเลิกพรรคการเมืองต่างๆ ที่เป็นปฏิปักษ์เพื่อเปิดทางและสนับสนุนพรรคการเมืองที่เป็นพวกเดียวกันกับตนเองเป็นรัฐบาล

Bei einem solchen System können die Menschen das Geschehen des Landes selbst nicht mit gestalten. Wenn sie irgendeine Partei wählen, die das Land verändern will, würde gleich wieder die Militärverfassung ihre Entscheidung annullieren, indem sie sämtliche Parteien, die sie (die Verfassung) ändern will, auflöst, um den Weg für die Parteien, die in ihrem Sinne arbeiten, frei zu machen, und die dann als Regierung zu beschützen.

ในหลายประเทศที่เป็นประชาธิปไตยนั้น ระบบของเขาได้ส่งเสริมให้พรรคการเมืองเกิดการแข่งขันกันและให้ประชาชนเป็นคนเลือก เท่ากับประชาชนเป็นคนกำหนดว่าจะให้พรรคใดบริหารประเทศ และต้องการให้พรรคการเมืองมีนโยบายอย่างไร ซึ่งจะนำไปสู่การบริหารประเทศตามความต้องการของประชาชน เรากำลังขาดโอกาสนี้ไป

In vielen demokratischen Ländern unterstützt ihr System {das System der Verfassung} die Parteien voll und ganz, sie konkurrieren miteinander, damit das Volk zur Wahl geht. Das bedeutet, dass das Volk bestimmen kann, welche Partei regieren soll, und wie ihr Programm aussehen soll. Und das führt dazu, dass das Land so regiert wird, wie das Volk es sich wünscht. Diesen Vorgang vermissen wir.

ที่จะเป็นปัญหาร้ายแรงที่สุดคือ การที่จงใจให้คนเพียงไม่กี่คนที่ไม่ได้มาจากการเลือกตั้ง สามารถหักล้างมติประชาชนทั่วประเทศได้นั้น กำลังทำให้ความขัดแย้งและความแตกแยกในสังคมรุนแรงยิ่งขึ้น ระบบที่ไร้ ความเป็นธรรมนี้จะนำสังคมไทยไปสู่วิกฤตที่หนักยิ่งกว่าในปัจจุบัน

Das größte Problem ist, dass die Absichten von ein paar Personen die Wahl des ganzen Volkes annullieren kann. Und das ist definitiv der Grund der Spaltung in unserer Gesellschaft. Ein ungerechtes System führt immer zur sozialen Unruhe des Landes, und letzen Endes zur jetzigen Krise.

ที่กล่าวมานี้ไม่ใช่ต้องการที่จะบอกว่าเพราะฉะนั้นเลือกพรรคการเมืองไปก็ไม่มีประโยชน์ เมื่อมี

การเลือกตั้ง ประชาชนต้องช่วยกันรณรงค์ให้เลือกพรรคการเมืองที่จะต่อสู้เพื่อประชาธิปไตย และแก้ปัญหาของประเทศชาติ และเมื่อได้พรรคการเมืองอย่างนั้นมาแล้ว ก็ต้องพยายามสนับสนุนหรือ ส่งเสริมพรรคการเมืองนั้นให้แก้ปัญหาประเทศ และช่วยกันสร้างประชาธิปไตยร่วมกับประชาชนต่อไป

Was ich bis jetzt sagen will, ist, ich meine nicht, dass es gar keinen Sinn hat, zur Wahl zu gehen, sondern, wenn es noch eine Wahl geben sollte, sollten wir dafür sorgen, dass wir nur die Parteien wählen, die für die Demokratie kämpfen, und das Problem des Landes lösen. Wenn wir diese Partei bereits haben, müssen wir sie unterstützen, damit sie Probleme lösen und die Demokratie gemeinsam mit dem Volk weiter aufbauen kann.

หากจะต้องพบกับปัญหา "ยุบพรรค" อย่างไร้ความเป็นธรรม และเกิดการล้มล้างมติประชาชนอีก เราก็ต้องช่วยกันทำให้เกิดการเรียนรู้ว่าปัญหาแท้จริงก็คือระบบที่ไม่เป็นประชาธิปไตย ตั้งแต่รัฐธรรมนูญที่ไม่เป็นประชาธิปไตย กับวัฒนธรรมทางการเมืองหรือสภาพแวดล้อมทางการเมืองที่ไม่เป็นประชาธิปไตย ซึ่งต้องช่วยกันผลักดันให้มีการเปลี่ยนแปลงต่อไป

Sollten wir mit dem Problem der ungerechten Parteienauflösung, oder der Annullierung der Stimme des Volkes noch einmal konfrontiert werden, wissen wir dann, dass das eigentliche Problem an dem undemokratischen System, der undemokratischen Verfassung, der Kultur der Politik und dem gesellschaftlichen Umfeld liegt.

เมื่อประชาชนเรียนรู้เช่นนี้แล้ว การเปลี่ยนแปลงก็จะต้องเกิดขึ้นอย่างไม่อาจหลีกเลี่ยงหรือขัดขวางได้อีกต่อไป

Wenn das Volk die Situation so erkennen könnte, wäre die Veränderung in unserem Land vorprogrammiert.

Die Rothemden

Die Verschiedenartigkeit der demokratischen Kräfte, die Richtungen braucht.

เสื้อแดง / พลังประชาธิปไตยอันหลากหลายที่ยังต้องการทิศทาง

"ที่คำถามง่ายๆ ที่ต้องการคำตอบที่ดีพอสมควร คือ 'กลุ่มพันธมิตรฯทำอะไรได้ เสื้อแดงก็ต้องทำ ได้' ใช่หรือไม่ ถ้าตอบว่า ใช่ เหตุผลง่ายๆ ก็คือ ที่กลุ่มพันธมิตรฯยังทำได ทำไมเสื้อแดงเราจะทำ บ้าง ไม่ได้

"Eine einfache Frage, die eine einfache Antwort benötigt ist: Dürfen die Rothemden tun, was die PAD darf? Wenn die Antwort „ja" wäre, dann aus einem einfachen Grund. Warum sollten die Rothemden nicht dürfen, was der PAD erlaubt ist?"

คำตอบคือ ไม่ การกิจของเสื้อแดงนั้นยากกว่าพันธมิตรฯ หลายเท่า วัตถุประสงค์ก็ต่างกันมาก ส่วนทิศทาง หรือจุดหมายปลายทางนั้น เรียกว่า 'ตรงกันข้าม' "

Wenn die Antwort „nein" wäre, dann weil die Intention der Rothemden viel schwieriger zu erreichen ist als die der PAD und ihr Ziel das „Gegenteil" der Ziele der PAD."

สีแดงหมายถึงสีที่เป็นมงคลก็ได้ หมายถึงชาติอย่างในธงชาติก็ได้ หรือเป็นสีแห่งการต่อสู้เพื่อ การเปลี่ยนแปลงก็ได้

Die rote Farbe könnte eine Glück bringende Farbe sein, eine der Farben in unserer Nationalflagge oder aber sie könnte ein Kampfsymbol sein.

มีการใส่เสื้อแดงกันมากตอนที่ต่อต้านรัฐธรรมนูญฉบับ 2550 เสื้อแดงที่ใส่กันนั้นเขียนที่หน้าอก ว่า "we vote no".

Seit der Verfassung von 2007 hatten viele Menschen das rote Hemd anzogen, worauf ein Satz stand, „Wir wählen NEIN"

ที่เลือกสีแดงครั้งนั้นต้องการจะ "คัดค้าน" จึงเลือกสีแดงซึ่งตรงกับความหมายว่า "หยุด" เข้าใจ ว่านึก ถึงการ เคลื่อนไหวเมื่อครั้งรัฐธรรมนูญฉบับ 2540 ที่ใช้สีเขียวแปลว่า "ไปได้" การชุมนุม ที่สนามหลวงก่อนลงประชา มติไม่กี่วัน ครั้งนั้นมีคนเข้าร่วมชุมนุมหลายหมื่นคน

Sie suchten die rote Farbe aus, vermutlich weil diese Farbe das Zeichen für "Stopp" darstellte, wodurch man auch an das Jahr 1997 erinnerte, als man mit der grünen Farbe die Zustimmung zum damaligen Verfassungsentwurf ausdrückte. Damals sammelten sich mehrere Zehntausende auf Sanam Luang, ein paar Tagen vor der Abstimmung.

หลังรัฐธรรมนูญฉบับ 2550 ผ่านการลงมติเสร็จแล้ว การเมืองก็เป็นเรื่องของการเลือกตั้งและ จัดตั้งรัฐบาล ซึ่งบังเอิญพรรคที่ชนะการเลือกตั้งและได้จัดตั้งรัฐบาลคือพรรคพลังประชาชน ทำ

Die Krise der Demokratie

Mark Teufel^^
Thailand

ให้แผนบันได 4 ขั้นของ คมช. ยังไม่สำเร็จสมบูรณ์

Nachdem die Verfassung von 2007 ratifiziert worden war, bedeutete das für die Politik gleich eine neue Wahl und Regierungsbildung. Die Palang Prachachon gewann die Wahl und konnte die Regierung bilden. Und das hätte die vierte Stufe des 4-Stufenplans des Rates für Nationale Sicherheit, der noch nicht ganz fertig war, vereiteln können.

กลุ่มพันธมิตรฯ ซึ่งสวมเสื้อเหลืองได้ออกมาเคลื่อนไหวอีกครั้งหนึ่งถึงขั้นบุกยึดโน่นยึดนี่ รวมถึงทำเนียบ รัฐบาล โดยไม่ต้องเกรงกลัวต่อกฎหมาย แต่อย่างใด เข้าใจว่าผู้ที่ไม่เห็นด้วยกับกลุ่มพันธมิตรฯ หรือผู้ที่ต่อสู้กับเผด็จการคงมีความรู้สึกอึดอัดกับ สภาพดังกล่าวนี้มากพอสมควร แต่ก็ไม่รู้จะทำอย่างไร แม้จะพบว่ามีคนไม่เห็นด้วยกับกลุ่มพันธมิตรฯมากทีเดียว แต่ก็ไม่มีใครแน่ ใจว่าจะมากจริงหรือไม่ และมากแค่ไหน

Dann hatte die PAD, bekannt als „Gelbhemden", noch einmal mit Demonstrationen begonnen. Mal besetzten sie die Regierungsgebäude, mal blockierten sie einen Flughafen, ohne vor irgendeinem Gesetz Angst zu haben. Es gab auch die, die mit der Methode der PAD nicht einverstanden waren, oder die, die gegen die Diktatur eingestellt waren, sie fühlten sich in dieser Situation unangenehm, wussten jedoch nicht, wie sie reagieren sollten. Man merkte, dass viele die Blockade der PAD nicht mochten, aber man wusste nicht genau, wie viele es waren (die die PAD nicht mochten).

การรวมตัวของคนเสื้อแดงมาคึกคักครั้งเมื่อมีงานสังสรรค์คนเสื้อแดง ที่ธันเดอร์โดม เมืองทองธานี จัดโดยคณะผู้จัดรายการ "ความจริงวันนี้" ไม่มีใครนึกว่าวันนั้นจะมีคนมาร่วมงานมากถึงหลาย

หมื่น อาคารธันเดอร์โดมเล็กไปถนัด คนต้องออกันอยู่ที่ด้านนอกอีกมาก ที่กลับไปหรือที่ไม่มีที่นั่งที่ยืนก็มาก และมีการวิเคราะห์กันว่าคนเสื้อแดงรู้สึกอัดอั้นมานานเต็มที่แล้ว เมื่อมีโอกาสที่จะมารวมตัวกันแสดงออกบ้าง จึงมากันมากอย่างคาดไม่ถึง

Unter dem Motto "die Begegnung der Rothemden" fand die Veranstaltung im „The Thunder Dome" von Muang Thong Thanee statt. Viele Rothemden nahmen aktiv teil, was niemand erwartet hatte. Die Veranstaltung wurde von demselben Team, das „die Wahrheit von Heute" moderierte, angeführt. Es kamen mehrere zehntausend Menschen zusammen, so dass „The Thunder Dome" viel zu klein für diese Menge Leute war. Wer keinen Platz im Dome bekam, musste draußen sitzen, stehen oder nach Hause fahren. Dies gab uns den Hinweis, dass viele Leute die Nase voll hatten und zeigen wollten, dass sie mitmachen wollen.

หลังจากนั้นมีการจัดงานทำนองเดียวกันอีกหลายครั้ง เช่น ที่สนามกีฬาราชมังคลากีฬาสถาน วัดสวนแก้ว และสนามศุภชลาศัย แต่ละครั้งก็มีคนล้นทุกครั้งในการชุมนุมของคนเสื้อแดงนั้นที่ ยืนพื้นคือ การวิพากษ์ กลุ่มพันธมิตรฯ วิจารณ์กองทัพที่ไม่จัดการกับการทำผิดกฎหมายของกลุ่ม

Mark Teufel^^
Thailand

Die Krise der Demokratie

พันธมิตรฯ คัดค้านต่อต้านการ รัฐประหาร เรียกร้องให้แก้ไขรัฐธรรมนูญ

Nach diesem Ereignis, gab es noch mehr Veranstaltungen der gleichen Art an verschienen Orten, z.B. im „Raja Mangkala Sportstadion", in „Wat Suan Kaew" und im „Supa Chala Sai Sportstadion". Bei jeder Veranstaltung kamen viele Teilnehmen und unterstützten die Idee. Die meisten Themen der Gespräche handelten von den Taten der PAD, der Kritik am Militär und seiner Nachsicht gegenüber der PAD, die Gespräche drückten Meinungen gegen den Putsch und für eine Verfassungsänderung aus.

ระยะหลังมีการชุมนุมของคนเสื้อแดงที่สนามหลวง แล้วเคลื่อนขบวนไปล้อมรัฐสภา เนื้อหาที่เสนอคือการให้ ยุบสภาโดยเร็ว ส่วนการชุมนุมที่สนามหลวงแต่แล้วเดินไปที่ทำเนียบรัฐบาลนั้น มีการเรียกร้องให้ดำเนิน คดีกับ กลุ่มพันธมิตรฯ ปลดนายกษิต ภิรมย์ ออกจากรัฐมนตรีกระทรวง ต่างประเทศ แก้ไขรัฐธรรมนูญ และให้ยุบ สภา

Später {gemeint ist: Nach dem Regierungswechsel} fanden die Kundgebungen auf Sanam Luang statt, dann umzingelten die Teilnehmer das Parlament. Ihre Forderungen waren, das Parlament auf zulösen, die PAD gerichtlich zu verfolgen, und Kasit Pirom, den Außerminister, zu entmachten, und die Verfassung von 2007 zu ändern.

ต่อมาเมื่อมีการทวงข้อเรียกร้องดังกล่าวเนื้อหาในการต่อสู้ก็เปลี่ยนไปเป็นขับไล่ "รัฐบาลอภิสิทธิ์" แล้วพัฒนา ไปเป็นการเรียกร้องให้ประธานองคมนตรี และองคมนตรีอีก 2 คนลาออก ให้ นายอภิสิทธิ์ แล้วพัฒนาไปเป็น การเรียกร้องให้ประธานองคมนตรี และองคมนตรีอีก 2 คน ลาออก ให้นายอภิสิทธิ์ เวชชาชีวะ ต้องลาออกจาก ตำแหน่งนายกรัฐมนตรี และการบริหารราชการแผ่น ดินดำเนินไปตามตามครรลองของระบอบประชาธิปไตย อันมีพระมหากษัตริย์ ทรงเป็นประมุขการ ปรับปรุงใดๆ ให้ดีขึ้นตามหลักสากล ต้องมีการปรึกษาหารือ กันระ หว่างนักประชาธิปไตยผู้มีประวัติ และพฤติกรรมเชิดชูระบอบประชาธิปไตยเป็นที่ประจักษ์.

Als sie ihre Forderung geändert hatten, änderte sich auch ihr Kampftaktik. Ihre neue Forderung war nun, die Regierung Abhisit auf zu lösen. Dies steigerte sich zu einer Forderung die die Amtsenthebung des Vorsitzenden des Kronrats und von 2 Kronräten enthielt. Dann kam der Premierminister an die Reihe, er sollte sich aus seinem Amt verabschieden. Die Regierung sollte nach einem demokratischen System mit dem König als Staatsoberhaupt reformiert werden. Die Reform muss nach internationalem Standard erfolgen. Man muss die Informationen intensivieren zwischen denen, die demokratisch gesinnt sind und jenen, die die Demokratie wünschen.

เนื้อหาที่เสนอในที่ชุมนุมคนเสื้อแดง บางครั้งก็กำหนดและประกาศล่วงหน้า บางครั้งก็ไปทราบกันในที่ชุมนุม ตอนใกล้จะเลิก เนื้อหาส่วนใหญ่ถือได้ว่าไปในทิศทางเดียวกัน แต่ก็ต้องยอมรับว่าแม้แต่คนเสื้อแดงด้วยกัน ก็ไม่ได้เห็นด้วยตรงกันไปหมดทุกเรื่อง

Der Inhalt der Forderungen wurde manchmal vorher veröffentlich, manchmal je-

Die Krise der Demokratie

doch erfuhr man erst kurz vor dem Ende der Kundgebung davon. Die Forderungen waren meisten ähnlich, aber nicht jede Forderung gefiel allen Rothemden.

การเรียกร้องให้ยุบสภาโดยเร็ว แม้แต่ ส.ส. เสื้อแดงหลายคนก็อาจไม่เห็นด้วย คนทั่วไปจำนวนมากแม้จะเองเอียงมาทางเสื้อแดง แต่ก็อาจจะอยากให้รัฐบาลบริหารไปก่อน ยังไม่อย่ากให้ยุบสภาเร็วนัก หรือไม่ก็อยากให้แก้รัฐธรรมนูญเสียก่อน จึงค่อยยุบสภา

Z.B. die Forderung, das Parlament sofort aufzulösen, empfanden viele Rothemden die Abgeordnete waren als zu rasch, sie wollten lieber warten, oder zuerst die Verfassung ändern, und dann erst das Parlament auflösen.

การเสรอประเด็นเอาทักษิณกลับประเทศไทย ก็อาจมีคนเสื้อแดงเองจำนวนไม่น้อยไม่เห็นด้วย ในจำนวนคนเสื้อแดงทั้งหลายนั้น ที่ไม่ใช่ "คนรักทักษิณ" ก็มี ที่สำคัญกว่านั้นคือ หากทำให้การชุมนุมของคนเสื้อแดงในการชุมนุมเพื่อตัวบุคคล ก็จะทำให้แนวร่วมน้อยลง ประเด็นนี้ต่อมาดูจะไม่ค่อยเป็นปัญหา และแกนนำเสื้อแดงได้ประกาศชัดเจนว่าการต่อสู้นี้ไม่ใช่การต่อสู้เพื่อ ใครคนใดคนหนึ่ง แต่เป็นการต่อสู้เพื่อความเป็นประชาธิปไตยของประเทศโดยส่วนรวม

Auf für den Vorschlag: Thaksin nach Thailand zurück zu holen, empfanden viele Rothemden keine Sympathie. Es gibt auch viele Rothemden, die keine Thaksin-Anhänger sind. Sie waren der Meinung, wenn die Kundgebung nur auf eine Person bezogen wäre, würden weit weniger Menschen kommen, was sich später als falsch erweisen sollte. **Das war aber eigentlich nicht das gravierende Problem. Außerdem haben die Rothemden immer wieder betont, dass sie nicht bloß für irgendeine Person kämpften, sondern für die Demokratie und die Allgemeinheit des Landes, für alle Menschen.**

ทำอย่างไรจึงจะทำให้ "กลุ่มคนรักทักษิณ" ซึ่งก็มีอยู่มาก เป็นส่วนหนึ่งของการชุมนุมคนเสื้อแดงที่ยังมีคนอีกมากมายที่อาจจะ "ไม่รักทักษิณ" แต่ก็ต้อง การต่อสู้เพื่อประชาธิปไตย มาร่วมมือกัน ยังคงเป็นเรื่องที่ควรให้ความสำคัญ

Nun, wie sollte man sie alle unter einen Hut bringen. Die, die Thaksin lieben, und gleichzeitig die, die von Thaksin nicht ganz begeistert sind. Sie müssen alle gemeinsam für Demokratie kämpfen. Dieses Ziel ist uns allen wichtig.

ข้อเสนอที่ให้ดำเนินคดีกับกลุ่มพันธมิตรฯ ปลดนายกษิต ภิรมย์รัฐมนตรี ว่าการกระทรวงต่างประเทศ เป็นข้อเสนอที่ตรงประเด็น เพราะเป็นการยืนยันว่าฝ่ายประชาธิปไตยไม่เห็นด้วยกับการทำผิด กฎ หมายและสร้างความเสียหายแก่บ้านเมืองอย่างร้ายแรงที่กลุ่มพันธมิตรฯทำไป จึงควรต้องดำเนิน การกันต่อไป

Zumindest sind sie sich über die anderen Ziele, wie die gerichtliche Verfolgung der PAD und Kasits Entmachtung, einig. Dies zeigte uns, dass die demokratische Seite mit den widerrechtlichen Taten der PAD nicht einverstanden ist.

ในระยะยาว หากจะให้ประเทศเป็นประชาธิปไตย ต้องแก้รัฐธรรมนูญต้องมีกลุ่มมองค์กรหรือกลุ่ม

Mark Teufel^^
Thailand

Die Krise der Demokratie

คนที่ จะรณรงค์เรื่องนี้

Auf lange Sicht, wenn wir Demokratie für unser Land erreichen wollen, wird so wie so irgendeine Gruppe von Personen oder Organisationen dafür kämpfen, dass die Verfassung geändert wird.

เรื่องเหล่านี้จำเป็นที่จะต้องมีการปรึกษาหารือกันเพื่อกำหนดเนื้อหา ของข้อเสนอหรือข้อเรียกร้อง ที่ชัดเจน ทั้งในระยะสั้นและระยะยาว เพื่อจะทำให้การต่อสู้มีพลังมากยิ่งขึ้น

Deshalb müssen wir jetzt das Thema, den Inhalt und die Forderung klar definieren, sowohl kurzfristig als auch langfristig, damit wir einen kraftvollen, gemeinsamen Kampf gestalten und zähen Widerstand leisten können.

การใช้สัญลักษณ์ "เสื้อแดง" นั้นดูจะมีปัญหาที่ไม่รู้ว่าใครเป็นใครอยู่เหมือนกัน การชุมนุมของคนเสื้อ แดงเป็นการชุมนุมโดยสงบปราศจากอาวุธ ไม่มีการทำอะไรที่ผิดกฎหมาย เป็นจุดแตกต่างจากการ ชุมนุมของกลุ่มพันธมิตรฯอย่างเปรียบเทียบกันไม่ได้เลย แต่ก็มีคนใส่เสื้อแดงไปชุมนุมที่ต่างๆทำ ผิดกฎหมายบ้าง ไม่ผิดกฎหมายบ้าง ซึ่งถูกถือว่าเป็นคนเสื้อแดงไป

Das Rothemd als Symbol könnte vielerlei Probleme geben, da die Kundgebungen der Rothemden eigentlich ein friedliches Zusammentreffen waren, ohne Waffen, ohne Verstoß gegen Gesetze, was man von den Veranstaltungen der PAD nicht behaupten konnte. Doch sie {die Rothemden} versammelten sich auch an anderen Orten, manche verstießen dort auch gegen Gesetze. Das war wohl der Grund, alle zusammen in einem Topf zu werfen.

มีคนใส่เสื้อแดงไปประท้วงรัฐมนตรี ขนะเดียวกันก็มีคนใส่เสื้อแดงไปต้อนรับรัฐมนตรี เมื่อมีคน ไม่พอ ใจสภาพการปกครองที่ไม่เป็นประชาธิปไตยจำนวนมากขึ้นๆ ก็ทำให้มีการเคลื่อนไหวที่ หลากหลาย แบบเป็นไปเอง ไม่มีใครสั่งใคร แต่ทั้งหลายทั้งปวงก็ถูกเรียกว่า "เสื้อแดง"จึงเกิด แนวโน้มว่าจะมี ปัญหาตามมา เพราะในคนหมู่มากหลากหลายแบบเป็นไปเอง ไม่มีใครสั่งใคร แต่ทั้งหลายทั้งปวง ก็ถูกเรียกว่า "เสื้อแดง" จึงเกิดแนวโน้มว่าจะมีปัญหาตามมา เพราะในคนหมู่ มากหลากหลายย่อม คิดอะไร ต่างๆกันไป มีบ้างแล้วที่เสื้อแดงต้องมาปฏิเสธว่า คนนั้นไม่ เกี่ยวกับเสื้อแดง คนนี้ไม่ใช่ เสื้อแดง จึงยังนึกไม่ออกเหมือนกันว่า ถ้าวันหนึ่งมีคนใส่เสื้อแดงไป ทำอะไรผิดๆ เข้าจะอธิบาย ว่าอย่างไร หรือจะว่านั่นไม่ใช่เสื้อแดงแท้

Es gab eine Gruppe der Rothemden, die gegen die Minister auftraten, es gab auch manche, die mit roten Hemden Minister Willkommen hießen. Als mehr Teile der Bevölkerungen unzufrieden mit den undemokratisch regierenden Machthaben wurden, gab es auch immer mehr Bewegungen aus verschiedensten Beweggründen, ohne Planung und Ordnung. **Sie alle wurden Rothemden genannt, und das war ein potentielles Problem. Es waren viele Gedanken, viele Ideen von vielen unterschiedlichen Personen, ohne Lenkung und Planung, das musste selbstverständlich Probleme aufwerfen.** Daher wurden manche Rothemden von anderen Rothemden ausgegrenzt, es wurde gesagt, dass sie keine Rothemden wären. Man braucht nicht viel Fantasie, um sich vorzustellen, wenn einige Rothemden gegen

Gesetz verstoßen würden, was man dann sagen würde. Vielleicht lautet die Erklärung, es waren nicht die Echten?

ในอีกแง่หนึ่ง ถ้ามีคนที่ไม่ใช่เสื้อแดง และไม่เรียกตัวเองว่าเป็นคน "เสื้อแดง" แต่ต่อสู้เพื่อประชาธิปไตย คนเสื้อแดงจะมองเขาอย่างไร

Auf der anderen Seite, wenn jemand kein Rothemd wäre, und er würde sich auch nicht als "Rothemd" bezeichnen. Dennoch kämpft er für die Demokratie, wie sollte man ihn denn nennen?

ในที่สุดแล้วหากจะให้การต่อสู้เพื่อประชาธิปไตยประสบความสำเร็จต่อๆไป ต้องส่งเสริมให้เกิดการ เคลื่อนไหวที่กว้างขวางของคนที่หลากหลายในประเด็นที่หลากหลาย

Schließlich, wenn man erfolgreich für die Demokratie kämpfen will, muss man doch dafür sorgen, so viele Leute, viele Köpfe, Ideen, Vorschläge wie möglich in die Bewegung zu integrieren.

คนที่หลากหลายนี้อาจมีเสื้อแดงเป็นกำลังสำคัญ แต่ไม่ควรมีเฉพาะเสื้อแดงเพียงอย่างเดียว

Die Vielzahl unterschiedlicher Menschen könnten durch die Rothemden angeführt werden, aber auf gar keinen Fall sollten sie nur aus Rothemden allein bestehen.

จากนี้ไปจึงควรจะช่วยกันคิดว่าทำอย่างไรจึงจะทำให้คนใส่เสื้อทุกสีเข้าร่วม และสนับสนุนการต่อสู้ เพื่อประชาธิปไตยให้มากที่สุด

Von da an wollten wir eher daran denken, wie wir es schaffen konnten, dass alle Farben gemeinsam für Demokratie kämpften.

เมื่อการต่อสู้เพื่อประชาธิปไตย ได้ก้าวหน้าไปอีกขั้นหนึ่ง ย่อมหนีไม่พ้นที่จะมีการจัดองค์การให้ชัด เจนพอสมควรแล้วใช้ชื่อองค์กรนั้นเรียกขานตนเอง กำหนดเนื้อหาในการเรียกร้องต่อสู้ขององค์กร ขึ้น ก็จะแก้ปัญหาความสับสนเหล่านี้ได้

Als der Kampf in einer weiteren Stufe stieg, waren organisatorische Maßnahmen unumgänglich, um die Klarheit zu schaffen und den Inhalt der Forderungen bestimmen zu können. Und wir sollten uns so nennen, wie der Namen unserer Organisation war.

ถ้าจะพัฒนาการต่อสู้ต่อไป ขบวนการต่อสู้เพื่อประชาธิปไตยคงต้องจัดองค์กรของ ตนให้ชัดเจนยิ่ง ขึ้น

Wollten wir weiter kämpfen, mussten wir die Organisation für unseren Kampf konkreter und klarer bestimmen.

ที่พูดนี้ง่าย แต่เข้าใจดีว่า "ทำยาก" ยากเพราะความเป็นมาของเสื้อ มีลักษณะพิเศษอยู่พอสมควร

Etwas zu sagen, ist es einfach, etwas zu machen ist weit schwieriger. Die Bezeichnung „das Hemd" macht es schwierig, weil sie ziemlich eigenartig ist.

การชุมนุมคนเสื้อแดงที่คึกคักในช่วงหลัง เกิดจากการจัดงานของ"ความจริงวันนี้" ซึ่งเป็นรายการ

ทีวี ที่มีคนนิยมมากทีเดียว เพราะรายการนี้เขาเอา"ความจริง" มาเสนอ และเป็นความจริงที่หาดูหาฟัง ที่อื่นไม่ค่อยได้ ความที่รายการความจริงวันนี้แพร่ภาพออกอากาศทางช่อง NBT ซึ่งเป็นฟรีทีวีมาระยะหนึ่ง คนดูได้ทั้งประเทศ รายการนี้จึงมีแฟนมาก พอ "ความจริงวันนี้" มาจัดชุมนุม แฟนหน้าจอ ทีวีก็ตามมาร่วมชุมนุมด้วย

Die Kundgebungen der Rothemden in der späteren Phase waren sehr aktiv, durch die Kundgebungen wurde das Programm „die Wahrheit von Heute", eine sehr populäre Fernsehsendung. In NBT, einem freien Fernsehsender, konnte man landesweit die Wahrheit erfahren, was man sonst nirgendwo zu Hören und zu Sehen bekam. Das Programm war daher sehr bekannt. Wenn das Team „die Wahrheit von Heute" die Kundgebung der Rothemden veranstaltete, waren die Zuschauer des Programms auch dabei.

ในการชุมนุมบางครั้ง ทราบว่าคณะผู้จัดรายการความจริงวันนี้ ซึ่งเป็นเจ้าภาพหลัก ก็ได้หารือกับองค์ กรประชาธิปไตยต่างๆ เกี่ยวกับการกำหนดกิจกรรมและเนื้อหาสาระที่จะเสนอในการชุมนุม เรียกได้ ว่าจัดร่วมกัน

Bei mancher Kundgebung machten auch ein paar andere Organisationen mit, die für die Demokratie kämpften. Sie haben verschiedene Inhalte der Darstellung {auf der Bühne}, des Zusammentreffens und der Forderung mit gestaltet und mit bestimmt.

สื่อมวลชนมักเรียกการชุมนุมของคนเสื้อแดงว่าการชุมนุมของนปช. หรือ นปก. อยู่บ่อยๆถ้าเป็น หนังสือพิมพ์ภาษาอังกฤษ ก็จะใช้คำว่า "UDD" แสดงว่าพวกเขาก็ต้องการหาทางเรียกอย่างใด อย่างหนึ่งอยู่เหมือนกัน แต่จะเรียกว่าการชุมนุมของนปช. ก็ไม่ตรงกับความเป็นจริง เพราะผู้ที่มีบท บาทในการนำการชุมนุมหลายครั้งคือ คณะผู้จัดรายการความจริงวันนี้

Die meistens Medien nannten die Kundgebung der Rothemden นปช. oder นปก. Die Presse in englische Sprache nannte sie "UDD" (Vereinigte Front für Demokratie und gegen Diktatur), es zeigte, dass die Medien versuchten, eine andere Bezeichnung für sie zu finden. Aber man kann sie nicht ganz als Kundgebung der UDD bezeichnen, denn das Team „die Wahrheit von Heute" spielte eine große Rolle in den meistens Kundgebungen.

แต่จะเรียกว่าเป็นการชุมนุมของ "ความจริงวันนี้" ก็คงไม่เหมาะ เพราะความจริงวันนี้เป็นรายการ ทีวี จะใช้ชื่อรายการทีวีเป็นชื่อองค์กรนำการต่อสู้ก็กระไรอยู่

Man kann sie auch nicht alleine als Kundgebung der "Wahrheit von Heute" bezeichnen, weil es der Name einer Fernsehsendung ist, deshalb ist er für die politische Auseinandersetzung nicht geeignet

การต่อสู้เพื่อประชาธิปไตยก่อนหน้านี้ กำลังสำคัญอยู่ที่ประชาชนคนลงคะแนน การออกเสียงลงประ ชามติรัฐธรรมนูญทำให้เห็นว่าแม้มีความพยายามทุกอย่าง ทั้งหลอกทั้งขู่ เพื่อให้รัฐธรรมนูญ

ผ่านการ ลงประชามติ แต่ก็ยังมีประชาชนกว่า 10ล้านคน"ไม่เห็นชอบ" ในการเลือกตั้งเมื่อ 23 ธันวาคม 2550 ประชาชนผู้ลงคะแนนได้ทำให้แผนบันใด 4 ชั้นของคมช.ต้องสะดุดไปพักหนึ่ง

Früher setzte man als wirksames Mittel für die Demokratie das Werben um die Stimme der Bevölkerung ein. Zum Beispiel warb die Bewegung um die Stimme der Bevölkerung, als es um die Stimme gegen den Verfassungsentwurf ging, und das obwohl es mit Manipulation und Drohung verhindert wurde, damit die Verfassung angenommen wurde. Trotzdem stimmten mehr als 10 Millionen Bürger dagegen. In der Wahl am 23 Dezember 2007 stellten dann die Stimmen der Bürger einige Zeit das Hindernis für Stufe vier des Stufenplans {des Militärs} dar.

แต่ขณะนี้เมื่อรัฐบาลที่มาจากการเลือกตั้งของประชาชนถูกล้มไปแล้ว พรรคการเมืองที่ประชาชน เคยเลือกก็กลายเป็น "ฝ่ายค้าน" และการยุบสภาอาจจะไม่เร็วอย่างที่หวังกัน จะอาศัยประชาชน ผู้ ลงคะแนนออกมาสำแดง พลังในการ "เลือกตั้ง" ก็อาจยังไม่เกิดขึ้นเร็วนักนอกจากนี้เราต่างได้บทเ รียนแล้วว่า แม้ประชาชนจะพร้อมใจกันเลือกรัฐบาลของตนขึ้นมา ก็สามารถถูกกลไกของ รัฐ ธรรม นูญฉบับเผด็จการฉบับนี้ล้มเสียเมื่อไรก็ได้

Nun wurde die gewählte Regierung aufgelöst, die von Bürgern gewählte Partei wurde zur Opposition, eine Auflösung des neuen Parlaments ist nicht in Sicht. Auch die Hoffnung, dass die Bürger den Protest für Neuwahlen unterstützen werden wird so leicht nicht in Erfüllung gehen. Außerdem haben wir bereits gelernt, dass, obwohl es gelingen könnte, eine neue Regierung zu wählen, diese durch die Mechanismen der Verfassung von 2007 zum Scheitern verurteilt wäre.

การเคลื่อนไหวต่อสู้ "นอกสภา" ที่มีคนเสื้อแดงเป็นกำลังหลัก จึงมีความสำคัญมากกว่าก่อนหน้า นี้อย่างมาก จะทำให้บ้านเมืองเป็นประชาธิปไตยได้หรือไม่ ขึ้นกับว่าจะทำให้ประชาชน ทั่ว ประเทศ รับรู้เข้าใจ และมีส่วนร่วมในการต่อสู้เพื่อประชาธิปไตยกันอย่างกว้างขวางได้อย่างไร

Der außerparlamentarische Kampf der Rothemden ist daher wichtiger denn je. Ob uns es gelingt, die Demokratie für das Land zurück zu bekommen, wird davon abhängen, ob die Bürger des ganzen Landes die Lage wirklich erkennen, und inwieweit sie bereit sein werden, gemeinsam für die Demokratie zu kämpfen.

"ที่คำถามง่ายๆ ที่ต้องการคำตอบที่ดีพอสมควร คือ 'กลุ่มพันธมิตรฯทำอะไรได้ เสื้อแดงก็ต้องทำ ได้' ใช่หรือไม่ ถ้าตอบว่า ใช่ เหตุผลง่ายๆ ก็คือ ที่กลุ่มพันธมิตรฯยังทำได ทำไมเสื้อแดงเราจะทำ บ้าง ไม่ได้

Eine einfache Frage, die eine einfache Antwort benötigt ist: dürfen die Rothemden tun, was die PAD darf? Wenn die Antwort „ja" wäre, dann aus einem einfachen Grund. Warum sollten die Rothemden nicht dürfen, was der PAD erlaubt ist?

นี่ย่อมเป็นโจทย์ข้อใหญ่ของ"เสื้อแดง"

Es ist daher eine wichtigste Frage für die "Rothemden".

คำตอบคือ ไม่ การกิจของเสื้อแดงนั้นยากกว่าพันธมิตรฯ หลายเท่า วัตถุประสงค์ก็ต่างกันมาก

ส่วนทิศทาง หรือจุดหมายปลายทางนั้น เรียกว่า 'ตรงกันข้าม' "

Wenn die Antwort „nein" wäre, dann weil die Intention der Rothemden viel schwieriger zu erreichen ist als die der PAD und ihr Ziel das „Gegenteil" der Ziele der PAD ist.

อาจมีบางเรื่องที่ควรศึกษาจากกลุ่มพันธมิตรฯอยู่บ้าง นั่นคือการนำที่เป็นเอกภาพ การจัดตั้งที่เข้มแข็ง การฝึกฝนคนให้สู้ แต่ในเรื่องของเนื้อหาสาระและจุดมุ่งหมายแล้ว ทำอย่างกลุ่มพันธมิตรฯ ไม่ได้เลย

Es gibt manche Teile der Strategie, die man von den PAD lernen kann, nämlich die Einigkeit und die durchdachte Planung, und den Kampfgeist. Doch der Inhalt und das Ziel der PAD sind leider schwach.

การเคลื่อนไหวของกลุ่มพันธมิตรฯ นั้นพวกเขาต้องการให้ได้ผู้สนับสนุนมากที่สุด ครั้นเมื่อเลยเถิดไปเป็นการทำความเสียหายแก่ประเทศร้ายแรงอย่างการปิดสนามบินสุวรรณภูมิ ทำให้แนวร่วม ของกลุ่มพันธมิตรฯ น้อยลงมากแต่สิ่งที่กลุ่มพันธมิตรฯต้องการก็ไม่ใช่คนมาก พวกเขาต้องการคน จำนวนหนึ่งที่บ้าดีเดือดพอที่จะทำอะไรเสียหายร้ายแรง เพื่อให้รัฐบาลตกอยู่ในสภาพปกครองไม่ได้ ส่วนการล้มรัฐบาลจริงๆนั้นพวกเขาอาศัยกลไกตามรัฐธรรมนูญการตั้งรัฐบาลใหม่ก็อาศัยพรรคการเมืองและ กองทัพร่วมมือกัน

Bei ihrer Bewegung ging es nur darum, so viele Leute wie möglich als Anhängerschaft zu sammeln. Als sie zu weit gingen, indem sie den Flughafen Suvarnabhumi blockierten, und dadurch das Land in den Ruin hätten treiben können, verloren sie langsam ihre Anhänger. Doch das ist nicht ihr zentrales Interesse. Was sie brauchen, sind nicht viele Leute, sondern wenige, aber rücksichtslose Verrückte, die zu allem bereit sind, die alles machen, damit die Regierung unfähig ist, das Land zu regieren. Die eigentlichen Ursachen, die die Regierung vernichten konnten, sind die Mechanismen der Verfassung, der Parteien und das Militär.

แต่การทำอย่างกลุ่มพันธมิตรฯ จะทำความเสียหายแกประเทศชาติมากๆ ซึ่งไม่เป็นประโยชน์อะไร กองทัพและตำรวจก็จะไม่ปล่อยให้ทำตามอำเภอใจอย่างที่กลุ่มพันธมิตรฯเคยทำ ถ้าสร้างความเสีย หายขึ้นจริง กองทัพและผู้มีอำนาจทั้งหลายก็ยังจะช่วยค้ำจุนรัฐบาลนี้อยู่แต่ที่สำคัญคือจะเหลือแนว ร่วมผู้สนับสนุนอยู่น้อย ไม่สามารถไปเปลี่ยนแปลงบ้านเมืองให้เป็นประชาธิปไตยได้

Sie nachzuahmen, würde das Land ruinieren und ist daher nutzlos. Außerdem würde die Polizei und das Militär es uns nicht erlauben, anders als ihre Haltung gegenüber den PAD einmal war. Selbst wenn sie tatsächlich das Land in den Ruin treiben würden, würden das Militär und die Machthaber weiterhin die jetzige Regierung unterstützen. Und wir Rothemden sind sowieso dadurch geschwächt, dass wir noch wenige {mächtige} Unterstützer haben, um das Land in Richtung einer Demokratisierung zu verändern.

Die Krise der Demokratie — Mark Teufel^^ Thailand

การต่อสู้เพื่อประชาธิปไตยนั้น "ไม่มีทางลัด" และไม่มีเครื่องทุ่นแรง ยิ่งไม่อาจหวังความช่วยเหลือใดๆ จากผู้มีอำนาจ มีแต่ต้องอาศัยประชาชนจำนวนมาก

Es gibt gar keine Abkürzung für den demokratischen Kampf, auch keine Hilfe durch irgendein Werkzeug, von den Machthabern schon gar nicht, **nur die Masse der Bevölkerung ist unser Mittel.**

สิ่งที่คนเสื้อแดง "จะคิด" และ "จะทำ" จึงต้องแตกต่างจากกลุ่มพันธมิตรฯอย่างสิ้นเชิง

Was die Rothemden denken und tun, muss vollkommen anders als das Verhalten der PAD sein.

การเคลื่อนไหวของคนเสื้อแดงได้ทำให้มีคนเข้าร่วมและสนับสนุนมากขึ้นอย่างรวดเร็ว เนื่องจากมีข้อ เท็จจริงและเหตุผลที่มีน้ำหนัก และที่สำคัญคือ ดำเนินการเคลื่อนไหวและมีประชาธิปไตย และความ เป็นธรรม

Die Bewegung der Rothemden wird von überall unterstützt, akzeptiert, weil sie auf der Wahrheit und Vernunft basiert. Das Wichtigste ist, dass ihre Bewegung aus einem Sinn für Demokratie und Gerechtigkeit stammt.

แม้กระนั้นรัฐบาลและผู้มีอำนาจก็ยังไม่ตอบสนองข้อเรียกร้องหรือรับฟังความเห็น ซึ่งก็เป็นธรรมดาที่ แกน นำและผู้ร่วมเคลื่อนไหวจะพยายามหาทางทำให้การเคลื่อนไหวเข้มข้นขึ้น เพื่อจะให้เกิดการ เปลี่ยนแปลงโดยเร็ว แต่ก็มีข้อจำกัด เพราะถ้าการยกระดับนั้นสร้างความเดือดร้อนเสียหาย แก่ประ ชาชนเกินความจำเป็นและไม่สามารถทำให้ประชาชนส่วนใหญ่เข้าใจและเห็นด้วยก็จะกลายเป็นผล เสียได้

Trotzdem wollen die Regierung und die Machthaber nichts davon wissen, sie wollen ihnen nicht einmal zuhören. Das gibt den Führern der Rothemden noch mehr Anlass, energischer, entschlossener ihr Anliegen voranzutreiben, um schneller zum Ziel zu kommen. Aber das ist leider zu ihrem Nachteil. Denn sie würden nur Unverstandnis von den Mitbürgern ernten. Es ist für die Bürger inakzeptabel, wenn sie durch die Bewegung der Rothemden zu sehr strapaziert würden.

ยิ่งเมื่อถูกสร้างสถานการณ์กลั่นแกล้งและใส่ร้ายป้ายสี ภายใต้การปิดล้อมในการสื่อสาร ก็ยิ่งเป็นเรื่องยาก

Wenn sie {die Rothemden} dann noch von Intriganten, einer Übermacht umgeben und mundtot gemacht wurden, sind sie dann in einer schwierigen Lage.

กาทำความเข้าใจกับคนส่วนใหญ่จังยังต้องใช้เวลาและความพยายามอีกมาก

Um mehr Verständnis von der Bevölkerung zu erhalten, werden sie noch mehr Mühe und Zeit brauchen.

การต่อสู้เพื่อประชาธิปไตยของคนเสื้อแดงและผู้รักประชาธิปไตยทั้งหลายจำเป็นต้องมีการสะสมกำลัง สร้างความรู้ความเข้าใจให้กว้างขวางออกไป เพื่อให้ประชาชนทั่วประเทศสนับสนุน

หรือเข้าร่วม การต่อสู้นี้ให้มากพอที่จะทำให้เกิดการเปลี่ยนแปลงได้

Für den Kampf für Demokratie müssen Rothemden und alle demokratischen Menschen daher für mehr Verständnisse aus der breiten Bevölkerung werben, damit sie mehr Unterstützung bekommen, je mehr sie das Volk hinter sich haben, desto schneller wird die Veränderung stattfinden.

การต่อสู้เพื่อประชาธิปไตยต่อไปนี้จึงจะเป็นการต่อสู้ที่ยืดเยื้อ ไม่อาจก่อให้เกิดการเปลี่ยนแปลงได้อย่างฉับพลันทันใด แต่ดูจากศักยภาพของคนเสื้อแดงและกลุ่มพลังประชาธิปไตย ที่พัฒนาอย่างมี คุณภาพและขยายตัวอย่างรวดเร็วแล้ว หากมีการจัดองค์กร จัดขบวนกำหนดทิศทาง สร้างเครือข่าย สรุปบทเรียนจากการต่อสู้ และแสวงหาความร่วมมือให้กว้างขวางขึ้นไปอีกอย่างต่อเนื่องแล้ว ประชา ธิปไตยก็อาจเกิดขึ้นได้ในเวลาอีกไม่นานจนเกินไป

Der Kampf um die Demokratie ist daher ein zäher Kampf, man kann die Veränderung nicht sofort herbeirufen. Wenn man das Potential der Rothemden und die demokratische Kraft betrachtet, wie sie sich innerhalb von kurzer Zeit vorwärts entwickeln, mit besserer Organisation, durchdachter Planung, einem Netzwerk von gesammelten Wissen und Erfahrungen durch den Kampf, und mit der breiten Zustimmung des Volkes hinter sich, könnte Demokratie für das Land bald erreicht werden.

Die Zivilgesellschaft

Wohin will sie?

ภาคประชาชน / กำลังเดินไปทางไหน

„ในสังคมที่เป็นประชาธิปไตยเท่านั้น ที่องค์กรภาคประชาชนจะได้รับการส่งเสริมให้มีบทบาท มีส่วนรวมในการพัฒนาประเทศ ได้มาก เรามีการเมืองการปกครองที่เป็นประชาธิปไตยหรือไม่ จึงมีความสำคัญต่อองค์กรภาคประชาชน"

„Nur in einer demokratischen Gesellschaft, in der die Zivilgesellschaft eine wichtige Rolle spielt, kann für die Entwicklung des Landes viel erreicht werden. Doch haben wir eine solche demokratische Regierung, die eine solche Organisation schätzt?"

ในทางกลับกัน การต่อสู้เพื่อสร้างและพัฒนาประชาธิปไตย การมีองค์กรภาคประชาชนที่หลากหลายและการเคลื่อนไหวของภาค ประชาชน ที่เข้มแข็ง ก็เป็นความจำเป็นอย่างยิ่ง สำหรับการต่อสู้เพื่อสร้างและพัฒนาประชาธิปไตย

Wenn es also um den Kampf, Aufbau und die Entwicklung der Demokratie geht, ist die Bewegung einer starken Zivilgesellschaft sehr wichtig.

การเคลื่อนไหวของกลุ่มพันธมิตรฯ และพวกในช่วง 3 ปีมานี้ทำให้ความหมายฐานะ และบทบาทของ „ภาคประชาชน" เสียหายไปมาก

Aber in den vergangenen 3 Jahren hat die Bewegung der „Volksallianz für Demokratie" PAD die bedeutende Rolle und das Ansehen der Zivilgesellschaft unwiederbringlich zerstört.

หาก „ภาคประชาชน" จะก้าวต่อไป จำเป็นต้องสร้างบทบาทที่เป็นอิสระและแตกต่างจากกลุ่มพันธมิตรฯ และต้องก้าวให้พ้นจากการอยู่ใต้ร่มเงากลุ่มพันธมิตรฯ

Wenn die Zivilgesellschaft vorwärts kommen möchte, darf ihre Rolle nicht eingeschränkt, dominiert werden, sie muss sich anders als die PAD organisieren. Sie darf auch nicht im Schatten des PAD stehen.

คำว่า „ภาคประชาชน" ที่ใช้กันมีทั้งความหมายที่กว้างและความหมายที่แคบ

Der Begriff „Zivilgesellschaft" hat mehrere Bedeutungen sowohl im weiteren als auch im engeren Sinne.

ในความหมายอย่างกว้าง ภาคประชาชนครอบคลุมถึงกลุ่ม องค์กรต่างๆที่ไม่สังกัดภาครัฐหรือราชการ และที่ไม่ได้ทำธุรกิจเอกชน หรือทำมาค้าขาย แต่เป็นกลุ่มและองค์กรที่เคลื่อนไหวทำกิจกรรมต่างๆ ในสังคม เศรษฐกิจและการเมือง รวมถึงมวลชนขององค์กรต่างๆเหล่านั้น และประชาชนที่ต่อสู้เรียกร้อง สิทธิเสรีภาพ ผลประโยชน์ของตนเอง และที่ต่อสู้ทางการเมืองด้วย

Im weiteren Sinn, sind viele unterschiedlichen Organisationen gemeint, sowohl staatliche als auch die Nicht-Regierungs-Organisationen (NGO), die nicht kommerziellen sowie die auf Gewinn ausgerichteten Gruppen, Institutionen, die mit der Gesellschaft, der Wirtschaft und der Politik zu tun haben. Auch die Teile der Zivilgesellschaft, die sich für Menschenrechte, Freiheit und für ihre Politik oder für individuelle Bürger einsetzen.

ในความหมายอย่างแคบที่ใช้กันในเมืองไทยคือ เอ็นจีโอ แปลตรงตัวว่า องค์กรที่ไม่สังกัดภาครัฐ ซึ่งมักจะเรียกกันว่าองค์กรพัฒนาเอกชน

Wenn man in Thailand von der Zivilgesellschaft im engeren Sinn spricht, meint man die NGOs. Sie sollen Organisationen sein, die vom Staat unabhängig sind, man nannte sie daher, „nicht staatliche Organisationen für die Entwicklung".

ที่เกิดความหมายอย่างแคบขึ้น เนื่องจากระยะหลังเอ็นจีโอไทยมักเรียกตัวเองว่า „ภาคประชาชน" เข้าใจว่าเป็นเพราะคำว่า „ภาคประชาชน" นั้นขลังกว่า เรียกว่าภาคประชาชนแล้วก็มีคนนึกถึงฐานสนับ สนุนที่กว้างกว่า มีพลังกว่า

In der letzten Zeit bezeichnen die NGOs sich selbst als „Zivilgesellschaft", deshalb kann man zu der Meinung gelangen, dass diese {NGOs} glauben, dass sie „im engsten Sinn" die Zivilgesellschaft verkörpern. Wahrscheinlich waren sie der Meinung, dass wenn sie sich selbst „Zivilgesellschaft" nennen würden, könnte es seriöser wirken, wodurch sie dann mehr und stärkere Unterstützungen von den Bürgern bekommen würden.

„ภาคประชาชน" ที่กล่าวถึงในหัวข้อนี้ มีความหมายทั้ง 2แบบ ช่วงแรกจะเน้นที่ „เอ็นจีโอ"

Man kann „im engsten Sinn" zwei Bedeutungen zuweisen. Erstens sind es NGOs.

เอ็นจีโอของไทยมีมานานแล้ว แต่เริ่มเกิดขึ้นมากและพัฒนามาอย่างต่อเนื่อง โดยเฉพาะตั้งแต่ช่วงหลัง เกิดเหตุการณ์ 6 ตุลาคม พ.ศ. 2519 มาระยะหนึ่ง องค์กรเอ็นจีโอช่วงนั้นมีทั้งที่เคลื่อนไหวเพื่อประ ชาธิปไตยเคลื่อนไหวเรื่องสิทธิเสรีภาพหรือสิทธิมนุษยชนก็มี แต่ว่าส่วนใหญ่แล้วจะเน้นด้านสังคม เช่นเรื่องการพัฒนาสังคมโดยรวม ปัญหาเด็ก ปัญหาสิ่งแวดล้อม ปัญหาคนพิการ ปัญหาคนชายขอบ ด้านการจัดสรรทรัพยากรธรรมชาติเป็นต้น

NGOs entstanden seit geraumer Zeit, sie entwickelten sich ununterbrochen weiter. Besonders nach dem 6. Oktober 1976, waren sie aktiv in den Kampf für die Demokratie, für die Freiheit und für die Bewegung der Menschenrechte einbezogen. Ihr Arbeitsbereich liegt meistens in der sozialen Entwicklung, der Bekämpfung der Probleme der Jugendlichen, im Umweltschutz, beim Schutz von Naturressourcen, in der Hilfe für Behinderte und Menschen die am Rand der Gesellschaft stehen.

ในส่วนเกี่ยวกับการพัฒนาประเทศนั้น กล่าวได้ว่าองค์กรเอ็นจีโอ กระแสหลักในประเทศไทย เป็นองค์ กรที่ให้ความสนใจปัญหาที่เป็นผลเสียหรือผลข้างเคียงของการพัฒนาประเทศ โดยเฉพาะการพัฒนา ประเทศให้เป็นอุตสาหกรรม ที่ใช้กลยุทธ์การส่งออกนำการพัฒนาที่ทำกัน

มา การเคลื่อนไหวในช่วงหลังๆ ของเอ็นจีโอ นอกจากพยายามแก้ปัญหาผลเสียจากการพัฒนาแล้ว ยังมีบางส่วนที่มีบทบาทมากๆ และเข้มข้นไปถึงขั้นต่อต้านการพัฒนา

Allgemein kann man sagen, dass das Interesse der NGOs die Lösung der Probleme bei der Entwicklung des Landes ist, ob sie günstig oder ungünstig darauf wirken, ist eine andere Frage. Besonders, wenn es darum geht, die Industrialisierung unseres Landes zu entwickeln. In der letzten Zeit ging es ihnen hauptsächlich darum, die Nachteile, die durch die Industrialisierung entstanden sind, zu bekämpfen. Und das machte sie zum Gegner der Modernisierung.

เมื่อเกิดการยึดอำนาจโดยคณะรักษาความสงบเรียบร้อยแห่งชาติ (รสช) เอ็นจีโอจำนวนไม่น้อยมีส่วนร่วม ในการต่อสู้คัดค้านรสช. หลังเหตุการณ์เดือนพฤษภาคมแล้ว เอ็นจีโอที่เข้ามีส่วนร่วมในการต่อสู้คัดค้าน รสช.จำนวนมาก มีส่วนร่วมในการกระบวนการปฏิรูปการเมือง โดยเฉพาะอย่างยิ่งการเข้าร่วมสร้างกระแส ธงเขียว เพื่อให้รัฐสภาผ่านร่างรัฐธรรมนูญปี 2540 ออกมาใช้

Als die Machtübernahmen durch den Nationalrat zur Friedenssicherung stattfand {gemeint ist der Coup von 1991}, gab es viele NGOs, die gemeinsam gegen ihn kämpften, besonders nach dem Ereignis von Mai 1992 waren es viele NGOs, die gegen die damalige NPKC (National Peace Keeping Council) und den Prozess der „politischen Reform" waren. Sie beteiligten sich auch an einer Bewegung mit einer grünen Fahne, die als Zeichen für die Zustimmung zur Verfassung von 1997 diente. {Im Gegenteil dazu wurde das rote Hemd Zeichen der Ablehnung der Verfassung von 2007.}

บทบาทที่สำคัญของผู้นำเอ็นจีโอ ในการมีส่วนร่วมร่างรัฐธรรมนูญฉบับ 2540 ส่วนแรกคือ การร่วมกำหนด รายละเอียดของรัฐธรรมนูญในส่วนที่ตนเองรับผิดชอบทำงานอยู่ ตามแนวความคิดที่ว่าใครอย่างเห็นอะไร ดีๆ อยากให้บ้านเมืองเป็นอย่างไร ก็กำหนดไว้ในรัฐธรรมนูญเสีย

Die erste wichtige Rolle der NGOs war, dass ihre Führer den Entwurf der Verfassung von 1997 mit gestalten durften. Daher konnten sie ein Teil in der Verfassung werden, was sich positiv auf die Möglichkeit auswirkte, mitzubestimmen, nach dem Motto: Wer etwas Vernünftiges oder Gutes für das Land haben will, der kann mitmachen, oder wer das Land nach seinem Wunsch gestalten möchte, der darf mitmachen.

ส่วนที่สองที่เกี่ยวกับระบบการปกครองและระบบการเมืองนั้น เข้าใจว่าเอ็นจีโอก็คล้ายกันกับนักวิชาการ ปัญญาชนของไทย คือเห็นว่านักการเมืองพรรคการเมือง ระบบรัฐสภา ระบบพรรคการเมืองเป็นปัญหา ต้องช่วยกันหาทางให้มีที่มาที่ดี มีการตรวจสอบที่ดี ป้องกันไม่ให้มีการทุจริตคอร์รัปชั่น ซึ่งก็เป็นปัญหา อยู่จริง และความพยายามหาทางแก้ปัญหาเหล่านี้ก็เป็นประโยชน์จริง แม้ว่าบรรยากาศทางการเมืองใน ขณะนั้นจะเต็มไปด้วยความรู้สึกที่มีอคติต่อนักการเมืองและพรรคการเมืองอยู่มากก็ตาม

Die zweite Rolle hatte mit der Regierung und Politik zu tun. Die Ansicht der NGOs war ähnlich wie die der Wissenschaftler und der Intellektuellen. Sie glaubten, dass die Politiker, die Parteien und das Parlament- und das Parteiensystem das Urübel aller Probleme wären. Man müsste sie daher in Schach halten, sie besser kontrollieren und das Land und das Volk vor ihnen schützen. Es gab selbstverständlich solche Probleme. Es war natürlich gut, wenn man versuchte sie zu lösen, aber es führte auch zu Vorurteilen gegenüber ehrlichen Politikern und Parteien.

แต่ผู้นำเอ็นจีโอส่วนใหญ่มองระบบพรรคการเมืองและระบบรัฐสภาอย่างไรแน่ เข้าใจว่าเอ็นจีโอที่เป็นกระแสหลักจะ „ไม่เชื่อ" ในระบบพรรคการเมืองและระบบรัฐสภาเท่าไรนัก ความเข้าใจนี้เกิดจากการสังเกต ความเห็นของเอ็นจีโอที่มีต่อเรื่องนี้ในช่วงที่ผ่านมา แต่ก็คงไม่มีอะไรยืนยันความเห็นนี้ได้ดีเท่ากับสิ่งที่เกิดขึ้นในช่วง 3 ปีมานี้

Wie die meistens NGOs das politische und parlamentarische System betrachteten, war unklar. Man glaubte, dass die Ursache des Argwohns der NGOs war, dass die Mitglieder der NGOs dem Parteien- und Parteiensystem nicht vertrauten. Diese Ansicht basiert auf unserer Beobachtung, wie sich die NGOs im Laufe der Zeit über die Politik äußerten. Es gibt kein besseres Beispiel, um die Situation zu beschreiben, als die Entwicklung der letzten drei Jahre.

มีคนตั้งข้อสังเกตว่ารัฐบาลทักษิณดำเนินนโยบายหลายอย่างที่มีผลต่อประเทศในภาพรวม ซึ่งเป็นความแตกต่างจากบทบาทของเอ็นจีโอที่มุ่งให้มีผลต่อชุมชน ต่อกลุ่มของประชาชนที่ละส่วน ถือว่าเป็นวัฒนธรรมการทำงานที่ต่างกันมาก นอกจากนี้รัฐบาลทักษิณยังพูดอยู่บ่อยๆ เรื่องการตัดนายหน้าออกไป และมีการติดต่อสื่อสารโดยตรงกับประชาชน ยิ่งทำให้รัฐบาลทักษิณกับเอ็นจีโอจำนวนไม่น้อยมีช่องว่าง และความแตกต่างกันมากขึ้น

> Man merkte, dass Thaksins Regierung viele Programme realisierte, die dem Land und den normalen Menschen nutzte, was sich deutlich von den Programmen der NGOs unterschied. Die NGOs konzentrierten sich nur auf eine bestimmte Gruppe der Bevölkerung oder auf ein individuelles Problem, auf ein Projekt. Außerdem hat Thaksins Regierung oft veröffentlicht, dass sie mit den Bürgern einen direkten Kontakt haben wollte, ohne Mittelsmänner. Und das verstärkte die Differenzen zwischen Thaksins Regierung und den NGOs.

แต่นี่คงไม่ใช่สาเหตุที่ผู้นำเอ็นจีโอหลายคนต่อต้านรัฐบาลทักษิณและก็ไม่ใช่ประเด็นสำคัญเกี่ยวกับบทบาทของเอ็นจีโอที่กำลังกล่าวถึง

Aber es war nicht die Hauptursache, die dazu führte, dass sich die Haltung vieler NGO-Führungen gegen Thaksin richtete.

ประเด็นสำคัญอยู่ที่มีผู้นำระดับสูง และผู้ที่เป็นที่นับถือของเอ็นจีโอส่วนใหญ่ในประเทศไทย ประสานเสียง ร่วมมือกับกลุ่มพันธมิตรฯ อย่างชนิดที่เป็นอันหนึ่งอันเดียวกันเลยทีเดียว โดยที่ผู้นำองค์กรเอ็นจีโอต่างๆ ที่หลากหลายและผู้ทำงานเอ็นจีโอส่วนใหญ่ไม่ได้มีบทบาทที่ชัดเจน หรือแสดงจุดยืนที่ชัดเจนต่อเหตุ การณ์ต่างๆ ที่เกิดขึ้นตลอดมา เพราะฉะนั้นจึงพูดได้ว่า บทบาทของกลุ่มพันธมิตรฯที่ประสานกับผู้นำ ระดับสูง ผู้ที่เป็นที่นับถือของเอ็นจีโอบางส่วน ได้กลบ

ทับและบดบังจุดยืนหรือความคิดเห็นขององค์เอ็นจีโอ

ส่วนใหญ่ของประเทศไทย ไป จนกระทั่งเกือบจะเรียกได้ว่าไม่มีใครทราบว่าจริงๆ แล้วเอ็นจีโอ ของประเทศไทยคิดกันอย่างไร

Wichtiger war, dass viele Eliten in Thailand, die von den NGOs geschätzt, geachtet wurden, gemeinsam mit der PAD kämpften. Doch die meistens NGO-Führungen zeigten keine eindeutige Haltung oder Standpunkte zu Dingen, die im Laufe der Zeit passierten. Man kann deshalb mutmaßen, dass, wenn die von NGO respektierten Eliten gemeinsam mit der PAD kämpften, dass dies die Haltung der meistens NGOs in Thailand überdeckte, so dass man nicht sicher sein konnte, was eigentlich die Meinung der normalen Mitglieder der NGOs war, was sie darüber dachten[51].

ภาพที่ปรากฏจึงเป็นการร่วมกันปฏิเสธระบบรัฐสภา ทำลายประชาธิปไตยโดยการเคลื่อนไหวที่ใช้ความรุนแรง ไม่ใช่สันติวิธี ซึ่งผู้ทำงานเอ็นจีโอส่วนใหญ่จริงๆ แล้วไม่น่าจะเห็นดีเห็นงามไปด้วยได้ไกลถึงขนาดนั้น

Und so entstand der Eindruck dass sie gegen das parlamentarische System agierten und die Demokratie zerstörten, ihre Aktionen waren rücksichtslos und gewaltbereit. Wie hatte es dazu kommen können, dass viele Mitglieder der NGOs solche Taten unterstützten.

ปัญหาที่เกิดขึ้นกับเอ็นจีโอส่วนใหญ่คือ การเคลื่อนไหวของกลุ่มพันธมิตรฯที่อาศัยผู้นำระดับสูง ผู้อาวุโสที่เป็นที่นับถือของเอ็นจีโอซึ่งประสานร่วมมือกันอยู่นั้น ได้ละเลยและไม่ได้ส่งเสริมบทบาท ของเอ็นจีโอที่หลากหลาย แต่อย่างใดเลย จะเห็นว่าไม่ได้มีการปรึกษาหารือ ไม่มีการส่งเสริมการมีส่วนร่วมของภาคประชาชน ไม่ว่าจะเป็นเอ็นจีโอหรือองค์กรอื่นๆ ที่ควรจะถือว่าเป็นภาคประชาชนบางช่วงกลุ่ม พันธมิตรฯ กลายเป็นผู้นำภาคประชาชน และการเคลื่อนไหว ของกลุ่มพันธมิตรฯ ก็ถูกอ้างว่าเป็นการเคลื่อนไหวของภาคประชาชนไปเลย

Das Problem war: Die von NGOs geachteten Eliten und Persönlichkeiten waren zu keiner Zeit Unterstützer der NGOs. Sie vernachlässigten und ignorierten die Rolle der NGOs völlig. Sie haben NGOs noch nie um Rat gefragt, ihre Teilnahme wurde auch nicht geschätzt. Einfach gesagt, die Eliten haben noch nie das Mitmachen der bürgerlichen Seite unterstützt, gleichgültig, ob es NGOs oder andere Organisationen waren. Man kann sie als Vertreter des „Bürgerinteresses" bezeichnen. Manchmal wurde die PAD als bürgerliche Bewegung bezeichnet, und so konnte sie sich als die Vertretung der bürgerlichen Bewegung darstellen.

สิ่งที่เกิดขึ้นนี้จึงไม่เป็นผลดีต่อเอ็นจีโอและองค์กรอื่นๆ ในภาคประชาชนแต่อย่างใด เพราะเป็น

---

[51] NGOs sind meist nicht demokratisch. Ihre Führungen werden in der Regel danach ausgewählt, wie gut sie darin sind, finanzielle Mittel zu beschaffen, um die Projekte zu betreiben, für die die Organisation gegründet wurde.

Mark Teufel^^
Thailand

การสร้าง วัฒนธรรมทางการเมืองที่แตกต่างจากที่ควรจะเป็นของภาคประชาชน อันได้แก่ การส่งเสริมให้ประชาชน ในชุมชนมีส่วนร่วม ได้รับรู้ข้อมูลข่าวสาร ได้เรียนรู้ที่จะตัดสินใจ เรียนรู้ที่จะกำหนดความเป็นไปของชุมชน ของสังคม ของตน หรือของประเทศ

Dies verschaffte aber den NGOs und den anderen Organisationen der bürgerlichen Seite gar keinen Vorteil, weil es die politische Kultur anders als normal erzeugte. Also keine Teilnahme und Entscheidung der Bürger unterstützte, die sich für die Gesellschaft und das Land einsetzten.

จนมีคำถามใหญ่ๆ ว่า „ภาคประชาชน" ถูกการเคลื่อนไหวของกลุ่มพันธมิตรฯ ทำลาย หรือทำให้เสียหาย ไปมากน้อยเพียงใด

Es folgt dann die Frage, ob die bürgerliche Organisation durch die Bewegung der PAD zerstört wurde? Und tatsächlich wurde bereits viel unwiederbringlich zerstört.

เพราะฉะนั้นสิ่งที่ผู้นำองค์กรพัฒนาเอกชนหรือเอ็นจีโอ และผู้นำองค์กรภาคประชาชนในส่วนอื่นๆ ทั้ง หลายต้องมาช่วยกันคิดคือ „ภาคประชาชน" ควรจะมีบทบาทอย่างไรต่อวิกฤตการเมืองที่ยังคงดำรงอยู่จน

ทุกวันนี้ และจะมีบทบาทอย่างไรต่อการเปลี่ยนแปลงทางการเมือง และต่อพัฒนาการทางการเมืองที่จะ เกิดขึ้นในอนาคต

Die Führer der verschiedenen Organisationen für den Aufbau oder die NGOs und die Zivilgesellschaft müssen sich Gedanken darüber machen, wie die Initiativen der Bürger in der jetzigen politischen Krise aussehen können und was sie ändern sollen, damit sich die zukünftige Politik weiter entwickeln kann.

ในสังคมที่เป็นประชาธิปไตยเท่านั้น ที่องค์กรภาคประชาชนจะได้รับการส่งเสริมให้มีบทบาท มีส่วนรวมในการพัฒนาประเทศ ได้มาก เรามีการเมืองการปกครองที่เป็นประชาธิปไตยหรือไม่ จึงมีความสำคัญต่อองค์กรภาคประชาชน

Nur in einer demokratischen Gesellschaft, in der die Zivilgesellschaft eine wichtige Rolle spielt, kann für die Entwicklung des Landes viel erreicht werden. Doch haben wir eine solche demokratische Regierung, die eine solche Organisation schätzt?

ในทางกลับกัน การต่อสู้เพื่อสร้างและพัฒนาประชาธิปไตย การมีองค์กรภาคประชาชนที่หลากหลาย และการเคลื่อนไหวของภาค ประชาชน ที่เข้มแข็ง ก็เป็นความจำเป็นอย่าง ยิ่งสำหรับการต่อสู้เพื่อสร้าง และพัฒนาประชาธิปไตย

Daher, wenn es um den Kampf, Aufbau und die Entwicklung der Demokratie geht, ist die Bewegung einer starken Zivilgesellschaft sehr wichtig.

องค์กรเอ็นจีโอและองค์กรภาคประชาชนจำนวนมากที่เคยมีเกียรติประวัติในการต่อสู้เพื่อประชาธิปไตย ควรจะกำหนดบทบาทของตนเองให้ชัดเจน ไม่ปล่อยให้อยู่ใต้ร่มเงาของกลุ่ม

พันธมิตรฯ อย่างที่ผ่านมา

In unserer Geschichte waren die NGOs und die verschiedenen Bürgerorganisationen nie in der Lage, für Demokratie zu kämpfen. Sie sollen daher ihre Rolle und Ansicht deutlicher zeigen, statt sich hinten der PAD zu verstecken, wie es bisher der Fall war.

ส่วนภาคประชาชนที่ต้องการต่อสู้เพื่อประชาธิปไตยนั้น ต้องส่งเสริมให้มีหลากหลาย ยอมให้รับความแตก ต่างกันได้ในหลายๆ เรื่อง โดยมีจุดร่วมกันคือ ต่อสู้เพื่อให้บ้านเมืองเป็นประชาธิปไตย ยิ่งในภาวะที่พรรค การเมืองและระบบพรรคการเมืองถูกทำให้อ่อนแอลง ยิ่งมีความจำเป็นที่จะต้องส่งเสริมภาคประชาชนให้มี บท บาทมากๆยิ่งขึ้น

Die Meinungsunterschiede in den Bürgerinitiativen um den Kampf für Demokratie müsste dennoch unterstützt werden. Es sollte nur ein gemeinsames Thema vorherrschen, nämlich der Kampf um die Demokratie. Je schwächer die politische Lage und das politische System ist, desto stärker sollte die Zivilgesellschaft vorangetrieben werden.

ภาคประชาชนนั้นมีเกียรติประวัติอันดีงามมาตลอด ภารกิจข้างหน้าก็ยิ่งใหญ่ไม่แพ้กัน

In der Vergangenheit hatten die Bürgerorganisationen immer ein gutes Image, ihre künftige Verantwortung wird auch bedeutender sein als je zuvor.

Die thailändischen Intellektuellen

und deren Krise

ปัญญาชนไทย / กับวิกฤตทางปัญญา

"เมื่อปัญญาชนไทยที่เป็นกระแสหลักที่มีบทบาทนำ กลับแสดงบทบาทที่ไม่สนับสนุนประชาธิปไตย และเป็นอุปสรรคบทบาทที่ไม่สนับสนุนประชาธิปไตย และเป็นอุปสรรคในการสร้างและพัฒนาประชาธิปไตยอย่างนี้ ภาระในการต่อสู้เพื่อประชาธิปไตยจึงตกหนักอยู่กับปัญญาชนส่วนน้อยที่ต้องการจะมีบทบาททางสังคม และประชาชนวงการอื่นๆ ที่จะต้องช่วยกันผลักดันให้บ้านเมืองเป็นประชาธิปไตยต่อไป"

Wenn die thailändischen Intellektuellen, die eigentlich eine führende Rolle in der Gesellschaft spielen sollen, die Demokratie nicht unterstützten, stellen sie sich sogar gegen die Entwicklung der Demokratie in ihrem Land. Das bedeutet eine größere Belastung für die Minderheit der Intellektuellen und die {Mehrheit der} anderen Bürger, die für Demokratie kämpfen.

กระบวนการทำให้ประเทศไม่เป็นประชาธิปไตยในช่วง 3 ปีมานี้ได้เกิดปรากฏการณ์ที่อาจจะเรียกได้ว่าแปลกที่สุดในโลกขึ้นในประเทศไทย นั่นคือการที่ปัญญาชนที่มีบทบาทมากๆ ทางการเมือง ได้เลือกที่จะสนับสนุนให้เกิดการยึดอำนาจรัฐประหาร สร้างและสถาปนาระบบการปกครองที่ไม่เป็นประชาธิปไตยขึ้น

Der undemokratische Prozess der vor drei Jahren in Thailand begann war die eigenartigste Erscheinung in der Welt, nämlich, unsere Intellektuellen standen auf der Seite des Coups und wirkten bei der „Entdemokratisierung" des Landes mit."

ส่วนใหญ่แล้วในประเทศต่างๆ รวมทั้งประเทศไทยในช่วงก่อนหน้านี้ ปัญญาชนมักจะมีบทบาทนำในการคัดค้านเผด็จการและต่อสู้เพื่อประชาธิปไตย แต่สำหรับประเทศไทยคราวนี้ บทบาทของปัญญาชนกลับเป็นไปในทางตรงกันข้าม เหตุการณ์อย่างนี้คงไม่เคยเกิดขึ้นในประเทศอื่นๆ ทั่วโลก ทำให้น่าสนใจว่าเพราะอะไรถึงเป็นอย่างนั้น

In den meisten anderen Ländern, auch früher in Thailand, spielten die Intellektuellen die führende Rolle, um gegen die Diktatur zu kämpfen, was man aber heute in Thailand nicht behaupten kann. Im Gegenteil sind sie für die Diktatur und gegen die Demokratie. So was hat es in den anderen Ländern noch nie gegeben, was uns stutzig macht, und wir uns fragen warum es so ist.

ในเมื่อปัญญาชนที่เคยต่อสู้เพื่อประชาธิปไตยและมีบทบาทนำทางสังคมมาอย่างต่อเนื่อง ได้"ย้ายข้าง"ไป อย่างนี้แล้ว ปัญญาชนส่วนที่ต้องการมีบทบาททางสังคม ที่ต้องการจะต่อสู้เพื่อประชาธิปไตย ซึ่งกลายเป็นเสียงข้างน้อยในหมู่ปัญญาชนด้วยกัน รวมทั้งประชาชนทั่วไป จะทำอย่างไรกับปัญหานี้ดี จึงเป็นเรื่องที่เราต้องช่วยกันคิด

Was bedeutete das, wenn die Akademiker, die die ganze Zeit eine führende Rolle im Kampf um Demokratie in unserer Gesellschaft übernommen hatten, nun die Seite wechseln. Die verbleibenden Minderheiten der Intellektuellen und die anderen Teile der Bevölkerung müssen dann darüber nachdenken, wie man mit dem Problem fertig werden kann.

ถ้าศึกษาจากประวัติศาสตร์ตั้งแต่อดีตมาถึงปัจจุบัน จะพบว่าแม้ว่าปัญญาชนไทย จะมีบทบาทนำในการต่อสู้เรียกร้องประชาธิปไตย แต่ว่าบทบาทนำอยู่ในสภาพลุ่มๆดอนๆ ขาดช่วงเป็นระยะๆ ทำให้ขาดโอกาสที่จะพัฒนาพื้นฐานแนวความคิดในเรื่องประชาธิปไตยเสรีนิยมเท่าที่ควรจะเป็น

Wenn wir unsere Geschichte von der Vergangenheit bis zur Gegenwart betrachten, finden wir heraus, dass die Rolle im Kampf um Demokratie bei unseren Intellektuellen vorhanden, aber nicht ohne Reibungen war, er wurde immer wieder unterbrochen und gelegentlich gestört, was der Grund war, dass das freiheitliche demokratische Gedankengut als Grundlage unseres Bewusstsein nicht weiter entwickelt wurde.

ในอดีตมีหลายช่วงหลายตอนที่เผด็จการทหารครองเมือง ทำการปราบปรามอย่างโหดเหี้ยม มีการใส่ร้ายป้ายสีผู้ที่ต่อสู้เพื่อประชาธิปไตยว่าเป็นคอมมิวนิสต์ ทำให้ผู้ที่ต่อสู้เพื่อประชาธิปไตยอยู่ในสังคมไม่ได้ ถูกจับคุมขังไปก็มาก ต้องหนีไปต่อสู้นอกระบบ หรือต้องระหกระเหินไปอยู่ต่างประเทศเสียก็ไม่น้อย ทำให้ปัญญาชนไทยที่อยู่ในประเทศไม่สามารถพัฒนาความคิดประชาธิปไตยของตนให้เข้มแข็งได้

In der Vergangenheit gab es mehrere Zeitabschnitte, in der eine Militärdiktatur an der Macht war, die sie (die Intellektuellen) brutal unterdrückte und sie, die Kämpfer für die Demokratie, als Kommunisten beschuldigte, so dass sie schließlich aus der Gesellschaft verstoßen wurden. Viele wurden inhaftiert, manche wurden zum Untergrundkämpfer, oder wanderten ins Ausland aus. Das verursachte, dass die restlichen Intellektuellen im Land nicht fähig waren, die Demokratie des Landes eigenständig und stark zu entwickeln.

ในช่วงก่อน 14 ตุลาคม 2516 อิทธิพลความคิดเสรีประชาธิปไตยจากตะวันตกแพร่เข้ามา บวกกับกระแสการต่อสู้คัดค้านเผด็จการ ต่อสู้คัดค้านความไม่ถูกต้องชอบธรรม การโกงกิน การทุจริตคอร์รัปชั่น การใช้อำนาจตามอำเภอใจของผู้มีอำนาจ ทำให้เกิดการต่อสู้เพื่อประชาธิปไตย และนำไปสู่เหตุการณ์ 14 ตุลาคม 2516 ประเด็นที่ชูขึ้นในการต่อสู้มีเรื่องของการต่อสู้เพื่อเสรีภาพ เพื่อประชาธิปไตย เพื่อคัดค้านเผด็จการ รวมทั้งการเรียกร้องรัฐธรรมนูญรวมอยู่ด้วย ถือได้ว่าเป็นการต่อสู้เพื่อประชาธิปไตยที่มีความหมายอย่างยิ่ง

Um die Zeit des 14. Oktober 1973 schwappte das liberale westliche Gedankengut nach Thailand über. Kombiniert mit der Bewegung gegen das diktatorische ungerechte System, Korruption und Machtmissbrauch, führte dies am 14. Oktober 1973 zu einem Volksaufstand. Die Motivation war ein Kampf um die Meinungsfreiheit, Demokratie, gegen Diktatur sowie für Verfassung alles in einem. Es war der wichtigste Kampf aller Zeiten für die Demokratie {in Thailand}.

น่าเสียดายที่หน่อ อ่อนของประชาธิปไตยแบบเสรีนิยมได้ถูกกระแสสังคมนิยมเข้ามาเป็นบทบาทครอบงำในการต่อสู้ทางการเมืองของสังคมไทย หลัง 14 ตุลาคม 2516 ทำให้ขบวนการต่อสู้เพื่อประชาธิปไตยบางส่วนรับเอาแนวความคิดสังคมนิยมเข้ามา จนไม่เกิดการพัฒนาแนวความคิดประชาธิปไตยเสรีนิยม ที่เน้นระบบรัฐสภาหรือระบบพรรคการเมืองอย่างต่อเนื่อง

Im Kampf innerhalb der thailändischen Gesellschaft {um Demokratie} wurde der Liberalismus leider durch den Sozialismus übertüncht, so dass nach dem 14. Oktober 1973 der Prozess des Kampfes für die Demokratie durch sozialistische Ideologie beeinflusst wurde, bis die liberale Ideologie, bei der es um das parlamentarische System und ein Parteiensystem geht, nicht mehr kontinuierlich weiter entwickelt wurde.

เมื่อระบบสังคมนิยมล่มสลายในหลายประเทศ แนวคิดสังคมนิยมไม่เป็นที่ยอมรับในโลกส่วนใหญ่ รวมทั้งไม่เป็นที่ยอมรับของคนส่วนใหญ่ในสังคมไทย จึงเกิดปัญหาตกค้างอยู่กับปัญญาชนไทย ซึ่งมาจากช่วงที่รับกระแสความคิดสังคมนิยม นั่นคือ ปัญญาชนบางส่วนมีแนวความคิดที่จะสร้างสังคมในอุดมการณ์ของตนขึ้น อันได้แก่ สังคมนิยม

Das sozialistische System in vielen Ländern hatte keinen Bestand, weil die Welt den Sozialismus nicht will, auch die meisten Mitglieder der thailändischen Gesellschaft akzeptieren ihn nicht. Aber diese Ideologie (Sozialismus) beeinflusste unsere Intellektuellen, ein Teil von ihnen versuchte die Idee, aufzugreifen, also den Sozialismus.

แต่หลังจากกระแสความคิดระบบสังคมนิยมล่มสลาย เสื่อมถอยไป ปัญญาชนไทยไม่ได้ร่วมกันพัฒนาระบบสังคมที่พึงปรารถนา ซึ่งเป็นสังคมในอุดมคติของตนอย่างเป็นระบบ โดยเฉพาะอย่างยิ่งไม่ได้พัฒนาความคิดเกี่ยวกับระบบเศรษฐกิจ และระบบการปกครองที่เหมาะสมสอดคล้องกับสังคมไทย แม้มีความพยายามที่จะแก้ปัญหาระบบการปกครอง แต่ก็เป็นประชาธิปไตยครึ่งใบบ้าง ไม่ถึงครึ่งใบบ้าง ในบางช่วงเวลาที่ประชาธิปไตยเบ่งบานมากขึ้น เมื่อเจอปัญหา ก็เป็นความพยายามที่จะแก้ปัญหาตามอาการ โดยไม่ได้พัฒนาหลักการพื้นฐานทางความคิดอย่างเป็นระบบเกี่ยวกับระบอบประชาธิปไตย

Aber nachdem das sozialistische System keinen Anklang gefunden, und gescheitert war, haben die thailändischen Intellektuellen die Idee nicht weiter entwickelt, wie es hätte sein sollen, nämlich hin zu einer Gesellschaft mit Ideologien. Zumindest haben sie sich nicht an die ökonomischen und politischen Gesichtspunkte angepasst, nach denen sich die thailändische Gesellschaft hätte anpassen sollen. Es gab Versuche das Problem des Regierungssystems zu lösen, es war manchmal nur ein halbdemokratisches System, manchmal war es nicht mal eine halbe Demokratie. Doch als wir eine volle Demokratie erreichten, hatten wir auch gleich wieder Probleme, die wir auch versuchten zu lösen, je nach Situation, ohne aber über den Grundsatz des demokratischen Systems nach zu denken, und es weiter zu entwickeln.

แม้มีความพยายามที่จะสร้างองค์กรพัฒนาเอกชนที่หลากหลายขึ้นแต่ขณะเดียวกันก็มีการเสนอแนวความคิดประชาธิปไตยทางตรง ประชาสังคม(civic society) ไปพร้อมๆกับการปฏิเสธการกระจายอำนาจสู่ท้องถิ่น ปฏิเสธพรรคการเมือง ปฏิเสธนักการเมือง ในที่สุดก็เท่ากับปฏิเสธระบบรัฐสภา และไม่เชื่อถือการเลือกตั้งไม่เชื่อถือว่าประชาชนจะสามารถกำหนดความเป็นไปของบ้านเมืองได้

Obwohl mehrere nicht staatliche Organisationen entwickelt wurden, wurde auch gleichzeitig die Idee der direkten Demokratie, der bürgerlichen Gesellschaft (Zivilgesellschaft), vorgestellt. **Gleichzeitig wurde abgelehnt: die Macht auf das {bzw. die Bevölkerungsmehrheit auf dem} Land zu verlagern und die Parteien, die Politiker, das Parlament und {das Ergebnis von} Wahlen zu akzeptieren, weil man nicht glaubte, dass das Volk in der Lage wäre für das Land bestimmen zu können.**

สิ่งเหล่านี้เป็นปัญหาอย่างชัดเจนในกระบวนการทำประเทศให้ไม่เป็นประชาธิปไตยใน 3 ปีมานี้ นับตั้งแต่มีการเคลื่อนไหวของกลุ่มพันธมิตรฯเกิดขึ้น จะเห็นว่าปัญญาชนที่มีบทบาทนำในสังคม รวมทั้งผู้ที่เรียกตัวเองว่าราษฎรอาวุโส ผู้นำภาคประชาชนสำคัญๆ หลายคน เลือกที่จะโจมตีบุคคลโจมตีรัฐบาล โดยไม่คำนึงว่าในการจะล้มรัฐบาลหรือเปลี่ยนรัฐบาลนั้นทำโดยวิธีใด และนำไปสู่อะไร

Dies sind die Probleme, die verhinderten, dass das Land sich in den letzten drei Jahren zu einer Demokratie weiterentwickeln konnte, nachdem die Bewegung der PAD begonnen hatte. **Wie man sieht, stehen die führenden Intellektuellen der Gesellschaft und die selbst ernannten „Senioren der Gesellschaft" und einige führende Persönlichkeiten in der Gesellschaft gegen eine {gewählte} Regierung und Politiker, ohne nach zu denken, wohin es führen wird, wenn die Regierung gestürzt, oder {undemokratisch} gewechselt wird.**

มีการเสนอความคิดเห็นในทำนองที่ว่า เมื่อบุคคลไม่ดี ก็ได้รัฐบาลไม่ดี จึงควรจัดการเสียก่อน ไม่ว่าจะเสียหายแค่ไหนก็ต้องยอม รัฐธรรมนูญเป็นเรื่องที่คนเขียนขึ้น คนก็ฉีกได้ ก่อนการเลือกตั้งมีการเสนอทางออกจากวิกฤตการเมือง โดยวิธีการที่ไม่เป็นไปตามรัฐธรรมนูญ จนในที่สุดก็เป็นการเชื้อเชิญทหารผู้นำกองทัพ ให้เข้ามายึดอำนาจ และทำหน้าที่ในการช่วยอธิบายสร้างความชอบธรรมให้การยึดอำนาจนั้น เช่น การอธิบายว่ารัฐประหารนี้เป็นรัฐประหารที่ดี ไม่เสียเลือดเนื้อ รัฐประหารเป็นแต่เพียงรูปแบบ แต่เนื้อหาเป็นประชาธิปไตย

Es gab auch eine Idee in der Art: „Eine schlechte Person erzeugt eine schlechte Regierung, daher soll diese vorerst vernichtet werden, koste es, was es wolle". Die Verfassung wurde von Menschen entworfen, so kann sie auch von Menschen vernichtet werden. Vor einer Wahl schlug man Auswege vor, um aus der politischen Krise heraus zu kommen, die aber nicht verfassungskonform war. Es endete mit einem Vorschlag, der der Einladung für einen Militärcoup glich, und bestätigte dabei, dass der Grund des Militärputschs gerechtfertigt wäre. Indem man sagte, es waren doch die guten Menschen, die putschten, und es war ja auch ein unblutiger Putsch (man soll quasi dafür dankbar sein), der Coup war nur Schein, der Inhalt wäre ja demokratisch.

เมื่อมีคนตั้งคำถามท้าทายความชอบธรรมของผู้ใช้อำนาจ ปัญญาชน ของไทยก็ช่วยอธิบายให้เสร็จว่า นี่เป็นคณะผู้ยึดอำนาจ เป็นองค์รัฏฐาธิปัตย์ ที่มีอำนาจสูงสุด ในการปกครองประเทศ รวมทั้งยังได้สร้างความชอบธรรมให้กับการยึดอำนาจอย่างเป็นระบบ

Wenn man eine provokante Frage nach ihrem Recht für den Putsch, und ihrer Machtausübung stellte, waren die Intellektuellen sofort zur Stelle und erklärten, der Coup kam von der höchsten, Person, dem „Souverän", der die höchste Macht hat, das Land zu regieren. Und somit wäre der Coup gerechtfertigt.

จากนั้นปัญญาชนไทยที่มีบทบาทมากๆทางสังคม ก็ได้ร่วมกับขบวนการสร้างรัฐธรรมนูญที่ไม่เป็นประชาธิปไตย ออกแบบระบบที่ทำให้ลดอำนาจของประชาชนลง นำมาสู่การปกครองที่ประชาชนไม่มีอำนาจจริง พรรคการเมืองอ่อนแอ ถูกทำลาย ทำให้รัฐบาลไม่มีเสถียรภาพ และปิดช่องทางที่ประชาชนจะกำหนดความเป็นไปของบ้านเมือง

Dann halfen die führenden Intellektuellen gemeinsam, die neue, undemokratische Verfassung zu basteln, um die Macht des Volkes zu reduzieren, sicher zu stellen, dass eine Regierung keine wirkliche Macht hat, um das Parteiensystem und die Regierung zu schwächen, und anschließend die Mitwirkung der Menschen zu reduzieren.

จะเห็นได้ว่าสิ่งที่เกิดขึ้นนี้พิสูจน์ให้เห็นได้อย่างชัดเจนว่า ปัญญาชนไทยส่วนที่มีบทบาทนำ อาจจะเรียกได้ว่าเป็นกระแสหลักของปัญญาชนไทย ได้เลือกข้างที่จะสนับสนุนฝ่ายเผด็จการ การทำรัฐประหารยึดอำนาจ การสร้างระบบการปกครองที่ไม่เป็นประชาธิปไตย

Und so konnte man eindeutig sehen, wie die thailändischen Intellektuellen, oder man könnte es auch so nennen: wie die meisten führenden thailändischen Intellektuellen, die das Militärs unterstützten, zu putschen, die Macht an sich zu reißen, {das Land} von einem demokratischen Land in ein undemokratisches Land transformierten.

มีการอธิบายโดยตลอดว่าการชุมนุมของกลุ่มพันธมิตรฯ ทั้งก่อนและหลังการรัฐประหาร 19 กันยายน 2549 เป็นการใช้เสรีภาพตามรัฐธรรมนูญเป็นการชุมนุมที่ไม่ใช้ความรุนแรง การเสนอแนวความคิดว่ารัฐบาลต้องไม่ใช้ความรุนแรงใดๆ ไม่ว่าจะเกิดอะไรขึ้นก็ต้องไม่ใช้ความรุนแรง นี่มีความหมายเท่ากับไม่ให้รัฐบาลใช้กฎหมายกับกลุ่มพันธมิตรฯนั่นเอง รวมทั้งมีการเสนอว่า ถ้าหากมีความรุนแรงเกิดขึ้น ไม่ว่ากรณีจะเป็นอย่างไร รัฐบาลต้องรับผิดชอบความหมายก็คือรัฐบาลต้องออกไปนั่นเอง

Es gab ständig die Erklärung, dass die Gewaltbereitschaft und der Aufstand der PAD nach dem Putsch am 19. September 2006 verfassungskonform wäre, es ging ja um die Meinungsfreiheit ohne Gewalt. Die Regierung sollte auch keine Gewalt

Die Krise der Demokratie				Mark Teufel^^
												Thailand

gegen sie anwenden, egal was passiert. Das hieß dann, die Regierung hat keinerlei rechtliche Möglichkeiten um das Gewaltmonopol des Staates durchzusetzen. Es folgte dann diese Aussage: was auch immer passiert, die Regierung muss nun die Verantwortung übernehmen, was bedeutete: sie muss das Feld räumen.

ในที่สุดก็สามารถสร้างความชอบธรรมในการล้มล้างรัฐบาล ซึ่งทำให้รัฐบาลที่มาจากการเลือกตั้งปกครองไม่ได้ ในที่สุดก็ต้องล้มไป และยังมีส่วนช่วยกันอธิบายสร้างความชอบธรรมให้กับรัฐบาลที่เข้ามาแทนที่ โดยการบงการและร่วมมือกันทั้งกลุ่มพันธมิตรฯ องค์กรตามรัฐธรรมนูญ กองทัพ และผู้ที่มีอำนาจนอกระบบ

Schließlich konnte man die Regierung mit guten Gewissen stürzen, das hieß, die gewählte Regierung durfte nicht regieren, die musste weg. Da halfen sie (die Intellektuellen) auch dabei die gewählte alte durch die nicht gewählte neue Regierung zu ersetzen, selbstverständlich gemeinsam mit der PAD, den staatlichen Organisationen, dem Militär und der außerparlamentarischen Macht.

เมื่อปัญญาชนไทยที่เป็นกระแสหลักที่มีบทบาทนำ กลับแสดงบทบาทที่ไม่สนับสนุนประชาธิปไตย และเป็นอุปสรรคในการสร้างและพัฒนาประชาธิปไตยอย่างนี้ ภาระในการต่อสู้เพื่อประชาธิปไตย จึงตกหนักอยู่กับปัญญาชนส่วนน้อยที่ต้องการจะมีบทบาททางสังคม และประชาชนวงการอื่นๆ ที่จะต้องช่วยกันผลักดันให้บ้านเมืองเป็นประชาธิปไตยต่อไป

> Die thailändischen Intellektuellen, die eigentlich eine führende Rolle in der Gesellschaft spielen sollten, unterstützten unsere Demokratie nicht, sondern sie stellten sich sogar gegen die Entwicklung der Demokratisierung ihres eigenen Landes. Diese Belastung musste dann die Minderheit der Intellektuellen und die anderen Bürger, die für die Demokratie kämpfen, mittragen.

การต่อสู้ที่จะผลักดันให้ประเทศไทยเป็นประชาธิปไตยนั้น ในภาวะ ที่ปัญญาชนไทยที่เป็นกระแสหลัก และมีบทบาททางสังคม ได้เลือกและยืนในบทบาทที่ตรงกันข้าม ย่อมจะเป็นเรื่องยากกว่าปกติทั่วไป ยากกว่าในอดีตที่ผ่านมา และยากกว่าหลายๆ ประเทศทั่วโลก แต่ว่าการที่จะเปลี่ยนแปลงให้บ้านเมืองเป็นประชาธิป ไตยนั้น จะสำเร็จหรือไม่สำเร็จก็ขึ้นอยู่กับว่า แนวความคิดที่พยายามจะทำให้ประเทศเป็นประชาธิปไตย กับความพยายามที่จะทำให้ประเทศไม่เป็นประชาธิปไตยนั้น แนวความคิดไหนจะเป็นประโยชน์ต่อประชาชน และสอดคล้องกับแนวโน้มการพัฒนาประเทศ และการพัฒนาของโลกมากกว่ากัน

Wenn der Kampf um die Demokratie in Thailand auf den Intellektuellen basiert, die die Hauptrolle in unserer Gesellschaft spielten, wenn die sich auf die undemokratische Seite stellen, ist das Problem der Nation schwieriger zu lösen, nicht nur schwieriger wie die Situation in der Vergangenheit, sondern auch schwieriger als in anderen Ländern. Um unser Land erfolgreich zu demokratisieren oder nicht zu demokratisieren, hängt daher davon ab, welche Konzepte sich für oder gegen die Demokratie, richtiger und nützlicher für das Volk, das Land, die Entwicklung der Nation und somit die Welt beweisen wird.

วิกฤตทางปัญญาของปัญญาชนไทย ซึ่งเป็นส่วนหนึ่งของวิกฤตประเทศ ในขณะนี้ จะแก้ได้ก็ด้วย
การแสวงหาปัญญาอย่างจริงจังเท่านั้น

Die Krise der thailändischen Intellektuellen ist ein Teil der Krise des Landes, man kann sie nur lösen, indem man ihr mit bedachter Intelligenz konkret begegnet.

ปัญญาชนหนุนรัฐประหาร

Die Unterstützung der Intellektuellen für einen Coup

"การรัฐประหาร 19 กันยาที่ผ่านมา ไม่ได้ทำให้ประชาธิปไตยถอยหลังก้าวหนึ่งเพื่อก้าวต่อไปข้างหน้า แต่มันทำให้ประเทศไทยถอยหลังไปไกลมาก สร้างความเสียหายและทำให้เรากลับสู่วงจรของการปกครองโดยคณะกลุ่มคนที่ยึดอำนาจมา ซึ่งเป็นรูปแบบ การปกครองที่เป็นอยู่ในส่วนใหญ่ของ 75 ปีที่ผ่านมา

"Der vergangene Coup vom 19. September bewirkte nicht, dass das Land einen Schritt rückwärts ging, um dann nach vorwärts zu eilen, es wirft das Land eher weit, weit zurück, so dass wir in den Strudel jener Gruppen geraten, die {früher schon} die Macht ergriffen hatten, so wie es die meiste Zeit in den vergangenen 75 Jahren war.

อย่างไรก็ดี การรัฐประหารครั้งนี้มีความพิเศษตรงที่ ความเสียหายได้เกิดขึ้นจากการที่ชนชั้นนำและปัญญาชนไทยออกมาแสดงความยอมรับว่า "เมื่อไม่พอใจ ก็ยึดอำนาจไป แล้วก็ปกครองได้" และที่เสียหายยิ่งกว่าคือ มีการยอมรับว่า "เมื่อไม่เป็นที่พอใจ ก็ให้ยึดได้ด้วย" หลายคนพูดขนาดว่า "มันจำเป็น" เห็นดีเห็นงามกันไปเลย นี่เป็นข้อถอยหลังที่ไปไกลมาก มันบอกทั่วโลกว่า ประเทศไทยก็ปกครองกันแบบนี้เหมือนที่ผ่านๆมา

Dennoch war dieser Coup anders, dieses Mal geht die Vernichtung von den Eliten und Intellektuellen aus, die freimütig bestätigten: *"wenn es uns nicht gefällt, können wir die Macht übernehmen und regieren."* Mehr noch: *"wenn es uns wieder nicht gefällt, werden wir auch bereit sein, uns {durch die Diktatur} vereinnahmen zu lassen."* Diese Aussage zeigt der Welt, dass wir es vorziehen, unser Land durch ein solches System, wie gehabt, weiterhin regieren zu lassen.

อีกความคิดหนึ่งคือ "บ้านเมืองเป็นแบบนี้ เรายอมไม่ได้ ฉันทนไม่ได้" เป็นความคิดที่ฉันหรือเราเป็นใหญ่ ไม่ว่าสิ่งนั้นจะมาจากการเลือกตั้งหรือไม่ ถ้าไม่พอใจ ทนไม่ได้ ปล่อยไม่ได้ เรียกว่าเป็นความคิดแบบอภิชนาธิปไตยหรืออภิสิทธิ์ชน ความคิดนี้บวกกับความคิดที่เป็น "บุคคล" เน้น "ความดีที่เป็นนามธรรม" ทำให้มีการเสนอความคิดไปถึงขั้นที่ว่า "ถ้ามันไม่ดี จะต้องรุนแรง หรือใช้การแก้ปัญหาที่อยู่บนพื้นฐานของความรุนแรงก็ไม่เป็นไร"

Nach dem Motto zu handeln "Ich denke, so sollte das Land sein" ist eine egoistische Haltung. Dass das Land aus dem ganzen Volk, der Gesellschaft und ihren Errungenschaften geformt wurde, interessiert wenige. Bloß weil das Ergebnis nicht gefällt, weil man es nicht ertragen kann und will, wird es kurzer Hand umgeändert.

Nur nach individuellen Sonderwünschen {eine Gesellschaft auszurichten} ist Teil eines privilegierten System, mit dem eigenen selbstherrlichen Gedanken: "Was nicht gut genug ist, muss man mit Gewalt verändern, was ist schon dabei"

ผมเคยพูดไว้ว่า ถ้าเสนอกันอย่างนี้ สังคมไทยจะหมดภูมิต้านทางเผด็จการ เพราะได้ปูทางให้ เผด็จการแล้ว..."

Ich habe einmal gesagt, mit einem solchen Sonderwunsch wird die thailändische Gesellschaft da stehen, **wie ein Kranker ohne Immunsystem gegen den Virus der Diktatur**.

นายจตุรนต์ ฉายแสง รักษาการหัวหน้าพรรคไทยรักไทย / อภิปรายที่ศูนย์มานุษยวิยาสิรินธร

"แลไปข้างหน้า : ปฏิวัติ รัฐประหาร 'ปฏิรูป' / การเมืองและรัฐธรรมนูญไทย" 16 ธันวาคม 2549

Chaturon Chaisaeng Stellvertreter der Vorsitzender TRT

Eine Diskussion in Anthropology Center Sirinthorn

"Vorwärtsschauen: Putsch, Coup, Putsch zu 'Reform'

Die thailändische Politik und Verfassung" am 16 Dezember 2006

Die thailändischen Medien

Warum sind sie befangen?

สื่อมวลชนไทย / เหตุใดจึงไม่มีความเป็นกลาง

"ที่ผ่านมาจนถึงปัจจุบัน มักมีการเสนอหลักการว่าควรให้สื่อดูแลกันเอง ควบคุมกันเอง ความหมายก็คือไม่ให้รัฐบาลมาควบคุมสื่อ ซึ่งมีส่วนถูกอยู่บ้าง แต่โดยหลักการแล้วไม่เห็นด้วยมาตลอด เห็นว่าเป็นแนวความคิดที่ไม่ถูกต้อง และเห็นว่าสื่อต้องรับผิดชอบต่อสังคมและสังคมต้องดูแลสื่อได้ สังคมจำเป็นต้องหากลไกวิธีการที่สามารถดูแลหรือสื่อสารกับสื่อ เพื่อให้สื่อทำหน้าที่เป็นประโยชน์ และไม่เป็นอันตรายต่อสังคม"

"Seit langer Zeit ist die Meinung weit verbreitet, dass die Medien sich selbst kontrollieren sollten. Das heißt, die Regierung sollte sich nicht in ihrer Angelegenheit einmischen und sie nicht kontrollieren, was zum Teil richtig ist. Doch ich bin gegen eine solche Idee der absoluten Selbständigkeit, weil es keine gute Idee ist. Die Medien müssen gegenüber der Gesellschaft Verantwortung übernehmen und die Gesellschaft muss gegenüber den Medien Verantwortung übernehmen. Die Gesellschaft muss ein Instrument finden, um mit den Medien deren Verantwortung vereinbaren zu können, damit die Medien ihren Pflichten nachkommen, ihr Nutzen und möglicher Schaden muss erkannt werden, damit möglichst kein Schaden für die Gesellschaft entstehen kann."

ในช่วง 3 ปีที่ผ่านมา สื่อมวลชนกระแสหลักของไทยได้มีบทบาทอย่างมากในกระบวนการทำให้ บ้านเมืองไม่เป็นประชาธิปไตย

In der vergangenen drei Jahren spielten gerade die wichtigen thailändischen Medien dabei eine große Rolle, unser Land zu einem undemokratischen Land zu machen.

จึงมักมีคำถามว่าในการจะทำให้บ้านเมืองเป็นประชาธิปไตยจะแก้ปัญหาที่เป็นอุปสรรคนี้อย่างไร

Wir sollten darüber nachdenken, wie wir dieses Problem lösen können, um das Land zu re-demokratisieren.

ก่อนที่จะพูดถึงบทบาทสื่อมวลชนไทยกับประชาธิปไตยเป็นการเฉพาะเจาะจงควรจะคิดกันก่อนว่าเราจะใช้หลักการอะไรในการวิเคราะห์และประเมินสื่อ

Bevor wir die thailändischen Medien und thailändische Demokratie weiter erörtern, sollten wir darüber denken, mit welchem Prinzip wir vorgehen werden, um sie zu analysieren und einzuschätzen.

สื่อมวลชนที่ดีมีหน้าที่เสนอข้อมูลข่าวสารต่อสังคม ซึ่งควรจะเป็นความจริง เป็นกลาง ไม่ทำให้ใครเสียหาย และพึงมีความรับผิดชอบในสิ่งที่เสนอ ในโลกปัจจุบัน สิ่งที่มีความจำเป็นมากกว่าเดิมคือ ความรวดเร็วทันการณ์และเป็นแหล่งเรียนรู้นอกโรงเรียนที่มีความสำคัญต่อสังคมอย่างมาก

Die Krise der Demokratie Mark Teufel^^
Thailand

Die gute Presse soll neutral bleiben und wahre Informationen an die Gesellschaft weiter geben. Sie soll für den Inhalt, für das, was sie veröffentlicht, die Verantwortung übernehmen. Es ist in der jetzigen Welt für unsere Gesellschaft notwendig, dass wir auch außerhalb des Schulsystems Erkenntnisse effizient und rechzeitig gewinnen können.

ดูจากการหลักการเหล่านี้ เราจะพบว่าสื่อมวลชนในบ้านเรามีปัญหาเป็นพื้นฐานอยู่แล้ว คนไทยเราไม่ค่อยให้ความสำคัญกับการที่สื่อเสนอข่าวสาร ข้อมูลที่เป็นความจริงหรือไม่จริงกันสักเท่าไร ไม่ค่อยได้ยินว่าฉันชอบอ่านหนังสือพิมพ์ฉบับนี้เพราะเสนอแต่ความจริง ไม่ชอบฉบับนั้นเพราะมี ช่วงที่ไม่เป็นความจริงหรือคลาดเคลื่อนอยู่เรื่อ เมื่อสื่อเสนอข่าวที่ไม่เป็นความจริงไปแล้วจะพบ ว่ามีการแก้ข่าวหรือขออภัยกันน้อย

Wenn man es genau betrachtet, erkennt man, dass wir im Prinzip ein Problem mit der Presse in unserem Land haben. Wir achten generell nicht auf den Inhalt der Veröffentlichungen, ob der Inhalt überhaupt wahr ist oder nicht. Man hört kaum diese Aussage: Mir gefällt diese Zeitung, weil sie nur die Wahrheit berichtet, oder jene nicht, weil sie nur die Unwahrheit veröffentlicht. Und wenn Letztere dann den unwahren Schrott berichtet, hört man selten eine Entschuldigung, wenn man im Nachhinein heraus findet, dass er unwahr ist.

หลักการที่ไม่ทำให้ใครเสียหายนั้นดูจะเป็นปัญหาใหญ่ที่มีการพูดถึงกันอยู่บ่อยๆ แต่ก็ไม่ได้ทำให้ปัญหาลดลงไปมากนัก ผู้ต้องสงสัยมักถูกเรียกว่าโจรร้ายจนคนเชื่อกันไปทั้งบ้าน ทั้งเมือง แต่ต่อมาเมื่อความจริงปรากฎว่าตำรวจจับแพะ เขาก็เสียผู้เสียคนไปแล้ว ข่าวเสี่ยใหญ่ถูกฆ่าตายขณะควงสาวเข้าโรงแรมม่านรูด เอาเข้าจริงอาจจะกลายเป็นถูกแก๊งเรียกค่าไถ่จับตัวไปแล้วฆ่าทิ้งแต่ก็ถูกประจานไปทั่วแล้ว

Über einen Bericht, durch den jemand zu Schaden kommt, spricht man zwar oft, aber das Problem wird nicht verringert dadurch. Ein Verdächtiger wurde gleich als Verbrecher bezeichnet. Prompt, glaubt es die ganze Stadt, sogar im ganzen Land. Wenn man dann die Wahrheit heraus findet, dass die Polizei eine unschuldige Person verhaftet hatte, ist der Ruf des Verdächtigen bereit beschädigt.

Z.B. gab es eine sensationelle Nachricht über die Ermordung eines gewissen reichen Mannes, als er gerade mit seiner Freundin in einem gewissen Hotel beschäftigt war. In Wahrheit wurde der wohlhabende Mann von dem Gangster gekidnappt, um Lösegeld zu erpressen, und dadurch ermordet. Bis die Wahrheit zur Öffentlichkeit kam, sind sein Ruf und das seiner Familie schon ruiniert.

แม้แต่เรื่องที่เป็นความจริงเช่น ผู้หญิงถูกคุกคามทางเพศ หรือเด็กเยาวชนทำผิดกฎหมาย การนำเสนอข่าวโดยเปิดเผยว่าผู้เสียหายเป็นใคร มักเป็นซ้ำเติมคนเหล่านั้นจนอาจหนักหนากว่าเดิมเสียอีก

Sogar im Fall der wahren Geschichten, z.B. als eine Frau sexuell bedroht und missbraucht wurde, oder ein Minderjähriger in Konflikt mit dem Gesetz geriet, könnten die Opfer (der beiden Fällen) geschädigt werden, wenn ihre Identitäten veröffentlicht wurden

ความไม่เป็นกลางมักเข้ามามีปัญหาเวลาเสนอข่าวเกี่ยวกับความขัดแย้งระหว่าง 2 ฝ่าย เมื่อใดที่สื่อเลือกเสนอข่าวเอียงไปทางฝ่ายใดฝ่ายหนึ่ง ก็จะทำให้เกิดความได้เปรียบเสียเปรียบขึ้นได้มาก ยิ่งถ้าหลักการในเรื่องต้องเสนอความจริงและไม่ควรทำให้ใครเสียหายถูกละเลยด้วยแล้ว หลักการในเรื่องความเป็นกลางก็ย่อมไม่เสียไปได้ง่ายด้วย

Das Problem entsteht meistens, wenn die Berichterstattung über die zwei Parteien voreingenommen ist. Solange die Presse nur einer Seite zuneigend berichtet, wird immer für irgendeine Seite ein Nachteil bzw. Vorteil entstehen. Wenn die Presse die Wahrheit über beide Seiten in gleichem Maße berichten würde, würde es für sie dann einfacher sein, ihre Neutralität zu bewahren.

สังคมไทยดูจะให้ความสนใจกับเรื่องความเป็นกลางของสื่ออยู่พอสมควรแต่ก็ดูจะเคยชินกับการพาดหัวข่าวทำนอง "แดงคลั่งถ่วงชาติ" กับ "เหลืองปลิ้มกู้ชาติ" หรือ "หมักยิ้มเยาะกร้าวพร้อมปราบ" กับ "มาร์คยิ้มรับ ให้จัดการตามกฎหมาย" จนเห็นเป็นเรื่องธรรมดา และต้องรับผลจากความไม่เป็นกลางของสื่ออยู่เป็นประจำ

Die thailändische Gesellschaft ist zwar an der Neutralität der Presse interessiert, aber sie hat sich daran gewöhnt, wie die Boulevardpresse ihre Blätter sensationell aufmacht und befangen ist, mit Ausdrücken wie "die abwegigen, die Entwicklung behindernden Roten" und " die das Land schützenden, stolzen Gelben" oder "Samak grinste, bereit für das harte Eingreifen der Truppe" und "Mark lächelte, bereit für das Eingreifen des Gesetzes".

ทุกวันนี้โลกแห่งการเรียนรู้ไม่มีขอบเขตจำกัด สื่อแขนงต่างๆ มีความสำคัญในฐานะเป็นแหล่งเรียนรู้ของสังคมไม่แพ้การศึกษาในระบบ สื่อที่มีปัญหาในเรื่องนี้ ที่มีการวิพากษ์วิจารณ์กันมากที่สุด น่าจะเป็น Free TV ซึ่งส่วนใหญ่ถูกขายสัมปทานให้กับเอกชนไป แล้วกลายเป็นธุรกิจเต็มตัวในแง่การกำหนด เนื้อหาสาระรายการต่างๆ ทำให้รายการที่ไม่ส่งเสริมการเรียนรู้ที่ดีมีมากและสิ่งผลต่อผู้คนมากกว่ารายการประเภทที่มีสาระสร้างสรรค์

Die Welt von heute ist eine Welt des grenzenlosen Kennenlernens. Die Medien in verschiedenen Bereichen sind auch gleichzeitig die wichtigen Quellen für uns, und genau so wichtig wie das Bildungssystem. Die Medien, die die meisten Kritik ernteten, sind die freien Fernsehsender. Ihre Konzessionen wurden ihnen als private Unternehmen erteilt, sie unterliegen daher dem Gesetz des Profits. Es gibt daher viel mehr Programme, die keinerlei Wissen fördern, als solche die Wissen und Kreativität unterstützen.

จากปัญหาพื้นฐานนี้ ย่อมไม่น่าแปลกใจเลยที่เมื่อเกิดวิกฤตทางการเมืองขึ้นสื่อมวลชนที่เป็นกระแสหลักจะมีบทบาทในทางส่งเสริมกระบวนการทำให้บ้านเมืองไม่เป็นประชาธิปไตยดังที่เกิดขึ้น ในอดีตที่ผ่านมาแม้ว่าสื่อกระแสหลักมักไปทางเดียวกับผู้มีอำนาจจริงๆ ซึ่งดูจะเป็นเรื่องที่เกิดขึ้น ทั่วไป แต่ในเมืองไทยเราสื่อมวลชนส่วนหนึ่งก็เคยมีบทบาทมากในการต่อต้านเผด็จ

Die Krise der Demokratie

Mark Teufel^^
Thailand

การถึงแม้ว่าจะถูกมาตการต่างๆ อย่างโหดเหี้ยม สกัดกั้น ขัดขวางการทำหน้าที่ของสื่อก็ตาม สื่อมวลชนในอดีตรุ่น แล้วรุ่นเล่าได้สร้างตำนานอันเป็นที่เล่าขานและศึกษาอย่างต่อเนื่องกันมา

Aus dem Grund ist es nicht verwunderlich, dass die Politik in die Krise geriet. Die Medien spielten dabei eine große Rolle, dass das Land in ein undemokratisches System abstürzte. In der Vergangenheit waren die Medien der gleichen Meinung wie die Machthaber, es scheint, dass das überall gleich ist. Doch die thailändischen Medien sind anders. In Thailand richtete sich ein Teil der Medien gegen die Diktatur, auch wenn sie mit grausamen Gegenmaßnahmen unterdrückt wurden, gingen sie dennoch, von einer Generation zur anderen, in die Geschichte als Legende der Widerstand ein, worüber wir bis jetzt immer wieder weiter erzählen werden.

การเปลี่ยนแปลงทางการเมืองครั้งสำคัญๆตั้งแต่ 14 ตุลาคม - 16 พฤษภาคม 2535 การปฏิรูปการเมือง การร่างรัฐธรรมนูญมี 2540 สื่อมวลชนมีส่วนร่วมในการเปลี่ยนแปลงให้ประเทศมีความเป็น ประชาธิปไตยทั้งนั้น

Alle wichtige Veränderung in unserem Land, ob es der 14. Oktober, der 16. Mai 1992, die politische Reformen oder der Entwurf der Verfassung von 1997 waren, an all diesen Prozessen nahmen die Medien aktiv und demokratisch teil.

การที่สื่อมวลชนส่งผลต่อการล้มและตั้งรัฐบาลอยู่มากบ้างน้อยบ้างในแต่ละยุคสมัยดูจะเป็นเรื่อง ธรรมดา

Dass die Medien mehr oder weniger Einfluss auf eine Auflösung oder Bildung einer Regierung, haben, ist wahrscheinlich normal.

ต้องยอมรับว่าสื่อมวลชนจำนวนมากมีส่วนสนับสนุนรัฐบาลทักษิณอยู่หลายปี จนกระทั่งตอนปลายของรัฐบาลทักษิณ สื่อมวลชนกระแสหลักจึงได้เลือกข้างที่จะ "ไม่เอาทักษิณ"

Eigentlich unterstützten viele Medien Thaksins Regierung am Anfang, gegen Ende seiner Zeit hatte sich das Blatt gewendet. Sie stellten sich auf die Seite derer, die "Thaksin weg haben wollten".

เมื่อเหตุการณ์บานปลายไปเกินกว่าการล้มรัฐบาลทักษิณ เป็นการล้มระบอบประชาธิปไตย สื่อมวลชนซึ่งเลือกข้างไปก่อนแล้ว จึงอยู่ในสภาพกู่ไม่กลับ หนุนส่งการรัฐประหารกันไปเสียเลย

Aber die Medien gingen zu weit, statt nur Thaksin zu stürzen, wurde auch gleich das demokratische System in Mitleidenschaft gezogen. Das führte zu einer Situation, die ihnen gar keinen Ausweg mehr bot. Sie mussten dann den Coup unterstützen.

เกิดอะไรขึ้นกับสื่อ ใครปิดกั้นเสรีภาพสื่อกันแน่

Was passiert mit den Medien, wer verbietet ihnen die Meinungsfreiheit?

หลังการรัฐประหาร 19 กันยายน 2549 ผู้นำคมช. ได้เชิญสื่อมวลชนหลายแขนงไปประชุม เพื่อข่มขู่ไม่ให้เสนอข่าวเกี่ยวกับพ.ต.ท.ทักษิณ และพรรคไทยรักไทย สร้างความอึดอัดใจให้กับ สื่อ

บางส่วน แต่สื่อที่เป็นกระแสหลักที่เลือกข้างกลุ่มพันธมิตรฯ และรัฐประหารไปแล้ว กลับออกมาช่วยอธิบายว่า หลังการยึดอำนาจนั้นมีการลิดรอนเสรีภาพสื่อน้อยกว่าสมัยรัฐบาลทักษิณ

Nach dem Putsch am 19. September 2006 hat die Führung des Rats für Nationale Sicherheit die Medien zu einer Versammlung eingeladen, um sie zu zwingen, keine Nachrichten über Thaksin und die Thai Rak Thai Partei zu melden. Manche Medien fühlten sich dadurch unterdrückt. Die, die auf der Seite der PAD und des Coups waren, versuchten den Vorgang damit zu rechtfertigen, dass die Militärregierung die Presse weniger unterdrücken würde als Thaksin zu seiner Zeit.

ความจริงที่สื่อกระแสหลักไม่รู้สึกว่าถูกปิดกั้นลิดรอนเสรีภาพ ทั้งๆที่ถูกผู้นำการยึดอำนาจเรียกไปขู่ ก็เพราะพวกถูกห้ามในสิ่งที่ไม่ต้องการเสนออยู่แล้ว และก็ถูกขอให้ช่วยเสนอข่าวในเรื่องที่พวกเขาก็ต้องการเสนออยู่แล้ว

Der Großteil der Presse fühlte sich in seiner Meinungsfreiheit nicht eingeschränkt, obwohl die Machthaber ihnen drohten, weil sie über die Themen sowieso nicht berichten wollten.

การสมยอมกันในช่วงนั้นจึงมีผลในทางสนับสนุน "การทำให้ประเทศไม่เป็นประชาธิปไตย" ให้ราบรื่นยิ่งขึ้น

Das Einverständnis zu diesem Zeitpunkt bedeutete soviel wie eine Unterstützung "der Ent-Demokratisierung des Landes"

ในช่วง 3 ปี ที่ผ่านมา จะเห็นว่าแม้ในสื่อกระแสหลักก็มีบทบาทต่างกัน มีสื่อบางส่วนที่เป็นหัวหอกอย่าง ASTV และหนังสือพิมพ์บางฉบับ เช่นผู้จัดการ ทำหน้าที่เหมือนเป็นเครื่องมือโฆษณา ของบุคคล หรือขององค์การ ทางการเมืองมากกว่าจะเป็นสื่อมวลชน

In den {letzten} drei Jahren gab es verschiedene Rollen in der Medienlandschaft. Es gab die Speerspitze wie ASTV und manche Zeitungen wie der "Manager", sie haben eine Funktion eher wie ein politisches Instrument für manche Personen oder Organisationen und weniger eine Funktion als Massenmedium.

สื่อประเภทนี้มีบทบาทอย่างเด่นชัด ทำให้บทบาทโดยรวมเอียงไปทางหนึ่งทางใดอย่างชัดเจน สื่อประเภทนี้สามารถเสนอความเห็นได้อย่างไม่จำกัด ใช้ข้อเท็จจริงบางส่วนที่เป็นความจริงมาเสริม ทำให้ส่วนที่เป็นเท็จนั้นน่าเชื่อถือมากขึ้น สามารถที่จะใส่ร้ายใครก็ได้ เพื่อปลุกปั่นสังคมให้ ผู้คนทำผิดกฎหมายอย่างร้ายแรง โดยเกือบจะเรียกว่าเสรี ถ้าจะมีการดำเนินคดีอยู่บ้างก็คงไม่ถึง 1 เปอร์เซ็นต์ เมื่อรวมกับสื่ออีกบางส่วนที่ตามกระแส หรือไม่ก็ถูกข่มขู่คุกคามจากสื่อประเภทนี้ จนไม่กล้าที่จะทัดทาน และพลอยตามกระแสไปด้วยทำให้สื่อโดยรวมมีบทบาทต่อการ เปลี่ยน แปลงทางการเมืองอย่างที่ผ่านมา

Solche Medien haben eine klare Funktion, die deutlich in irgendeine Richtung hin deuten. Sie können unwahre Geschichte unendlich oft erzählen, benützen ein paar Fakten, um die Nachrichten glaubhafter zu machen, beschuldigen jeden, sie wiegeln

Die Krise der Demokratie — Mark Teufel^^
Thailand

> die Gesellschaft auf, und sie haben Narrenfreiheit, die Leute zu schweren Straftaten, anzustacheln. Dann muss man noch solche Medien hinzu fügen, die als Mitläufer gelten, und solche, die sich von den Speerspitzen bedroht fühlen, aber nicht wagen, sich gegen sie aufzulehnen und schließlich willenlos mitlaufen. Sie alle haben Anteil an der vergangenen politischen Änderung in unserem Land.

แน่นอนว่าถ้าสื่อมีบทบาทอย่างที่ผ่านมา ใครที่จะผลักดันให้บ้านเมืองเป็นประชาธิปไตย ก็จะเป็น การที่ทำอะไรสวนทางกับสื่อ และย่อมจะพบว่าสื่อเป็นอุปสรรค และเป็นปัญหาต่อการพัฒนา ประชาธิปไตย นี่เป็นโจทย์ข้อใหญ่สำหรับผู้ที่จะเคลื่อนไหวต่อสู้เพื่อประชาธิปไตยต้องช่วยกันหา ทางแก้

Natürlich, wer unser Land in die demokratische Richtung treibt, der wird gegen die Medien schwimmen müssen, und heraus finden, dass die Medien das eigentliche Hindernis und Problem für die Entwicklung der Demokratie sind. Dies ist der größte Klotz am Bein, den wir beseitigen müssen.

คงต้องจำแนกว่าเรามีโจทย์ที่จะต้องแก้เกี่ยวกับสื่ออยู่ 2 ส่วน ส่วนที่หนึ่งคือ ในการต่อสู้เพื่อประชาธิปไตยจะทำอย่างไรกับสื่อดี ซึ่งเป็นเรื่องเร่งด่วนเฉพาะหน้า กับส่วนที่สองคือ ทำอย่างไรสังคมไทยจึงจะมีสื่อที่ดี เป็นไปตามหลักการที่ถูกที่ควร ซึ่งดูจะเป็นปัญหาระยะยาวที่ต้องใช้เวลา

Wir können diese Aufgaben in zwei Fragen aufteilen, erstens: es geht um den Kampf für die Demokratie, wie sollen wir das dringende Medienproblem lösen und zweitens: was sollen wir machen, damit wir gute Medien mit Moral und Ethik bekommen. Um dieses Problem zu lösen, so glaube ich, brauchen wir Zeit.

ในการแก้ปัญหาเฉพาะหน้านั้นได้เกิดปรากฏการณ์ที่น่าสนใจขึ้น 2 อย่าง ปรากฏการณ์แรกคือ การหาทางให้สื่อบางส่วนอย่าง ASTV หยุดยั้งการโฆษณาอันเป็นเท็จ ปลุกปั่น ยุยงให้คน งมงาย บ้าคลั่ง พร้อมที่จะทำผิดกฎหมายร้ายแรงอย่างที่ผ่านมา แต่การใช้ช่องทางทางกฎหมาย ก็ไม่เป็นผล ซ้ำร้ายดูเหมือนว่าสื่อประเภทนี้จะได้รับการคุ้มครองปกป้องจากฝ่ายบังคับใช้กฎ หมายเสียด้วยซ้ำ

Um die Probleme kurzfristig zu lösen, finden wir 2 interessante Antworten. Erstens, wir müssen einen Weg finden, die Propaganda der Medien zu verhindern, die wie ASTV nur darauf ausgerichtet ist, die Leute aufzustacheln, aufzuwiegeln, blind und geisteskrank zu machen, damit sie bereit sind, gegen jedes Gesetz zu verstoßen. In diesem Fall hat der Weg über die Justiz keine Wirkung. Denn es scheint so, als genössen sie den Schutz von dem Gesetzgeber.

ASTV มักจะเสนอความเท็จอย่างไม่มีจำกัด ใช้การเสนอความจริงบางส่วน มาสนับสนุนให้ส่วนที่ เป็นเท็จนั้นน่าเชื่อถือยิ่งขึ้น ใช้การโกหกซ้ำๆมาทำให้คนเชื่อว่าเป็นความจริง ASTV เอียงข้าง อย่างชัดเจน การเลือกข้างของ ASTV เมื่อปลุกกระดม ปลุกปั่นยุยงโดยทำให้คนหลงเชื่อถือลัทธิ บางอย่างก็ทำให้คนงมงาย บ้าคลั่ง พร้อมที่จะทำผิดกฎหมาย หรือสร้างความเสียหาย

อย่าง ร้าย แรงขึ้น โดยเข้าใจผิดว่าสิ่งที่ทำนั้นอยู่บนพื้นฐานของความจริงและความมีอุดมการณ์

> Die Leute in ASTV erzählten nur unwahre Geschichte, und das ohne Ende. Sie benützen ein paar wahre Fakten, um die unwahren glaubhafter zu machen. Sie haben gelogen, immer wieder gelogen, bis die Leute glaubten, dass das, was sie hörten und sahen, wahr ist. Sie waren intolerant, ihre Methoden waren demagogisch, sie hetzten, wiegelten auf, bis man ihnen blind glaubte, und bereit war, gegen das Gesetz zu verstoßen oder große Schäden für das Land anzurichten, weil man ihnen Glauben machte, es eine Ideologie gäbe, der sie folgen würden.

การที่ ASTV บทบาทเช่นนี้ได้อย่างต่อเนื่อง ไม่เพียงแค่ไม่มีการบังคับใช้กฎหมายในทางห้าม ปราม ทั้งยังได้รับการคุ้มครอง ปกป้องและส่งเสริมจากกลไกรัฐ ได้เป็นเงื่อนไขสำคัญทำให้สังคมไทยแตกแยกอย่างไม่เคยปรากฏมาก่อน บทบาทของ ASTV จะนำสังคมไทยก้าวไปสู่ความรุนแรงและกลายเป็นวิกฤตที่ใหญ่หลวงได้ในอนาคต

> Während ASTV kontinuierlich diese Rolle spielte, wurde sie niemals dafür zur Rechenschaft gezogen, weder ethisch noch durch die Justiz. ASTV genießt sogar den Schutz des staatlichen Apparates, was ein Grund war, dass unsere Gesellschaft wie noch nie gespalten wurde. Die Rolle von ASTV führte zur Radikalisierung, die das Land in der Zukunft in eine verheerende Krise führen könnte.

ถึงอย่างไรสังคมไทยก็คงต้องหาทางที่จะใช้ช่องทางทางกฎหมายเพื่อแก้ปัญหาต่อไป บางที ปัญหา ASTV กับปัญหานิติรัฐควรจะถูกหยิบยกขึ้นมาให้เป็นประเภทเดียวกันไปเสียเลยก็ได้

Die thailändische Gesellschaft muss trotzdem weiter eine gesetzliche Lösung für dieses Problem anstreben. Das ASTV-Problem und das Problem der Legalität könnte man vielleicht gemeinsam lösen.

ที่อีกปรากฏการณ์หนึ่งคือ การเกิดสื่อฝ่ายประชาธิปไตยขึ้น ไม่ว่าจะเป็นวิทยุชุมชนจำนวนมาก หรือสถานีโทรทัศน์ D Station เข้าใจว่าผู้ที่ต้องการต่อสู้เพื่อประชาธิปไตยได้สรุปบทเรียนจากเหตุการณ์ผ่านมาว่า ปล่อยให้กลุ่มพันธมิตรฯ โฆษณาชวนเชื่อโดยไม่มีการนำความจริงหรือความเห็นที่แตกต่างมาชี้แจงบ้างเลย นับวันจะสร้างปัญหาสะสมมากยิ่งขึ้นไปเรื่อย

Es gab noch ein Phänomen, was man hierbei erörtern sollte, das sind die Medien für die Demokratie. Zum Beispiel eine Radiostation oder Fernsehstation, wie D-Station. Sie alle haben die Methoden der PAD aus den vergangenen Ereignissen kennengelernt und gespürt, dass, wenn man eine Meinung propagiert, wie bei der PAD, ohne Gegendarstellung, dann werden daraus noch mehr Probleme entstehen, je länger man eine solche Situation weiter zulässt

จะหาทางออกด้วยการอาศัยกฎหมายบ้านเมืองไปใช้แก้ปัญหาสื่อของกลุ่มพันธมิตรฯ ก็หวังพึ่งไม่ได้ ฝ่ายประชาธิปไตยจึงต้องสร้างสื่อของตัวเองบ้าง

Weiter zu warten und auf gesetzliche Regelung zu hoffen, kann das Problem, das von den Medien der PAD ausgeht, nicht lösen.

นี่จึงเป็นเรื่องจำเป็นและเข้าใจได้

Aber eine Lösung ist verständlicherweise notwendig..

ข้อดีของสื่อที่ฝ่ายประชาธิปไตยสร้างขึ้นเองที่ผ่านมาจนปัจจุบันคือ การเสนอความจริง ไม่ใช่ความเท็จสู้กับความเท็จ

Die lobenswerte Seite der demokratischen Medien, aus der Vergangenheit bis heute, basierten ihre Berichte nur auf Wahrheiten und sie wandten sich gegen jede Unwahrheit.

ส่วนความเป็นกลางนั้น คงมีคนจำนวนมากเข้าใจได้ว่าเป็นไปไม่ได้เสียแล้ว ถ้ายืนอยู่กับการเสนอแต่ความจริง ถูกต้องทางวิชาการ อยู่บนหลักการประชาธิปไตยแล้ว ถึงไม่เป็นกลางก็คงต้องเรียกว่าเอียงไปทางฝ่ายประชาธิปไตย ในสภาพความเป็นจริงของสังคมซึ่งฝ่ายที่รักษากฎหมายไม่เป็นกลางอย่างที่เป็นอยู่ การเลือกข้างประชาธิปไตยก็ถือว่าเป็นเรื่องจำเป็นที่จะต้องเกิดขึ้นอย่างไม่อาจหลีกเลี่ยงได้เสียแล้ว

Viele glauben nicht mehr daran, dass Neutralität noch möglich ist. Mit den wahren Fakten, die auf Wissenschaft und Demokratie basieren, wenn sie auch nicht so neutral wären, stünde man immerhin auf der demokratischen Seite. Unser reales Leben ist heute im Zentrum einer Umgebung die durch einen intoleranten Gesetzgeber dominiert wird. Sich auf die Seite der Demokratie zu stellen ist daher unvermeidbar.

ประเด็นที่น่าสนใจก็คือ เรากำลังได้เห็นแนวทางใหม่ของสื่อที่ประกาศตัวชัดว่าสังกัดค่ายทางการเมือง เรื่องนี้เป็นประเด็นใหญ่ในอนาคตข้างหน้า และค่อนข้างหมิ่นเหม่ต่อวิชาชีพสื่อมวลชนเพราะคนทั่วไปคาดหมายว่าสื่อจะต้องเป็นกลาง ซึ่งในความเป็นจริงแล้วไม่สามารถเกิดขึ้นได้แม้กระทั่งในประเทศที่พัฒนาแล้ว

Es ist interessant zu beobachten, dass wir in der Zeit leben, in der die Medien konkret aussagen dürfen, dass sie auf einer bestimmten Seite irgendeiner Partei stehen. Dieses Verhalten könnte in der Zukunft wichtig werden. Es wird wichtig, weil es an die Unvereinbarkeit der beruflichen Ethik grenzt. Die meisten Leute erwarten Neutralität von den Medien, was eigentlich schwer zu realisieren ist, selbst in den hoch entwickelten Ländern.

ตัวอย่างที่เห็นได้ชัด ในสหรัฐอเมริกา อังกฤษหรือยุโรปตะวันตก สื่อที่เป็นของเอกชน ประกาศตัวโดยเปิดเผยว่ามีจุดยืนของตัวเองอย่างไร และเข้าข้างใด แต่จุดยืนดังกล่าวจะไม่ก้าวล่วงไปถึงการนำเสนอข้อมูลและข่าวสารโดยถือหลักการว่า "ข้อเท็จจริงในข่าวคือสิ่งศักดิ์สิทธิ์ แต่ความเห็นเป็นเสรี"

Ein Beispiel: in den USA, England oder Westeuropa haben die privaten Medien veröffentlicht, wie ihr Standpunkt ist und auf welcher Seite sind stehen. Dennoch wird ihr Standpunkt nicht die Berichterstattung die Informationen und die Nachrichten bestimmen, nach dem Prinzip "die Wahrheit ist uns heilig, doch die Meinung steht uns frei".

ในฟิลิปปินส์ นักการเมืองที่ทรงอิทธิพลทั้งที่เป็นฝ่ายค้านและฝ่ายรัฐบาลต่างเป็นเจ้าของหนังสือพิมพ์ และบางคนลงมือเขียนคอลัมน์เสียเองด้วย แต่ข่าวที่นำเสนอก็เป็นข้อเท็จจริงล้วนๆ

Auf den Philippinen sind alle mächtigen Politiker, sowohl der Regierungsseite als auch der Seite der Oppositionen, Eigentümer von Presseorganen, manche schreiben selbst ihre Kolumne, jedoch verbreiten sie nur die wahren Geschichten und Nachrichten.

การมีสังกัดค่ายของสื่อ ซึ่งอาจจะแปลกใหม่สำหรับเมืองไทย จึงไม่น่าจะเป็นคำถามใหญ่โตหากคุ้นเคยกันนานเข้า แต่ประเด็นคำถามก็อยู่ที่ว่า ถ้าอยากจะให้ประเทศไทยมีลักษณะประชาธิปไตยที่อยู่ด้วยกันอย่างสันติ และมีขันติธรรม แม้มีความเห็นต่างกันได้ การมี ASTV ได้ ก็ต้องมี DTV ได้ เพียงแต่ต้องอยู่ภายใต้หลักการที่ชัดเจนว่า ไม่สร้างเงื่อนไขให้เกิดความรุนแรง และความแตกแยกในสังคม โดยที่สามารถผ่อนปรนในเรื่องความไม่เป็นกลางของทัศนะและความเห็น

Einer politischen Ansicht anzugehören, ist zwar ziemlich neu in Thailand, man braucht sich aber nicht aufzuregen. Das Problem ist nur, wer das demokratische System in Thailand haben will, und friedlich zusammen leben möchte, muss auch DTV erlauben wenn er ASTV hat, man sollte DTV haben dürfen, unten den Bedingungen, dass niemand Gewalt einsetzt, den Riss in der Gesellschaft vergrößert, kompromissfähig und tolerant gegenüber anderer Meinung ist.

ในระยะยาว ยังอยากเห็นสื่อทุกประเภทหันมาใช้หลักการที่ถูกที่ควรอย่างเสมอภาคเท่าเทียมกัน กล่าวคือ สื่อเสนอแต่ความจริงและต้องรับผิดชอบต่อสังคมในสิ่งที่ตนเองเสนอ มีความเป็นกลางสร้างสรรค์เป็นกลาง สร้างสรรค์ เป็นแหล่งเรียนรู้ที่ดี มีบทบาทสำคัญในการพัฒนาบ้านเมืองและระบอบประชาธิปไตย

Auf lange Sicht sollen alle Medien unter dem gleichen Prinzip gleichberechtigt arbeiten, das heißt, sie sollen nur die wahre Geschichte berichten, die Verantwortung für ihre Taten übernehmen, neutral und kreativ bleiben. Die Kreativität erzeugt die Erkenntnisse, die eine große Rolle für die demokratische Entwicklung des Landes spielt.

สิ่งนี้จะเกิดขึ้นได้ต้องส่งเสริมให้มีการนำหลักการสำคัญๆ มาใช้ในการประเมินและวิจารณ์สื่อ สร้างวัฒนธรรมที่สังคมมีหลักเกณฑ์ที่ดีในการตรวจสอบและดูแลสื่อ

Wir sollten dieses wichtige Medienprinzip unterstützen, damit wir den Überblick haben, die Medien richtig einschätzen und kritisieren können. Wir sollten eine Mentalität aufbauen, die diese gute Regel unterstützt, damit wir auf sie aufpassen und sie kontrollieren können.

ในประเทศอื่นๆหลายประเทศ ได้เคยเกิดเหตุการณ์ที่สื่อมวลชนออกนอกลู่นอกทาง จนมีส่วน

สำคัญในการสร้างและขยายความขัดแย้งในสังคมขึ้น ต่อมาสังคมจึงได้หาทางที่จะต้องช่วยกันดูแลสื่อและสร้างวัฒนธรรมที่สื่อต้องรับผิดชอบต่อสังคมขึ้น

In anderen Ländern gab es auch einige Medien, die diese Grenze überschritten haben, bis es die Spaltung der Gesellschaft verursachte. Später fand die Gesellschaft einen Weg, eine Tradition, dass die Medien eine Verantwortung gegenüber der Gesellschaft haben müssen.

จากปัญหาที่เกิดขึ้นในประเทศไทยเองในไม่กี่ปีมานี้ ทำให้สังคมไทยเรายิ่งต้องให้ความสนใจศึกษาหาบทเรียนจากประเทศต่างๆ รวมทั้งบทเรียนจากความเป็นจริง ที่เกิดขึ้นในประเทศเราเอง เพื่อที่สังคมไทยจะได้ดูแลและส่งเสริมบทบาทของสื่อมวลชนได้อย่างเหมาะสมต่อไป

Was in Thailand in der vergangenen paar Jahren passierte, könnte unsere Gesellschaft anregen, sich mehr Bildung, Kenntnisse aus anderen Ländern und aus dem wahren Leben, das sich in Thailand ereignete, anzueignen. Damit wir die Rolle der Medien richtig einschätzen und sie weiter unterstützen können.

ที่ผ่านมาจนถึงปัจจุบัน มักมีการเสนอหลักการว่า ควรให้สื่อดูแลกันเอง ควบคุมกันเอง ความหมายก็คือ ไม่ให้รัฐบาลมาควบคุมสื่อ ซึ่งมีส่วนถูกอยู่บ้างแต่โดยหลักการแล้วไม่เห็นด้วยมาตลอด เห็นว่าเป็นแนวความคิดที่ไม่ถูกต้อง และเห็นว่าสื่อต้องรับผิดชอบต่อสังคมและสังคมต้องดูแลสื่อได้ สังคมจำเป็นต้องหากลไกวิธีการที่สามารถดูแลหรือสื่อสารกับสื่อ เพื่อให้สื่อทำหน้าที่ที่เป็นประโยชน์ และไม่เป็นอันตรายต่อสังคม

"Seit langer Zeit ist die Meinung weit verbreitet, dass die Medien sich selbst kontrollieren sollten. Das heißt, die Regierung sollte sich nicht in ihrer Angelegenheit einmischen und sie nicht kontrollieren, was zum Teil richtig ist. Doch ich bin gegen eine solche Idee der absoluten Selbständigkeit, weil es keine gute Idee ist. Die Medien müssen gegenüber der Gesellschaft Verantwortung übernehmen und die Gesellschaft muss gegenüber den Medien Verantwortung übernehmen. Die Gesellschaft muss ein Instrument finden, um mit den Medien deren Verantwortung vereinbaren zu können, damit die Medien ihren Pflichten nachkommen, ihr Nutzen und möglicher Schaden muss erkannt werden, damit möglichst kein Schaden für die Gesellschaft entstehen kann."

Die ehemaligen Linken

Die alten Ansichten sind noch nicht vorbei, die neuen sind noch nicht da

ซ้ายเก่า / ความคิดเก่ายังไม่ไป ความคิดใหม่ยังไม่มา

"สังเกตจากการเคลื่อนไหวของกลุ่มพันธมิตรฯ จะพบว่าผู้ที่เป็น "ซ้ายเก่า" จำนวนไม่น้อยยัง ต้องการเอา ความคิดแบบเดิมในส่วนที่ ดูจะเข้ากันได้ดีกับกลุ่มพันธมิตรฯมาใช้ ดังนั้นการที่กลุ่ม พันธมิตรฯ เคลื่อนไหวแบบอนาธิปไตย ไม่เคารพกฎหมาย ใช้ความรุนแรง ปฏิเสธระบบรัฐสภา และการเลือกตั้ง รวมทั้งเสนอคำขวัญต่อต้านเผด็จการทุนนิยมหรือทุนนิยม สามานย์ จึงดู กลมกลืนกับ "ซ้ายเก่า" ที่เข้าร่วมการเคลื่อนไหว ของกลุ่มหรือทุนนิยมสามานย์ จึงดูกลมกลืน กับ "ซ้ายเก่า" ที่เข้าร่วมการเคลื่อนไหวของกลุ่มพันธมิตรฯ แบบเป็นอันหนึ่งอันเดียวกันเลย ทีเดียว"

"Wenn man die Bewegung der PAD beobachtete, fand man heraus, dass viele ehemaligen Linke, die ein Teil ihrer Ideologie in den Ideen der PAD wieder erkannte, sich mit ihnen verbinden wollten. Als die PAD die undemokratischen, gesetzwidrigen und gewalttätigen Aktionen mit Schlachtrufen gegen Kapitalisten umsetzte, um gegen das parlamentarischen System und das Wahlsystem zu kämpfen, sah es dann so aus, als hätte die PAD Gemeinsamkeiten mit den ehemaligen Linken".

ในการเคลื่อนไหวเพื่อทำให้ประเทศไม่เป็นประชาธิปไตยใน 3 ปีที่ผ่านมา มีการเสนอคำขวัญ ข้อเสนอ และแนวความคิดที่ดูจะมีกลิ่นอายของฝ่ายซ้ายในอดีตอยู่ไม่น้อยเลย

Im Laufe der vergangenen 3 Jahren gab es viele Ideen die Bewegungen gegen die Demokratie des Landes waren, die den ehemaligen Linken ähnelten.

น่าแปลกว่าแนวความคิด "ซ้ายเก่า" เข้ากันได้กับการเคลื่อนไหวของกลุ่มพันธมิตรฯ กับพวก อย่างชนิด เป็นปี่เป็นขลุ่ยได้อย่างไร

Es ist wirklich eigenartig, wie kann die Idee der ehemaligen Linken Gemeinsamkeiten mit der PAD haben und wie kann es sein, dass sie wie Pech und Schwefel zusammen kleben?

ความคิด "ซ้ายเก่า" นี้กลายเป็นเรื่องล้าหลัง และส่งผลเสียต่อบ้านเมืองจึงควรจะต้องพูดถึงและ ทำความ เข้าใจในเรื่องนี้

Wir müssen über die Idee der ehemaligen Linken, die eigentlich für unser Land nicht mehr zeitgemäß und schädlich ist, reden.

ที่จะพูดถึง "ซ้ายเก่า" หรือ "ซ้ายในอดีต" ในที่นี้ส่วนใหญ่ไม่ต้องการหมายถึงบุคคลหรือกลุ่ม บุคคล แต่จะเน้นที่แนวความคิดเป็นสำคัญ

Wir wollen uns eigentlich nicht über eine bestimmte Person oder Gruppe, sondern lediglich über ihre Ideologie äußern.

ฝ่ายซ้ายของไทยมีบทบาทมากๆ หลังเหตุการณ์ 14 ตุลาคม 2516 ซึ่งกระแสความคิดสังคมนิยมเผยแพร่ และเป็นที่ยอมรับ และเป็นที่ยอมรับอย่างกว้างขวางในบรรดาผู้ที่ต่อสู้เพื่อประชาธิปไตย ประกอบกับใน ขณะนั้นหลายประเทศในภูมิภาคกำลังเกิดการเปลี่ยนแปลง ทำให้กระแสความคิดนี้ยิ่งแรงขึ้น

Nachdem 14. Oktober 1973 spielten die thailändischen Linken eine große Rolle dabei, die Idee des Sozialismus zu verbreiten und sie wurde überall bei den demokratischen Kämpfern akzeptiert. Außerdem waren die Länder der Region (Südostasien) in einem politischen Umbruch, und die sozialistischen Ideen waren damals sehr populär.

กระแสสังคมนิยมหรือแนวความคิดฝ่ายซ้ายที่มีบทบาทมากนั้น ที่สำคัญคือ ปฏิเสธระบบทุนนิยมและ ต้องการสร้างระบบสังคมนิยม ต้องการยึดอำนาจรัฐมาเป็นของประชาชน ปฏิเสธกฎหมายที่ใช้อยู่ ไม่ยอม รับระบบรัฐสภาและพรรคการเมืองในระบบรัฐสภา แม้อาจเห็นว่าเป็นประโยชน์อยู่บ้างก็เพียงไว้ใช้เป็นเวที ให้การศึกษาแก่ประชาชนเท่านั้น เมื่อกระแสความคิดสังคมนิยมมีบทบาทมาก การพัฒนาแนวความคิดประ ชาธิปไตยเสรีนิยมระบบพรรคการเมืองและระบบรัฐสภาที่เคยมีมาก่อนหน้านั้นจึงหยุดชะงักลง

Die sozialistischen Bewegungen oder die Linken spielten dabei eine wichtige Rolle, weil sie gegen totalitäre Kapitalisten kämpften. Sie wollten ein sozialistisches System aufbauen, die Macht des Staates dem Volk übergeben. Sie wollten das Gesetz, das Parlament- und das Parteiensystem nicht akzeptieren. Sie sahen ein solches System als nützlich an, aber nur für die Bildung der Bevölkerung. Je mehr die sozialistischen Ideen sich in der Gesellschaft eingenistet hatten, desto unwichtiger erschienen die demokratischen, liberalen und, parlamentarischen Parteiensysteme.

ในระหว่างที่ฝ่ายซ้ายในอดีตมีแนวคิดที่ต้องการใช้กำลังอาวุธเข้ายึดอำนาจรัฐ สร้างสังคมนิยมขึ้นนั้น มีการสร้างพิมพ์เขียวของสังคมในอุดมคติว่าเป็นสังคมแบบใด เมื่อยึดอำนาจรัฐได้แล้ว ก็จะสร้างสังคม ตามพิมพ์เขียวนั้น

Während die Linken die Idee hatten, die Macht im Staat mit Gewalt zu erreichen um das sozialistischen System einzusetzen, hatten sie schon einen Master-Plan für die Gesellschaft durchdacht, welches (soziale System) sie haben wollten, wenn sie zur Macht gelangen würden, um das System nach diesem Plan aufbauen zu können.

ต่อมาเมื่อสหภาพโซเวียตล้ม ระบบสังคมนิยมในหลายประเทศพังทลายลง และแนวความคิดสังคมนิยม ไม่เป็นที่ยอมรับ กระแสความคิดสังคมนิยมก็ลดลงจนเกือบหมดบทบาทไป

Als das sozialistische System in der Sowjetunion zusammenfiel, wurden auch die anderen Länder, die das gleiche System hatten, mitbetroffen.

แต่แนวความคิดหลายอย่างไม่ได้สาบสูญไป ความคิด "ซ้ายเก่า" ยังอยู่กับฝ่ายซ้ายเก่ามากบ้าง

น้อยบ้าง ต่างๆกันไป

Die linken Anschauungen waren aber nicht ganz verschwunden, sie sind - mehr oder weniger- auf unterschiedlicher Weise noch präsent.

ที่ขาดหายไปและไม่มีอะไรมาแทนที่คือพิมพ์เขียวของสังคมในอุดมคติเนื่องจากฝ่ายซ้ายเก่าก็ไม่ได้คิดต่อไปว่า เมื่อไม่ใช่สังคมนิยมแล้วจะก้าวไปสู่สังคมแบบไหน ระบบเศรษฐกิจและระบบการปกครองที่ดีเป็น อย่างไรกันแน่

Was unwiederbringlich, ohne Ersatz, verloren gegangen ist, ist der Master-Plan für die gesellschaftliche Ideologie. Weil sie (die Linken) ihn nicht mehr kontinuierlich verfolgen. Nun wenn er nicht sozialistisch sein soll, welches System soll es werden. Wie sollten ein gutes Wirtschaftssystem und ein gutes System einer Regierung heißen?

ถ้าจะถามว่ากระแสความคิดแบบ "ซ้ายเก่า" มีด้านที่เป็นประโยชน์ต่อการต่อสู้เพื่อประชาธิปไตยหรือไม่ คำตอบคือมีอยู่เหมือนกัน เป็นต้นว่า แนวความคิดต่อต้านนายทุนขุนศึก การผลักดันส่งเสริมให้ระบบที่ก้าว หน้ากว่าเข้าแทนที่ระบบที่ล้าหลัง ส่งเสริมให้สังคมพัฒนาก้าวไปข้างหน้า การส่งเสริมให้คนเสียสละ ต่อสู้เพื่ออุดมการณ์ ต่อสู้เพื่อประชาชน

Wenn man fragt, ob die Idee der Linken nützlich für den Kampf der Demokratie ist, da wäre die Antwort, sicher ist die Idee auch nützlich, bezüglich den Ideen gegen die Kapitalisten, und die Ersetzung der alten durch innovativere Ideen. Dies kann die Gesellschaft vorwärts bringen, die Leute anregen, sich für ihre Ideologie und das Volk einzusetzen.

สังเกตจากการเคลื่อนไหวของกลุ่มพันธมิตรฯจะพบว่า ผู้ที่เป็น "ซ้ายเก่า"จำนวนไม่น้อยยังต้องการเอา ความคิดแบบเดิมในส่วนที่ดูจะเข้ากันได้ดีกับกลุ่มพันธมิตรฯ มาใช้ ดังนั้นการที่กลุ่มพันธมิตรฯ เคลื่อนไหว แบบอนาธิปไตย ไม่เคารพกฎหมาย ใช้ความรุนแรง ปฏิเสธระบบรัฐสภาและการเลือกตั้งรวมทั้งเสนอคำ ขวัญ ต่อต้านเผด็จการทุนนิยมหรือทุนนิยมสามานย์ จึงดูกลมกลืนกับ "ซ้ายเก่า" ที่เข้าร่วมการเคลื่อนไหว ของกลุ่มพันธมิตรฯ แบบเป็นอันหนึ่งอันเดียวกันเลยทีเดียว

Wenn man die Bewegung der PAD beobachtet, findet man heraus, dass viele ehemaligen Linke, die ein Teil ihrer Ideologie in den Ideen der PAD wieder erkannten, sich mit ihnen verbinden wollten. Als die PAD die undemokratischen, gesetzwidrigen und gewalttätigen Aktionen mit Schlachtrufen gegen Kapitalisten umsetzte, um gegen das parlamentarischen System und das Wahlsystem zu kämpfen, sah es dann so aus, als hätte die PAD Gemeinsamkeiten mit den ehemaligen Linken.

ความคิด "ซ้ายเก่า" ที่ติดมานี้ ส่งผลเสียร้ายแรงต่อประเทศชาติมากกว่าที่จะเป็นผลดีอย่างที่โฆษณา ชวนเชื่อกันอยู่

Wie man sieht, ist die Idee der Linken eher zum Nachteil des Landes als zum Vorteil, wie man uns weismachen wollte.

ที่ควรพูดถึงเป็นพิเศษคือ ข้อเสนอให้ต่อต้านทุนนิยมและทุนนิยมสามานย์

Wir sollten uns darüber äußern, was der Kampf gegen den Kapitalismus oder den teuflischen Kapitalismus bedeutet.

เมื่อกลุ่มพันธมิตรฯ และผู้นำคมช. เสนอว่าต้องคัดค้านเผด็จการทุนนิยม ก็ฟังดูเข้าที แต่สุดท้ายสิ่งที่เกิดขึ้นจริงจากการต่อต้านเผด็จการ กลับกลายเป็นล้มล้างระบอบประชาธิปไตย และสร้างระบอบเผด็จการที่ ถูกต้องตามกฎหมายมาแทนที่ใจปัจจุบัน

Wenn die PAD und der Rat für Nationale Sicherheit uns auffordern: Wir sollen die diktatorischen Kapitalisten bekämpfen, klang es ziemlich vernünftig. Doch am Ende, statt die Diktatur zu bekämpfen, wurde das ganze demokratische System vernichtet, und mit dem jetzigen diktatorischen System ersetzt.

ส่วนการต่อต้านระบบทุนนิยมและทุนนิยมสามานย์ที่มุ่งไปยังอดีตนายกฯทักษิณ ซึ่งเป็นนายทุนใหญ่คน หนึ่งนั้น เมื่อล้มทักษิณสำเร็จแล้ว ระบบทุนนิยมก็ยังอยู่เหมือนเดิม ไม่มีอะไรเปลี่ยนแปลง แต่หากจะมี ทุนนิยมสามานย์อยู่มากน้อยแค่ไหนมาแทนที่

Mit der Bekämpfung des Kapitalismus und des teuflischen Kapitalismus ist eigentlich nur der große Kapitalist, Thaksin, gemeint. Als das Ziel der Vernichtung bereits erreicht war, bleibt dieser Kapitalismus weiterhin und unverändert wie zuvor, er wurde nur - mehr oder weniger - mit einem giftigen Kapitalismus ersetzt.

ระบบเศรษฐกิจของประเทศไทยเป็นระบบทุนนิยมมานานแล้ว ใครจะชอบหรือไม่ชอบก็คงต้องเข้าใจความ จริงข้อนี้ ถ้าใครคิดจะล้มระบบเศรษฐกิจแบบนี้ ก็ควรจะเสนอว่าจะเอาอะไรมาแทน ถ้าไม่มีคำตอบเรื่องนี้ จะให้ย้อนยุคไปเป็นระบบทาสไพร่ก็คงไม่มีใครเห็นด้วย และไม่เป็นผลดีแก่ใคร

Das thailändische Wirtschaftssystem ist seit langem ein kapitalistisches System, ob man es mag oder nicht. Diese Wirklichkeit sollte man sich vor Augen halten. Wenn man dieses Wirtschaftssystem vernichten will, sollte man auch gleich vorschlagen, was für ein System wir stattdessen einrichten sollen. Wenn man keine Antwort findet, sollte man vielleicht zu den Sklaven- oder sozialen Kastensystemen zurückkehren, was niemand will und niemanden nützt.

กลุ่มพันธมิตรฯ และผู้ที่ยังยึดติดกับความคิดซ้ายเก่าบางส่วนนั้น คงไม่สนใจที่จะตอบคำถามนี้ และคงไม่มี อะไรจะตอบ เอาเข้าจริงๆกลายเป็นเสนอให้ต่อต้านเผด็จการทุนนิยมและทุนนิยมสามานย์ เพราะทำให้ฟัง แล้วน่ากลัวดี จะได้ระดมคนได้มากมาล้มทักษิณ ซึ่งในที่สุดไม่เพียงแต่ล้มทักษิณเท่านั้น แต่กลับเป็นการ ล้มระบอบประชาธิปไตยไปด้วยอย่างที่เห็นกันอยู่

Die PAD und die paar Linken, die noch an das alte System anhimmeln, interessiert wahrscheinlich die Antwort nicht, und sie können auch die Frage nicht beantworten. Sie wissen nur: Sie sind gegen den Kapitalismus und die teuflischen Kapitalisten. Das klingt gefährlich, man kann mehr Leute gegen Thaksin rekrutieren. Am

Ende wurde nicht nur Thaksins System vernichtet, wie man sieht, sondern das demokratische System war auch weg.

ปรากฏการณ์ที่ความคิด "ซ้ายเก่า" ในส่วนที่เป็นปัญหายังมีบทบาทอยู่ในการเคลื่อนไหวที่ไม่เป็นประชาธิปไตย ได้สะท้อนให้เห็นว่า สังคมไทยยังจำเป็นต้องแสวงหาความรู้และพัฒนาความคิด เพื่อหาคำตอบ เกี่ยวกับระบอบการปกครองและระบบเศรษฐกิจกันอีกมาก

Die Linken, die gemeinsam mit der PAD Bewegung, die undemokratisch ist, agieren, zeigte uns, dass die thailändische Gesellschaft mehr Wissen braucht, um mehr richtige Antworten für das Regierung- und Wirtschaftssystem zu finden.

การจะทำให้บ้านเมืองเป็นประชาธิปไตยนั้น ต้องต่อสู้กับความคิดที่ไม่เป็นประชาธิปไตยทั้งหลาย ความคิด "ซ้ายเก่า" ในส่วนที่เป็นปัญหา จึงเป็นส่วนหนึ่งที่จะต้องมีการได้แย้งและหักล้างเพื่อไม่ให้เป็นอุปสรรค ต่อ การสร้างและพัฒนาประชาธิปไตย

Um für die Demokratie zu kämpfen, müssen wir daher die undemokratischen Anschauungen, die problematischen Ideen der Linken bekämpfen. Wir müssen uns ihren Ideen und Hindernissen entgegen stellen, um den Aufbau der Demokratie zu ermöglichen.

ทั้งนี้ด้วยความเชื่อมั่นว่า สิ่งใหม่ที่ก้าวหน้าย่อมแทนที่สิ่งเก่าที่ล้าหลังได้เสนอ

Wir glauben fest daran, dass das alte System durch das neue ersetzt wird.

Anmerkung von Mark Teufel:

Wenn Chaturon von „Linken" spricht, meint er damit nicht pauschal alle Linken, sondern nur diejenigen, die die maoistisch stalinistische Vergangenheit möglicherweise noch nicht überwunden haben und derzeit innerhalb der PAD glauben den Ideen dieser Ideologie näher kommen zu können. Chaturon selbst war ein Studentenaktivist und war 1976 in den Dschungel geflohen. Interessant ist das Spektrum der Meinungen innerhalb der Rothemden. Hier Chaturon, ein eher liberalwirtschaftlicher Sozialdemokrat und dort (siehe weiter hinten) Giles Ji Ungpakorn, der Marxist und Republikaner. Aber beide haben ein Ziel: Die Macht des Militärs und der herrschenden Elite zu brechen und eine Wahldemokratie einzurichten, innerhalb der sie für ihre Ideen und Konzepte werben können.

Die Krise der Demokratie   Mark Teufel^^
                                                              Thailand

Die „Oktober-Menschen"

Wenn der Namen keine Bedeutung mehr hat

คนเดือนตุลาคม / เมื่อชื่อหมดความหมาย

"เจตนารมณ์เดือนตุลาเป็นเจตนารมณ์ที่ยิ่งใหญ่ การเคลื่อนไหวเดือนตุลาเป็นการเคลื่อนไหวที่เป็นคุณูป การอย่างใหญ่หลวงให้กับการเปลี่ยนแปลงบ้านเมืองให้เป็นประชาธิปไตย

Die Intention der Demonstranten im Oktober {1973 und 1976} war heldenhaft, ihre Bewegung diente der Veränderung des Landes in Richtung eines demokratischen Systems und waren daher sinnvoll.

การไปร่วมมือกับกองกำลังติดอาวุธที่เคลื่อนไหวล้มรัฐบาลที่มาจากการเลือกตั้ง สนับสนุนการยึดอำนาจรัฐ ประหาร ทำให้ประเทศไม่เป็นประชาธิปไตยนั้น เป็นการสวนทางกับเจตนารมณ์เดือนตุลา"

Doch die Teilnehmer an einer gewalttätigen Bewegung, um die gewählte Regierung zu stürzen und den Coup zu unterstützen, damit das Land undemokratisch beherrscht werden kann, war eigentlich das Gegenteil dieser Absicht.

ในระหว่างการเคลื่อนไหวล้มรัฐบาลที่มาจากการเลือกตั้งตามระบอบประชาธิปไตย และทำให้ประเทศไม่ เป็นระบอบประชาธิปไตยที่ผ่านมานั้นมีหลายครั้งที่กลุ่มพันธมิตรฯ ได้กล่าวอย่างภาคภูมิใจว่า การเคลื่อนไหวของกลุ่มพันธมิตรฯ นี้จะทำให้เหตุการณ์ 14 ตุลาคม 2516 กลายเป็นเรื่องเด็กๆไป

Über die Bewegung zum Sturz der demokratischen Regierung {im Jahr 2008}, damit das Land undemokratisch bleiben kann, hat die PAD oft mit Stolz verkündet, dass, wenn man ihre Bewegung mit der des 14. Oktober 1973 vergleicht, die Bewegung des 14. Oktober nur ein Kinderspiel gewesen wäre.

มาถึงวันนี้ กลุ่มพันธมิตรฯ ได้ร่วมกับผู้ยึดอำนาจ ผู้มีอำนาจทั้งหลายทำให้แผนบันได 4 ชั้นของ คมช. สำเร็จไปแล้ว และยังคงมุ่งหน้าทำให้ประเทศไทยไม่เป็นประชาธิปไตยหนักยิ่งขึ้นไปอีก แต่การเคลื่อนไหว ของกลุ่ม พันธมิตรฯตลอด 3 ปีที่ผ่านมาจนถึงปัจจุบันไม่ได้ทำให้เหตุการณ์ 14 ตุลาคม 2516 กลายเป็น เรื่องเด็กๆแต่อย่างใด

Die PAD arbeitete mit den Putschisten zusammen, sie ermöglichten es, dass der Vier- Stufenplan des Rates für Nationale Sicherheit erfolgreich durchgeführt werden konnte. Damit Thailand wieder so undemokratisch wird wie früher. In den vergangenen drei Jahren bis heute konnte die Bewegung der PAD nie den Heldentaten der Bewegung vom 14. Oktober 1973 auch nur nahe kommen.

ที่น่าสนใจคือ การเคลื่อนไหวของกลุ่มพันธมิตรฯ กลับทำให้คำว่า "คนเดือนตุล" มีความหมายเปลี่ยนไป หรือสูญเสียความหมายเดิมไปอย่างชนิดแทบจะไม่เหลืออะไรอยู่อีกเลย

Interessant ist: Die Bewegung der PAD veränderte oder vernichtete die Bedeutung der heldenhaften Demonstranten im Oktober grundlegend, bis von ihren Taten nichts mehr ruhmreich zu sein schien.

เหตุการณ์ 14 ตุลาคม 2516 ยังคงเป็นเหตุการณ์ที่ยิ่งใหญ่ในประวัติศาสตร์การเมืองของประเทศไทย ส่วนการเคลื่อนไหวของกลุ่มพันธมิตรฯนั้น เป็นการเคลื่อนไหวที่มีเนื้อหาและจุดมุ่งหมายที่ตรงกันข้ามสวน ทางกับเจตนารมณ์กับ 14 ตุลาคม 2516 อย่างขาวกับดำ

Die Situation am 14. Oktober 1973 war die großartigste in der thailändischen Geschichte, die Bewegungen der PAD war dagegen nur ein Klacks gegenüber dem, was die Leute am 14. Oktober 1973 geleistet haben.

ความหมายของ "คนเดือนตุลา" เมื่อก่อนนี้คือ คนที่สู้เพื่อประชาธิปไตย คนที่ยอมต่อสู้ด้วยความลำบาก คนที่มีอุดมการณ์ เจตนารมณ์ 14 ตุลาคมคือเจตนารมณ์ต่อต้านเผด็จการ เรียกร้องสิทธิเสรีภาพ เรียกร้อง ประชาธิปไตย เรียกร้องให้ประเทศซึ่งอยู่ระหว่างการปกครองของเผด็จการต้องมีรัฐธรรมนูญ

Die Bedeutung der Demonstranten im Oktober war zum einen ihr Heldentum, sie kämpften für die Demokratie, es war ein mühsamer Kampf mit Ideologie. Ihre Intentionen waren: Gegen die Diktatur, für das Recht, die Freiheit und die Demokratie zu kämpfen. Sie verlangten das Recht auf eine Verfassung in einem Land, indem eine Diktatur herrschte.

ส่วนเหตุการณ์ 6 ตุลาคม 2516 เป็นเหตุการณ์ที่นักศึกษาประชาชนต่อต้านการกลับมาของทรราชย์ และ ต่อต้านการฟื้นอำนาจเผด็จการ แล้วถูกปราบ ถูกฆ่าอย่างทารุณ และถูกจับกุมคุมขังอีกจำนวนมาก

Die Situation am 6. Oktober 1973 war anders, es waren die Studenten und die Bürger, die die Rückkehr einer Diktatur an die Macht verhindern wollten. Sie wurden nieder gemetzelt, grausam getötet und viele wurden verhaftet.

เพราะฉะนั้นความหมายของคนเดือนตุลา จึงมักจะหมายถึงคนที่เคยต่อสู้เพื่อต่อต้านเผด็จการ ต่อสู้เพื่อประ ชาธิปไตย คนที่ต่อสู้มาด้วยความยากลำบากมีอุดมการณ์

Die Bedeutung der Demonstration vom Oktober besteht darin, dass sie als Symbol des Kampfes gegen Diktatur und für Demokratie gelten. Ihr mühsamer Kampf war daher ein Kampf für ihre Ideologie.

เมื่อเป็นเช่นนี้ ในช่วงหลายๆปีที่ผ่านมาจึงมักมีคำถามเชิงเรียกร้องสูงต่อคนเดือนตุลา เช่นว่าคนเดือนตุ ลาคมนี้ หรือกลุ่มนี้ ยังมีอุดมการณ์ของคนเดือนตุลาอยู่หรือเปล่า คนเดือนตุลาเหล่านี้ลืมอุดมการณ์แล้ว หรือยัง

Wenn es so ist, gab es deshalb manche Leute, die die Oktober-Menschen fragten, ob sie den Geist ihrer Ideologie von damals im Oktober noch übrig hätten. Sie, die Demonstranten im Oktober, hatten sie ihre Ideologie schon vergessen?

Die Krise der Demokratie

Mark Teufel^^
Thailand

แต่ในหลายๆปีที่ผ่านมา "คนเดือนตุลา" มีบทบาทที่หลากหลายต่างคนต่างมีอาชีพกันไป อยู่ใน สถานะ และมีบทบาทที่ต่างๆกัน จำนวนมกอาจไม่ได้เคลื่อนไหวทางการเมือง แต่อาจมีจำนวน น้อยที่ยังมีการ เคลื่อนไหวทางการเมืองอยู่

Viele Jahre waren nun vorbei, manche Oktober-Menschen spielten eine wichtige Rolle in unserer Gesellschaft und sie übten verschiedenen Berufe aus, bekleideten unterschiedliche Ränge und Stellungen. Manche nehmen immer noch an einer politischen Bewegung teil, viele können das aber nicht.

คำว่า "คนเดือนตุลา"จึงมักจะหมายถึงกลุ่มคนที่เคยผ่านการต่อสู้ในเหตุการณ์เดือนตุลา และ ยังคงมี บทบาทเคลื่อนไหวทางสังคมอยู่

Das Wort "Oktober-Menschen" gilt daher ein Symbol der Kämpfer im Oktober, die ihre Rolle in unserer Gesellschaft immer noch spielen.

ที่ผ่านมาการมีคำถามในเชิงว่า คนนั้นคนนี้ ยังรักษาอุดมการณ์อยู่หรือไม่เป็นคำถามที่มองเห็นคน เดือน ตุลาในแง่ดี "คนเดือนตุลา" ยังคงไปร่วมกันรำลึกถึงเหตุการณ์เดือนตุลาได้ ทั้งๆที่อาจจะมี ความแตกต่าง ทางความคิด มีสถานะบทบาทต่างๆกัน รวมทั้งอาจจะมีความคิดทางการเมือง ต่างกันก็ได้

In der Vergangenheit wurde ich immer wieder gefragt, ob der oder jener die Ideologie noch hätte. Mit dieser Frage zeigte man ein wenig Respekt vor den Oktober-Menschen, weil man sie mit den heldenhaften Taten assoziierte obwohl sie verschiedene politischen Überzeugungen und Ansichten hatten, oder verschiedene Rollen in der Gesellschaft spielten.

แต่ในช่วงประมาณ 3-4 ปีมานี้ นับตั้งแต่มีการเคลื่อนไหวของกลุ่มพันธมิตรฯเป็นต้นมา เกิดมี ความแตก ต่างมากขึ้นในทางความคิดและบทบาทการเคลื่อนไหว ความแตกต่างในช่วงแรกๆ เป็นเรื่องของการสนับ สนุนหรือคัดค้านรัฐบาลทักษิณ เอาหรือไม่เอาทักษิณ ความแตกต่างนี้ว่า ไปแล้วก็ยังไม่กระทบอะไรต่อคน ■ดือนตุลา เพราะการ "เอาหรือไม่เอาทักษิณ" ก็ไม่ต่างอะไร มากนักกับการที่จะเอาหรือไม่เอาอภิสิทธิ์ หรือหัวหน้าพรรคการเมืองอื่นๆ คนเดือนตุลาคมย่อมมี ความเห็นต่างกันได้ในการจะชอบหรือนิยมพรรคการ เมืองหรือนักการเมืองต่างกันไป

In den vergangenen 3 bis 4 Jahren, nach der Bewegung der PAD, hat sich deutlicher gezeigt, dass die Philosophie ihrer Bewegung anders ist, als sie einmal {zu Beginn} war. Am Anfang ging es nur darum, ob man für oder gegen Thaksin war, ob man ihn wollte oder nicht wollte. Diese Differenzen wirkten sich noch nicht so negativ auf die Oktober-Menschen aus. Weil es auch nicht anders wäre, als wenn man gefragt würde, ob man Abhisit oder die Führung der anderen Parteien wollte. Man wird unterschiedliche Meinungen haben, genau so wie die Leute im Oktober hatten.

ความแตกต่างที่ชัดเจนซึ่งมีผลต่อความหมายของ "คนเดือนตุลา" เกิดขึ้นเมื่อการเคลื่อนไหวของ

กลุ่ม พันธมิตรฯ มีความชัดเจนมากขึ้นว่า เคลื่อนไหวเพื่ออะไร จากการโค่นล้มทักษิณ ยึดอำนาจ ทักษิณ

Die Differenz zeigte sich in negativen Sinn für die Oktober-Menschen deutlich, als die PAD ihre {wahre} Haltung zeigte, warum sie die Bewegung veranstaltet, mit dem Ziel vor Augen, Thaksin zu vernichten und seine Macht zu übernehmen.

หรือที่เรียกว่าระบอบทักษิณ นำไปสู่การยึดอำนาจรัฐประหาร การร่างรัฐธรรมนูญที่ไม่เป็นประชาธิปไตย แม้ผ่านการเลือกตั้งมาแล้วก็ยังมีการพยายามเคลื่อนไหวล้มรัฐบาลที่มาจากการเลือกตั้ง เพื่อที่จะสถาปนาระบบการปกครองที่ไม่เป็นประชาธิปไตยให้เข้มแข็งมั่นคงยิ่งขึ้น

Oder man könnte es so ausdrücken: Thaksins System führte zur Machtübernahme, zur undemokratischen Verfassung und anschließend zur Vernichtung der Regierung, obwohl diese noch einmal vom Volk gewählt worden war, um einem totalitären, undemokratischen System zu weichen.

บทบาทของ "คนเดือนตุลา" ในช่วงนี้แตกต่างกันอย่างชัดเจน คือมีทั้งเห็นด้วยกับกลุ่มพันธมิตรฯ และมี ทั้งคัดค้านไม่เห็นด้วยกับกลุ่มพันธมิตรฯความแตกต่างในเรื่องนี้ ถ้าเห็นว่าเป็นเพียงเรื่องเล็กน้อย ก็เป็น ธรรมดาที่ "คนเดือนตุลา" ด้วยกันจะมีความคิดเห็นที่แตกต่างกันไปได้

Zu diesem Zeitpunkt zeigten die Demonstranten vom Oktober deutliche Unterschiede. Ein Teil unterstützte die Bewegung der PAD, ein anderer Teil war jedoch dagegen. Solche Haltung war dennoch normal, denn in einer Gruppe wird es immer Meinungsverschiedenheiten geben.

แต่เมื่อเป็นเรื่องที่ใหญ่มาก คือเป็นเรื่องที่เกี่ยวกับการสนับสนุนหรือคัดค้านระบอบเผด็จการ การสนับสนุน หรือคัดค้านระบอบประชาธิปไตยซึ่งเป็นหัวใจของเจตนารมณ์เดือนตุลา การที่ "คนเดือนตุลา" ด้วยกันมี ความเห็นแตกต่างกันไปคนละทางชนิดตรงกันข้ามกัน จึงทำให้กระทบต่อความหมายของ "คนเดือน ตุลา" อย่างรุนแรง สังคมคงจะรู้สึกสับสนว่า ทำไมคนเดือนตุลาจึงมีความคิดเห็นต่างกันได้อย่างนี้?

Bei der wichtigen Entscheidung, z.B. ob man für oder gegen das diktatorische System ist, ist die Haltung "für oder gegen" die Demokratie, die das Herz der Idee der Menschen im Oktober einmal war, wesentlich. Ihre Meinungsverschiedenheit könnte zu Verwirrung und Verständnislosigkeit führen.

ความจริงแล้วถ้ามองอย่างเข้าใจ คนเดือนตุลาถึงแม้จะผ่านเหตุการณ์ช่วง 14 ตุลาคม และ 6 ตุลาคม รวม ทั้งหลังจากนั้นมาด้วยกัน แต่เมื่อเหตุการณ์ผ่านไป ความรับรู้ ประสบการณ์ที่เข้มข้น น่าสับสน และทำให้ คนที่แม้มีพื้นฐานมีประสบการณ์ร่วมกันในอดีต แต่ต่อมามีประสบการณ์ที่ แตกต่างกัน ย่อมมีความคิดเห็น และข้อสรุปที่ต่างกัน และเกิดการตัดสินใจที่ทำให้มีบทบาทการเคลื่อนไหวที่แตกต่างกันได้

Man könnte sie so verstehen: sie erfuhren eine ähnliche Situation wie am 14. Oktober, oder am 6. Oktober und danach. Als die Zeit vorbei war, ging jeder seinen eigenen Weg und hatte eine andere Erfahrung und Ansicht, obwohl sie in der Vergangenheit die gemeinsamen Erfahrung gesammelt hatten, werden sie die selben Dinge von verschiedenen Seiten sehen, dadurch auch verschiedenen Meinungen und Beweggründe haben.

คนที่เห็นว่าการเคลื่อนไหวของกลุ่มพันธมิตรฯ เป็นการเคลื่อนไหวเพื่อระบอบประชาธิปไตย ก็อาจเป็นไปได้ที่พวกเขาจะมีความรู้สึกว่า ความเคลื่อนไหวของกลุ่มพันธมิตรฯ ยิ่งใหญ่ไม่แพ้เหตุการณ์ 14 ตุลาคม หรือแม้กระทั่งเห็นว่าเหตุการณ์ 14 ตุลาคม กลายเป็นเหตุการณ์เด็กๆ ไปเลย

Wer die PAD- Bewegung als die Bewegung für die Demokratie sah, empfand auch, dass diese die gleiche Qualität wie die am 14. Oktober hatte. Daher bezeichnete man die Situation vom 14. Oktober als Kinderspiel.

แต่สำหรับคนที่เห็นว่าการเคลื่อนไหวของกลุ่มพันธมิตรฯ คือการเคลื่อนไหวสนับสนุนเผด็จการ ที่ทำให้ ประเทศไม่เป็นประชาธิปไตย ซึ่งมีเจตนารมณ์ที่ตรงกันข้ามกับ 14 ตุลาคม ย่อมไม่เห็นด้วยที่จะเอาการ เคลื่อนไหวนี้ไปเปรียบเทียบกับเหตุการณ์เดือนตุลาอย่างนั้น และก็ย่อมจะเห็นว่าการที่มีคนเดือนตุลา จำนวนไม่น้อยเข้าร่วมกับกลุ่มพันธมิตรฯ อย่างแข็งขัน ทำให้ความหมายของคนเดือนตุลาเปลี่ยนแปลงไป อย่างมาก จนเรียกว่าสูญเสียความหมายไปเลย

Wer die PAD Bewegung als Bewegung ansah, die die Diktatur unterstützte, und das Land in einen undemokratischen Staat veränderte, empfand, dass ihre Intention das Gegenteil von dem war, was am 14. Oktober passiert war. Er würde sie (die PAD) nie mit der eigenen (vom 14. Oktober) vergleichen und er erkannte, wie die anderen, die an den Taten der PAD teilnahmen, die Bedeutung des 14. Oktober in den Schmutz zogen.

ตกลง "คนเดือนตุลา" คือ พวกที่สู้เพื่อประชาธิปไตยหรือเผด็จการกันแน่

Wer sind sie nun, die, die für Demokratie oder für Diktatur kämpfen?

การที่คนเดือนตุลามีความเห็นต่างกันนั้นเป็นเรื่องเข้าใจได้ การที่ความหมายของคนเดือนตุลา สูญเสียไปก็ ไม่ใช่เรื่องเสียหายอะไรสำหรับประเทศชาติ ความเสียหายถ้าจะมีนั้น อยู่ที่บทบาทการเคลื่อนไหวสนับ สนุนเผด็จการ และทำลายระบอบประชาธิปไตยเสียมากกว่า

Ihre Meinungsverschiedenheit konnte man noch verstehen, der Verlust der Bedeutung war auch kein Verlust der Nation. Was als großer Verlust gilt, waren eher die Teilnahmen an den Demonstrationen und die Unterstutzung der Diktatur, die zur Zerstörung der Demokratie führten.

การที่คนเดือนตุลามีความคิดแตกต่างกันชนิดสวนทางกันหรือตรงข้ามกันเป็นเรื่องเข้าใจได้ก็จริง แต่สำ หรับคนเดือนตุลาที่มีความรักความผูกพันกับการต่อสู้ในเดือนตุลา เห็นเพื่อนที่เคยต่อสู้ด้วยกันมาหันไป สนับสนุนระบอบเผด็จการ ล้มล้างรัฐบาลที่มาจากการเลือกตั้ง ทำลายระบอบ

| Mark Teufel^^ | Die Krise der Demokratie |
| **Thailand** | |

ประชาธิปไตย คงอดที่จะผิด หวังเสียใจไม่ได้

Ihre Ansicht, die das Gegenteil der Ansichten der Menschen vom 14. Oktober war, kann man zwar verstehen. Doch wenn einer, der gemeinsam mit den Menschen im Oktober gekämpft hatte und ihre Ideologie teilte, seine Kameraden zusehen lässt, wie er die gewählte Regierung und das demokratische System stürzt, wird sie selbstverständlich schmerzhaft enttäuschen.

เข้าใจว่าคนเดือนตุลาไม่น้อย คงมีความรู้สึกว่าการที่ต้องเสียเพื่อนที่เคยต่อสู้ด้วยกันมา แต่กลับหันไป สนับสนุนระบบเผด็จการและทำลายประชาธิปไตย เป็นเรื่องที่เจ็บปวดอย่างยิ่ง แต่ก็ทำอะไรไม่ได้มาก

Ich glaube, es gibt viele Oktober-Menschen, für die war es ein Verlust, als sie hilflos zusehen mussten, wie ihre Kameraden die Diktatur unterstützten und die Demokratie vernichteten.

เวลานี้สิ่งที่พอหวังได้ก็คือ หวังว่าจากเหตุการณ์ที่ผ่านไป ทั้งการยึดสนามบินสุวรรณภูมิ และการกระทำ อื่นๆ ของกลุ่มพันธมิตรฯ กับพวกที่จะทำลายระบอบประชาธิปไตยต่อไปนั้น จะทำให้คนเดือนตุลาที่เข้า ร่วมหรือสนับสนุนการเคลื่อนไหวของกลุ่มพันธมิตรฯ หันกลับมาทบทวนเจตนารมณ์ 14 ตุลา และความ หมายของคนเดือนตุลา

Man kann nur eins hoffen, dass es endlich vorbei ist. Die Besetzung des Flughafens Suwanabhumi und die anderen Taten der PAD und Co., die das demokratische System zerstörten, sollten die Oktober-Menschen dazu führen, über die Situation nachzudenken. Sie sollten diese Ziele mit denen vom 14. Oktober vergleichen und schließlich zur Besinnung kommen.

เชื่อว่าจากเหตุการณ์ที่ผ่านมา การที่คำว่า "คนเดือนตุลา" สูญเสียความหมายไป คงทำให้ "คนเดือนตุลา"

จำนวนไม่น้อยอยากหาทางคืนคำว่าคนเดือนตุลาไป แต่จะคืนก็ไม่รู้จะคืนกับใคร มันคืนไม่ได้

Man nimmt an, nach den vergangenen Ereignissen, dass das Wort „Oktober-Menschen" an Bedeutung verloren hätte. Viele „Oktober-Menschen" wünschten sich, das Wort zurück zugeben zu können, aber an wen, das weiß man nicht, man kann es nicht zurückgeben.

สิ่งที่จะทำได้คงเป็นการหยุดหรือเลิกเรียกตนเองว่าคนเดือนตุลา เพราะเห็นว่าคำนี้ได้สูญเสียความ หมาย ไปแล้ว กลายเป็นความสับสน ไม่อาจเรียกได้ด้วยความภาคภูมิใจอีกต่อไป แต่เจตนารมณ์เดือนตุลาเป็น เจตนารมณ์ที่ยิ่ง ใหญ่ การเคลื่อนไหวเดือนตุลาเป็นการเคลื่อนไหวที่เป็นคุณูป การอย่างใหญ่หลวงให้กับ การ เปลี่ยนแปลงบ้านเมืองให้เป็นประชาธิปไตย

Das einzige, was man machen könnte, wäre, sich selbst nie mehr als Oktober-Mensch zu bezeichnen. Weil das Wort seine Bedeutung bereits verloren hat, es stiftet nur Verwirrung, man kann es nicht mehr mit Stolz tragen. Die Intention im Oktober war großartig und ihre Bewegung war heldenhaft für die Veränderung des

Die Krise der Demokratie   Mark Teufel[^^]
Thailand

Landes denn sie führte uns näher an ein demokratisches System.

เพราะฉะนั้นแม้ว่าจะไม่ต้องการเรียกตัวเองว่า "คนเดือนตุลา" แล้วก็ตามผู้ที่ผ่านการเคลื่อนไหวเดือนตุลา มาแล้วจำนวนไม่น้อย ก็ยังสามารถรำลึกถึงเหตุการณ์เดือนตุลาด้วยความภาคภูมิใจ และเคารพเจตนารมณ์ ของวีรชนเดือนตุลา อันเป็น "เจตนารมณ์" ในการคัดค้านต่อสู้เผด็จการอย่างถึงที่สุด เจตนารมณ์ที่จะสร้าง ประชาธิปไตย ให้มีรัฐธรรมนูญที่เป็นประชาธิปไตย ทำให้ประเทศไทยเป็นอารยประเทศ

Obwohl man sich selbst nicht „Oktober-Mensch" nennen will, kann derjenige, der an der Bewegung im Oktober teilgenommen hat, sich mit Stolz an die Ereignisse im Oktober erinnern, und wir sollten ihren heldenhaften Taten und Absichten Respekt zollen. Eine Intention, die äußerst ablehnend gegenüber einer Diktatur stand aber für die Demokratie und für eine Verfassung um unser Land zu einem zivilisierten Land werden zu lassen.

การไปร่วมมือกับกองกำลังติดอาวุธที่เคลื่อนไหวล้มรัฐบาลที่มาจากการเลือกตั้ง สนับสนุนการยึดอำนาจรัฐ ประหารทำให้ประเทศไม่เป็นประชาธิปไตยนั้น เป็นการสวนทางกับเจตนารมณ์เดือนตุลาคม

Indem man sich gemeinsam mit dem Militär gegen die gewählte Regierung richtete, den Putsch unterstützte, die Macht an sich riss, das demokratische System des Landes zerstörte, war diese Haltung ganz das Gegenteil von der Absicht der Menschen im Oktober.

สำหรับตนเอง แม้ว่าไม่ต้องการเรียกตัวเองว่าเป็น "คนเดือนตุลา" ต่อไปแล้วก็ตาม แต่เนื่องจากได้เลือกที่ จะสืบทอดเจตนารมณ์เดือนตุลามาค่อนชีวิตแล้ว จึงยังต้องการที่จะสืบทอดเจตนารมณ์อันดีงามนี้ต่อไป

Für mich, obwohl ich mich selbst weiterhin als Oktober-Mensch bezeichnen muss, weil ich mehr als die Hälfte meines Leben für diese Ideologie lebte, denke ich daran, sie, die gute, ehrliche Absicht weiter zu führen.

ด้วยเหตุผลง่ายๆ คือ ไม่ต้องการให้ค่อนชีวิตที่ผ่านมาและชีวิตที่ยังเหลืออยู่ต้องกลายเป็น "โมฆะ" ไป

Aus einem einfachen Grund: ich möchte mein vergangenes und zukünftiges Leben nicht als „nutzlos" durchschreiten.

Die Manager und Unternehmer

und ihre demokratischen Aktivitäten

นักธุรกิจ-ภาคเอกชน / กับประชาธิปไตย

"สำหรับนักธุรกิจ-ภาคเอกชนโดยรวมแล้ว ระบอบประชาธิปไตยคือระบอบการปกครองที่ดีและเป็นประโยชน์มากที่สุด ดังนั้นการสร้างและพัฒนาประชาธิปไตยในประเทศไทยควรจะอาศัยการสนับสนุนและ ความร่วมมือจากนักธุรกิจ-ภาคเอกชนได้ไม่น้อยกว่าประชาชนสาขาอาชีพอื่น

"Ein demokratisches System ist für die Volkswirtschaft das beste und nützlichste Regierungssystem. Es ist daher für die Weiterentwicklung und den Aufbau des Landes sinnvoll die Zusammenarbeit und Unterstützung der Geschäftswelt sowie der anderen Bereiches zu erhalten.

น่าสนใจว่าเหตุใดนักธุรกิจ-ภาคเอกชนของไทยจึงมีบทบาทไม่มากนักในการสร้างและพัฒนาประชาธิป ไตยและทำอย่างไรพวกเขาจึงจะมีบทบาทได้มากกว่านี้ ซึ่งจะทำให้เกิดประโยชน์ต่อประเทศชาติอย่าง มาก"

Es würde uns nun aber interessieren, warum die Geschäftsmänner in Thailand noch gar keine Rolle im Aufbau der Demokratie des Landes gespielt haben. Was sollte gemacht werden, damit Sie sich dafür interessieren, damit es dem Land nützt."

การจะสร้างและพัฒนาประชาธิปไตยนั้นต้องอาศัยกำลังและความร่วมมือจากประชาชนทุกสาขาอาชีพ เราเคยเห็นนักศึกษาปัญญาชนมีบทบาทมากๆ ในสมัยก่อน คนชั้นกลางมีบทบาทมากขึ้นในช่วงต่อมา และ ประชาชนรากหญ้ามีบทบาทอย่างมากในช่วงหลังๆ นี้ แต่กลุ่มสาขาอาชีพหนึ่งที่น่าสนใจอย่างมากคือ นัก ธุรกิจ-ภาคเอกชน ซึ่งต้องถือว่ายังมีบทบาทน้อยกว่าที่ควรจะเป็น

Um die Demokratie aufzubauen, braucht unser Land Bürger aus den verschiedenen Bereichen. In der Vergangenheit hatten wir die großartige politische Rolle der Intellektuellen beobachten, gefolgt vom Mittelstand und dann in der letzten Zeit die Rak-Ya {Graswurzelbevölkerung}. Aber ein Bereich der eigentlich interessiert sein sollte, hat bisher fast keine Rolle gespielt, die Wirtschaft.

ถ้าศึกษาจากประเทศต่างๆ ทั้งประเทศที่กำลังพัฒนาหลายประเทศและประเทศที่พัฒนาแล้วส่วนใหญ่ จะพบว่านักธุรกิจ-ภาคเอกชนในประเทศเหล่านั้นมีบทบาทอย่างมากในการสร้างและพัฒนาประชาธิปไตย ตลอดจนมีบทบาทดังกล่าวเกิดขึ้นทั้งในกระบวนการเลือกตั้ง และการมีส่วนร่วมในการบริหารประเทศอย่าง เป็นกิจจะลักษณะ

Vom Studium in verschiedenen Ländern - sowohl vielen Entwicklungsländern als auch den meisten bereits entwickelten Ländern - sehen wir, dass die Wirtschaft in solchen Ländern eine große Rolle spielt, die Demokratisierung, das Wahlsystem und die Zivilgesellschaft mit zu gestalten.

Die Krise der Demokratie Mark Teufel^^
Thailand

ระบอบประชาธิปไตยที่ใช้กันในประเทศต่างๆมักส่งเสริมและเอื้ออำนวยต่อการประกอบอาชีพของนักธุรกิจและภาคเอกชน เพราะเป็นระบอบการปกครองที่ประกันและส่งเสริมสิทธิเสรีภาพของคนในสังคม ทำให้ ทุกคนสามารถพัฒนาและใช้ศักยภาพของตนได้อย่างไม่จำกัด ระบอบประชาธิปไตยที่ยึดหลักนิติรัฐนิติ ธรรมอย่างขาดไม่ได้นี้ ย่อมคุ้มครองประชาชนให้ได้รับความยุติธรรมอย่างเท่าเทียมกัน

Das demokratische System in solchen Ländern unterstützt und nützt der Wirtschaft, weil es ein System ist, das die Gerechtigkeit und Freiheit der Gesellschaft unterstützt, und ermöglicht, dass jeder seine eigene individuellen potenziellen Bedürfnisse unbegrenzt realisieren kann. Das demokratische System, das im Recht und Gesetz fest verankert ist, gewährleistet, dass jeder Bürger gleich und gerecht behandelt wird.

กล่าวสำหรับนักธุรกิจ-ภาคเอกชนแล้ว ระบอบประชาธิปไตยจึงเป็นหลักประกันอย่างดี ว่าเมื่อลงทุนทำธุร กิจหรือทำมาค้าขายแล้ว จะได้รับผลตอบแทนอย่างยุติธรรม ไม่ต้องถูกใครมาเบียดเบียนตามอำเภอใจ และที่สำคัญ ในระบอบประชาธิปไตยนั้น ประชาชนเป็นผู้กำหนดว่าจะพัฒนาประเทศไปในทิศทางใด

Für die Wirtschaft ist die Demokratie daher eine gute Basis für ihre Investitionen, da man eine gerechte Rendite erzielen kann, ohne von gesetzloser Willkür geplagt zu werden. Wichtig ist, dass die Bürger in einem demokratischen System bestimmen können, in welche Richtung das Land entwickelt werden soll.

ในโลกยุคโลกาภิวัตน์ที่ประเทศต่างๆ ติดต่อสัมพันธ์กันอย่างมาก ทั้งแข่งขันกันและร่วมมือกัน แต่ละประ เทศต้องปรับปรุงและพัฒนาตนเองอยู่ตลอดเวลา จึงจะได้ประโยชน์จากกระบวนการนี้ และสามารถถออยู่ใน โลกนี้ได้โดยไม่ล้าหลังยากจน

In der Welt der Globalisierung vernetzen und verbinden sich alle Länder, sie konkurrieren miteinander und arbeiten zusammen. Jedes Land muss sich verändern und mit der Zeit anpassen, damit es die Nutzung des Systems effizient mit gestalten und mit der Welt mithalten kann, und nicht in Rückständigkeit und in Armut gerät.

ระบอบประชาธิปไตยที่ให้ประชาชนเป็นผู้กำหนดทิศทางการพัฒนาประเทศและความเป็นไปของบ้านเมืองนั้น ประชาชนย่อมเป็นผู้กำหนดเองว่า จะพัฒนาประเทศไปในทางใดจึงเป็นประโยชน์ต่อคนส่วนใหญ่ และเป็นประโยชน์ต่อนักธุรกิจ-ภาคเอกชน ซึ่งจะแตกต่างอย่างมาก หากให้ผู้มีอำนาจเพียงไม่กี่คนในระ บอบเผด็จการเป็นผู้กำหนด เพราะย่อมไม่มีหลักประกันเลยว่าพวกเขาจะไม่นำพาประเทศไปสู่ความล้า หลัง ที่เป็นภัญอันตรายต่อนักธุรกิจและภาคเอกชนอย่างร้ายแรง

Ein demokratisches System erlaubt dem Volk, die Entwicklung des Landes selbst zu bestimmen, in welche Richtung das Land sich bewegen soll, um dem größten Teil der Bevölkerung und der Wirtschaft zu nützen. Das System unterscheidet sich daher von dem diktatorischer Herrschaften. Denn, mit letzteren gibt es keine Garantie, dass das Land nicht in die Rückständigkeit geführt wird und die Wirtschaft in den Ruin getrieben wird.

นี่ไม่เพียงเป็นจริงสำหรับประเทศที่ปกครองด้วยระบอบประชาธิปไตยทั้งหลายเท่านั้น แต่ยังเป็นความจริง สำหรับประเทศไทยด้วย

Diese Wahrheit gilt nicht nur für das Land, in dem ein demokratisches System herrscht, sie gilt auch für Thailand.

สำหรับนักธุรกิจ-ภาคเอกชนโดยรวมแล้ว ระบอบประชาธิปไตยคือระบอบการปกครองที่ดีและเป็นประ โยชน์มากที่สุด ดังนั้นการสร้างและพัฒนาประชาธิปไตยในประเทศไทยควรจะอาศัยการสนับสนุนและ ความร่วมมือ จากนักธุรกิจ-ภาคเอกชนได้ไม่น้อยกว่าประชาชนสาขาอาชีพอื่น

Ein demokratisches System ist für die Volkswirtschaft das beste und nützlichste Regierungssystem. Es ist daher für die Weiterentwicklung und Aufbau des Landes sinnvoll, die Zusammenarbeit und Unterstützung der Geschäftswelt sowie der anderen Bereiches zu erhalten.

น่าสนใจว่าเหตุใดนักธุรกิจ-ภาคเอกชนของไทยจึงมีบทบาทไม่มากนักในการสร้างและพัฒนา ประชาธิป

ไตย และทำอย่างไรพวกเขาจึงจะมีบทบาทได้มากกว่านี้ ซึ่งจะทำให้เกิดประโยชน์ต่อประเทศชาติอย่าง มาก

Es würde uns nun aber interessieren, warum die Geschäftsmänner in Thailand noch gar keine Rolle im Aufbau der Demokratie des Landes gespielt haben. Was sollte gemacht werden, damit Sie sich dafür interessieren, damit es dem Land nützt?

ตั้งแต่สมัยโบราณ พ่อค้าวาณิชในเมืองไทยเราไม่ค่อยมีความเป็นอิสระต้องขึ้นต่อหรือพึ่งพาผู้มีอำนาจ ในยุคเผด็จการที่กลุ่มพลังประชาธิปไตยอ่อนแอ นักธุรกิจรายใหญ่ๆ ต้องเข้าไปอิงผู้มีอำนาจเพื่อความอยู่ รอด จนกลายเป็นความรู้ความชำนาญที่จำเป็นต่อการอยู่รอดในสังคมที่ปกครองด้วยระบอบเผด็จการ

Seit der Antike waren die Kaufleute in Thailand nie frei, sondern sie waren abhängig vom Herrscher. **In der diktatorischen Zeit war das demokratische System schwach, deshalb suchten die bekannten Kaufleute den Schutz der Machthaber, um so zu überleben. Aus der Erfahrung, wie man in der diktatorischen Gesellschaft seine eigene Haut retten kann, wird es später zur Angewohnheit.**

สังคมไทยไม่มีประเพณีปฏิบัติที่ให้นักธุรกิจภาคเอกชนมีบทบาทอย่างมาก และเป็น กิจจะลักษณะในการ กำหนดนโยบายพัฒนาประเทศหากเปรียบเทียบกับประเทศในเอเชียบาง ประเทศ เช่น ญี่ปุ่น เกาหลีใต้ หรือสิงคโปร์ ก็จะเห็นว่าแตกต่างจากประเทศเหล่านี้อย่างมาก

Außerdem hatte die thailändische Gesellschaft nie eine Tradition, in der die Manager die wichtige Rolle spielen, oder die Politik für das Land bestimmten. Wenn man sie mit Managern anderer Länder in Südostasien vergleicht, wird man sehen, dass ihre Lage vollkommen unterschiedlich zu denen in Japan, Südkorea oder Singapur ist.

เนื่องจากการมีกฎระเบียบจำนวนมากที่ยากจะปฏิบัติตามได้ทั้งหมดทำให้ผู้ทำธุรกิจโดยสุจริต แข่งขันได้ ยาก จึงมักพบว่ามีการทำผิดกฎหมายกันมากบ้างน้อยบ้างอยู่ทั่วไป ธุรกิจไทยจึงต้อง ตกเป็นเบี้ยล่างของ ระบบราชการและผู้มีอำนาจอยู่เสมอ นี่ก็อาจเป็นสาเหตุหนึ่งที่ทำให้นักธุรกิจ ไทยต้องระมัดระวังตัวมากใน

การที่จะมีบทบาททางการเมือง โดยเฉพาะในช่วงที่การต่อสู้ช่วงชิงอำนาจเป็นไปอย่างแหลมคม

Da es viel zu viele gesetzliche Vorschriften gibt, die man unmöglich alle einhalten kann, ist es daher für ehrliche Geschäftsleute unmöglich konkurrenzfähig zu sein. Die Folge ist: Das Gesetz wurde überall, mehr oder weniger, gebrochen. Die thailändischen Geschäftsleute stehen daher unter dem Druck von Behörden und den Machthabern. Das ist auch der Grund, warum sie zu vorsichtig sind, als dass sie ihre Rolle in die Politik einbringen wollten, besonders dann, als man sich dort gegenseitig bis auf Blut um bekämpft.

นอกจากนี้วัฒนธรรมที่ถือว่าไม่เป็นไร ไม่ให้ความสำคัญกับระบบอะไรก็ได้ขอให้จบไปเร็วๆ จะ ได้เริ่มต้นทำ มาค้าขายกันได้เสียที ทำให้ไม่ต้องการที่จะยืนยันในหลักการที่ถึงแม้เป็นประโยชน์ ต่อส่วนรวม แต่ก็อาจ นำความเสียหายมาสู่ตนเอง

Außerdem erzeugt das Wort: Mai-Pen-Rai (das macht nichts) diese Mentalität, die jegliches System als unwichtig empfinden lässt. Hauptsache man ist mit seinem Studium schnell fertig und verdient gut - was die Ursache dafür ist, dass man glaubt nicht zu streng mit der Situation umgehen zu müssen, obwohl dies vielleicht für die Allgemeinheit nützlich wäre. Andernfalls könnte man sich selbst in eine missliche Lage führen.

จึงไม่แปลกใจที่เมื่อถึงเวลาที่รัฐบาลซึ่งมาจากการเลือกตั้งโงนเงน จะล้มมิล้มแหล่ องค์กรที่เป็น ตัวแทน ของภาคชนที่มีบทบาทนำในสังคมจะออกมาเลือกข้างในทางที่กระทบต่อหลักการความ เป็นประชาธิปไตย

อย่างที่เกิดขึ้น

Man wundert sich daher nicht, dass, als die gewählte Regierung instabil und beinahe gestürzt war, die Führer der führenden Verbände der Wirtschaft auf die Seite stellten, die gegen die Demokratie waren.

เมื่อการเมืองในระบบรัฐสภาที่มีการเลือกตั้งและมีระบบพรรคการเมืองที่พัฒนามากขึ้น นัก ธุรกิจ-ภาคเอก ชนไทยเข้ามามีบทบาทต่อการเมืองมากขึ้นแต่ระบบของเรากลับถูกกันด้วยการชู ประเด็น "ธุรกิจการเมือง" และในระยะหลังก็เสนอประเด็น "คอร์รัปชั่นทางนโยบาย" และ

"ผลประโยชน์ทับซ้อน" ที่คลุมเครือ จนนัก

ธุรกิจส่วนใหญ่เกรงกลัวที่จะเข้ามามีบทบาททางการเมืองหรือแม้แต่จะสนับสนุนอย่างเปิดเผย อีกทั้งกฎ หมายพรรคการเมืองว่าด้วยการอุดหนุนพรรคการเมืองก็ไม่ส่งเสริมให้มีการอุดหนุน พรรคการเมืองอย่าง

เปิดเผยตรงไปตรงมา กล่าวได้ว่ามีปัญหาอุปสรรคทั้งทางกฎหมายและทางวัฒนธรรม

Als die parlamentarische Politik und die Parteipolitik stabil waren, spielten die Manager im privaten Sektor eine wichtigere Rolle in der Politik. Sie wurde jetzt jedoch verhindert, mit dem Vorwurf: „eine Politik für die Wirtschaft zu betreiben", später dann „die korrupten politischen Programme zu unterstützen" und „die Profite zu multiplizieren". Das verunsichert die meisten Manager, sich über die Politik öffentlich zu äußern oder sie zu unterstützen. Außerdem fördert das Parteiengesetz die Haltung der Parteien nicht geradlinig zu arbeiten (z.B. Spenden anzunehmen, auch von Mitgliedern), sowohl gesetzlich als auch moralisch.

สังคมไทยยังมีวัฒนธรรมหรือประเพณีที่ผู้มีอำนาจมักกลั่นแกล้งหรือให้โทษแก่นักธุรกิจที่แสดง ตัวเป็นฝ่าย

ตรงข้ามกับตน ทำให้นักธุรกิจส่วนใหญ่ไม่ต้องการแสดงบทบาทหรือมีส่วนร่วมในทางการเมือง เมื่อเกิดรัฐ ประหารหรือประเทศถูกทำให้ไม่เป็นประชาธิปไตย จึงมีเพียงนักธุรกิจจำนวนน้อยที่ แสดงบทบาทคัดค้าน หรือแสดงความไม่เห็นด้วย ทั้งๆ ที่ส่วนใหญ่ก็อาจจะไม่เห็นด้วย

> Nach der thailändischen Tradition können die Machthaber die Manager, die sich öffentlich auf die Seit der Opposition stellen, willkürlich schikanieren oder gar bestrafen. Das ist der Grund, dass viele Geschäftsmänner in der Politik nicht mitarbeiten wollen. Es gibt nur paar, einzelne Manager, die sich jemals gewagt haben, ihre Meinung gegen die Machthaber zu äußern.

เรื่องที่น่าแปลกใจคือ การที่นักธุรกิจส่วนหนึ่งเข้าร่วมและสนับสนุนการเคลื่อนไหวของกลุ่ม พันธมิตรฯ แม้จะเป็นส่วนน้อย แต่พวกเขาก็มีบทบาทที่หนักแน่นและค่อนข้างเปิดเผย

Deshalb wunderte es uns, als eine kleine Gruppe von den Geschäftsleuten die Bewegung der PAD unterstützte. Es war zwar eine kleine Anzahl, ihre Rolle ist dennoch öffentlich und beständig.

ทำไมนักธุรกิจเหล่านี้จึงสนับสนุนกลุ่มพันธมิตรฯ

Warum unterstützen diese Unternehmer die PAD?

ส่วนหนึ่งอาจเป็นเพราะพวกเขาอ่านออกว่า ใครคือผู้มีอำนาจจริงและใครจะเป็นฝ่ายชนะ แต่การ ที่กลุ่ม พันธมิตรฯเสนอให้ต่อต้านทักษิณซึ่งเป็นนายทุนใหญ่ และชูประเด็น "ลูกจีนรักชาติ" ก็ดู จะมีผลไม่น้อย

Zum Teil, weil sie die Lage durchschaut haben, wer hier eigentlich die reale

Die Krise der Demokratie   Mark Teufel^^
                                                                        Thailand

Macht ist und wer gewinnt. Wie sie sich gegen Thaksin, den große Kapitalisten, geäußert hatten, so wie sie sich selbst als „patriotische Thailänder chinesischen Abstammung" genannt hatten, war es eine effiziente Taktik

ถึงวันนี้ การเคลื่อนไหวของกลุ่มพันธมิตรฯประสบความสำเร็จในการล้มนายทุนใหญ่อย่างอดีตนายกทัก ษิณไปแล้ว แต่คงเป็นที่ประจักษ์แล้วว่านายทุนใหญ่ผู้มีอำนาจทางธุรกิจและทางการเมืองรายอื่นๆ ทั้ง หลายยังอยู่กันครบ ระบบเศรษฐกิจก็ยังเป็นระบบเดิม

Obwohl heutzutage die Bewegung der PAD einen großen Kapitalist wie Thaksin erfolgreich stürzen kann, wie man sieht, sind dennoch die Mächtigen des Kapitals und der Politik weiterhin bestehen geblieben, und das Wirtschaftssystem bleibt genau so wie zuvor.

ประเด็น "ลูกจีนรักชาติ" ที่กลุ่มพันธมิตรฯชูก็เป็นแค่การจับแพะชนแกะ ที่ไม่มีเหตุผลเป็นสาระอะไร ลูกไทย ลูกลาว ลูกเขมร ลูกมลายูในเมืองไทยเราก็รักชาติกันทั้งนั้น ที่กลุ่มพันธมิตรฯ ชูประเด็นลูกจีนรัก ชาติก็เพียงี่จะดึงคนไทยเชื้อสายจีนมาร่วมกับกลุ่มพันธมิตรฯ แล้วทำให้รู้สึกภูมิใจว่าฉันรักชาติกว่าคน อื่น ทั้งๆที่การเคลื่อนไหวของกลุ่มพันธมิตรฯ ทำลายชาติและจริงๆ แล้วเป็นผลเสียต่อนักธุรกิจ-ภาคเอก ชน โดยเฉพาะคนไทยเชื้อสายจีนรวมทั้ง "ลูกจีนรักชาติ" ทั้งหลายด้วย

Als die PAD sich selbst als „die Patrioten mit chinesische Abstammung" nannten, war es nur eine Behauptung, es gab keinen Zusammenhang und Inhalt. Ob sie thailändischer, laotischer, kambodschanischer, malaiischer Abstammung sind, so lieben doch alle ihr Land Thailand und alle sind patriotisch. Dass die PAD den Begriff „chinesischer Abstammung" mit einbezogen hat, war Taktik, es vermittelt ihnen das stolze Gefühl, als liebten sie Thailand mehr als andere, obwohl die Bewegung der PAD, eigentlich die Bewegung der Zerstörung war. Und das Ergebnis davon trifft die Unternehmer am härtesten, besonders die, die chinesischer Abstammung sind, die als patriotisch gelten.

เมื่อกลุ่มพันธมิตรฯ เคลื่อนไหวอย่างบ้าระห่ำและสร้างความเสียหายให้กับประเทศอย่างมหาศาลนัก ธุรกิจที่เคยร่วมกับกลุ่มพันธมิตรฯ ได้ลดจำนวนลงไปมาก ในขนะที่นักธุรกิจที่ร่วมต่อสู้เพื่อประชาธิปไตย กลับมีจำนวนมากขึ้นอย่างน่ายินดี แต่จะนับว่ามีพลังพอที่จะเป็นกำลังสำคัญ ซึ่งทำให้บ้านเมืองเป็นประชา ธิปไตยได้หรือไม่นั้น ก็ต้องยอมรับว่ายังห่างไกล

Als die PAD ohne Sinn und Verstand protestierte, haben sie unser Land zerstört. Viele Geschäftsleute, die einst mit ihnen zusammen gearbeitet haben, zogen sich zurück, während die, die für Demokratie kämpften, immer stärker wurden.

ผู้รักประชาธิปไตย คงต้องให้ความสำคัญกับการศึกษาค้นคว้าเพื่อที่จะเรียนรู้และเข้าใจให้มากขึ้นว่า เหตุใดนักธุรกิจ-ภาคเอกชนของไทยจึงมีบทบาทอย่างจำกัดในการต่อสู้เพื่อประชาธิปไตย ทั้งๆที่ระบอบประ ชาธิปไตยส่งเสริมและเอื้ออำนวยประโยชน์ต่อพวกเขายิ่งกว่าระบอบอื่นใด และทำอย่างไรจึงจะส่งเสริมให้ นักธุรกิจ-ภาคเอกชนของไทยมีส่วนร่วมในการต่อสู้เพื่อประชาธิ

| Mark Teufel^^ | Die Krise der Demokratie |
| Thailand | |

ป้าไทยมากยิ่งขึ้นกว่าปัจจุบัน เพื่อที่พวก เขาจะได้มีส่วนร่วมในการกำหนดทิศทางการพัฒนา ประเทศ และความเป็นไปของบ้านเมืองได้มากขึ้น ดัง เช่นที่เกิดขึ้นในประเทศประชาธิปไตย ทั้งหลาย

Die für die Demokratie kämpfen, sollten diese Lektion lernen, die Ursache erkennen, wie so die Geschäftsleute in Thailand nur eine minimale Rolle im Kampf um die Politik spielten, obwohl sie (die Demokratie) ihnen mehr als jedes andere System nützt. Und wie sollen wir vorgehen, damit sie sich in die Politik aktiver als früher einbringen und so stärker am Geschehen im Land teilnehmen. So wie in den Ländern die demokratische Systeme haben.

Anmerkung von Mark Teufel:

Nachdem wir von Chaturon gehört haben, dass die Verbände der Unternehmer die antidemokratischen Bewegungen, die Putschisten und die PAD unterstützten, mag man sich wundern, dass er sie trotzdem auffordert, sich stärker am Demokratisierungsprozess zu beteiligen. Hat es sich doch herausgestellt, dass sie ihr Fähnchen immer schnell in den Wind drehen, ähnlich wie eine bestimmte Sorte von kleineren Parteien mit ihren Partei"inhabern".

Vielleicht sollte er sich mehr mit den Ideen von Giles Ji Ungpakorn beschäftigen, der nämlich erklärt, dass auf diese Kräfte kein Verlass ist und dass nur eine breite Volksbewegung eine Änderung auf Dauer bewirken kann. Kommen wir nun zum linken Flügel der Rothemden.

Giles Ji Ungpakorn ใจ อึ๊งภากรณ์

Giles Ji Ungpakorn ist ein linker Systemkritiker, der an der elitären und konservativen Chulalongkorn Universität so lange als Dozent geduldet war, wie er kritisch gegenüber Thaksin Shinawatra und die Menschenrechtsverletzungen seiner Verwaltung eintrat. Aber als er begann nach dem Militärcoup von 2006 auch und noch stärker das Netzwerk und die Beweggründe zu enthüllen, welche hinter dem Coup vom 19. September 2006 steckten, wurde er schnell zum akademischen Paria. Zuerst wurde ihm eine Auseinandersetzung auf akademischem Niveau verweigert und sein Buch „A Coup for the Rich" (Ein Coup für die Reichen[52]) von der Leitung der Universitätsbücherei bei der Polizei angezeigt. Dann wurde er wegen Lèse Majesté verfolgt und mit 15 Jahren Gefängnis bedroht, was ihn zwang aus Thailand zu fliehen.

Giles Ji Ungpakorn wurde 1953 in Bangkok, Thailand als jüngster Sohn von Dr. Puey Ungpakorn, dem ehemaligen Vorsitzenden der Bank von Thailand und Vizekanzler der Thammasart Universität geboren. Giles erhielt den größten Teil seiner Ausbildung an der Sartit Chula Schule, die ein Teil der Chulalongkorn Universität ist, bevor er nach Großbritannien reiste um seine akademische Ausbildung zu vervollständigen. Er hatte zunächst Biochemie an der Sussex Universität studiert und mit einem Bachelor Grad abgeschlossen, dann einen Master Grad in Ökologie an der Durham University erworben und einen Master in Südostasienstudien von der London School of Oriental and African Studies. Nachdem er einige Zeit in England gearbeitet hatte, begann er 1996 als Dozent an der Chulalongkorn Universität.

Giles Ji Ungpakorn ist überzeugter Marxist und ein Gründungsmitglied der sozialistischen „Turn Left"-Bewegung in Thailand. Am 1. November 2008 trat er den Rothemden bei, als diese eine Massenbewegung für Demokratie geworden waren. Tatsächlich werden seine politischen Ziele derzeit noch nur von einem verschwindend geringen Teil der Bevölkerung geteilt. Aber sehr viele Menschen teilen seine Analyse der Situation, auch wenn sie der von ihm empfohlenen politischen Arznei vielleicht wenig Sympathie entgegen bringen.

---

[52] In Deutsch in „Thailand 2008 – Der Coup", www.epubli.de Berlin 2009, Mark Teufel

Briefe aus dem Exil

Red Siam Manifest von Ji Ungpakorn

แถลงการณ์แดงสยาม จาก ใจ อึ๊งภากรณ์

ศัตรูของประชาชนมี คุก ศาล ทหาร เขายึดรัฐสภาและรัฐบาลผ่านการก่ออาชญากรรม เราชาวประชาธิปไตยแดงที่หูตาสว่างมีมวลชน แต่ตราบใดที่เรากระจัดกระจายนำตนเองไม่ได้ เราจะอ่อนแอ เมื่อใดที่เราจัดตั้งตนเอง นำตนเอง ในแต่ละท้องที่และรวมตัวกันเป็นพรรคที่เราสามารถร่วมกันนำ 5 นิ้วที่อ่อนแอจะกลายเป็นกำปั้นเหล็กที่ถล่มฝ่ายตรงข้าม

Die Feinde der thailändischen Menschen und Demokratie mögen ihre Armee haben, Gerichte und Gefängnisse. Sie mögen das Parlament besetzt, und in ihre Gewalt gebracht haben, und die Macht der Regierung, durch kriminelle Taten, wie das Besetzen von Flughäfen und andere undemokratische Aktionen der PAD, an sich gerissen haben. Aber jene, die die Demokratie lieben, die Red Shirts, erhielten Zulauf, und wachten in der politischen Realität auf. Unorganisiert und zerstreut, wird diese unsere Bewegung schwach sein, aber eine Partei, die organisiert ist, und sich selbst führt, kann eine demokratische Faust bilden, die die Diktatur zerschmettert.

ในขณะที่ผู้นำโลกอย่างประธานาธิบดีโอบามา กำลังเสนอมาตรการเพื่อปกป้องสังคมจากวิกฤตเศรษฐกิจร้ายแรง รัฐบาลไทยปล่อยให้คนงานตกงานเป็นจำนวนมาก และเอาใจใส่แต่ในการ ปิดปากประชาชน ทำลายประชาธิปไตย และสร้างเวปไซท์เรื่องกษัตริย์ที่ส่งเสริมให้ประชาชนเป็นแค่เด็กขี้ฟ้อง

Während Weltführer wie Obama sich anstrengen, die ernste Wirtschaftskrise zu lösen, lässt die von der Democrat Party geführte Regierung es zu, dass tausende von Arbeiter ihren Job verlieren. Die Regierung sieht ihre Priorität nur darin, die Opposition zu zerstören, indem sie Lèse Majesté einsetzt, und sie hat sogar eine Webseite geschaffen, in der Bürger sich gegenseitig diffamieren können, und Truppen wurden in die Gemeinden und Dörfern geschickt, um Meinungsverschiedenheiten zu schüren.

ศัตรูของประชาชนอาจจะมีปืน มีกองกำลัง มีเงิน มีอิทธิพลมืด แต่เขาสามัคคีภายใต้ลัทธิปัญญาอ่อนไร้วิทยาศาสตร์ ที่มุ่งทำให้ประชาชนเป็นทาสเป็นไพร่ ลัทธิกษัตริย์นั่นเอง ลัทธิที่ไร้วิทยาศาสตร์นี้เชิดชูให้คนสามัญที่บังเอิญเกิด ในตระกูลหนึ่งถูกมองว่าเป็นเทวดา ทั้งๆที่กษัตริย์มีความสามารถไม่น้อยและไม่มากกว่าประชาชนปกติ ที่เป็นวิศวะกร ศิลปิน เกษตรกร หรือช่างฝีมือ หลายล้านคนทั่วประเทศ

Die Feinde der Demokratie haben Gewehre, eine Armee, und finstere Bosse in hohen Positionen. Aber ihre Schwäche ist, dass sie sich um eine absurde und unwissenschaftliche Ideologie scharen, die Ideologie der Monarchie. Diese

Ideologie versucht aus den thailändischen Menschen unterwürfige Diener zu machen. Diese Ideologie will uns Glauben machen, dass ein normaler Mensch, sich nur auf Grund des Zufalls der Geburt, in einen Gott verwandeln kann, wo doch die Fähigkeiten eines Königs nicht viel anders sind, als die von Millionen normalen Ingenieuren, Künstlern, Bauern oder Facharbeitern.

ฝ่ายตรงข้ามอยากให้เราเชื่อว่ากษัตริย์รักและดูแลประชาชน แต่ประชาชนดูแลตนเองได้ และทุกอย่างที่งดงาม เกี่ยวกับ ประเทศเรามาจากมือของประชาชน

Die konservative Elite will uns Glauben machen, dass der König sein Volk liebt und für sein Volk sorgt. Aber die thailändische Bevölkerung ist fähig und in der Lage, für sich selbst zu sorgen. Alles, was schön und ehrenhaft in der thailändischen Gesellschaft ist, wurde von den arbeitenden Menschen erschaffen.

กษัตริย์ คนนี้เติบโตมากับเผด็จการ โกงกิน สฤษดิ์ ถนอม ประภาษ

Die Position des Königs wuchs unter den korrupten Militärdiktatoren Sarit, Thanom und Prapass.

กษัตริย์ คนนี้ปล่อยให้คนบริสุทธิ์ถูกประหารชีวิตในข้อหาฆ่ารัชกาลที่ 8

Der König ließ zu, dass unschuldige Menschen exekutiert werden, die fälschlicherweise beschuldigt worden waren, seinen älteren Bruder ermordet zu haben.

กษัตริย์ คนนี้สนับสนุนเหตุการณ์นองเลือด 6 ตุลา 2519 เพราะมองว่ายุคนั้นไทยมีประชาธิปไตย "มากเกินไป" และเขาเป็นผู้อุปถัมภ์ อันธพาลลูกเสือชาวบ้าน

Der König unterstützte am 6. Oktober 1976 das Blutbad an der Thammasart Universität, weil er glaubte, dass Thailand "zu demokratisch wäre". Er war auch der (Schutz-)Patron der gewalttätigen Gang mit dem Namen "Village Scouts".

กษัตริย์ คนนี้ ปล่อยให้ คมช.ทำรัฐประหาร 19 กันยา และปล่อยให้ประชาธิปไตยของเราถูกปล้นไปโดยทหาร พันธมิตรฯ และพรรคประชาธิปัตย์ ในนามของกษัตริย์

Der König erlaubte der Armee im September 2006 einen Coup durchzuführen. Darüber hinaus erlaubte er, dass sein Name von der Armee, den PAD-Demonstranten und der Democrat Party, verwendet wurde, um die Demokratie zu zerstören.

ในนโยบายเศรษฐกิจ กษัตริย์คนนี้เคยคัดค้านสวัสดิการสำหรับประชาชนที่มาจากงบประมาณของรัฐ ยิ่งกว่านั้นใน ฐานะที่เป็นคนรวยที่สุดในโลกคนหนึ่ง ยังบังอาจสั่งสอนคนจนให้

"พอเพียง"

der König war der Vertreter von Wirtschaftsthesen, der seinen Widerstand gegen einen Sozialstaat, zu Gunsten der Armen, einrahmte Aber was noch schlimmer ist, der König hat als einer der reichsten Menschen der Welt die Arroganz, den Armen vorzuschreiben, sie müssten in ihrer Armut zufrieden sein (durch die Ansichten der "Sufficiency Economy" (Genügsamkeits-Wirtschaft)).

กษัตริย์คนนี้ ยอมให้บริวารรอบข้างตั้งชื่อให้เป็น "พ่อของสังคม" ในขณะที่ลูกชายตนเองไม่เป็นที่เคารพ

Schließlich hat der König seinen Anhängern erlaubt zu erklären, er wäre "der Vater der Nation", und doch wird sein eigener Sohn von niemand in der thailändischen Gesellschaft respektiert.

พวกอภิสิทธิ์ชนในสังคมที่อ้างความชอบธรรมจากระบบกษัตริย์เป็นเพียงปลิงดูดเลือดประชาชน พวกนี้ไม่ใช่เจ้า ของสังคมไทย เขาควรเป็นหนี้บุญคุณประชาชนต่างหาก

Die Eliten Thailands, die ihre Legitimation vom König beziehen, sind Ausbeuter und Blutsauger. Sie sind nicht die wahren Eigentümer der Gesellschaft. Sie sollten sich erinnern, dass ihr Wohlstand und Status das Ergebnis der einfachen Bürger ist, die sie verachten.

สิ่งเหล่านี้ทุกเรื่อง ประชาชนรู้ว่าเป็นความจริงอยู่แล้ว มีสิ่งเดียวเท่านั้นที่กำลังห้าม ไม่ให้เรายืนขึ้นพูดความจริงทั้ง หมดนี้ ในสังคมเปิด นั่นคือความกลัว

> Millionen von Thailändern wissen, dass all dies wahr ist, und nur Angst und Einschüchterung hält uns alle davon ab, diese Wahrheit laut auszusprechen.

ถ้าเราโดดเดี่ยวเราจะกลัว ถ้าเรามีกลุ่มเราจะกล้า ถึงเวลาแล้วที่เราต้องนำความโกรธ ความกล้า และสติปัญญาที่ ประชาชนทุกคนมีอยู่ มาถล่มความกลัว และนำแสงสว่างกลับมาสู่บ้านเมือง เราต้องร่วมกันตั้งคำถามกับระบบเผด็จ การ ปัจจุบัน เพราะเมื่อเราพูดพร้อมๆ กันทั่วประเทศ เขาจะจับคุมเราทั้งหมดไม่ได้

Als Einzelne, haben wir Angst. Wenn wir zusammen halten, sind wir stark. Es wird Zeit, dass wir unsere Wut und unseren Mut zusammen nehmen, um die Angst in der thailändischen Gesellschaft zu zerstören und das Licht in unser Land zurück zu bringen. Wir müssen alle die derzeitige Regierung in Frage stellen, eine Regierung, die nichts anderes ist als eine Diktatur, die uns in dunkle Leichentücher hüllt. Wenn wir alle aufstehen und Fragen stellen, dann können sie uns nicht alle einsperren.

ตราบใดที่เราหมอบคลานต่อลัทธิกษัตริย์ เราทำตัวเป็นแค่สัตว์ เราต้องยืนขึ้นเป็นคน เราต้องเป็นพลเมืองในโลก สมัยใหม่

So lange, wie wir vor der Ideologie der Monarchie auf dem Boden kriechen, sind wir nicht sehr viel besser als Tiere. Wir müssen aufstehen und Menschen werden, Bürger einer modernen Welt.

ธงไตรรงค์สามสี แดง ขาว น้ำเงิน ของฝ่ายเผด็จการ ลอกมาจากธงสามสีของตะวันตก แต่เพื่อส่งเสริม "ชาติ ศาสนา พระมหากษัตริย์" ซึ่งเป็นคำขวัญของพันธมาร และทหาร ที่ใช้ในการทำลายประชาธิปไตย

Die Rote, weiße und blaue thailändische Flagge, wurde vom Westen kopiert, um uns zu indoktrinieren, loyal zu "Nation, Religion und König" zu sein, der selbe

Die Krise der Demokratie — Mark Teufel^^ Thailand

Slogan, der kürzlich von den PAD-Demonstranten benutzt wurde, die die Flughäfen besetzt hatten.

ธงสามสี แดง ขาว น้ำเงิน เคยมีความหมายอื่นในการปฏิวัติฝรั่งเศส นั่นคือ "เสรีภาพ ความเท่าเทียมและความ สมานฉันท์" นี่คือคำขวัญที่เราต้องใช้ในการต่อสู้เพื่อปลดแอกสังคมไทย จากยุคมืดแห่งระเบียบใหม่/การเมืองใหม่

Aber während der französischen Revolution bedeutete Rot und Weiß "Freiheit, Gleichheit und Brüderlichkeit". Diesen Ruf müssen wir benutzen, um Thailand zu befreien von der "(Neuen Ordnung) " die die PAD und die Armee installiert haben.

เราจะรวมตัวกันอย่างไร? / Wie können wir uns organisieren?

เลิกหวังได้แล้วว่าอดีตนายกทักษิณจะนำการต่อสู้ในทิศทางที่จำเป็นสำหรับการปลดแอกสังคม อย่าตั้งความหวัง กับนักการเมืองพรรคเพื่อไทย เขายังไม่พร้อมที่จะต่อสู้นอกกรอบระบบปัจจุบัน แต่ประชาชนหลายแสนหลาย ล้านพร้อมจะไปไกล

Hört auf davon zu träumen, dass der ehemalige Premierminister Thaksin den Kampf für eine freie Gesellschaft führt. Wir können uns auch nicht auf die Politiker der Puea Thai verlassen. Sie werden nur innerhalb der engen Grenzen der derzeitigen Gesellschaftsstruktur tätig werden, während tausende von Bürger weiter gehen wollen.

การต่อสู้นอกกรอบ ไม่ใช่การจับอาวุธสู้ แต่เป็นการติดอาวุธทางปัญญากับมวลชน เราต้องมีกลุ่มศึกษาการเมือง ของเรา เราต้องรวมตัวกันเป็นพรรค และพรรคนี้ต้องนำตนเองในทุกท้องที่ ทุกชุมชน ทุกโรงงาน ทุกสถาน ที่การศึกษา ในรูปแบบที่คนเสื้อแดงเริ่มทำอยู่ แต่เราต้องประสานงานกัน

Der Kampf außerhalb der Grenzen der derzeitigen thailändischen Gesellschaft heißt nicht, dass wir zu den Waffen greifen. Es bedeutet, dass wir uns selbst und die Massen der Demokratie suchenden Menschen, mit Ideen ausrüsten, die uns zur Freiheit führen können. Wir müssen Gruppen schaffen, die politische Bildung betreiben, und wir müssen uns in eine Partei verwandeln. Diese Partei sollte von unten, von den Menschen geführt werden, in allen Gemeinden, an den Arbeitsplätzen und den Bildungsinstitutionen. Aber wir müssen koordiniert vorgehen.

เราต้องมั่นใจว่าคนที่จะนำพรรคคือ <u>เรา</u> พลังของพรรคคือ <u>เรา</u> และทุกคนต้องมีส่วนร่วมในการสร้าง นโยบายและ จุดยืน

Wir müssen zusammen halten und zuversichtlich sein, dass JEDER VON UNS dazu ausersehen sein kann, zu führen und unsere Politik zu bestimmen.

อาวุธของเราคือการชุมนุม การนัดหยุดงาน และการขยายความคิดสู่คนอื่นในทุกภาคส่วน แม้แต่ในระดับล่าง ของ กองทัพ

| Mark Teufel^^ | Die Krise der Demokratie |
| Thailand | |

Das ist unsere Stärke. Unsere Waffen sind Massendemonstrationen, Streiks und das Verbreiten der Ideen in alle Bereiche der Gesellschaft, auch in die unteren Ränge der Armee.

พรรคเรา ต้องมีกิจกรรมเปิดบ้าง แต่เนื่องจากกฎหมายหมิ่นและความก้าวร้าวของทหาร บางส่วน จะต้องปิดลับตาม ความเหมาะสม นี่คืออีกเหตุผลที่เราต้องนำตนเอง

Als eine Bewegung für echte Demokratie, muss unsere Partei offen sein. Aber im Angesicht der Unterdrückung durch Gewalt und Gesetze wie Lèse Majèsté, müssen wir uns auch geheim organisieren. Sie dürfen nicht in der Lage sein, unsere Bewegung zu zerstören und die Anführer zu verhaften. Das ist ein weiterer Grund, warum wir Selbstverwaltung von Grund auf wollen.

จุดร่วมของเราควรจะมีหน้าตาเป็นอย่างไร? / Wie sollte die gemeinsame Plattform aussehen?

มันไม่ใช่สิ่งที่คนๆเดียวเสนอได้ ต้องร่วมกันเสนอ แต่นี่คือข้อเสนอของผมในฐานะพลเมืองแดง รักประชาธิป ไตยคนหนึ่ง

Es kann nicht die Aufgabe eines einzigen Menschen sein, die gemeinsame Plattform zu bestimmen. Eine Plattform die unbedingt auf einer kollektiven Entscheidung basieren muss. Aber als Startpunkt biete ich folgende Ideen an, die Ideen eines Red-Shirt-Bürgers.

1. เราต้องมีเสรีภาพในการแสดงออก เสรีภาพที่จะเลือกรัฐบาลที่คนส่วนใหญ่ ต้องการ โดยไม่มีการปราบปรามข่มขู่ และไม่มีความกลัว

1. Wir müssen auf Freiheit der Meinung und der Rede bestehen, und darauf, dass wir unsere Regierung selbst, ohne Angst und Repression wählen können.

2. เราต้องมีความเท่าเทียมเสมอภาค ต้องยกเลิกระบบผู้ใหญ่ผู้น้อย ยกเลิกการหมอบ คลาน นักการเมืองต้อง ปฏิญาณตนว่าจะเคารพนายที่แท้จริงของตนเองคือประชาชน ซึ่งเป็นเจ้าของประเทศไม่ใช่อำนาจนอก ระ บบ เราต้องสร้างวัฒนธรรมพลเมืองที่ เคารพซึ่งกันและกัน เราต้องมีเสรีภาพและความเท่าเทียมทางเพศ และเชื้อชาติ ต้อง เคารพผู้หญิง เคารพคนรักเพศเดียวกัน เคารพคนพม่า ลาว เขมร และคนมุสลิมใน สามจัง หวัดภาคใต้ ผู้หญิงต้องมีสิทธิทำแท้งอย่างปลอดภัย ผู้ลี้ภัยจากต่างประเทศ ควรจะได้รับการดูแลอย่าง อบอุ่น สมกับที่ประเทศเราเป็นประเทศอารยะ

2. Wir brauchen Gleichheit. Wir müssen die Mentalität "Große Leute - Kleine Leute" zerstören. Wir müssen die Praxis, des auf dem Boden Kriechens vor der königlichen Familie abschaffen. Politiker müssen ihren Wählern gegenüber verantwortlich sein, und nicht gegenüber im Hintergrund agierenden Personen, außerhalb jeder öffentlichen Kontrolle. Wir müssen eine Kultur schaffen, in der jeder Bürger seinen Nächsten respektiert. Wir brauchen Freiheit und Gleichheit der Geschlechter und zwi-

schen den verschiedenen Ethiken. Wir müssen Frauen, Schwule und Lesben respektieren. Wir müssen Birmanen, Laoten, Kambodschaner und malaysische Muslime im Süden achten. Frauen müssen das Recht haben, selbst über Abtreibungen zu entscheiden. Flüchtlinge sollten mit Freundschaft und Würde behandelt werden, wie es einer zivilisierten Gesellschaft ansteht.

3. ประเทศเราต้องเป็นรัฐสวัสดิการ ถ้วนหน้า ครบวงจร และผ่านการเก็บภาษี ก้าวหน้าจากคนรวย คนจนไม่ใช่ ภาระ แต่เป็นคนร่วมพัฒนาชาติ ที่ต้องมีศักดิ์ศรี สังคมล้าหลังปัจจุบันกดทับประชาชาชนจำนวนมากไม่ให้ เขาเป็นผู้สร้างสรรค์และนำสังคมไปสู่ความก้าวหน้า

3. Unser Staat muss ein Wohlfahrtsstaat sein. Steuern müssen von den Reichen erhoben werden. Die Armen sind keine Bürde, sondern Partner in der Entwicklung des Landes. Menschen sollten ihre Würde gewährt werden. Die derzeitige Ausbeutung der Gesellschaft erdrosselt die Individualität und zerstört die persönliche Kreativität.

4. ในประเทศเรากษัตริย์ไม่ควรยุ่งในเรื่องการเมือง และลักษณะส่วนตัวของกษัตริย์ ไม่ควรจะมี ความ สำคัญ กษัตริย์ต้องไม่แสดงจุดยืนของตัวเองในเวทีสาธารณะ แต่ในสังคมไทยปัจจุบัน ชนชั้นปกครองร่วมรับผล ประโยชน์จากการใช้กษัตริย์เป็น เครื่องมือ และดูเหมือนว่าจะไม่ยอม ยกเลิกพฤติกรรมแบบนี้ ดังนั้นวิธีแก้ไข ปัญหานี้ที่ดีที่สุด จึงเป็นเรื่องของการ สร้างระบบสาธาร ณะรัฐ ในประเทศไทย เพื่อให้ทุกตำแหน่งมาจาก การเลือกตั้งโดยประชาชน

4. In unserem Land sollte der König in seiner konstitutionellen Rolle geachtet werden, aber er sollte aufhören, sich in die Politik einzumischen. Aber die herrschende Klasse in Thailand zieht großen Nutzen daraus, die Monarchie zu benutzen, und sie wird nicht einfach aufhören, dies zu tun. Deshalb ist der beste Weg dieses Problem zu lösen, eine Republik aufzubauen, in der alle öffentlichen Positionen gewählt werden und Rechenschaft ablegen müssen.

5. ประเทศเราอยู่ภายใต้รองเท้าบูทของนายพลมานานเกินไป เราตั้งตัดงบประมาณ ของทหารและอำนาจใน สังคมเพื่อไม่ให้เป็นอุปสรรคต่อประชาธิปไตยอีกต่อไป

5. Zu lange war die thailändische Gesellschaft unter den eisernen Absätzen der Generäle. Wir müssen das Militärbudget kürzen, und den Einfluss der Armee in der Gesellschaft zerstören, wodurch wir sicher stellen, dass sie nicht länger ein Hindernis für die Entwicklung der Demokratie sein können.

6. ประเทศเราต้องมีความยุติธรรม ศาลไม่ควรอ้างกษัตริย์ในการขัดขวางการถูก ตรวจสอบ ไม่ควรใช้กฎหมาย หมิ่นศาลเพื่อปกป้องระบบอยุติธรรม เราต้องปฏิรูป

ระบบยุติธรรมอย่างถอนรากถอนโคน ต้องมีระบบลูกขุน ที่มาจากประชาชน ตำรวจต้องบริการประชาชนแทนที่จะรีดไถคนจน

6. Wir müssen Gesetz und Gerechtigkeit einführen. Die Richter dürfen nicht die Macht der Krone missbrauchen, um die Menschen davon abzuhalten, ihre Entscheidungen zu kritisieren. Wir müssen die Art und Weise ändern, in der die "Missachtung des Gerichts" benutzt wird, um jedes zur Verantwortung ziehen der Gerichte zu unterbinden. Wir brauchen eine Reform des Justizwesens von der Wurzel an. Wir brauchen ein Jury-System. Die Polizei muss der Bevölkerung dienen, und darf nicht Bestechungsgelder von den Armen eintreiben.

7. ประชาชนในเมือง ในชุมชน ในท้องถิ่นต่างๆ ต้องเข้ามาบริหารสาธารณะในทุกระดับ เช่น รัฐวิสาหกิจ สื่อ โรงเรียนและโรงพยาบาล

7. Die Bürger in den Städten und Kommunen müssen Teil der Verwaltung aller öffentlichen Institutionen sein, wie z.B. von staatlichen Firmen, den Medien, Schulen und Krankenhäusern.

8. ประเทศเราต้องทันสมัย เราต้องปรับปรุงระบบการศึกษา การคมนาคม และที่อยู่อาศัย และหันมาผลิตพลัง งานจากลมและแสงแดดเพื่อปกป้องสิ่งแวดล้อม

8. Unser Land muss modernisiert werden. Wir müssen das Bildungssystem entwickeln, Transport und Wohnungswirtschaft. Wir müssen Wind- und Solarkraftwerke bauen, um die Umwelt zu schützen.

9. ประเทศเราต้องรักสงบ ไม่ขัดแย้งสร้างเรื่องกับประเทศเพื่อนบ้าน หรือ สนับสนุนการก่อสงคราม

9. Unser Land muss friedliebend sein und darf nicht Streit mit Nachbarländern beginnen oder einen Krieg unterstützen.

พวกใดโนเสาร์ล้าหลัง พวกเสื้อเหลือง จะบ้าคลั่ง น้ำลายฟูมปากเมื่ออ่านแถลงการณ์อันนี้ แต่มันเป็นเพียงอาการ ของพวกตกยุค หลุดโลก งมงาย ที่ควรจะลงถังขยะแห่งประวัติศาสตร์ เราชาวประชาธิปไตยแดง จะเดินหน้า สร้าง สังคมอารยะ สังคมใหม่

Die Dinosaurier der thailändischen Gesellschaft, die Yellow-Shirt-Monarchisten, werden wegen dieses Manifestes vor Ärger Schaum vor dem Mund haben, aber dies ist das Symptom von Menschen, die abergläubige Vorstellungen aus der Vergangenheit haben, und versuchen, sich um jeden Preis an ihre Privilegien zu klammern. Ihre Zeit ist vorbei. Wir, die pro-demokratischen Red-Shirts werden vorwärts gehen, um eine neue Gesellschaft aufzubauen.

พวกอภิสิทธิ์ชน ไม่มีสิทธิ์ปล้นชีวิต ศักดิ์ศรี ความเป็นคนของประชาชน ไปเพื่อหวังเพิ่มความเป็นคนของเขาเอง หยุดเอาคนจนมาบูชายันต์ได้แล้ว

Die Elite hat kein Recht, den Menschen ihre Ehre zu rauben, um ihren eigenen Status zu erhöhen. Dieses Opfer der Armen zum Nutzen der Eliten muss aufhören.

พวกที่อ้างว่า "ไทยมีลักษณะพิเศษในการมีกษัตริย์" เพียงแต่ยืนยันว่าความพิเศษของสังคมไทย ที่เขาต้องการปก ป้องคือความป่าเถื่อนและเผด็จการ การอ้างเรื่อง "ความมั่นคง" เป็นเพียงการ พยายามสร้างความมั่นคง ให้กับผู้ที่ กดขี่ขูดรีดประชาชน ไม่ใช่การสร้างความมั่นคงและดีงาม กับพลเมืองทั่วไปแต่อย่างใด

Diejenigen, die behaupten, dass Thailand "ein spezieller Fall ist, weil wir den König haben", bestätigen lediglich, dass der spezielle Status Thailands, den sie schützen wollen, barbarisch und diktatorisch ist. Stellungnahmen über "Nationale Sicherheit" drehen sich nur um die Sicherheit derjenigen, die den Rest von uns ausbeuten und unterdrücken. Es geht nicht um Frieden und Sicherheit für die Bürger.

แถลงการณ์นี้นี้เป็นเพียงข้อเสนอที่เราอาจนำมาเป็นจุดร่วมได้ในหมู่คนเสื้อแดงที่รักประชาธิปไตย ส่วนตัวแล้ว ในฐานะนักสังคมนิยม ผมอยากเห็นประเทศเราเดินหน้าต่อไปจากนั้น เพื่อสร้าง สังคมที่มีประชาธิปไตยเต็มใบและ ไม่มีชนชั้น ปราศจากการกดขี่ขูดรีด... ระบบสังคมนิยม นั้นเอง แต่นั้นเป็นเป้าหมายระยะยาว

Dieses Manifest ist nur ein Vorschlag für eine gemeinsame Plattform der Red-Shirts. Meiner eigenen Ansicht nach, sollte unser Land sich weiter in eine sozialistische Gesellschaft entwickeln, demokratische und ohne Ausbeutung der Klassen. Aber dies ist ein Fernziel.

ชนชั้นปกครองดูใหญ่โต เข้มแข็ง เมื่อเรายังคลานอยู่กับพื้น แต่พอเรายืนขึ้นหูตาสว่าง เดินหน้า ร่วมกับคนอื่น เราจะเห็นว่าพวกนี้อ่อนแอและน่าสมเพชแค่ไหน

Die herrschende Klasse erscheint nur machtvoll, weil wir auf unseren Knien rutschen. Was wir tun müssen, ist, aufzustehen, zu denken und für uns selbst etwas zu tun. Dann werden wir sehen, wie schwach und pathetisch sie in Wirklichkeit sind.

ในอดีต ไม่ว่าจะช่วง ๒๔๗๕ หรือ๑๔ ตุลา เคยมีความฝันในหมู่ประชาชน ว่าเราจะสร้างสังคม ประชาธิปไตยที่มี ความเท่าเทียม เราจะต้องสร้างความฝันนี้ให้เป็นจริงสักที

In der Vergangenheit, während der Revolution von 1932, oder während den Kämpfen gegen Diktaturen in den 1970iger Jahren, träumten die Menschen von Freiheit, Demokratie und sozialer Gerechtigkeit. Es ist höchste Zeit, diesen Traum wahr werden zu lassen.

9 กุมภาพันธ์ 2009 / 9. Februar 2009

Mark Teufel^^
Thailand

Die Krise der Demokratie

Zum Jahrestag des Coups im Jahr 2009
gemeinsam gegen Ideologie / gegen das Amatayasystem

ในโอกาสครบรอบรัฐประหาร ๑๙ กันยา... ร่วมกันทำลายแนวคิด/ลัทธิของอำมาตย์ จักรภพ เพ็ญแข จบบทความของเขาเมื่อไม่นานมานี้ด้วยถ้อยคำสำคัญดังต่อไปนี้

"ประชาชน...อำมาตย์... สองเราต้องเท่ากัน"

Jakrapop Penkair hat in seiner Rede zum Schluss Folgendes gesagt: „*Das Volk....und Amataya....wir zwei müssen gleich sein*"

น่าคิดนะครับ!!

Man sollte darüber nachdenken!!

ในความเห็นส่วนตัวของผม (ซึ่งคุณจักรภพไม่ต้องรับผิดชอบกับบทความนี้เพราะไม่ได้คุยกันมาเจ็ดเดือน) ประเด็นไม่ใช่ ว่าฝ่ายอำมาตย์ **"จะยอมหรือไม่"** อย่างที่บางคนอาจนึกคิด แต่ประเด็นที่บทความของคุณ จักรภพชวนให้ผมคิด และผมขอชวนให้ท่านคิดต่อ... คือเรื่องลัทธิ **"ความเสมอภาค"** เพราะลัทธิหรือ ปรัชญา **"ความเสมอภาค"** เป็นอาวุธทางความคิด ที่สำคัญที่สุดในการทำลายลัทธิอภิสิทธิ์ชนของอำมาตย์

Meiner Meinung nach (Jakrapop muss für meine Äußerung keine Verantwortung übernehmen, wir haben uns seit 7 Monate nicht mehr unterhalten), liegt es nicht an Amataya, ob sie es (das Identischsein mit dem Volk) akzeptieren wollen oder nicht, wie manche denken. Aber seine Äußerung hat mich nachdenklich gemacht, und ich möchte Ihnen dieses Nachdenken auch weiter geben.... nämlich, dass das System oder das Prinzip der „Gleichheit" ein wichtigsten Instrument ist, Privilegien der Amataya zu vernichten.

คิดดูซิ อำมาตย์ทำรัฐประหารเพราะมองว่าพลเมืองส่วนใหญ่ *"ต่ำและโง่เกินไป"* " ไม่ควรมีสิทธิลงคะแนน เสียงเลือก รัฐบาล" อำมาตย์เกลียดชังการที่รัฐบาล *ไทยรักไทย* นำภาษีประชาชนมาบริการประชาชน เช่น ในระบบสาธารณะสุข เพราะอำมาตย์อยากเอาเงินภาษีพลเมืองมาใส่กระเป๋าของตนเอง มาเชิดชูตนเอง หรือซื้อเครื่องบินราคาเป็นล้านให้ ตัวเองนั่ง อำมาตย์เกลียดระบบรัฐสวัสดิการและเคยพูดไว้เป็นหลักฐานด้วย เขาชอบให้คนจนพอเพียงกับความจน ไม่ อยากให้มีการกระจายรายได้ ดังนั้นเราต้องรณรงค์ให้มีรัฐ สวัสดิการและการกระจายรายได้

Denken Sie mal darüber nach. Die Protagonisten der Amataya haben geputscht, weil sie empfanden, dass der größte Teil der Bevölkerungen zu dumm wäre, um ihre „Vertreter und Regierung" zu wählen. Das System der Amataya hasste die Regierung der TRT Partei, weil sie (die TRT) die Steuergelder für die Bürgern ausgegeben haben, z.B. für das System der allgemeinen Krankenversicherung. Da sie ja diese Gelder selbst behalten wollten, um sich selbst aus der Masse hervorzuheben und dann anzugeben oder aber auch z.B. Flugzeuge, die Millionen kosten, zu kaufen. Ihnen gefällt das System des Sozialstaates nicht, und haben sogar nachweislich gesagt sie mögen nur die Armen, die zufrieden sind, mit ihrer Armut. Sie wollten das Einkommen nicht verteilen. Deshalb müssen wir dafür eintreten, dass die Gesellschaft soziale Einrichtungen hat, und dass das Einkommen gerecht verteilt wird.

อำมาตย์อยากให้เราใช้ภาษาพิเศษกับเขา ชื่อเขาก็แปลกๆยาวๆ เพื่อไม่ให้ดูเท่าเทียม

Die Krise der Demokratie — Mark Teufel^^
Thailand

กับเรา เวลาเราไป หาอ่า มาตย์ก็ต้อง คลานเหมือนสัตว์ นิยายอ่ามาตย์อ้างว่าเขา เหนือมนุษย์ธรรมดาเพราะเก่งทุกอย่าง เรา จึงต้องรณรงค์ให้ทุกคนเท่าเทียมกัน

Amataya wünscht, dass wir sie mit ihrer speziellen Sprache anreden. Ihre Namen sind auch ziemlich komisch und lang, damit der jeweilige Angehörige nicht gleich wie ein Normalbürger wirkt. Vor ihnen müssen wir kriechen und buckeln. Dem Mythos nach, sind sie Übermenschen, leben jenseits unserer Wahrnehmung, sie können auch alles, das wollen wir auch mal so haben, damit wir ihnen gleichberechtigt sind.

ลัทธิความคิดเสมอภาคจะทำลายข้ออ้างและการสร้างความชอบธรรมของอำมาตย์ ทั้งหมด เพราะลัทธิ ความเสมอภาคใน ระบบประชาธิปไตยแท้ ยืนยันว่ามนุษย์ทุกคน เกิดมาเท่าเทียมกัน ไม่มีใครต่ำไม่มี ใครสูง ไม่มีใครมีสิทธิพิเศษ ทุกคนถูกติ ชมได้ ทุกคนต้องทำงานถ้ามีโอกาสหรือมีปัญญาพอ ทุกคน ต้องเสียภาษี และที่สำคัญ ลัทธิ เสมอภาคและประชาธิปไตย แท้ เสนอว่าพลเมืองทุกคนมีวุฒิภาวะ ที่ จะปกครอง ตนเองและเลือกผู้แทนของตนเองอย่างเสรี ดังนั้นการทำรัฐประหาร การขัดขวาง ประชาธิป ไตย และการมีคนถือตำแหน่งสาธารณะโดยไม่ได้มาจากการเลือกตั้งอย่าง เสรี ย่อมเป็นสิ่งที่ผิด การสืบทอด สายเลือดอาจทำให้เรามีหน้าตาเหมือนพ่อแม่ปู่ย่า ตายายเราได้ แต่มันไม่ใช่สาเหตุที่จะดำรงตำแหน่ง พิเศษใน สังคม

Die Idee der Gleichheit kann ihren Mythos und ihr Rechte zunichte machen. Denn die Gleichberechtigung in einem echten demokratischen System bestätigt uns, dass jeder Mensch gleich ist, niemand höher oder niedriger als der andere steht und niemand mehr Vorrechte hat als andere. Jeder kann jeden loben oder kritisieren. Jeder muss arbeiten, wenn er die Chance bekommt oder wenn er geistig in der Lage ist. **Jeder muss Steuern zahlen.** Wichtig ist, dass in einem gleichberechtigten demokratischen System es vorgeschrieben wäre, dass jede Bürger fähig ist, selbständig zu denken und handeln sowie frei zu sein, seinen Vertreter selbst zu wählen. Deshalb wäre der Putsch, die Behinderung von Wahlen oder Demokratieentwicklung oder die Vergabe von öffentlichen Stellungen, ohne eine freie Wahl, falsch. Durch die Fortpflanzung können wir das Aussehen unserer Eltern erhalten, aber das ist kein Grund ein Privileg in der Gesellschaft zu beanspruchen.

ถ้าลัทธิเสมอภาคเป็นอาวุธอันแหลมคมที่ใช้ทำลายอำมาตย์ได้ เว ควรใช้มันทุกวัน ใน ทุกเรื่อง ในทุกโอ กาส ไม่ว่าจะเล็ก หรือใหญ่ ดังนั้นทุกคนร่วมกันทำได้ ผมขอ ยกตัวอย่างอื่นๆ นอกจากตัวอย่างที่เสนอ ไปแล้ว เช่น...

Wenn wir die Gleichberechtigung als scharfe Waffe gegen die Amataya anwenden könnten, sollen wir es täglich tun, in jeder Hinsicht und Angelegenheit, im Großen und im Kleinen, wir könnten es alle gemeinsam machen. Ich möchte noch ein weiteres Beispiel nennen …

เราควรเสนอว่ามนุษย์ทุกคน ไม่ว่าเชื้อชาติอะไร ศาสนาอะไร หรือใช้ภาษาอะไร เป็น คนเหมือนกันและ เท่าเทียมกัน หยุดดูถูก ล้อเลียน หรือเอาเปรียบคนพม่า ลาว เขมร หยุดการมีความคิดอคติกับ คนมุสลิม ภาคใต้ หยุดคิดว่าการเป็น **"ไทย"** ยอดเยี่ยม ที่สุด และหยุดคิดว่า **"เราเป็นคนไทยด้วยกัน"** ต้องสามัคคี" ตามแนว **"ชาติ ศาสนา กษัตริย์"** ของอำมาตย์ อย่า ลืมว่าอำมาตย์มองว่าคนส่วนใหญ่ในประเทศเป็นพล เมือง ชั้นสอง สิ่งเหล่านี้สำคัญ เพราะทุกครั้งที่ท่านเสนอว่าทุกคนเท่า เทียมกัน คุณกำลัง ปฏิเสธแนว อำ มาตย์ และเอาดาบทางปัญญาฟันความคิดของเขา

> Wir sollten vorschlagen: dass jeder Mensch gleich ist, gleichgültig, welche Natio-

nalität oder Religion er hat oder Sprache er spricht. Wir sollten aufhören, jemanden zu verachten, uns über ihn lustig zu machen oder ihn, den Birmanen, Laoten oder Kambodschaner, auszunützen, sowie ein Vorurteil gegen Muslime in Südthailand zu haben. Hört auf zu glauben, dass wir „Thai" die besten sind, dass, weil wir „Thai" sind, Einheit und Harmonie, nach dem Motto der Amatayas „ Nation, Religion und König" bei uns herrschen sollte. Wir sollten vielmehr nicht vergessen, dass sie, die Amataya, die meisten Bürger in Thailand als 2.- Klasse-Menschen betrachten. Solche Fakten sind uns wichtig, denn, jedes mal wenn wir über die „ Gleichberechtigung" reden, bedeutet dies, dass wir ihre Ideologie mit der Klinge unseres Geistes bekämpfen.

เราควรเสนอให้นักโทษในคุกไทยมีสิทธิ์สมกับการเป็นมนุษย์ อย่าดูถูกเขาว่าเป็น **"คนเลว"** เพราะเพียงแต่ อยู่ในคุก คนติด คุกที่เป็นคนดีมีมากมาย เช่นคุณดา คุณสุวิชา คนจนที่โชคร้ายอีกหลายแสนคนติดคุก เพราะเขาเป็นเหยื่อสังคม คนเลวแท้ที่ไม่ได้อยู่ในคุก แต่ปกครองประเทศ คนเสื้อแดงต้องรณรงค์ให้ปล่อย นักโทษส่วนใหญ่และให้ปฏิรูปคุกซึ่งเป็นนรกของคนจน เราต้องยกเลิกโทษประหาร คนที่ทำผิดยังมีสิทธิ์ ที่จะมีชีวิต และมีสิทธิ์ที่จะปรับตัว เราต้องเลิกอคติที่เรามีกับนักโทษ เลิกใช้แรงงานนักโทษเพื่อเอาโคลน ออกจากท่อระบายน้ำ เพราะทุกครั้งที่ท่านเสนอว่าทุกคนเท่าเทียมกัน คุณกำลัง ปฏิเสธแนวอำมาตย์และ เอาดาบทางปัญญาฟันความคิดของเขา

Wir sollten für die Gefangenen im thailändischen Gefängnis kämpfen, damit sie das Recht erhalten, menschlich behandelt zu werden. Sie sollen nicht verdammt werden, bloß weil sie in Gefängnis sitzen. Es gibt auch viele gute Menschen im Gefängnis, z. B. Da Torpedo, Suwicha und ein paar hunderttausend arme Leute, die im Gefängnis landeten. Sie sind nur Opfer in unserer Gesellschaft. **Es gibt eine Unmenge von echten Verbrechern, die eingesperrt werden sollten, die das Land regieren.** Die Rothemden sollten deshalb dafür kämpfen, dass die meisten Gefangenen befreit werden und dass Gefängnisse, die Hölle für die Armen, reformiert werden. Wir müssen gegen die Todesstrafe kämpfen, auch die Schuldigen haben das Recht, die Chance zu erhalten, sich selbst zu verbessern und in die Gesellschaft wieder integriert zu werden und weiter zu Leben Wir müssen aufhören, Vorurteile gegenüber ihnen zu haben, sie als Abwasserkanalreiniger ein zu setzen. Denn jedes Mal, wenn Sie „Gleichheit" erwähnen, drücken Sie Ihre Meinung gegen Amatayas Strömung aus, indem Sie mit der Klinge Ihres Geistes gegen sie kämpfen.

เราควรยืนยันว่ามนุษย์ต้องเท่าเทียมกัน ไม่ว่าจะมีรสนิยมทางเพศอย่างไร อำมาตย์พยายามสร้างภาพ เรื่องครอบครัวและ ความสำคัญของศีลธรรมอนุรักษ์นิยมเรื่องเพศ แต่เขาเองก็ประพฤติไม่ได้ คนเสื้อ แดงต้องเรียกร้องสิทธิเสรีภาพกับ หญิง ชาย เกย์ กะเทย ทอม ดี้ ทุกคนควรได้รับความเคารพเท่า เทียมกัน ผู้หญิงไทยควรมีสิทธิที่จะเลือกทำแท้งอย่างปลอดภัย ถ้าต้องการ อย่าไปเชื่อจำลอง ศรีเมือง ในเรื่องนี้ แล้วทุกครั้งที่ท่านเสนอว่าทุกคนเท่าเทียมกัน คุณกำลังปฏิเสธแนว อำมาตย์และเอาดาบทางปัญญาฟันความคิดของเขา

Wir müssen diese Idee bestätigen, dass jeder Mensch gleich ist, gleich gültig welche sexuelle Neigung er hat. Die Amataya versuchen, uns die konservative Familienpolitik aufzuzwingen.

Die Rothemden müssen sich für das Recht auf Freiheit der Frauen und Männer einsetzen, egal ob sie bi- hetero- oder homosexuell sind. Alle Frauen haben das Recht, ihre Schwangerschaft sicher abzubrechen, wenn sie sich so entschieden haben. Man soll die Ansicht von Chamlong Srimueng nicht beachten. Jedes Mal wenn

Sie sich für die "Gleichheit" einsetzen, drücken Sie sich gegen Amatayas Strömung aus, indem Sie mit der Klinge Ihres Geistes gegen sie bekämpfen.

เราควรคัดค้านการใช้อภิสิทธิ์ การปิดถนนเพื่อคนใหญ่คนโต เราต้องร่วมกันด่าร่วมกันวิจารณ์ ทั้งลับหลัง และต่อหน้า เรา ต้องเสนอว่ารถพยาบาลเท่านั้นที่ควรได้อภิสิทธิ์แบบนี้ เราต้องเลิกคิดว่าในสังคมเราต้องมี "**ผู้ใหญ่**" กับผู้น้อย" เราควรเลิก ก้มหัวให้ผู้ที่อ้างตัวเป็นผู้ใหญ่ ผู้หญิงควรเลิกเรียกตัวเองว่า "**หนู**" เราควร จะสุภาพกับทุกคนอย่างเท่าเทียมกัน เรียกทุก คนว่า "**คุณ**" หรือ "**ท่าน**" อย่างเสมอภาค เพราะทุกครั้งที่ ท่านเสนอว่าทุกคนเท่าเทียมกัน คุณกำลังปฎิเสธแนวอำมาตย์ และเอาดาบทางปัญญาฟัน ความคิดของ เขา

Wir sollten gegen die Privilegien der Herrschaften, gegen das Recht der freie Fahrt für Hochgeborene kämpfen. Wir müssen sie, sowohl öffentlich als auch heimlich kritisieren dürfen. Wir müssen sagen, nur die Ambulanz hat dieses Vorrecht. Wir dürfen das System der „Puyai"(das große Tier) oder „Punoi" (der Habenichts) nicht mehr akzeptieren. Wir sollten aufhören, vor jedem, der sich als Puyai bezeichnet, einen Kotau machen. Frauen sollten sich selbst nicht mehr „Nu" (ich Kleine) nennen. Wir sollen jeden respektvoll behandeln, jeden „Khun" oder „Tan" eben gleichberechtigt nennen. Denn jedes mal wenn Sie sich für die "Gleichheit" einsetzen, drücken Sie gerade ihre Meinung gegen die Amatayas Strömung aus, indem Sie mit der Klinge Ihres Geistes gegen sie bekämpfen.

เราควรรักเด็กๆ ไม่ว่าจะเป็นเด็กของใคร ควรณรงค์ให้เด็กมีความสนุก มีโอกาสเรียนรู้อย่างเสรี และมีสุข ภาพที่ดี เด็กๆ ควรสุภาพ แต่ไม่ต้องมาเคารพผู้ใหญ่ในรูปแบบที่อำมาตย์เสนอ เพราะมันไร้เหตุผลและ สร้างความเหลื่อมล้ำ เด็กก็เป็น คน มีสิทธิ์มีเสียง และสมควรที่จะได้รับความเคารพ ผู้หญิงสาวๆ หรือชาย หนุ่มๆ ที่ทำงานในร้านอาหารหรือที่อื่น ไม่ใช่ "**เด็ก**" อย่าเรียกเขาอย่างนั้น เรียกว่า "**น้อง**" หรือ "**พี่**" ก็ได้ เราต้องมีความเสมอภาคทางอายุ เพราะทุกครั้งที่ท่านเสนอว่า ทุกคนเท่าเทียมกัน คุณกำลังปฎิเสธแนว อำมาตย์และเอาดาบทางปัญญาฟันความคิดของเขา

Wir sollten uns für das Recht jedes Kindes einsetzen, das Recht auf Spaß, freies Leben und gute Gesundheit. Die Jugendlichen sollen höflich, aber nicht notwendigerweise gegenüber den Älteren unterwürfig sein, wie die Amataya-Vertreter es so wollen. Es ist unsinnig und ungerechtfertig. Die Kinder sollten das Recht und eine Meinung genau so haben, wie Erwachsenen. Ihre Meinung soll auch respektiert werden. Die junge Frauen oder Männer, die im Restaurant oder woanders arbeiten, sind keine Kinder, man sollte sie anders, z.B. „Nong" oder „Pee" (nicht „Nu") nennen.

Man soll jeden, trotz des Altersunterschiedes, gleich behandeln. Denn jedes mal wenn Sie sich für die "Gleichheit" einsetzen, drücken Sie ihre Meinung gegen Amatayas Strömung aus, indem Sie mit der Klinge Ihres Geistes gegen sie kämpfen.

ในสังคมปัจจุบัน การไหว้คนอื่นกลายเป็นเรื่องที่เกี่ยวกับคนชั้นสูง-คนชั้นต่ำ ผู้น้อยต้องไหว้ผู้ใหญ่ ก่อนและต้องก้มหัว ผู้ใหญ่ก็จะรับไหว้ เลิกเถิด!! อาจไม่ต้องไหว้กันเลยก็ได้ โค้งนิดๆ ทั้งสองฝ่าย ยิ้มให้กันตามมารยาท จะเท่าเทียมกว่า อย่า ลืมว่าทุกครั้งที่ท่านเสนอว่าทุกคนเท่าเทียมกัน คุณกำลัง ปฎิเสธแนวอำมาตย์และเอาดาบทางปัญญาฟันความคิดของเขา

In die jetzige Gesellschaft zeigt man schon mit einem "Wai" den Unterschied der beruflichen sowie gesellschaftlichen Stellung und des Alters. Der jüngere muss den älteren „Wai"en, indem der jüngere sein Kopf tiefer beugt und der ältere auch „Wai"t (dabei den Kopf nicht so tief beugt). Hören Sie bitte auf, man soll nicht mehr „Wai"en, ein kleines Kopfnicken reicht. Jeder zeigt sein freundliches Lächeln denn er ist eher gleichberechtigt. Denn jedes Mal wenn Sie sich für die "Gleichheit" einsetzen, drücken Sie Ihre Meinung gegen Amatayas Strömung aus, indem Sie mit der Klinge Ihres Geistes gegen sie bekämpfen.

ในวันหยุดต่างๆ ไม่ต้องปักธงหรือเครื่องประดับของอำมาตย์ ถ้าจะฉลองวันสำคัญเน้น ไปที่วันของประชา ชน เช่น ๒๔ มิถุนายน หรือ ๑๔ ตุลาคมแทนก็ได้

An jedem Feiertag sollte man keine Fahne oder kein Emblem Amatayas mehr zeigen. Wenn man feiern will, soll man lieber am 24 Juni oder 14 Oktober, den Tagen des Volkes, feiern.

พวกเราคงคิดถึงตัวอย่างอื่นๆ ได้อีกมากมายได้ และเราทุกคนสามารถร่วมกันสร้าง วัฒน ธรรมความเท่า เทียม เพื่อค่อยๆ ทำลายความคิดของอำมาตย์ในสังคมได้ อย่า ยอม อย่าก้มหัว เราไม่ใช่ราษฎร เราไม่ ใช่ไพร่ เราไม่ได้อยู่ใต้ฝุ่นเท้าใคร เพราะเรา เป็นพลเมืองของสังคมใหม่

Wir haben wahrscheinlich noch viele Beispiele zu zeigen. Doch wir alle können noch viel mehr gemeinsame Traditionen der Gleichberechtigung langsam aber stetig aufbauen, um die Idee der Amataya aus unserer Gesellschaft zu verdrängen. Kein Kompromiss, kein Duckmäusertum, wir sind kein Knechte, keine Mägde, wir sind nicht Staub unter deren Schuhen, weil wir das Volk der neuen Gesellschaft sind.

ลัทธิ/ปรัชญาความเท่าเทียม ในความเห็นผม เป็นสิ่งเดียวกับ **"สังคมนิยม"** ดังนั้นเรา ต้องนำความคิด สัง คมนิยมมารบกับ ความคิดอำมาตย์ แต่ไม่ว่าท่านจะเห็นด้วย หรือไม่ตรงนี้ คนเสื้อแดงทุกคนสามารถ ใช้ ลัทธิความเท่าเทียมได้

Das Ismus/Prinzip der Gleichheit ist meiner Meinung einzige allein die Sache des „Sozialismus". Daher sollten wir das sozialistische System gegen das Amatayasystem stellen. Egal, ob Sie der Meinung sind oder nicht, kann jedes Rothemd ihnen das Prinzip der Gleichberechtigung vor Augen halten.

19 กันยา 2009 / 19 September 2009

Die Krise der Demokratie — Mark Teufel^^ Thailand

Will Prem die Macht nach Ableben von Pumipon?

เปรมหรือจะยึดอำนาจกษัตริย์หลังภูมิพลตาย?

คนเสื้อแดงจำนวนมากมองว่า ภูมิพล คือผู้มีอำนาจสูงสุดในสังคมไทย ยังกับว่าเราอยู่ในระบบสมบูรณา ญาสิทธิราชย์ ผมไม่เห็นด้วยกับการวิเคราะห์แบบนี้ เพราะบทบาทหน้าที่หลักของกษัตริย์ไทย หรือ "**หน้า** ที่ศักดิ์สิทธิ์" อาจว่าได้ คือการ ให้ความชอบธรรมกับอำมาตย์ทั้งระบบ ความชอบธรรมนี้มีบทบาทเป็นลัทธิ เพื่อครองใจประชาชน และเพื่อสร้างความ กลัวกับผู้ที่คิดต่าง พูดง่ายๆ กษัตริย์มีหน้าที่ในแง่ของการสร้าง "**ลัทธิกษัตริย์**" แต่ไม่ได้มีอำนาจ

Viele Rothemden meinen, Pumipon hätte die höchste Macht in Thailand, als wären wir immer noch in der Zeit der absolutistischen Monarchie. Ich bin jedoch anderer Meinung, weil die wichtige Rolle oder man kann auch sagen die sakrale Rolle des König ist: Das Recht des „Amatayasystems" zu schützen. Dieses Recht dient dazu, das Volk unter Kontrolle zu halten und Angst und Schrecken zu verbreiten, wenn es wagt, selbstständig zu denken. Einfacher gesagt, der König hat die Pflicht, jedoch nicht die Macht, das System der Monarchie zu festigen.

อำนาจดิบแท้ของอำมาตย์อยู่ที่ทหาร เวลาทหารทำอะไร ในอดีตเช่น รัฐประหารมันไม่ใช่การทำตามคำสั่ง ของ ภูมิพล เพราะ ภูมิพล เป็นคนขี้ขลาดทางการเมือง เป็นคนไร้ จุดยืนที่แน่นอน และไม่มีศักยภาพ ที่จะนำอะไร เขาเป็นคนไปตาม กระแส เวลาทหารตัดสินใจทำอะไร ก็ทำพิธีเหมือนกับจะไปรับคำสั่ง แต่ แท้จริงไป "**แจ้ง**" กษัตริย์ว่าจะทำอะไรต่างหาก เพื่ออ้างความชอบ ธรรมจากลัทธิกษัตริย์

Die reale Macht des Amatayasystems stellt das Militär dar. In der Vergangenheit hatte es nie, z.B. bei einem Putsch, auf den Befehl des Königs gehandelt, sondern aus eigenem Antrieb. Denn es fehlt dem König an Mut. Er wirkt unsicher, hat keinen eigenen Standpunkt, keine Führungsqualität. Er treibt mit dem Strom. Daher, wenn immer das Militär bereits entschieden hat, sind sie zu ihm gelaufen, doch nicht um den Befehl des Königs zu empfangen, sondern um ihm ihre Entscheidung mit zu teilen und die Legitimierung durch die Monarchie einzuholen. Unter den Namen des Königs konnten sie dann machen was sie wollen.

ดังนั้นเมื่อภูมิพลตาย อำมาตย์จะไม่แย่ง อำนาจกัน แต่มันจะแย่งกันว่าใครจะ มีสิทธิพิเศษในการใช้ กษัตริย์คนต่อไปเพื่อ สร้างความชอบธรรมกับตนเองมากกว่า ตรงนี้ดู เหมือนว่าทักษิณเป็น คนหนึ่งที่ พยายามเข้ามาช่วงชิงสิทธิ์ในการใช้ สถาบันด้วย โดยเฉพาะเมื่อชมเจ้าฟ้าชาย

Wenn Pumipon sterben würde, werden sie daher auch nicht um die Macht kämpfen, sie werden eher den nächsten lebenden König für sich beanspruchen, um ihre Macht und ihr Recht zu festigen. Thaksin ist einer, der versucht hatte, die Monarchie zu seinem Zweck zu nutzen, nämlich durch den Kronprinzen.

แต่การเปลี่ยน แปลงจะไม่เกิดขึ้น ถ้าเราไม่ทำลายทั้งอำนาจกองทัพ และลัทธิกษัตริย์

Wir können das Land nicht reformieren, solange die Macht des Militärs und der königlichen Institution noch nicht zerstört wurde.

เมื่อ ภูมิพล ตายผมเดาว่าจะ มีการ สร้างพิธีงานศพมโหฬาร ใหญ่โต สิ้นเปลือง งบประมาณมหาศาล และอาจจะใช้เวลา ห้าปีก็ยังได้อาจมีงาน ต่อทุกปีให้ครบสิบปีก็ได้ งานศพนี้จะมีวัตถุประสงค์เดียว คือเพื่อเสริมสร้างและบำรุง "ลัทธิ กษัตริย์ภาย ใต้

Mark Teufel^^
Thailand
Die Krise der Demokratie

วิญญาณของภูมิพล" เพราะคนอื่นในราชวงศ์ไม่ได้ ครองใจประชาชนเท่าภูมิพล

Wenn Pumipon sterben würde, so schätze ich, würden sie die Todeszeremonie pompös und prunkvoll ausgestalten, was immense Summen kosten wird. Die Zeremonie könnte bis 5 Jahre dauern, mit einem einzigen Zweck, das monarchistische System - unter **„den Geist des Königs Pumipon"** - zu festigen. Denn niemand in dieser Dynastie könnte das Herz des Volkes so erobern wie er.

ถ้าลูกชายภูมิพลไม่ ได้รับความเคารพในสังคม ทำไมดูเหมือนว่าอำมาตย์จะนำเจ้าฟ้าชายขึ้นมาเป็น กษัตริย์? เราเห็นจากการที่ ให้ทำหน้าที่สำคัญๆ แทนพ่อมาหลายปีแล้ว คำตอบคือ การนำคนอื่นขึ้น มาแทน จะส่งสัญญาณอันตรายว่า ระบบ กษัตริย์และการสืบทอดสายเลือด ไม่ได้เป็นสิ่งศักดิ์สิทธิ์ และ ไม่ได้อิงจารีตอันเก่าแก่จริง ความชอบธรรมก็จะหายไป ถ้าให้คนอื่นเป็นกษัตริย์ได้ ก็ยกเลิกระบบ กษัตริย์ไปเลยก็ได้เหมือนกัน ถ้าเปรมคิดจะเป็น ผู้สำเร็จราชการ แทนการให้เจ้าฟ้า ชายขึ้นมากษัตริย์ก็เท่ากับว่าเปรมจะยึดอำนาจตั้งตัวเป็นกษัตริย์ ทั้งๆ ที่เปรมเป็นสามัญชน ดังนั้นก็ให้ทักษิณหรือตาสี ตาสาเป็นกษัตริย์ก็ได้ ก็ไปกันใหญ่เลย

Wenn sein Sohn vom Volk nicht respektiert wird, warum will ihn die Amataya trotzdem auf dem Thron setzen? Wir haben bemerkt, dass er seit Jahren – bei verschiedenen wichtigen Anlässen die Aufgaben seines Vaters wahrgenommen hat. Die Antwort ist: Indem man eine andere Person statt ihn einsetzt, würde gleich ein Signal gesendet, dass die königliche Institution und ihre Blutlinie nicht mehr heilig ist, und man sich nicht an das „uralte" Ritual und den Brauch hält. Dadurch wird das Recht der Institution desillusioniert. Sollte eine andere Person als König eingesetzt werden, könnte man auch gleich das ganze System stürzen. Sollte Prem als Regent, statt der Kronprinz als König, eingesetzt werden, könnte es bedeuten, dass er die Macht an sich reißt, sich selbst zum König macht. Er ist jedoch ein stinknormaler Bürger, wenn das aber möglich wäre, könnte man auch gleich Thaksin oder Herr A oder Herr B als König einsetzen.

อย่าลืมว่า "ลัทธิกษัตริย์" ยืนอยู่บนพื้นฐานความงมงายเรื่องความศักดิ์สิทธิ์ของทำเนียม ถ้าไม่มีความศักดิ์สิทธิ์ ก็หมดฤทธิ์ทันที

Man sollte nicht vergessen, dass das "System König" auf dem Glauben, der Tradition und der Sakralität basiert. Ohne solche Elemente, wird das System nicht weiter existieren können.

Die Krise der Demokratie — Mark Teufel^^ Thailand

Die bedauernswerte „Genügsamkeitstheorie"

ความอับจนของ "ลัทธิเศรษฐกิจพอเพียง"

ทุกวันนี้คนไทยถูกเป่าหูด้วยเศรษฐกิจพอเพียงทุกวัน เหมือนกับว่าเป็นทางออกสำหรับประเทศไทย มัน คืออะไร? นำมาใช้อย่างไร? ต่างจากนโยบายเศรษฐกิจของรัฐบาลทักษิณอย่างไร? ทำไมทหารเผด็จ การ คมช. นำมาบรรจุในรัฐธรรมนูญปี ๕๐? ทำไมรัฐบาลไทยอ้างว่าเป็นแนวคิดใหม่ที่จะนำไปสอนชาว โลกได้??? แล้วทำไมมีคนโจมตีแนวคิดนี้อย่างรุนแรงในวารสารเศรษฐศาสตร์ต่างประเทศ?

Täglich wurde uns die Idee der "Sufficiency Economy" (Genügsamkeits-Wirtschaft) eingeredet, als ob es der goldene Weg für Thailand wäre. Was ist diese Theorie an sich? Wie sollen wir sie anwenden? Was ist der Unterschied zwischen dieser und Thaksins Idee? Warum hat die Militärdiktatur sie in der Verfassung von 2007 verankert? Was will die jetzige Regierung mit der sogenannten „Neuen Theorie" der Welt beibringen??? Und warum reagierten viele Wirtschaftler vehement gegen die Theorie in den internationalen Wirtschaftszeitschriften?

ผมขออ้างอิงคำพูดของคนขับรถแทคซี่คนหนึ่งในกรุงเทพฯ เพราะคนขับคนนี้สะท้อนความคิดของ คนส่วนใหญ่ เขาบอกผมว่า....

Ich mochte die Meinung eines Taxifahrers hier zum Ausdruck bringen, weil seine Aussage der allgemeinen Meinung entspricht.

"....สำหรับคนข้างบนเขาพูดง่าย เรื่องพอเพียง ไปไหนก็มีคนโยนเงินให้ เป็นกระสอบ แต่พวกเราต้อง เลี้ยงครอบครัว จ่ายค่าเทอม เราไม่เคยพอ...."

"....Die Eliten haben ja gut reden, von wegen Genügsamkeit. Wohin sie auch gehen, wird ihnen Geld Säckeweise hingeschmissen. Wir aber müssen für unsere Familie sorgen, für die Bildung unserer Kinder. Wie viel wir auch verdienen, es ist niemals genug...."

ในแง่นี้จะเห็นว่าคนจนไม่น้อยมองว่าเศรษฐกิจพอเพียงเป็นคำพูดของคนชั้นบน เพื่อให้เรารู้จัก "พอ" (ไม่ขอเพิ่ม) ท่ามกลางความยากจน และเป็นคำพูดของคนที่ไม่เคยพอเพียงแบบคนจนเลย อีกด้วย ... บทความของอาจารย์ พอพันธ์ อุยยานนท์ (๒๕๔๘ สำนักงานทรัพย์สินส่วนพระมหากษัตริย์กับบท บาทการลงทุนทางธุรกิจ ใน ผาสุก พงษ์ไพจิตร (บรรณาธิการ) "การต่อสู้ของทุนไทย" สำนักพิมพ์ มติชน) แสดงให้เห็นว่าธุรกิจสำนักงานทรัพย์สินส่วนพระมหากษัตริย์มีการลงทุนกว่า 45 พันล้านบาท ไม่น่าจะเรียบง่ายอะไร

Allein diese Aussage zeigte: Viele armen Leute empfinden die "Sufficiency Economy" als die Idee für die oberen Zehntausend, damit wir trotz der Armut genügsam bleiben (und nicht mehr verlangen). Es ist die Idee von denen, die noch nie in der Lage der Armen waren.

Ein Artikel von Acharn Popan Uiyanont (2006, Crown Property Bureau, Geschäft- und Investitionsbereich unter den Titel "Ein Kampf des thailändische Kapitals " Pasuk Pongpaichit als Redakteur in Matichon Verlag) zeigte, dass das "Crown Property Bureau" mehr als 45 Milliarden Baht investiert hat, das war auch nicht aus Pappe.

...แล้วพอเรามาดูค่าใช้จ่ายของวังต่างๆ ยิ่งเห็นชัด

....wenn wir die Ausgabe des Palasts betrachten, wird es noch deutlicher.

ดังนั้น เศรษฐกิจพอเพียง เป็น**ลัทธิถ้าหลัง**ของคนชั้นสูงเพื่อสกัดกั้นการกระจายราย ได้และสกัดกั้นการสร้างความเป็นธรรมในสังคม เป็นลัทธิเพื่อปกป้องผลประโยชน์ของคนที่รวยที่สุด

Daher ist die "Sufficiency Economy" eine rückständige Maxime der Eliten, eine Verhinderung der sozialen Gerechtigkeit. Sie ist auch der "Ismus", um den Vorteil der Reiche zu schützen.

และที่น่าปลื้มคือคนจนทั่วประเทศเข้าใจประเด็นนี้ ในขณะที่นักวิชาการและคนชั้นกลางยังหลงใหลกับ ลัทธิพอเพียงอยู่

Zum Glück durchschauen die Bürger des ganzen Landes den Trick, während die Wissenschaftler und die Mitteklasse immer noch daran glauben.

สำหรับพระราชวัง ความพอเพียงหมายถึงการมีหลายๆ วัง และบริษัททุนนิยมขนาด ใหญ่เช่น ธนาคาร ไทยพาณิชย์ สำหรับทหารเผด็จการความพอเพียงหมายถึงเงินเดือนสูงจากหลายแหล่ง และสำหรับ เกษตรกรยากจนหมายถึงการเลี้ยงชีพด้วยความยากลำบากโดยไม่มีการลงทุนในระบบเกษตรสมัยใหม่

Für den Palast, „Genügsamkeit" bedeutet mehr Paläste und größere Geschäfte wie die „Thai Commerce Bank" zu besitzen. Für die Militär-Diktatur bedeutet die „Genügsamkeit" mehr Gehälter und zwar aus verschienen Quellen. Aber für die armen Bauern wird sie mit der Akzeptanz der Mühe in Verbindung gebracht, weil sie den harten Bedingungen ausgesetzt werden, ohne jegliche Chance darauf innovative Geräte zu ergattern.

ขบวนการเอ็นจีโอ โดยเฉพาะสาย "ชุมชน") ดูงาน อ.ฉัตรทิพย์ นาถสุภา (จะคิดกันว่าแนว "พอเพียง" สอดคล้องกับสิ่งที่เขาเสนอมานานเรื่องการปกป้องรักษาชุมชนให้อยู่รอดได้ ท่ามกลางพายุของทุนนิยมโลกาภิวัตน์ แนวคิดชุมชนแบบนี้มองว่าเราควรหันหลังให้รัฐ ไม่สนใจตลาดทุนนิยมมากเกินไป พยายามสร้าง ความมั่นคงของชุมชนผ่านการพึ่งตนเอง ผ่านการแลกเปลี่ยนแบบมีน้ำใจและความเป็นธรรม หรือปฏิเสธ บริโภคนิยม มันเพื่อฝัน หมดยุค)ถ้าเคยมียุค (แต่เขาหวังดี ไม่เหมือนพวกที่เสนอลัทธิพอเพียง

Die NGO-Organisationen, besonders in Bereich der Kommunen (siehe den Artikel von Chattip Natsupa), meinte, „die Genügsamkeit" liegt auf die selben Linie ihrer Politik, die sie seit Langem verfolgt haben, zum Schutz ihrer Schafe vor dem Sturm der Globalisierung. Aus Prinzip sahen sie es als ihre Pflicht an, der Regierung den Rücken zu zuwenden, und waren nicht mehr an dem kapitalistischen System interessiert. Sie versuchten ihre ländlichen Gemeinschaften zu stabilisieren, nach dem Prinzip: Selbsthilfe, indem sie sich gegenseitig helfen, mit gerechtem Sinn, oder gegen den Konsum. Der Gedanke ist so absurd wie antiquiert (wenn sie jemals innovativ denken konnten). Aber zumindest war es gut gemeint, nicht wie die, die "Sufficiency Economy" vorgeschlagen haben.

หลังรัฐประหาร 19 กันยา มีการนำ "เศรษฐกิจพอเพียง" ของพระราชวัง มาเป็นนโยบายเศรษฐกิจ ของ รัฐบาล มรว.ปรีดิยาธร เทวกุล รัฐมนตรีคลังคนแรกของ คมช.ในวันที่ 2 พ.ย 49 .อธิบาย ว่า...

Nach dem Putsch am 19 September wurde der Vorschlag "Sufficiency Economy" des Palastes als Programm der Regierung am 2. November 2006 vom Mom Ratcha Wong Pridiyathorn Thewakul, dem Finanzminister persönlich, so deklariert....

"เศรษฐกิจพอเพียงหมายถึงอย่าขยายเกินกำลังทุนที่มี.... ให้พอดี... ไม่เกินตัว... เป็นแนว เศรษฐศาสตร์ พุทธ.... ต้องมีการออม... การลดหนี้ครอบครัว..เป็นแนวสู่การพัฒนาแบบ ยั่งยืน..."

Die ´Sufficiency Economy´ bedeutet, sein Kapital nicht über seine Verhältnis zu investieren....Mittemäßigkeit....nicht Übermaß. Das Prinzip ist nach dem buddhistischen und ökonomischen Gesichtspunkt....es soll gespart werden und Schulden reduziert werden. Es ist der Weg zur Stabilisierung."

แต่พออ่านรายละเอียดแล้วพยายามสรุป มันมีสาระเพียงว่า "อย่าทำให้พัง ล้มละลาย" แค่นั้น หรือ "ใครรวยจ่ายมากได้ ใครจนต้องจ่ายน้อย" เด็กอายุ 4 ขวบคงคิดแบบนี้ได้ ไม่ต้องมีสมอง ใหญ่โต

Bei genauerer Betrachtung kommt man zu dem zwingenden Schlussfolgerung: Es geht nur darum „nicht Bankrott und nicht zahlungsunfähig" werden. Oder „wer es sich leisten kann, der muss nicht genügsam bleiben, wer es sich nicht leisten kann, der muss genügsam sein." So was, das kann auch jedes 4 jährige Kind denken, man braucht kein riesiges Hirn zu haben.

ปรีดิยาธร เทวกุล เสนออีกว่า "รัฐบาลให้ความสำคัญแก่เป้าหมายในการเพิ่ม ประสิทธิภาพ..... การรักษา วินัยการเงินการคลังของภาครัฐ" "การใช้ปรัชญาเศรษฐกิจพอเพียงกับระบบเศรษฐกิจ ตลาดเสรีทำได้" และเราก็เห็นว่ารัฐบาล คมช.ผลักดันนโยบายเสรีนิยมสุดขั้วของกลุ่มทุน มากกว่าไทยรักไทยเสียอีก เช่น การนำมหาวิทยาลัยออกนอกระบบ การตัดงบประมาณ สาธารณสุข การเพิ่มงบประมาณทหาร การผลักดัน) FTA สัญญาค้าเสรี (กับญี่ปุ่น หรือการ เดินหน้าแปรรูปรัฐวิสาหกิจรถไฟและไฟฟ้าเป็นต้น ในกรณีไทยรัก ไทย เขาทำนโยบายเสรีนิยม ทั้งหมดดังกล่าวด้วย แต่คานมันโดยใช้นโยบายการเพิ่มค่าใช้จ่ายรัฐ) แบบ เคนส์ (ในเรื่องกองทุน หมู่บ้าน หรือสาธารณูปโภค หรือ30บาทรักษาทุกโรค พูดง่ายๆ ไทยรักไทย ใช้นโย บายเศรษฐกิจ

คู่ขนาน ทั้งตลาดเสรีและรัฐนิยมพร้อมกัน

Pridiyathorn Thewakul hat außerdem vorgeschlagen „die Regierung soll sich dafür einsetzen, dass sie in dem staatlichen monetären System und ihrem Banksystem diszipliniert agiert (……) Das Prinzip der Sufficiency Economy könnte parallel mit dem liberalen Wirtschaftssystem eingesetzt werden." Wie wir sehen, hat das jetzige Ministerium mehr für die Liberalisierung des Kapitals getan als die Thai Rak Thai Partei, z.B. die Liberalisierung des Bildungssystems, die Reduzierung des Etats für das öffentliche Gesundheitssystem, die Erhöhung der Militärausgaben, die Liberalisierung im Handel mit Japan (FTA) oder die Privatisierung der Bahn und Elektrizität. Die Thai Rak Thai hat auch viele Sektor liberalisiert, jedoch auf Kosten der staatlichen Ausgaben und hat gleichzeitig den Kommunen Kapital verschafft und den Zugang zum Kapitalmarkt und das Programm der Krankenversorgung für 30 Baht, einfach gesagt, die Thai Rak Thai hat ihr Wirtschaftsprogramm {zur Förderung der Armen} gleichzeitig mit der Liberalisierung im Handel und dem staatlichen Programm umgesetzt.

เราต้องฟันธงว่าลัทธิเศรษฐกิจพอเพียงไม่มีเจตนาที่จะลดอำนาจกลุ่มทุนและอิทธิพลคนรวยแต่อย่างใด ตรงกันข้ามมันเป็นคำพูดที่พยายามหล่อลื่นการหันไปสนับสนุนตลาดเสรีของนายทุนใหญ่อย่างสุดขั้ว และ รัฐธรรมนูญ คมช .ปี ๕๐ ก็ยืนยันสิ่งนี้

Nun haben wir festgestellt, dass mit dem Prinzip „Sufficiency Economy" die Einflüsse des Kapitalismus und der Reichen nicht vermindert werden, im Gegenteil ist sie der Schmierstoff, um den Freihandel und die Macht der großen Kapitalisten zu unterstützen. Die Verfassung von 2007 bestätigt unseren Verdacht.

แล้วสาระของเศรษฐกิจพอเพียงมีมากกว่านี้ไหม ?เราถือว่าเป็นทฤษฎีเศรษฐกิจได้ไหม ? วารสาร The Economist เขียนไว้ว่ามันเป็นความคิดเศรษฐศาสตร์ที่เหลวไหลเพ้อฝัน เพียงแต่ "ประทับตราราชวัง" เท่านั้น

Gibt es noch mehr Inhalt in dem Prinzip? Können wir sie eine Wirtschaftstheorie nennen? „The Economist" hat geschrieben, diese Theorie ist unsinnig und absurd, und wird bloß angewandt, weil sie einen Stempel vom Palast bekommen hat.

เศรษฐกิจพอเพียงไม่เอ่ยอะไรที่เป็นรูปธรรมเกี่ยวกับเรื่องสำคัญๆ เช่นการใช้รัฐหรือการเน้นตลาด ในการ บริหารเศรษฐกิจ หรือวิธีกระจายรายได้ของประเทศ และไม่พูดถึงสวัสดิการหรือรัฐสวัสดิการเลย ในเรื่อง วิกฤตเศรษฐกิจมีแต่จะเสนอให้คนจนไป "ยากจนแต่ยิ้ม" กับญาติในชนบท

Die „Sufficiency Economy" hat gar keine reale nennenswerte Funktion für das staatliche Programm, im Handel, im wirtschaftlichen Management oder für das staatliche Einkommen. Sie sagt auch nichts über die staatliche soziale Einrichtung oder die wirtschaftliche Krise. Das einzige, was sie aussagt, ist, die Armen sollen weiter arm bleiben, aber bitte mit dem lächelnden Gesicht das die Verwandten am Stadtrand und in der Provinz zeigen.

ในที่สุดสิ่งที่จะสร้างความยั่งยืนและความพอเพียงแท้กับคนส่วนใหญ่คือการสร้างระบบรัฐสวัสดิการ และต่อจากนั้นต้องเดินหน้าสู่ "สังคมนิยม" ที่ยกเลิกการใช้กลไกตลาด ในการแจกจ่ายผลผลิต หันมาใช้การวางแผนโดยชุมชนและประชาชนในลักษณะประชาธิปไตย และนำระบบการผลิตมาเป็นของกลาง บริหารโดยประชาชนเอง ซึ่งหมายความว่าต้องยกเลิกระ บบชนชั้นที่บางคนรวยและควบคุมทุกอย่าง ในขณะที่คนส่วนใหญ่ยากจนและเป็นเพียง ลูกจ้างหรือเกษตรกรยากจน

Letzten Endes, was zur wahren Genügsamkeit für die Massen führen könnte, wäre dass ein staatliche soziales System, was wiederum zu Sozialismus führt, der den Mechanismus des Handels und der Verteilung der Produktion außer Kraft setzen würde, und Planung von Kommunen und dem Volk anwendet, nach dem Muster eines demokratischen System, in dem die Produktion der Allgemeinheit gehört, vom Volk kontrolliert wird, das heißt, es existieren keine Gesellschaftsschichten mehr. Es gibt keine Reichen mehr, die alles kontrollieren, während die meisten Bürger arm sind oder ihr Lebendasein als Angestellter, Arbeiter, oder Bauer fristen.

สรุปแล้วเศรษฐกิจพอเพียง เป็นลัทธิของคนชั้นบนที่รวยที่สุดในสังคม เพื่อกล่อมเกลา ให้คนส่วน ใหญ่ก้มหัวยอมรับสภาพความยากจน มันเป็นลัทธิของพวกที่ยังเชื่อว่าไทยเป็นทาส ไทยเป็นไพร่ และที่สำคัญ พวกนี้พยายามใช้กฎหมายหมิ่นฯและการปกปิดเสรีภาพ เพื่อไม่ให้เราวิจารณ์ ลัทธิ ที่อัปจนอันนี้

Zum Schluss die „Efficiency Economy" ist ein System für die oberen Zehntausend, für die Reichsten der Gesellschaft. Sie ist dafür da, um die meisten Bürger zu unterwerfen, zu zwingen ihre Armut zu akzeptieren. Das ist das Sklavensystem, das Leibeigenensystem, das es versucht, mit dem Gesetz Lèse-Majèstè die Bürger zu erwürgen, und mundtot zu machen.

แต่ผมเชื่อว่าคนส่วนใหญ่ไม่โง่ หูตาสว่างแล้ว เข้าใจเรื่องนี้ได้ดี ...และนั้นคือสิ่งที่พวกข้างบนกลัวที่สุด!

Doch die meisten Bürger sind nicht dumm, sie haben ihre Augen bereits geöffnet und verstanden die ganze Situation sehr gut...und das ist, was sie, da Oben, am meisten fürchten.

Anmerkung von Mark Teufel:

Was die Kritik erleichtert ist die Tatsache, dass die Monarchie selbst der größte Sünder hinsichtlich der Genügsamkeits-Wirtschaft ist. Wie ich in dem Buch „Thailand 2009 – Band 2" im Kapitel „Monarchie und Genügsamkeit" darlege, sind selbst Monarchisten Kritiker eines Verhaltens das den König zum reichsten Monarchen der Welt und einem der reichsten Männer gemacht hat, der Auge in Auge mit

Bill Gates steht. Nur dass Bill Gates Steuern zahlt.

In „Thailand 2008 – Die Regierungsbildung[53]" kann man lesen, dass die Ausgaben des Steuerzahlers für die königliche Familie entsprechend öffentlich zugänglichen Zahlen ca. 6 Milliarden Baht betragen. Diese Zahlen beinhalten die Kosten für Hubschrauber aber nicht die königlichen Flugzeuge. Schon eine Ausgabe von 2 Milliarden Baht (offizielle Ausgabenliste) wäre das Achtfache der Ausgaben, berechnet auf Kaufkraft und je Kopf der Bevölkerung, gegenüber den Ausgaben der Steuerzahler in Großbritannien. Und diese Ausgaben der königlichen Familie haben sich in den letzten Jahren dramatisch erhöht.

Aber auch in absoluten Zahlen bedeutet dies, dass das Entwicklungsland bzw. Schwellenland Thailand nicht nur pro Kopf bedeutend mehr Geld für ihre königliche Familie ausgibt als das Industrieland Großbritannien, sondern in absoluten Zahlen mehr als das Doppelte.

(Großbritannien ca. 74 Millionen US-Dollar, Thailand über 150 Millionen US-Dollar.)

---

[53] Thailand 2008 – Die Regierungsbildung, www.epubli.de Berlin 2009, Mark Teufel, S. 163-165

Die Krise der Demokratie — Mark Teufel^^
Thailand

Den folgenden Artikel von Giles Ji Ungpakorn haben wir einmal aus dem Thailändischen übersetzt und dann mit der englischen Version verglichen. Wo es größere Abweichungen gab, habe ich beide Übersetzungen angefügt. Es könnte interessant sein die Unterschiede in der Ansprache der Thailänder und der Ausländer zu sehen, denn der Autor lebt in beiden Kulturkreise und kennte beide Kulturen wie nur Wenige.

Wenn König Pumipon stirbt

เมื่อภูมิพลตาย

ผมไม่เชื่อว่าการเขียนบทความที่มีหัวข้อแบบนี้เป็นการสาปแช่งให้ใครตายเร็วหรือช้า เพราะผมไม่เชื่อเรื่องการสาปแช่ง มันเป็นเรื่องงมงาย และการที่มนุษย์เกิดมาก็ย่อมตาย คนแก่มีแนวโน้มตายเร็ว มีแค่นี้

> Aus dem Thailändischen:
>
> Ich glaube nicht, wenn man diesen Artikel so betitelt, dass es verursachen wird, dass der König, schneller oder langsamer sterben wird. Denn ich bin nicht abergläubig, ich glaube daher nicht an einen Fluch. Jeder wird irgendwann einmal sterben. Tendenziell sterben die alten Leute eher, es ist ein natürlicher Vorgang, mehr nicht!

คนไทยจำนวนมาก ไม่ว่าจะแดงหรือเหลือง กำลังรอวันตายของ ภูมิพล ด้วยอารมณ์ที่แตกต่างกันไป เพราะ ภูมิพล มีความสำคัญในสังคมไทย ทั้งบวกและลบ แล้วแต่จุดยืน แต่ประเด็นที่เราต้องมาคิดกันคือ **"สำคัญอย่างไร?"**

> Aus dem Englischen:
>
> Viele Thailänder, egal ob Monarchisten oder ob pro-demokratische Rothemden warten darauf, dass König Pumipon stirbt. Ihre Gefühle werden unterschiedlich sein, sowohl negativ als auch positiv. Denn Pumipon hat die thailändische Gesellschaft über Jahre beeinflusst. Aber die Frage muss diskutiert werden, ob dieser Einfluss von anderen geschaffen wurde, oder ob sie auf seiner eigenen Macht basierte?

คนเสื้อแดงและคนเสื้อเหลืองจำนวนมากมองว่า ภูมิพล คือผู้มีอำนาจสูงสุดในสังคมไทย ยังกับว่าเราอยู่ในระบบสมบูรณา ญาสิทธิราชย์ ผมไม่เห็นด้วยกับการวิเคราะห์แบบนี้ แต่ถ้ามันจริง เมื่อ ภูมิพล ใกล้ตาย ต้องมีการแข่งชิงอำนาจกันเพื่อ ขึ้นมาเป็นกษัตริย์คนต่อไป มันจะเกิดจริงหรือ? ทหารของพระเทพฯจะรบกับทหาร ของเจ้าฟ้าชายหรือทหารของราชินี จริงหรือ? ทหารของเปรมจะแต่งตั้งเปรมเป็นกษัตริย์แทนหรือ? ไม่น่าจะใช่

> Aus dem Englischen:
>
> Die meisten Thailänder, sowohl Gelb als auch Rot, glauben, dass Pumipon der mächtigste politische Akteur wäre. Manche Akademiker wie Paul

Handley glauben das auch. Aber das ist nicht der Fall. Wenn das nämlich stimmen würde, dass er wie ein absolutistischer Monarch herrschen würde, dann würde bei seinem Tod ein Bürgerkrieg ausbrechen zwischen denen, die der nächste König werden wollen. Die Soldaten der Prinzessin werden mit denen des Kronprinzen oder der Königin kämpfen. Prems Soldaten könnten versuchen Prem auf den Thron zu setzen! Aber all das ist unwahrscheinlich.

มันอาจจะแย่งกัน แต่สิ่งที่แย่งกันคือ ว่าใครจะมีสิทธิ์ใช้สถาบันกษัตริย์เพื่อสร้างความชอบธรรมกับตนเองมากกว่า

Aus dem Englischen:

Es wird keine Machtkämpfe und Rivalitäten geben, aber es wird nur ein bisschen Rangelei unter den Eliten geben, darin eingeschlossen Thaksin, um zu sehen, wer die Monarchie am besten für die eigenen Zwecke nutzen kann. Nachdem Thaksin im Jahr 2006 eine Schlacht verloren hatte, könnte er vielleicht versuchen, zurück zu schlagen. Unter den Gelbhemden wird es auch Rivalitäten solche Rivalitäten geben.

เมื่อ ภูมิพล ตาย ผมเดาว่าจะมีการสร้างพิธีงานศพมโหฬาร ใหญ่โต สิ้นเปลืองงบประมาณมหาศาล และจะใช้เวลา อย่างน้อยสองเท่าเวลาที่เขาใช้กับ "พระพี่นาง" อาจถึงห้าปีก็ยังได้ อาจมีงานต่อทุกปีให้ครบสิบปีก็ได้ งานศพนี้จะมีวัตถุ ประสงค์เดียว (ไม่ใช่เพราะว่าไพร่ทั้งหลายต้องใช้เวลาทำใจท่ามกลางความเศร้าหรอก) แต่เพื่อเสริมสร้างลัทธิกษัตริย์ ที่จะนำมาข่มขู่กดขี่เรา การเสริมสร้างลัทธิกษัตริย์เป็นอาวุธทางความคิดที่สำคัญที่สุดของฝ่ายอำมาตย์ เพราะเวลาอำ มาตย์ทำรัฐประหาร ทำลายประชาธิปไตย สร้างสองมาตรฐานทางกฎหมาย ใช้ความรุนแรง กลั่นแกล้งเข่นฆ่าประชนชน ก็ทำในนามกษัตริย์ตลอด โดยคิดว่าถ้าอ้างกษัตริย์แล้ว เราพลเมืองทั้งหลายจะเกรงกลัวหรือเกรงใจ และถ้าแค่นั้นไม่สำเร็จ ก็ยังมีกฎหมายหมิ่นเดชานุภาพ กฎหมายหมิ่นศาล กฎหมายคอมพิวเตอร์ และกฎหมายความมั่นคงไว้ปราบเราอีก และถ้าแค่นั้นไม่พอก็ยิงประชาชนท่ามกลางเมืองได้

Aus dem Thailändischen:

Wenn Pumipon sterben würde, würden sie die Todeszeremonie gigantomanisch, pompös und prunkvoll, was immens viel kosten würde, veranstalten. Die Zeremonie wäre mindestens zwei Mal so groß wie dass, was für seine Schwester beansprucht wurde. Es könnte - na sagen wir mal - auf 5 Jahre, oder aber bis zu 10 Jahren dauern können, mit dem einzigen Zweck (auf gar keinen Falls mit dem Zweck, weil wir ‚normal Sterblichen' das so wünschen, um unsere Trauer zu bewältigen): um das monarchistische System, das uns unterdrückt, bedroht, zu unterstützen. Dies wird für Amataya das wichtigste Instrument sein, unser Denken und Handeln zu manipulieren und zu kontrollieren. Der Putsch des Militärs und der Amataya hat unser demokratisches System vernichtet, die Doppelmoral der Justiz wird ungeniert gegen uns eingesetzt, Gewalt angewandt, die Bürger getötet, sie verleumdet. Alles unter dem Namen des Königs. Wenn das nicht genug ist, wird zusätzlich das Gesetz „ Lèse Majèsté", das Computer-Gesetz samt Sicherheitsgesetz eingesetzt, um uns absolut unter Kontrolle zu halten. Und wenn wir sie zu sehr nerven, wird auch die Armee gelegentlich mal in der Mitte von Bangkok rumballern.

Aus dem Englischen:

Wenn Pumipon stirbt, dann ist meine Abschätzung die, dass die Armee und die konservative Eliten eine gigantische und sehr teure Begräbnisfeier für ihn ausrichten werden. Dafür werden Ressourcen verwendet werden, die für die soziale Wohlfahrt und die Anhebung der Löhne genutzt werden sollten, die aber hierfür verwendet werden. Meine Vermutung ist, dass die Feierlichkeiten zwei Mal so lange dauern werden wie die, die kürzlich für seine Schwester organisiert worden waren, Zeremonien, die ein ganzes Jahr dauerten. Vielleicht werden Pumipons Zeremonien fünf Jahre dauern. Verlängerungen von anderen Aktivitäten könnten leicht auf 10 Jahre ausgedehnt werden! Bilder des Königs werden noch mehr verbreitet werden. Der Grund für diese riesige Todeszeremonie wird nicht sein, „Millionen von Thailändern, deren Herz durch Pumipons Tod gebrochen ist" zu beruhigen, viele werden im Privaten feiern. Nein, der Grund für diese unglaubliche Feier wird sein, die Propagandamaschine noch einen Gang höher arbeiten zu lassen. Die konservative Elite wird verzweifelt versuchen die Ideologie der Monarchie zu bewerben und noch einmal zum Leben zu erwecken. Jeder der sich der Armee oder den autoritären Eliten widersetzen wird, die dann an der Macht sein werden, jeder der sich für Demokratie einsetzt, wird wegen Lèse Majèsté angeklagt werden, und dass er „Pumipon stürzen wollte". Die Tatsache, dass er tot ist, wird keine Rolle spielen.

Während all das passiert, wird der extrem unpopuläre und wenig respektierte Kronprinz Stück für Stück auf den Thron gehoben. Seine ebenso wenig geliebte Mutter, die Königin, wird auch dort sein, aber beide werden unter dem noch größeren Bild des lebenden Pumipons sitzen. Es wird uns unmöglich werden, Pumipon zu vergessen, ebenso wie seine „wundervolle Arbeit". Wir werden den Kronprinz sehen, aber die Worte Pumipons werden aus den Lautsprechern kommen.

อำนาจดิบแท้ของอำมาตย์อยู่ที่ทหาร เวลาทหารทำอะไรในอดีต เช่นรัฐประหาร มันไม่ใช่การทำตามคำสั่งของ ภูมิพล เพราะ ภูมิพล เป็นคนขี้ขลาดทางการเมือง เป็นคนไร้จุดยืนที่แน่นอน และไม่มีศักยาภาพ ที่จะนำอะไร เขาเป็นคนไปตามกระแส เป็นหุ่นเชิดได้ดี ตอนทักษิณเป็นนายกก็ชมทักษิณ ตอนผลัดจการทหารขึ้นมาก็ชมทหาร พูดกำกวมให้คนไปตีความเองได้ตามความต้องการ เพื่อจะได้ไม่ต้องรับผิดชอบอะไร ยินดีให้คนกราบไหว้ และยินดีสะสมความร่ำรวย

Aus der thailändischen Version:

Die rohe Gewalt der Amataya ist eigentliche das Militär. Was sie in der Vergangenheit veranstaltet haben, z.b. die Putsche, geschah nicht auf den Befehl des Königs, weil ihm der Mut zur politischen Entscheidung fehlt. Er hat keinerlei Führungsqualität und keine eigenen Standpunkte und Prinzipien. Er lässt sich treiben, ist daher als Marionette der Mächtigen geeignet. Als Thaksin Premierminister wurde, lobte er ihn. Doch als die Soldaten geputscht haben, lobte er sie auch. Seine Reden sind so obskur, dass die Eliten ihre eigenen Interpretationen machen können und er keine Verantwortung übernehmen muss. Er ist glücklich, dass die Menschen vor ihm auf dem Boden kriechen und er sein ungeheures Vermögen anhäufen kann.

Aus der englischen Version:

Als die Generäle Coups machten oder sich in die Politik einmischten, da waren sie nicht den Befehlen von Pumipon gefolgt. Pumipon war immer scheu, schüchtern und ihm fehlte Mut und Charakter. Pumipon hat keine Führerqualitäten. Er lässt sich mit dem Strom treiben. Als Thaksin Premierminister wurde, da lobte er Thaksin. Als die Soldaten den Coup machten, da lobte er die Soldaten. Seine Reden benutzen eine obskure Sprache damit die Eliten ihre eigenen Interpretationen machen können und Pumipon keine Verantwortung übernehmen muss. Er ist glücklich, dass die Menschen vor ihm auf dem Boden kriechen und damit sein ungeheures Vermögen anzuhäufen.

ดังนั้นเวลาทหารตัดสินใจทำอะไร ก็ทำพิธีเหมือนกับจะไปรับคำสั่ง แต่แท้จริงไป **"แจ้ง"** ว่าจะทำอะไร ภูมิพลก็พยักหน้าหรืออาจไม่ให้พบแต่แรก แล้วแต่ว่าความเห็นส่วนใหญ่ของทหารอื่น และผู้ใหญ่อื่นๆจะว่าอย่างไร ตรงนี้เปรมเป็นผู้ประสานงาน แต่ไม่มีอำนาจพิเศษ พอทหารเห็นภูมิพลพยักหน้า ก็รีบออกมาแจ้งสังคมว่าสิ่งที่เขาทำ ทำไปตาม **"คำสั่ง"** ทั้งนี้เพื่อหลอกให้เราคิดว่ามีความชอบธรรม หรือหลอกให้เรากลัว

Aus dem Englischen:

Also wenn die Generäle entscheiden etwas zu tun, dann entwickelten sie ein ausgeklügeltes Schauspiel um uns glauben zu machen, dass sie Befehle vom Palast annehmen würden. Tatsächlich gingen sie dort hin, um dem König zu sagen, was sie schon beschlossen hatten. Pumipon wird zur Bestätigung nicken oder er wird für eine Audienz nicht verfügbar sein, das hängt von dem Rat ab, den er von seinem Kronrat erhält. Der Rat basiert nicht auf Entscheidungen die von Prem, dem Vorsitzenden des Kronrats gemacht werden, sondern auf einem Konsens zwischen jenen, die die Macht in der Armee und außerhalb der Armee haben. Nachdem Pumipon zum Einverständnis genickt hatte, kamen die Generäle aus dem Palast und verkündeten der Öffentlichkeit, dass sie Befehle vom König erhalten hätten. Auf diese Weise konnten sie eine Legitimierung für ihre Aktionen aufbauen und Angst, dagegen einzutreten.

Die Krise der Demokratie   Mark Teufel^^
Thailand

เมื่อ ภูมิพล ตาย ทหารจะยังมีอำนาจอยู่ ปืนและรถถังไม่ได้หายไปไหน และเมื่อทหารชั้นผู้ใหญ่ ตกใจที่ภูมิพลตาย ก็ไม่ใช่เพราะ **"ไม่รู้จะรับคำสั่งจากใคร"** แต่ปัญหาของเขาคือ **"ไม่รู้จะหากินสร้างความชอบธรรมจากใครต่อ"** มันต่างกันมาก ผมเดาว่าเมื่อ ภูมิพล ตาย ทหารจะต้องการยึดงานศพให้ยาวนาน ภาพ ภูมิพล จะเต็มบ้านเต็มเมือง และใครที่คิดต่างจากทหารหรืออำมาตย์ หรือใครที่อยากได้ประชาธิปไตยแท้ ก็จะถูกโจมตีว่าต้องการ **"ล้มภูมิพล"** ทั้งๆ ที่ ภูมิพล ตาย ไปแล้ว ใช่ครับมันไม่สมเหตุสมผล แต่ลัทธิกษัตริย์ของอำมาตย์มันไม่ต้องสมเหตุสมผลทุกครั้งอยู่แล้ว

> Aus dem thailändischen Text:
>
> Wenn Pumipon stürbe, würde die mächtige Armee weiterhin existieren. Die Panzer und Gewehre werden nicht gleich verschwinden. Sicher würden die Generäle durch die Todesnachricht des Königs erschrocken sein, aber nicht, weil sie keine Orientierung hätten, wesen Befehle sie befolgen sollen, sondern weil sie nicht wüssten, wer ihnen ab jetzt nutzen wird. Ich glaube aber, wenn der König sterben würde, würde das Militär versuchen, seine Todeszeremonie so lang wie möglich in die Länge zu ziehen. Seine Abbilder werden überall stehen. Und wer es wagen würde, anders als der Kronrat und das Militär zu denken, oder gar die echte Demokratie zu wünschen, der würde von allen angegriffen werden, dass er angeblich Pumipon stürzen wolle, obwohl der schon gestorben ist. Ja, es ist tatsächlich Unsinn. Aber die Taten der Royalisten wie der Amataya hatten sowieso noch nie einen Sinn.
>
> Aus dem englischen Text:
>
> Wenn Pumipon stirbt, wird die mächtige Armee immer noch existieren. Die Panzer und Gewehre werden nicht verschwunden sein. Die rohe und unterdrückende Macht der konservativen Eliten liegt in der Armee. Aber die Generäle werden in Panik geraten weil er, ihre einzige Legitimierung, gestorben ist. Wenn Pumipon stirbt, werden die Generäle immer noch behaupten, zum Palast zu gehen und „Befehle" vom Kronprinzen und der Königin zu empfangen. Gelegentlich wenn es kleinere oder eher lächerliche Probleme gibt, dann könnten sie echte Befehle geben und die Generäle werden ihnen folgen, nur um die Monarchen glücklich zu halten. Aber in wichtigen Angelegenheiten der Politik werden sie kaum die Monarchen von ihren Entscheidungen unterrichten.

นอกจากนี้ ในขณะที่งานศพยาวนานพร้อมการคลั่งและเชิดชูคนที่ตายไปแล้ว ก็จะมีการเข็นลูกชายออกมา รับหน้าที่ เป็นกษัตริย์ใหม่ ปัญหาของอำมาตย์คือไม่มีใครเชื่อว่าลูกชายเป็นคนดีหรือมีความสามารถ ไม่เหมือนพ่อ ไม่มีใครรัก แม้แต่คนเสื้อเหลืองเองก็ไม่เคารพ แต่การจัดงานศพพ่อยาวๆ การ **"ไม่ลืมภูมิพล"** จะกลายเป็นเครื่องมือเพื่อเบี่ยง เบนความสนใจจากลูกชาย นอกจากนี้เขายังมีเมีย ภูมิพล อีกด้วย เข็นออกมารับงานได้ แต่ประชาชนก็ไม่รักเท่าไรตั้งแต่ ไป

งานศพพันธมิตรฯ ดังนั้นในเรื่องลูกชายและเมีย ก็ต้องย้ำเสมอว่า "เป็นลูกชายภูมิพล เป็นเมียภูมิพล" เพื่อไม่ให้เรา ลืมความดีงามของ ภูมิพล

> Aus dem thailändischen Text:
>
> Während der langen, aufwendigen Zeremonie mit besessenen begeisterten Ehrerweisung gegenüber dem Toten, wird der Sohn aus seiner Ecke in der er sich eingenistet hat, gezerrt, um auf den Posten als neuer König berufen zu werden. Das Problem ist, niemand glaubt, dass er ein guter fähiger König wird. Er war nicht wie sein Vater, niemand mag ihn, sogar die Gelbhemden respektieren ihn nicht. Doch mit der langwierigen Zeremonie, damit niemand "Pumipon" vergisst, kann man die Bürger ja von dem ungeliebten Sohn ablenken. Es gibt außerdem noch seine Frau, ich meine die Frau des Toten, da kann man mit ihr etwas machen, z.B. man kann sie für die Zeremonie einsetzen, sie ist zwar nicht so beliebt, seit sie bei der Kremationszeremonie eines Gelbhemdmitglieds war. Daher muss man immer betonen: "Pumipons Sohn" oder "Pumipons Frau", damit das Gute und die Herrlichkeit von ihm, Pumipon, nicht in Vergessenheit geraten wird.

ทั้งลูกชายและเมีย ภูมิพล มีภาพว่าเป็นคนโหดร้าย อาจจริง แต่จะโหดร้ายแค่ไหนก็ไม่มีอำนาจ มากกว่าที่ ภูมิพล มีหรือเคยมี ซึ่งภูมิพลก็ไร้อำนาจ แต่เราจะเห็นละครของทหารและข้าราชการ **"ไปเข้าเฝ้า"** เพื่อ **"รับคำสั่ง"** ตามเคย บางครั้งอาจเป็นคำสั่งจริงในเรื่องแปลกๆ ตลกๆ ที่ไม่ค่อยมีความสำคัญกับบ้านเมือง ทหารก็คงทำไปเพื่อเอาใจและสร้างภาพ แต่ในประเด็นสำคัญหลักๆ ทหารและอำมาตย์ส่วนอื่นจะตัดสินใจก่อน แล้วไป **"แจ้ง"** ให้ลูกและเมียทราบ และออกมาโกหกว่ารับคำสั่งมา

> Aus dem thailändischen Text:
>
> Dass sein Sohn und seine Frau als Tyrannen bekannt sind, mag sein. Ihre Taten sind dennoch, im Vergleich mit seinen, weitaus harmloser. Pumipon war zwar nicht so mächtig, wie man meint, aber seine Generäle und hohen Beamte statteten ihm ständig Besuche ab um von ihm Befehle zu erhalten. Manchmal war es echt, zu anderen Gelegenheiten waren es nur lustige, komische oder belanglose Dinge, die für den Staat ohne Belang waren. Die Generäle machen das, um ihm zu gefallen, aber auch, um der Öffentlichkeit ein gutes Bild zu bieten. In den meisten Fällen aber haben die Generäle und hohen Beamten schon längst vorher einen Entschluss gefasst, und dann, dem Sohn und der Frau Bescheid gesagt. Veröffentlicht wurde dann: Sie bekamen einen königlichen Befehl.

ถ้าลูกชายภูมิพลไม่ได้รับความเคารพในสังคม ทำไมไม่นำลูกสาวขึ้นมาเป็นกษัตริย์แทน**?** ถ้าภูมิ

พลมีอำนาจจริง ทำไม เขาไม่ประกาศว่าลูกสาวจะเป็นกษัตริย์คนต่อไปก่อนตาย? คำตอบคือ ภูมิพลไม่กล้า และที่สำคัญการ นำลูก สาวขึ้นมา โดยทหาร จะส่งสัญญาณอันตรายว่า ระบบ กษัตริย์ไม่ได้อิงจารีตอันเก่าแก่จริง ให้ผู้หญิงเป็นกษัตริย์ได้แทน ผู้ชายที่ยังมี ชีวิต ยิ่งกว่านั้นจะ ส่งสัญญาณว่าในระบบกษัตริย์ ถ้ากษัตริย์หรือเจ้าฟ้าชายไม่ดีไม่เหมาะสม ก็เปลี่ยนคนได้อีกด้วย ถ้าเปลี่ยนคนได้ก็ยกเลิกไปเลยได้เหมือนกัน อย่าลืมว่ากษัตริย์มีบทบาทหลักในการเป็นลัทธิ ความคิดที่ใช้ครอบงำเรา มันไม่ใช่อำนาจดิบ ดังนั้นผลในทางความคิดเป็นเรื่องใหญ่ นอกจากนี้ เจ้าฟ้าชายอาจเป็นคนที่ถูกใช้ได้ดีกว่า เจ้าฟ้าหญิง ก็ได้

> Aus dem Thailändischen:
>
> Wenn der Kronprinz von der thailändischen Gesellschaft nicht akzeptiert wird, warum wird dann keine der Prinzessinnen als Kronprinzessin ernannt? Wenn er tatsächlich mächtig ist, warum kann er nicht seine Tochter als Thronfolgerin einsetzen, bevor er stirbt? Die Antwort ist: Pumipon wagt es nicht. Außerdem wird der Versuch seine Tochter als Thronfolgerin beim Militär einzusetzen, ein gefährliches Signal sein, da die Monarchie sich nicht an die gute alte Tradition hält. Eine Tochter als Königin statt einen lebenden Sohn als König zu ernennen, wäre fatal für das monarchistische System. Es könnte zeigen, dass der Prinz dafür nicht geeignet ist. Daher dieser Personentausch. Wenn man die Personen umtauschen kann, warum nicht das ganze System. Wenn man bedenkt, dass das System nur Symbolik ist, die auf der Freiwilligkeit des ganzen Volkes aufgebaut wurde. Dieses Symbol wurde eingesetzt, um unser Denken und Handeln zu überwältigen.
>
> Aus dem Englischen:
>
> Falls der Kronprinz von den Thailändern gehasst und verachtet wird, warum würde die Armee ihn dann als nächsten König unterstützen? Falls Pumipon so mächtig wäre, warum ernennt er dann die Prinzessin nicht zur Thronfolgerin? Die Antwort ist, dass er zu ängstlich ist so etwas zu entscheiden. Die Armee würde der Ernennung der Prinzessin statt des Kronprinzen nicht zustimmen, weil sie ihrer falschen Behauptung folgen, dass die Monarchie tief in alter Tradition verwurzelt wäre, und dieser Anspruch könnte zusammenbrechen im Falle einer solchen Ernennung. Nicht nur das, eine Veränderung der Thronfolgeregelung, weil der Kronprinz unpassend ist, würde heißen, dass die Monarchie immer geändert und auch abgeschafft werden könnte.

เมื่อ ภูมิพล ตาย สังคมไทยจะไม่ปั่นป่วนกว่าที่เป็นอยู่แล้ว อย่าไปโง่คิดว่า **"จุดรวมศูนย์หัวใจ คนไทยหายไป"** มันเลิกเป็นจุดรวมศูนย์นานแล้ว และไม่ได้รวมหัวใจทุกคนด้วย แต่สิ่งที่จะ ปั่นป่วนหนักคือหัวใจของพวกอำมาตย์ และเสื้อเหลือง ต่างหาก พวกนี้จะคลั่งมากขึ้น อันตราย มากขึ้น แต่อันตรายท่ามกลางความกลัว เขาจึงมีจุดอ่อน

Aus dem Thailändischen:

Wenn Pumipon sterben würde, wird die thailändische Gesellschaft bestimmt nicht ins Chaos stürzen. Wer daran glaubt, dass dadurch das Zentrum unseres Herzens verloren gehen würde, ist selber schuld. Es hat schon eine Zeit lang kein Zentrum des Herzens gegeben, schon gar nicht im jeden Herz. Es waren eher die Herzen der Amataya und der PAD, die chaotisch radikal und gefährlich wirken. Je radikaler, desto gefährlicher. Angst war im Spiel, und das ist ihr Schwäche

Aus dem Englischen:

Glauben Sie nicht für einen Augenblick, dass, wenn Pumipon stirbt, Thailand in einem Chaos enden wird. Es hat das Chaos während der letzten drei oder vier Jahr trotz Pumipon gegeben. Es war ein Chaos wie in der Mitte der 1970er. Pumipon wird keineswegs universal von allen Thailändern geliebt. Die meisten Thailänder sind Rothemden. Die meisten Rothemden tolerieren den derzeitigen König. Einige lieben ihn, aber die meisten warten darauf, dass er stirbt. Nachdem Pumipon stirbt, werden die meisten Rothemden den Kronprinzen und seine Mutter, die Königin nicht akzeptieren. Die Königin verlor ihre Popularität nachdem sie sich offen auf die Seite der PAD gestellt hatte.

เมื่อ ภูมิพล ตาย คนเสื้อแดงจำนวนมากที่เกรงใจ ภูมิพล อาจรัก ภูมิพล จะไม่เกรงใจหรือรักลูกชายเลย ความปลื้มในระบบกษัตริย์จะลดลงอีกในสายตาคนส่วนใหญ่

Aus dem Thailändischen:

Wenn er sterben würde, werden die meisten Rothemden, die Rücksicht auf Pumipon nehmen, keine Rücksicht auf seinen Sohn nehmen. Ihre Herrlichkeit wird für die meisten Leute keine Bedeutung haben.

แต่เมื่อ ภูมิพล ตาย คนเสื้อแดงที่ไม่เอาเจ้า เพราะอยากได้ประชาธิปไตยแท้ จะไม่ประสบผลสำเร็จง่ายๆ โดยอัตโนมัติ เพราะฝ่ายอำมาตย์จะไม่เลิก อำนาจทหารจะยังมี และการรณรงค์คลั่งเจ้าจะเพิ่มขึ้น

Aus dem Thailändischen:

Wenn er sterben würde, werden die Rothemden, die keine Monarchie wollen, nach der echten Demokratie greifen wollen. Es wird für sie kein leichter Spaziergang sein. Die Amataya geben ja nicht auf und die Armee ist immer noch mächtig. Sie werden dann noch absurdere und radikalere Methoden einsetzen, um den Willen des Volkes zu bezwingen, sie versuchen stattdessen verrückt nach Monarchie zu machen.

Aus dem Englischen:

Wenn Pumipon stirbt, wird die Arbeit derjenigen, die eine Republik wünschen, nicht einfacher werden. Der Tod des Königs wird Möglichkeiten und Gefahren schaffen. Die monarchistischen Gelbhemden werden noch verzweifelter und gefährlicher werden. Aber die Legitimierung ihrer Aktionen kann angegriffen werden. Demokratie fällt nicht vom Baum wie eine reife Mango. Wir werden hinauf greifen und sie pflücken müssen, und in der gleichen Zeit hinauf greifen und die konservativen Eliten und ihr ganzes autoritäres System herunter ziehen müssen.

ในมุมกลับ เมื่อ ภูมิพล ตาย อำมาตย์จะปั่นป่วน และมันเป็นโอกาสที่เราจะสู้ทางความคิดอย่าง หนัก เพราะแหล่งความชอบ ธรรมเขาจะอ่อนลง เราจะต้องถามว่าทำไมต้องมีระบบนี้ต่อภายใต้ ลูกชายหรือแม่'?

> Aus dem Thailändischen:
>
> Auf andere Seite, wenn er stirbt, wird die Amataya durcheinander sein, dies wäre vielleicht unsere Chance gegen sie zu kämpfen, eine harte Arbeit, die Intelligenz fordert. Ihre Rechtfertigung wird schwach. Man muss daher fragen, warum will man das System, entweder unter den Sohn oder der Mutter?

พลเมืองที่รักประชาธิปไตยไม่สามารถรอวันตายของ ภูมิพล ได้ เพราะมันจะมีทั้งภัยและโอกาส ตามมา เราหลีกเลี่ยงการวางแผน การจัดตั้งคน และการผนึกกำลังมวลชนไม่ได้ ประชาธิปไตย จะไม่หล่นจากต้นไม้ เหมือนมะม่วงสุก เราต้องไปเด็ดมันลงมากิน และเราจะต้องสอยอำมาตย์ ทั้งหมดลงมา เพื่อไม่ให้ทำลายประชาธิปไตยอีก

> Aus dem Thailändischen:
>
> Die Leute, die Demokratie lieben, können leider auf seinen Tod nicht warten. Sein Tod bedeutet Gefahr aber auch Chance. Wir können deshalb die Planung, den Aufbau und die Verstärkung der Bewegung nicht vermeiden. Demokratie wird nicht vom Baum runter fallen, wie eine reife Mango. Wir müssen sie selbst pflücken, und genießen. Wir müssen aber vorher alle Amataya-Vertreter vom Baum runter holen, damit sie den Baum nicht noch mehr schaden können.

Die Analyse der Macht der Amataya

วิเคราะห์อำนาจอำมาตย์

ทุกวันนี้คนเสื้อแดงกำลังรบกับอำนาจ "นอกระบบ นอกรัฐธรรมนูญ หรือนอกกรอบกติกาประชาธิปไตย" หรือที่เราเรียก กันว่า "อำมาตย์" ดังนั้นเราต้องร่วมกันทำความเข้าใจว่าอำนาจอำมาตย์มีองค์ประกอบ อะไรบ้าง ซึ่งแปลว่าเราต้องมา ศึกษาเรื่อง "รัฐ"

Zurzeit kämpfen die Rothemden mit der unüberwindbaren Macht, die „außerhalb des Systems, außerhalb des Parlaments und außerhalb des Rahmens der Demokratie" bleibt, oder was wir „Amataya" nennen. Wir müssen deshalb zuerst verstehen, wie viel Machtelemente die Amataya haben. Das heißt, wir müssen die Mechanismen des Staates analysieren.

"รัฐ" คือองค์กรปกครองประเทศในยุคสมัยนี้ ที่สำคัญคือมันมากกว่าแค่ รัฐบาล และรัฐสภา อย่างที่ เลนิน หรือนักมาร์ค ซิสต์อื่นๆ เคยอธิบาย มันประกอบไปด้วย ทหาร(ชั้นสูง) ตำรวจ(ชั้นสูง) ศาล คุก และข้าราชการ(ชั้นสูง) เราอาจรวมองค์ มนตรีและประมุขเข้าไปด้วย และกลุ่มคนเหล่านี้ มีอิทธิพลในการ คุมสื่อ องค์กรศาสนา และระบบการศึกษาอีกด้วย นอกจากนี้ในหมู่คนที่เราอาจเรียกรวมๆ ว่าเป็น "ชนชั้น ปกครอง" เรายังต้องรวมนักธุรกิจนายทุนรายใหญ่ๆ ทั้งๆ ที่นายทุน เอกชนไม่ใช่ส่วนหนึ่งของรัฐ แต่ที่สำคัญเขาใช้อำนาจเศรษฐกิจการเงินของเขาในการกำหนดทิศทางการทำงานของรัฐได้ รัฐจึงไม่เป็นกลาง และ ไม่ใช่ของประชาชน และอย่าลืมว่าเวลาเราพูดถึงนายทุนในไทย มันรวมนายพลที่สะสมทุนผ่านการ คอร์รับชั่น และรวมทรัพย์สินส่วนกษัตริย์ด้วย เพราะศักดินาเก่าแปรรูปไปเป็นนายทุนตั้งแต่สมัยรัชกาลที่๕

"Der Staat" ist derzeit die Organisation des Landes, die mehr als Regierung, Parlament ist, mehr als Lenin oder Marx jemals definiert haben. Er enthält auch die Armee (höheren Offiziere) Polizei (auch höhere Offiziere), die Gerichte, Gefängnisse und die Beamten (höhere Stellungen). Vielleicht können wir auch den Kronrat und das Oberhaupt des Landes einbeziehen. Diese Gruppe hat ausreichende Macht, um die Medien, die Religion und das Bildungssystem zu kontrollieren. Außerdem müssen wir diesem „führenden Personenkreis" auch die großen Wirtschaftsbosse hinzufügen, selbst wenn sie Teil der Zivilgesellschaft sind und gar keine staatlichen Funktionen haben. Doch sie können mit ihrer Kapitalmacht die Richtung des Regierens bestimmen. Der Staat kann daher nicht gerecht regieren und dem Volk nicht gehören. Wir sollten nicht vergessen, dass wenn wir über die Unternehmungen in Thailand reden, dann müssen wir auch über die Generäle und ihr Kapital, das sie durch Korruption erhalten haben, reden, dies beinhaltet außerdem das „Crown Property Bureau". Weil die alte Monarchie ihr System seit Rama 5 in ein kapitalistisches System reformiert hatte.

Die Krise der Demokratie Mark Teufel^^ Thailand

"รัฐ" จึงถือได้ว่าเป็นเครือข่ายของคนชั้นสูง ที่มีเส้นสายสัมพันธ์ ทั้งในด้านส่วนตัวมิตรสหายเครือญาติ และในด้าน ผลประโยชน์ร่วม ซึ่งทำให้เขาร่วมมือกันในการทำงานทั้งๆ ที่อาจมีการทะเลาะกันเถียงกันบ้าง นี่คือระบบอุปถัมภ์ "ร่วมกันกิน" ที่เป็นอันตรายต่อประชาธิปไตย เพราะอะไร?

„Der Staat" ist somit ein Netzwerk der Eliten, die untereinander verflochten sind, sowohl in privaten Bereich, wie durch Freunde und Verwandte, als auch durch das gemeinsame Interesse an Profiten, was sie zur Arbeit Hand in Hand treibt, manchmal mit Streitigkeiten, aber auch mit einem System, indem man sich gegenseitig unterstützt, „die gemeinsame Korruption", die eine ernste Gefahr für die Demokratie sein kann. Auf welchem Grund?

เราจะสังเกตเห็นว่า "รัฐ" มีทั้งส่วนที่อาจมาจากการเลือกตั้ง เช่นรัฐบาลและรัฐสภาในสังคมที่เป็นประชา ธิปไตย และอีก ส่วน ซึ่งใหญ่กว่า ที่ไม่ได้มาจากการเลือกตั้งเลย เป็นกลุ่มคนและสถาบันที่มีอำนาจนอก กรอบรัฐธรรมนูญและกติกา ประชาธิปไตยแท้ อำนาจอำมาตย์จึงมีอยู่เสมอ ไม่ว่าจะเป็นไทย สหรัฐ อังกฤษ ญี่ปุ่น จีน สแกนดีเนเวีย หรืออินเดีย.... ประเด็นที่เราต้องตีให้แตกคือ เราจะกดทับอำนาจอำ มาตย์ในระยะสั้น เพื่อไม่ให้ละเมิดประชาธิปไตยมากเกินไป แล้วใน ระยะยาวเราจะกำจัดมันให้หมด ไปอย่างไร ถ้าเปรียบไทยกับยุโรปตะวันตก จะเห็นว่าในยุโรปอำนาจประชาชนกดทับ อำนาจ อำมาตย์ ไปได้บ้างในระยะสั้น จึงไม่สามารถเข้ามาแทรกแซงประชาธิปไตยเท่ากับประเทศไทย

Wir haben gemerkt, dass ein Teil des „Staates" in der demokratischen Gesellschaft aus einem System von Wahlen entstand, z.B. die Regierung und das Parlament. Ein anderer Teil, ein großer Teil, kam nicht aus der Wahl. Es handelt sich um eine Gruppe von Menschen und Institutionen, die die Macht außerhalb des Rahmens der Verfassung und der Regeln einer echten Demokratie erlangt haben. Die Macht der Amataya existieren deshalb immer, egal wo, ob in Thailand, den U.S.A., in England, Japan, China, Skandinavien oder Indien. Was wir zu lösen haben ist: Kurzfristig, wie können wir die Macht der Amataya unterdrücken, damit sie den demokratische Bereich nicht noch mehr beschädigen und langfristig wie können wir sie dauerhaft beseitigen. Wenn wir die Situationen zwischen denen in Thailand und denen in Westeuropa vergleichen, werden wir sehen, dass das Volk in Europa die Macht der Amataya {nur für kurze Zeit?} unterdrücken konnte, um sie davon abzuhalten, sich in die Demokratie einzumischen, wie der Fall in Thailand ist.

ข้อสรุปสำคัญจากการวิเคราะห์แบบนี้คือ **การเลือกตั้งอย่างเดียว ไม่เพียงพอที่จะลดอำนาจอำมาตย์ได้** ซึ่งเราเห็น ในกรณีความไร้อำนาจของรัฐบาลพลังประชาชนเมื่อปีที่แล้ว และ**การแก้รัฐธรรม นูญไม่เพียงพอที่จะลดอำนาจอำมาตย์ด้วย**เพราะอำนาจเขาอยู่นอกกรอบรัฐธรรมนูญ

Aus der Analyse kommen wir zu dem Schluss, dass **die Wahl kein Mittel ist, die**

Macht der Amataya zu schwächern, wie wir aus dem letzten Jahr, als die Macht der Regierung Palan Prachachon schwach wurde, erfahren haben. Durch eine Verfassungsänderung kann **man die Macht der Amataya auch nicht reduzieren**, weil ihre Macht ja außerhalb der Verfassung steht.

เมื่อเราเข้าใจตรงนี้ ข้อเสนอให้กาช่องไม่เลือกใคร(No Vote) ของอ.ชูพงษ์ ถี่ถ้วน
ไม่มีน้ำหนักหรือเหตุ ผลเพียงพอ เพราะมี
คำถามตามมาว่ามันจะทำให้คนเสื้อแดงเข้มแข็งอย่างไร? มันให้ความสำคัญกับการ
เลือกตั้งมากเกินไป และถ้ากาช่องไม่ เลือกใครแล้วกลับบ้าน...หลังจากนั้นทำอะไรต่อ?
อย่าลืมว่า อ.ชูพงษ์ เคยอยู่กับ อ.ประเสริฐ ทรัพย์สุนทร ซึ่งเป็นอดีต
ในระยะสั้นเราจะใช้อะไรเป็นเครื่องมือในการลด
อำนาจอำมาตย์ที่อยู่นอกกรอบรัฐธรรมนูญหรือกรอบกติกา ประชาธิปไตย?
อำนาจที่สำคัญคืออำนาจมวล ชนผู้รักประชาธิปไตย คนเสื้อแดงนั้นเอง
มันหมายความว่า**คนเสื้อแดง ต้องเปลี่ยนจากผู้ที่เคยไปลงคะ แนนเสียงแล้วกลับบ้าน
ไปสู่คนที่เคลื่อนไหวอย่างต่อเนื่อง** ซึ่งเป็นสิ่งที่เกิดขึ้น แล้ว แต่ยังไม่สมบูรณ์
ถ้าจะให้สมบูรณ์มากขึ้น เราต้องทำอะไร?

Wenn wir dies verstehen, erkennen wir, dass der Vorschlag von Ajarn Chupong Teetuan „nicht wählen" (No Vote) anzukreuzen, keine Wirkung hat, weil eine Frage folgt, wie soll das den Rothemden helfen? Es zeigt auch, dass man der Wahl zu viel Bedeutung beigemessen hat. Nachdem wir „nicht wählen" angekreuzt haben, was passiert dann? Wir sollen nicht vergessen Ajarn Chupong hat mal mit Ajarn Prasert Sapsunthorn gearbeitet, was zur Vergangenheit gehört. Kurzfristig müssen wir fragen, welche Mittel können wir anwenden, um die Macht der Amataya im Rahmen der demokratischen Verfassung oder Regelung einzugrenzen? Unsere wichtige Macht ist die Masse der Bürger, die Demokratie lieben, sind die Rothemden. Das bedeutet, dass wir die Methode ändern müssen, **und uns von Wählern zu einer kontinuierlichen Bewegung entwickeln sollten**. Das ist schon passiert, es ist jedoch noch nicht perfekt. Um noch bessere Wirkung zu erzeugen, was müssen wir tun?

- ต้องมีการสร้าง**พรรคเสื้อแดง** จากกลุ่มคนเสื้อแดงเอง
  ซึ่งจะต่างจากพรรคที่นักการเมืองสร้าง จากบนลงล่าง เรา
  ทุกคนต้องพัฒนาตนเองเป็นนักการเมืองและนักวิชาการของประชาชน ผู้รัก
  ประชาธิปไตย เราต้องเคลื่อนไหว ทางการเมือง**นอกรัฐสภา**ในทุกเรื่องที่เป็นประ
  โยชน์กับคน จน และพลเมืองธรรมดา เช่นปัญหาวิกฤตเศรษฐกิจ
  และปัญหาการเลือกปฏิบัติหรือการ เอารัดเอา เปรียบทั้งหลาย
  ซึ่งล้วนแต่ผูกพันกับประชาธิปไตย อย่าลืมว่า อำมาตย์ขโมยประชาธิปไตยเพราะ
  เขาเสียประโยชน์ทางเศรษฐกิจ พรรคแดงต้องเรียกร้องให้มีรัฐสวัสดิการถ้วน หน้า

ครบวงจรผ่าน การเก็บภาษีจากคนรวยและการกระจายรายได้

- Wir müssen eine Rothemden Partei gründen, aus den Mitgliedern der Rothemden selbst, was sich von der Methode - von oben nach untern - unterscheiden sollte. Jeder von uns muss sich zu einem Politiker entwickeln, wir müssen uns politisch bewegen, **außerhalb des Parlaments** in jede Hinsicht, die nützlich für das arme und normale Volk ist, z.B. die Bewegung gegen das Problem der Wirtschaftskrise, das Problem der Doppelmoral, oder der Ungerechtigkeit. Solche Probleme haben eine Verbindung zu dem demokratischen System. Die Amataya haben uns die Demokratie, weil sie um ihren Profit fürchteten, gestohlen. Die Rothemden Partei muss Sozialhilfe für alle verlangen, und die muss aus der Steuer der Reichen kommt.

- พรรคแดงต้องเข้าไปช่วงชิงความคิดในขบวนการสหภาพแรงงาน
เพราะขบวนการนี้มีอำนาจพิเศษคืออำนาจ ต่อรองที่มาจากการนัดหยุดงาน
รัฐและอำมาตย์จะได้ผลกระทบถ้ามีการนัดหยุดงาน เราไม่ควรปล่อยให้ พันธมาร
ขยายการเมืองในสหภาพแรงงานฝ่ายเดียว

- Die Rothemden Partei muss das Prinzip der Gewerkschaften einführen, weil dieses Prinzip die Vollmacht zur Verhandlung beinhaltet, und Gewerkschaften können Arbeitniederlegung organisieren, um bestimmte Forderungen durchzusetzen. Dies trifft den Staat und die Amataya hart, wenn die arbeitende Bevölkerung gemeinsam aufhört, zu arbeiten. Wir sollten die „teuflische Fesselung", die Grenzen des {heutigen} Gewerkschaftssystems durchbrechen.

- พรรคแดงต้องเข้าไปจัดตั้งและพยายามให้ความคิดกับนักศึกษา
ซึ่งเป็นหนุ่มสาวไฟแรงที่สนใจ ความคิด และใน ขบวนการเคลื่อนไหวทางสังคมอื่นๆ
เช่นขบวนการสิทธิสตรี ขบวนการต้านโรงไฟฟ้า ขบวนการสิทธิคนรักเพศ เดียวกัน
ขบวนการคนพิการ หรือขบวนการคนชนเผ่า หรือชนกลุ่มน้อย อย่า
ปล่อยให้เอ็นจีโอเหลืองๆ มีอิทธิพล ในขบวนการเหล่านี้ฝ่ายเดียว

- Die Rothemden müssen versuchen, Einfluss auf die Studenten zu bekommen, weil diese dynamische und innovative Idee haben. Auch auf die anderen gesellschaftlichen Organisationen z.B. Frauenorganisation, Organisation gegen Privatisierung der Stromindustrie, die Organisation der Homosexuellen, Organisation der Behinderten und die anderen Organisationen der Minderheiten müssen einbezogen werden. Sie sollten nicht zulassen, dass die NGOs alleine Einfluss auf diese Bereiche gewinnen.

- เราต้องไม่หลงเชื่อว่าเราจะแทรกเข้าไปในกลุ่มคนชั้นสูงเพื่อเอาเขามาเป็นพวกได้
เพราะผลประ โยชน์ของ อำมาตย์ตรงข้ามกับผลประ โยชน์ประชาชน
นั่นคือสาเหตุที่อำมาตย์เกลียดประชาธิปไตย เขาไม่ได้ "หลงผิด" เขา
ปกป้องผลประโยชน์เขาต่างหาก ดังนั้นต้องเน้นกลุ่มคนที่ไม่ใช่ผู้ใหญ่ รัฐ

หรือนายทุนใหญ่ เพื่อให้ประชาชนเป็น ใหญ่ในแผ่นดิน
และเพื่อบังคับให้มีการลดอิทธิพล ของอำ มาตย์ในสังคม

- Wir sollten nicht daran glauben, dass wir in der Lage sind, die Eliten auf unsere Seite ziehen zu können, weil ihr Profitprinzip das Gegenteil von unseren Grundbedürfnissen ist. Dies ist auch der Grund, warum sie, die Amataya, das demokratisches Prinzip hassen, sie haben sich nicht geirrt, sie haben bewusst gehandelt, um ihre Profite zu schützen. Deshalb müssen wir die Macht des Volkes einsetzen, nicht die des Staates, der Kapitalisten oder der großen Tiere. Damit die Macht uns, dem Volk, einzig bleibt, und die Macht der Amataya in der Gesellschaft reduziert wird.

หลายคนอาจคิดว่ามันคงเป็นเรื่องใหญ่ ใช่เลย มันเป็นเรื่องใหญ่
แต่ไม่ได้แปลว่าเสื้อแดงในประเทศไทย ทำไม่ได้ เพราะ เราไม่ด้อยกว่าใครในประเทศอื่น
การตั้งพรรคแดง การที่พรรคแดงสร้างหรือนำขบวนการ เคลื่อนไหวทางสังคม เป็นเรื่อง สำคัญ
เรารอให้คนอื่นทำแทนไม่ได้ พรรค*เพื่อไทย*อ่อนแอมาก และไม่ว่า
ส.ส.บางคนของ*เพื่อไทย*จะดีแค่ไหน เขาจะไม่มี พลังหนุนช่วยเขา
ถ้าเราไม่สร้างขบวนการเสื้อแดงให้เข้ม แข็ง และ อิสระ นอกรัฐสภา

Viele haben wohl gedacht, es wäre eine schwierige Sache, es ist auch schwierig, es heißt aber nicht, dass es den Rothemden in Thailand unmöglich wäre, es zu realisieren. Unsere Potenziale sind auch nicht geringer als die der Völker anderer Länder. Die Rothemden Partei zu gründen oder die Bewegung der Rothemden, um die Gesellschaft zu führen ist zu wichtig, als dass wir damit auf die Verwirklichung durch andere Leute warten könnten. Die Puea Thai Partei ist geschwächt, wie gut ihre Abgeordneter auch sein mögen, können wir Ihnen doch auch nicht helfen, wenn wir, die Rothemden, außerhalb des Parlaments nicht stark und frei genug sind.

อำนาจอำมาตย์ที่เป็นอำนาจนอกกรอบรัฐธรรมนูญ อาศัยสองขาคือ (1)
ความรุนแรง/การปราบปราม และ (2) การสร้าง ภาพความชอบธรรมเพื่อครองใจประชาชน

Die Macht der Amataya liegt außerhalb des Rahmens der Verfassung, sie benutzen zwei Standbeine, nämlich: 1. die Gewalt / Vernichtung und 2. die Illusionen, um sich selbst zu legitimieren.

ส่วนแรกเขาได้เปรียบเรา แต่ถ้าเราผูกมิตรกับทหารระดับล่างที่เป็นลูกหลานประชาชน
มันก็จะช่วยลด อำนาจตรงนี้ แต่
ส่วนที่อำมาตย์อ่อนแอที่สุดคือในส่วนการสร้างความชอบธรรมเพื่อครองใจประชาชน
ดังนั้นภารกิจหลักของเราชาวเสื้อ แดงคือการโต้เถียงกับความคิดของอำมาตย์ในทุกเวที
เราต้องกล้าเถียง ว่าทำไมต้องมีประชาธิปไตยแท้ ทำไมทุกตำแหน่ง
สาธารณะในสังคมต้องมาจากการเลือกตั้ง ทำไมไม่ ควร มี "สูง-ต่ำ"
พลเมืองทุกคนต้องเท่าเทียมกัน ทำไมรัฐบาลแย่ใน การแก้วิกฤตเศรษฐกิจ ทำไมต้องมี

ระบบยุติธรรม ไม่ใช่สองมาตรฐาน ทำไมคนจนเป็นผู้สร้างชาติ ไม่ใช่ภาระหรือผู้ที่ควรถูกขูดรีดเอารัดเอา เปรียบ ฯลฯ เป็นต้น

Bei dem ersten Punkt haben sie einen Vorteil. Doch wenn wir versuchen, die unteren Ränge der Armee, unsere Kinder und Enkelkinder, auf unsere Seite zu ziehen, können wir ihre Macht erheblich schwächen. Ihre Wirksamkeit aber am einfachsten zu mindern, heißt ihre Legitimation zu schwächen. Deshalb ist es die Arbeit der Rothemden, mit ihnen gegen ihre Idee bedächtig und schlagfertig zu argumentieren. Wir müssen erklären können, warum eine echte Demokratie notwendig ist, **warum jede öffentliche Stellung in der Gesellschaft aus einer Wahl kommen muss,** warum es kein „hoch oder niedrig" in der Gesellschaft geben darf und jeder gleichberechtigt sein soll, warum die Regierung nicht fähig ist, das Problem der Wirtschaftskrise zu lösen, warum wir ein System der Gerechtigkeit brauchen und keine Doppelmoral, und warum die armen Leute das Rückgrat des Landes sind, weshalb wir sie nicht ausnutzen dürfen.

เราสามารถและจำเป็นที่จะต้องชนะอำนาจอำมาตย์เพื่อสร้างประชาธิปไตยและให้ประชาชนเป็นใหญ่ แต่ มันไม่ใช่เรื่องที่ จะเกิดจากแค่การเลือกตั้ง

มันเป็นสงครามทางการเมืองที่สำคัญและบังคับ ให้เรา ชาวเสื้อ แดงแปรตัวเป็นมืออาชีพ

Wir müssen und können die Macht der Amataya vermindern, und zur wahren Demokratie gelangen, so dass das Volk die Macht erhält. Aber all dies wird nicht nur durch die Wahlen möglich sein. Der Kampf auf der politischen Bühne ist uns wichtig, er wird uns, die Rothemden dahin führen, dass wir die Fähigkeit erlangen, die Transformation zu betreiben.

Die folgenden Kapitel stammen aus einem zum Zeitpunkt der Übersetzung noch nicht erschienen Buch von Giles Ji Ungpakorn. Die Texte waren mir zur Verfügung gestellt worden, die Übersetzung wurde jedoch nicht vom Original-Autor oder einer kompetenten Persönlichkeit „frei gegeben" und stellt daher eine nicht autorisierte Übersetzung dar. Für Leser, die der englischen oder thailändischen Sprache mächtig sind, empfehle ich immer die Originalversion.

Kapitel 1

Der rot-gelbe Klassenkampf für Demokratie

Die politische Krise und Unruhe die wir seit dem Militärcoup vom 19. September 2006 gegen die gewählte Regierung von Thaksin sahen, repräsentiert einen ernsthaften Klassenkampf zwischen den reichen konservativen Eliten (Monarchisten „Gelbhemden") und den städtischen und ländlichen Armen (pro-demokratischen „Rothemden"). Es ist nicht ein reiner Klassenkampf und jene die teilnehmen haben unterschiedliche Ziele und verschiedene Konzepte von Demokratie. Auf Grund des Vakuums auf der Linken seit dem Zusammenbruch der *Kommunistischen Partei Thailands (CPT)*, hatte es der Millionär und populistische Politiker Thaksin Shinawatra und seine *Thai Rak Thai* geschafft Millionen von normalen Thais zu inspirieren und kürzlich der Bewegung der Rothemden die Führung gegeben. Dieser Klassenkampf hat Thailand auf den Kopf gestellt und hat wichtige politische Fragen über viele politische Institutionen hervorgebracht. Diese Periode in der thailändischen Geschichte stellt die Rückkehr zu einer offenen sozialen Spaltung dar, die zuletzt in den 1970er offenbar geworden waren, als Massen der Bevölkerung für Demokratie und gegen die Militärherrschaft kämpften und dann dieser Kampf in einen für soziale Gerechtigkeit unter der Führung der CPT wurde[54].

Die Gründe für den Konflikt zwischen den konservativen Monarchisten und Thaksin

Trotz der Tatsache, dass viele Kommentatoren den Konflikt, der zu dem Coup von 2006 geführt hat mit den Begriffen belegt hat wie „die alte feudalistische Ordnung" schlägt zurück gegen „die moderne Kapitalistenklasse", ist dies nicht der wahre Hintergrund des Konflikts.

Sowohl Thaksin als auch seine konservativen Gegner sind Monarchisten. Sie sind beide Monarchisten in ihrer modernen Ausprägung, weil beide Seiten versuchen die Institution der Monarchie zu benutzen, um die kapitalistische Herrschaft zu unterstützen. Der Feudalismus war in den 1870er Jahren in Thailand abgeschafft worden,

---

[54] Das sind jene in der akademischen Welt die dabei versagen die Dimensionen dieses Klassenkampfes zu überschauen. Niti Eawsriwong argumentierte gegen Ende 2009 dass beide Seiten mehr oder weniger „Marionetten" der gespalteten herrschenden Klasse wären.

Er rief die Menschen auf Lieder im anarchistischen Stil wieder zu beleben statt sich mit den Roten oder Gelben einzulassen.. Matichon 23/11/2009 (In Thai).

und seitdem hat der Kapitalismus jeden Aspekt der thailändischen Gesellschaft dominiert. Das ist nicht anders als die die Tatsache, dass die modernen kapitalistischen herrschenden Klassen in Großbritannien, West-Europa oder Japan auch versuchen ihre Monarchien zur Stabilisierung des Status Quo zu benutzen. Thaksin war immer dem Thron gegenüber loyal. Seine Thai Rak Thai-Regierung war ebenso enthusiastisch wie die anderen vorher, wenn es um die Förderung des Ansehens des Königs ging. Aber nach dem Coup hatte er seinen Anspruch an die Konservativen verloren, sich auf den monarchistischen Schutz zu berufen.

Der wirkliche Disput zwischen Thaksin und seinen Gegnern war weder automatisch noch unvermeidbar. In den frühen Jahren seiner Regierung erhielt er weit verbreitete Unterstützung aus allen Bereichen der Elite. Was die Konservativen immer mehr dazu brachte sich gegen ihn zu stellen, war die Angst dass sie ihre Privilegien verlieren könnten im Angesicht von Thaksins sich immer weiter ausdehnenden Modernisierungsprogramms.

Dieses Modernisierungsprogramm beinhaltete solche Dinge wie das Unterminieren der lokalen politischen Mafia, von illegalen Aktivitäten wie illegales Glücksspiel und das Monopoly auf dem Schwarzen Markt von Thailands Süden, die durch die bewaffneten Streitkräfte betrieben wird. Thaksin versuchte die Rolle der Polizei bei der Schaffung von Sicherheit im Süden zu stärken. Die Macht von Thaksins politischer Maschine kam aus der Tatsache, dass die Thai Rak Thai (TRT) die Herzen und den Geist der Wähler gewinnen konnte, weil sie echte armenfreundliche Politik betrieb. Thaksin baute seine Popularität auch auf der klugen Kombination von Regierungsausgaben und dem Spiel des freien Marktes aus, um die Wirtschaft auf dem Niveau der Graswurzelbevölkerung nach der Rezession von 1997 wieder zu beleben. Deshalb basierte seine politische Macht auf einem demokratischen Prozess und wurde zusätzlich durch Thaksins Vermögen, das er als erfolgreicher Geschäftsmann erworben hatte, unterstützt. Er benutzte seine Macht um die Kontrolle des Premierministers über die Arme und die Bürokratie zu konsolidieren. Trotz dem Aufschrei „Nepotismus" von einigen Leuten, war sein Versuch der Kontrolle der Armee und der Bürokratie als gewählter Premierminister unter demokratischen Gesichtspunkten legitim. **Lokale Bosse fühlten, dass ihre Nutzung von Gangstern, illegalen Aktivitäten und Geldpolitik durch die direkten Verbindungen der TRT mit den Wählern und ihrer Realpolitik unterminiert wurden.** Viele illegale Untergrundaktivitäten wurden legalisiert und an die Öffentlichkeit gebracht. Die Regierung führte einen tödlichen Krieg gegen die kleinen Drogendealer. Viele Politiker sahen nur noch die Wahl entweder in die TRT einzutreten oder in die politische Unbedeutendheit abzusinken.

Was die Konservativen ängstigt, war, dass Thaksin eine starke Unterstützung von den Wählermassen erhalten hatte. Konservative Ideen konnten diese starke politische Basis an den Wahlurnen nicht in Gefahr bringen. Deshalb wandten Sie schließlich einen Militärcoup an.

Davor hatten die Massenparteien, auch die Democrat Party, nie auf irgendeine politische Ideologie gesetzt um Wahlen zu gewinnen. Thaksin bedrohte die alten Netzwerke der Geldpolitik, aus denen schwache politische Parteien entstanden waren die das Land mit instabilen und korrupten Regierungskoalitionen verwaltet hatten.

> Thaksin verärgerte viele, weil er ihre Pläne durchkreuzte und bewies, dass die Wähler positiv darauf reagierten, wenn die Regierung eine echte armenfreundliche Politik betrieb. Davor hatten Politiker und die Eliten angenommen, dass sie sich selbst bereichern könnten, während sie die Mehrheit der Bürger ignorierten. Regierungen in der Vergangenheit „mauschelten herum" um sicher zu gehen, dass sie die Interessen der Elite sicher stellten. Arbeiter und Bauern wurden ganz einfach als die „ignoranten Armen" angesehen. Ein gutes Beispiel waren die Projekte, die durch Regierungen der *New Aspiration* und die *Democrat Party* nach der Finanzkrise von 1997 durchgeführt worden waren. Diese Regierungen benutzten große Mengen öffentlicher Mittel, die sie durch Steuern von den Armen erhoben hatten, um die Banken und Finanzinstitute vor dem Zusammenbruch zu retten. Sie kehrten der allgemeinen Bevölkerung den Rücken zu. Den Arbeitslosen wurde gesagt, sie sollten „zurück in ihre Dörfer" gehen und von den sowieso schon armen Verwandten leben. Von denen die noch Arbeit hatten, erwartete man, dass sie mit Lohnkürzungen einverstanden waren. Die Elite hatte sich schon immer so verhalten und angenommen, dass sie sich auch weiterhin so würde verhalten können. Die Elite hatte auch die schreiende Not ignoriert, unter der Thailands chaotisches Transport- und Kommunikationswesen litt und hatte versagt dabei, die Gesundheitsversorgung und Bildung für die Mehrheit sicher zu stellen. Thaksin und die TRT sahen dies als ihre zentralen Aufgaben an, um die Effizienz der Wirtschaft zu verbessern.

Thaksin erkannte die Armen als Anteilseigner einer Gesellschaft und als Partner der Entwicklungspolitik an, während die Konservativen die Armen entweder als Menschen ansahen, die man ausbeuten konnte, oder als eine Bürde für die Gesellschaft. Thaksin war kein Sozialist. Und er war auch kein prinzipientreuer Demokrat oder Anwalt für Menschenrechte. Seine Vision war es, eine modernisierte Gesellschaft aufzubauen, in der der Staat und das Big Business die Mehrheit der Bevölkerung in die Entwicklung einbinden konnte. Er schaute nach Ländern wie Singapur um sich inspirieren zu lassen. Thaksins Modell war nicht inkompatibel mit seinem Anspruch Monarchist zu sein und die Monarchie zu beschützen. Es bedeutete lediglich, dass die Monarchie benutzt werden sollte, um den Status Quo in einer moderne Klassengesellschaft zu beschützen. Kevin Hewison hat gezeigt, dass Thaksins ursprüngliche Absicht eine armenfreundliche Politik zu betreiben dazu bestimmt war, sozialen Frieden in einer Nachkrisenphase in Thailand zu erkaufen.[55] Das erklärt warum die Mehrheit der Geschäftswelt Thaksin in den frühen Tagen unterstützt hatte. Aber sechs Jahre später, als dieser soziale Frieden begann durch die Massenproteste, die von der PAD angeführt wurden, zu versagen, ließen Thaksins Unterstützer in der Geschäftswelt ihn fallen. Sie waren außerdem unglücklich darüber zu sehen, dass er anscheinend die ertragreichen Geschäfte zu monopolisieren begann und viele von ihnen ausgeschlossen hatte.

Der Klassenkampf

---

[55] Kevin Hewison (2003) Crafting a new social contract: Domestic capitalist responses to the challenge of neoliberalism. In Ji Giles Ungpakorn (ed.) Radicalising Thailand: new political perspectives. Institute of Asian Studies, Chulalongkorn University.

Die Krise der Demokratie Mark Teufel^^
Thailand

Weder die modernen Monarchisten, die von Thaksin und der TRT repräsentiert werden, noch die konservativen Monarchisten, die den Coup organisiert und unterstützt hatten, hatten beabsichtigt, aus ihrem Streit einen Klassenkampf zu machen. Thaksin ist es gar nicht wohl dabei, eine pro-demokratische Massenbewegung anzuführen, die beginnt die gesamte elitäre Struktur zu hinterfragen, ja sogar die Monarchie. Stattdessen liegt es an der arroganten Einstellung der konservativen Monarchisten und der sich in die länge ziehenden Krise, gemeinsam mit der {unerwarteten} Selbstorganisation von Millionen von Rothemden auf dem Graswurzelniveau, dass diese Krise sich in einen Klassenkampf verwandelt hat. Dieser Kampf wird die politischen Grundhaltungen verändern und alle Bereiche der Gesellschaft einem Test unterziehen.

Wichtige Veränderungen in den politischen Grundhaltungen

Es war schon immer eine übertriebene Behauptung zu erklären, dass „*alle Thailänder verehren den König*" oder zu sagen, dass „*Die Monarchie das Land zusammen hält.*" Solche Erklärungen überdeckten den Grad der Nötigung, der sich auf die öffentlichen Verhaltensweisen gegenüber der Monarchie erstreckte, und dem Fehlen von Macht, Mut und Charakter, die dieser König während seiner Regentschaft gezeigt hat. Dennoch gab es eine kurze Periode von 20 Jahren nach der Mitte der 1980er Jahre, als die Monarchie sehr beliebt war. Das hatte aber mehr mit dem Fehlen jeder Opposition zu tun und dem Grad der Förderung und Bewerbung, den diese Institution erfuhr, als mit einer „alten und natürlichen" Liebe der Thailänder für ihren König. Aber es war immer ausreichend, um die meisten Thailänder davon zu überzeugen, dass die Monarchie „*tief in der Gesellschaft eingebettet ist*".

Die derzeitige Krise hat alle diese Illusionen zerschmettert. Seit dem Coup haben die Monarchisten die Ideologie der "Genügsamkeits-Wirtschaft" des Königs verbreitet, eine Ideologie die sich gegen jede Umverteilung von Vermögen wendet. Zur gleichen Zeit begreift die Mehrheit der Bevölkerung den märchenhaften Reichtum des Königs und dass die „Genügsamkeits-Wirtschaft" für sie nicht funktioniert.

Einige Kommentatoren, die es besser wissen sollten jedoch, bestanden darauf die Illusionen über die Monarchie weiter zu unterstützen. Benjamin Zawacki, der Südostasienforscher für Amnesty International, machte eine beschämende Bemerkung über ein Urteil, in dem eine Rothemdenaktivisten zu 18 Jahren Gefängnis verurteilt worden war, weil sie eine Rede gegen die Monarchie gehalten hatte, und indem er sagte, dass „*man hat hier eine Institution* (die Monarchie) *die eine wichtige Rolle bei dem Schutz der Menschenrechte in Thailand gespielt hat. Wir können verstehen, warum die Monarchie geschützt werden muss* (durch ein Lèse Majèsté Gesetz)"[56]. Es gibt absolut keinerlei Beweise dafür, dass der König jemals Menschenrechte beschützt hätte. Tatsächlich ist das Gegenteil der Fall. Schauen wir nur was am 6. Oktober 1976 passierte. **Das Büro von Amnesty International in Thailand war eng mit den Monarchisten verbunden.** Annegret Meiner, die Laos-Thailand-Koordinatorin für AI hatte auch festgestellt, dass diejenigen, die besorgt wären über das Lèse Majèsté Gesetz „*alle Anhänger des ehemaligen Premierministers Thaksin*

---

[56] Marwaan Macan-Markar (2009) THAILAND: Lèse Majèsté Law Tests Mettle of Human Rights Groups. http://www.ipsnews.net/news.asp?idnews=48272 31/8/2009.

Shinawatra wären". Folgt man Ms. Meiners, dann hätte jede Forderung nach der Abschaffung von Lèse Majèsté und danach, dem thailändischen König den gleichen verfassungsrechtlichen Status zu geben wie dem britischen oder japanischen Monarchen, das Ergebnis, dass der Weg zur Rückkehr Thaksins geebnet wäre.[57] Das ist nur die Spitze des Eisberges wenn man sich die Verhaltensweisen der Nicht-Regierungs-Organisationen (NGOs) anschaut. Die NGOs und die meisten Akademiker haben sich mit dem Militär und den konservativen Monarchisten zusammengetan und damit gegen die Menschen gewandt.

Diese Aktionen der konservativen Elite haben Millionen von einfachen Menschen dazu getrieben die Mainstream Idee über absolute Loyalität gegenüber der Monarchie zurück zu weisen. Das Tabu den Palast und die Berater des Königs zu kritisieren wurde gebrochen. Millionen von Rothemden haben begonnen zu begreifen, wenn sie es nicht schon vorher wussten, dass es keine Gerechtigkeit und keine Meinungsfreiheit gibt, und dass die konservative Elite, die das Land seit Jahrzehnten beherrscht, weder den Rechtsstaat noch die Demokratie respektiert. Die Gerichte haben sich als Marionetten derjenigen erwiesen, die an der Macht sind und die Mainstream-Medien haben sich offen auf die Seite der Elite gestellt. Dies ist wahrlich eine tief verwurzelte soziale Krise, die nun die Natur der Elite enthüllt, der liberalen Akademiker und der NGO-Aktivisten.

Es hat aber auch zu einer Veränderung im Verhalten der Elite geführt. In den frühen 1990er Jahren, nach dem Ende des kalten Krieges, wandte sich die Elite, die ursprünglich der Idee eines autoritären „Sicherheitsstaates" zugeneigt war, zunehmend der Idee eines liberalen parlamentarischen Systems zu[58]. Seit 2006 haben sie sich nun davon zurück gezogen und bevorzugen nun Zensur, Unterdrückung und politische Marionetten statt freie Wahlen.

Die Bewegung der Rothemden, die aus ursprünglich passiven Wählern entstand die Thaksin und die TRT unterstützten, beginnt nun sich selbst in eine prodemokratische Graswurzelorganisation zu sammeln. Sie haben lokale Gruppen in allen Gemeinden und viele betreiben inzwischen ihre eigenen Aktivitäten und kommunalen Radiostationen. Sie repräsentieren die Widergeburt einer prodemokratischen Zivilgesellschaft, einer Bewegung der Armen und Unterdrückten. Aber Natur und Ideologie der Rothemden ist komplex und widersprüchlich, wie man es nicht anders von einer Graswurzelbewegung erwarten kann, die sich in einem Prozess der Auseinandersetzung befindet.

Hintergrund der politischen Krise Thailands

Unter der gewählten Thaksin-Regierung, die zum ersten Mal im Jahr 2001 an die Macht gekommen war, hatte Thailand eine sich entwickelnde Demokratie mit Meinungsfreiheit, eine relativ freie Presse und eine aktive Zivilgesellschaft, in der sozi-

---

[57] Ungpakorn: Dies stand in einer E-Mail die ich von einem Kollegen im Jahr 2009 weitergeleitet bekommen habe.

[58] M. K. Connors (1999) Political reform and the state in Thailand. Journal of Contemporary Asia, 29(2), 202-225. M. K. Connors (2003) Democracy and National Identity in Thailand. Routledge Curzon.

ale Bewegungen für den Schutz der Interessen der Armen demonstrierten. Das war aber nicht das Verdienst der TRT Regierung unter Thaksin, stattdessen gab es ernsthafte Verstöße gegen die Menschenrechte. Thaksins Regierung benutzte mörderische Unterdrückung im malaiisch muslimisch geprägten südlichen Provinzen und tötete über 3000 Menschen im so genannten „Krieg den Drogen".[59] Seine Regierung versuchte auch die Presse zu kontrollieren indem sie mit dem Rückzug von Anzeigen und anderen Repressalien drohte. Aber es war eine gewählte Regierung, Demonstrationen auf den Straßen waren geduldet und es gab keine versteckte Zensur wie unter der Regierung der *Democrat Party* im Jahr 2009.

Zum ersten Mal in Jahrzehnten gewann die TRT die massenhafte Unterstützung der Armen weil sie daran glaubte, dass Armut keine Bürde wäre. Sie argumentierte, dass die Armen „Aktionäre" statt Leibeigene sein sollten. Diese „populistische" Politik war nach der Asien-Finanzkrise von 1997 entwickelt worden und das Resultat einer weit verbreiteten Abstimmung innerhalb der Gesellschaft[60]. Das war keine sozialistische Partei, sondern eine Partei des Big-Business die sich der Politik des Freien Marktes verschrieben hatte, sowohl auf makroökonomischen als auch auf globalem Niveau, und einer keynesianischen Politik auf Dorf- und Graswurzelniveau[61]. Es war die so genannte Wirtschaftspolitik der „Zweigleisigkeit". Es war nicht die wilde Erfindung einiger machtverrückter Führer, wie von jenen behauptet wird, die diese Politik als „Thaksinomie" beschimpfen.

Als die Partei im Jahr 2001 an die Macht kam, hatten die Banken aufgehört Kredite zu vergeben und es gab einen dringenden Bedarf die Wirtschaft zu stimulieren. Dass die Regierung Geld in die Dorfprojekte im ganzen Land pumpte, machte Sinn. Und genau so die allgemeine Krankenversorgung und die Steigerungen in den Bildungsausgaben. Es repräsentierte das Interesse eines wichtigen Teils der Kapitalistenklasse zur Modernisierung der Gesellschaft.

Die derzeitige politische Krise startete mit den Massendemonstrationen gegen Ende von 2005, die von einer Organisation angeführt wurde, die den in die Irre führenden Namen "Volksallianz für Demokratie" (PAD) trägt. Die PAD begann als eine „Allianz aus der Hölle" des verärgerten monarchistischen Medien-Tycoon Sondhi Limthongkul und einer Hand voll Anführer von NGOs und sozialen Bewegungen. Sie griffen Thaksins Regierung wegen Korruption an. Aber sie waren niemals daran interessiert, sie wegen Verletzungen der Menschenrechte zu kritisieren, oder die überwältigende Korruption anderer Teile der Elite, insbesondere des Militärs anzugreifen. Thaksin antwortete auf die anwachsende Krise indem er das Parlament auflöste und Neuwahlen für April 2006 ausrief. Die Opposition, insbesondere die Democrat Party, boykottierte diese Wahlen weil sie wusste dass sie bei den Wählern unpopulär waren. „Liberale" Akademiker „erklärten" dass das Ausrufen von

---

[59] Siehe Jaran Cosananund (2003) Human rights and the war on drugs: problems of conception, consciousness and social responsibility. Thailand Human Rights Journal, 1, 59-87.

[60] Pasuk Phongpaichit & Chris Baker (2004) Taksin. The business of politics in Thailand. Silkworm Books.

[61] Kevin Hewison (2003) schon zitiert.

Neuwahlen „undemokratisch" gewesen wäre. Die Gerichte annullierten die Wahlen und benutzten die bizarre Entschuldigung, dass die Wahlboxen in den Wahlkabinen verkehrt herum gestanden hätten. Es wurde keinerlei Beweis dafür vorgelegt, dass ernsthafter Wahlbetrug stattgefunden hätte.

Danach wurden die Gerichte noch zwei Mal genutzt, um die TRT aufzulösen und dann die Folgepartei, die sich unter dem neuen Namen *Palang Prachachon Party* oder *People's Power Party*, PPP (Macht des Volkes). Statt zu akzeptieren, dass die Unterstützung der Wähler für Thaksin auf der ersten allgemeinen Krankenversorgung basierte, die die Regierung eingeführt hatte, und auf vielen der anderen echten armenfreundlichen Projekten, behaupteten Thaksins Gegner, dass die Armen „*die Demokratie nicht verstehen würden*". Die *Democrat Party*, die extrem neo-liberal ist, verbrachte die meiste Zeit damit diese armenfreundliche Politik als „heraus geworfenes Geld" der Regierung zu verleumden und zu behaupten, dass es gegen die Fiskaldisziplin verstoßen würde. Es war daher nicht verwunderlich, dass kaum ein normaler Thailänder für sie bei den Wahlen stimmte. Als die Democrat Party schließlich eine Regierung mit militärischer Unterstützung im Dezember 2008 bildete, beschnitten sie das Gesundheitsbudget um fast ein Drittel.[62].

Die Führer der NGOs und der sozialen Bewegungen die sich in der PAD organisiert hatten, machten politisch eine scharfe Rechtsbewegung während der sich entwickelnden Krise, und wurden fanatische Monarchisten die den König aufriefen, Sektion 7 der Verfassung zu benutzen um die gewählte Regierung Thaksins im Jahr 2006 abzusetzen. Der König weigerte sich das zu tun, aber die PAD- Forderungen wurde als Grünes Licht für einen Militärcoup angesehen und das Militär folgte der Aufforderung im September 2006.

Am 29. September 2006 führte die Armee einen Coup aus, der die gewählte Regierung von Thaksin Shinawatra stürzte. Soldaten banden sich gelbe Bänder an die Gewehre und Uniformen und die Militärjunta behauptete, dass sie den Coup durchführen würden, um „*die Demokratie mit dem König als Staatsoberhaupt*" zu schützen. Dabei schützten sie sicher nicht die Demokratie, aber die meisten Thailänder glaubten tatsächlich daran, dass es ein „monarchistischer Coup" gewesen wäre, auch wenn die wahre Macht des Thrones in Frage steht.[63] Die PAD-Anführer und die Junta wurden später beobachtet, wie sie ihren Sieg auf einer Neujahrsparty im Januar 2007 feierten. Zu dieser Zeit hatte die *Democrat Party* den Coup willkommen geheißen. Dem stellvertretenden Vorsitzenden der Partei, Korn Chatikavanij zufolge, der später Finanzminister wurde, „*gab es keine konstitutionelle Möglichkeit*" um Thaksin los zu werden. Er sagte auch, dass er die Junta „*respektieren*" würde weil sie versuchen würde, politische Stabilität zu sichern.[64].

Nach dem Coup entwickelte sich die PAD zu einer faschistoiden Organisation. Sie vertraten ultra-monarchistische und ultra-nationalistische Politik. Ihre Anhänger trugen gelbe Hemden als Ausdruck der Monarchie. Sie verursachten fast einen

---

[62] http://www.prachatai.com/ 24/4/2009. (In Thai).

[63] Siehe Kapitel 3.

[64] Interviews mit ABC news am 20. September 2006, International Herald Tribune 29. September 2006 und mit der Bangkok Business Day 22. September 2006.

Krieg mit Kambodscha wegen einer Tempelruine auf einem Bergrücken. Sie bauten einen bewaffneten Arm als „Sicherheitstruppe" aus und trugen in aller Öffentlichkeit Schusswaffen und andere Waffen in den Straßen von Bangkok. Der Medienarm der PAD, die *Manager Group,* organisierte Hexen-Jagden und ermutige Gewalt gegen Akademiker und Sozialaktivisten anzuwenden, die den Verfall der Demokratie hinterfragten ebenso wie die Nutzung des Lèse Majèsté-Gesetzes.

Zunächst gab es keine Antwort der Massen oder durch die Millionen von Wählern die wiederholt für die TRT-Regierung Thaksins gewählt hatten, gegen den Coup. Die TRT hatte niemals versucht ihre Wähler dazu zu bewegen, sich zu Aktivisten zu entwickeln. Die Partei schien durch den Coup wie gelähmt zu sein. Aber eine kleine Gruppe von linken Aktivisten, die sich selbst *„das Netzwerk des 19. September gegen den Coup"* nannten, organisierten Demonstrationen und wiederholte Proteste. Ich war einer dieser Leute der gegen den Coup protestierten. Aber wir wurden nicht von Thaksins TRT unterstützt und wir waren kritisch eingestellt gegenüber den Menschenrechtsverletzungen der Partei im Süden und im Krieg gegen die Drogen.

Nachdem sie eine neue pro-militärische Verfassung geschrieben, und die Gerichte benutzt hatten um Thaksins TRT aufzulösen, ließ die Junta im Jahr 2007 Neuwahlen abhalten. Diese wurden durch die *Peoples Power Party* (PPP), einer neuen Partei, die von TRT-Politikern aufgebaut worden war, gewonnen. Und wieder wurde der Wählerwille ignoriert. Die Aktivitäten konservativer Gerichte, gewalttätige Proteste durch die PAD, darunter die Besetzung der internationalen Flughäfen, und Aktivitäten der Armee hinter der Bühne, endeten im Dezember 2008 in der Bildung einer undemokratischen Regierung, die durch den Vorsitzenden der Democrat Party, Abhisit Vejjajiva als Premierminister angeführt wird.

In der Periode nach den Wahlen von 2007, beggannen die Rothemden sich unter der Führung von drei ehemaligen TRT-Politikern, die eine Fernsehsendung mit dem Namen „Wahrheit Heute" gestalteten, zu organisieren. Massentreffen von einfachen Menschen, die in die Hunderttausende gingen wurden in Sportstadien in Bangkok durchgeführt. Die Bewegung war ursprünglich von ehemaligen TRT-Politikern aufgebaut worden, hatte sich dann aber schnell zu einer Graswurzelbewegung mit Zweigen in den meisten Gemeinden des Landes entwickelt. Kommunale Radiostationen, Webseiten und Bildungstreffen wurden organisiert um die Zensurmaßnahmen der Regierung und die Kontrolle der Medien zu umgehen. Die Bewegung politisierte und aktivierte Millionen von Bürgern und viele Menschen waren plötzlich radikaler als ihre ursprünglichen Anführer.

Thailand bewegte sich unter der Herrschaft der Democrat Party im Jahr 2009 weiter rückwärts. Die Regierung führte eine drakonische Zensur ein und erhöhte drastisch die Zahl der Anklagen wegen Lèse Majèsté und Computerstraftaten gegen prodemokratische Aktivisten, alles im Namen der „Nationalen Sicherheit". Sie verboten auch legitime Straßendemonstrationen der Rothemden und bauten eine bewaffnete paramilitärische Gruppe mit dem Namen „Blauhemden" auf. Die Blauhemden waren durchweg Soldaten ohne Uniform. sie wurden durch Regierungspolitiker kontrolliert, wie z.B. *Newin Chitchop* von der *BhumJaiThai* Partei, und *Suthep Thaugsuban* von der *Democrat Party*. Der Grund für den Aufbau der Blauhemden war, dass die PAD außerhalb der direkten Kontrolle der Regierung und der Armee stand und daher versucht werden musste, ihre Macht zu begrenzen, was sogar zu einem Mordanschlag auf den PAD-Anführer Sondhi Limthongkul in 2009 führte.

In Beantwortung der zunehmenden Polarisierung der Gesellschaft, schlug im September 2009 der Minister Satit Wongnongtoey vor, eine Kampagne zu starten, die das Singen der Nationalhymne jeden Abend um 18:00 Uhr in jeder Provinz zur Verpflichtung macht, „um Einheit in der Nation aufzubauen". Falls Satit und seine Freunde von der Elite demokratische Wünsche der Mehrheit der Bürger gelernt hätten zu respektieren, hätte es eine solche Spaltung der Gesellschaft erst gar nicht gegeben.

> **Im April 2009, zum vierten Mal in vierzig Jahren[65], eröffneten reguläre Truppen das Feuer auf pro-demokratische Demonstranten in Bangkok. Einige Monate später sickerte die Aufnahme einer Kabinettsitzung in die Öffentlichkeit. Premierminister Abhisit war auf Band festgehalten worden, wie der das Militär drängte eine Situation zu schaffen, in der sie auf die Demonstranten in roten Hemden schießen konnten[66]. Jedes Mal wenn die Armee auf unbewaffnete Demonstranten geschossen hatte, war das Ziel das Gleiche: Um die Interessen der konservativen Eliten zu schützen, die Thailand in den vergangenen 70 Jahren beherrschen. Diese Mal waren die Demonstranten Rothemden, und mindestens zwei Menschen starben und Hunderte wurden verletzt, eine von Ihnen sehr schwer[67].**

Der Coup vom 19.09.2006 und die Politik der Junta

Die stärksten Kräfte hinter dem Coup vom 19. September waren die konservativen Gruppen in der militärischen und zivilen Elite, verärgerte Unternehmer und neoliberale Intellektuelle und Politiker. Der Coup war offen von der Monarchie unterstützt worden und ebenso von NGO-Bewegungen. Was diese Gruppen gemein hatten, die den Coup unterstützten, war die Missachtung der Armen. Sie glaubten, dass „zu viel Demokratie" den armen Wählern „zu viel Macht" geben würde und die Regierung veranlassen würde, Ausgaben für den Sozialstaat zu „übertreiben". Die Akademiker und NGO-Aktivisten erklärten, dass Thailand geteilt wäre in die „erleuchtete Mittelklasse die Demokratie versteht" und die „ignoranten Armen auf dem Land und in der Stadt" die für „die falsche Regierung stimmen würden". Und tatsächlich ist das Gegenteil der Fall. Es waren die Armen die gezwungen waren zu

---

[65] Zuvor mit Waffen ausgestattete Truppen oder Polizei feuerten auf pro-demokratische Demonstranten in Bangkok im Oktober 1973, Oktober 1976 und im Mai 1992. Siehe Giles Ji Ungpakorn (2007) A Coup for the Rich. WDPress. Deutsche Übersetzung in „Thailand 2008 – Der Coup", www.epubli.de Berlin 2009, Mark Teufel

[66] Abhisit behauptete, dass die Aufnahme gefälscht worden wäre. Niemand bestritt aber, dass diese Aufnahme gemacht worden war. Die Veränderungen hatten in keiner weise die gesprochenen Worte geändert, die Abhisit tatsächlich gesagt hatte..

[67] Siehe Augenzeugenbericht von Nick Nostitz:
http://rspas.anu.edu.au/rmap/newmandala/2009/04/20/the-crushing-of-the-red-shirts/

verstehen, wie Demokratie und soziale Gerechtigkeit aussieht, während die so genannte Mittelklasse entschlossen ist ihre Privilegien mit allen Mitteln zu verteidigen.

Das Militär gab sich selbst den langen und ausschweifenden Namen *„Das Reformkomitee in einem demokratischen System mit dem Monarchen als Staatsoberhaupt*[68]". Die Sprache der Junta sollte uns an George Orwells 1984 erinnern. „Demokratie" bedeutet Militärdiktatur und „Reform" bedeutet das Zerstörung der Verfassung von 1997, die Auflösung des Parlaments, der unabhängigen Kontrollbehörden und das Ausrufen von Kriegsrecht. Nach dem Coup wurden die Medien streng durch Offiziere kontrolliert die in allen Büros saßen und die Webseite der kritischen *Midnight University* wurde für eine gewisse Zeit geschlossen; alles im Namen der „Demokratie". Die Junta war so paranoid, dass sie darauf bestand, dass der vollständige Titel jedes Mal in thailändisch genannt werden musste, wenn er in den Nachrichten erwähnt wurde. Dies war zur Verstärkung der „Tatsache" dass es ein „monarchistischer und demokratischer Coup" gewesen wäre. Aber als der Name der Junta den ausländischen Medien gegenüber erwähnt wurde, **wurden diese aufgefordert die Worte, die die Monarchie betrafen auszulassen**, um bei Ausländern „*Missverständnisse*" zu vermeiden dass es evtl. ein monarchistischer Coup gewesen wäre. Die BBC und andere ausländische Fernsehsender wurden zensiert, zuerst wurden alle lokalen Übertragungswege geschlossen, und später indem immer dann Werbung gezeigt wurde, wenn Thaksin erwähnt oder sein Bild gezeigt wurde. Im Januar 2007 rief die Junta die Medienbosse zusammen und drohte ihnen mit harten Maßnahmen, falls sie die Ansichten Thaksins oder von TRT-Politikern verbreiten würden[69].

General Sonthi Boonyaratgalin, der Kopf der Junta die die Demokratie zerstörte, erklärte die Verfassung von 1997 für ungültig und der Mann der seiner Pflicht nicht nachkam die Demokratie zu beschützen[70], gab gegen Ende Oktober ein Interview in dem er sagte: *„Ich vermute, dass viele Thailänder immer noch die Demokratie nicht richtig verstehen. Die Menschen müssen ihre Rechte und Pflichten erkennen. Einige müssen noch Disziplin lernen. Ich denke es ist wichtig, die Menschen auszubilden, damit sie die wahre demokratische Herrschaft verstehen*[71]*"*. Eine solche arrogante Dummheit ist typisch für die meisten thailändischen Anführer von Militärcoups, von früheren und dem aktuellen. Die Erklärung ist nur eine Entstaubung der alten Formel dass die Armen noch nicht für die Demokratie bereit wären. Diese Lüge wird von der thailändischen Elite seit 1910 verwendet. Im Dezember gab General Sonthi zu, **dass er und andere Juntamitglieder eine Milliarde Baht öffentlicher Gelder verwandt hätten, dass in einem geheimen Militärbudget versteckt ge-**

---

[68] Fast wörtlich übersetzt von "The Reform Committee in the Democratic System with the Monarchy as Head of State"

[69] Bangkok Post 11/1/2007.

[70] Die Verfassung von 1997 bestimmte, dass es die Pflicht jedes Bürgers wäre, die Demokratie zu beschützen und sich gegen Coups zur Wehr zu setzen.

[71] The Nation 26/10/2006.

wesen wäre, um den illegalen Coup durchzuführen.[72] Natürlich zählt das nicht als Missbrauch öffentlicher Mittel und Korruption? Im November 2009 wurde General Sonthi der Vorsitzende der Mautupum Party (Motherland Party – Mutterlandpartei). diese Partei wurde vom Pak Nam Mafiaboss Watana Asawahame gegründet der aus dem Land floh kurz bevor er wegen Korruption verurteilt wurde.[73]

Die Junta hatte versprochen, nicht länger als zwei Wochen im Amt zu bleiben und eine zivile Regierung zu ernennen. Sie hielt dieses Versprechen, indem sie unter einem neuem Namen an der Macht blieb, nämlich unter der Bezeichnung „*Rat für Nationale Sicherheit*" (CNS) und indem sie einen pensionierten Armeeoffizier, General Surayud Chulanont zum Premierminister ernannten. Diese illegitime Regierung wurde installiert und konnte jederzeit durch den CNS wieder entlassen werden. Erstaunlich war die Tatsache, dass die thailändische Junta glaubte, dass die internationale Gemeinschaft glauben würde, dass das „demokratisch" wäre. Der Außenminister der Junta stellte fest, dass sie die Generäle Birmas ermutigen würden, Schritte in Richtung Demokratie zu machen. Man kann sich die Unterhaltung zwischen den thailändischen und birmanischen Diktatoren über diese Angelegenheit lebhaft vorstellen.

Die Junta behauptete, dass sie einen „zivilen" Ministerpräsidenten ernannt hätte. Kommentatoren beeilten sich den neuen Premierminister General Surayud zu loben, indem sie sagten, dass er ein „guter Mann mit Moral" wäre. Tatsächlich war Surayud, während er 1992 in den Streitkräften diente, teilweise verantwortlich für das Blutbad gegen unbewaffnete pro-demokratische Demonstranten[74]. Er persönlich führte eine Gruppe von 16 Soldaten in das Royal Hotel das zu einem Notlazarett umgewandelt worden war. Hier schlugen und traten seine Soldaten die Menschen[75]. Nachrichtensendungen von der BBC und CNN aus dieser Zeit zeigten Soldaten die auf die traten, die auf dem Boden lagen. Drei Monate nach dem Coup von 2006, am 04. Dezember, lobte der König den Premierminister Surayud in seiner jährlichen Geburtstagsansprache.

Es mag die Leser vielleicht interessieren, dass Teile wie die im vorhergehenden Absatz, die ursprünglich in dem Buch "A Coup for the Rich" im Jahr 2007 veröffentlicht worden waren, zu einer Anklage durch die Regierung der Democrat Party im Jahr 2009 wegen Lèse Majésté führte. Deshalb lebe ich nicht länger in Thailand. Offensichtlich wird nur das Widerholen von bekannten Fakten, nämlich dass der König Surayud gelobt hat, schon als Lèse Majésté angesehen.

---

[72] Bangkok Post 20/12/2006.

[73] Anmerkung Mark Teufel: Um es noch einmal deutlicher zu machen: Funktionäre der Thai Rak Thai, denen keinerlei Fehlverhaltens vorgeworfen wurde, außer Funktionär einer legalen Partei gewesen zu sein, die aufgelöst wurde, werden mit fünf Jahren Berufsverbot belegt. Aber ein General, der eine gewählte Regierung stürzt, die Verfassung zerreißt, das Kriegsrecht ausruft usw., der kann Vorsitzender einer Partei werden und das Amt eines Ministerpräsidenten anstreben. (Wie General Sonthi im November 2009)

[74] Siehe Kevin Hewison (2006) "Genral Surayud Chulanon: a man and his contradictions". Carolina Asia Center, University of North Carolina at Chapel Hill.

[75] Surayud gab dies zu in Thai Post 22/6/2000.(In Thai).

Viele ausländische Investoren waren ursprünglich durch die Rhetorik der Junta über die "Genügsamkeits-Wirtschaft" verschreckt. Aber in Wahrheit war die vom Militär ernannte Regierung voller Neo-Liberaler. Der Finanzminister Pridiyatorn Devakul war ein Mann der an „neo-liberale Fiskaldisziplin" glaubte. Er war gegen eine „überbordende Ausgabe" für öffentliche Gesundheit. Nach dem Coup kürzte das Finanzministerium das Budget für die universale Krankenversichtung um 23% während sie die Militärausgaben um 30% erhöhte.[76] Pridiyatorn drohte außerdem viele gute Verkehrsprojekte zu kürzen, die Bangkoks chronische Staus lindern könnten. Die Elite kümmerte sich weder all zu sehr um die öffentliche Gesundheit, noch um den öffentlichen Verkehr. Sie kann mit Polizeieskorten durch Verkehrsstaus fahren, während Krankenwagen, die im Einsatz sind, im Stau stehen bleiben.

Der Außen- und der Wirtschaftsminister waren Unterstützer von unpopulären Freihandelsabkommen und der Energieminister war ein fanatischer Anhänger von Margaret Thatchers Privatisierungspolitik. Neben den Neo-Liberalen war die illegitime Diktatur mit altmodischen und konservativen Beamten, egoistischen Wissenschaftlern und Technokraten ausgerüstet, die weder Integrität noch demokratische Prinzipien besaßen. Diese Sammlung von Beamten stellte sicher, dass sie selbst nicht hungrig zu Bett gehen mussten, indem Sie sich selbst fette Gehälter zahlten[77], die ohne Zweifel finanziert wurden aus den Ersparnissen der armen-freundlichen Projekte der vorhergehenden Regierung. Offiziere des Militärs (Marionetten der Junta) wurden in die Aufsichtsräte von staatlichen Firmen entsandt und erhielten dort mehrere Vollzeitgehälter, von denen jedes einzelne über 20 Mal höher war als das durchschnittliche Einkommen eines Thailänders. Reisen nach Europa wurden für diese Offiziere und ihre Familien mit öffentlichen Mitteln finanziert. Es war sogar die Rede davon, dass der Premierminister Surayud selbst schuldig wäre, illegal ein Haus im Kao Yai Nationalpark zu besitzen. Aber jene, die früher über „Thaksins Korruption" geschimpft hatten, blieben diesmal still. Vielleicht waren ihre Mäuler voll und von der irrwitzigen Fütterung an den Trögen verstopft.

Nachdem die Regierung ernannt worden war, ernannte die Junta handverlesene Personen zu einem so genannten "Parlament". Ein Drittel des ernannten Parlaments kam aus dem Militär oder der Polizei, und wurde durchmischt von jenen liberalen Akademikern und Wendehälsen, die früher einmal Teil der Volksbewegung waren. Diese „Panzer-Liberalen" Akademiker glaubten, dass Demokratie aus der Durchführung eines Militärcoups kommen könnte und indem die Verfassung zerrissen wird. Die Fragte war: Würden sie nun ihre Bücher über Vergleichende Politikwissenschaft zerreißen und alle Kurse über „Demokratisierung", zugunsten einer Dozentenstelle für Militärwissenschaft oder Panzerwartung.

Die Mitglieder des vom Militär ernannten Parlamentes erhielten monatliche Gehälter und Geldwerte Vorteile in Höhe von fast 140.000 Baht während Arbeiter für einen Mindestlohn für unter 5.000 Baht pro Monat arbeiteten und arme Bauern auf dem Land oft mit noch Weniger auskommen mussten. Und dabei erhielten die Parlamentarier oft mehrere Gehälter. Die Regierung behauptete der Philosophie des

---

[76] Bangkok Post 19 & 20/12/2006.

[77] The Nation 8/11/2006.

Königs über "Genügsamkeit" zu folgen und erklärte wie wichtig es wäre, nicht gierig zu sein. Offensichtlich muss jeder mit dem eigenen Niveau von Genügsamkeit ausgestattet sein, aber wie Orwell es ausgedrückt hätte, einige sind eben „Genügsamer" als andere. Für die Monarchie bedeutet „Genügsamkeit" eine Reihe von Palästen und große kapitalistische Konglomerate wie die Siam Commercial Bank zu besitzen. Für die Junta bedeutet es das Erhalten mehrerer fetter Gehälter und für einen armen Bauern bedeutet es sein Leben zu fristen, ohne moderne Investitionen in die Landwirtschaft zu tätigen. Zu allem Überfluss schloss die Regierung das von Thaksin eröffnete Zentrum zur Armutsbekämpfung und transferierte das Büro zum Internen Sicherheitskommando (Internal Security Operations Command) ISOC, während es in eine Behörde zur Entwicklung der Landwirtschaft unter Nutzung der Genügsamkeits-Wirtschaft umgewandelt wurde.[78]

Im Dezember 2006 arbeitete die Junta Hand in Hand mit Universitätsbossen, die sie bereits in das vom Militär eingerichtete Parlament berufen hatten, und entschloss sich einen Gesetzesentwurf zur Privatisierung der staatlichen Universitäten zu betreiben. Der offizielle Titel war: „Universitäre Autonomie", aber der Prozess, der beinhaltete die übliche Einführung von marktwirtschaftlichen Kräften, reduzierte die staatliche Unterstützung und die Einführung von neo-liberalen Managementmethoden[79]. Die Privatisierung der Universitäten ist unpopulär bei den Angestellten und Studenten und das aus guten Gründen. Studentenproteste begannen und schnell wurde die Verbindung mit der Privatisierung festgestellt, dem Neo-Liberalismus und Autoritarismus. Frühere Versuche der Privatisierung von Universitäten und staatlichen Unternehmen durch gewählte Regierungen waren unter der Opposition auf dem Campus, an den Arbeitsplätzen und auf den Straßen zusammen gebrochen. Dieses Mal konnten die Militärregierung und die Universitätsobrigkeiten die öffentliche Meinung ignorieren. Das Management von Mainstream- Universitäten wie Chulalongkorn gab den Befehl aus, dass Studenten *„sich nicht in Politik einmischen sollten"*. Das war zu der Zeit als ich Politikwissenschaften an der Chulalongkorn Universität lehrte und als die Universität mein Buch der Spezialabteilung der Polizei schickte, damit sie mich wegen Lèse Majesté anklagen konnten.

Die Version der Junta über eine unmittelbare „politische Reform" war, die Verfassung von 1997 zu zerreißen und sie mit einer „temporären Verfassung" zu ersetzen. Die Letztere war ein wertloses Stück Papier das eigentlich nur sagte, dass alles was die Junta an Verordnungen herausgab wie ein Gesetz gehandhabt werden musste. Es gab keinerlei Grundrechte {für die Bürger}. Das Militär startete dann den Prozess ihre Marionetten und Kriecher auszuwählen, die sie in das so genannte „Komitee für den Entwurf der Verfassung" berief. Der Prozess des Entwurfes einer militärischen Verfassung stand im starken Kontrast zu der Massenbeteiligung die mit der Verfassung von 1997 verbunden war.

Auch wenn die Verfassung eine gute war, so waren einige der Probleme in der Verfassung von 1997 während der Entwurfsphase durch das Vertrauen auf einige elitä-

---

[78] Bangkok Post 4/1/2007.

[79] Für eine internationale Sichtweise siehe Alex Callinicos (2006) Universities in a neo-liberal world. Bookmarks, London.

re Akademiker eingebaut worden. Ein solcher Akademiker war Bawornsak Uwanno, der von der Junta nach dem Coup in das „Parlament" berufen wurde. Vorher, aber nach der Mitarbeit bei dem Entwurf der Verfassung von 1997, hatte er als loyaler Diener für die Thaksin-Regierung gearbeitet. Später, als die Dinge nicht mehr so gut aussahen, verließ er das sinkende TRT-Schiff und wurde Rechtsberater der Junta. Mittelklasseintellektuelle wie Bawornsak verstehen sicher wie man Demokratie manipuliert und dabei überlebt.

Was die Probleme der Gewalt im Süden angeht, und unter der Erkenntnis, dass die Armee und die Polizei der Hauptgrund für das Problem waren, konnte man zweifeln darüber, ob die Militärjunta in einer Position wäre, Frieden und Gerechtigkeit zu bringen. Die Armee und die Polizei werden seit langer Zeit der außergesetzlichen Tötungen beschuldigt und die vierte Armee war direkt verantwortlich für das Massaker bei der Krue-Sae Moschee im April 2004 und in TakBai im Oktober 2004, während der Regierung von Thaksin. Im November 2006 „entschuldigte" sich Premierminister General Surayud für die Aktionen der vorhergehenden Regierungen und sagte, dass *alle Anklagen gegen die Demonstranten von Takbai fallen gelassen würden*. Jedoch machte er keinerlei Anmerkung darüber, ob die Armee oder Polizeikommandeure wegen Mord vor Gericht gebracht werden würden.

Die Politik der Militärjunta kann man zusammenfassen mit "anti-Thaksin, anti-demokratische, Pro-Sicherheit, neo-liberal und monarchistisch". Aber die Soldaten stellten schon bald fest, dass einen Coup zu machen wesentlich einfacher war, als dann wirklich das Land zu verwalten und die Herzen der Menschen zu gewinnen. Die Bilanz der Surayud-Militärregierung bestand im Wesentlich daraus eine militärische Verfassung zu entwerfen. Es gab keine neuen Politikinitiativen und Nichts was sie für das eine Jahr, während dem sie an der Macht waren vorzeigen könnten.

Die neue vom Militär inspirierte Verfassung von 2007

Das Militär sollte niemals damit beauftragt werden, den Verfassungsentwurf für irgendeine Verfassung zu beaufsichtigen. Eine solche Rolle dem Militär zuzuweisen bedeutet der Armee eine größere soziale und politische Rolle zuzuweisen wie sie mit der diskreditierten „dwifungsi" (duale Funktion) der Diktatur unter Indonesiens Suharto umschrieben ist.

Im Januar 2007 wurde der *"Rat für den Entwurf der Verfassung"* von der Junta ernannt. Fast die Hälfte der 100 Mitglieder waren Beamte der Regierung oder konservative Politiker, 20% waren Geschäftsleute und der Rest waren konservative Akademiker und Medienleute. Es gab keinen einzigen echten Vertreter von sozialen Bewegungen, Gewerkschaften oder den NGOs. Trotzdem wurde Suriyasai Katasila von der PAD in der Bangkok Post mit der Bemerkung zitiert, dass er „optimistisch" wäre, da verschiedene Bereiche der Gesellschaft „zu gleichen Teilen" in dem Rat vertreten wären[80]. Offensichtlich war die Arbeiterklasse und die Landbevölkerung, die 80% der Bevölkerung darstellt kein wichtiger Teil der Gesellschaft.

Später wurde ein Referendum abgehalten, um diese militärische Verfassung zu

---

[80] Bangkok Post 3/1/2007.

verabschieden. Viele Provinzen standen zu diesem Zeitpunkt nach wie vor unter Kriegsrecht, ein Werben für „Nein" in dem Referendum wurde für illegal erklärt und ganzseitige Anzeigen in der Presse drängten die Menschen mit „Ja" zu stimmen. Das Ergebnis des Referendums war knapp, eine knappe Mehrheit stimmte dafür. Die Hälfte der NGOs, die PAD, die meisten Akademiker, die Mainstream-Medien und die *Democrat Party* unterstützten die neue Verfassung. Viele Skeptiker stimmten für die Verfassung, weil sie hofften, dass Wahlen schnell abgehalten werden könnten und dass eine zukünftige Regierung die militärische Verfassung ändern oder für ungültig erklären würde.

Vergleich der Verfassungen von 1997 und 2007

Die Verfassung von 1997 war in einem speziellen Prozess mit Massenbeteiligung entworfen worden. Sie war das Ergebnis des Aufstandes gegen die Militärdiktatur im Jahr 1992. Es war auch das Resultat des politischen Umbruchs in der Folge der Wirtschaftskrise von 1997. Trotz der Beteiligung von sozialen Bewegungen und NGOs, spiegelte die Verfassung die liberalen Mainstream- Ideen wieder, weil die Volksbewegung keine ausreichende Ideologie aufwies. Interessante Eigenschaften der Verfassung, einige davon progressive, andere regressiv beinhalteten:

1) Die Bildung von so genannten „unabhängigen Behörden" wie die Menschenrechtskommission, die Wahlkommission und die Nationale Anti-Korruptionsbehörde. Einerseits war es ein großer Schritt vorwärts, aber es schwang auch die Illusion mit, dass die Angestellten der Mittelklasse, die diese Behörden mit Leben ausfüllten irgendwie „unabhängig" sein könnten.

2) Die erstmalige Bildung eines vollständig gewählten Senats, auch wenn politischen Parteien verboten war, Kandidaten aufzustellen und auch wenn Kandidaten verboten wurde Wahlkampf zu führen oder über Politik zu diskutieren. Die lächerliche Idee war, dass der Senat mit erfahrenen „unpolitischen" und „wertvollen" Persönlichkeiten bevölkert werden könnte. Aber es war trotzdem ein großer Schritt nach Vorne, weil es das Prinzip des Wählermandats für politische Organe erweiterte.

3) Die Einführung des Parteilistenwahlsystems gab zusammen mit der proportionalen Vertretung den großen Parteien mehr Stimmen. Das proportionale Wahlsystem war dazu bestimmt stabile Regierungen zu schaffen und die Vertretung kleinerer Gruppen nicht zu verstärken wie in anderen proportionalen Wahlsystemen.

4) Maßnahmen um Politiker wegen Amtsvergehen anzuklagen. Dies war ein Schritt vorwärts aber in der Praxis unmöglich umzusetzen.

5) Erstmalig eine Verpflichtung auf dem Papier die Menschenrechte zu beachten, ebenso wie die Rechte der Kommunen und keine diskriminierenden Praktiken zu betreiben. Das war ein Schritt vorwärts, wenn nur „Standards" geschaffen worden wären, auf die Menschen sich bei ihren Kämpfen hätten beziehen können. Solche Rechte wurden niemals freiwillig gewährt oder durch die Regierung respektiert.

6) Gewählte lokale Regierungen statt die zentrale Regierung sollten lokale

Beamte ernennen, was ein Schritt vorwärts war.

7) **Eine Klausel bestätigte das Recht der Bürger sich gegen einen Militärcoup zur Wehr zur setzen! Unmöglich umzusetzen, aber mit hoher Symbolkraft.**

8) Reaktionäre Klauseln verlangten, dass Abgeordnete / Senatoren einen Universitätsabschluss haben mussten. Der Gedanke dahinter war, dass die gebildete Mittelklasse ehrliche Politiker hervorbringen würde. Abgesehen davon gab es keine Änderungen in den Wählerlisten, d.h. dass ein Arbeiter zurück in seine ländlichen Heimatdörfer fahren musste um zu wählen, selbst wenn er in der Stadt lebte und arbeitete. Dies verdünnte die Wählermacht der Arbeiterklasse.

9) Die Politik des freien Marktes wurde beschützt. Dies hatte vermutlich jede Debatte und demokratische Wahl einer Wirtschaftspolitik unterdrückt, aber es wurde auch nie herausgefordert.

Im Gegensatz involvierte die Militärverfassung von 2007 die öffentliche Beteiligung bei der Entwurfserstellung nicht. Die Verfassung der Junta wurde aus den Läufen von Gewehren geboren, aus einem illegitimen Militärcoup und wurde von einer Hand voll Leuten erstellt, die von der Junta ernannt worden waren. Die Verfassung von 2007 ist eine Verfassung des Militärs, der Elite und des Big Business, von denen keiner wirklich an die Demokratie glaubt. Im Gegensatz zu den Behauptungen der PAD und wichtigen Teilen der NGO-Bewegung, wurde keinerlei wirkliche Verbesserung gegen über der Verfassung von 1997 erreicht. Tatsächlich war das Gegenteil der Fall. Dies kann durch den Inhalt leicht erkannt werden, der folgende Regelungen enthält:

1) Eine Reduzierung des demokratischen Spielraums durch eine gesteigerte Rolle von nicht gewählten Eliten die in den öffentlichen Dienst ernannt werden. Die Junta schaffte ein korruptes System von Kumpaneien die sich innerhalb der Elite gegenseitig ernennen. Die Justiz und die so genannten unabhängigen Organisationen ernennen den Senat, und der Senat ernennt die unabhängigen Organisationen in einem korrupten Kreislauf, in dem sie niemanden gegenüber Rechenschaft ablegen müssen.

2) Ein Rückschritt stellt die Tatsache dar, dass die Hälfte des Senats durch das Militär und die Elite ernannt wird, statt gewählt zu werden.

3) Das System des systematischen Ausschlusses der Mehrheit der Bevölkerung von der Regierung und dem Senat durch Alter und Bildungskriterien wurde weiter fortgeführt, auch wenn auf die Bildungsvoraussetzungen für Abgeordnete verzichtet wurde.

4) Die Reduzierung der politischen Rolle der Parteien, die sich öffentlichen Wahlen stellen müssen, während die Rollen der Armee, der Justiz und der Bürokratie verstärkt wurden.

5) Artikel 4 unterstützt die Idee der „traditionellen thailändischen Form der Regierungsführung", die nichts anderes als eine andere Art der Redewendung über die undemokratischen „asiatischen Werte" darstellt. **Die „traditionelle thailändische Form der Regierungsführung" repräsentiert Diktatur, fehlende soziale Gerechtigkeit und wirtschaftliche Ungleichheit.**

6) Artikel 82/83 kombiniert die so genannte „Genügsamkeits-Wirtschaft" des Königs mit dem freien Markt und Neo-Liberalismus. Die Verfassung unterstützt große Unternehmungen, Privatisierung und beschränkt die Ausgaben der Regierung für den Sozialstaat unter dem neo-liberalen Begriff „Fiskaldisziplin". Regierungen müssen daher neo-liberale Politik betreiben.

7) **Während die Regierung soziale Ausgaben für die Armen beschränken muss, sieht Artikel 76 vor, dass das Militärbudget ständig erhöht werden muss, ohne dass dabei auf die Fiskaldisziplin Rücksicht genommen werden muss.**

8) Die Zunahme von Macht und Einfluss durch den freien Markt und das Big-Business wird nicht durch einen zunehmenden Einfluss der Gewerkschaften ausbalanciert, ebenso wenig werden Arbeiter und Kleinbauern unterstützt. Es gibt keine Klauseln über den Aufbau eines Sozialstaates oder über eine progressive Steuer die Reiche stärker besteuert.

9) Es gibt keine Mittel, um das Militär davon abzuhalten, sich in die Politik einzumischen, die Medien zu kontrollieren oder sich gut bezahlte Aufsichtsratsposten in staatlichen Firmen zu sichern. Artikel 299 legitimiert den Coup vom 19. September 2006. Dies ermutigt das Militär für weitere Eingriffe in die Politik. **Das Recht des Bürgers, sich gegen Militärcoups zu wehren, wie in der Verfassung von 1997 festgehalten wurde fallen gelassen.**[81]

10) Die Verfassung der Junta ist voller ultra-nationalistischer Elemente. Es gibt keinerlei Vorschläge für mögliche Selbstverwaltung und keinen Respekt für unterschiedliche Kulturen, Religionen und Sprachen. Es gibt keine Maßnahmen um Gerechtigkeit in der Gesellschaft aufzubauen. Diese Verfassung wird nicht dabei helfen, Frieden in den Süden zu bringen.

11) Die Verfassung der Junta erweitert oder entwickelt nicht das Recht der Geschlechter, das Recht der Schwulen, Lesben, Transsexuellen usw. Es gibt kein Recht auf Abtreibung. Keine Zunahme der Rechte für Menschen unterschiedlicher Ethniken und keine Verbesserung der Rechte der Behinderten.

12) Artikel 32 enthält weiterhin die Barbarei der Todesstrafe. Todesstrafe, die für eine kurze Zeit nicht ausgeführt wurde, wurde wieder unter der Regierungsführung der Democrat Party im Jahr 2009 verstärkt.

13) Es gibt keine Vorschriften über den Zwang Referenden abzuhalten, wenn wichtige Entscheidungen wie Freihandelsabkommen geschlossen werden.

Das Patron - Klientensystem

Die putschfreundlichen Reaktionäre hatten sich beschwert, dass Thaksin und die TRT ein so genanntes Patron – Klienten-System aufgebaut hätten, das „die Armen in einer Kultur der Abhängigkeit gefangen hätte, und sie davon abgehalten hätte, frei zu wählen". Es ist eine Ironie dass das offensichtlichste und potentiell destruktivste „Patron – Klienten-System" in Thailand das alte Netzwerk der konservativen

---

[81] Dadurch ist der nächste Militärcoup schon so gut wie sicher.

monarchistischen Elite ist, das sich immer wieder neu bildet. Nach dem Coup vom 19. September 2006 gab es eine wilde Verteilung von „Jobs für die Jungs in Uniform", mit fetten Gehältern und neu geschaffene Positionen in neuen Komitees und Aufsichtsräten in staatlichen Unternehmen. Dies ist das wahre Gesicht der „Kultur der Abhängigkeit", der Korruption und der Diktatur innerhalb der Elite.

Vor mehr als zehn Jahren hatte Kraisak Choonhavan, der Sohn des gewählten Premierministers Chartchai, der durch einen Militärcoup im Februar 1991 gestürzt wurde, erklärt, dass die zivilen Berufspolitiker die durch die Partei seines Vaters vertreten wurden die alten Interessen des Militärs und der höchsten Beamten herausgefordert hätten, indem sie ihre neu geschaffene Unterstützung bei den Wählern eingesetzt hätten. Der Coup von 1991 gegen die Chartchai-Regierung verfehlte das Ziel der Widereinführung der absoluten Macht eines alten Netzwerkes von Kumpanen, da das Militär schon bald durch den blutigen Aufstand von 1992 gestürzt wurde. Der Machtkampf zwischen den Vertretern der militärisch bürokratischen Fraktion und den Vertretern der gewählten Berufspolitiker wurde fortgesetzt. Aber es gibt keinen klaren Schnitt und es gibt viele Überlappungen der verschiedenen Interessengruppen die sich bei vielen Gelegenheiten zur ihrem gemeinsamen Gewinn zu Vereinbarungen zusammen gefunden haben. Außerdem wechseln die Personen auch die Seiten. Es gibt einen Streit unter der Elite über den Weg zu Macht und Wohlstand: Wahlen oder Coups.

Das Märchen der zwei demokratischen Gesellschaften

Liberale Akademiker in Thailand glauben dass Thaksin in Wahlen betrogen hätte, indem er „die ignoranten ländlichen Armen ausgetrickst oder gekauft hat". Für sie sind die Armen vom Land gefangen in einem Patron-Klienten-System. Die Person die diese Ansicht am deutlichsten ausgeprägt hatte, war Anek Laotamatat in seinem Buch von 1995: „Das Märchen der zwei demokratischen Städte"[82].

Anek Laotamatats Buch versucht zu behaupten, dass die hauptsächliche Spaltung im thailändischen demokratischen System zwischen dem Land und der Stadt existieren würde. Das wären die zwei „demokratischen Gesellschaften" der thailändischen Politik. Anek schreibt, dass die Spaltung nicht nur geographisch wäre, sondern auch eine Frage der Klassen. Seiner Ansicht nach wären die ländlichen Wähler in erster Linie kleine Bauern und die Wähler in den Städten die „Mittel-Klasse".

Es war die überwältigende Dominanz der ländlichen Wähler in verschiedenen Wahlkreisen, die bedeutete, dass diese Wähler die Macht hatten, eine Regierung zu wählen. Diese Regierungen waren in erste Linie korrupt und tief in die Geldpolitik verstrickt. Nach Aneks Ansicht stimmten die Menschen für diese Politiker weil sie die "Patrons" der Armen waren und bewiesen hätten, dass sie den lokalen Kommunen geholfen hatten. Stimmenkauf war der zeremonielle Teil dieser „Patron-Klienten-Beziehung und wurde unter den ländlichen Wählern nicht als „falsch" angesehen. Anek glaubte, dass die ländlichen Menschen nicht durch „unabhängige Gedanken" über politische Projekte entscheiden würden, sondern dass sie gebunden wären durch Verpflichtungen gegenüber ihrem Patron.

---

[82] "The Tale of Two Democratic Cities".

Für Anek war die Mittelklasse gut gebildet und wählte ihre Regierung und ihre Politiker indem sie unabhängig nachdachte und ein starkes Gefühl für "politische Moral" entwickelt hätte. Sie gäb ihre Stimme ab nachdem sie sorgfältig die Politik der verschiedenen Parteien abgewogen hätten. Und wenn sich die Regierungen, die durch die ländlichen Armen gewählt worden waren als korrupt und unmoralisch herausstellten, dann nahmen sie an Straßendemonstrationen teil um solche Regierungen zu stürzen.

Dies war die unrichtige und paternalistische Ansicht der thailändischen Gesellschaft. Sie diente als Rechtfertigung für den Coup von 2006. Aber Aneks Lösungsvorschlag für diesen schlechten Zustand des Staates war interessant. **Er schlug vor, dass statt die Barrieren zwischen den beiden Hälften der Gesellschaft nieder zu reißen, der Staat die ländlichen Entwicklungsprojekte verstärken müsste, damit diese sich ähnlich wie die städtische Gesellschaft entwickeln könnte, und sich durch technologische Vorteile mit dem kapitalistischen Markt verbinden könnte. Ebenso wichtig war die Notwendigkeit von politischen Parteien um klare Ideologien zu entwickeln und neue Lösungen vorzuschlagen. Zusammen würden solche Maßnahmen die Patron-Klienten-Beziehungen aufbrechen und den Stimmenkauf reduzieren.** Beispiele aus Großbritannien, und selbst aus Thailand in den 1970er Jahren schienen diese Ansicht zu unterstützen, weil sie darauf hin deuteten, dass Stimmenkauf durch die zunehmende Bedeutung der politischen Wahlmöglichkeiten während Wahlzeiten abgelöst wurde.

Wenn wir viele dubiose Behauptungen in diesem Buch ignorieren, zum Beispiel dass alle Städter zur Mittelklasse gehören würden, oder dass das Patron-Klienten-System auf dem Land tief verwurzelt wäre und in das vor-kapitalistische Sakdina-System zurückreichen würde etc., so stellt das Buch doch einige wichtige Fragen. **Es ist interessant, dass dieses Buch geschrieben wurde, bevor die TRT überhaupt gegründete worden war. Darüber hinaus scheint es als ob die TRT eng allen wichtigen Punkten gefolgt wäre die in dem Buch für die Entwicklung der thailändischen Politik vorgeschlagen worden waren.** Nicht nur dass die TRT die einzige Partei in zwei Jahrzehnten war, die die Aufgabe der Entwicklung einer Parteipolitik ernst nahm, so hatte die Partei auch ein großes Interesse daran Stimmen von den ländlichen und städtischen Armen auf der Basis einer solchen Politik zu gewinnen. Das 30 Baht Gesundheitsprojekt war typisch dafür. Die Thaksinsregierung fuhr dann fort ihre Wahlversprechen einzulösen und benutzte staatliche Mittel um ländliche Bereiche zu entwickeln damit sie sich mit dem Weltmarkt verbinden konnten. Die Dorfkreditsysteme und „Ein Markenzeichen ein Produkt[83]" (OTOP) Initiative waren gute Beispiele. Kurz gesagt folgte Thaksin und die TRT den Rezepten Aneks dem Buchstaben getreu. Und deshalb begannen die Wähler für eine klare armenfreundliche Politik zu stimmen, während sie ihre persönliche Beziehung zu ihrem lokalen politischen Patron vernachlässigten.

Aber während den PAD-Massendemonstrationen gegen Thaksin zitierten liberale Akademiker und einige Sozialaktivisten Aneks Buch um zu "beweisen" dass die ländlichen Armen zu dumm waren um die Demokratie zu verstehen und dass sie

---

[83] "One Tambon One Product"

gefangen waren in Thaksins neuem "Patron-Klienten-System" durch die populistische Politik der TRT. Dies wurde verstärkt durch Anek selbst, der in einem späteren Buch behauptete, dass die TRT das neue Patron-Klienten-System aufgebaut hätte und dass dies beweisen würde, dass Thailand niemals eine voll funktionsfähige Demokratie haben könnte[84].

Bei dem Konzept des „Patron-Klienten-Systems" geht es nicht um eine politische Partei die der ganzen Wählergemeinde populistische Politik anbietet, sie dann durchführt und dadurch einen überwältigenden Wahlsieg an der Wahlurne erreicht. Das politische Patron-Klienten-System besteht aus persönlichen Beziehungen zwischen lokalen politischen Bossen und den Anhängern dieses Bosses. Die Beziehung resultiert in der unterschiedlichen Behandlung für einige. Es ist purer Nonsens zu behaupten, dass die TRT ein neues starkes Patron-Klienten-System in einer landesweiten Ausprägung im ganzen Staat eingeführt hätte. Für diejenigen die an echte Demokratie glauben, MÜSSEN Regierungen und politische Parteien eine Politik betreiben, die die Menschen von ihnen verlangen. Natürlich aber wenn man wie ein „Panzer-Liberaler" denkt[85], dass die Armen zu dumm sind und kein Recht zu Wählen haben sollten und dass Ausgaben zur Verbesserung der Lebensbedingungen der Armen die Schaffung einer „Kultur der Abhängigkeit" schafft, werden Sie nicht zustimmen.

Die Allianz der Konservativen und Monarchisten

1. Das Militär

Trotz der Tatsache, dass Millionen von Thailändern glauben, dass das Zentrum der Macht der Elite bei der Monarchie oder dem Kronrat liegen würde, so versteckt sich die wahre Macht doch hinter dem Thron, das Militär. Das Militär hat sich seit der Revolution von 1932 gegen die absolutistische Monarchie in die Politik und Gesellschaft eingemischt. Bei wichtigen Augenblicken der Geschichte war die Macht des Militärs signifikant reduziert oder unter Kontrolle gehalten durch soziale Bewegungen und vom Volk ausgehende Aufstände. Die Periode nach 1973[86] und die Zeitspanne nach 1992 waren gute Beispiele. Noch zutreffender wäre es festzustellen, dass das Militär ein wichtiges Machtzentrum unter mehreren ist. Andere elitäre Zentren beinhalten das Big Business, die politischen Bosse[87] und hohe Beamte. Was einzigartig an der Armee jedoch ist, ist deren Bewaffnung und Entschlussfreudigkeit Regierungen durch Staatsstreiche zu stürzen. Das Militär hat ein

---

[84] Anek (2006) Taksina-Populism. Matichon Press, (in Thai).

[85] Siehe Kritik an dem Populismus der TRT durch die Democrat Party (Bangkok Post 17/06/06) und von neo-liberalen wie Tirayut Boonmi und Ammar Siamwalla (Nation 6/01/03, 28/07/03, Matichon daily 25/12/2002 –In Thai, Tirayut Boonmi "Taksinomics" in Jermsak Bintong (ed) Keeping up with Taksin, 2004-In Thai).

[86] So wurde die Border Patrol Police und semi-faschistische Gangs gegen Studenten und Linke im Jahr 1976 eingesetzt.

[87] Ungpakorn: Politische Bosse sind mafiöse Politiker die lokalen Einfluss haben, speziell in Gegenden außerhalb von Bangkok. Für Einzelheiten über „politische Bosse" siehe eine Studie von John T. Sidel (1999) Capital coercion and crime. Bossism in the Philippines. Stanford University Press.

Monopol über die Anwendung von Gewalt und sie waren in der Vergangenheit bereit, auf Demonstranten auf den Straßen zu schießen. Nichts desto Trotz gibt es drei Faktoren die die Macht des Militärs begrenzen: 1) Die Macht der sozialen Bewegungen, 2) die Macht anderer Bereiche der Elite die über wirtschaftliche und politische Macht verfügen, und 3) die Tatsache, dass das Militär in sich zerstritten ist.

Das Militär hatte nie alleine die absolute Macht, selbst nicht in den 1950er und 1960er Jahren und musste immer die Ansichten von sozialen Bewegungen, Technokraten und mächtigen Politikern und Geschäftsleuten in ihre Aktionen einbeziehen. Das ist noch mehr heute der Fall, nach Jahrzehnten der wirtschaftlichen Entwicklung und der sozialen Auseinandersetzungen. Der Coup von 2006 hätte nie erfolgreich sein können, wenn nicht die PAD und die meisten NGOs grünes Licht für eine solche Aktion gegeben hätten. Das Fehlen von Organisationsstrukturen innerhalb der Anhänger der TRT half zusätzlich. Es gab keine Rothemdenbewegung zum Zeitpunkt des Coups. Als die Rothemden gegründet wurden, unternahm das Militär gerade Anstrengungen in den Hinterzimmern um die PPP Regierung los zu werden. Eine wichtige Maßnahme des Militärs im Jahr 2008 war das Verweigern der Ausführung von Befehlen durch die gewählte PPP-Regierung um die internationalen Flughäfen wieder zu eröffnen, die durch die PAD blockiert worden waren.

Das Militär ist in mit sich selbst streitende Fraktionen geteilt, die oft eigenen Gesetzen folgen. Jene, die sich mit der Beobachtung des Militärs beschäftigen sind oft übertrieben besessen von den Gedanken über die unterschiedlichen Fraktionen und ihren Führern, und vergessen die Aktionen der anderen gesellschaftlichen Mitspieler. **Die militärischen Fraktionen verfolgen rein ihre Eigeninteressen.** Sie sind verbunden mit verschiedenen pensionierten Soldaten, Geschäftsleuten und Politikern. Niemanden wird erlaubt lange auf einer militärischen Spitzenposition zu verbleiben. Aus historischen Gründen ist die Armee der mächtigste Teil der Streitkräfte. Die Marine hatte sich schon mal auf die Seite der Verlierer der Elite gestellt, zum Beispiel indem sie sich für Pridi Panomyong einsetzte, und die Luftwaffe war unterentwickelt. Die Polizei war für einen kurzen Zeitraum unter dem Polizeigeneral Pao Siyanon mächtig in den 1905er Jahren gewesen, aber sie wurde schon bald in der Rangordnung der Uniformierten abgestuft. Der Oberkommandierende der Streitkräfte hat eine rein zeremonielle Funktion. Die wahre Macht liegt in den Händen des Armeechefs. Die Position des Armeechefs rotiert um eine gleiche Verteilung der Möglichkeiten für alle sicher zu stellen. Seit den Tagen von Feldmarschall Sarit, hat es keinen einzelnen starken Mann des Militärs mehr gegeben. Generäle müssen sich anstellen, bis sie mit der Fütterung an die Reihe kommen. Das Militär hat lukrative wirtschaftliche Interessen in den Medien und in staatlichen Unternehmen.

Gewaltsame Unterwerfung ist niemals genug um die politische Macht zu erhalten. Legitimierung muss durch Sozialisierung und Ideologie aufgebaut werden. „Demokratie" als Ideologie ist in der thailändischen Gesellschaft extrem mächtig, wie schon in den Jahrzehnten vorher. Aus diesem Grund waren vergangene Militärdiktaturen niemals in der Lage gewesen zu erklären, dass sie „Gute Diktaturen" gewesen wären. Sie versuchten immer zu sagen, dass sie „demokratisch" wären oder „Übergangsregimes in einem die Demokratie entwickelnden Prozess". Trotz der hohen Anzahl von Coups in der thailändischen Geschichte hat es seit 1973 keine lange anhaltende und stabile Militärjunta mehr gegeben. Das Demokratiedenkmal im Zentrum von Bangkok, gebaut von einer anti-monarchistischen Militärdiktatur in den 1930er Jahren, wurde zum Symbol einer im Volk verhafteten Ideologie der Demokratie und verursachte, dass die Armee niemals in der Lage war es zu zerstören, nicht einmal in den 1960er oder 1970er Jahren.

Das Militär hatte immer ein Problem damit seine Aktionen zu legitimieren indem sie sich auf „Demokratie" berief. Deshalb war sie stets von der Monarchie abhängig, die ihr die Legitimierung verlieh. Das Militär behauptete immer, dass sie „die Monarchie beschützen würde" und dass „Sie die Diener des Königs wären". Wir sehen die Generäle auf Photos posieren, wie sie angeblich Befehle von der königlichen Hoheit entgegen nehmen. Die Legitimierung aus der Monarchie zu beziehen ist ein Weg um die Öffentlichkeit einzuschüchtern damit diese nicht die Armee kritisiert und das drakonische Gesetz Lèse Majesté ist zur Stelle um dies abzusichern.

„Nation, Religion und Monarchie" sind die drei Pfeiler der Ideologie der konservativen Elite. Seit dem Aufstand von 1992 gegen das Militär hatte man manchmal zögerlich „das Volk" hinzugefügt, nachdem man mehrmals darüber nachgedacht hatte[88]. Jedoch ist, soweit es das Militär angeht, der wichtigste Pfeiler der Drei-Pfeiler-Ideologie die Monarchie. „Religion" ist schwierig als unterdrückende Gewalt zu missbrauchen auf Grund der Tatsache, dass die Thailänder Buddhisten sind, und da die Version des Buddhismus, der von der Elite der Vergangenheit aufgebaut worden war, dem Klerus keinerlei politische Macht verlieh. „Nation" scheint ein machtvolles Symbol darzustellen, und ist es auch. Aber seit den 1930er Jahren hat es eine Spannung zwischen „Nation" und „Monarchie" gegeben weil die ersteren eine mehr kollektive Idee darstellten, mit kollektiven Interessen, in einem egalitäreren Gesellschaftskonzept, während das Letztere auf ein einzelnes Individuum konzentriert ist. „Nation" in einem egalitären Konzept war auch die Ideologie der Volkspartei von 1932, der maoistischen Kommunistischen Partei und der vielen sozialen Bewegungen. Deshalb dient die „Monarchie" am besten den engen und elitären Interessen der Armee.

Die Gerichte und das Fehlen von Gerechtigkeit und Rechtsstaat

Die Gerichte in Thailand waren niemals unabhängig oder gerecht. Dies auf Grund des Vermächtnisses der Herrschaft der Elite. Die allgemeine Erfahrung von einfachen Menschen ist, dass es keine Gerechtigkeit und keine Menschenwürde vor dem System der Gerichte gibt. Gewerkschafter wissen, dass Arbeitsgerichte sich auf die Seite der Bosse und der Regierung stellen. In vielen Provinzgerichten sitzen die Richter in einem Raum über dem eigentlichen Gericht und die Angeklagten müssen mit den Richtern über ein Fernsehsystem kommunizieren. Arme Menschen wissen, dass sie niemals mit Respekt behandelt werden und dass die Reichen jede Straftat ungestraft begehen können. Gefangene werden mit Ketten vor Gericht gebracht und menschenunwürdig behandelt. Die Polizei und die Gerichte sind mit Korruption durchwachsen.

---

[88] Siehe Zeichen außerhalb des militärischen Lagers..

> Um dieses System der Ungerechtigkeit zu unterstützen haben die Gerichte ihre eigene Version eines Lèse Majèsté-Gesetzes. Niemanden wird erlaubt Entscheidungen von Gerichten zu diskutieren oder zu kritisieren. Die Gerichte behaupten „durch die Monarchie" zu antworten und jeder der die Gerichte kritisiert wird mit einer Strafe wegen „Missachtung des Gerichts" verfolgt. Es gibt keine öffentliche Rechenschaftspflicht oder Transparenz in dem Gerichtssystem und daher auch keine Gerechtigkeit. Es gibt keinen Glauben in Rechte für Gefangene, keinen Versuch einen humanen Strafvollzug einzurichten und keine öffentliche Beteiligung in der Strafjustiz, es gibt keine Jury.

Während der Amtszeit von Premierminister Thaksin waren die Gerichte ihm gegenüber wohl gesonnen, sie sprachen ihn frei von jedem Fehler bei der Verschleierung seines Vermögens kurz vor seinem ersten Wahlsieg. Bis 2006 hatte sich die Flut der politischen Macht aber gewendet und die Richter wandten das Gegenteil an.

Im Jahr 2006, kurz vor dem Militärcoup hatte der König die Gerichte gedrängt gegen die "politischen Fehler" im Land vorzugehen. Diese alternative Strategie einen Coup d'État anzuweisen wurde später im Jahr 2008 angewandt um die gewählte PPP-Regierung zu stürzen. Zusätzlich dazu benutzte das Militär die Gerichte nach dem Coup von 2006 um die TRT aufzulösen auf Grund der angenommenen Tatsache, dass einige Funktionäre der Partei in Bestechung verwickelt wären. Diese Funktionäre wurden schuldig befunden, eine Gruppe von Leuten bezahlt zu haben, um gegen die TRT in den Wahlen vom April 2006 anzutreten. Der Boykott der Wahlen durch die Democrat Party und andere Oppositionsparteien, die auch als Bruch des Wahlgesetzes hätte gedeutet werden können, hätte nach der Verfassung von 1997 verlangt, dass die TRT über 25% aller möglichen Stimmen in einem Wahlkreis hätte gewinnen müssen, um einen Abgeordneten ins Parlament zu schicken. Die Verfassung sah auch vor, dass das Parlament nicht konstituiert werden konnte, bis alle Wahlkreise durch Abgeordnete vertreten waren. Diese gesetzliche Falle bedeutete, dass Thaksins Versuch nach einem demokratischen Mandat durch die Menschen im April 2006 zu verlangen, durch die Konservativen vollständig unterlaufen wurde, was die Grundlage für den Coup bildete. **Die Aktionen der TRT-Funktionäre waren unmoralisch, aber kaum „Wahlbetrug" zu nennen und es war nicht unmoralischer als der Wahlboykott durch die Opposition.** Zweifellos hatte die TRT eine überwältigende Mehrheit der Wählerstimmen auf ihrer Seite. Trotzdem wurde die TRT alleine aufgelöst und alle seine Funktionäre von der Politik ausgeschlossen, was die Bestrafung der gesamten Partei und der Mehrheit der Wähler bedeutete.

Als die Wahlen Ende 2007 wieder stattfanden, wurden sie durch die PPP gewonnen. Dies war ein Auferstehen der TRT. Deshalb wurden die Gerichte ein zweites Mal genutzt um diese Partei aufzulösen und zwar auf Grund des Vorwurfs, dass ein Funktionär in Stimmenkauf verwickelt wäre. Die *Democrat Party* und andere Parteien haben auch Geld verteilt, wie es die Tradition in thailändischen Wahlen ist, aber die *Democrat Party* wurde nicht von den Gerichten bestraft weil es einen Plan des Militärs gab sie in die Regierungsverantwortung zu manövrieren. Davor hatten die Gerichte schon den PPP-Premierminister Samak Sundaravej entmachtet, weil er in einer Kochshow aufgetreten war, was als „Engagement in einem Unternehmen" gewertet wurde. Viele Abgeordnete der Democrat Party und Minister in der Regierung haben Unternehmensinteressen aber ihre Partei wurde nicht aufgelöst. Es ist klar, dass das Ziel war, die populärste Partei zu zerstören und die Bildung einer stabilen Regierung zu verhindern.

Die Ironie war, dass die TRT oder die PPP wegen ihrer Politik die meisten Stimmen erhalten hatte. Und zwar wegen der nachlassenden Wichtigkeit von Stimmenkauf in den thailändischen Wahlen. Im Gegensatz dazu haben Parteien wie die *Democrat Party* oder die *Chart Thai Party* immer ihre Sitze außerhalb von Bangkok gewonnen, indem sie Stimmenkauf und paternalistische Methoden anwandten. Nichts von dem was ich vorher geschrieben habe, sollte als Rechtfertigung für Bestechung, Stimmenkauf und Korruption gewertet werden, die durch Politiker oder politische Parteien begangen werden, auch nicht wenn sie von der TRT, der PPP oder der Puea Thai Party (PTP), die aus den Überresten der PPP entstanden ist, begangen wurden. Wichtig ist vielmehr einen ordentlichen Standard der Rechtsprechung zu erhalten und ein Verständnis dafür wie Stimmenkauf eliminiert werden kann. Der effektivste Weg zur Eliminierung von Geldpolitik ist es politische Parteien zu ermöglichen die ernsthafte und voneinander abweichende politische Programme in einer Atmosphäre der Demokratie und Meinungsfreiheit anbieten.

Zur gleichen Zeit als die Gerichte dazu benutzt wurden die TRT und die PPP zu vernichten, startete die PAD ihre bewusste Kampagne des Chaos um ihre als „neue Ordnung" bezeichnete Form des Autoritarismus zu erreichen. Sie übernahmen mit Gewalt die Regierungsgebäude, zerstörten das Interieur. Im Oktober 2008 führten sie gewalttätige Aktionen aus um das gewählte Parlament davon abzuhalten sich zu konstituieren. Sie waren mit Schusswaffen, Schlägern und hausgemachten Bomben bewaffnet. Die Polizei antwortete mit Tränengas. Es ist wahrscheinlich, dass ein PAD-Mitglied durch die Polizei getötet wurde, weil ein Tränengasprojektil direkt in die Menge geschossen wurde. Andere PAD-Mitglieder starben weil sie von ihren eigenen Explosivkörpern in die Luft gesprengt wurden. Die PAD wurde auf Video festgehalten, als sie absichtlich einen Polizisten überfuhr. Und doch ist es bemerkenswert, wie all die Mainstream-Medien, die Akademiker und die NGOs vereint waren in einer einseitigen Verdammung der Polizei. Die Wirtschaftsfakultät der Chulalongkorn Universität stellte eine offizielle Ausstellung bereit, in der die PAD dafür gelobt wurde, die Polizei angegriffen zu haben. Schließlich im Dezember besetzte die PAD die beiden internationalen Flughäfen des Landes mit der Unterstützung des Militärs und der *Democrat Party*, was zur Schließung des Landes und der Zerstörung der Touristikindustrie führte.

Zum Zeitpunkt der Erstellung dieser Zeilen war noch kein Mitglied der PAD für irgendwelche dieser kriminellen Akte verurteilt worden, einige waren bereits von Gerichten frei gesprochen worden. Die übrig gebliebenen Gerichtsfälle für die Monarchisten sind schmerzhaft langsam, während eine Anzahl von Rothemden sehr schnell ins Gefängnis geworfen wurde, nur weil sie ihre Meinung äußerten. **Die Polizei wurde auch für schuldig befunden, exzessive Gewalt in 2008 angewandt zu haben. Aber es gibt keinerlei Erwähnung durch das Justizsystem über die Rolle der Armee bei der Tötung von Menschen im April 2009 oder dem illegalen Coup in 2006. Dies sind offensichtliche Beispiele von doppelten Standards im Justizsystem und einem vollkommenen Fehlen des Rechtsstaates.**

Die Monarchie und der Kronrat

Mehr Einzelheiten über die Natur der thailändischen Monarchie erscheint in Kapitel 3 dieses Buches. Deshalb wird dieser Teil kurz sein.

Wie schon erklärt wurde, hat die konservative Elite eine lange Geschichte der Legitimierung ihrer anti-demokratischen Aktionen unter Bezugnahme auf die Monarchie. Viele Thailänder und einige ausländische Beobachter, darunter Paul Handley[89], glauben, dass der König die mächtigste Persönlichkeit in Thailand wäre. In Kapitel 3 werde ich darlegen dass dies eine falsche Ansicht ist. Der König ist schwach, ohne Prinzipien und ohne Visionen. Er war schon immer so, nicht nur in seinem hohen Alter. Jedoch hat die Elite und speziell das Militär die Illusion seiner Macht verbreitet, die im Gegensatz zur Verfassung steht. Diese Illusion dient dem Zweck die ganze Elite gegen eine Herausforderung aus dem Volk zu beschützen. Die Illusion schafft ein Klima der Angst und der erzwungenen Loyalität.

Es gibt drei Hauptelemente der Macht der konservativen Elite in Thailand: 1) Zwang durch Gewalt, die durch das Militär und paramilitärische Gangs ausgeübt wird, 2) wirtschaftliche Macht durch die Kontrolle der wichtigen Positionen in der Wirtschaft und 3) Legitimierung durch die Monarchie.

Als "stabilisierende Kraft" hat die Monarchie lediglich geholfen die Interessen der Elite zu stabilisieren. Der König hatte niemals den Mut die Demokratie zu verteidigen oder sich militärischer Gewalt zu widersetzen und niemals Einheit in Zeiten der Krise geschaffen.

Thaksin war beschuldigt worden er hätte versucht die Monarchie zu beseitigen und wollte Präsident werden. Es gibt absolut keinen Beweis dafür. Tatsächlich hatte Thaksin währen der gesamten Zeit als Ministerpräsident den König gefördert und war als untertäniger Diener des Königs aufgetreten, eben so wie die konservativen Generäle die seine Rivalen waren. Seine Regierung ebnete den Weg für und partizipierte an den ausschweifenden monarchistischen Zelebrierungen zum 60. Jahrestag der Thronbesteigung des Königs im Jahr 2006. Seine Regierung führte das „Gelbhemdenfieber" ein, während dessen alle aufgefordert wurden jeden Montag gelbe T-Shirts als Zeichen der Monarchie zu tragen.

Wegen des Coups von 2006 ist die konservative Elite nun wieder im Besitz der vollen Macht. Sie hatten sie niemals vollkommen an eine gewählte Regierung verloren. Jedoch ist der interessante Faktor, dass Thaksin, als er seine Macht verlor, den Kampf verlor sich selbst mit der Monarchie zu legitimieren und so ein Ziel wurde für diejenigen, die ihn als Republikaner brandmarken wollten.

Einige Thailänder sehen die „bösartige Persönlichkeit" von General Prem Tinsulanonda, Ex-Premierminister und Kopf des Kronrates, als hinter dem Coup von 2006 stehend an. Einige Extremisten behaupten sogar, dass Prem der nächste König werden wollte. All das ist unwahrscheinlich. Oft beziehen sich die Menschen auf Prem statt direkt über den König zu reden, weil sie gerechterweise Angst vor Lèse Majesté haben. Prem ist ein wichtiger Koordinator. Viele Menschen vergessen, dass

---

[89] Paul Handley (2006) schon zitiert.

Prem durch verschiedene Generäle und Politiker in den späten 1980er Jahren aus dem Amt gedrängt wurde und zum Präsidenten des Kronrats befördert wurde.

Die faschistoide *"Volksallianz für Demokratie"* (PAD) und NGO-Monarchisten

In Kapitel 2 dieses Buches findet man Einzelheiten der Natur der thailändischen Volksbewegung, der NGOs und der PAD. Alles was ich hier feststellen will ist die Tatsache, dass die PAD weder eine „Volksallianz" noch „demokratisch" war. Statt dessen hatte sie eine Basis aus ultrarechten Organisationen der Mittelklasse, die bereit waren Gewalt und Einschüchterung anzuwenden um die Demokratie zu zerstören. Die engen Beziehungen zu NGO-Führern war einer unter verschiedenen Faktoren, die es ermöglichte, dass die NGOs nach dem Coup von 2006 auf die ultrarechte politische Seite gezogen wurden. Die Mehrheit der NOGs steht fest im Lager der konservativen Elite gegen die Mehrheit der Armen.

Gegen Ende 2009 etablierte die PAD zur Verbreitung ihrer „neuen Ordnung" eine politische Partei mit dem Namen *„Die Partei der neuen Politik*[90]*"*. Einige haben behauptet, dass die PAD vor dem Niedergang stünde. Aber es ist vielleicht zu früh um im Jahr 2009 ein solches Urteil abzugeben.

Die Panzer-Liberalen-Akademiker

Heute haben wir in Thailand das Phänomen der "Panzer-Liberalen". Diese Leute hatten über Jahre erklärt, „liberale Demokraten" zu sein, die wahre Demokratie vorziehen. Aber als sie in der Krise nach dem Coup von 2006 auf den Prüfstand gestellt wurden, schlugen sie sich auf die Seite des Militärs und der PAD, statt sich auf die Seite der Demokratie zu stellen. Sie rechtfertigten dies indem sie sagten, dass nur ein Coup dazu führen konnte, dass man Thaksin loswurde. Wie die Linken in ihrem eigenen öffentlichen Widerstand gegen den Coup gezeigt hatten, ob es die Aktionen des *„Netzwerkes vom 19. September gegen den Coup"* oder die progressive Bewegung *„Thai soziales Forum"* war, so war es sehr wohl möglich sowohl gegen Thaksin als auch gegen den Coup zu sein. Aber die „liberalen" Akademiker behaupteten, dass Thaksin eine „parlamentarische Diktatur" aufgebaut hätte, die nur durch einen Militärcoup hätte beseitigt werden können.

Seit Jahrzehnten sind die meisten thailändischen Akademiker vor der politischen Debatte zurückgescheut und zogen persönliche Zankereien der Diskussion über prinzipielle Argumente vor. Niemand ist jemals gezwungen worden seinen Glauben zu rechtfertigen oder darzulegen. Wenn gelegentlich akademische Papiere verfasst werden, sind sie beschreibender Natur und ignorieren Arbeiten die ihnen peinlich sind, die Alternativen aufzeigen oder Erklärungen anbieten. Das Untersuchen von verschiedenen Ansichten in der akademischen Literatur und das Zitieren von anderen Arbeiten ist nicht was die meisten thailändischen Akademiker tun. Sie tendieren auch dazu, Moderichtungen und Schulen sowie Gedanken vom Ausland aufzugreifen, sie neu zu verpacken und sie als ihre eigenen Ideen zu verkaufen, ohne entsprechende Danksagungen. Das führt zu einem Klima der Arroganz, des Fehlens

---

[90] "The New Politics Party"

der Debatte und niedriger akademischer Standards in den Sozialwissenschaften. Generell gesehen werden thailändische Studenten nicht ermutigt oder geschult argumentative Essays in Sozialwissenschaften zu schreiben. Dozenten wie ich und eine Hand voll anderer Akademiker, die sich für solche Bildungsmethoden eingesetzt haben, standen vor einer starren Wand der Ablehnung durch andere Kollegen.

Als diese liberalen Akademiker ihre Mittelklasseinteressen verteidigten und den Coup von 2006 unterstützten, sahen sie keine Notwendigkeit eine ernsthafte Erklärung abzugeben außer zu behaupten, dass die Armen „die Demokratie nicht verstehen" würden. Viele waren auch Unterstützer des freien Marktes. Die Liste der liberalen Kollaborateure im durch die Junta ernannten Parlament ist eine Liste der Schande. Schulter an Schulter mit Armee und Polizei sowie Wirtschaftsbossen findet man folgende ehrenwerte Persönlichkeiten: Ammar Siamwalla, Pratumporn Wucharasatien, Kotom Ariya, Sopon Supapong, Chai-anan Samudwanij, Bawornsak Uwanno, Wutipong Priapjeerawat, Sungsit Piriyarungsan, Sujit Boonbongkarn und Surichai Wankeaw[91]. Auch zu erwähnen sind Chaiyan Chaiyaporn, Surapong Jaiyarnarm, Surat Horakul und Panitan Wattanayakorn[92]. Viele sind von der politischen Fakultät der Chulalongkorn Universität wo ich einmal gearbeitet habe. Meine Universität verbannte mein Buch in dem ich den Coup von 2006 kritisierte aus der Bücherei.[93]. Im Jahr 2007 hatte meine Fakultät auch noch die Dreistigkeit eine finanziell gut ausgestattete Organisation mit dem Namen „Demokratie-Wache" zu gründen. Man könnte jedem vergeben der denken würde, dass das Ziel gewesen wäre „auf Signale von Demokratie zu achten um sie zerstören zu können"!

Andere liberale Akademiker und Intellektuelle wie Anek Laotamatat, Tirayut Boonmi und Anan Panyarachun, der ehemalige Premierminister unter der Junta von 1991, begannen die Idee von „Asiatischen Werten" zu fördern um den Coup zu rechtfertigen. Für sie ist „Thai-Stil-Demokratie" der Befehl des Tages. Anek argumentierte, dass Thailand ein „gemischtes System" benötigen würde, in dem gewählte Regierungen die Macht mit dem König teilen würden, und in dem der Thai Rak Thai – Populismus durch einen „Dritten Weg" der sozialen Wohlfahrt ersetzt würde. Anek ist ein leidenschaftlicher Anhänger von Anthony Giddens [94].

Die Lektion über den Liberalismus aus dem Coup vom 19. September 2006 ist klar. Man brauchte einen Militärcoup um die populäre Politik des Keynesianismus und der Sozialstaatidee der Thai Rak Thai zu beseitigen. Liberalismus und der freie Markt gehen Hand in Hand mit Militarismus und Diktatur. Wie Arundhati Roy schrieb: *„Was der freie Markt unterminiert ist nicht die nationale Souveränität,*

---

[91] Surichai hatte seinen Ruf zunächst als "NGO-Akademiker" aufgebaut.

[92] Ungpakorn: Panitan übernahme eine politische Position in der vom Militär unterstützten Regierung der Democrat Party im Jahr 2008
http://thaipoliticalprisoners.wordpress.com/, 8/9/2009, er wurde beschrieben als "einer der Akademiker zum Anstellen und zum Feuern um das drakonische Gesetz für die Innere Sicherheit zu entwerfen" Im September 2009 schlug er vor, dass die Regierung weiter die Bürger bespitzeln sollte, die sich legal politisch betätigen.

[93] Giles Ji Ungpakorn (2007) schon zitiert.

[94] Anek Laotamatat (2006) schon zitiert.

sondern die Demokratie. Die Ungleichheit zwischen Reichen und Armen wächst, die versteckte Faust der Ungleichheit schlägt erst recht zu. Die Globalisierung der Unternehmen benötigt eine Vereinigung von loyalen, korrupten und autoritären Regierungen in ärmeren Ländern um unpopuläre Reformen durchzusetzen und Unruhen zu unterdrücken."

Liberalismus hatte immer behauptet der Beschützer der Demokratie zu sein, aber wenn man auf die Beweise schaut, wird es klar, dass immer ein Problem darin bestanden hat, der armen Mehrheit das Recht zu Wählen zu geben. Dieses Recht wurde in vielen Ländern nur durch Massenkampf von unten erkämpft[95]. Liberale haben immer argumentiert, dass die Armen nicht bereit wären für die Demokratie weil sie die Demokratie benutzten könnten um die Interessen der Reichen zu gefährden.

Nicht alle thailändischen Akademiker stellten sich auf die Seite der Elite. Ehrbare Ausnahmen waren die Midnight Universität in Chiang Mai, eine Gruppe progressiver Dozenten für Rechtswissenschaften an der Thammasat Universität, Sutachai Yimprasert von der Chulalongkorn Universität, Wipa Daomanee und Pichit Likitkitsomboon von der Thammasart University, Somchai Phatharathananunth von der Mahasarakam University und Tanet Choroenmuang und Chaiyan Rajakool von der Chiang Mai University.

Die Regierung Thaksins

Thaksin Shinawatra, ein Mobiltelefon und Medien-Tycoon, gründete die TRT nach der Wirtschaftskrise von 1997. Er hatte vorher in den 1990er Jahren Positionen in der Regierung durch die *Palang Tum Party* inne gehabt. Die TRT war in der kürzlichen thailändischen politischen Geschichte einzigartig, da sie beträchtliche Zeit damit verbrachte ein politisches Programm zu entwickeln[96]. Sie organisierten Treffen mit verschiedenen sozialen Gruppen und trat zum ersten Mal bei ihrem Wahlsieg im Jahr 2001 mit einem realen Programm auf. Die TRT war eine populistische Partei die armenfreundliche Programme und keynesianische Anreize auf kommunaler Ebene anbot, indem sie staatliches Geld in lokale Projekte pumpte. Das Ziel war eine Modernisierung und sozialer Frieden nach der Krise zu schaffen, damit die Regierung Thailands wirtschaftliche Wettbewerbsfähigkeit verbessern konnte[97]. Gleichzeitig vertrat diese Partei des Big Business auch neo-liberale Politik wie die Privatisierung und die Unterstützung für Freihandelsabkommen (FTAs). Dies wurde von der TRT „zweigleisige" Politik genannt. Das über allem stehende Ziel war die Modernisierung der thailändischen Gesellschaft zum Vorteil des Big Business, während gleichzeitig die Mehrheit der Armen Bürger zu „Aktionären" gemacht wurden. Dieses Rezept sicherte der Partei einen überwältigenden Wahlsieg bei den Wahlen von 2005.

Die Armen, die die Mehrheit der thailändischen Wähler darstellen, stimmten enthusiastisch für das Flaggschiffprogramm der Partei. Dieses bestand aus der allgemei-

---

[95] Siehe Paul Foot (2005) The Vote. How it was won and how it was undermined. Penguin/Viking.

[96] Details siehe Pasuk Phongpaichit & Chris Baker (2004) schon zitiert.

[97] Kevin Hewison (2003) schon zitiert.

nen Gesundheitsversorgung (das erste das es jemals in Thailand gegeben hatte) und das Mikrokreditsystem, das jedes Dorf in Thailand mit einem Budget von einer Million Baht ausstattete, um Kredite zu vergeben, die kleine Unternehmen ermutigen sollten. Die TRT gewann im Jahr 2005 ihre zweite Amtszeit mit einer allgemeinen Mehrheit im Parlament. **Die wichtigste Oppositionspartei, die Democrat Party, verbrachte die ganzen vier Jahre damit das Gesundheitssystem anzugreifen sowie andere soziale Errungenschaften. Sie sagten, dass es gegen die neoliberale „Fiskaldisziplin" verstoßen würde.** Die Akademiker Tirayut Boonmi und Ammar Siamwalla wiederholten Margaret Thatchers Rede über „ein Klima der Abhängigkeit" das durch einen „zu großen" Sozialstaat aufgebaut werden würde. Vor der Thai Rak Thai hatte die Regierung der Democrat Party, die unmittelbar nach der Krise von 1997 an die Macht gekommen war, Steuergelder benutzt, die bei den Armen eingesammelt worden waren, um das Finanzsystem zu retten. Die Banken waren durch wilde Spekulationen der Reichen, die in faulen Krediten endeten, in die Krise geraten.

In den ersten Jahren der TRT gab es viel Begeisterung für verschiedene neue Programme unter den vielen Sozialaktivisten, besonders unter den ehemaligen Studentenaktivisten aus der 1970er Szene, die wir als die „*Oktober-Generation*" kennen. Ein prominenter NGO-Aktivist, Pumtam Wechayachai wurde eine wichtige Persönlichkeit in der TRT, der damit prahlte, dass anders als in den alten Tagen der kommunistischen Partei, sie „die Macht ergriffen hätten" ohne die Härte des Lebens im Dschungel auf sich nehmen zu müssen („*ohne Maniok und Süßkartoffel essen zu müssen...*")

Thaksin beschwerte sich des öfteren über die Bürokratie und Rivalitäten zwischen den Beamten der verschiedenen Ministerien und schlug ein Regierungsmanagement nach „CEO-Stil" für die Provinzen vor. Die autonome Macht und der Einfluss von lokalen Politikern und der Mafia wurden reduziert weil die Politiker von den Programmen der TRT abhängig wurden um Wahlen zu gewinnen. Große Mega-Infrastruktur-Projekte wurden geplant und die Regierung versuchte die technologischen Fähigkeiten der Schüler auf verschiedene Weise zu verbessern. Manchmal wurden die Projekte von Thaksin zu stark voran getrieben weil er seine Ziele die er erreichen wollte in zu kurzen Zeitabständen gesteckt hatte. Sein Anspruch, dass er die Armut schnell ausradieren wollte war ein gutes Beispiel. Oft waren die armenfreundlichen Projekte mit zu wenigem Geld ausgestattet oder durch die Politik des freien Marktes untergraben. Zwei Beispiele sind seine Weigerung billige Arzneimittel in Thailand zu produzieren aus Angst vor dem Widerstand der globalen Arzneimittelunternehmen, und die Einführung von internen Märkten innerhalb des Gesundheitssystems. Jedoch brachte die TRT viele Verbesserungen in das Leben der thailändischen Menschen, besonders durch das System der allgemeinen Krankenversicherung. Die Partei begann auch damit den Einfluss der alten Patron-Klienten-Netzwerke zu zerstören, indem sie progressive politische Programme bereit stellten, die die Wähler lebhaft unterstützten.

Es wird oft fälschlicherweise angenommen, dass die armenfreundlichen Programme der TRT nur auf die ländlichen Gebiete beschränkt gewesen waren. Tatsächlich hatten die allgemeine Krankenversicherung und die Dorfmikrokreditsysteme auch einen günstigen Einfluss auf die städtischen Arbeiter. Vorher hatten sie die Bürde zu tragen, einen Teil ihres armseligen Gehaltes zurück an die Verwandten in den ländlichen Gebieten zu schicken. Durch die Anhebung des Lebensstandards in den ländlichen Gebieten hob die TRT auch die Standards der städtischen Arbeiterklasse an.

Natürlich gab es auch eine hässliche Seite der Thaksin Regierung. Während ihrer ersten Amtszeit führte sie den so genannten „Krieg den Drogen" in dem über 3000 Menschen erschossen wurden, ohne dass es jemals zu einem Gerichtsverfahren gekommen wäre. Unglücklicherweise war diese Maßnahme bei den Wählern und dem größten Teil der Elite äußerst beliebt da es nur eine schwache Opposition durch Menschenrechtsaktivisten gab. Viele buddhistische Priester befürworteten sogar das Programm. In den drei südlichsten Provinzen führte die TRT Regierung eine Kampagne der Gewalt gegen die muslimische malaiisch sprechende Bevölkerung durch. Die Regierung war auch für den durch die Polizei ausgeführten Mord an dem Verteidiger Somchai Nilapaichit schuldig, der Menschen aus dem Süden verteidigt hatte.

Zusätzlich zu groben Fällen von Menschenrechtsverletzungen vermieden Thaksin und seine Umgebung Steuern zu zahlen, so wie auch andere aus der Elite. Zusammen erhielten Thaksin und seine Gesellschafter 70 Milliarden Baht für den Verkauf ihrer Mobiltelefonfirma und zahlten keinen einzigen Baht Steuern für diesen Verkauf. Dies war vollkommen legal, aber manche fanden berechtigterweise, dass es auch vollkommen unmoralisch wäre.

Vor der politischen Krise zu Beginn von 2006 hatte die Regierung Thaksin eine breite Mehrheit im Parlament und das erlaubte der Thai Rak Thai die politische Gesellschaft zu beherrschen. Thaksins Firmen konnten auch Anteile an Medien kaufen und Druck auf Medien ausüben um die Regierung zu unterstützen, indem er mit dem Rückzug von Anzeigen drohte. Jedoch die Behauptung, dass er eine „parlamentarische Diktatur" errichtet hätte, oder dass es unter Thaksin keine Demokratie gegeben hätte, entbehrt jeder Grundlage. Seine Macht basierte auf der Zahl der Stimmen die seine Partei durch die Wähler erhalten hatte. Dies steht in starkem Kontrast zu der durch das Militär gestützten Regierungen.

Die autoritäre Regierung der Democrat Party

Am Ende des Jahres 2008, nachdem die Gerichte die Zerstörung der TRT wiederholt und die PPP aufgelöst hatten, da drohte und bestach die Armee einige der schlimmsten und korruptesten Elemente von Thaksins Partei die Seiten zu wechseln und die *Democrat Party* zu unterstützen. Führend war Newin Chitchop, benannt nach dem birmanischen Militärdiktator. Abhisit Vejjajiva wurde der Premierminister. Sein Name macht alles klar. Er bedeutet „Privilegien". Er war in Oxford und Eton ausgebildet worden.

Trotz der Versuche ein Bild aufzubauen als ob die Regierung der Democrat Party "sauber" wäre und anders als die "korrupte" Regierung von Thaksin, wurde schon bald ein Korruptionsskandal über den Verkauf von Medizinprodukten bekannt, in den Mitglieder der wichtigsten Regierungsparteien verwickelt waren[98]. Andere

---

[98] http://www.bangkokpost.com/news/politics/25208/five-coalition-mps-named-in-

Korruptionsskandale deuteten auf Leute, die in den Programmen des Königs und der Regierung mit dem Namen „*Thai Kem Kaeng*" arbeiteten[99].

Heute verwenden die thailändische Regierung und ihre Anhänger in der Elite wieder die Sprache des kalten Krieges und der Ära vergangener Militärdiktaturen um die Meinungsfreiheit und Demokratie zu unterbinden. Sie brandmarken die Opposition als „Kommunisten" und „Feinde und Zerstörer von Thailand". Es gibt eine totale Kontrolle der Regierung über die Mainstream-Medien und eine weit verbreitete Zensur alternativer Webseiten und kommunaler Radiostationen. Alle offiziellen Fernseh- und Radio-Kanäle gehören entweder der Armee, der Regierung oder den Medien-Tycoons die zu den Unterstützern der Regierung gehören.

Sofort nachdem die Democrat Party an die Macht gekommen war, kündigte sie an, dass ihre Priorität das zur Strecke bringen von Menschen wäre, die "den König beleidigt" hätten[100]. Lèse Majesté-Fälle stiegen dramatisch an. Zweitausenddreihundert Webeseiten wurden durch das ICT-Ministerium geschlossen und 200 weitere stehen unter Beobachtung. Das ICT-Ministerium gab 80 Millionen Baht aus um eine Kampagne der Zensur durchzuführen[101]. Nach den Unruhen vom April 2009, als die Armee mit der Unterstützung der Regierung auf pro-demokratische Demonstranten schoss, wurden 66 Webseiten der Rothemden für 10 Tage unter einem Ausnahmegesetz geschlossen. Die Polizei suchte verschiedene kommunale Radiostationen auf und unterbrach ihre Sendungen[102]. Als das ICT-Ministerium einige dieser Seiten wieder erlaubte, drohte sie mit der Nutzung „anderer Gesetze" um sie wieder zu schließen, falls sie aus der Reihe tanzen sollten. Die Regierung hat außerdem Gelder bewilligt um Spitzelaktivitäten gegen Oppositionelle zu finanzieren.

Die Regierung veranstaltete Hexenjagden gegen pro-demokratische Journalisten und Akademiker. Im September 2009 wurde der Fernsehjournalist Jom Petpradap gezwungen seinen Job aufzugeben weil er es gewagt hatte, ein Interview mit dem Ex-Premierminister Thaksin zu führen in einem Versuch, eine ausbalancierte Berichterstattung in den Medien zu unterstützen. Prominente unter den Kritikern von Jom waren der Minister der *Democrat Party* und Abgeordnete Satit Wongnongtoey, der eine wichtige Rolle dabei spielte Zensur und die Nutzung des Lèse Majesté-Gesetzes zu verstärken. Auch viele durch das Militär ernannte Senatoren waren unter den Kritikern und auch die Senatorin von Bangkok, Rosana Tositrakul, bekannt als NGO-Senatorin. Sie sagte dass „*sie sieht keinen Gewinn darin dass Argumente über die Sender ausgetauscht und Anschuldigungen verbreitet würden.*"[103]

Im November 2009 wurden vier Menschen verhaftet und unter dem Computerstraf-

---

medical-scam 08/10/2009.

[99] http://thaipoliticalprisoners.wordpress.com/ 27/09/2009.

[100] Ungpakorn: Dies wurde nur auf jene angewandt, die sich gegen den Militärcoup von 2006 stellten, mich eingeschlossen

[101] http://www.prachatai.com/ 13/1/2009(In Thai). Der Manager der alternativen Zeitung wurde auch verhaftet. Siehe http://thaipoliticalprisoners.wordpress.com

[102] http://www.prachatai.com/ 16 & 17/4/2009 (In Thai).

[103] http://thaipoliticalprisoners.wordpress.com/ 7/9/2009.

gesetz eines kriminellen Aktes beschuldigt, nach dem sie „Gerüchte verbreitet hätten, die die Aktienbörse in Bangkok zum Absturz gebracht hätte." Tatsächlich war der Aktienmarkt gefallen wegen echter Sorge um die Gesundheit und das Alter des Königs, der seit geraumer Zeit im Krankenhaus war. Wegen der fehlenden Transparenz über den Palast und fortwährender dummer Erklärungen die über die Gesundheit des Königs und seine „sich verbessernde Gesundheit" gemacht wurden, waren Gerüchte entstanden, dass er tot wäre oder im Sterben liegen würde. Das hatte den Absturz der Börse verursacht. Aber der Grad des Verfolgungswahnes und der Täuschung durch die Regierung und die sie umgebenden Kreise war so groß, dass sie als Erklärung eine „*Internationale Verschwörung*" erklärten, die durch die Verbreitung von falschen Gerüchten dazu führen sollte, das Land zu destabilisieren.

Es wurde keinerlei Beweis für eine solche Verschwörung gefunden oder irgendeinen Hinweis darauf, dass aus dem Zusammenbruch jemand Gewinn gemacht hätte, und die Leute die verhaftet worden waren hatten lediglich Erklärungen verbreitet, warum der Börsenmarkt zusammen gebrochen war. Aber Panitan Wattanay-agorn, ein früherer Chulalongkorn-Akademiker und Regierungssprecher behauptete, dass die Nutzung des Computerstrafgesetzes in diesem Fall notwendig wäre „um die nationale Sicherheit zu schützen"[104]. Korn Chatikavanij, ein Unterstützer des Coups von 2006 und Finanzminister, rechtfertigte die Verhaftungen „Weil sie Kommentare auf regierungskritischen Webseiten veröffentlich hatten."[105]. Wovor die monarchistische Regierung und die Armee wirklich Angst haben waren nicht die Gerüchte, sondern wie sie ihre undemokratischen Aktionen nach dem Tod des Königs würden rechtfertigen können.

Abhisit selbst hat eine Historie ständiger Lügengeschichten. Am St. John's College in Oxford hatte er im März 2009 gesagt, dass eine Reihe bestimmter Fälle von Lèse Majesté „aufgegeben worden wären". Aber Monate später noch wurden sie von Gerichten weiter verfolgt. Er log auch darüber, dass seine Regierung die Petition der Rothemden an den König, mit der eine Amnestie für Thaksin im August 2009 erbeten wurde, nicht behindern würde. Dann im November 2009 log Abhisit zusammen mit seinem Parteifreund Suthep Thaugsuban, dass die Rothemden ausländische Arbeiter aus benachbarten Ländern zwingen würden an den Demonstrationen der Rothemden teil zu nehmen.[106] Abhisit liebt es das Image eines jungen, modernen und ehrlichen Politikers zu verbreiten. Tatsächlich ist er ein kühles, kalkulierendes und ambitioniertes Mitglied der Elite, der bereit ist alles zu tun und alles zu sagen um im Amt zu bleiben.

Wie bereits erwähnt, hatte die Regierung die bewaffnete paramilitärische Gang mit dem Namen „Blauhemden" gegründet, die von Politikern der Regierungsparteien wie Newin Chitchop von der *BhumJaiThai* und Suthep Thaugsuban von der *Democrat Party* kontrolliert werden. Die Blauhemden wurden für gewalttätige Konfrontationen mit den Demonstranten der Rothemden im April 2009 genutzt und um

---

[104] Wall Street Journal 03/11/2009.

[105] Matichon on line 02/11/2009
http://www.matichon.co.th/news_detail.php?newsid=1257138216&grpid=00&catid=

106 http://www.prachatai.com/ 24/11/2009. (In Thai).

Abhisit und seine Regierungspolitiker auf ihren Reisen in die Provinzen zu beschützen. Diese Politiker benötigten den Schutz denn sie trafen fast immer auf wütende Einheimische deren demokratische Rechte mit Füßen getreten worden waren. Im September 2009 hatte die Abhisit-Regierung ca. zum 3. Jahrestag des Coups von 2006 ein Gesetz ausgerufen, was dem „Kriegsrecht" in Bangkok entsprach. Es war das „Gesetz zur Inneren Sicherheit". Damit sollte die pro-demokratische Demonstration der Rothemden verhindert werden. Solche Aktionen waren von keiner Thaksin-Regierung jemals gegen PAD-Demonstranten benutzt worden. Das Ereignis in Bangkok verlief friedlich.

Am gleichen Tag kam es zu einer anderen Demonstration die von den faschistischen Schlägern der PAD an der kambodschanischen Grenze organisiert worden war. Ihr Ziel war es, kambodschanische Dorfbewohner anzugreifen, die um den historischen Tempel Preah Vihear (Kao Prawiharn) herum lebten und arbeiteten. Der Tempel liegt auf kambodschanischem Territorium wird aber umgeben von Gelände dessen Eigentum umstritten ist. Vor über einem Jahr hatte die PAD versucht rechtsextreme Gefühle gegen Kambodscha anzufachen und damit einen Krieg zu riskieren. Die PAD behauptet, dass der Tempel zu Thailand gehören sollte. Tatsächlich ist der Preah Vihear Tempel von historischen Khmer erbaut worden und gehört ganz klar Kambodscha, sowohl aus einer historischen sowie auch rechtlichen Sicht[107]. Am 19. September marschierte die PAD bewaffnet an die Grenze, wie üblich mit Schusswaffen, Bomben und Schlägern. Sie griffen Polizisten an und eine Gruppe einheimischer Dorfbewohner die sich ihnen entgegen stellten. Ein Dorfbewohner wurde am Bein angeschossen und schwer verwundet. Die Einheimischen auf beiden Seiten der Grenze haben historisch ein sehr gutes Verhältnis und halten traditionell gemeinsam religiöse Zeremonien an dem Tempel ab. Dies war jedoch nicht mehr zustande gekommen seit die PAD die Schließung des Tempels erzwungen hatte. Zwei Monate später nahm der Justizminister Priapan Salirathavaibhaga eine Gruppe ausländischer Journalisten zur Grenze mit und behauptete, dass der Tempel Thailand gehören würde[108].

Teptai Senpong, der persönliche Sprecher für Premierminister Abhisit hatte davor erklärt, dass es keinen Grund geben würde, den Ausnahmezustand in der Grenzregion zu erklären, anders als in Bangkok, *„da die PAD thailändische nationale Interessen vertreten würde."* Abhisit selbst bestätigte noch einmal, dass die Ziele der PAD die gleichen wie die der Regierung in dieser Angelegenheit wären[109]. Suriyasai Katasila, ein Sprecher der PAD, sagte, dass die PAD-Führung Wira Somkwamkit, der die gewalttätige Aktion an der Grenze angeführt hatte, unterstützen würde. Es dürfte niemanden überraschen, dass niemand für den Gewaltausbruch bestraft wurde. Im November antwortete der kambodschanische Ministerpräsident Hun Sen mit der Ernennung von Thaksin als politischen Berater seiner Regierung.

Es ist interessant die Aktivitäten die am 19. September 2009 stattgefunden haben zu vergleichen. Sie helfen zu verdeutlichen wo die Bruchlinien durch die thailändische

---

[107] World Court ruling in 1962.

[108] Chris Blake, AP writer, 19/11/2009.

[109] http://www.prachatai.com/journal/2009/09/25901 posted 21/9/2009 (In Thai).

Gesellschaft verlaufen. In der nördlichen Stadt Chiang Mai hielt die progressive Midnight University ein Seminar ab über die Probleme die aus dem Coup von 2006 entstanden sind. In der Nordöstlichen Stadt Ubon Rajatanee protestierte eine Gruppe mit dem Namen Chak Tong Rop, eine in Ubon ansässige Rothemdengruppe, gegen die Tatsache, dass der Rektor und andere Akademiker der lokalen Universität die PAD-Aktionen in Preah Vihear unterstützt hatten[110]. An den Universitäten *Mahasarakam*, *Khon Kan* und *Ubon Rajatanee* hielten die Studentengesellschaften des Nordostens ihre Anti-Coup-Treffen ab.

Aber auf einem anderen Treffen an der Khon Kaen Universität organisierten NGOs ein gemeinsames Seminar um die Probleme der Menschenrechte zu diskutieren. Was dem Seminar eine seltsame und unrealistische Atmosphäre verlieh war die Tatsache, dass der Coup vom 19. September 2006 und die Zerstörung der Demokratie mit keinem Wort erwähnt wurden. Auch gab es offensichtlich nichts über das Problem des Lèse Majesté oder die drakonische Zensur zu diskutieren. Unter den Hauptrednern war der Vorsitzende der NGO-Organisatoren, Pariote Ponpet und ein PAD-Mitglied von der diskreditierten Nationalen Menschenrechtskommission. Dr. Niran Pitakwatchara[111]. Sie diskutierten die Angelegenheiten der lokalen Rechte von Dorfbewohnern und Probleme die aus Minentätigkeiten entstehen als ob sie nichts mit der politischen Unruhe in der thailändischen Gesellschaft zu tun hätten[112].

Elitäre Demokratisierung

Politikwissenschaft war bis zum Beginn der 1990er Jahre dominiert von rechten Ideen aus den USA. Die meisten Mainstream-Akademiker stimmten mit der „Structural Functionalist School of Democratization"[113] überin. Deren Hauptidee ist „Stabilität" und „soziale Normen" innerhalb demokratischer Gesellschaften aufzubauen. Das ideale Modell war die USA oder Großbritannien. Akademiker lehrten über den „Systemansatz" mit „Inputs" und „Outputs" als ob Demokratie eine Maschine wäre. Dem hinzugefügt wurde die Idee dass Länder mit „protestierende demokratischer Kultur" eher eine voll entwickelte Demokratie werden würde. Die Modernisierungstheorie half zu erklären, warum es kein Problem für die USA war, sich mit den thailändischen Militärdiktatoren gemeinsam als Teil der „Freien Welt" zu bezeichnen. Der Grund dafür war die Tatsache, dass die Priorität auf der Entwicklung und Modernisierung der Wirtschaft lag, und die Demokratisierung automatisch

---

[110] Ungpakorn: Die Ubon Rajatanee University ist eine Ausnahme, da die meisten Akademiker heute zu den Rothemden tendieren und für Demokratie eintreten..

[111] Ungpakorn: Niran rief den König kurz vor dem Coup auf, den PM Thaksin zu entlassen und hat versucht Treffen der Rothemden an der Ubon Rajatanee Universität zu verhindern.

[112] http://www.prachatai.com/journal/2009/09/25899 posted 21/9/2009 (In Thai).

[113] Gabriel Almond & Bingham Powell (1966) Comparative Politics: a Developmental Approach. Little Brown, Boston. Gabriel Almond & Sidney Verba (1963) The Civic Culture: Political Attitudes and Democracy in Five Nations. Princeton University Press. Lucian Pye & Sidney Verba (1965) Political Culture and Political Development. Princeton University Press.

danach mitwachsen würde[114]. Das Schwergewicht lag auf der Gestaltung der Demokratie von Oben durch erleuchtete Akademiker. Die „Menschen" hatten sich „zu bilden" um die Demokratie zu verstehen. Organisationen wie das „*König Prachatipok Institut*", das nach dem letzten absolutistischen König des Landes benannt worden war, übernahmen es als ihre Aufgabe die thailändische Demokratie zu gestalten und die Menschen zu bilden.

Der Name des „*König Prachatipok Institutes*" war nicht nur ironisch widersprüchlich. Der weitaus größte Teil der Strukturellen Fundamentalisten unter den Akademikern dienten unter verschiedenen militärischen Diktaturen in den 1960er und 1970er Jahren. Die Tatsache, dass drei Jahrzehnte später so viele thailändische Akademiker den Coup vom September 2006 unterstützt hatten und mit den konservativen Monarchisten zusammen arbeiteten, ließ die ernste Frage über die Fähigkeit oder den Willen aufkommen, Demokratie mit diesen „professionellen Intellektuellen" zu gestalten.

Bis zur Mitte der 1980er Jahre, kam die Schule für Demokratisierung der Zivilgesellschaft aus den Reihen der dominanten Mainstream Akademiker. Trotz der Tatsache, dass diese Schule Wert auf Massenbewegungen zur Bildung von Demokratie legte, endeten diejenigen, die die Zivilgesellschaft als Bewegung der Mittelklasse ansahen im wesentlichen bei einer ähnlichen elitären Sicht der Strukturellen Funktionalisten. Es gibt auch ernsthafte Probleme dabei die Zivilgesellschaft aus einer Nicht-Klassen-Perspektive zu betrachten, da sie nicht ermöglicht die wichtigen klassendynamischen Prozesse zu erklären, denen die sozialen Bewegungen unterliegen, wie verstümmelt die Prozesse auch sein mögen. In einigen Fällen wie in Haiti oder Osteuropa haben sich Organisationen mit klaren geschäftlichen Interessen und Finanzierung durch die US-Regierung als „Zivilgesellschaftliche Organisationen" verkleidet[115]. In einem Obrigkeitsstaat wie Singapur sind die so genannten „Zivilgesellschaftlichen Gruppen" durch die Regierung eingerichtet worden.

Der Glaube, dass die Zivilgesellschaft in der intellektuellen Mittelklasse oder den NOGs konzentriert wäre übersieht die mögliche antidemokratische Natur der Mittelklasse und der Intellektuellen die oft von ungleichen Gesellschaften und obrigkeitsstaatlichen Systemen profitieren[116]. Somchai Phatharathananunth hat beschrieben wie einflussreiche Leute wie Prawase Wasi und Chai-anan Samudwanij sich für die Idee einer „elitären Zivilgesellschaft" in Thailand eingesetzt haben[117]. Dies beinhaltet eine ungleiche Partnerschaft mit dem Staat in der der Staat die Zivilgesell-

---

[114] Siehe Fred Riggs (1966) Thailand. The modernisation of a Bureaucratic Polity. East West Press. U.S.A.

[115] Peter Hallward (2007) Damming the Flood. Haiti, Aristide, and the Politics of Containment. Verso.

[116] Garry Rodan (1997) schon zitiert. Victor T. King, Phuong An Nguyen & Nguyen Huu Minh (2008) Professional Middle Class Youth in Post-Reform Vietnam: Identity, Continuity and Change. Modern Asian Studies 42(4), 783-813. J. Pearce (1997) Civil society, the market and democracy in Latin America. Democratisation, 4 (2), 57-83.

[117] Somchai Phatharathananunth (2006) Civil Society and Democratization. Social Movements in Northeast Thailand. NIAS press. S. 84.

schaft dominiert. Es bedeutete dass die Bedrohung für die Demokratie als von den ungebildeten Massen ausgehend angesehen wird. Diese versteckte geschickt die Ideologie der monarchistischen Gelbhemden. In einer solchen Mainstream-Vision der Zivilgesellschaft war kein Platz für die Rothemden die sich aus kleinen Bauern mit Hauptschulabschluss, städtischen Taxifahrern, Straßenverkäufern und Fabrikarbeitern zusammen setzten.

Die urbanen und ländlichen Armen, die die Rothemden bilden wollen das Recht ihre eigene demokratisch gewählte Regierung auszuwählen. Sie begannen als passive Unterstützer von Thaksins TRT-Regierung. Aber sie haben jetzt eine neue Bürgerbewegung geschaffen, die wir „Real-Demokratie" nennen können. Für Sie bedeutet „Real-Demokratie" ein Ende der lange akzeptierten „stillen Diktatur" der Konservativen.

Die meisten aus der Rothemden-Bewegung unterstützen Thaksin aus guten Gründen. Seine Regierung richtete viele moderne Programme zur Armutsbekämpfung ein, darunter Thailands erste allgemeine Krankenversicherung. Aber die Rothemden sind nicht einfach Thaksins Marionetten. Es gibt eine dialektische Beziehung zwischen Thaksin und den Rothemden. Seine Führung vermittelt Mut und Vertrauen zum eigenen Kampf. Aber im Jahr 2009 wurden die Rothemden zu selbst organisierten kommunalen Gruppen und einige zeigten die Frustration für Thaksins fehlende progressive Führungseigenschaft, besonders wegen seines Widerstandes, mit dem er weiter auf die Loyalität zur Krone besteht. Die TRT-Politiker vom alten Stil hatten Mühe mit der Geschwindigkeit der Bewegung mitzuhalten. Im Jahr 2009 erwuchs auch eine republikanische Bewegung aber ein signifikanter Anteil der Rothemden liebt immer noch Thaksin und den König[118].

Viele Beobachter aus der Mittelklasse werden sich unkomfortabel dabei fühlen, dass die Rothemden eine Bewegung normaler Bürger sind und nicht Teil der Mittelklasse. Die Rothemden sind kein „kultiviertes Volk" mit Erfahrung in Aktionismus. Aber sie sind eine sich schnell entwickelnde Organisation mit Medien und Internetfähigkeiten. In einer Situation in der die NGOs und die Intellektuellen der Mittelklasse der sozialen Gerechtigkeit und der Demokratie den Rücken gekehrt haben, wird dies nun wirklich benötigt um eine demokratische Bewegung aufzubauen. So sieht die „Macht des Volkes" wirklich aus. Aber eine große Schwäche der Rothemden ist die Tatsache, dass sie bisher noch keine großen Anstrengungen unternommen haben, sich mit den Gewerkschaften zusammen zu tun. Sie müssen sich außerdem zunehmend von den populistischen kapitalistischen Politikern wie Thaksin entfernen.

Der Klassenkampf und die Bewegung für Demokratie

Was wir in Thailand seit dem Ende von 2005 gesehen haben, ist ein wachsender Klassenkampf zwischen den Armen und der konservativen Elite. Jene die diesen Kampf begannen, hatten nur die Absicht einen inter-elitären Machtkampf auszufechten um Thaksin los zu werden. Aber sie haben dabei eine Macht der Klasse frei

---

[118] siehe Andrew Walker & Nicholas Farrelly (2009) Thailand's Royal Sub-plot. http://inside.org.au, 14/4/2009.

gesetzt. Die Elite wird nun von den Rothemden als autokratisch (*Ummart*) angesehen, und als außerhalb der formalen Grenzen der Verfassung agierend. Oder wie Jakrapob Penkair es nannte als: „Einen Staat im Staat".

Natürlich ist es kein reiner Klassenkampf. Auf Grund des Vakuums auf der Linken, schaffen es Millionäre und populistische Politiker wie Thaksin Shinawatra eine Führung für die Armen zur Verfügung zu stellen. Während der letzten 80 Jahre war es eine Vielzahl von Bewegungen für die Armen, die gegen die herrschende Klasse mit unterschiedlichen Ideologen und Organisationsformen kämpften, unterdrückt worden, überall in der Welt. Das bedeutet nicht, dass die Klasse nicht das fundamentale Problem darstellt. Hamas, Hezbollah, die Bolivarische Bewegung, verschiedene nationale Freiheitsbewegungen in Asien und Afrika oder prodemokratische Bewegungen in Osteuropa lieben vielleicht die Bolschewiken von 1917 nicht, aber sie sind, mehr oder weniger, Bewegungen der unterdrückten Klassen. Es sind nur die sektiererischen Linken die solchen Bewegungen den Rücken zukehren.

Wir müssen die militärische Einflussnahme auf die Gesellschaft reduzieren, Den Einfluss der Justiz und der Polizei reduzieren und die Freiheit und Demokratie von den Graswurzelbewegungen aus verbreiten. Und wir müssen auch die Monarchie abschaffen. In Millionen von Überzeugungen wurde sie zu einem Hindernis für Freiheit und Menschenwürde. Thailänder müssen eine Kultur des Bürgerwesens entwickeln statt weiter nur „königliche Untertanen" zu bleiben.

Die Rothemden haben aus dem Kampf seit dem Coup vom 19. September 2006 gelernt, dass „wahre Demokratie" nicht einfach durch Massendemonstrationen oder wiederholtes Gewinnen von Wahlen geschaffen werden kann. Demonstrationen wurden mit blutiger Unterdrückung beantwortet und Wahlergebnisse wurden wiederholt mit Mitteln außerhalb der Verfassung ins Gegenteil verkehrt. Die prodemokratische Bewegung muss lernen, dass unsere Ziele durch mächtige und erworbene Interessen blockiert werden. Es ist nicht eine einzige Person oder Institution unter der Elite.

Die Debatte unter den Rothemden in 2009 ging über Reform oder Revolution als Weg zur Demokratie. Es ging nicht darum ob oder nicht der Kapitalismus gestürzt werden sollte. Die volle Macht der Elite ist jetzt offen zu sehen. Die Frage wird sein, wie man mit ihr umgehen muss. Die Ziele sind sehr hoch gesteckt. Nur eine revolutionäre Bewegung wird die Macht der konservativen Elite überwinden können. Aber viele Rothemdenführer wollen den Kompromiss.

Jeder Kompromiss trägt das Risiko der Instabilität in sich, weil er niemanden zufrieden stellen wird. Die alte Elite mag einen Deal mit Thaksin eingehen wollen um die Rothemden davon abzuhalten komplett republikanisch oder sozialistisch zu werden. Aber egal was passiert, die thailändische Gesellschaft wird nicht in der Lage sein zurück zu den alten Tagen zu gehen. Die Rothemden repräsentieren Millionen von Thailändern die es satt sind und wütend über die Intervention der Konservativen in die Politik. Das Mindeste was sie wollen ist eine unpolitische konstitutionelle Monarchie.

Thaksin und die drei politischen Führer von *Kwam Jing Wan Nee* (*Truth Today*)[119] sind aus dem Reformlager. Sie fühlen, dass der Anspruch die Elite zu stürzen zu groß ist, zu riskant und kontraproduktiv. Sie wollen einen friedlichen Weg mit Kompromissen gehen. Sie sind bereit mit der Monarchie wie sie heute ist, mit kleinen Anpassungen, zu arbeiten. Viele Rothemden würden mit ihnen übereinstimmen weil sie Angst vor Gewalt und Aufruhr haben. Es ist eine schwierige Aufgabe. Aber der Reformweg riskiert vor der konservativen Elite zu kapitulieren. Die Petition von 2009 mit der der König um eine Amnestie für Thaksin gebeten worden war, wurde von dieser Fraktion unterstützt. Und sie organisierten Millionen von Graswurzel Rothemden, und nahmen viele Gefahren auf sich. Sie riskierten ein Image zu verewigen das die Macht des Königs in einer undemokratischen Weise legitimiert. Aber gleichzeitig wurde es genutzt um den König und die Monarchisten als gegen das Volk eingestellt darzustellen. Die Petition hat den Konservativen echte Kopfschmerzen bereitet.

Jakrapob Penkair und ich sind für die Revolution. Aber wir stimmen in vielen Dingen nicht überein. Für Jakrapob ist klar, dass die Monarchie reformiert werden muss. Meiner Ansicht nach ist es zu spät um den Wunsch nach einer reformierten konstitutionellen Monarchie in Thailand nach gleichem Vorbild wie in Großbritannien oder Japan zu errichten. Die Generale der Armee und die konservative Elite haben gezeigt, dass sie zu jedem Zeitpunkt bereit sind die Monarchie zu benutzen um die Demokratie zu zerstören und die Verfassung zu zerreißen. Deshalb müssen wir die Monarchie abschaffen und die Macht der Armee beschneiden. Die thailändische Geschichte von den 1970er bis 1990er Jahren lehrt uns, dass solche signifikante Veränderungen in der Gesellschaft nur durch Massenbewegungen möglich sind. Aktionen durch kleine Gruppen oder so genannte „Freiheitsbewegungen"[120] können nicht die notwendigen durchgängigen Veränderungen erreichen. Es würde bedeuten, die Rolle von Millionen von Rothemden zu verleugnen.

Ich als Sozialist würde hoffen, dass viele Menschen während des revolutionären Kampfes um Demokratie feststellen, dass parlamentarische Demokratie nicht genug ist. Wir brauchen soziale Gerechtigkeit und Gleichheit. Wir müssen einen demokratischen Freiraum einrichten, in dem wir vorwärts gehen können um für Sozialismus zu kämpfen und das bedeutet auch eine sozialistische Partei innerhalb der Rothemden zu gründen. Wir benötigen Demokratie in der die Menschen über Investitionen und die Produktion entscheiden. Das ist die wahre Demokratie des Sozialismus. Es ist Millionen von Kilometern entfernt von stalinistischer Diktatur wie in Nord-Korea, China, Laos oder Kuba.

Es gibt keine Garantie für den Erfolg eines revolutionären Weges in Thailand. Es wird ein harter Kampf werden. Aber ich glaube dass es nicht länger möglich ist mit Reformen zu arbeiten um Demokratie zu erreichen. Das Verhalten der Elite seit dem Coup von 2006 hat dies wieder einmal bewiesen. Aber in der realen Welt gibt es keine eisenharten Garantien. Wie Gramsci einmal sagte: „Der beste Weg um die

---

[119] Es sind drei ehemalige TRT-Politiker: Wira Musikapong, Jatuporn Prompan und Natawut Saikua.

[120] vertreten von Surachai Sa-Darn.

Zukunft voraus zu sagen ist es, sich in den Kampf einzuschalten."

Kapitel 2

Die Schande der NGOs, die halb-faschistische PAD und die Tragödie der Zivilgesellschaft

In Zeiten der Krise stehen Aktivisten vor schwierigen Entscheidungen und Prüfungen. Politische Positionen die früher ungefähr in Übereinstimmung mit Demokratie und sozialer Gerechtigkeit waren, können in Zeiten wie diesen auf den Prüfstand gestellt werden und man könnte feststellen, dass sie sich auflösen. Kein Sozialaktivist operiert in einem Theorievakuum. Selbst wenn er erklärt, dass er nur ein praktischer Mensch wäre, der nicht an Theorie interessiert ist. Die Wichtigkeit der politischen Theorie wurde bewiesen durch die Ereignisse seit dem Militärcoup von 2006. Dieser hat das Verhalten der meisten thailändischen Nicht-Regierungs-Organisationen in dem Kampf zwischen den konservativen Monarchisten (Gelbhemden) und den pro-demokratischen Armen (Rothemden) deutlich hervorgehoben. Die NGOs haben sich selbst beschämt indem sie sich mit den Gelbhemden verbündet haben und den Coup vom September 2006 unterstützten und damit die Demokratie zerstörten.

Vor fünf Jahren unter einer gewählten Thaksin-Regierung in Thailand, gab es eine aktive Zivilgesellschaft, in der soziale Bewegungen für den Schutz der Interessen der Armen kämpften. Diese Aktivität wurde besonders durch die Thai Rak Thai Thaksins ermutigt, trotz der Tatsache, dass diese Partei des Big Business argumentierte, dass die Armen „Aktionäre" der Gesellschaft sein sollten.

Gegen Ende des Jahres 2005 gingen regierungsgegnerische Massendemonstrationen unter der Führung der unter dem in die Irre führenden Namen auftretenden *„Volksallianz für Demokratie"* (PAD) auf die Straßen. Die PAD begann eine seltsame Allianz zwischen dem verärgerten monarchistischen Medien-Tycoon Sondhi Limthongkul und einer Hand voll Anführer von NGOs und sozialen Bewegungen zu schmieden. Statt zu akzeptieren, dass die Unterstützung der Wähler für Thaksin auf der ersten jemals durch eine Regierung eingerichteten allgemeinen Krankenversicherung und vielen anderen armenfreundlichen Maßnahmen beruhte, behaupteten Thaksins Gegner, darunter die meisten NGOs, dass die Armen die Demokratie nicht verstehen würden. Viele NGO-Anführer und Aktivisten erklärten, dass den Armen „die politische Information" fehlen würde, und dass deshalb das Wahlsystem, das durch die Wähler dominiert wurde von denen die meisten arm waren, fehlerhaft wäre.

Die Anführer der NGOs und der sozialen Bewegungen die sich in der PAD organisierten folgten einem scharfen politischen Rechtsruck, als Sondhi Limthongkul ihnen gelbe Hemden schenkte. Sie riefen außerdem den König auf Thaksins gewählte Regierung abzusetzen. Der König weigerte sich das zu tun, aber die Forderungen der PAD wurden als Grünes Licht für den Militärcoup vom September angesehen. Nach dem Coup von 2006 verschlimmerte sich die PAD in eine faschistoide Organisation. Sie übernahmen ultra-monarchistische und ultra-nationalistische Programme. Ihre Anhänger trugen gelbe T-Shirts. Sie verursachten fast einen Krieg mit Kambodscha wegen einer alten Tempelruine auf einem Bergrücken. Sie bauten eine bewaffnete Wachmannschaft auf und trugen offen Schusswaffen und andere

Waffen in den Straßen von Bangkok. Das Sprachrohr der PAD, die Manager Group, weist eine Historie von Hexenjagden auf und ermutigt die Benutzung von Gewalt gegen Akademiker und sozialen Aktivisten der Linken.

Die Politik der PAD

Die *Volksallianz für Demokratie* (PAD) war eine populäre Speerspitze in der Bewegung gegen die Thaksin-Regierung, und bestand aus 23 so genannten „Volks-Organisationen" die sich mit dem monarchistischen Geschäftsmann Sondhi Limthongkul und dem konservativen Buddhisten Chamlong Srimuang verbündet hatten. Der überwiegende Teil der Massenbasis war aus der Mittelklasse Bangkoks. Sie organisierten große Demonstrationen gegen die Thaksinregierung von Februar bis April 2006. Die größte der Demonstrationen wurde von 100.000 Menschen besucht.

Die PAD hatte fünf Anführer:

1) Sondhi (Sonti) Limthongkul (Limtongkul): Konservativer Monarchist und Medien-Tycoon und Eigentümer der *Manager Group*, eine Mediengesellschaft.

2) Chamlong Srimuang (Simuang): Ehemaliger Vorsitzender der *Palang Tum Party*, ein Führungsmitglied in der buddhistischen *Santi Asoke* Bewegung, extremer Abtreibungsgegner und einer der Anführer der Demonstrationen vom Mai 1992.

3) Somsak Kosaisuk: Pensionierter Vorsitzender der Eisenbahnergewerkschaft, Organisator des *Thai Labour Solidarity Committee* und einer der Anführer der Demokratiebewegung von 1992.

4) Pipop Thongchai (Tongchai): Berater der „*Campaign for Popular Democracy*", Aktivist für eine Bildungsreform und "NGO-Senior".

5) Somkait Pongpaiboon: Dozent am Korat Rajpat Institut und Aktivist der mit Lehrergruppen und Bauern arbeitet.

Der Sprecher der PAD war Suriyasai Takasila, ein früherer Studentenaktivist und Kopf der "*Campaign for Popular Democracy*".

Grob gesagt besorgte der Geschäftsmann Sondhi Limthongkul die Mittel und benutzte sein Medienimperium um die Bewegung bekannt zu machen, während die anderen vier Anführer halfen Aktivisten zu mobilisieren, die an den Demonstrationen teilnahmen. Es war der klassische Fall einer „klassenübergreifenden Volksfront", die oft von stalinistischen und maoistischen Linken in der Vergangenheit benutzt worden war, auch von der nun aufgelösten „*Communist Party of Thailand*" (CPT). Frühere Maoisten in der PAD argumentierten, dass sie eine Allianz mit den Monarchisten gegen das Big Business aufbauen müssten und die „Agenten des neoliberalen Imperialismus" wie Thaksin[121]. Sowohl Somsak Kosaisuk als auch Som-

---

[121] Ungpakorn: Diese Strategie war zuerst von Pipop Tongchai bei dem NGO "Peoples Assembly" Treffen am 23. Januar 2005 vorgeschlagen worden.

kait Pongpaiboon waren durch stalinistische Ideen beeinflusst, die aus der Zeit der CPT stammten. Die Ironie des maoistischen Vermächtnisses in Thailand ist dass es auch ehemalige CPT-Aktivisten innerhalb von Thaksins TRT gab, die schnell das Spiegelbild einer klassenübergreifenden Allianz aufbauten. Einige Vergleiche kann man mit den Philippinen hinsichtlich der Anti-Arroyo-Bewegung ziehen, die zum gleichen Zeitpunkt auftrat. Die maoistische *„Communist Party of the Philippines"*, entschloss sich eine ähnliche Allianz mit der so genannten „progressiven Bourgeoisie" einzugehen, statt eine Bewegung aufzubauen, die auf der Arbeiterklasse und der Bauernbewegung basierte, wie von *Laban ng Masa*[122] vertreten wurde.

Die Hauptdebatte zwischen der stalinistisch – maoistischen Linken und der trotzkistischen Linken handelte immer von dem Problem einer klassenübergreifenden Allianz in Volksfronten. Diese Diskussion wurde ernsthaft während der Taktik der Kommunistischen Partei Chinas in der Mitte der 1920er Jahre und der Spanischen Kommunistischen Partei[123] in den 1930er Jahren diskutiert. Die Hauptkritik gegenüber der Volksfrontstrategie war, und diese gilt auch für den Fall der PAD in Thailand im Jahr 2006, dass die Arbeiterklasse und die Landbevölkerung gezwungen werden sich zurück zu halten und die Forderungen ihrer Klasse zu unterdrücken, und dass die Führung an Kapitalisten und die Mittelklasse übergeben wird. Ohne diese Voraussetzung würden die Kapitalisten und der konservative Mittelstand der Allianz erst gar nicht beitreten.

Im Fall der PAD vereinigten sich die Bereiche der Volksbewegung, die NGOs und verschiedene soziale Netzwerke mit Sondhi weil sie glaubten, dass die Volksbewegung zu schwach wäre, um eine genügend starke Bewegung gegen Thaksin auf einer unabhängigen Basis zu organisieren[124]. Viele Aktivisten glaubten auch, dass es eine schlaue Taktik wäre sich mit Sondhi zu verbünden der eine große Medienmacht und viel Geld hatte[125]. Dies erklärt warum Sondhi die wirkliche Kontrolle über die PAD Politik hatte. Es erklärt auch warum die PAD alle Probleme ignorierte, die die Arbeiterklasse und die Bauern betrafen und sich darauf konzentrierten „die Monarchie" zu verteidigen und Thaksin der Korruption zu bezichtigen.

---

[122] Ungpakorn: *Laban ng Masa* (Struggle of the Masses) ist eine anti-maoistische linke Koalition die aus Menschen bestand, die sich von der Kommunistischen Partei abgespalten hatten.

[123] Siehe Nigel Harris (1978) The Mandate of Heaven. Marx and Mao in Modern China. Quartet Books. And Ian Birchall (1974) Workers against the monolith. The Communist Parties since 1943. Pluto Press.

[124] A lack of power among NGO bureaucrats leads to lobby politics. Ana Margarida Esteves, Sara Motta & Laurence Cox (2009) "Civil society versus social movements" (editorial) *Interface: a journal for and about social movements* 1 (2): 1 - 21 (November 2009).

[125] Ungpakorn: Die Informationen in dieser Sektion über die Politik der PAD stammt aus Inverviews von 31 Aktivisten der Volksbewegung, die von einem Forscherteam des Autors von Anfang bis Mitte 2006 durchgeführt worden waren, zusammen mit Untersuchungen über Medienberichte und Erklärungen. Die vollständigen Ergebnisse wurden in einem thailändischen Buch veröffentlicht: Ji Ungpakorn *et al.* (2006) *Social Movements in Thailand*. Workers Democracy Publishers.

Im November 2009 konnte Pipop Tongchai eine Rede auf einer PAD-Demonstration darüber halten, dass es notwendig wäre, sein Leben für *Nation, Religion und Monarchie* zu opfern. Ob er persönlich bereit war, das Opfer zu bringen war nicht klar. Vielleicht meinte er das Leben der jungen Soldaten an der Grenze zu Kambodscha. Pipop argumentierte auch, dass Thailand „unteilbar" wäre, und übernahm damit den extremen Nationalismus der herrschenden Klasse. Die logische Schlussfolgerung hieraus ist, dass man jede Art von Autonomie oder Unabhängigkeit für die südlichen Muslimprovinzen ausschließt. Somkiat Pongpaiboon verstieg sich auf der gleichen Demonstration darin ins Übersinnliche abzuschweifen und behauptete, dass Thailand immer sicher vor seinen Feinden wäre, weil es einen königlichen Engel geben würde, der das Land beschütze. Vermutlich bestehen Thailands Feinde aus der Mehrheit der Bevölkerung die Rothemden sind.

Die Ansicht, dass die Volksbewegung zu schwach wäre um unabhängig zu agieren hat einen wahren Kern, wenn man berücksichtigt, dass die Bewegung immer noch zu sehr in einzelne Kampagnen zersplittert ist und dass es eine anarchistische Weigerung zur Schaffung einer gemeinsamen politischen Theorie oder politischen Partei gibt. Aber es ist auch eine große Übertreibung, die die Realitäten des Klassenkampfes übersieht, besonders während der Thaksin-Ära. Ein wichtiger Aspekt die Bewegung als schwach anzusehen stammt aus der Tatsache, dass die Vertreter der Volksbewegung keine echte Massenbasis hatten. Somsak, Pipop und Somkiat waren gute Beispiele. Sie sind Köpfe von Bewegungen die von anderen abhängig sind, um Menschen zu mobilisieren.

Somsak war nicht erfolgreich darin eine signifikante Zahl von Arbeitern zu PAD-Demonstrationen zu bringen, trotz der Tatsache, dass er ein wichtiger Anführer des *Thai Labour Solidarity Committee* und ein pensionierter Vorsitzender der Bahnarbeitergewerkschaft ist. Als er die Gewerkschaft der Bahnarbeiter verließ, hatte er es versäumt irgendeinen Streik gegen die Privatisierung zu organisieren oder gegen die zunehmenden Opferzahlen auf den Bahngleisen. Stattdessen baute er Beziehungen mit dem Management und mit Politikern auf. Ein anderer Grund für Somsaks Versagen Arbeiter zur PAD zu ziehen war eng mit der Tatsache verbunden, dass die PAD sich nur um Probleme der Mittelklasse und der Unternehmer hinsichtlich Thaksins Korruption kümmerten, **statt über die Schwierigkeiten zu sprechen, die für die Arbeiterbewegung und die Armen relevant waren.** Natürlich ist Korruption auch ein großes Problem für die Armen, **aber sie sehen mit Recht dass ALLE Politiker, Militärs und die gesamte Geschäftselite korrupt sind.** In der Vergangenheit waren die Arbeiterklasse und die Landbevölkerung in der Lage gewesen, ihre Mitglieder erfolgreich für Probleme der Menschenrechte, der Demokratie, des Landrechts und der Gegnerschaft gegenüber Privatisierung und Freihandelsabkommen zu mobilisieren. Aber die PAD erwähnte diese Dinge kaum und nannte nur einmal die Probleme der Gewalt und der Menschenrechtsverletzungen im Süden.

Das Problem von Thaksins Korruption und seinen Interessenkonflikten wurden für jene Geschäftsleute zum echten Problem, die beim Herauspicken der goldenen Gelegenheiten den Kürzeren gezogen hatten und von denen, die mit Thaksin verbündet waren, ausgebootet worden waren. Es ist diese Tatsache, die Sondhi Limthongkul gegen Thaksin aufbrachte, denn sie waren vorher Freunde gewesen. Das Fehlen von Ehrlichkeit in dieser Angelegenheit kann aus der Tatsache erkannt werden, dass er der ehemalige Abgeordnete der TRT und korrupte Politiker Sanoh Tientong wie ein Held auf den Bühnen der PAD willkommen geheißen wurde. Das Jammern über Thaksins angebliche Beherrschung der so genannten „unabhängigen Körperschaften" wie die verschiedenen Organisationen die die Privatisierung der Industrien oder der Medien kontrollieren sollten genannt wurden, dieses Jammern handelte nicht davon, dass diese Körperschaften nicht die Bevölkerung als Ganzes vertraten (d.h. auch die Arbeiterklasse und die Landbevölkerung), sondern das Jammern handelt davon, dass Thaksin rivalisierend kapitalistische Interessen ausschloss. Die Zensur und das dominieren aller offiziellen Körperschaften durch die Armee und ihre Verbündeten seit dem Coup von 2006 wurden von der PAD {natürlich} in keiner Weise kritisiert.

Auch wenn Pipop Thongchai ein Senior der NGO-Bewegung war, hatte auch er keine wirkliche NGO-Massenbasis hinter sich. Selbst die *Campaign for Popular Democracy*, die einmal eine große Organisation war, die gegen die Militärherrschaft in den frühen 1990er Jahren war, war Jahre später nur noch eine leere Hülle. Pipop hing davon ab, dass ihm verschiedene NGO-Netzwerke einen „Gefallen" taten und die Menschen für die Demonstrationen mobilisierten. Jedoch waren sich nicht erfolgreich in der Mobilisierung von Dorfbewohnern die die wichtigsten Zielgruppen der NGOs waren. Dies war begründet darin, dass die meisten Landbewohner für die TRT stimmten. Somkiat Pongpaiboon hatte sich lange darüber beschwert, dass seit die Thaksinregierung an die Macht gekommen wäre, er unfähig gewesen wäre, die ländlichen Bewohner zu Protestveranstaltungen zu mobilisieren.

Die Tragödie der klassenübergreifenden Volksallianzstrategie die die NGOs benutzten war, dass sie durch die Übergabe der politischen Führung an Sondhi immer stärker von der reaktionären städtischen Mittelklasse abhängig wurden. Trotz der Behauptung dass sie in der Lage sein würden Sondhis monarchistische Rhetorik „abzuschwächen", was sie als Teil der Rechtfertigung nutzten weshalb sie sich mit ihm verbunden hatten, fand genau das niemals statt. Die gesamte PAD-führung unterstützte die Forderung an den König eine Regierung zu ernennen, und über die Köpfe der Armen hinweg Sektion 7 der Verfassung von 1997 zu nutzen[126]. Die *„Assembly of the Poor"* (Versammlung der Armen) und eine Reihe von Gewerkschaften und Aktivisten im ländlichen Bereich waren extrem unglücklich mit der Forderung zur Nutzung von Sektion 7 und sie weigerten sich die PAD-Demonstrationen zu unterstützen.

Noch schlimmer war die Tatsache, dass sich die PAD-Anführer in Opposition zu den Armen setzten, indem sie sie beschuldigten, durch das Stimmen für Thaksin ein „Fehlen von Information" zu zeigen, also ihr Dummheit. Thaksins armenfreundlichen Programme wurden als „schlecht für die Finanzsituation des Landes" dargestellt, und das in einer klassisch neoliberalen Weise, und die Armen die nach Bangkok kamen um Thaksin in der *„Caravan of the Poor"* (Karawane der Armen) zu unterstützen, wurden verleumdet als ein „gemieteter Mob". Es mag wohl sein dass es zu Fällen gekommen ist, dass die TRT dabei geholfen hatte die Reisekosten die-

---

[126] Ungpakorn: Somsak erklärt, dass er sich immer gegen die Anwendung von Sektion 7 ausgesprochen hätte, aber er hätte sich dem willen der Mehrheit beugen müssen..

ser armen Dorfbewohner zu bezahlen, aber Sondhi hatte auch für die Demonstrationsausgaben der PAD bezahlt. In keinem der Fälle bedeutete dies, dass die Teilnehmer nicht echte Freiwillige wären mit wirklichem Glauben.

Schließlich hatte der letzte Akt der klassenübergreifenden Allianz ausgespielt. Die Putschisten vom 19. September hätten niemals den Mut gehabt einen Coup zu versuchen, falls die NGOs von Anfang an eine klare Position gegen Diktatur eingenommen hätten. Aber das hätte bedeutet die Armen zu respektieren und zu versuchen sie von der TRT zum linken politischen Spektrum hin zu ziehen, indem sie bessere armenfreundliche Programme anboten.

Die Position der NGOs in der PAD war klar als sie kein Interesse zeigten am thailändischen Sozialforum (TSF) im Oktober 2006 teilzunehmen, trotz der Tatsache, dass Pipop dazu eingeladen worden war, an einer Plenardebatte teilzunehmen. Ähnlich spielte auch das *Thai Labour Solidarity Committee* keine Rolle im Sozialforum, versuchte aber einige Tage vor der Veranstaltung die Militärjunta zu treffen um sinnlose Vorschläge zu machen, wer der neue Arbeitsminister werden sollte.

Zu den Problemen der klassenübergreifenden Verbindung kam die Tatsache, dass die PAD-Anführer alle im mittleren Alter und männlich waren. Dies spiegelte die rückwärts gerichteten Ideen einer männlichen Überlegenheit. Die PAD-Anführer konnten als noch stärker rückwärtsgewandt gesehen werden wenn man sie im Licht der Tatsache betrachtet, dass es heute sehr selten irgend eine soziale Bewegung in Thailand gibt, in der nicht junge weibliche Aktivisten und junge Leute einen signifikanten Einfluss haben. Während der Kampagnen der PAD gegen Thaksin machte eine Gruppe von weiblichen Aktivisten in unterschiedlichem Alter einen ernsthaften Versuch, in die Führung aufgenommen werden[127]. Jedoch wurde das verärgert von Sondhi abgelehnt und als ein „Witz" der anderen männlichen Führer der PAD angesehen.

In Beantwortung einiger Vorwürfe, dass die PAD-Leitung in undemokratischer Weise arbeiten würde, beschwerte sich die PAD-Führung, dass verschiedene Vertreter der 23 Volksorganisationen es nicht für Nötig erachtet hätten, zu den Treffen zu kommen. Das ist vielleicht wahr. Jedoch ist die Frage warum das so war? War es vielleicht auf Grund der Tatsache, dass sie von vornherein aus jedem Entscheidungsprozess ausgeschlossen waren, oder weil diese Organisationen nur noch „Geisterorganisationen" waren, Hüllen ohne Massenbeteiligung? Vielleicht ist beides zutreffend.

Wie die NGOs sich auf die Seite der konservativen Monarchisten schlugen

Es ist schockierend, dass fast die gesamte NGO-Bewegung sich mit der konservativen Elite gegen die pro-demokratischen Armen aufgestellt hatte. Es ist schockierend Weil NGO Aktivisten zunächst auf der Seite der Armen und Unterdrückten in der Gesellschaft standen. Diese reaktionäre Position heute muss in einem politi-

---

[127] Ungpakorn: Die Vorsitzende der NGO-COD Rawadee Parsertjaroensuk war Teil dieser Delegation

schen und historischen Zusammenhang erklärt werden, statt mit dem Versuch es als das persönliche Versagen von einzelnen NGO-Führern abzutun.

Anders als die Unternehmergemeinschaft die sich im letzten Moment gegen Thaksin gewandt hatte, war die Volksbewegung nicht inaktiv in ihrer Kritik der Thaksin-Regierung in den frühen Tagen der Unruhen. Die größte Bewegung baute sich durch die Arbeiterklasse gegen die Thaksinregierung auf, als es galt Aktionen gegen die Privatisierung der Energiewirtschaft mit 200.000 Arbeitern im Jahr 2004 zu organisieren. Trotz der Proteste gegen die Menschenrechtsvergehen der Thaksin-Regierung und der großen Demonstration gegen Freihandelsprojekte durch die sozialen Bewegungen, behielt die Regierung eine starke Unterstützung unter den Armen weil es keine erkennbare linke Partei gab, die eine Herausforderung durch Wahlen darstellen konnte. Die rechten Mainstream-Parteien hatten offensichtlich keine Anziehungskraft unter den Armen entwickelt. Diese Schwäche in der politischen Vertretung ist ein Symptom der autonomistischen und rechtenextremen Reformpolitik der Sozialbewegungen und ihrer NGO-Berater die sich weigerten eine linke Partei aufzubauen.

Beim Start der Anti-Thaksin-Proteste nahmen viele NGOs an den von der PAD organisierten Demonstrationen teil. Sie kamen zu dieser klassenübergreifenden Allianz ohne jede Vorbedingung. Es war legitim gegen die Exzesse der Regierung zu demonstrieren, aber es war höchst fragwürdig wenn die NOGs sich mit den Kräften der monarchistischen Unternehmer wie Sondhi Limthongkul verbündeten. Schon bald ging die Einbeziehung der NGOs in die PAD und in die Zusammenarbeit mit der Junta nach dem Coup von 2006 weit über alles hinaus, was man als echte Unterstützung von Freiheit und Demokratie bezeichnen kann.

Nach dem Coup von 2006 traten einige thailändischen NGO-Anführer wie Rawadee Parsertjaroensuk (*NGO-Coordinating Committee* NGO-COD), Nimit Tienudom (*AIDS network*), Banjong Nasa (*Southern Fisher Folk network*), Witoon Permpongsajaroen (*Ecology movement*) und Sayamon Kaiyurawong (*Thai Volunteer Service*) usw. vor in der Hoffnung, dass das Militär sie als ernannte Senatoren auswählen würde. Sie wurden enttäuscht. Davor waren langjährige Sozialaktivisten wie Yodkeaw, Tuenjai Deetate und Wiboon Kemchalerm in die von der Junta ernannte Nationalversammlung berufen worden. NGO-Aktivisten wie Rawadee Parsertjaroensuk und Nimit Tienudom nahmen an Demonstrationen der PAD teil. Nimit erklärte am 23. März 2006, dass die meisten der Thaksin-Anhänger „nicht die Wahrheit über seine Regierung wissen"[128]. Dies ist eine extreme Bevormundung der Armen. Viele NGO-Anführer wie Nimit sagten auch ihren Mitgliedern, dass sie während der Schlussezeremonie des Thai Social Forums nicht gegen die Militärjunta demonstrieren sollten, obwohl die Führer des NGO-Koordinations-Komitees diesen Protest unterstützten. Unmittelbar nach dem Coup unterstützten sogar die Mitarbeiter des „Focus on Global South" den Coup[129], obwohl Walden Bello sich prinzipiell gegen einen Militärcoup ausgesprochen hatte.

---

[128] http://www.prachatai.com/23/3/2006 (In Thai).

[129] http://focusweb.org/the-thai-coup-democracy-and-wearing-yellow-on-mondays.html?Itemid=93 von Chanida Chanyapate und Alec Bamford.

Einige NGO-Aktivisten wurden ernannte Abgeordnete unter der Militärjunta. Die meisten hatten Illusionen dass das Militär die thailändische Politik mit ihrer neuen Verfassung säubern würde. Während des Sozial-Forums brachten große thailändische NGOs wie *Raks Thai Foundation* in gelb gekleidete Dorfbewohner mit. Diese NGO erhielt große Summen vom thailändischen Staat. Das Welt-Sozial-Forum war ursprünglich mit einem Konzept gegründet worden, vollkommen unabhängig vom Staat zu bleiben. Aber das thailändische Sozial-Forum erhielt Gelder von staatlichen Organisationen wie dem „Büro für die Förderung von Gesundheit in Thailand"[130].

Es ist interessant eine Reihe von Erklärungen, die von NGO-COD über die gewalttätigen Proteste während des Jahres 2008 gemacht wurden, mit den Erklärung zu vergleichen, die im April 2009 über die Rothemden Demonstrationen gemacht wurden. Die Substanz der Unterschiede drängt sich in den Vordergrund. Im Mai, Juni und September 2008 erließ als NGO-COD Vorsitzender eine Erklärung, in der er die Pro-Thaksin-Regierung aufrief die Rechte der PAD auf "friedlichen Protest" zu respektieren. Im Juni 2008 rief das NGO-COD die Pro-Thaksinregierung auf, zurückzutreten. Die gewählten PAD- und NGO Senatorin Rosana Tositrakul erklärte, dass die Regierung kein Recht hätte, die PAD Demonstranten, die die Regierungsgebäude besetzt hatten, zu zerstreuen. Es ist wichtig festzustellen, dass die Pro-Thaksin-Regierung weder die Armee noch scharfe Munition gegen die PAD einsetzte. Die falsche Nutzung von Tränengas durch die Polizei jedoch verursachte {vermutlich[131]} eine Tote vor dem Parlament im Oktober 2008. Andere PAD Tote waren Unfälle, die durch von der PAD selbst gebastelte Bomben verursacht worden waren.

Später, nachdem die Democrat Party durch die Armee und die PAD an die Macht manövriert worden war, rief das NGO-COD die Rothemden im April auf, die „gewalttätigen Proteste" gegen die neue Regierung zu beenden. Später lobten sie die freiwillige Beendigung der Demonstrationen der Rothemden als Weg um Frieden aufzubauen. Sie riefen die Regierung der Democrat Party auf, „nur legale Mittel zur Auflösung der Demonstranten" zu verwenden. Einen Tag später benutzten die Armee und die Regierung scharfe Munition um die Demonstrationen der Rothemden aufzulösen, wodurch viele getötet und verletzt wurden[132]. Später gingen die *The Consumers' Association, AIDS networks and Slum Dwellers Group*, (Die Verbraucherschutzvereinigung, das AIDS-Netzwerk und die Slum-Bewohner-Gruppe) unter der Führung von Nimit Tienudom und Saree Ongsomwang noch weiter und denunzierten die Proteste der Rothemden am 13. April aber nicht die Aktionen der Regierung. Einen Monat später, am 8. Mai 2009, verabschiedete die nördliche Sektion des NGO-COD eine Erklärung über die thailändische politische Krise. In dieser

---

[130] www.thaihealth.or.th

[131] Rückstände an der Kleidung und die Art der Verletzung werden von den Rothemden so interpretiert, dass die getötete Demonstrantin so genannte Ping-Pong-Bomben am Körper getragen hatte, die durch die Wucht der Explosion einer direkt in die Menge geschossenen Tränengasgranate selbst zur Explosion gebracht wurden.

[132] http://www.prachatai.com/ May,June, September 2008, 13,15 & 23 April 2009 (In Thai).

Erklärung wurde behauptet, dass die Wurzel der Krise in der Art begründet wäre, wie „Politiker das System zu ihrem eigenen Vorteil manipuliert hätten". Es gab keinen einzigen Hinweis auf die Rolle der Armee bei der Zerstörung der Demokratie.[133].

Vier Tage davor, hatte die Persönlichkeit, die den Vorsitz der NGO-COD inne hatte, eine gemeinsame vom Militär bezahlte Feier vor der Statue von Rama VI unter dem Motto: „Hört auf Thailand zu verletzen" organisiert[134]. Trotz der Behauptung, dass es um Frieden gehen würde, war das Ereignis dazu bestimmt gegen weitere Massenproteste der Rothemden in Opposition zu gehen. Niemals vorher war eine solche Aktivität organisiert worden, als bewaffnete PAD-Schlägertruppen durch die Straßen von Bangkok marschierten und die zwei internationalen Flughäfen zu Schließen zwangen. In Beantwortung des vom Militär bezahlten Ereignisses wies ein prominenter Sozialkritiker, Niti Eawsriwong auf die Tatsache hin, dass „Hört auf Thailand zu verletzen" bedeuten würde, die Mehrheit zu marginalisieren und große soziale Ungerechtigkeit zu schaffen. Unter solchen Umständen, fragte er „warum sollte Thailand sicher vor den Protesten der Menschen sein?"[135]

In den 1980er Jahren hatten die thailändischen NGOs unter dem Motto „Die Antwort liegt in den Dörfern" gearbeitet, was einen Respekt vor dem gewöhnlichen Dorfbewohner zum Ausdruck brachte. Heute scheinen sie unter dem Slogan „Baue Demokratie mit Militärcoups auf, die Antwort liegt bei der Armee". Trotz ihrer wohlmeinenden Ziele hat die Politik oder das Fehlen jeder Politik in der NGO-Bewegung auch zu einem Fehlen von Demokratie und Verantwortlichkeit geführt und hat sie zunehmend in den Strudel der reaktionären rechtsextremen Politik getrieben.

Der historische und politische Kontext der NOG-Position

Wie die meisten Länder in der Welt, ging Thailand durch einen Prozess der Massenradikalisierung in den späten 1960er und frühen 1970er Jahre. Der Höhepunkt kam als eine Massenbewegung von Studenten und städtischen Arbeitern die Militärdktatur im Oktober 1973 stürzte[136]. Die maoistische kommunistische Partei Thailands (CPT) war die Organisation die am meisten von dieser Radikalisierung profitierte, besonders nachdem die Elite mit dem Blutbad vom Oktober 1976 zurück geschlagen hatte. Jedoch misslang die maoistische Strategie weil die CPT Probleme der Arbeiter in den städtischen Gebieten ignorierte und weil sie schockiert waren von der wachsenden Freundschaft zwischen dem „Maoistischen" China und der thailändischen Militärregierung in den späten 1970er Jahren. Zusätzlich wurden die Studentenaktivisten desillusioniert durch die autoritäre Natur der Partei. Mitte der

---

[133] http://www.prachatai.com/ 12/5/2009 (In Thai).

[134] *Matichon* on line 5/5/2009 www.matichon.co.th (In Thai).

[135] *Matichon* on line 11/5/2009 www.matichon.co.th Niti Eawsiwong "Thailand Stop Harming the People". (In Thai).

[136] Ji Giles Ungpakorn (2007) *A Coup for the Rich*. WD Press. Ji Giles Ungpakorn (2003) contributing editor, *Radicalising Thailand: new political perspectives.* Giles Ungpakorn (2001)"The political economy of class struggle in modern Thailand." *Historical Materialism* **8**, Summer, 153-183.

1980er Jahre brach die Partei zusammen. In diesem Vakuum der Linken traten die NGOs ein. Viele Gründungsmitglieder von thailändischen NGOs entstammen den Ruinen der CPT.

Das Vermächtnis der Kommunistischen Partei

Während der gesamten zwei Jahrzehnte in den 1960er und 1970er Jahren war die Kommunistische Partei Thailands (CPT) mit seiner stalinistisch-maoistischen Ideologie die dominierende Kraft in der Volksbewegung. Wie ihre Brüder und Schwestern im Rest der Welt reagierten thailändische Aktivisten auf den Zusammenbruch der Kommunistischen Partei, der sowohl durch ihr Versagen als auch auf Grund ihrer autoritären Natur erfolgte. Das negative Vermächtnis der CPT bedeutet, dass es eine Dominanz der Autonomiebewegungen, der Post-Moderne und der rechten Reformisten in der thailändischen Volksbewegung auslöste. Dies sind alles Theorien die zur Akzeptanz des freien Marktes und des Liberalismus führen, weil sie entweder „Theorien" oder „Grand Narratives" zurückweisen oder weil sie keine Alternative zum marktwirtschaftlichen Kapitalismus sehen weil sie glauben, dass die Bewegung von unten zum Fehlschlagen verurteilt ist. Der Maoismus der CPT war auch eine „entpolitisierende" Ideologie, denn sie diskutierte viele wichtige Probleme nicht, wie z.b. den freien Markt, die Politik der Geschlechter und Klassenunterschiede sondern förderte statt dessen einen Nationalismus[137].

Das Ergebnis war eine Bewegung die ent-politisiert war und sich darauf konzentrierte einzelne Probleme zu lösen. Die Zurückweisung der Notwendigkeit für eine unabhängige Theorie in der Volksbewegung geht Hand in Hand mit der Ablehnung durch viele, eine neue politische Partei für die Arbeiter und Landbevölkerung aufzubauen. Es ist das Fehlen jeglicher Theorie in der thailändischen Volksbewegung die es den Liberalen erlaubt hat sie zu dominieren. Beispiele kann man in der Unterstützung des freien Marktes erkennen, den man als Mechanismus ansah um „Verantwortlichkeit" zu erreichen und die vollständige Akzeptanz der liberalen politischen Ideen über die „unabhängigen Körperschaften" die in der Verfassung von 1997 geschaffen wurden[138]. In Europa sehen die Linken die „Unabhängigen Körperschaften" wie die europäische Zentralbank als Resultat neoliberaler Mechanismen an.[139]

Jedoch zeigte das kürzlich durchgeführt Thai Sozial Forum und die massiven Proteste gegen die Privatisierung der Elektrizitätswirtschaft und gegen Freihandelsab-

---

[137] Siehe Ji Giles Ungpakorn (2003) Challenges to the Thai N.G.O. movement from the dawn of a new opposition to global capital. In Ji Giles Ungpakorn (ed.) Already quoted. Auch Giles Ji Ungpakorn (2006) "The impact of the Thai "Sixties" on the Peoples' Movement today. Inter-Asia Cultural Studies, 7 (4). Published by Routledge.

[138] Siehe Michael Kelly Connors (2003) *Democracy and National Identity in Thailand*. RoutledgeCurzon, und Ji Giles Ungpakorn (2002) From Tragedy to Comedy: Political Reform in Thailand. *Journal of Contemporary Asia* **32** (2), 191-205.

[139] Und deren Versagen wurde in der Finanzkrise der Jahre 2008/2009 gezeigt, ohne dass sich aber erstaunlicherweise irgendetwas an der Akzeptanz des Modells geändert hätte.

kommen mit den USA, dass es eine sich vertiefende Besorgnis über die Funktion der Märkte und des Neo-Liberalismus in der Volksbewegung entwickelte. Eine Tendenz, die sich in die Definition einer prinzipiellen Klassenposition hätte entwickeln können. Nach dem Sozial-Forum wurden viele Erklärungen über die Notwendigkeit eines Sozialstaates abgegeben. Aber die NGOs kehrten bald zu ihren alten Wegen zurück und wandten wieder der „Gemeinschafts-Wirtschaft" oder sogar der „Genügsamkeits-Wirtschaft" des Königs zu[140].

Die Politik der NGO nach dem Zusammenbruch der CPT

Nach dem „Zusammenbruch des Kommunismus" kehrten die NGO-Bewegungen der Politik und dem Primat der Massenbewegungen und politischen Parteien in den 1980er Jahren den Rücken zu[141]. Stattdessen übernahmen sie „Lobby-Politik" und/oder Kommunalen Anarchismus[142]. Trotz des offensichtlichen Widerspruchs der Lobby-Politik, die die NGOs zu einer Zusammenarbeit mit dem Staat bringt, und der staatlichen Ablehnung von kommunaler Anarchie, arbeiteten beide offensichtlich zusammen. Dies resultierte aus der Tatsache, dass sie jede Konfrontation oder Wettbewerb mit dem Staat vermieden. Lobbyisten arbeiteten mit dem Staat zusammen während die kommunalen Anarchisten hofften ihn ignorieren zu können. Beide lehnten es ab, eine allgemeine politische Analyse zu erstellen[143]. Statt Massenbewegungen oder politische Parteien aufzubauen, konzentrierten sich die NGOs auf Einzelkampagnen als Teil ihres Versuchs die Konfrontation mit dem Staat zu vermeiden. Diese Methode stimmte auch mit den Anforderungen überein, die bei Anträgen an große internationale Finanzierungskörperschaften gestellt wurden und Voraussetzung für die Mittelvergabe war. Es führte zu einer Entpolitisierung der Bewegung. Und so kooperierten NGOs sowohl mit Militärregierungen als auch mit gewählten Regierungen in Thailand seit den frühen 1980er Jahren zusammen. Im Jahr 1989 wurden sie eingeladen, ein Teil des 7. Nationalen Planes für die wirtschaftliche und soziale Entwicklung zu werden und im Jahr 1992 erhielten die NGOs Zahlungen des Gesundheitsministeriums. Das Ministerium für Sozialwesen und das Umweltministerium stellten Gelder zur Verfügung[144]. **Dies lässt die Frage entstehen, ob es nicht „GNGOs" sind, d.h. von der Regierung finanzierte NGOs. Kann man diese noch als NGOs bezeichnen[145]?**

---

[140] Unter Anderem auch, da die NGOs unter massiven Finanzierungsnöten litten und die Regierung nach dem Coup große Summen in die Förderung der „Genügsamkeits-Wirtschaft" und „Genügsamkeits-Projekte" pumpte.

[141] Ji Giles Ungpakorn (2003) Bereits zitiert.

[142] See Chattip Nartsupa et al., (1998) Agricultural Community Economics in Thailand. Wititat Poompanya 7. (In Thai).

[143] Somchai Phatharathananunth (2006) Civil Society and Democratization. Social Movements in Northeast Thailand. NIAS press. S. 84.

[144] Shinichi Shigetomi, Kasian Tejapira & Apichart Thongyou, Contributing editors (2004) *The NGO way: Perspectives and Experiences from Thailand.* Institute of Developing Economies, Japan External Trade Organization, Chiba, Japan. S.49

[145] Insbesondere vor dem Hintergrund, dass NGOs in den allermeisten Fällen keine demokratischen Strukturen haben.

Die NGOs standen auch in Opposition zur repräsentativen Demokratie, was der Linie der Anarchisten entsprach, weil sie glauben dass dies nur zu einer Politik des schmutzigen Geldes führen wurde. Aber die direkte Demokratie in Dorfgemeinschaften, für die sie eintraten, ist machtlos im Angesicht des allmächtigen Staates. Außerdem glorifiziert es traditionelle und konservative Dorfführer die ohne jedes demokratische Mandat sind. Letztendlich führt die Idee zu einem Versagen bei der Verteidigung der parlamentarischen Demokratie. Ihre anarchistische Zurückweisung repräsentativer Politik erlaubte es ihnen „keinen Unterschied" zwischen einem gewählten Parlament, das durch die TRT kontrolliert wurde, und einem Militärcoup zu sehen. Statt sich um eine sorgfältige Analyse der politischen Situation zu bemühen, misstrauten sie Wahlen, Abstimmungen[146] und der repräsentativen Demokratie was es ihnen erlaubte sich selbst mit den Reaktionären wie der PAD und dem Militär zu verbinden, die beide für mehr Positionen eintreten, die nicht aus Wahlen sondern aus „Ernennungen" resultieren.

Ursprünglich, nämlich im Jahr 2001, hatten die NGOs Thaksins Regierung geliebt. Sie glaubten, dass sie offen für die Lobbyarbeit der NOGs wäre, was seinerzeit auch stimmte. Die TRT übernahm die Idee der allgemeinen Krankenversicherung von progressiven Ärzten und NGOs, die sich um Gesundheitsfragen kümmerten. Aber dann wurden die NOGs von der Regierung auf dem falschen Fuß erwischt, durch die anderen armenfreundlichen Programme, die den Dorfbewohnern zu beweisen schienen, dass die NGOs mit der Entwicklung nur „herumgespielt" hätten. Darüber hinaus wandte sich die Tatsache, dass der Staat mehr Wohlfahrt und Vorteile durch die TRT-Regierung in die Dörfer brachte gegen die anarchistisch inspirierten NGOs und deren Idee, dass sich die Dorfgemeinschaften selbst um Wohlfahrt kümmern sollten. Daraufhin machten die NGOs eine Kehrtwende und wandten sich an die konservativen Monarchisten und die Armee.

Die Verbindung zwischen den Ideen der konservativen Monarchisten und denen der NGOs war schon in den späten 1990er Jahren zu schmieden begonnen worden, als die NGOs die Theorie des Königs über die „Genügsamkeits-Wirtschaft" aufnahmen und behaupteten, dass es das Gleiche wäre wie ihre anarchistische Idee der kommunalen Selbst-Genügsamkeit, die für eine Trennung vom freien Markt des Kapitalismus eintrat[147]. Deshalb förderten sowohl das NGO-COD als auch der thailändische Freiwilligenservice enthusiastisch die Genügsamkeits-Wirtschaft. Später wurde Yuk Si-Araya, ein ehemaliger CPT-Aktivist zu einem rechtsextremen Nationalisten und Unterstützer der PAD und argumentierte auf der gleichen Basis für die Genügsamkeits-Wirtschaft[148]. Er argumentierte, dass die Demokratie „nach westlichen Stil" nicht im Einklang mit der thailändischen Kultur stehen würde. Schließ-

---

[146] Ungpakorn: NGOs are opposed to taking votes in meetings, preferring "consensus". Ji Ungpakorn (2006) *Social Movements in Thailand.* schon zitiert, S.64, (In Thai). Chris Nineham (2006) Anti-capitalism, social forums and the return of politics. *International Socialism* 109, U.K.

[147] Yukti Mukdawichit (2005) *Reading Community Culture.* Fa Deaw Kan Press, In Thai.

[148] Yuk Si-Araya or Tienchai Wongchaisuwan (2007) http://www.thaioctober.com/forum/index.php?topic=198.30

lich baute der konservative Monarchist und Arzt Prawase Wasi die Brücke zwischen den NGOs und den Konservativen des Staates[149].

Und wieder passten zwei Ideen, die sich offensichtlich so sehr widersprachen irgendwie zusammen. Da war einerseits die Idee der „Genügsamkeits-Wirtschaft" der konservativen Elite, die wirklich eine reaktionäre Ideologie ist, mit dem Ziel die Armen in ihrer Armut „glücklich" zu machen, und die anarchistische kommunale Selbstversorgung, bei der es mehr darum geht, dass die Dorfbewohner unabhängig vom Staat werden. Beide Philosophien lehnen den Sozialstaat und die Nutzung des Staates zur Umverteilung von Vermögen ab. Beide weigern sich auch die Macht und die Autorität der herrschenden Elite und des Staates anzugreifen.

Kommunale Selbstversorgung im anarchistischen Sinn und die Genügsamkeits-Wirtschaftstheorie behaupten gegen den kapitalistischen Markt zu stehen, und doch schaffte es die Militärjunta außer die Genügsamkeits-Wirtschaft auch extrem neoliberale Politikgrundsätze des freien Marktes in ihre Verfassung von 2007 zu schreiben. Die utopische Natur beider Genügsamkeitstheorien erlaubte es ihnen sehr flexibel zu sein und abgehoben von der Realität. Das Misstrauen der Anarchisten gegenüber der staatliche organisieren Wohlfahrt half den NGOs sich gegen die Thaksin Regierung aufzustellen. Für viele NGOs muss Wohlfahrt / Soziale Sicherung auf Ebene der Kommunen organisiert werden. Aber diese Position gegen einen Sozialstaat öffnete die Tür für das Akzeptieren eines neo-liberalen Konzeptes eines schlanken Staates, eine Ansicht, die von den konservativen Monarchisten geteilt wird.

Nur weil Anarchismus gut mit Lobby-Politik und konservativen monarchistischen Ideen zusammen passt heißt das nicht, dass die anarchistischen Organisationen automatisch mit den konservativen Eliten verbunden sind. Die Versammlung der Armen (AOP), eine Massenbewegung armer Bauern, die von einigen NGO-Aktivisten angeführt wurde, hatte niemals den Coup von 2006 und nie die PAD unterstützt. Jedoch war das eine ehrenwerte Ausnahme. Der Schlüssel zur Versammlung der Armen ist die Tatsache, dass es eine soziale Bewegung mit Massenbeteiligung der Armen war, was anders als bei den meisten NGOs oder NGO-Netzwerken ist. Viele AOP-Aktivisten blieben in extremer Opposition zu Militärcoups und der harten Hand des Staates. **AOP Taktiken setzten auf Massenproteste statt auf den Versuch Positionen in staatlich bezahlten Komitees zu erhalten, auch wenn sie teilweise Lobby-Taktiken ebenfalls aufgenommen haben.**

Die politische Situation vor und kurz nach dem Coup war extrem unübersichtlich und schwierig. Es gab nicht viel für das man auf beiden Seiten eintreten konnte, außer für die wichtige Tatsache, dass die TRT die Macht durch einen Wahlprozess erhalten hatte. **In dieser Situation hätten die NGOs neutral bleiben müssen und auf der Seite der Armen und sie hätten sich dem Coup widersetzen müssen.**

---

[149] Chanida Chitbundid, Chaithawat Thulathon & Thanapol Eawsakul (2004) The Thai Monarchy and NGOs. In Shinichi Shigetomi,Kasian Tejapira & Apichart Thongyou, Contributing editors (2004) *The NGO way: Perspectives and Experiences from Thailand*. Institute of Developing Economies, Japan External Trade Organization, Chiba, Japan. Seiten.131-137.

Aber sie waren verärgert darüber, dass die TRT ihre „Klienten" abgeworben hatte und misstrauten dem Aufbau eines Sozialstaates durch die TRT und der Politik der wirtschaftlichen Stimulierung.

Da die kommunale Selbstversorgung {in der anarchistischen Grundidee} mit einer Trennung vom Staat und Markt eine extrem utopische Idee darstellt, die unter der ländlichen Bevölkerung auch nicht besonders populär ist, bestand die Gefahr für die NGOs, die sich für solche Ideen einsetzten, einen elitären Anstrich zu bekommen, weil sie Dorfbewohner auch als vollkommen in die Irre geführt ansahen. Da die armen in Massen für die TRT stimmten, wurden die NGOs immer giftiger bevormundend gegenüber Dorfbewohnern und behaupteten, dass ihnen „die richtigen Informationen" fehlen würden, um politische Entscheidungen zu fällen. Es hatte schon immer ein bevormundendes Element in ihrer praktischen Arbeit gegeben. viele thailändische NGO-Anführer sind selbst ernannte Aktivisten aus dem Mittelstand die Wahlen ablehnen, weil sie glauben, dass NGOs wie „Kindermädchen[150]" für Bauern und Dorfbewohner wirken sollten. Sie wurden auch immer stärker bürokratisiert. **Und sie sind nun voller Angst und Verachtung für die Rothemdenbewegung, die einen Prozess der Selbstbewusstseinsbildung der Armen begonnen hat. Natürlich sind die Rothemden keine Engel, aber in der Krise von heute repräsentieren sie die Armen und den Durst nach Freiheit und Demokratie.**

Die Erfahrung mit den thailändischen NGOs

Grundsätzlich gesagt können wir feststellen, dass die thailändische Erfahrung die ist, dass die NGO-Bewegung sich zusammen mit der Elite gegen die Masse der Bevölkerung aufgestellt hat[151]. Progressive Menschen können nicht länger mit ihnen zusammen arbeiten[152]. Außer es entstehen ernsthafte Abspaltungen und Änderungen, aber in dieser Art können sie nicht mehr als teil der zivilgesellschaftlichen Bewegung für thailändische Demokratie angesehen werden.

International Sorge hinsichtlich NGOs

Was sind die internationalen Lektionen für NGO-Aktivisten? Kann man aus der thailändischen Situation heraus generalisieren dass die NGOs das Risiko laufen auf die falsche Seite gezogen zu werden wenn es zu einem ernsthaften Konflikt kommt? Es gibt vier Hauptgründe, die zu solchen Fehlern führen könnten:

1. **Finanzierungsdruck.** NGOs erhalten immer häufiger Geld von lokalen Regierungen und imperialistischen Organisationen wie der Welt Bank. Sie werden so zu „GNGOs" und damit zögerlich gegen die Elite aufzutre-

---

[150] Ungpakorn: In Thai nennen sie sich selbst *Pi-Liang*.

[151] Ungpakorn: eine ehrbare Ausnahme ist die Thai Labour Campaign, die sich beständig gegen den Coup ausgesprochen hat und gegen jede Zerstörung der Demokratie http://www.thailabour.org

[152] Ungpakorn: Wie ich glaubte, als ich schrieb: "NGOs: Enemies or Allies?" *International Socialism Journal 104* Autumn 2004, U.K.

ten. NGOs in Nordvietnam sind ein gutes Beispiel dafür[153]. In einigen Fällen haben sich NGOs, die von der US-Regierung, Mainstream-Parteien der USA oder lokalen Geschäftsleuten finanziert werden als Teile der Zivilgesellschaft bezeichnet und eine antidemokratische Haltung eingenommen. Ein Gutes Beispiel hierfür ist die Unterstützung des Coups gegen die Regierung Arisitde in Haiti im Jahr 2004[154]. Eine solche Unterstützung kam sogar von Organisationen wie der Christlichen Hilfe. In einigen Fällen von Revolutionen in Osteuropa gegen autoritäre Regime, haben NGOs die durch die US-Regierung finanziert wurden dabei mitgeholfen, den freien Markt zu bewerben und eine dem Westen freundlich gesinnte Politik einzurichten, statt sich um die Probleme der sozialen Ungerechtigkeit zu kümmern. In Thailand waren wegen der starken Stellung der Volksbewegung und der Zivilgesellschaft die NGOs niemals ein Werkzeug des westlichen Imperialismus, sondern die NGOs waren eher selbst gezüchtete Organisationen. Trotzdem kamen sie unter den Einfluss der Elite in der Regierung.

2. **„Lobby-Politik"** bedeutet, dass es immer eine Tendenz zum Opportunismus gibt, denn man muss dazu bereit sein auch mit autoritären Regierungen zusammen zu arbeiten. NGOs müssen lernen sich auf die Bildung von Massenbewegungen zu konzentrieren, statt sich auf die „professionelle" Lobby-Politik zu verlassen und darauf die Armen zu bevormunden. Es waren soziale Massenbewegungen die die Demokratie aufbauten und halfen die Grundrechte einzurichten. Der ernste Sündenfall von Lobbypolitik in Südostasien zeigte sich auf dem ASEAN-Gipfeltreffen in Thailand im Oktober 2009[155] als verschiedene NGOs der Region sich bei einer Ansammlung von repressiven und undemokratischen Regierungen anbiederten[156] bei der Einsetzung einer Menschenrechtskommission mitzuwirken, die dann als machtloses Feigenblatt dient um undemokratische Prozesse zu verbergen.

3. **Die Zurückweisung von Politik**, besonders der Klassenpolitik und die Ablehnung von Debatten. Dieses Fehlen von Programmatik und Debatten bedeutet dass in schwierigen und unübersichtlichen Situationen die NGOs nicht die notwendige theoretische Unterstützung haben um zu entscheiden, ob sie sich auf die Seite der Armen oder die der Demokratie stellen. Eine größere Politisierung und offener Debatte ist dringend notwendig. Die Konsensuspolitik von NGOs ist hierzu aber kontraproduktiv.

4. **Die Anwendung von utopischen anarchistischen Ideen** über traditio-

---

[153] Joerg Wischermann (2003) Vietnam in the era of Doi Moi. Issue-oriented Organisations and their relationship to the government. *Asian Survey* **43**(6) 867-889.

[154] Peter Hallward (2007) Damming the Flood. Haiti, Aristide, and the Politics of Containment. Verso.

[155] ASEAN: The Association of South-east Asian Nations.

[156] Ungpakorn: Burma, Thailand, Vietnam, Laos, Kambodscha und Singapur sind Autoritäre Regime.

nelle ländlichen Gemeinschaften und einen schlanken Staat kann die NGOs dazu führen, konservative und elitäre Ideen zu benutzen oder sich mit neo-liberalen Ideen und denen eines freien {globalen} Marktes zu identifizieren.

Was die genannten vier Probleme gemein haben ist die Gefahr die aus der Bürokratisierung oder Professionalisierung der machtlosen NGOs entsteht dergestalt, dass sie sich plötzlich in einer Position zwischen den Stühlen finden, zwischen der Position einer echten sozialen Bewegung und der Position die die herrschende Elite vertritt. So wie bei den Bürokraten der Gewerkschaften werden die NGOs ihre Lobbyisten- und Finanzierungsverbindungen zu der Elite versuchen aufrecht zu erhalten, und dafür die im Widerspruch stehenden radikalen Forderungen von sozialen Bewegungen unterdrücken[157]. Das bedeutet, dass sie zwischen der Seite der reaktionären Elite und der Seite der Bewegung der Armen oszillieren könnten und dabei versuchen könnten soziale Bewegungen anzuführen, wenn die Elite dabei versagt sie nicht ernst zu nehmen.

NGOs, Gewerkschaften und "neue" soziale Bewegungen in Südostasien

Außer dem Problem dass die NGOs eine Zerstörung der Demokratie unterstützt haben, wie in Ländern wie Thailand oder Haiti, oder dass sie autoritären Regierungen durch ihre Lobby-Politik die Legitimität verleihen, gibt es auch das Problem der Beziehung der NGOs zu den sozialen Massenbewegungen, speziell den Gewerkschaften.

NGOs sind wie kleine Unternehmen. Sie sind keine Massenorganisationen wie Gewerkschaften und sie haben keine demokratische Tradition der Wahl ihrer Anführer und Vertreter oder von Abstimmungen durch die Mitglieder zur Entscheidungsfindung. NGOs neigen auch dazu eher den Menschen Rat zu geben statt Netzwerke von politischen Aktivisten aufzubauen die sich selbst auf Graswurzelniveau organisieren können[158].

Auch wenn es Gemeinsamkeiten zwischen allen NGOs in der Zusammenarbeit mit Gewerkschaften gibt, so sieht man doch auch wichtige Unterschiede. NGOs die Ableger von westlichen Regierungen sind oder von ihnen finanziert werden, wie das American Center for International Labour Solidarity (ACILS) oder die von der deutschen Sozialdemokratischen Partei finanzierte Friedrich-Ebert-Stiftung (FES) ermutigen nicht aggressive Gewerkschaften die sich in einer „guten Arbeitnehmer Beziehung" engagieren und sich an die geltenden Arbeitsrechte halten, egal welcher Natur die Regime sind. ACILS war von der CIA während des kalten Krieges finanziert worden und die FES hat mit von der Regierung bezahlten Gewerkschaften in Vietnam und unter dem Suharto-Regime in Indonesien zusammen gearbeitet. Sie ermutigen keine Streikaktionen sondern ziehen eine Politik des Lobbyismus vor.

NGOs auf dem Niveau von Graswurzelbewegungen ermutigen zu Streiks und unterstützen oft illegale unabhängige Gewerkschaften unter repressiven Herrschaften.

---

[157] Ana Margarida Esteves, Sara Motta & Laurence Cox (2009) Schon zitiert

[158] Deborah Eade & Alan Leather (eds), *Development NGOs and Labor Unions: Terms of Engagement*. Kumarian Press, Bloomfield, CY.

Ein gutes Beispiel ist die Unterstützung die den unabhängigen indonesischen Gewerkschaften *Serikat Buruh Merdeka Setiakawan* (SBM) und *Pusat Perjuangan Buruh Indonesia* (PPBI)[159] gegeben wurde. In Thailand unterstützt die Thai Labour Campaign militante Aktionen durch Gewerkschafter und wandte sich gegen den Coup von 2006. Aber solche Arbeiterbewegungen haben auch die Tendenz sich auf die Hilfe für Arbeiter zu konzentrieren, die ihren Job verloren haben oder für Gewerkschaften, die schon geschlagen wurden. Sie stellen Berater für die Gewerkschaften zur Verfügung statt militante Arbeitsplatzaktivisten aufzubauen. Diese Wohlfahrtsarbeit ist sinnvoll und gerechtfertigt, aber es fehlt eine Stärkung der Gewerkschaften in der Gesellschaft denn eine solche starke Stellung würde Siege voraussetzen die kopiert und in der Gesellschaft generalisiert werden könnten.

Die Stärke der Gewerkschaften ist umgekehrt proportional zu der Dominanz der NGOs. In Ländern mit einer schwachen Gewerkschaftsbewegung wie Thailand oder Kambodscha, spielen die NGOs eine größere Rolle bei der Unterstützung der Arbeitnehmer. Jedoch in Südkorea, wo Gewerkschaften wie die KCTU sehr stark sind, versuchen NGOs oft die Unterstützung von Gewerkschaften zu erhalten.

Ein weiteres Problem bei dem Ansatz NGOs für die Vertretung von Arbeitnehmerrechten einzusetzen ist ihr Glaube, dass die Arbeiterklasse im Zerfall begriffen ist und die Gewerkschaften daher weniger relevant wären. Diese NGO-Anwälte für „neue Formen der Arbeitnehmerorganisation", legen das Schwergewicht auf Gemeinschaften statt auf Arbeitsplätze[160]. Dies ist ähnlich zu der Idee der Autonomen hinsichtlich der Bedeutung der „Vielzahl" statt der Arbeiterklasse, wie sie als Idee auch von Leuten wie Hardt und Negri .[161] vertreten wurden. Aber lokalen Gemeinschaften fehlen die wirtschaftliche Macht um der Macht des Kapitals entgegen zu treten, besonders weil sie nicht an Arbeitsplätzen organisiert ist. Indonesische Gemeinden waren in der Krise von 1996 unfähig Lohnerhöhungen zu erkämpfen oder Arbeitsstellenverlusten entgegen zu treten[162]. Trotzdem müsste man ziemlich dumm sein zu behaupten, dass Gewerkschaften keine Solidarität oder Unterstützung von den Gemeinschaften der Arbeiterklasse benötigen würden, speziell in Gebieten mit großen Konzentrationen von Arbeitern. Solche Gebiete kann man in großen Industriegebieten um Bangkok oder Jakarta finden.

Nach dem Ende des Kalten Krieges begannen viele Mainstream- Intellektuelle über „neue" soziale Bewegungen zu reden. Dies waren Einzelproblem-Bewegungen die angeblich eine bessere Alternative zu den „alten" sozialistischen Organisationen sein sollten. „Neue" soziale Bewegungen, folgt man diesen Akademikern, verwarfen den Kampf gegen staatliche Macht oder zum Aufbau von politischen Parteien

---

[159] Vedi Hadiz (1997) Workers and the state in New Order Indonesia. Routledge.

[160] See Angela Hale (2005) Beyond the barriers. New forms of labor organizations. In: Deborah Eade & Alan Leather (eds) schon zitiert.

[161] Michael Hardt & Antonio Negri (2000) *Empire*. Harvard University Press.

[162] Michele Ford (2003) Labour NGO as Outside Intellectual: A History of Non-Governmental Organisations' Role in the Indonesian Labour Movement, Unpublished PhD thesis, University of Wollongong. See also Vedi Hadiz (1997), schon zitiert.

und konzentrierten sich auf die lebensnahe Politik statt auf Klassenprobleme[163]. Dieses Zelebrieren von Einzelproblembekämpfungen traf zusammen mit dem Projektvorschlag mit dem NGOs in schriftlicher Form um ihre Finanzierung werben mussten. Die Konsequenzen waren, dass „Politik" weniger wichtig für diese Bewegungen wurde. In Indonesien, wie in Thailand wiesen NGOs die Vorstellung zurück, politische Parteien aufzubauen oder politische Bewegungen[164]. Aber Sidney Tarrow argumentierte gegen die Idee dass eine auf den Tag bezogene Bewegung in das Modell der klassenlosen „neuen" sozialen Bewegungen passt.[165] Im Jahr 1906 zeigte die Marxistin Roas Luxemburg in ihrem Buch „Der Massenstreik" dass Streiks über „Brot und Butter" Probleme auch immer Verbindungen zur generellen Politik des Klassenkampfes hatten. Die marxistische Theorie identifiziert auch die Unterdrückung der Geschlechter oder von Rassen als integrale Bestandteile der Unterdrückung die man in Klassengesellschaften findet. Der Kampf um den Lebensstil zu verteidigen ist daher Teil eines Klassenkampfes gegen den Kapitalismus.

Die Finanzierung und die Anwendung von Politik nach dem Kalten Krieg sind nicht die einzigen Gründe warum NGOs der Politik den Rücken gekehrt haben. In halb-autoritären Ländern wie Malaysia stehen die NGOs vor der harten Wahl entweder innerhalb eines restriktiven rechtlichen Rahmens zu arbeiten, der vom Staat angeboten wird, oder außerhalb der unterdrückenden Gesetze zu agieren. Die radikale Organisation „Schwestern im Islam" stehen vor einem solchen Problem indem sie versuchen zu generellen politischen Problemen, die die Frauen in der Gesellschaft betreffen Stellung zu beziehen[166]. Die Organisation hat das Problem der Unterdrückung aufgegriffen die aus der konservativen Interpretation der Schari'a-Gesetze entsteht. Sie steht auch im Widerspruch zum Gesetz über die Innere Sicherheit. Aber in Singapur wo demokratischer Freiraum nicht existiert, bleiben die Frauenbewegungen „unpolitisch".

Die Arbeiterklasse und Gewerkschaften

Im Verlaufe der kürzlich erfolgten Entwicklung des Kapitalismus in Thailand gab es einen ständigen Rückgang der Landbevölkerung und eine damit korrespondierende Zunahme der modernen Arbeiterklasse. Dieses Phänomen findet man in allen

---

[163] A. Touraine (2001) Translated by D. Macey *Beyond Neoliberalism*. Polity Press, Cambridge, U.K. J. Keane (1998) *Civil Society. Old images, new vision*. Polity Press, Cambridge, U.K.

[164] Paige Johnson Tan (2002) Anti-party reaction in Indonesia. Causes and implications. *Contemporary Southeast Asia*. **24** (3), 484-508.

[165] Sidney Tarrow (1999) *Power in movement. Social movements and contentious politics*. Cambridge University Press, U.K.

[166] Norani Othman, Zainah Anwar & Zaitun Mohamed Kasim (2005) Malaysia: Islamization, Muslim politics and state authoritarianism. In: Norani Othman (ed.) *Muslim Women and the Challenge of Islamic Extremism*. Veröffentlicht durch Sisters In Islam. (Dieses Buch ist in Malaysia verboten).

Entwicklungsländern, speziell in Südostasien[167]. Seit Mitte der 1990er Jahre, ist weniger als die Hälfte der thailändischen Bevölkerung im Reis- und Gemüseanbau aktiv[168]. In Wahrheit wurde die Arbeiterklasse schnell die größte Klasse in der thailändischen Gesellschaft.

Bevor wir weiter gehen ist es wichtig festzustellen, worüber wir derzeit sprechen wenn wir uns auf die "Arbeiterklasse" beziehen. Viel wurde über die „neue Mittelklasse" in Thailand geschrieben, besonders in Zusammenhang mit dem Aufstand von 1992[169]. Und tatsächlich ist die Mehrheit der Menschen die als Teile der „Mittelklasse" identifiziert wurde eigentlich Teil der „weißen Kragen" Arbeiterklasse. Eine marxistische Definition der Klasse basiert auf der Beziehung zu dem Produktionskapital. Es erklärt warum weiße Kragen Arbeiter, trotz der Tatsache, dass sie sich selbst als Teile der Mittelklasse ansehen, wie Fabrikarbeiter verhalten wenn es darum geht Gewerkschaften zu bilden und am Klassenkampf teil zu nehmen. In Thailand haben weiße Kragen Arbeiter eine lange Tradition in klassischen Arbeiterklasseaktivitäten. Der erste Streik durch weiße Kragen Arbeiter fand in der Siam Electricity Company im Jahr 1931 statt und weiße Kragen Angestellte haben seit Jahrzehnten Gewerkschaften organisiert. Außerdem sind die Mehrzahl der staatlichen Arbeiter, die eine Tradition der Aktivitäten in der Arbeiterbewegung haben, entweder weiße Kragen Arbeiter oder Arbeiter im Dienstleistungsbereich.

"Stinkende Wasser Gewerkschafts-Führer" oder Graswurzelaktivisten?

Die Macht der Arbeiterklasse hängt viel vom Grad der Organisation in Gewerkschaften und politischen Parteien ab. Derzeit gibt es keine politischen Parteien der arbeitenden Klasse. Aber was ist mit Gewerkschaften? Im Jahr 1998 betrug die Mitgliederzahl in Gewerkschaften 270.000 im privaten Bereich und 160.000 im Bereich des Staates. Dies war kaum einmal ein Organisationsgrad von 3% der arbeitenden Bevölkerung. Seit dem hat sich nicht viel verändert. Allerdings kann eine Durchschnittszahl in die Irre führen. Die meisten staatlichen Unternehmen und großen Fabriken im Privatbereich sind voll gewerkschaftlich organisiert oder zumindest ist der Anteil an gewerkschaftlich organisierten Mitarbeitern dominierend. Das beinhaltet einige Büroarbeitsplätze, besonders im Bankensektor. Außerdem sind die gewerkschaftlich organisierten Arbeitnehmer hauptsächlich auf die Region Bangkok und die umliegenden Provinzen konzentriert. Eine solche Konzentration der Arbeiterklasse erlaubt mehr Einfluss als man alleine durch Blick auf die nationalen Zahlen erwarten würde. Aber wie steht es um die Gewerkschaften an sich?

Jeder der die Nebenstraßen Bangkoks kennt und das Problem des ablaufenden Abwassers wird verstehen was mit dem Begriff "Stinkendes Wasser Gewerkschafts-Führer" auf sich hat. In Thailand gibt es drei grundsätzliche Typen: a) Gangster-Gewerkschaften die Gewerkschaften gründen um Schutzgelder von Arbeitgebern

---

[167] R.E. Elson (1997) *The end of the peasantry in southeast Asia.* Macmillan & A.N.U., UK & Australia.

[168] "Workforce statistics 1997" Department of Welfare and Labour protection.

[169] Richard Robison & David Goodman (1996) (eds) *The new rich in Asia.* Routledge.

zu erpressen und sonst mit Streik drohen, b) Strohmänner aus den Sicherheitskräften und c) „Faule und Fette" Bürokraten (oder in Thailändisch „fette Schweine"). Die letzteren sind Gewerkschaftsführer die mit der Absicht beginnen die Interessen ihrer Mitglieder bestmöglich zu repräsentieren, aber immer mehr an das gute Leben ihrer Bosse gewöhnt werden. Solche Charakteristika unter den Gewerkschaftsführern wurden im Westen schon des Längeren beobachtet.[170],[171]

In Thailand genießen diese bürokratischen Gewerkschaftsführer einen besseren Lebensstandard als ihre Mitglieder da sie an Mitgliedsbeiträgen verdienen, aufgeblähte „Reisekosten" abrechnen wenn sie sich um Problemen einer bestimmten Gruppe von Arbeitern kümmern, Zahlungen von ausländischen Stiftungen erhalten, und auch manchmal Geld von staatlichen Sicherheitsorganen. So mag es auch Überlappungen zwischen dem zweiten und den dritten Typus des Gewerkschaftsführers geben. Für diese Anführer heißt es Arbeitskämpfe um jeden Preis zu verhindern, da sie drohen die guten Geschäfte des Gewerkschaftskongresses zu unterbrechen. Sie sehen sich selbst nicht als Anführer eines Kampfes. Ihre Rolle ist die eines „Problemlösers" und einer Person „der die Leute wieder an die Arbeit bringt."

Alle diese Gewerkschaftsoffiziellen suchen den Schulterschluss mit jenen in den Korridoren der Macht, aber in Wahrheit haben sie nur geringen Einfluss in der Industrie, da sie kein langfristiges Interesse daran haben, Graswurzelaktivitäten auszubauen. Wenn die Stärke der thailändischen Arbeiterklasse nur durch diese Führer definiert werden würde sowie die Spitzen der Organisationen, wie es mancher Autor tut[172], dann wäre sie wirklich in einem bedauernswerten Zustand.

Glücklicherweise ist das nicht das komplette Bild. Netzwerke von unteren Rängen der Aktivisten, die unabhängig von den Spitzenkräften sind, existieren in „Gebietsgruppen" und „Koordinierungskomitees". Auch offizielle Gruppen wie die Textil Gewerkschaft, die Bekleidungs- und Lederwaren Gewerkschaft sind in der Lage sich auf Basis der gewöhnlichen Mitglieder, unabhängig von den verschiedenen Spitzen-Körperschaften und Kongressen zusammen zu tun. Diese sind wesentlich klassenbewusstere Gruppen innerhalb der Gewerkschaften aber sie bilden immer noch eine Minderheit in der Arbeiterbewegung.

Der hauptsächliche Typus einer inoffiziellen Gewerkschaftsgruppierung, die die normalen Mitglieder und Vertreter von verschiedenen Gewerkschaften zusammen

---

[170] S. Webb & B. Webb (1920) *A History of Trade Unionism*. London. Leon Trotsky (1969) *On Trade Unions*. Pathfinder Press. U.S.A. James Hinton & Richard Hyman (1975) *Trade Unions and Revolution: the industrial politics of the early British Communist Party*. Pluto Press, London. Tony Cliff & Donny Gluckstein (1986) *Marxism and Trade Union Struggle. The Great Strike of 1926*. Bookmarks, London. Alex Callinicos (1995) *Socialists in the Trade Unions*. Bookmarks, London.

[171] Ein Beispiel könnte auch der Skandal über die "Bewirtung" der Arbeitnehmervertreter bei Volkswagen sein.

[172] Andrew Brown & Stephen Frenkel (1993) "Union Unevenness and Insecurity in Thailand". In: S. Frenkel (Ed) *Organized Labor in the Asia-Pacific Region*. ILR Press, Ithaca, NY. Kevin Hewison & Andrew Brown, (1994) "Labour and Unions in an Industrialising Thailand". *Journal of Contemporary Asia*. **244**, 483-514.

bringt, ist die geographische „Gebiets-Gruppe" oder „*Klum Yarn*". Gebietsgruppen existieren in vielen Industriegebieten in und um Bangkok, zum Beispiel in Rangsit, Nawanakorn, Saraburi, Ayuttya, Prapadaeng und Omnoi-Omyai und auch in den Industriegebieten an der Ostküste. Dies sind Gruppen, die wesentlich demokratischer und inoffizieller agieren als die Spitzenverbände oder Kongresse. Das gesamte Komitee der Gruppe wird normalerweise jedes Jahr gewählt und wird aus Männern und Frauen gebildet, die ehrenamtliche Vertreter für die verschiedenen Arbeitsplätze und Industrien sind. Gebiets-Gruppen wurden ursprünglich Mitte der 1970er Jahre durch Aktivisten der CPT und später durch NGO-Arbeiter gegründet.

Basis-Mitgliedergruppierungen sind ein Weg mit der die „Unternehmens-Gewerkschaften" Solidarität mit anderen aufbauen können.

Es existiert ein Missverständnis unter vielen Intellektuellen dass das thailändische Gewerkschafts-Gesetz Arbeiter zwingt individuelle und kleinste Gewerkschaften in jedem Unternehmen zu gründen und das resultiert in der Kontrolle der Gewerkschaften durch das Management. Dies entspricht aber nicht den gesetzlichen Vorschriften. Zunächst erlaubt das Gesetz die Gründung von „Industrie-Gewerkschaften", auch wenn diese anscheinend nur in der Metall verarbeitenden Industrie gegründet wurden. Der Hauptgrund dafür, dass Firmengewerkschaften dominieren, mag etwas mit dem Rat zu tun haben, den jene „stinkende Wasser Gewerkschafts-Führer" den Arbeitern geben, denn sie ziehen ihre Vorteile aus einer Vielzahl von Firmengewerkschaften, weil das etwas mit der Natur des Wahlsystems zu tun hat, mit dem die Mitglieder eines „Dreiparteienkomitees" gewählte werden. Zweitens ist die Existenz von Firmengewerkschaften nicht nur negativ, was die Stärke der Bewegung angeht. Unternehmensgewerkschaften werden auf Grund ihrer Natur von bodenständigen Führern geleitet die auf der Ebene der Arbeitsplätze agieren. So kann das System der Firmengewerkschaften eine Bürokratisierung der Gewerkschaftsvertreter verhindern und sogar helfen den Einfluss der „stinkenden Wasser Gewerkschaftsführer" zu verringern.

Neben der organisatorischen Schwäche von Gewerkschaften gibt es auch einen ideologischen Faktor der die Arbeiterklasse zurück gehalten hat. Dies auf Grund der Tatsache, dass die CPT, die ursprünglich Arbeiter in den 1940er und 1950er Jahren organisiert hatte, sich dann in den 1960er Jahren auf einen maoistischen Weg begab, weg von der Arbeiterklasse hin zur Landbevölkerung. Aus diesem Grund fehlten während der letzten 30 Jahre linke Aktivisten die bereit waren unter den Arbeitern zu agitieren. Anders als in Süd-Korea, wo Studentenaktivisten eine lange Tradition darin haben, in städtischen Gebieten zu arbeiten mit dem Ziel die Gewerkschaften zu stärken, wandten sich thailändische Studenten dem Land zu, wenn sie ihren Abschluss gemacht hatten. Das Feld war daher frei gelassen für NGOs und Reform-Akademiker die die Arbeiteraktivisten darin schulten „gute Verbindungen zur Industrie" zu unterhalten und das einseitige Arbeitsrecht {und Rechtsprechung} zu akzeptieren.

Die Arbeiterklasse wird schnell zur größten Klasse in der thailändischen Gesellschaft. Trotz der Tatsache dass sie organisatorisch schwach ist, erkennt man als wichtige Quelle der Stärke etwas, das ständig übersehen wird, nämlich die Rolle der Basis-Führer und der inoffiziellen Netzwerke. Deshalb sollte die Arbeiterklasse nicht als passive Subjekte angesehen werden, die unterdrückt und ausgebeutet werden können, sondern als potentielle Agenten eines Wechsels.

Das Anwachsen der Arbeiterklasse und der Rückgang der bäuerlichen Landbevölkerung und eines großen Teils des traditionellen Lebensstils ist eine direkte Konsequenz aus der Expansion des Kapitalismus in Thailand. Dies hat widersprüchliche Effekte auf das Wohlbefinden der normalen Thailänder. Auf der einen Seite war die Entwicklung der Wirtschaft für jeden von Vorteil, was den Lebensstandard angeht. Es ist einfach nicht wahr, dass die Entwicklung die Armen ärmer gemacht hätte. Aber die Entwicklung war nicht mit seinem vollen Potential zum Vorteil der Mehrheit der Bevölkerung genutzt worden. Dies weil die kapitalistische Entwicklung in Folge der Profite in einer größeren Ungleichheit resultiert und sich außerhalb demokratischer Kontrolle entwickelt. In anderen Lebensbereichen der Menschen war der Effekt ebenfalls gegensätzlich. **Der Kapitalismus zerstört die traditionellen Lebensweisen, vernichtet die Umwelt und konzentriert enorme wirtschaftliche Macht in den Händen einer kleinen Elite.** Aber gleichzeitig schafft sie eine Arbeiterklasse die gebildet ist und potentiell mit mehr Macht ausgestattet als die bäuerliche Landbevölkerung. Veränderungen auf Grund dieses Kampfes, wie der Kampf um demokratische Rechte, haben in den neuen urbanen Zentren bereits stattgefunden. Die Rolle der Frau hat sich auch verändert. Die Erfahrung der Arbeit in der Fabrik für junge Frauen, deren Schwestern und Mütter Bäuerinnen waren war befreiend in vieler Art, denn die Frauen wurden unabhängiger und bauten ein größeres Selbstbewusstsein auf[173]. Ohne jedoch zu verleugnen dass Frauen und Männer als Arbeiter in Zukunft werden hart arbeiten müssen um ihr Einkommen zu verbessern, ebenso wie ihre sozialen Vorteile und bessere Arbeitsbedingungen zu erhalten.

Gewerkschaften der Gelbhemden

Die Mehrheit der Bevölkerung einschließlich der Arbeiterklasse stimmte für Thaksins TRT. Für Arbeiter betraf die allgemeine Krankenversicherung ihre Situation nicht direkt weil sie bereits über das System der Sozialversicherung abgesichert waren. Jedoch profitierten alle städtischen Arbeiter davon weil ihre Verwandten und Familienmitglieder nun von der TRT-Krankenversicherung abgedeckt wurden. Das nahm eine enorme Bürde von ihren Schultern. Ihre Verwandten auf dem Land profitierten auch von den Dorfkreditprojekten. Es ist daher vernünftig zu sagen, dass die Mehrheit der Arbeiter Rothemden wären.

Jedoch weil die Rothemdenbewegung von TRT Politikern ins Leben gerufen worden war fehlte es ihr an einer Strategie die Bewegung unter den Gewerkschaften aufzubauen. Stattdessen hatte die PAD wegen der Präsenz von Somsak Kosaisuk einigen Einfluss in der Gewerkschaftsbewegung erhalten, auch wen sie sehr stark beschränkt war auf die Arbeiter in den staatlichen Unternehmen und einigen Bereichen der Gewerkschaften an der Ostküste.

Die spezifischen Gründe warum Bereiche der Arbeiterbewegung sich mit der PAD

---

[173] Mary Beth Mills (1998) Thai women in the global labour force. Rutgers University Press. Goretti Horgan (2001) "How does globalisation affect women?" International Socialism 92 Autumn 2001, London. Giles Ji Ungpakorn (1999) Thailand: Class struggle in an era of economic crisis. Asia Monitor Resource Center, HongKong & Workers' Democracy Book Club, Bangkok.

verbanden waren:

> 1) Sie hatten persönliche Verbindungen mit Somsak Kosaisuk und seinen Verbündeten in Organisationen wie „Freunde der Menschen" (FOP). Somsak und seine Verbündeten organisierten Bildungsgruppen für diese Gewerkschaften. Aber es war eine Form der Bildung „von oben nach unten" in der die Menschen nicht ermutigt wurden mit Personen wie Somsak zu debattieren oder ihnen Fragen zu stellen.
>
> 2) Es gab eine Tendenz bei den Pro-PAD-Gewerkschaftern zu Vollzeit-Gewerkschaftsaktivisten oder von NGOs bezahlten Aktivisten zu werden, abgehoben von der Basis der Arbeiter. Wenn sie der Basis nahe stehen würden, hätten sie den Druck der Ideen der Rothemden auf dem Graswurzel-Niveau gespürt, weil normale Mitglieder von der Politik der TRT profitierten.
>
> 3) Die Mentalität des „staatlichen Unternehmens" bedeutete mehr Vertrauen darin zu setzen, mit „wohlwollendem" Management oder der Elite zu sprechen, statt eine Massenbewegung zu organisieren und aufzubauen, was einige Gewerkschaftsführer zur PAD zog. Die EGAT-Gewerkschaft[174] scheiterte an der ernsten Herausforderung Betriebsratsvorsitzende während der Kampagne gegen die Privatisierung einzusetzen, stattdessen konzentrierte sie sich darauf mit Bereichen des Managements Allianzen zu schließen. Aber die EGAT-Gewerkschaft war in der Lage die Menschen bei Arbeitsniederlegungen aus den Werken zu ziehen und Demonstrationen gegen die Privatisierung zu veranstalten. Im Gegensatz dazu war Somsak niemals in der Lage seine Gewerkschaft dazu zu bringen einen Schlag gegen die Bahnprivatisierung zu realisieren und der Beitrag zu Protesten war gering. Es fehlte ihm an einer Unterstützung von der Massenbasis.

Wenn echte Aktionen von den PAD-Gewerkschaften unternommen wurden, gab es eine Tendenz die Wichtigkeit der Solidarität zu ignorieren weil die Führer zu zuversichtlich waren, dass sie „mächtige Rückendeckung" hätten. Ein gutes Beispiel war der Ford Mazda Streik wegen Bonus-Zahlungen gegen Ende von 2008. Die Fabrik war an der Ostküste. Die Bahnarbeitergewerkschaft war „tapfer genug" einmal für die PAD im Jahr 2008 gestreikt zu haben, weil sie wusste, dass das Management niemanden bestrafen würde, aber die Gewerkschaft scheiterte bei ihrem Kampf gegen die verstärkte Nutzung von Billiglohnverträgen mit Lohnarbeitern auf den Bahngleisen, unter denen sie seit Jahren gelitten hatten. Später im Jahr 2009 jedoch organisierten sie einen echten Streik wegen der Sicherheit der Eisenbahn im Süden.

Selbst in den Gewerkschaften der Staatsbetriebe war die Unterstützung für die PAD limitiert. Es gab einen großen Streit in der Thai Airways Gewerkschaft darüber ob man die PAD unterstützen sollte, als einige der Führer einen Pro-PAD-Streik organisieren wollten und die EGAT-Gewerkschaft sehr verhalten damit war, die PAD

---

[174] Electricity Generating Authority of Thailand.

zu unterstützen.

Unter den Gewerkschaften im privaten Bereich gab es keinerlei Unterstützung für die PAD. Das „*Thai Labour Solidarity Committee*", das aus Wilaiwan Sa-Tia Arbeitern von der Sa-Tia Fabrik in Omm Noi bestand, in Verbindung mit Somsak, zog sich aus der Unterstützung für die PAD im 2. Halbjahr von 2008 zurück. Seine Mitglieder waren schockiert was die PAD tat. Industriearbeiter von der *Ranksit Area Group* unterstützten weder die PAD noch den Coup. Auch die Gewerkschafter der Triumph Unterwäsche nicht. Die Führung der *Eastern Sea Board Area Group* war in Rot und Gelb zerstritten. Es gab auch einige Abspaltungen von PAD-freundlichen Anführern von ihren Basismitgliedern die den Rothemden angehörten.

In der Arbeiterbewegung von 2004 waren Zeichen der Wiederbelebung mit dem Streben nach Unabhängigkeit und Militanz zu beobachten gewesen. Aber im Jahr 2009, in der Mitte der Wirtschaftskrise, waren diese Militanz und das Streben nach Unabhängigkeit wieder verschwunden. Die Gewerkschafter und NGO-Aktivisten die die PAD unterstützten waren die hauptsächliche Ursache dafür.

Die Studentenbewegung heute

Es gibt viele Beweise dafür, dass es unter den Studenten und jungen Leuten in den letzten zehn Jahren Interesse für Politik und soziale Fragen gab. Dies kann man erkennen an dem Aufblühen von neuen kritischen Magazinen die von kleinen unabhängigen Studentengesellschaften produziert werden. Kleine unabhängige Studentengruppen organisierten spontane Proteste gegen die Regierungsgewalt im Süden und es gab große Studentendemonstrationen gegen die Privatisierung (oder Kommerzialisierung) von Universitäten an *der Chulalongkorn Universität, Pranakorn Nua, Kasesart, Mahasarakarm, Burapa* und der *Pattani Universität*.

Heute ist die Studentenvereinigung von Thailand und seine "Pi-Liang" von der älteren Generation der Aktivisten aus der Volksbewegung extrem schwach. In den 1970er Jahren war die Studentenvereinigung von Thailand eine wichtige koordinierende Körperschaft, aber heute hat sie am Wein gerochen und wurde zu einer Bürokratie ohne eine tragende Massenbewegung. Nach dem Coup von 2006 weigerten sich die Führer eine Position zur Privatisierung der Universitäten zu beziehen, während tausende von Studenten in einer großen Anzahl von Universitäten Proteste organisierten. Es bestand die Angst eine Verbindung zwischen der Privatisierung der Universitäten und dem Problem der Privatisierung der staatlichen Unternehmen vorzunehmen, denn man befürchtet, dass die Proteste „aus der Hand gleiten könnten." Die Führung gab außerdem zu, dass ihr jede politische Theorie abging und sie auch nicht in der Lage wäre, eine politische Analyse zu erstellen. Und dies waren die Gründe warum sie den Debatten mit kleinen linken Studentengruppen auswichen. Gerade kürzlich, obwohl sie nicht der PAD zur Seite getreten war, weigerte sich die Studentenvereinigung eine klare Stellungnahme und Unterstützung für die Rothemdenbewegung und ihre Bewegung für Demokratie abzugeben, mit der Behauptung, dass sie in einer politischen Krise neutral bleiben müsse. Am 19. September 2009, drei Jahr nach dem Coup, hielt eine Hand voll von Führern der Vereinigung einen symbolischen Protest am Demokratiedenkmal ab, während zehntausende von Rothemden am Royal Plaza für die Demokratie demonstrierten.

Die Studentenvereinigung war der Übungsraum für Amtsinhaber von Organisationen wie die *Campaign for Popular Democracy*. Ehemalige Studenten Führer in der Volksbewegung wurden dann „Berater" für die neue Generation von Vereinigungs-Vorsitzenden. Treffen der Studentenvereinigung liefen nach dem gleichen Schema ab, das man in vielen Treffen der Volksbewegung beobachten konnte. Politische Debatte und Abstimmungen wurden abgelehnt zugunsten von „Konsensfindung". Die Finanzierung wurde von NGOs gesichert, oder außen stehenden Organisationen, statt von der studentischen Körperschaft selbst. Dies führte zu einer Kultur der Abhängigkeit und Anerkennung von Seniorität.

Die verschiedenen Studentenclubs und politischen Parteien an der Ramkamhaeng Open Universität waren ein wichtiger Ort für die Studentenaktivisten im Kampf gegen Militärdiktaturen, besonders in den 1970er Jahren und im Mai 1992. Einige Politiker von heute waren damals Studentenführer an dieser Universität[175].

Außerhalb der traditionellen Bewegung: GLBT und Behinderte

Ein Ergebnis des Maoismus in der Volksbewegung ist dass die meisten NGO-Aktivisten die Probleme der Geschlechter ignorieren und die von Behinderten. Trotz der Tatsache, dass die Hälfte der NGO-Aktivisten Frauen sind, ist die Einstellung zu Sexualfragen extrem konservativ. Das einzige Gebiet in der die Forderung nach „Abtreibung auf Anfrage" zum Thema gemacht wurde war innerhalb von Teilen der Gewerkschaftsbewegung. Was als Feminismus innerhalb von NGOs und den meisten sozialen Bewegungen bezeichnet wird, ist der Mainstream-Feminismus der Mittelstandsfrauen. Es gibt keinerlei Kritik an konservativer Familienpolitik und an den sexuellen Werten. Die thailändische Gesellschaft ist auch gerade erst am Beginn eines Erwachens, was die Rechte Behinderter betrifft.

Viele Menschen sehen die thailändische Gesellschaft und Kultur als liberal und tolerant gegenüber alternativen sexuellen Lebensstilen an. Aber eine gründlichere Studie er Erfahrungen von Schwulen, Lesben und Katoeys zeigt die wahre Notwendigkeit für eine Bewegung für die Rechte der Schwulen, Lesben, Bisexuellen und Transsexuellen (GLBT)[176].

Eine solche Bewegung begann in den späten 1980er Jahren als Ergebnis von AIDS zu entstehen. Der Grund warum Schwule oder Lesben-Befreiungsbewegungen in Thailand in den 1970er Jahren nicht aufgetreten waren, so wie in anderen Ländern, wird in erster Linie durch die Tatsache erklärt, dass die maoistische CPT, die die Volksbewegung ideologisch dominierte, niemals Schwule oder Lesben unterstützte.

Die CPT, wie die meisten maoistischen Organisationen, hatte eine sehr konservative und moralisierende Einstellung zum Sex, was perfekt mit den konservativen

---

[175] Das Rothemd Jatuporn Prompan ist ein gutes Beispiel.

[176] See Peter A. Jackson (1999) Tolerant but unaccepting: the myth of a Thai "Gay Paradise". In Peter A. Jackson & Nerida M. Cook (eds) *Genders & Sexualities in Modern Thailand*. Silkworm Books. Megan Sinnott (2000) Masculinity and "Tom" identity in Thailand. In Peter A. Jackson & Gerard Sullivan (eds) *Lady Boys, Tom Boys and Rent Boys*. Silkworm Books.

Einstellungen der herrschenden Klasse übereinstimmt[177]. Das maoistische Aufrechterhalten von Ehe und Familie, ignoriert die marxistische Analyse der Unterdrückung der Frauen in den Arbeiten von Engels oder Kollontai. Parteimitglieder mussten ihren Parteivorgesetzten fragen, bevor sie eine Verbindung mit einem Partner des anderen Geschlechts eingehen durften. Es gab keine Toleranz gegenüber Sex aus Liebe. Jit Pumisak, ein führender CPT-Intellektueller schrieb in seinem Buch über das thailändische Sakdina-System von den „Abnormitäten und der Homosexualität" die unter den Frauen in den Harems des königlichen Palastes zu verzeichne war[178]. Solche Abnormitäten würden daher vermutlich im Kommunismus aufhören zu existieren.

Es war nicht immer so in den thailändischen Bewegungen gewesen. In den frühen 1930er Jahren, nach der Revolution gegen die Monarchie, existierten Frauenbewegungen die sich selbst mit den Gewerkschaften und der Bewegung gegen den König verbanden. *Ying Thai* (Thailändische Frauen) hieß ein radikales Journal, das von Nuanchawee Tepwan herausgeben wurde. Wegen seines Radikalismus wurde es ständig vom Staat unterdrückt. Eng verbunden mit Ying Thai war die *Siam Association of Women*, die Büros in den Räumen der Straßenbahngewerkschaft hatte.[179] Kularp Saipradit, ein führender männlicher sozialistischer Intellektueller in den 1930er und 40er Jahren, übersetzte Engels „Der Ursprung der Familie" und schrieb über den Kampf für Frauenrechte. In den 1970er Jahren wurden viele Studenten durch die Frauenbefreiungsbewegung des Westens radikalisiert. Diese frühen Bewegungen hatten mehr mit Befreiung als mit Sexualität zu tun.

Weil in den „1968"- Welle des internationalen Kampfes die Entstehung einer GLBT-Bewegung in Thailand misslang, dauerte es bis zur Ausbreitung von AIDS bis die GLBT Bewegung zu wachsen begann. Speziell unter den schwulen Männern. Aktuelle Beispiele sind die Schwulen und Katoey-Organisationen *Fa Sri Rung* (Regenbogen Himmel) and *Bangkok Rainbow*, (Bangkok Regenbogen) die in den Jahren 2000 und 2002 gegründet wurden. *Anjaree* und *Sapaan* (Brücke) sind Beispiele der Lesbenbewegung die im gleichen Zeitraum entstanden. Aber diese Lesbenorganisationen wurden als Lesben-Webseiten gegründet[180]. Diese GLBT-Bewegungen die langsam durch die 1990er Jahre wuchsen, entblößten das übliche Problem und die Widersprüche der Politik nach den Niederlagen in den 1980er Jahren. Die Identitätspolitik in der Region, speziell unter den GLBT Bewegungen hob oft die Notwendigkeit für das Bilden von Räumen für Konsum und Unterhal-

---

[177] Wipa Daomanee (Comrade "Sung") (2003) Looking back to when I first wanted to be a Communist. In Ji Giles Ungpakorn (ed.) Already quoted. See also, the attitude of the Communist Party of the Philippines, which only adopted a more liberal attitude to gays and lesbians in 1998. Patricio N. Abinales (2004) *Love, Sex and the Filipino Communist*. Anvil.

[178] Jit Pumisak (*Somsmai SriSootrapan*) (1996) reprint of *Chome Na Sakdina Thai*. Nok Hook Press, p. 376.

[179] Numnual Yapparat (2006) The political development of the Thai women's movement. In: Ji Ungpakorn et al. (2006) schon zitiert. (In Thai).

[180] Anjaree ist jetzt geschlossen. Die übrig gebliebene feministische Webseite ist Sapaan.

tung hervor. Während die Politik reduziert war, wuchs der Einfluss des „Pink Business". Eine andere Angelegenheit war der „Virtuelle Kampf" der durch das Internet und Webseiten betont wurde.

Einige Personen in der GLBT Szene behaupten, dass *Fa Sri Rung* weniger „*Pink Business*"-orientiert wäre als *Bangkok Rainbow* weil es durch Mitglieder des Berufsstandes der Gesundheitsversorgung dominiert würde. Das mag zu einem gewissen Teil wahr sein, aber *Bangkok Rainbow* ist politischer wenn man in Betracht zieht, dass man dort Seminare und politische Diskussionen organisiert und einen schwulen Kandidaten für die Senatswahlen von 2006 unterstützt hat. Die von der Geschäftswelt unterstützten Leute, die Anjare Webseiten für Lesben aufgebaut hatten, waren auch offensichtlich politischer orientiert als die eher konservativen Profis aus dem Gesundheitswesen in *Fa Sri Rung*. Jedoch kann eine soziale Bewegung nicht alleine auf einer Webseite oder mit Seminaren aufgebaut werden. Ohne eine reale Unterstützung durch Mitgliedschaften, brach *Anjare* zusammen. Im Gegensatz dazu resultierte die Beratung und Wohlfahrt die durch *Fa Sri Rung* vermittelt wurde, in einer realen Mitgliedschaft oder Massenbasis. Diese Mitglieder haben Druck auf die Führung der Organisation ausgeübt, politisch zu werden. Heute werden offensichtlich homosexualitätsfeindliche Akte oder öffentliche Politik, wie das Ausschließen von Homosexuellen von Lehrerstellen an Kollegs oder in den Medien betreffen, sofort beantwortet. Kürzlich gab es Beschwerden gegen anstößige Anzeigen die einen „echten" Mann zeigte, wie er einen *katoey* schlug.

Trotz dieser positiven Entwicklungen verfolgt CPT-Vergangenheit die Volksbewegung hinsichtlich der Einstellung gegenüber den Geschlechterfragen. GLBT Organisationen werden immer noch nicht als traditionelle Teile der Volksbewegung oder als normaler Teil der Bewegung anerkannt. Die Volksversammlung und die Publikationen der Volksbewegung verschweigt die Probleme der GLBT. Aber es gibt einen Hinweis darauf, dass eine neue Generation von Sozialaktivisten, einige davon schwul, lesbisch oder Sozialisten, eine Liberalisierung der Einstellungen unter den traditionellen Bewegungen erzwingen werden. Unterstützt wird diese Annahme durch die Tatsache, dass das Thai Social Forum (TSF) GLBT in die Organisation aufgenommen hat.

Noch eindrucksvoller war die Teilnahme von behinderten Aktivisten beim TSF. Dies war das erste Mal dass die Volksbewegung als Ganzes die Kräfte mit den Behindertenorganisationen vereinigt hat und der Höhepunkt des Ereignisses war als militante Aktivisten in Rollstühlen eine TSF-Anti-Coup-Demonstration im Oktober im Zentrum von Bangkok veranstalteten.

Es war nicht nur die traditionelle Volksbewegung die die Geschlechterfrage ignorierte, und auch die PAD war nicht die einzige sexistische Organisation. Eine Gruppe von Rothemden in der nördlichen Stadt Chiang Mai drückte offen eine Anti-Schwulen-Einstellung aus, als sie versuchte sich einer Schwulenparade in den Weg zu stellen. Rothemden attackieren auch oft den Vorsitzenden des Kronrats Prem Tinsulanonda schwul zu sein.

Sich von einem singulären Aktivismus weg zu bewegen ist ein komplexer Prozess. Die Politik der Bewegung muss durch Gewerkschaften und Bauernorganisationen entwickelt werden indem sie gegenseitig die Themen aufgreifen und für alle Unterdrückte in der Gesellschaft gemeinsam kämpfen. Aber gleichzeitig müssen Aktivisten die für die gleichen Rechte für alle Geschlechter kämpfen und GLBT Aktivisten und auch Behindertenorganisationen die Fragen einer breiteren Bewegung aufnehmen. Eine politische Partei kann als Brücke agieren um die Kämpfe zu verbinden und Solidarität aufzubauen.

Das Vermächtnis der CPT ist nicht das einzige Hindernis im Kampf für Geschlechterrechte in der Volksbewegung. Autonomer Lokalismus (Chumchon-nyom) lehnt ebenfalls universale politische Theorien ab und platziert „lokale Weisheit", ohne zu berücksichtigen was die Natur dieser lokalen Weisheit ist, über alles. Eine kürzliche Debatte über Schilder die Frauen vom Betreten von buddhistischen Tempeln im Norden ausschließen sind ein gutes Beispiel. Nördliche Lokalisten wie Tanet Charoenmuang, argumentierte gegen Sozialisten und Feministen die die Abschaffung der Schilder wünschten. Tanets Argument war dass die Feministen und Sozialisten „Außenseiter" wären die den Respekt vor der lokalen Weisheit im Norden lernen sollten, der, wie er behauptete, keineswegs Frauen unterdrücken würde. Dies trotz der Tatsache, dass die meisten religiösen Experten zugaben, dass der Ausschluss von Frauen aus Tempeln auf der Basis der Annahme gemacht worden war, dass die Frauen „unsauber" wären wegen ihrer menstruellen Zyklen. Niti Eawsriwong jedoch, der ein Lokalist und Gründer der *Midnight University* ist, argumentierte, dass es zwecklos wäre zu behaupten, dass der lokale Glaube Frauen nicht unterdrücken würde. Für Niti lag der Weg zu einer Veränderung solchen lokalen Glaubens darin, die Einwohner des Nordens für eine Veränderung zu überzeugen.

Kapitel 3

Das Kapitel drei haben wir in zwei abweichenden Versionen erhalten. In einer Version in Englisch und einer in Thailändisch. Beide weichen zwar voneinander ab, aber der Tenor und die transportierte Nachricht ist die gleiche. In der thailändischen Version erwähnt Ungpakorn z.B. stärker Sarit Thanarat, den Militärdiktator, der zur Legitimation seiner eigenen Herrschaft als absolutistischer Militärdiktator die Monarchie wieder mit den alten Attributen des Landeigentums, des Vermögens und des Ansehens versah. Wir haben darüber diskutiert, ob wir die thailändische oder die englische Version übersetzen sollten, haben uns dann aber entschieden, die englische Version ins Deutsche zu übersetzen und die thailändische Version im Anschluss in der Originalfassung zu belassen.

Die thailändische Monarchie: Märchen oder Realität?

Wie in der Geschichte "des Königs neue Kleider" hat die konservative Elite darauf vertraut der thailändischen Bevölkerung (und vielleicht sogar dem König selbst), ein Paket von Lügen zu erzählen um ihre eigene Propaganda zu verbreiten. *„Der König ist ein Gott! Der König ist ein Genie in allen Feldern! Der König ist allmächtig! Wir sind alle gewillt dem König zu dienen! Der König hat den Frieden garantiert und das Glück der Menschen!"*[181]. Das Lèse Majesté-Gesetz und andere autoritäre Maßnahmen werden genutzt um diese Lügen aufrecht zu erhalten. Aber der kleine Junge in dem Märchen hat schon geredet! Die meisten Menschen in Thailand können erkennen, dass der Kaiser keine Kleider anhat! Der König hatte auch nicht „die thailändische Nation zusammen gehalten". Er hat keine Gerechtigkeit und Gleichheit geschaffen und er stellte sich öffentlich während der gesamten Zeit seiner Regentschaft auf die Seite des Militärs und der Anti-Demokraten. Die Menschen haben es satt und sind es leid die Privilegien und Arroganz der thailändischen Elite ertragen zu müssen. Der gesamte Verkehr wird angehalten, wenn die Monarchisten durch Bangkok fahren, während die Krankenwagen mit Notfällen im Stau stecken bleiben. Bürger werden gezwungen auf dem Boden zu kriechen wie Tiere und eine spezielle Sprache zu benutzen wenn sie sich auf die königliche Familie beziehen oder in ihrer Gesellschaft sind.

Der Prozess der Zerstörung des korrupten, privilegierten und autoritären Netzwerkes von dem die Monarchie ein Teil ist, wird Zeit kosten. Leute wie Suwicha Thakor, Da Torpedo, Boonyuen Prasertying und viele andere leiden im Gefängnis wegen Lèse Majesté. Die Rothemden werden weiter damit machen müssen Menschen auf einer langfristigen Basis zu mobilisieren und zu organisieren. In der Zwischenzeit klammern sich Politiker wie Thaksin und viele andere immer noch an monarchistische Ideen, und behaupten „loyale Untertanen" des Königs und des Thronerben zu sein. Viele Rothemden sind ungeduldig und wollen noch viel weiter gehen,

---

[181] Gerade Ende November / Anfang Dezember hatte der Präsident des Kronrats noch servilen Moderatoren Interviews gegeben, in denen er erklärte, dass das Genie machen Menschen eben angeboren wäre, und dass der König ein solches Genie wäre.

indem sie „Reale Demokratie" und soziale Gerechtigkeit aufbauen.

Wenn wir die Rolle des Königs in der thailändischen Gesellschaft verstehen, dann verstehen wir die beiden Rollen, die das Militär und der König spielen. Die herrschende Klasse benötigt zur Rechtfertigung ihres Herrscheranspruches Unterdrückung und Legitimierung. Das Militär und seine Verbündeten in der Bürokratie haben die Waffen um Coups durchzuführen und die politische Gesellschaft zu manipulieren. Der König symbolisiert die konservative Ideologie die den autoritären Aktionen des Militärs und ihren Verbündeten die Legitimation gibt. Es ist ein Rollenspiel von „Macht" und „ideologischer Legitimierung". In diesem Rollenspiel hat der König keine reale Macht.

Es gibt eine Anzahl von Mythen über die thailändische Monarchie die ständig in Schulen, öffentlichen Arenen und in den Medien durch die thailändische konservative Elite und die meisten ausländischen Beobachter reproduziert werden. Und wie das mit den meisten politischen Mythen so ist, enthalten sie einen unterschiedlichen Gehalt an Wahrheit und Lüge. Vier der am meisten verbreiteten Mythen werden weiter unten erklärt.

1) Der König hat einen speziellen Platz im Herz der thailändischen Menschen

2) König Pumipon (Bhumipol auch Bhumibol) schaffte Stabilität und hält das Land zusammen

3) Der König unterstützt soziale Gerechtigkeit durch seine königlichen Projekte

4) Der König ist überaus mächtig

Die vier wichtigsten Mythen

Lassen Sie uns die Punkte im Einzelnen betrachten.

1) Hat der König einen speziellen Platz im Herz der thailändischen Menschen?

Es ist unzweifelhaft wahr, dass Millionen von Thailändern eine hohe Meinung von König Pumipon haben. Es ist auch wahr, dass Millionen mehr seinen Sohn hassen und ablehnen. Millionen wenden sich auch gegen das monarchistische System wegen der Taten, die im Namen des Königs begangen wurden, was mit dem Militärcoup von 2006 begann. Für die, die den König lieben, stellt sich die wichtige Frage, ob es die Liebe zu dem Individuum ist oder zur Monarchie als Institution. Der König erlaubte seinen Unterstützern zu erklären, dass er „der Vater der Nation" wäre, und doch ist sein eigener Sohn von niemand in der thailändischen Gesellschaft respektiert! Dies zerstört den Mythos dass alle Thailänder eine spezielle historische Sicht von dem monarchistischen System hätten. Aber selbst die meisten ausländischen Beobachter sind zurückhaltend diese Tatsache klar auszudrücken. Dies weil Journalisten und Akademiker die über Thailand schreiben vom strengen „Lèse Majesté-Gesetz" bedroht werden wenn sie den Fuß in das Land setzen. Eine lobenswerte Ausnahme von dieser allgemeinen Feststellung ist Paul Handley[182]. Aber Handley kann niemals wieder seinen Fuß auf thailändischen Boden setzen bis wir eine wahre Demokratie haben.

Seit 2006 spielte die thailändische konservative Elite ein gefährliches Spiel mit der Monarchie. Seit dem Zusammenbruch der Kommunistischen Partei Mitte der 1980er hatten sie mit ihren monarchistischen Ideen die politische Hegemonie in der thailändischen Gesellschaft erreicht. Sie zerstörten alles, indem sie einen Bürgerkrieg gegen die eigenen Menschen begannen, die durch die Rothemden repräsentiert werden. Im Jahr 2006 entschieden sie sich einen Militärcoup und andere außerhalb der Verfassung stehende Mittel zu benutzen um eine populäre gewählte Regierung los zu werden. Sie taten dies im Namen des Königs. Im Jahr 2008 unterstützte die Königin offen die Gelbhemden indem sie an der Beisetzungsfeier einer PAD-Demonstrantin teilnahm. Dies machte aus ihr unmittelbar ein „Feind der Menschen" in den Augen von Millionen von Rothemden. Das Ergebnis von all dem ist die Wiederauferstehung einer signifikanten republikanischen Bewegung in Thailand, und zwar auf einem Niveau, das man seit den 1970er Jahren nicht mehr gesehen hatte. Selbst stramme monarchistische Teile des Establishments wie Chai-anan Samudawnaij gaben zu, dass dies der Fall ist[183]. Es ist durchaus zutreffend, wenn man sagte, dass im Jahr 2009 die meisten Rothemden höchstens lauwarme Anhänger der Monarchie sind, wenn nicht sogar zum Republikaner Gewendete. Diejenigen, die keine Republikaner sind, wünschen dem alternden Pumipon ein friedliches Leben. Sie mögen sogar einigen Respekt für ihn haben, aber sie sind überhaupt nicht begeistert darüber, nach Pumipon weiter mit einer Monarchie leben zu müssen.

Nachsichtig mögen wir denken, dass das Militär und die Konservativen den König aus dem Coup von 2006 hätten auslassen sollen, ebenso wie aus allen ihren antidemokratischen Aktionen die folgten. Aber hatten sie denn eine Wahl? Wenn sie Thaksin stoppen und stürzen wollten, konnten sie das nicht mit demokratischen Mitteln. Nur über Korruption zu reden war nicht genug, denn Korruptionsvorwürfe könnten sich auch auf das Militär und die Konservativen ausweiten. Sie mussten mit ihrer doppelten Rolle weiter machen und die Monarchie als legitimierende Entschuldigung nutzen. Abgesehen von ihrer Angst dass Thaksin ihre lange erworbenen Privilegien beschneiden würde, befürchteten sie, dass Thaksin seine Macht und seinen Einfluss nutzen würde, um den nächsten König zu beeinflussen und sie auszuschließen. Sie waren verängstigt vor einer Thaksin-Wachiralongkorn Doppelrolle. Pumipon wurde alte und krank und von Thaksin war bekannt, dass der dem Kronprinzen Wachiralongkorn (auch Vajiralongkorn) aus Spielschulden geholfen hatte. Also sehen wir eine neue Dimension der politischen Krise. **Es war auch eine Rauferei zwischen Thaksin dem Monarchisten, und den konservativen Monarchisten. Das Ziel war das Recht zu gewinnen, die Monarchie dazu zu benutzen die eigenen Interessen zu legitimieren.**

---

[182] Paul Handley (2006) The King Never Smiles. Yale University Press.

[183] http://www.manager.co.th/Daily/ViewNews.aspx?NewsID=9520000087280 02/08/2009 (In Thai).

Dies ist nicht das erste Mal, dass eine republikanische Stimmung in der thailändischen Gesellschaft auftritt. Die Monarchie war seit den Jahren von König Chulalongkorn (Rama V) in Verruf geraten. Zu der Zeit als König Rama VI auf den Thron kam, war die Absolutistische Monarchie am Boden und das bis zu seiner Abschaffung im Jahr 1932[184]. König Pumipon stand nicht in direkter Linie zum Thron und wurde nur König nachdem sein Bruder Anand durch einen Waffenunglück in das Pumipon {möglicherweise} verwickelt war, umgekommen war[185]. Zu Beginn war Pumipon sehr nervös und hatte eine niedrigere Stellung unter dem republikanisch gesinnten Militärdiktator Feldmarschall Pibun Songkram (auch Pibun). Pibun war einer der Anführer der Revolution von 1932. Später in den 1950er Jahren wuchs das Ansehen von Pumipon unter der Förderung des korrupten Feldmarschalls Sarit Tanarat[186]. Die Förderung der Monarchie wurde unter der gemeinsamen diktatorischen Herrschaft von Tanom Kitikajorn und Prapart Jarusatien nach Sarits Tod weiter fortgeführt. In der „Nach-Pibun"-Periode wurde die Loyalität zu „Nation, Religion und König" durch Militärdiktatoren mit unterschiedlichen Mitteln erzwungen, darunter war auch die Nutzung von Lèse Majèsté. Die Notwendigkeit für eine solche erzwungene Loyalität sollte jeden der sich nach der Wahrheit suchend umschaut zu der Frage verleiten, was an der Behauptung an Wahrheit steckt, die sagt: „Der König hatte immer einen speziellen Platz im Herz jeden Thailänders".

Im letzten Jahrhundert gab es drei historische Perioden in denen es eine republikanische Stimmungslage unter nennenswerten Bereichen der thailändischen Bevölkerung gab: Rund um die Revolution von 1932, während des Aufstiegs der Kommunistischen Partei Thailands in der Mitte der 1970er Jahre, und heute. Vor den 1950er Jahren hatten viele normale Thailänder, die in ländlichen Dörfern lebten, die Monarchie einfach ignoriert und waren der Meinung, dass sie für ihr Leben ohne Bedeutung wäre[187]. In der feudalen „Sakdina"-Periode, als die allgemeine Bevölkerung Fronarbeit unterworfen war und gezwungen wurde, an brutalen Kriegszügen teilzunehmen, musste die „thailändische" Bevölkerung den König und die Aristokraten gehasst haben. Das Sakdinasystem gab es in Ayuttaya und in der frühen Bangkok-Periode.

Es gibt zwei Gründe, warum viele Kommentatoren darin fehl gehen über die Widersprüchlichkeit und die sich verändernde Einstellung gegenüber der Monarchie

---

[184] Kullada Kesboonchoo Mead (2004) *The rise and decline of Thai absolutism*. Routledge.

[185] Die vorherrschende Meinung ist, dass es sich um einen Selbstmord handelte. Jedoch wurde unter Berufung auf „eine Bestrafung der Täter" im Jahr 1947 das erste vollkommen gewählte und demokratische Parlament in der thailändischen Geschichte gestürzt und nach einem politischen Schauprozess drei Menschen, die offensichtlich unschuldig waren, hingerichtet. „König Ananda", www.epubli.de Berlin 2009, Mark Teufel.

[186] Thak Chaloemtiarana (1979) *The politics of despotic paternalism*. Social Science Association of Thailand.

[187] Katherine Bowie (1997) Rituals of National Loyalty. New York: University of Columbia Press.

zu berichten. Zunächst sind da jene, die einfach zu faul sind hinter die Fassade der angeblichen Anbetung durch die Bevölkerung zu sehen. Aber zweitens und viel wichtiger ist die Gefahr, die mit dem Aussprechen der Wahrheit verbunden ist.

2) Hat König Pumipon Stabilität geschaffen und das Land zusammen gehalten?

Es ist allgemein üblich von ausländischen Kommentatoren zu hören, dass König Pumipon das Land zusammen gehalten und Stabilität erzeugt hätte. Die Annahme ist, dass „nachdem er gegangen ist wird das Chaos ausbrechen". Abgesehen von der Tatsache, dass es eine tiefgreifende politische Krise und ein Chaos seit dem monarchistischen Coup von 2006 gibt, müssen wir uns die historischen Fakten anschauen und die Bedeutung von „Stabilität" hinterfragen.

Die Art von Stabilität die während der Anwesenheit von König Pumipon geschaffen wurde, war immer eine Stabilität der herrschenden Elite über einer zutiefst ungleichen und ungerechten Gesellschaft. Solche Stabilität ist klar nicht im Interesse der Mehrheit der Bürger und glücklicherweise wurde diese Art von Stabilität oft durch Massenbewegungen herausgefordert. **Jedoch ist die Art der Behauptung, wie der König die Stabilität der reaktionären Elite symbolisiert von der reaktionären Elite verbreitet worden und führt uns zu dem wichtigen Schluss über die ideologische Schlüsselrolle des Königs.** Dies wird weiter unten später tiefer gehend diskutiert.

Lassen Sie uns die historischen Fakten der Interventionen des Königs im Fall von politischen Krisen ansehen. Der König hat eine sehr dubiose Vergangenheit. Er erlaubte, dass unschuldige Menschen fälschlicherweise angeklagt und exekutiert wurden weil sie angeblich seinen älteren Bruder getötet haben sollten[188]. Er ließ zu, dass dies als Entschuldigung benutzt wurde um den radikalen Premierminister Pridi Panomyong ins Exil zu zwingen. Er stellte sich auf die Seite von korrupten und unterdrückenden Militärdiktatoren in den 1960er und 1970er Jahren. Und als die Gesellschaft sich als ein Resultat dieser Parteinahme extrem polarisierte, lehnte er sich zurück und sah zu, wie die Armee im Jahr 1973 auf pro-demokratische Demonstranten schoss. Erst als klar wurde, dass die Studenten und das Volk die Diktatoren geschlagen hatten, erschien er im Fernsehen und rief zur Einheit auf. Genau das Gleiche passierte beim Massenaufstand gegen die Militärherrschaft im Jahr 1992. Sein Auftreten im Fernsehen war lediglich ein Versuch der Elite die Kontrolle über die Ereignisse in der Hand zu behalten, während sie unpopuläre Diktatoren opferten.

Während des Aufstandes von 1973 unterstützte der König rechtsextreme Gruppen die Chaos und Mord verbreiteten und die Demokratie bedrohten. Er unterstützte das Blutbad an der Thammasart Universität am 6. Oktober 1976 weil er dachte, dass Thailand „zu viel Demokratie" hätte[189]. Zu dieser Zeit war er auch der Schutzpatron einer gewalttätigen Gang die „Village Scouts" genannt wurde. Das Blutbad von

---

[188] "König Ananda", www.epubli.de Berlin 2009, Mark Teufel

[189] Ungpakorn: In seiner Rede zum Geburtstag im Dezember 1976 lobte er den Coup aus diesem Grund.

1976 führte die thailändische Gesellschaft in einen Bürgerkrieg zwischen der Elite und der Kommunistischen Partei. Seine Wahl des Premierministers nach dem Coup von 1976 wurde selbst von den rechtsextremen Generälen als „zu extrem" angesehen, die ihn dann schnell ersetzten.

Kürzlich erlaubte der König der Armee den Coup vom September 2006 in seinem Namen, ohne ein Wort der Kritik durchzuführen. Darüber hinaus erlaubte er, dass die Armee, die PAD-Demonstranten und die Democrat Party in einer weitergehenden Zerstörung der Demokratie Chaos verbreiteten der dem Coup folgte. Dies war die Ursache der tiefen politischen Krise. Er blieb still an seinem Geburtstag im Dezember 2008 und weigerte sich seine jährliche Ansprache zu halten. Dies hätte eine Gelegenheit sein können, zu Kompromiss und Einheit aufzurufen.

Wie also hat der König die thailändische Gesellschaft stabilisiert?

3. Verbreitete der König soziale Gerechtigkeit in seinen königlichen Projekten?

Wenn wir die Tatsache ignorieren, dass viele dieser königlichen Projekte von Korruptionsskandalen geschüttelt werden, und große Summen für die Ausgaben der Top-Beamten die mit den Projekten beschäftigt sind ausgeben werden, ist es klar, dass diese königlichen Projekte nur an der Oberfläche kratzen und durch Regierungsprojekte zur Reduzierung der Armut weit in den Schatten gestellt werden[190]. Schließlich war die Effizienz der armenfreundlichen Politik der Thai Rak Thai ein wichtiger Faktor der die Konservativen gegen die Thaksinregierung aufgebracht hatte.

Der König war ein Anhänger von Ansichten die seine Opposition gegenüber einem Sozialstaat für die Armen und einer Einkommensumverteilung klar offen legen. Es wird berichtet, dass er gegen einen Sozialstaat auftrat[191]. Aber was schlimmer ist, hatte der König als seiner der reichsten Männer der Welt die Arroganz den Armen Vorträge darüber zu halten, dass sie mit ihrer Armut zufrieden sein sollten, indem er die Absichten seiner "Genügsamkeits- Wirtschaft" verbreitete. Das war nichts anderes als eine reaktionäre rechte Ideologie die sagt, dass die Armen an ihren Plätzen bleiben müssen.

Das Forbes Magazin schreibt gegen Ende des Jahres 2009[192], dass die vierzig reichsten Menschen der Welt, ohne den König darin einzuschließen, jeweils mehr als 25 Milliarden US-Dollar Vermögen hätten. Das Vermögen des Königs, folgt man der gleichen Quelle[193], betrug 30 Milliarden US-Dollar, was mehr als das kombinierte Vermögen von Thailands zehn reichsten Kapitalisten ist und größer als das Vermögen jedes anderen Monarchen in der Welt. Die Zahlen der 30 Milliarden

---

[190] Paul Handley (2006) Schon zitiert.

[191] Kevin Hewison (1997) The Monarchy and democratization. In: K. Hewison (ed.) *Political Change in Thailand. Democracy and Participation*. Routledge.

[192] *Forbes* 23/09/2009.

[193] *Forbes* 17/06/2009.

US-Dollar des Königs beinhalten das Vermögen, dass von dem Crown Property Bureau (CPB) verwaltet wird. Aber das Vermögen ist so groß, dass es von diesem Büro alleine nicht kontrolliert werden kann. Zusätzlich ist die Monarchie von jeder Besteuerung ausgeschlossen. Nach den kürzlich veröffentlichten Zahlen des Budget Bureau, hatte sich der Zuschuss aus Steuergeldern zum königlichen Haushalt von 2002 bis 2008 fast verdoppelt von 1.136.536.600 Baht auf 2.086.310.000 Baht. Zusammen mit den anderen Kosten, darunter 3,65 Milliarden für königliche Flugzeuge, beliefen sich die aus Steuergeldern aufgebrachten Anteile für die Monarchie auf 6 Milliarden Baht im Jahr 2008. Die Ausgaben waren nach dem Coup von 2006 dramatisch angezogen. Die Konservativen dachten wohl deutlich, dass es eine weise Investition wäre.

Der Finanzminister, der von der Militärjunta nach dem Coup von 2006 ernannt worden war, erklärte die Genügsamkeits-Wirtschaft des Königs und erläuterte, dass es bedeute „nicht zu viel und nicht zu wenig": mit anderen Worten, genau das richtige erhalten. Kein Wunder, dass Paul Handley die Genügsamkeits-Wirtschaft als „Pseudo-Wirtschaft" bezeichnet[194]! Mit der Hilfe des Intellektuellen Chris Baker, wurde der UNDP-Bericht für Thailand von der Genügsamkeits-Wirtschaft dominiert. Jedoch ist die Genügsamkeits-Wirtschaft eine todernste konservative Ideologie, die erreichen soll, dass eine Umverteilung von Einkommen und Vermögen und eine Linderung der Armut verhindert werden soll. Sie versucht die Menschen davon zu überzeugen, dass sie die Schuld bei sich selbst suchen müssen, dass sie ihre Armut akzeptieren sollen und innerhalb ihrer Möglichkeiten leben sollen. Trotzdem argumentierte Chris Baker, gäbe es einige „sehr interessante und positive Aspekte in der Genügsamkeits-Wirtschaft"[195].

4. Wie mächtig ist der König?

Die Elite hat Thailand seit Jahrzehnten von hinter der Bühne aus beherrscht als ob es ihr persönliches Lehen wäre. Ein hinterhältiges Patron-Klienten-Netzwerk rekrutiert neue Teilnehmer zu diesem „die Elite fütternden Trog". Einem Trog an dem Vermögen gemacht werden auf Kosten der hart arbeitenden Armen[196]. Dieser große parasitäre Organismus erhält seine Legitimierung indem er das falsche Bild verbreitet, dass Thailand eine „absolutistische Monarchie" in der der König ein allmächtiger Gott wäre. Jedoch ist der König schwach und hat keinen „Charakter" und seine Macht ist eine Fiktion. Der König war immer schwach und ohne jede demokratische Prinzipien. Der Palast war in der Vergangenheit benutzt worden um vergangene und aktuelle Diktaturen zu legitimieren. Der König hatte niemals den Mut die Demokratie zu verteidigen oder sich gegen militärische Gewalt zu stellen. Die Königin ist extrem reaktionär und unterstützt gefährliche rechtsextreme Bewegungen.

---

[194] Paul Handley (2006), Schon zitiert, page 415.

[195] Ungpakorn: Persönliche Mitteilung, February 2009.

[196] Ungpakorn: Duncan McCargo nannte das "Network Monarchy", auch wenn er damit unterstellt, dass der König mächtiger ist, als ich denke, dass es der Fall ist. Siehe Duncan McCargo (2005) Network monarchy and legitimacy crises in Thailand. *The Pacific Review* **18** (4) December, 499-519. Oder in Deutsch (Auszug) in "Thailand 2006", www.epubli.de Berlin 2009, Mark Teufel

Und doch sind die Leute mit der wahren Macht in der thailändischen Elite diejenigen in der Armee, hochrangige Beamte und Unternehmer. Armeegeneräle, Politiker, Geschäftsleute und Kronräte prostrieren sich auf dem Boden und zollen einem „mächtigen" König Tribut, während sie die wahre Macht im Land ausüben und sich selbst bereichern. Dies ist ein ideologisches Spiel, aufgeführt zur Unterhaltung der Öffentlichkeit.

Während der vergangenen Jahre hatte der König niemals ernste angewandte Macht gezeigt. Als Kopf einer Institution die aus allen Regimes seine Vorteile zog, egal ob aus Militärdiktaturen oder gewählten Regierungen, war er zufrieden mit dieser Rolle. Unter Thaksin hatte der König sogar die außergesetzlichen Tötungen im Krieg gegen die Drogen gelobt[197].

Wenn die Generäle Coups organisierten oder sich in die Politik einmischten, dann folgten sie keinen Befehlen von Pumipon. Pumipon war immer scheu, schüchtern und ohne Mut und Charakter seit er aus Versehen auf den Thron gekommen war, nach dem Tod seines Bruders. Pumipon hatte niemals Führungsqualitäten. Er schwamm immer mit dem Strom. Als Thaksin Premierminister wurde, lobt er Thaksin. Als seine Soldaten den Coup machten, lobte er sie. In seinen Reden benutzt er eine obskure Sprache damit die Elite eine eigene Interpretation für sich machen konnte die ihr genehm war und Pumipon keinerlei Verantwortung übernehmen musste. Er war glücklich dass die Menschen vor ihm auf dem Boden krochen und glücklich damit sein riesiges Vermögen anzuhäufen.

Als die Generäle sich entschlossen hatten etwas zu unternehmen, führten sie ein ausgeklügeltes Schauspiel auf um uns Glauben zu machen, dass sie zum Palast gehen würden „um Befehle entgegen zu nehmen". Tatsächlich waren sie gegangen um dem König „zu erzählen" was sie schon längst entschieden hatten. Pumipon würde zustimmend nicken oder er wäre für eine Audienz nicht verfügbar, abhängig davon wie der Rat seines Kronrates lautete. Der Rat basierte nicht nur auf den Entscheidungen von Prem, dem Vorsitzenden des Kronrates. Er basierte auf einem Konsensus jener, die in der Armee das Sagen hatten und den konservativen Beamten. Das ist die koordinierende Rolle des Kronrates. Nachdem Pumipon zustimmend genickt hatte, würden die Generäle aus dem Palast kommen und der Öffentlichkeit erklären, dass sie „Befehle vom König" entgegen genommen hätten. Auf diese Weise konnten sie Legitimierung für ihre Aktionen aufbauen und Angst unter jenen, die in Opposition gegenüber ihnen standen.

Seit dem Militärcoup von 2006 haben Thaksin und seine engen Anhänger Prem beschuldigt ein „teuflisches Gehirn" hinter dem Umsturz zu sein. Viele glaubten dass dies der Wahrheit entsprechen würde und Thaksin dachte offensichtlich dass die Dinge sich unter dem nächsten König ändern könnten, und die Rolle des Kronrats dann reduziert werden könnte[198]. Diese Dämonisierung von Prem war teilweise

---

[197] Die Rede des Königs vom 4. Dezember 2003
http://www.thaiveterans.mod.go.th/mas_page/about_king/speak_birth/4_12_46_1.htm

[198] Interview with The Times
http://www.timesonline.co.uk/tol/news/world/asia/article6909258.ece 9/11/09.

das Resultat des Lèse Majèsté-Gesetzes. Während man nicht in der Lage war, den König zu kritisieren, konnte man das sehr wohl mit Prem tun. Viele Leute sprachen über Prem, aber sie meinten den König. Es ist eine Art Ersatz-Aktivität die aus der Frustration geboren worden war.

Die herrschende Klasse suggeriert, dass die thailändische Monarchie eine alte absolutistische "Sakdina" Institution wäre, wodurch sie die historischen und politischen Unterschiede zwischen den feudalen Sakdina-Königen von Ayuttaya und dem frühen Bangkok und der kapitalistischen absolutistischen Monarchie unter Chulalongkorn (Rama V) nicht sehen wollten. Dieser Sicht der Elite wird uns schon in der Schule eingetrichtert und anschließend durch die Medien. Wir werden ermutigt zu glauben, dass der König ein allmächtiger ist, und dass wir nur Diener (Prai) unter seiner Herrschaft wären. Die königliche Sprache, die Praxis des auf dem Boden kriechen (Prostrieren) und die wilde Werbung für die Monarchie ist alles Teil eines Ganzen. Während die herrschende Klasse die Idee eines historischen und mächtigen Königs vermitteln will, zeigt sie einen weiteren Widerspruch auf wenn sie behauptet, dass er auch ein konstitutioneller Monarch wäre. In diesem modernen Kontext sagten sie, dass wir den König nicht kritisieren sollten „Weil er über dem Schmutz der Tagespolitik" steht.

Offensichtlich ist diese Ansicht über die Monarchie weder historisch genau noch wissenschaftlich logisch. Aber das ist nicht der Punkt. Monarchistische Ideologie verlangt keinen wissenschaftlichen Beweis. Wir werden aufgefordert die Ansicht zu akzeptieren um zu glauben, dass es keine Alternative gibt als auf die totale Treue zum Monarchen zu schwören, da er ein Halb-Gott ist, den man lieben sollte und fürchten. Aber der wichtige Punkt ist, dass durch das Schwören einer solchen Gefolgschaft wir uns in Wirklichkeit vor der Macht der Armee und konservativen Erbelite verneigen.

Jeder ernsthafte Hochschullehrer wird aus den Arbeiten von Thongchai Winichakul[199] oder Thak Chalermtiarana[200] und auch von Paul Handley[201] wissen, dass die thailändische Monarchie sich in einem sich ständig verändernden politischen Umfeld entwickelte, das voller politischer Dispute war. Es kann kaum behauptet werden, dass die Institution die gleiche geblieben wäre, wie sie vor hunderten von Jahren gewesen wäre. Kriechen vor einem gottahnlichen König wird als wesentlicher Teil des „Thai"-Seins beworben. Nach dem Coup von 2006 schlugen Leute wie Anek Laothamatas vor, dass das beste politische System für Thailand eines sein sollte, das auf „Tradition" basiert, in dem Politiker die Macht mit der Monarchie und dem Militär teilen.[202] Um zu verstehen, warum diese Ansicht zum Vorteil der modernen herrschenden Klasse Thailands als Ganzes ist, ist es nützlich die Rolle der Monarchie in anderen Ländern zu studieren, denn sie erscheint an der Oberflä-

---

[199] Thongchai Winichakul (2005) Stepping beyond the 14th October model of Democracy (In Thai).

[200] Thak Chaloemtiarana (1979) Schon zitiert

[201] Paul Handley (2006) Schon zitiert.

[202] Anek Laotamatas (2006) *Taksina Populism*. Matichon Press (In Thai).

che ziemliche unterschiedlich vom thailändischen Fall. Tatsache ist aber, dass alle modernen Monarchien ihre ideologische Rolle als Unterstützer des Status Quo gemein haben. Aus diesem Grund existieren sie noch in West-Europa.

Es gibt keinen Zweifel darüber, dass das Mainstream-Image des Königs ihn als sehr machtvolle Person und Vertreter einer mächtigen Institution darstellt. Aber die marxistische Theorie der Entfremdung hilft uns zu verstehen, dass weit verbreitete Ansichten und Erscheinungen oft nicht der Wahrheit entsprechen. Die kapitalistische Herrschaft verstärkt ihre Macht aus dem Glauben dass der Markt oder die Familie „natürlich" wären. Dieser Sozialisierung wurde noch durch das Gefühl der Machtlosigkeit der Arbeiterklasse unterstützt. Es ist dieses Gefühl von Angst und des Vermissens eines Status und Vertrauens in die thailändische Gesellschaft, die von der herrschenden Klasse unterstützt wird, denn es hilft den Glauben zu stärken, dass die Monarchie und der König allmächtig wären. **Aber er ist nur ein Instrument zur Stärkung, nicht zur Stärkung der Monarchie als althergebrachte Institution, sondern der modernen Kapitalistenklasse als Ganzes. Das ist der Grund warum Thaksin, die Armee, die zivile Bürokratie und die großen Unternehmungen die Monarchie unterstützen.**

Das Lèse Majésté-Gesetz, das behauptet die Monarchie vor Beleidigung und Kritik zu beschützen ist ein Gesetz um Demokratieaktivisten und politische Gegner der Elite zu kriminalisieren. **Verfahren werden unter Ausschluss der Öffentlichkeit abgehalten und es wird argumentiert, dass die Wahrheit kein Verteidigungsargument wäre.** Die Höchststrafe sind 15 Jahre, aber Menschen können mehrere Male wegen Lèse Majésté für schuldig befunden werden und zu nacheinander abzusitzenden Perioden im Gefängnis verurteilt werden. Das Gesetz gegen Computerkriminalität wird in der gleichen Weise verwendet.

Im September 2009 verurteilte ein Gericht in Bangkok Daranee Chanchoeng-Silapakul (Da Torpedo) zu 18 Jahren Gefängnis auf Grund von drei Fällen von Lèse Majésté die aus Stellungnahmen resultierten, die sie auf einer Demonstration der Rothemden gemacht hatte. In ihrer Rede stellte sie eine Verbindung der militärischen Machtübernahme von 2006 mit dem Palast her, und sie zog Parallelen zwischen den Ereignissen in Thailand und Nepal, wo die Monarchie im Jahr 2008 abgeschafft worden war. Die Klage wurde auf Grund einer Anzeige von Sondhi Limthongkul verhandelt. Die Richter machten wenig Versuche den Anschein eines fairen Verfahrens zu geben. Sie verweigerten drei Male Kaution, angebliche weil sie Sorge hätten, dass Darunees Freilassung die öffentlichen Gefühle verletzen würde, was kein Rechtfertigungsgrund unter dem strafrechtlichen Verfahrenscodex ist. Sie schlossen auch die Öffentlichkeit vom Verfahren aus, auf Grund der „Nationalen Sicherheit" und hielten das Verfahren im Geheimen ab.

Darunee gesellte sich zu Suwicha Thakor, der früher im gleichen Jahr zehn Jahre Gefängnis wegen „beleidigender Bilder" auf dem Internet erhalten hatte. Zum Zeitpunkt des Entstehens dieser Zeilen erwarten andere wegen ähnlicher Vorwürfe ihre Verfahren, darunter Chiranuch Premchaiporn, der weibliche Webmaster von Prachatai, einer wichtigen unabhängigen Nachrichtenseite. Ihr angebliches Verbrechen war, dass sie nicht schnell genug sensible Kommentare von der Webseite entfernt hatte. Lèse Majésté-Anklagen können von jedem Bürger gestellt werden und die Polizei ist unter Druck durch die Armee, jeden Fall zu verfolgen.

Nachdem Abhisit Vejjajiva und die Democrat Party gegen Ende 2008 an die Macht gekommen waren, verkündete die vom Militär installierte Regierung dass die Verfolgung von Lèse Majèsté-Fälle die oberste Priorität der Regierung wäre. Das war zur Zeit einer Weltrezession. Der Minister der Regierung der Democrat Party Satit Wongnongtoey und andere Abgeordnete der Regierung erklärten, dass sie die Erhöhung der Maximalstrafe für Lèse Majèsté betreiben wollten. Sie wurden durch die so genannte „NGO"-Senatorin Rosana Tositrakul dabei unterstützt. Dieses Gesetz mehr als alle andere macht Thailand einem Polizeistaat ähnlich.

Die dominante akademische Sicht: der mächtige König

Die dominante akademische Ansicht, die den König als allmächtig beschreibt, wird von Paul Handley[203], Duncan McCargo[204], Same Sky (Fa Deaw Kan) Press [205], Kevin Hewison[206], Michael Connors[207] and Niti Eawsriwong[208] vertreten. Diese Akademiker denken, dass Pumipon den Coup von 2006 organisiert hätte {oder zumindest zugestimmt hätte} und die Politik seit den 1970er Jahren manipuliert hätte.

Viele dieser Intellektuellen stützen sich auf die alte maoistische Analyse der Kommunistischen Partei Thailands, dass unterentwickelte Länder wie Thailand noch ihre bürgerliche Revolution vor sich hätten und deshalb so lang „halb-feudalistische" Länder wären. Diese Analyse sieht die Hauptkonfrontation zwischen der Elite, die die alte halb-feudalistische Ordnung vertritt und der neuen aufstrebenden Klasse der Kapitalisten. Es ist die mechanische Anwendung der französischen Revolution auf Thailand im 21. Jahrhundert. Tatsächlich hatte die europäische Kapitalistenklasse sich mehr oder weniger dafür eingesetzt, die verbleibenden Könige oder feudalistischen Regenten in ihre kapitalistische Klasse zu integrieren und waren nicht länger bereit irgendwelche Revolutionen von Massenbewegungen zu unterstützen. Im Kontext des Coups von 2006 besteht der Glaube, dass der Coup das Resultat eines Konfliktes zwischen der „feudalistischen" Monarchie und dem „kapitalistischen" Thaksin wäre. Diese „neo-maoistische Position wurde auch im Detail von Kasian Tejapira[209] vertreten.

---

[203] Paul Handley (2006) Schon zitiert.

[204] Duncan McCargo (2005) Schon zitiert.

[205] Siehe die Okt-Dez. 2005 Ausgabe des Magazins (in Thai) und auch das Buch "*The 19th Sept Coup*" veröffentlicht in Thai in 2006.

[206] Kevin Hewison (2008) A Book, the King and the 2006 Coup. *Journal of Contemporary Asia* 38 (1).

[207] M. K. Connors, M.K. (2003) *Democracy and National Identity in Thailand*. Routledge Curzon.

[208] Niti Eawsriwong (2008) Review von *The King Never Smiles*, gemacht während der Thai Studies Conference in diesem Jahr. http://www.prachatai.com/ 17/1/2008.

[209] Kasian Tejapira (2007) "The dilemma of the Thai bourgeois revolution." http://www.prachatai.com/ 15/10/2007 (In Thai).

Die maoistische (und stalinistische) Analyse, dass unterentwickelte Länder als „semi-feudalistisch" anzusehen wären, basiert darauf dass die „Nationale Demokratische Revolution" oder die bürgerliche Revolution noch nicht stattgefunden hätte. Anders als in der Analyse der Theorie von Marx oder Trotzki über die „kombinierte und ungleiche Entwicklung" beschrieben, muss die große patriotische Koalition von Linken und Kapitalisten zur Bekämpfung der Feudalisten noch geschmiedet werden. Dies erklärt warum viele Ex-Kommunisten Thaksin unterstützten. Diese Denkschule verleugnet die Tatsache, dass die Netzwerke der herrschenden Klasse, die die Monarchie unterstützen auch die wichtigsten Banken und Industrien beinhalten und eben Thaksin. Sie ignorierten auch die kapitalistische Natur der riesigen Investitionen des Königs. Sie glauben deshalb der Anschuldigung der Gelbhemden gegenüber Thaksin und der TRT, dass es verkappte Republikaner wären. Dies ist auch die Logik von McCargo's Netzwerk-Konflikt und der Logik von jenen die glauben, dass der Coup von 2006 ein „monarchistischer Coup" gewesen wäre. Und doch hatte Thaksin wiederholt erklärt, dass er ein loyaler Untertan des Königs wäre. Seine Regierung nahm Teil an der hysterischen Bewerbung des Königs um Umfeld des 60. Jubiläums seiner Regentschaft und er startete die „Gelbhemden-Manie", während der jeder unter Druck gesetzt wurde jeden Montag ein gelbes königliches Hemd zu tragen. Thaksins enge Anhänger standen hinter der großen Petition an den König im Jahr 2009 in dem sie für eine königliche Amnestie gebeten hatten. Alle Beweise deuten darauf hin, dass Thaksin ein Monarchist ist.

Eine andere Richtung der Ansicht über die Monarchie die unter Akademikern weit verbreitet ist, ist die Idee, dass die thailändische Politik tatsächlich nur das ist, was die Elite tut, weil die größte Mehrheit der Bevölkerung „passiv" wäre und „potentiell ignorant". Diese Schule des Studiums der Monarchie und der Elite ignoriert vollständig die Volksbewegung und den Kampf von Unten. Thailändische Politik während der Coup-Krise von 2006 war deshalb nur ein inter-elitärer Konflikt. Ich nenne dies eine „Neo-Riggs'sche" Ansicht da Fred Riggs bekannt dafür war, diese Art von Analyse der thailändischen Politik in den 1950er und 1960er[210] vertreten zu haben.

Im Fall von Paul Handley beleidigt er die Armen schwach und dumm zu sein[211]. Diese paternalistische Verhaltensweise stimmt mit der Entschuldigung für den Coup überein, den die Panzer-Liberalen benutzten, auch wenn Handley keiner von ihnen ist. Den Panzer-Liberalen zufolge wurden die Armen von Thaksin gekauft und hätten die Demokratie nicht wirklich verstanden. Deshalb konnten sie die Wähler-Mehrheit so einfach ignorieren. Im Fall von Duncan McCargo[212] kommt die elitäre Sicht klar zum Vorschein wenn die Ursachen des Konfliktes im Süden diskutiert werden. Für ihn ist es nicht in erster Linie eine Unterdrückung der muslimisch malaiischen Bevölkerung durch Bangkok, sondern er erklärt, dass es ein

---

[210] Fred Riggs (1966) Thailand. The Modernisation of a bureaucratic polity. East West Press.

[211] Paul Handley (2006) Schon zitiert Seiten 6,10,94,105.

[212] Duncan McCargo (2005) Schon zitiert.

Konflikt zwischen dem „Netzwerk Monarchie" und dem „Netzwerk Thaksin"[213] wäre. Die auf die Elite zentrierte Analyse ist praktisch die Widerauferstehung von Fred Riggs Theorie der bürokratischen Politik[214].

Dennoch hat die dominante Analyse die durch diese Mainstream-Akademiker vertreten wurden eine wichtige und eine nützliche Rolle in der Entwicklung unseres Verständnisses der thailändischen Monarchie gespielt. Dies auf Grund der Tatsache, weil es unter den Akademikern eine Tendenz gab, jede Diskussion über die Monarchie zu vermeiden. Handley scheint auszudrücken, dass der König eine große individuelle Macht hätte, aber der Nutzen seines extrem wertvollen Buches ist die sorgfältige Recherche und der Reichtum an Informationen welche in unterschiedlicher Weise interpretiert werden können. Es gibt viele wichtige Gelegenheiten in der Geschichte, bei denen Handley zeigt dass der König nicht beachtet wurde und nicht seinen Willen bekam. Dies beinhaltete der Sturz der Tanin Kraivichien Regierung und den Volksaufstand gegen Sujinda (Suchinda) Kaprayoons Militärjunta im Jahr 1992. Beide Regime waren vom König bevorzugt worden.

McCargo betonte ein eher kollektives machtvolles Netzwerk statt die individuelle Macht. Die Netzwerkpolitik ist zweifellos Teil der politischen Szene aber es bleiben offene Fragen. Ist der König die mächtige Person innerhalb der „Netzwerk Monarchie"? Gibt es überlappende und im Wettbewerb stehende Netzwerke die alle die Unterstützung der Monarchie suchen, und sie versuchen zu nutzen? Michael Connors denkt, dass die Monarchie ein Machtblock der thailändischen Politik wäre[215]. Somsak Jeumtirasakul[216] argumentiert, dass der König seit 1992 der Kopf "der herrschenden Klasse" wäre. Aber in welcher Art ist er das? Ist er an allmächtiger Kopf oder ein symbolisches Staatsoberhaupt?

Es gibt andere ernsthafte Schwächen in diesen Mainstream-Analysen. Das Neo Riggs'sche Modell ignoriert die Rolle, die die Volksbewegung mit den wichtigen Ereignissen wie dem 14. Oktober 1973 gespielt hat, ignoriert die Kommunistische Partei, den Aufstand von Mai 1992, die Rolle der Gewerkschaften und der NGOs. Bei Thaksins Populismus ging es darum sozialen Frieden als Antwort auf den Kampf {der unteren Klasse} zu erkaufen[217] und natürlich hatten die Massenproteste der PAD die Tür für den Coup geöffnet, weil sie den König aufgerufen hatten, die Krise zu lösen. Hätte es ohne den Kampf der Volksbewegung den demokratischen

---

[213] McCargo hat während der Arbeit eng mit dem thailändischen Akademiker Ukris Pathmanand zusammen gearbeitet. Diese Ansicht der Netzwerk Politik wird von vielen thailändischen Intellektuellen geteilt, darunter Niti Eawsriwong.

[214] Fred Riggs (1966) Schon zitiert.

[215] M. K. Connors (2003) Schon zitiert.

[216] Somsak Jeumtirasakul (2005) "After 14th Oct" In Fa Deaw Kan magazine, Oct-Dec 2005 (In Thai).

[217] Kevin Hewison (2003) Crafting a new social contract: Domestic capitalist responses to the challenge of neoliberalism. In Ji Giles Ungpakorn (ed.) *Radicalising Thailand: new political perspectives*. Institute of Asian Studies, Chulalongkorn University.

Spielraum gegeben, der sich in den Siebziger und Achtziger Jahren geöffnet hatte? Hätte es einen Kompromiss mit den Kommunisten in den Achtzigern gegeben? Hätte es jemals die Verfassung von 1997 gegeben?

Welchen möglichen Gewinn konnte Thaksin aus einer Reduzierung der Macht der Monarchie ziehen? Um dies zu zeigen, muss man auf die tiefen und ernsthaften wirtschaftlichen und politischen Differenzen zwischen dem König und Thaksin hinweisen. Thaksins Populismus könnte als politische Differenz bezeichnet werden, aber es war keine Bürde für die kapitalistischen Profite, auch nicht für das Crown Property Bureau und Thaksin erhielt Unterstützung aus allen Ecken, auch von der Monarchie, als er mit seiner Politik begann. Also welche Probleme waren hier entstanden? Thaksin und andere moderne Kapitalisten haben mehr zu verlieren als zu gewinnen, wenn sie die Monarchie angriffen und die Öffentlichkeit ermutigten den elitären Status und deren Macht zu hinterfragen.

Eine vergleichende Studie

Ein guter Startpunkt kann die Englische Revolution von 1640 sein. Die Betrachtung der Revolution kann nützlich sein, weil die englische Kapitalistenklasse die Monarchie nach ihrem Sturz auf einer langfristigen Basis zurückbrachte, ganz anders als im Fall von Amerika im Jahr 1776, oder Frankreich im Jahr 1789. Christopher Hill[218] zeigt dass die Rückkehr der Monarchie nach Cromwells Sieg und der Hinrichtung von Charles I ein Teil der Notwendigkeit war, die bestand um die radikalen Bewegungen der Armen nieder zuschlagen, die der *The Levellers* und *Diggers*, die wichtige Verbündete der aufstrebenden Kapitalisten während der Revolution gewesen waren.[219]. Die neue Monarchie von Charles II mag beansprucht haben, von Gott ernannt worden zu sein, aber in Wirklichkeit war sie von der neuen gewachsenen Klasse der Kapitalisten ernannt. Es gab eine Notwendigkeit „die Geschichte wieder neu zu erfinden"[220] um zu zeigen, dass die Macht und die Privilegien der neuen kapitalistischen herrschenden Klasse eine alte, „von Gott gegeben" war, und nicht durch eine Revolution von unten geschaffen wurde.

Es ist die Angst vor einer Revolution von unten, die aus dem Ruder laufen könnte, die die kapitalistische Klasse mehr und mehr zurück gehalten hatte, eine Revolution der Massen zu unterstützten um die feudalistische Ordnung zu zerstören. Es war auch die Schwächung dieser feudalen Kräfte und das Anwachsen der Kapitalistenklasse und das Anwachsen der Macht der Arbeiterklasse, was den Ausschlag gab. Im Jahr 1948, wie Marx mit Enttäuschung erklärte, waren die Kapitalisten Europas zu einer Vereinbarung mit der alten Macht gekommen, aber unter den Bedingungen der neuen Kapitalistenklasse.

Die englischen Kapitalisten brachten die Monarchie in einer unterschiedlichen

---

[218] Christopher Hill (1959) *The English Revolution 1640. An Essay.* Lawrence & Wishart, London.

[219] Paul Foot (2005) The Vote. How it was won and how it was undermined. Penguin / Viking.

[220] Hobsbawm, E. (1995) Inventing Traditions. In: Hobsbawm, E. & Ranger, T. (eds) *The Invention of Tradition.* Cambridge University Press.

Form zurück, während sie die Kontinuität der Ordnung behaupteten, und indem sie die Monarchie als moderne kapitalistische Institution nutzten, um konservative Ansichten gegen die wachsende Arbeiterklasse durchzusetzen. Heute benutzt die herrschende Klasse in Großbritannien und Europa ihre Monarchien um konservativen Ideologien zu verbreiten. Aber anders als in Thailand, wegen der Macht der Arbeiterklasse, zwangen sie diese Ideologie in einen demokratischen Rahmen. Dies ist der Grund warum die Königinnen und Könige in Europa nicht {mehr} als sakrale mythische Wesen beworben werden.

In Thailand fand die revolutionäre Transformation in einen kapitalistischen Staat nicht in der gleichen Art durch eine bürgerliche Revolution wie in England oder Frankreich statt. Die Veränderung in einen kapitalistischen Staat geschah mit einer Revolution von oben durch König Rama V von Bangkok, ca. in den 1870er Jahren, mit dem Ziel dem drohenden westlichen Imperialismus entgegen treten zu können. Neil Davidson erklärt dass die Definition einer Bürgerlichen Revolution, entsprechend Marx, Engels, Deutscher, Tony Cliff und George Lukács „*ein revolutionärer Prozess ist, der den Weg für die Entwicklung des Kapitalismus ebnet*"[221]. Es gibt zwei Arten von „Bürgerlicher Revolution" von Unten, wie im Fall von England und Frankreich, und eine Revolution von Oben durch einem Bereich der alten feudalen Ordnung selbst betrieben, wie im Fall von Deutschland, Italien, Schottland und Japan. Revolutionen von Oben um den Weg für den Kapitalismus zu ebnen fand in spät entwickelten Ländern statt. Thailands Revolution kann man unter die letzteren einordnen. Aber der Prozess endete nicht mit der revolutionären Transformation, die von König Rama V in den 1970er Jahren angestoßen wurde. Die Absolutistische Monarchie erwies sich als instabil[222] und führte zu der Revolution von 1932 und der Errichtung einer konstitutionellen Monarchie unter der Kontrolle einer kapitalistischen Klasse.

Thak Chalermtiarana[223], Thongchai Winichakul[224], Kasian Tejapira[225] und Niti Eawsriwong[226] haben erklärt wie königliche politische und soziale Traditionen, einschließlich der so genannten „Traditionen" der konstitutionellen Monarchie erfunden worden waren. Was jedoch noch diskutiert werden muss ist der Gedanke, dass die Monarchie ein ideologisches Werkzeug für die moderne kapitalistische Klasse ist, dazu bestimmt die Diskussion zu unterdrücken ebenso wie jede Herausforderung der Autorität der modernen thailändischen kapitalistischen Klasse. Mit der „modernen kapitalistischen Klasse" meine ich sowohl die privaten Kapitalisten wie Thaksin, den Kopf der C.P. Corporation oder die Vorsitzenden der großen

---

[221] Davidson, Neil (2004) The prophet, his biographer and the watchtower. *International Socialism Journal* No. 2:104, p. 23.

[222] See Kullada (2004) Schon zitiert.

[223] Thak Chalermtiarana (1979) Schon zitiert.

[224] Thongchai Winichakul (2005) Schon zitiert.

[225] Kasian Tejapira (2005) Critique of Thainess. In Fa Deaw Kan magazine, Oct-Dec 2005 (In Thai).

[226] http://www.prachatai.com/ 14/3/2006 (In Thai).

Banken, aber auch die Monarchie als Kapitalist und die Spitzenmilitärs und Beamten als Vertreter des staatlichen Kapitalismus. Alle Bereiche der herrschenden Klasse kontrollieren das Produktionsvermögen mit kapitalistischen Beziehungen. Das Militär und die zivilen Beamten haben signifikante Kontrolle über den staatlichen Sektor, einschließlich den Medien.

Die wichtige ideologische Rolle der Monarchie

Das hohe Ansehen und der Status des Königs begann mit der systematischen Werbung durch den Militärdiktator Sarit Tanarat. Diese Förderung der Monarchie fand in den späten 1950er Jahren statt, in einer Zeit der sich erhöhenden Spannungen in Südostasien durch den Kalten Krieg. Sarit wurde in seinen pro-monarchistischen Programmen durch die US-Regierung unterstützt, die seine Diktatur und die Monarchie als nützlich ansahen, um die Verbreitung des Kommunismus zu kontern[227]. In seinem Buch über das Sarit-Regime, argumentiert Thak Chalermtiarana dass Sarit den König förderte um durch ihn Legitimation in den Augen der Bevölkerung zu erhalten, weil er keine solche aus der Revolution von 1932 nachweisen konnte.[228]. Das mag den Tatsachen entsprechen. Alternativ könnte Sarits Förderung der Monarchie auch der Versuch gewesen sein, Legitimierung in den Augen der thailändischen konservativen Elite zu erhalten und durch die US-Regierung. In jedem Fall war die wachsende Bedeutung der Monarchie nach 1932 eng mit der Notwendigkeit verbunden eine Ideologie zu besitzen, die dem Kommunismus entgegen gesetzt werden konnte, um den Status Quo zu schützen.

Die Benutzung von „Nation, Religion und König" als konservative Ideologie, in der der König das Herz der Nation symbolisierte, den Kopf der Religion und die Verkörperung von „allem was Thai ist", war das zentrale Kampfmittel gegen den Kommunismus in der zweiten Hälfte des 20. Jahrhunderts. Die Wichtigkeit des Königs für die moderne herrschende Elite in Thailand kann in dieser ideologischen Rolle verstanden werden. Die herrschende Klasse, die aus der Armee, Kapitalisten und hochrangigen Beamten besteht, ist kein Überrest des feudalen Systems. Sie sind die moderne thailändische herrschende Klasse: konservativ, antidemokratisch und barbarisch. Es ist nicht der König der dieser Gruppe von Strolchen Befehle gibt. Es sind sie, die die symbolische Rolle des Königs benutzen um sie für ihre eigenen Interessen zu missbrauchen.

Wegen des ständig weiter gehenden Kampfes für Demokratie, der in einem globalen Rahmen stattfindet, und wegen der zunehmenden Größe der thailändischen Arbeiterklasse, war es zunehmend schwieriger geworden, eine Legitimierung für eine Militärdiktatur zu erhalten. Die thailändische Arme kann keinerlei demokratische Verdienste überzeugend für sich beanspruchen. Kapitalisten und Politiker der Elite können dies, wenn es ihnen in den Kram passt, aber die Armee hängt vollkommen von der Monarchie ab, um ihre Aktionen zu legitimieren. *Und deshalb muss als Mythos entlarvt werden, dass der König die wahre Macht in der Gesell-*

---

[227] Katherine Bowie (1997) Schon zitiert.

[228] Thak Chalermtiarana (1979) Schon zitiert.

schaft in der Hand hält. Das Militär erklärt, dass es eigentlich nur Befehle ausführt. Das tut sie, damit man nicht erkennt, dass sie eigentlich nur egoistisch und in ihrem eigenen Interesse handelt, wie sie es schon immer getan hat.

Die Tatsache dass das Militär und die konservative Elite sich nicht der Demokratie verpflichtet fühlen bedeutet, dass sie das Symbol der Monarchie in einer autoritäreren Weise nutzen muss, verglichen mit Westeuropa. Nicht nur vertritt die Monarchie konservative Ideen, sondern sie hat sich auch mit heiligen Kleidern geschmückt, mit Mythen umgeben und mit harten autoritären Gesetzen abgegrenzt.

Für diejenigen, die wünschen, dass sich die thailändische Monarchie wie die in Westeuropa entwickeln sollte, bedeutet dies die Macht des Militärs drastisch verringern zu müssen, das Lèse Majèsté-Gesetz abschaffen zu müssen, die königliche Sprache abschaffen zu müssen und auch das auf dem Boden kriechen, dass „Prostrieren" und das Kriecherische vor einem so genannten „heiligen" König. Es muss eine offene und freie Kritik der Monarchie ermöglicht werden und das Recht sich für eine Republik einzusetzen. Auch wenn einige Anführer der Rothemden angedeutet haben, dass es das ist, was sie anstreben, gibt es keinen Beweis dafür anzunehmen, dass das auch der Weg ist, den Thaksin zu erreichen hofft, wenn er an eine zukünftige reformierte Monarchie denkt. Alle Beweise deuten darauf, dass er sich immer noch einem „heiligen" König verpflichtet fühlt, der weit über dem normalen Bürger steht.

Nach Pumipon

Bei dem Streit zwischen Thaksin und den Coup-Anhängern ging es niemals darum die Macht der Monarchie auszuweiten oder zu reduzieren, weil beide Seiten sich ständig auf die königliche Legitimierung beriefen um ihre Herrschaft über uns zu stärken. Beide Seiten haben auch das Lèse Majèsté-Gesetz gegen ihre Gegner eingesetzt. Der Coup von 2006 war kein monarchistischer Coup gegen den republikanischen Thaksin, es war ein Konflikt zwischen zwei Bereichen der thailändischen herrschenden Klasse. Dieser Konflikt hatte seine Wurzeln auch in der Kraft von sozialen Bewegungen und der Notwendigkeit Legitimierung durch Wahlen zu gewinnen.

Viele Thailänder, ob sie Monarchisten der Gelbhemden sind, oder prodemokratische Rothemden, sie alle erwarten den Tod von König Pumipon. Es könnte Jahre dauern, oder er könnte schnell sterben.

Die meisten Thailänder, egal ob Gelb oder Rot glauben, dass Pumipon der einflussreichste politische Akteur wäre. Wenn das der Fall wäre, wenn er der Allmächtige wäre, wie ein absolutistischer Monarch, dann würde nach seinem Tod ein Bürgerkrieg zwischen den unterschiedlichen Anhängern der verschiedenen möglichen Nachfolger ausbrechen. Die Soldaten der Prinzessin würden gegen die Soldaten des Kronprinzen oder gegen die der Königin kämpfen, oder Prems Soldaten könnten den Wunsch haben Prem auf den Thron zu setzen! Ist das wahrscheinlich?

Es wird einen Machtkampf und Rivalitäten geben, aber es wird ein Kampf zwischen den Teilen der Elite bleiben, Thaksin eingeschlossen, um darüber zu entscheiden, wer die Monarchie am besten für seine eigene Zwecke einsetzen kann. Nach dem Coup von 2006 hatte Thaksin die Schlacht verloren. Vielleicht kehrt er nach Pumipons Tod zurück in den Kampf.

Mark Teufel^^   Die Krise der Demokratie
Thailand

Wenn Pumipon stirbt, so ist meine Vermutung, dass die Armee und die konservative Elite eine gigantische und sehr teure Bestattungszeremonie für ihn ausrichten wird. Meine Vermutung ist, dass diese Zeremonie mindestens doppelt so lange dauern wird, wie die welche vor kurzem für seine Schwester organisiert worden war, und ein Jahr dauerte. Vielleicht wird Pumipons Beerdigung fünf Jahre dauern. Verlängerungen von Aktivitäten könnten das Ganze leicht auf zehn Jahre ausdehnen. Bilder des Königs werden weiter und noch stärker verbreitet werden. Der Grund für diese riesige Beerdigung ist nicht der Wunsch die „Millionen von Thailändern zu befriedigen, die wegen Pumipons Tod ein gebrochenes Herz haben". Viele werden private trauern bzw. feiern. Nein, der Grund für dieses riesige Beerdigungsritual wird sein, die Propagandamaschine noch einen Gang höher laufen zu lassen. Die konservative Elite wird verzweifelt versuchen die Ideologie der Monarchie zu bewerben und immer wieder zu beleben. Jeder der sich der Armee oder der autoritären Herrschaft, die jetzt an der Macht ist, entgegen stellt und sich für Demokratie einsetzt, wird wegen Lèse Majèsté beschuldigt werden und es wird behauptet werden, dass sie *„Pumipon stürzen wollten"*. Die Tatsache dass er tot ist wird nur geringe Auswirkungen haben. Während das alles stattfindet, wird der extrem unpopuläre und wenig respektierte Kronprinz Stück für Stück auf den Thron gehoben, und das unter den aufmerksamen Augen der Konservativen. Er wird ebenso wenig geliebt wie seine Mutter, die auch dort sein wird, und beide werden unter einem noch größeren Bild von Pumipon thronen. Wir werden niemals in der Lage sein Pumipon und seine so genannten „wundervollen Werke" zu vergessen. Wir werden den Kronprinzen sehen, aber die Worte „Pumipon" werden aus den Lautsprechern dröhnen.

Falls all die Propaganda nicht funktionieren wird, gibt es noch das Lèse Majèsté Gesetz, das Gesetz gegen Missachtung des Gerichtes, das Computer-Straf-Gesetz und das Gesetz über die Innere Sicherheit. Und wenn das alles auch nichts nützt, kann die Armee immer noch auf pro-demokratische Demonstranten schießen.

Wenn Pumipon stirbt, wird die mächtige Armee immer noch existieren. Die Panzer und Gewehre werden nicht einfach verschwinden. Die rohe und unterdrückende Gewalt der konservativen Elite basiert auf der Armee. Aber die Generäle werden in Panik verfallen weil die Quelle ihrer Legitimierung gestorben ist.

Wenn der Kronprinz gehasst und von den meisten Thailändern verachtet wird, warum sollte dann die Armee ihn zum König machen? Falls Pumipon so allmächtig ist, warum hat er dann nicht die Prinzessin zur Thronerbin gemacht? Die Antwort liegt in der Notwendigkeit die Traditionen als Teil der monarchistischen Ideologie zu nutzen. Die Armee hält sich damit zurück die Prinzessin statt den Kronprinz zu ernennen weil die falsche Behauptung dass die Monarchie tief in „historischen Traditionen" begründet wäre, zusammenbrechen könnte, wenn sie ernannt werden würde. Nicht nur das, sondern eine Änderung der Erbfolge, weil der Kronprinz unpassend ist, könnte zu der Auffassung verleiten, dass die Monarchie auch immer geändert oder ganz abgeschafft werden könnte. Ihr heiliger Status würde in Luft aufgehen.

Glauben Sie nicht für eine Sekunde, dass wenn Pumipon stirbt, Thailand in ein Chaos fallen wird. **Es ist und es war in einem Chaos seit 2006, und das trotz Pumipon.**

Die Krise der Demokratie   Mark Teufel^^
                                  Thailand

Wenn Pumipon stirbt, wird die Arbeit für diejenigen, die eine Republik wünschen, nicht einfacher. Der Tod des Königs wird Möglichkeiten schaffen aber auch Gefahren. Die monarchistischen Gelbhemden werden noch verzweifelter und gefährlicher werden. Aber die Legitimierung ihrer Aktionen wird angreifbar. Demokratie fällt nicht vom Baum wie eine reife Mango. Wir müssen hoch greifen und sie pflücken und gleichzeitig nach oben greifen und die konservative Elite und ihr gesamtes autoritäres System herunter {auf den Boden der Wahldemokratie} holen.

Dies ist eine abgekürzte thailändische Version des vorher aus dem Englischen übersetzten Artikels, jedoch weicht die thailändische Version ab, weshalb wir keine absatzweise Übersetzung anbieten.

สถาบันกษัตริย์ไทย นิยายและความจริง

ใจ อึ๊งภากรณ์

สังคมไทยมีส่วนคล้ายนิทานเรื่อง "เสื้อผ้าชุดใหม่ของจักรพรรดิ" เพราะในรอบหลายปีที่ผ่านมา อำมาตย์[229] ผลิตซ้ำนิยายโกหก ว่ากษัตริย์ "เป็นเจ้าเหนือหัวเรา" "เป็นที่เคารพรักของคนไทยทุกคน" "เป็นคนที่มีฝีมือและความสามารถทุกด้าน เกินความ เป็นมนุษย์" "เป็นผู้มีอำนาจสูงสุด" หรือ "เป็นคนดีที่ทำให้ประชาชนอยู่เย็นเป็นสุข" และพวกผู้ใหญ่ของสังคมทั้งหลาย นอกจากจะบังคับกล่อมเกลาให้ประชาชนเชื่อแล้ว ก็ยังท่องนิยายนี้จนเชื่อเอง ... และไม่แน่... กษัตริย์ภูมิพลอาจหลงเชื่อ นิยายไปด้วย

แต่เด็กน้อยคนซื่อ ผู้มองเห็นแต่ความจริง ได้พูดออกมาแล้ว "จักรพรรดิเปลือยกาย!!!" ไม่ได้ใส่ชุดสวยหรูเหมือนกับที่ ผู้ใหญ่บอก

กษัตริย์ภูมิพลไม่ได้รักประชาชนและสร้างความสงบอยู่เย็นเป็นสุข เพราะกษัตริย์ภูมิพลผู้เป็นเศรษฐีอันดับหนึ่งของไทย คัดค้านสวัสดิการเพื่อประชาชน ส่งเสริมเศรษฐกิจพอเพียงที่ไม่เห็นด้วยกับการกระจายรายได้ สนับสนุนความรุนแรงใน เหตุการณ์ ๖ ตุลาคม ๒๕๑๙ และชมคนที่ทำรัฐประหาร ๑๙ กันยาและคนที่ทำลายประชาธิปไตย เสรีภาพ และมาตรฐาน ความยุติธรรมทางกฎหมาย และในขณะที่ยอมให้คนอวยว่าเป็น "พ่อแห่งชาติ" ตัวเองเลี้ยงลูกชายมาจนเป็นที่รังเกียจของ สังคม ถ้าภูมิพลเป็นคนก้าวหน้าหรือเป็นคนดี เขาจะ ไม่ปล่อยให้มีการหยุดวิ่งรถตามถนนหนทาง เพื่อให้ตัวเองและญาติๆ เดินทางด้วยความสะดวกในขณะที่รถพยาบาลฉุกเฉินไม่เคยได้รับการอำนวยความสะดวกแบบนี้เลย เขาจะไม่ปล่อยให้มีการ หมอบคลานต่อตัวเองเหมือนกับว่าประชาชนเป็นสัตว์ และเขาจะออกมาแสดงจุดยืนที่ชัดเจนในการปกป้องประชาธิปไตย และการคัดค้านกฎหมายเผด็จการต่างๆ รวมถึงกฎหมายหมิ่นเจ้าด้วย

กระบวนการในการต่อสู้เพื่อประชาธิปไตยแท้ ที่ปราศจากเครือข่ายอำมาตย์ จะใช้เวลานาน และ

---

[229] "อำมาตย์" ในความเข้าใจของผม คือกลุ่มชนชั้นนำอนุรักษ์นิยมไทย ที่ไม่ค่อยชอบประชาธิปไตย มันเป็นระบบที่พวกนี้สร้างด้วย เพื่อครอบงำ สังคม อำมาตย์ประกอบไปด้วย ทหาร ข้าราชการชั้นสูง นักการเมือง นายทุน และกษัตริย์กับองค์มนตรี มันไม่ใช่บุคคลคนเดียว

ในขณะที่เราต่อสู้อยู่ คน อย่าง สุวิชา ท่าค้อ, ดา ตอร์ปิโด, บุญยืน ประเสริฐยิ่ง และคนอื่นๆ อีก มากมายก็จะทนทุกข์ทรมานในคุกของเผด็จการ คนเสื้อ แดงที่ต้องการประชาธิปไตยแท้จะต้อง เคลื่อนไหวอย่างต่อเนื่อง และด้วยความอิสระ เพราะผู้นำเสื้อแดงบางคน โดยเฉพาะ ทักษิณ ยัง พยายามอ้างความจงรักภักดีและปกป้องสถาบันกษัตริย์ในรูปแบบเดิมอยู่

<u>บทบาทคู่ขนาน ทหาร กับ กษัตริย์</u>

ถ้าเราจะเข้าใจทบาทของกษัตริย์ภูมิพลในสังคมไทย เราต้องเข้าใจทบาทคู่ขนานของทหารกับ กษัตริย์ เพราะในสังคม ต่างๆ โดยทั่วไปทั่วโลก ชนชั้นปกครองจะดำรงอยู่ได้ก็ต่อเมื่อมีการใช้ อำนาจข่มเหง และการสร้างความชอบธรรมสำหรับ ตนเองในสายตาประชาชนพร้อมๆ กัน และ การใช้อันใดอันหนึ่งตามลำพังมีประสิทธิภาพต่ำเกินไปที่จะสร้างความมั่นคง ให้กับชนชั้น ปกครอง

ในไทยกษัตริย์ภูมิพลคือสัญลักษณ์ของลัทธิอนุรักษ์นิยมที่ให้ความชอบธรรมกับอำนาจของ อำมาตย์ โดยเฉพาะอำนาจ ทหาร และทหารคือผู้ใช้อำนาจข่มเหงประชาชนและสังคมด้วยอาวุธ ดังนั้นกษัตริย์ภูมิพลไม่มีอำนาจเอง แต่มีหน้าที่สร้าง ความชอบธรรมให้กับอำมาตย์ หรืออาจพูด ได้ว่าเป็นเครื่องมือของอำมาตย์ในการสร้างความชอบธรรม แต่เป็นเครื่องมือที่ ยินดีทำตาม หน้าที่ เพราะได้ประโยชน์ตรงนั้นด้วย อย่างไรก็ตามภาพลวงตาที่เราเห็น คือภาพละครอำนาจ ที่ เสนอว่าภูมิพล เป็นใหญ่

<u>สี่นิยาย</u>

ในสังคมเรา มีนิยายเกี่ยวกับกษัตริย์ภูมิพล ที่ไม่ตรงกับความจริง แต่ถูกผลิตซ้ำในโรงเรียน มหาวิทยาลัย พื้นที่สาธารณะและ ในสื่อ โดยอำมาตย์ นิยายเหล่านี้มีบางส่วนที่อาจจริงเพื่อให้ดู น่าเชื่อ แต่เนื้อหาหลักๆ เป็นแค่นิยายอนุรักษ์นิยม ซึ่งจะ พิจารณาดังต่อไปนี้

1. คนไทยทุกคนรักในหลวง กษัตริย์อยู่ในดวงใจคนไทยตั้งแต่สุโขทัย

2. กษัตริย์ภูมิพลสร้างความสงบให้กับสังคม

3. กษัตริย์ภูมิพลส่งเสริมความเป็นธรรมทางสังคม เพราะรักประชาชน

4. กษัตริย์ภูมิพลมีอำนาจสูงสุด

<u>1. คนไทยทุกคนรักในหลวง และกษัตริย์อยู่ในดวงใจคนไทยตั้งแต่สุโขทัย จริงหรือ?</u>

ในขณะที่คนไทยเป็นล้านรักในหลวงภูมิพล คนไทยเป็นล้านเกลียดและไม่เคารพเจ้าฟ้าชาย และ ในปัจจุบันคนไทยเป็นล้าน เริ่มเกลียดชังระบบกษัตริย์ทั้งหมดเนื่องจากการกระทำของทหารใน การยึดอำนาจเมื่อ ๑๙ กันยา ๔๙ ในนามของกษัตริย์ ประเด็นที่เริ่มเห็นชัดคือการรักในหลวง

ไม่ใช่การปลื้มสถาบัน แต่เป็นการมองตัวบุคคล ซึ่งแปลว่าสถาบันกษัตริย์ไม่ได้อยู่ ในดวงใจคนไทยมาตลอดตั้งแต่สุโขทัย คนไทยจะรักหรือจะชังกษัตริย์ขึ้นอยู่กับบุคคลและสถานการณ์ซึ่งเปลี่ยนแปลง ตลอดเวลา และมันแปลว่าคนไทยอาจไม่เอาระบบกษัตริย์เลยก็ได้ ไม่ขัดกับ "ธรรมชาติของคนไทย" แต่อย่างใด นี่คือข้อมูล ง่ายๆ ที่เข้าใจง่าย แต่ไม่มีการพูดกันอย่างเปิดเผยเพราะทุกคนมีเหตุผลที่จะกลัวกฎหมายหมิ่นๆ ที่สำคัญคือความสนใจของ ประชาชนที่จะอ่านหนังสือของ Paul Handley[230] หรือหนังสือทวนกระแสอื่นๆ ชี้ให้เห็นว่าคนไทยไม่ได้เชื่อคำหลอกลวงของ อำมาตย์แบบง่ายๆ

ตั้งแต่รัฐประหาร ๑๙ กันยา อำมาตย์เล่นเกมส์ที่อันตรายสำหรับเขา เพราะตั้งแต่การล่มสลายของพรรคคอมมิวนิสต์แห่ง ประเทศไทย (พคท) อำมาตย์สามารถสร้างสถานการณ์ที่ความรักเจ้าครองใจประชาชนจำนวนมาก สาเหตุสำคัญก็เพราะ ฝ่ายค้านเจ้าอ่อนแอและไม่สามารถนำเสนอความคิดในสังคมได้อย่างเปิดเผย แต่ตั้งแต่ ๑๙ กันยา อำมาตย์ทำลายรัฐบาลที่ ประชาชนส่วนใหญ่ชื่นชม ทำลายประชาธิปไตย ทำลายพรรคการเมืองที่คนส่วนใหญ่เลือก สร้างความวุ่นวายด้วยพฤติกรรม รุนแรง เช่นการยึดทำเนียบรัฐบาลและสนามบิน และการถือและใช้อาวุธกลางถนนเหมือนโจร และทุกอย่างที่ทำไปทำในนาม ของกษัตริย์ภูมิพล ยิ่งกว่านั้นการที่ราชินีและลูกสาวไปงานศพพันธมิตรฯ ก็ยิ่งทำให้คนหมดความศรัทธาในราชวงศ์มากขึ้น เราอาจพูดได้ว่าสังคมไทยกลับคืนสู่ยุคที่คนจำนวนมากในประเทศพร้อมจะพิจารณาระบบสาธารณรัฐ เหมือนสมัย พคท รุ่งเรืองหลัง ๖ ตุลาคม ๒๕๑๙ หรือสมัยการปฏิวัติ ๒๔๗๕ และแม้แต่นักวิชาการอนุรักษ์นิยมที่รักเจ้าอย่าง ชัยอนันต์ สมุทร วานิช ก็ยอมรับความจริงนี้[231] นอกจากนี้ในหมู่คนที่ยังรักในหลวงภูมิพล มีคนจำนวนมากที่กำลังรอให้คนแก่คนนี้เสียชีวิต เพราะหลังจากนั้นเขาจะเลิกรักเจ้า ไม่ชื่นชมคนต่อไป และอาจไม่เอาทั้งระบบ

ถ้ามองย้อนหลัง เราอาจคิดได้ว่าพวกอำมาตย์น่าจะปล่อยวางเรื่องการอ้างอิงกษัตริย์ตอนที่เขาทำทุกอย่างเพื่อล้มและ สกัดกั้นทักษิณและพรรคการเมืองของคนเสื้อแดง แต่อำมาตย์อาจไม่มีทางเลือกก็ได้ เพราะสำหรับอำมาตย์การสกัดกั้นและ ล้มรัฐบาลทักษิณกระทำผ่านกระบวนการประชาธิปไตยไม่ได้ เพราะเขาไม่พร้อมจะรอและเสนออะไรที่ "ซ้าย" และดีกว่า ทักษิณในการเลือกตั้งข้างหน้า จึงไม่มีวันครองใจประชาชนคนจนที่เลือกไทยรักไทยได้ ดังนั้นอำมาตย์ต้อง

---

[230] Paul Handley (2006) The King Never Smiles. Yale University Press. ซึ่งมีการแปลเป็นไทย หาได้ในอินเตอร์เน็ท

[231] http://www.manager.co.th/Daily/ViewNews.aspx?NewsID=9520000087280 02/08/2009.

อาศัยวิธีที่เป็น เผด็จการและขัดกับรัฐธรรมนูญ แค่อำมาตย์และพรรคพวกพูดเรื่อง "การคอร์รับชั่น" ของทักษิณก็ไม่พอ เพราะทหารและ อำมาตย์อื่นๆ ก็มีประวัติการคอร์รับชั่นมายาวนาน ดังนั้นอำมาตย์ต้องใช้อำนาจทหารข่มเหงประชาชนเพื่อเปลี่ยนรัฐบาลและ สกัดกั้นรัฐบาลใหม่ของคนเสื้อแดง โดยใช้ลัทธิกษัตริย์เป็นเครื่องมือในการสร้างความชอบธรรมกับสิ่งที่เขาทำ นอกจากนี้อำมาตย์ยังกลัวอีกว่าในช่วงที่ภูมิพลอายุสูงใกล้ตาย ทักษิณ ถ้ายังคงเป็นนายกอยู่ อาจได้เปรียบในการใช้เจ้า ฟ้าชายเป็นเครื่องมือเมื่อมีการเปลี่ยนรัชกาล ถ้าข่าวลือว่าทักษิณให้เงินเจ้าฟ้าชายเพื่อจ่ายหนี้เป็นเรื่องจริง ซึ่งแสดงให้เห็นว่า ความขัดแย้งระหว่างทักษิณกับอำมาตย์ ไม่ใช่ความขัดแย้งระหว่างอำมาตย์ผู้รักเจ้ากับทักษิณ"ผู้ต้องการล้มเจ้า"แต่อย่างใด มันเป็นความขัดแย้งระหว่างชนชั้นปกครองสองซีกที่ต้องการใช้เจ้าเพื่อความชอบธรรมของตนเองต่างหาก สิ่งที่อำมาตย์กลัว มากที่สุดคือ ระบบการเลือกตั้งที่ให้ประโยชน์กับพรรคของทักษิณเนื่องจากมีนโยบายที่เป็นประโยชน์แก่ประชาชน จะทำให้ อำมาตย์เสียอำนาจและอิทธิพล และเสียผลประโยชน์เดิมที่เคยมี เช่นผลประโยชน์อันไม่ชอบธรรมของทหาร หรือของ นักการเมืองเจ้าพ่อ เป็นต้น การทำรัฐประหาร ๑๙ กันยา เป็นการโต้ตอบของอำมาตย์ และทำให้ทักษิณแพ้การช่วงชิง ความชอบธรรมจากระบบกษัตริย์

แต่เรื่องมันไม่ได้มีแค่ความขัดแย้งระหว่างสองซีกของชนชั้นบน มันเกี่ยวพันกับการเคลื่อนไหวและผลประโยชน์ของคนชั้น ล่างจำนวนมากอีกด้วย ประเด็นสำคัญคือ ถ้าใครจะปกครองสังคม กลุ่มนั้นจะต้องหาทางครองใจประชาชนที่ไม่โง่เหมือนวัว หรือควายแต่คิดเองเป็น

กระแสไม่เอาเจ้าแบบที่เห็นอยู่ทุกวันนี้ เคยมีมาสองครั้งในรอบ 100 ปีที่ผ่านมา ตั้งแต่ท้ายรัชกาลที่ ๕ ข้าราชการทหาร และพลเรือนที่ถูกสร้างมาจากการปฏิวัติสังคมของ ร๕ เริ่มไม่พอใจในระบบที่ให้ประโยชน์พิเศษกับราชวงศ์ และในที่สุดก็ นำไปสู่การปฏิวัติ ๒๔๗๕.[232] แต่การปฏิวัติ ๒๔๗๕ มีปัจจัยอื่นๆ ที่เกี่ยวข้องอีกด้วยคือ ประชาชนทั่วไป ไม่ว่าจะเป็นกรรมกรในเมือง หรือชาวไร่ชาวนา ก็ไม่พอใจในรัฐบาลเผด็จการของรัชกาลที่ ๗ ท่ามกลางวิกฤตเศรษฐกิจโลก

หลัง ๒๔๗๕ กระแสต้านเจ้าในสังคมไทยสูงมาก และดำรงอยู่ภายใต้เผด็จการของจอมพล ป. และรัฐบาลอื่นๆ ที่มาจาก การเลือกตั้ง ในช่วงนั้นภูมิพลขึ้นมาเป็นกษัตริย์โดยอุบัติเหตุ เพราะเล่นปืนกับพี่ชายจนพี่ชายผู้เป็นกษัตริย์เสียชีวิต ดังนั้นภูมิ พลเป็นกษัตริย์ใหม่ที่ขาดความมั่นใจอย่างยิ่ง ไม่มีคุณสมบัติเป็นผู้นำเลย และต้องไม่ออกหน้าออกตาในสังคมเพราะคนอย่าง จอม

---

[232] Kullada Kesboonchoo Mead (2004) The rise and decline of Thai absolutism. Routledge.

พลป. ไม่ปลื้มกษัตริย์เท่าไร ภูมิพลต้องรอถึงรัฐประหารของจอมพลสฤษดิ์ ถึงจะมีการเปลี่ยนแปลงนโยบายของรัฐต่อ กษัตริย์ และมีการเริ่มรณรงค์และสร้างความสำคัญของกษัตริย์ในสังคม.[233] ช่วงนี้เป็นช่วงที่มีการชูลัทธิ "ชาติ ศาสนา พระมหากษัตริย์" และบังคับความจงรักภักดีต่อกษัตริย์โดยเผด็จการทหาร.[234] การที่ต้องมีการบังคับความจงรักภักดี แสดงให้ เห็นว่าในยุคนั้นประชาชนจำนวนมากไม่ได้รักในหลวงด้วยความสมัครใจ

ในสมัยก่อนเผด็จการสฤษดิ์ ประชาชนจำนวนมากในชนบท ประกอบอาชีพโดยที่ไม่สนใจและให้ความสำคัญกับกษัตริย์ เลย.[235] นอกจากนี้ในยุคศักดินา ก่อนรัชกาลที่ ๕ ซึ่งเป็นยุคเกณฑ์แรงงานและทำสงครามกวาดต้อนคน ประชาชนในหมู่บ้าน ต่างๆ คงจะเกลียดและกลัวกษัตริย์และทหารของกษัตริย์ ไม่ว่าจะมาจากเมืองไหน ไม่มีทางที่ชาวบ้านจะรักกษัตริย์อย่างที่ อำมาตย์โฆษณา ในภาคเหนือจะมีเรื่องเล่าโดยคนแก่คนชราว่า ถ้าพวกเจ้ามาแถวๆ หมู่บ้าน จะต้องเอาลูกสาวไปซ่อนไว้ก่อน

ช่วงที่สองที่เกิดกระต้านเจ้าในประชาชนครึ่งหนึ่งของประเทศ คือยุคที่ พคท ขึ้นมานำการต่อสู้กับเผด็จการทหารหลัง เหตุการณ์นองเลือด ๖ ตุลาคม ๒๕๑๘ ในสมัยนั้นปัญญาชนและนักศึกษาจำนวนมาก มองว่ากษัตริย์ "ศักดินา" ภูมิพล เป็น ศัตรูหลักของประชาชน.[236] 8 พรรคคอมมิวนิสต์มีอิทธิพลต่อความคิดของประชาชนจำนวนมาก ทั้งในเมืองและในชนบท เพราะ สามารถนำการต่อสู้กับอำมาตย์และมีสถานีวิทยุ "เสียงประชาชนไทย" ที่คนแอบฟังเป็นจำนวนมาก สถานีวิทยุนี้จะวิจารณ์ ระบบกษัตริย์อย่างต่อเนื่อง

สิ่งที่น่าสังเกตคือ อำมาตย์จะพยายามปกปิดประวัติศาสตร์สองช่วงนี้ เพื่อไม่ให้เราทราบว่าคนไทยมีประวัติอันยาวนานใน การต่อต้านระบบกษัตริย์

2. กษัตริย์ภูมิพลสร้างความสงบความมั่นคงให้กับสังคมไทยจริงหรือ?

ทุกวันนี้เราจะอ่านบทความของนักข่าวต่างประเทศที่เขียนว่า "ภูมิพลสร้างความสงบและความมั่นคงให้สังคมไทย" และ นักเขียนกระแสหลักไทยก็จะมีความเห็นทำนองเดียวกันว่า "ภูมิพล

---

[233] Thak Chaloemtiarana (1979) The politics of despotic paternalism. Social Science Association of Thailand. ทักษ์ เฉลิมเตียรณ

[234] ลัทธิ ชาติ ศาสนา พระมหากษัตริย์ มีการใช้ก่อนหน้านี้ภายใต้ระบบสมบูรณาญาสิทธิราชย์ แต่ความนี้ใช้เพื่อให้ความชอบธรรมกับทหาร

[235] Katherine Bowie (1997) Rituals of National Loyalty. New York: University of Columbia Press. และลองอ่านหนังสือ "ลูกอีสาน" ของคำพูน บุญทวี

[236] ปัญญาชนที่มีหน้ามีตาในสังคมไทย เช่นธีรยุทธ บุญมี และ เสกสรรค์ ประเสริฐกุล เคยมีความคิดแบบนี้ในอดีต

สร้างความอยู่เย็นเป็นสุข" ดังนั้นพวกนี้จะมองว่าในยุค หลังภูมิพลสังคมไทยจะปั่นป่วน แต่เรา แค่ดูความจริงเกี่ยวกับสังคมเราทุกวันนี้ก็จะเห็นว่าสังคมมันปั่นป่วนอยู่แล้ว และเคย ปั่นป่วนใน อดีตหลายครั้ง ทั้งๆ ที่ภูมิพลเป็นกษัตริย์

ในความเป็นจริง "ความสงบหรือความมั่นคง" ที่ภูมิพลช่วยสร้างในสังคมไทย คือความมั่นคง ของการปกครองของ อำมาตย์ต่างหาก ซึ่งเป็นความมั่นคงของชนชั้นที่ปกครองสังคมที่มีความ เหลื่อมล้ำสูงมาก ไม่ใช่ความมั่นคงอยู่เย็นเป็นสุข ของพลเมืองส่วนใหญ่แต่อย่างใด ประเด็นคือ บทบาทสำคัญของภูมิพลเป็นบทบาทในเชิงลัทธิหรือสัญญลักษณ์เพื่อความมั่นคง ของอำมาตย์ ซึ่ง จะพิจารณาในรายละเอียดข้างล่าง

ตามลำพังกษัตริย์ภูมิพลไม่มีวุฒิภาวะที่จะสร้างอะไรหรือนำการเมืองไทยได้เลย เพราะเป็นคนขี้ อาย แรกเริ่มไม่พร้อมจะ เป็นกษัตริย์ และไม่กล้าที่จะมีอุดมการณ์หรือจุดยืนของตนเอง เวลาภูมิ พลทำอะไรก็ย่อมตามกระแสผู้มีอำนาจเสมอ แต่ตาม กระแสด้วยความยินดีสมัครใจ คำพูด กำกวมของภูมิพล เป็นวิธีในการหลีกเลี่ยงความรับผิดชอบทุกอย่าง และเป็นวิธี "ส่งลูก" ให้ อำมาตย์ไปตีความเพื่อเข้าข้างตนเองเสมอ

ตั้งแต่แรก กษัตริย์ภูมิพลปล่อยให้ผู้บริสุทธิ์สามคนถูกประหารชีวิตในข้อหาฆ่ารัชกาลที่ ๘ โดยที่ ภูมิพลไม่มีความซื่อสัตย์ และความกล้าที่จะสารภาพความจริง นอกจากนี้เขายอมให้เรื่องนี้ กลายเป็นข้ออ้างในการขับไล่ อาจารย์ปรีดี ออกจาก ประเทศไทย ตลอดเวลาที่สังคมเราตกอยู่ ภายใต้เผด็จการทหาร สฤษดิ์ ถนอม ประภาส กษัตริย์ภูมิพลยินดีทำงานร่วมกับ เผด็จการโดยไม่ วิจารณ์อะไร แต่พอนักศึกษาและประชาชนออกมาล้มเผด็จการทหารสำเร็จในวันที่ ๑๔ ตุลาคม ๒๕๑๖ มี การแนะนำจากอำมาตย์ส่วนอื่นให้ภูมิพลรีบออกมาฉวยโอกาส กอบกู้สถานการณ์ สำหรับอำมาตย์ โดยการออกโทรทัศน์ และตั้ง "สภาสนามม้า" เปิดทางให้มีการออกแบบ ประชาธิปไตยรัฐสภาที่รักษาอำนาจอำมาตย์

หลัง ๑๔ ตุลา ภูมิพลและราชวงศ์ ได้สนับสนุนฝ่ายขวาสุดขั้ว เช่นลูกเสือชาวบ้านและกลุ่มอื่นๆ ที่ใช้ความรุนแรงในสังคม และนำไปสู่รัฐประหาร 6 ตุลา ๒๕๑๙ ต่อจากนั้นสังคมไทยก็เข้าสู่ยุค สงครามกลางเมืองเต็มที่ เพราะ รัฐไทยรบกับ พคท ใน เหตุการณ์เหล่านี้ภูมิพลสนับสนุนพวก ฝ่ายขวาและรัฐประหารเพราะมองว่าไทยมี "ประชาธิปไตยมากเกินไป"[237] นายกรัฐมนตรี ขวาตก ขอบที่ภูมิพลชื่นชมในสมัยนั้น คือธานินทร์ กรัยวิเชียร แต่รัฐบาลของธานินทร์ ซึ่งมี สมัคร สุนท ราเวช เป็นรัฐมนตรี มหาดไทย ได้สร้างความแตกแยกในสังคมไทยจนฝ่ายทหารส่วนใหญ่ต้อง

---

[237] คำปราศรัยของภูมิพลในวันเกิดปี ๒๕๑๙

ปลดรัฐบาลนี้ออกเพียงหนึ่งปีหลัง 6 ตุลา นี่หรือคือ การสร้างความอยู่เย็นเป็นสุขของภูมิพล?

ในกรณีพฤษภาคม ๒๕๓๕ ในช่วงแรก ภูมิพล แนะนำให้ประชาชนไว้ใจและสนับสนุน เผด็จการสุจินดา แต่พอมีการลุกฮือ ขับไล่สุจินดาสำเร็จไปแล้ว ภูมิพลก็ต้องออกมาสร้างภาพว่า ไกล่เกลี่ยระหว่างสุจินดากับจำลอง ภายใต้การประสานงานของ องค์มนตรีเปรม

วิกฤตการเมืองปัจจุบันที่เริ่มต้นเมื่อมีการเคลื่อนไหวของพันธมิตรฯ และมีรัฐประหาร ๑๙ กันยา เป็นวิกฤตที่ภูมิพลไม่ได้ พยายามแก้ไขแต่อย่างใด ภูมิพลนั่งเฉยและปล่อยให้ผู้มีอำนาจแท้ในกองทัพ ทำลายความมั่นคงและความสงบของสังคม ด้วยการอ้างความชอบธรรมจากกษัตริย์

จะเห็นได้ว่าภูมิพลไม่เคยปกป้องประชาชนจากการถูกฆ่าโดยทหาร ไม่เคยรักษาความสงบ แต่มีหน้าที่หลักในการกอบกู้ สถานการณ์ เมื่อประชาชนลุกฮือ ไม่ให้หลุดไปจากอิทธิพลของอำมาตย์ เท่านั้น และการกระทำดังกล่าว ทำไปภายใต้ คำแนะนำขององค์มนตรี ซึ่งเป็นเครือข่าย "ประสานงาน" ระหว่างส่วนต่างๆ ของอำมาตย์ เช่น ทหาร นักการเมือง ข้าราชการ ผู้ใหญ่ นายทุน และนักการเมือง เราไม่ควรหลงเชื่อว่าองค์มนตรีมีอำนาจสูงสุด

3. กษัตริย์ภูมิพลส่งเสริมความเป็นธรรมทางสังคมผ่านโครงการหลวงต่างๆ เพราะรักประชาชนหรือไม่?

ถ้าเรามองข้ามข้อมูลว่า โครงการหลวงเต็มไปด้วยการโกงกินและการกอบโกยผลตอบแทนสำหรับเจ้าหน้าที่ชั้นสูงของ โครงการ เราจะพบว่าโครงการหลวงมีผลกับการพัฒนาชีวิตประชาชนน้อยมาก ถ้าเทียบกับโครงการต่างๆ ของรัฐบาลหลาย สมัย[238] และประสิทธิภาพในการพัฒนาชีวิตพลเมืองของรัฐบาล *ไทยรักไทย* เมื่อเทียบกับโครงการหลวง เป็นปัจจัยหนึ่งที่สร้างความไม่พอใจกับอำมาตย์ เพราะเขาจะเสียเปรียบ นอกจากนี้โครงการหลวงหรือโครงการสร้างวังบนยอดเขาห่างไกลจาก เมือง บ่อยครั้งสร้างปัญหาให้คนชนเผ่าที่ดำรงอยู่ในพื้นที่นั้นมานาน เพราะถูกขับไล่ออกจากบ้าน

ภูมิพลมีจุดยืนที่คัดค้านการกระจายรายได้และการสร้างระบบรัฐสวัสดิการสำหรับประชาชน[239] แต่สิ่งที่น่าเกลียดที่สุดคือ ภูมิพลในฐานะเศรษฐีรายใหญ่อันดับหนึ่งที่สร้างสระว่ายน้ำให้หมาของตนเอง ไม่ละอายใจเลยที่จะสั่งสอนประชาชนให้ "พอเพียง" ท่ามกลางความยากจน เพราะแนวคิดเรื่อง "เศรษฐกิจพอเพียง" เป็นลัทธิฝ่ายขวาที่คัดค้านการกระจายรายได้ และ พยายามสอน

---

[238] Paul Handley (2006) อ้างแล้ว

[239] Kevin Hewison (1997) The Monarchy and democratization. In: K. Hewison (ed.) Political Change in Thailand. Democracy and Participation. Routledge.

ให้คนจนพึงพอใจท่ามกลางความยากลำบาก

ข้อมูลจากนิตยสาร *Forbes* ในปี ค.ศ. 2009[240] ระบุว่าภูมิพลมีทรัพย์สิน 30 พันล้านเหรียญสหรัฐ ซึ่งไม่รวมทรัพย์สินอื่นๆ นอกเหนือจากทรัพย์สินส่วนพระองค์ ในขณะเดียวกันเศรษฐีไทยอันดับยอด 40 คนแรก มีทรัพย์สินรวมแค่ 25 พันล้านเหรียญ นอกจากนี้ภูมิพลเป็นกษัตริย์ที่รวยที่สุดในโลกอีกด้วย แค่นี้ไม่พอ ประชาชนไทยทั้งประเทศออกเงินภาษีเพื่อหนุนกิจกรรมของ วัง เป็นพันๆ ล้านบาท หลังการทำรัฐประหาร ๑๙ กันยา มีการเพิ่มเงินจำนวนนี้ที่ประชาชนต้องออกทุกปี จาก 1,137 ล้าน บาท เป็น 2,086 ล้านบาท.[241] และในปี ๒๕๕๑ ถ้าบวกค่าเครื่องบิน "พระที่นั่ง" เข้าไปอีก 3.650 ล้านบาท ยอดเงินที่ประชาชน คนยากคนจนต้องจ่ายเพื่ออุ้มเจ้า สูงเกือบถึง 6 พันล้านบาท แต่แน่นอนไม่มีนักการเมืองหรือนักวิชาการคนไหนที่จะวิจารณ์ว่าค่าใช้จ่ายนี้ "ทำลายวินัยทางการคลัง" เหมือนกับที่เคยวิจารณ์สวัสดิการของ ไทยรักไทย ที่เป็นประโยชน์กับประชาชนเจ็ด สิบล้านคน

ทั้งๆ ที่คำอธิบายอันไร้เนื้อหาของนักการเมือง ทหาร หรือนักวิชาการ เรื่อง "เศรษฐกิจพอเพียง" ที่บอกเพียงว่าสอนให้คน ทำอะไรพอเหมาะ อาจชวนให้เราคิดเหมือนวารสาร The Economist ว่ามันเป็นทฤษฎีเศรษฐศาสตร์ "ขยะเพ้อฝัน" แต่เรา ต้องเข้าใจว่ามันไม่ใช่ทฤษฎีเศรษฐศาสตร์เลย เพราะไม่มีการระบุถึงบทบาทรัฐและตลาด หรือการผลิตในรูปแบบต่างๆ เพื่อ การส่งออกหรือทดแทนการนำเข้าเลย แท้จริงแล้วเศรษฐกิจพอเพียงเป็น "ลัทธิ" ทางการเมือง ของพวกฝ่ายขวาอนุรักษ์นิยม ที่ พยายามจะแช่แข็งความยากจนและความเหลื่อมล้ำในสังคม เพื่อประโยชน์ของคนชั้นสูง แต่ลัทธินี้มีองค์ประกอบพิเศษคือ อ้างว่ามาจากปากภูมิพล ดังนั้น "ต้องเป็นมหาความคิด" และเราวิจารณ์ไม่ได้ เพราะถ้าวิจารณ์จะโดนคดีหมิ่นๆ นับว่าใน สังคมไทยมีการบังคับให้เชื่อลัทธิขวาตกขอบสามัญ เราโชคดีที่ประชาชนส่วนใหญ่ไม่เชื่อ เพราะถ้าอำมาตย์ได้ดังใจเราจะเป็นสังคมปัญญาอ่อน

4. กษัตริย์ภูมิพลมีอำนาจสูงสุดจริงหรือ?

พวกอภิสิทธิ์ชนและอำมาตย์ได้ปกครองสังคมไทยเหมือนเป็นเมืองขึ้นส่วนตัวของเขา โดยที่พลเมืองไทยเป็นแค่ไพร่ การ ปกครองของอำมาตย์อาศัยเครือข่าย "ร่วมกินร่วมขูดรีด" ที่อ้างความชอบธรรมจากกษัตริย์.[242] และมักสร้างภาพลวงตาว่า กษัตริย์ภูมิพลเป็นทั้ง ศักดา(เก่าแก่)

---

[240] Forbes 23/09/2009, 17/06/2009.

[241] ตัวเลขสำนักงบประมาณฯ

[242] Duncan McCargo เรียกว่าเป็นเครือข่ายกษัตริย์ "Network Monarchy" แต่เขาเชื่อว่าภูมิพลมีอำนาจจริงในขณะที่ผมมองว่าภูมิพลเป็น สัญญลักษณ์ Duncan McCargo (2005) Network mon-

สมบูรณาญสิทธิราชย์(อำนาจสูงสุด) และกษัตริย์ภายใต้รัฐธรรมนูญ(แบบประชาธิปไตย) พร้อมกันหมด ทั้งหมดนี้เพื่อสร้างความชอบธรรมกับสิ่งที่อำมาตย์ โดยเฉพาะทหาร กระทำในสังคม

การมองลักษณะกษัตริย์แบบนี้ของอำมาตย์ เป็นการสร้างภาพที่ไม่ตรงกับประวัติศาสตร์ เพราะระบบศักดินาถูกปฏิวัติไป โดยรัชกาลที่ ๕ ผู้สร้างระบบรัฐชาติรวมศูนย์ภายใต้กษัตริย์สมบูรณาญาสิทธิราชย์ และระบบนี้ถูกปฏิวัติไปในปี ๒๔๗๕ โดย ที่ไม่มีการสถาปนาใหม่ในภายหลังเลย.[243] มีแต่การนำกษัตริย์มารับใช้ระบบทุนนิยมภายใต้อำมาตย์ในรูปแบบใหม่

กษัตริย์ภูมิพล ราชินีและลูกชาย มีภาพน่ากลัว แต่แท้จริงไม่มีอำนาจ มีแต่บทบาทหน้าที่ในละครใหญ่เพื่อหลอกปกครอง ประชาชน แต่การที่ประชาชนจะเชื่อหรือไม่ ไม่ใช่เรื่องอัตโนมัติ เพราะคนส่วนใหญ่คิดเองเป็น

เวลาทหารจะก่อรัฐประหารหรือทำอะไรที่มีผลกระทบต่อสังคม มีการคลานเข้าไปหาภูมิพล เพื่อสร้างภาพว่าไป "รับคำสั่ง" แต่แท้จริงแล้วเป็นเพียงการ "แจ้งให้ทราบ" ว่าตัดสินใจทำอะไรก่อนหน้านั้น มันเป็นละครครั้งใหญ่ที่ผู้คลานมีอำนาจเหนือผู้ ถูกไหว้ ในกรณีแบบนี้กษัตริย์ภูมิพลจะถามความเห็นจากองค์มนตรีก่อนว่าควรมีจุดยืนอย่างไร ถ้าองค์มนตรีเห็นด้วยกับ ทหาร ภูมิพลจะอนุญาตให้ "เข้าเฝ้า" แต่ถ้าองค์มนตรีแนะว่าไม่เห็นด้วย ภูมิพลจะ "ไม่สะดวกที่จะให้เข้าเฝ้า" แต่อย่าเข้าใจ ผิดว่าสถานการณ์แบบนี้แสดงว่าองค์มนตรีมีอำนาจสูงสุด ไม่ใช่ องค์มนตรีไว้เป็นกลุ่มประสานงานระหว่างอำมาตย์ส่วน ต่างๆ เช่นทหารชั้นผู้ใหญ่ นายทุนใหญ่ นักการเมืองอาวุโส หรือข้าราชการชั้นสูง และจะต้องสรุปความเห็นส่วนใหญ่ของ อำมาตย์เพื่อแนะแนวให้กษัตริย์ นอกจากนี้ฝ่ายต่างๆ ของอำมาตย์ แม้แต่ในกองทัพเอง ก็ขัดแย้งกัน แข่งกัน แย่งกินกันอีกด้วย ไม่มีใครที่ผูกขาดอำนาจได้ มีแต่ความสามัคคีชั่วคราวเท่านั้น

การสร้างภาพว่ากษัตริย์ภูมิพลเป็นใหญ่ หรือภาพว่าทหาร "เป็นของกษัตริย์หรือราชินี" มีประโยชน์ต่ออำมาตย์ที่คอย บังคับให้เรารักภักดีต่อกษัตริย์และราชวงศ์ เพราะการจงรักภักดีดังกล่าวเป็นการจงรักภักดีต่อทหารและส่วนอื่นๆ ของ อำมาตย์

ถ้าศึกษาประวัติศาสตร์จะไม่พบช่วงไหนที่ภูมิพลมีอำนาจสั่งการอะไรได้ อาจแสดงความเห็นบ้าง แต่บ่อยครั้งก็ไม่มีใครฟัง เช่นกรณีสุจินดา กรณีรัฐบาลหลัง ๖ ตุลา ที่อยู่ได้แค่ปีเดียว หรือแม้แต่กรณีการใช้เศรษฐกิจพอเพียงเป็นรูปธรรม นอกจากนี้ ภูมิพลพร้อมจะตามกระแส ไปด้วยกับผู้มีอำนาจทุกรูปแบบ เช่นสมัยรัฐบาลทักษิณก็มีการชมสงครามยาเสพติดที่ฆ่าคน บริสุทธิ์กว่า

---

archy and legitimacy crises in Thailand. The Pacific Review 18 (4) December, 499-519.

[243] ใจ อึ๊งภากรณ์และคณะ (๒๕๔๒) "การเมืองไทยในทัศนะลัทธิมาร์คซ์" สำนักพิมพ์ประชาธิปไตยแรงงาน

สามพันคน.[244] และมีการร่วมธุรกิจระหว่างธนาคารไทยพาณิชย์กับบริษัท Shin Corp ของทักษิณ อีกด้วย

บางครั้ง "ละครอำนาจ" ที่อำมาตย์เล่น ทำให้พวกราชวงศ์มีพื้นที่จะทำอะไรตามใจชอบได้ กรณี พฤติกรรมของเจ้าฟ้า ชายเป็นตัวอย่างที่ดี แต่ในเรื่องสำคัญๆ เช่นนโยบายต่อการปกครอง บ้านเมือง หรือผลประโยชน์หลักของอำมาตย์ สมาชิก ราชวงศ์ไม่สามารถทำอะไรได้ หลังรัฐประหาร ๑๙ กันยา คนเสื้อแดงและทักษิณ พยายามสร้างภาพของอำนาจและความเลวร้ายของประธานองค์มนตรี เปรม ติณสูลานนท์ หลายคนเชื่อว่าเปรมเป็นผู้สั่งการให้มีรัฐประหาร และทักษิณมีความหวังว่าในช่วงเปลี่ยนราชกาล จะมี การลด "อำนาจ" ขององค์มนตรี.[245] นอกจากนี้ บางคนเชื่ออย่างสุดขั้วว่าเปรมจะตั้งตัวเป็นกษัตริย์คนต่อไป ผ่านตำแหน่งผู้ รักษาการแทนประมุข แต่คนอีกจำนวนหนึ่ง อาจจำนวนมากด้วย ด่าเปรม เพราะกฎหมายหมิ่น ไม่เปิดโอกาสให้วิจารณ์ภูมิพล อย่างตรงไปตรงมา "เปรม" กลายเป็นคำที่ใช้แทน "ภูมิพล"

การให้ความสำคัญกับเปรมแบบนี้ เป็นการเบี่ยงเบนประเด็นเรื่องกษัตริย์ เปรมเป็นแค่ประธานองค์กรที่ใช้ประสาน ผลประโยชน์รวม ของอำมาตย์ และหน้าที่ประธานคนนี้คือหน้าที่ผู้ประสาน ไม่ใช่ นา ที่ผู้สั่งการ เปรมเป็นทหารชราที่ยังมี พรรคพวกในกองทัพ แต่กองทัพไทยมีหลายพวกหลายพรรคที่แย่งชิงผลประโยชน์กันตลอด นี่คือสาเหตุที่ไม่มีใครสามารถนั่ง ในตำแหน่งผู้บัญชาการทหารบกได้นาน จะต้องหมุนเวียนกัน เพื่อให้หมูใหญ่ทุกตัวเข้าถึงอาหารในคอกได้ และอย่าลืมว่า เปรมถูกปลดออกจากการเป็นนายกโดยทหารและนักการเมืองคู่แข่ง

ถ้าเราอ่านงานของนักวิชาการสำคัญๆ เรื่องกษัตริย์ไทย.[246] เราจะเห็นว่าสถาบันกษัตริย์มีการวิวัฒนาการเปลี่ยนแปลงตาม ยุคสมัย การเสนอว่าสถาบันนี้คงที่ ไม่เปลี่ยนแปลง และเป็นที่นิยมของคนไทยทุกคนตลอดกาล จึงเป็นความเห็นที่ไม่ตรงกับ ความจริง และถ้าเราจะเข้าใจทบ เทของกษัตริย์ไทยที่เน้นหนักในทางสัญญลักษณ์มากขึ้น เราต้องไปเปรียบเทียบกับกษัตริย์ ในยุโรป โดยเฉพาะอังกฤษ ซึ่งจะมีการพิจารณาต่อไปข้างล่าง

ในสังคมชนชั้นทั่วโลก ชนชั้นปกครองมีความสำเร็จระดับหนึ่งในการสร้างภาพเท็จ เพื่อปกครอง

---

[244] ปราศรัย 4 ธันวาคม ๒๕๔๖
http://www.thaiveterans.mod.go.th/mas_page/about_king/speak_birth/4_12_46_1.htm

[245] สัมภาษณ์ The Times
http://www.timesonline.co.uk/tol/news/world/asia/article6909258.ece 9/11/09.

[246] ธงชัย วินิจจะกูล (๒๕๔๘) "ข้ามให้พ้นประชาธิปไตยแบบหลัง ๑๔ ตุลา" มูลนิธิ ๑๔ ตุลา. ทักษ์ เฉลิมเตียรณ (๒๕๒๕) อ้างแล้ว และ Paul Handley (2006) อ้างแล้ว

และควบคุมประชาชน เช่นภาพเท็จที่เสนอว่าคนส่วนใหญ่ไม่มีความสามารถในการปกครองตนเอง หรือภาพของ "เงิน" ว่ามันมีมูลค่าในตัวมันเอง แทนที่จะเห็นว่ามันเป็นแค่เครื่องมือแลกเปลี่ยนระหว่างมูลค่า ภาพ "การมีอำนาจ" ของกษัตริย์ไทย สามารถครองใจคน จำนวนมาก เพราะอำมาตย์สร้างความกลัวและทำลายความมั่นใจในตนเองของประชาชนผ่านกฎหมายหมิ่นและกฎหมาย เผด็จการอื่นๆ ในสภาวะการขาดอำนาจและความมั่นใจที่จะกำหนดอนาคตของตนเอง คนจำนวนมากจะถูกชักชวนให้เชื่อ นิยายเท็จได้ง่ายขึ้น นี่คือสภาวะแปลกแยก (Alienation) ที่นักมาร์คซิสต์พูดถึงมานาน.[247] แต่การครองใจของอำมาตย์เริ่มหมด ประสิทธิภาพเมื่อประชาชนออกมาเคลื่อนไหวต่อสู้[248] เช่นกรณียุค พคท หรือกรณีการต่อสู้ของคนเสื้อแดงปัจจุบัน ทั้งนี้เพราะ การต่อสู้รวมหมู่หรือเป็นกลุ่ม ทำให้คนมีความมั่นใจมากขึ้น และบังคับให้คนต้องตั้งคำถามกับความเชื่อกระแสหลักที่ถูกสอน มา

<u>มุมมองนักวิชาการกระแสหลักที่คิดว่ากษัตริย์ภูมิพลมีอำนาจ</u>

มุมมองนักวิชาการกระแสหลักที่กล่าวถึงนี้ ไม่ใช่ "กระแสหลัก" ในแง่ของชนชั้นปกครองอำมาตย์ที่ใช้มุมมองที่ขัดกับ ประวัติศาสตร์ แต่เป็นมุมมองของนักวิชาการส่วนใหญ่ที่พยายามเข้าใจลักษณะของสถาบันกษัตริย์ โดยจะมีจุดร่วมว่า กษัตริย์ภูมิพลมีอำนาจสูงในสังคมไทย นักเขียนที่สำคัญมีเช่น Paul Handley[249], Duncan McCargo[250], นักเขียนสำนักพิมพ์ ฟ้าเดียวกัน [251], Kevin Hewison[252], Michael Connors[253] และ นิธิ เอียวศรีวงศ์[254] และหลายคนมองว่ากษัตริย์ภูมิพลมีบทบาท สำคัญเบื้องหลังการทำรัฐประหาร ๑๙ กันยา

นักวิชาการเหล่านี้เชื่อว่าภูมิพลมีอำนาจเพราะใช้กรอบคิดร่วมกันสองกรอบคือ กรอบคิด "สตาลิน-เหมา" เรื่องขั้นตอนการ ปฏิวัติทุนนิยม และกรอบคิด "รัฐข้าราชการ" (Bureaucratic Polity)

---

[247] Georg Lukács (1971) History and class consciousness. Merlin Press.

[248] มาร์คซ์, Lukács และกรัมชี่ เชื่อว่าการเคลื่อนไหวต่อสู้ ทำให้คนเปิดหูเปิดตา ดู ใจ อึ๊งภากรณ์ และคณะ(๒๕๔๔) "อะไรนะลัทธิมาร์คซ์เล่ม2" สำนักพิมพ์ประชาธิปไตยแรงงาน หน้า219

[249] Paul Handley (2006) อ้างแล้ว

[250] Duncan McCargo (2005) อ้างแล้ว

[251] ดูวารสาร ฟ้าเดียวกัน ฉบับ "โค้ก" ว่าด้วยสถาบันกษัตริย์กับสังคมไทย ตุลาคม-ธันวาคม ๒๕๔๙ และหนังสือ "รัฐประหาร 19 กันยา" ของ สำนักพิมพ์ฟ้าเดียวกัน ๒๕๔๕

[252] Kevin Hewison (2008) A Book, the King and the 2006 Coup. Journal of Contemporary Asia 38 (1).

[253] M. K. Connors, M.K. (2003) Democracy and National Identity in Thailand. Routledge Curzon.

[254] นิธิ เอียวศรีวงศ์ (๒๕๕๑) วิจารณ์หนังสือ The King Never Smiles ในการประชุมไทยศึกษาที่ธรรมศาสตร์ปีนั้น http://www.prachatai.com/ 17/1/2008.

ที่เน้นแต่การกระทำของคนชั้นสูงเท่านั้น

การวิเคราะห์ของนักวิชาการที่อาศัยกรอบการมองสังคมไทยตาม แนวสตาลิน-เหมา ของ พคท เสนอว่าไทยเป็น "กึ่งศักดินา" ดังนั้นเขามักจะมองว่าความขัดแย้งที่นำไปสู่รัฐประหาร ๑๙ กันยา เป็นความขัดแย้งระหว่างนายทุนสมัยใหม่(ทักษิณ) กับระบบกึ่งศักดินาของกษัตริย์ โดยที่กษัตริย์เป็นผู้นำทางการเมืองที่สำคัญ มุมมองแบบนี้จะต้องอาศัยข้อสรุปว่าการปฏิวัติ นายทุน(กระฎุมพี) ยังไม่ได้ประสบความสำเร็จหรือยังไม่สมบูรณ์ในประเทศไทย[255] มันเป็นมุมมองที่เสนอการปฏิวัตินายทุน และขั้นตอนของประวัติศาสตร์ในลักษณะกลไก เป็นการสวมประวัติศาสตร์ศตวรรษที่ 18 ในยุโรปทับสถานการณ์บ้านเมือง ในไทยปัจจุบัน มีการพยายามแสวงหาการปฏิวัติในไทยที่มีรูปแบบเหมือนการปฏิวัติฝรั่งเศส ค.ศ. 1789 และเมื่อหาไม่เจอ ก็ สรุปว่ายังไม่ได้เกิดขึ้นหรือยังไม่สำเร็จโดยสมบูรณ์

แต่หลังค.ศ. 1848 ชนชั้นนายทุนในยุโรปได้ประนีประนอมกับอำนาจขุนนางเก่า ซึ่งอ่อนแอลงเนื่องจากการขยายตัวของ ทุนนิยม ดังนั้นชนชั้นนายทุนสามารถครองอำนาจได้โดยไม่ต้องปฏิวัติแบบเก่าอีก และที่สำคัญคือการปฏิวัติแบบ 1789 ใน ฝรั่งเศสเสี่ยงต่อการที่ชนชั้นล่าง โดยเฉพาะกรรมาชีพในเมือง จะตื่นตัวร่วมปฏิวัติและจะเดินหน้าโค่นล้มนายทุนไปด้วย นี่คือ สาเหตุที่ คาร์ล มาร์คซ์ มองว่านายทุนหลัง 1848 เป็นชนชั้นที่ขี้ขลาด ไม่กล้านำการปฏิวัติ

สำนักคิด สตาลิน-เหมา ที่ พคท ใช้ในการวิเคราะห์สังคมไทย เป็นแนวคิดที่มองว่าประเทศด้อยพัฒนายังเป็น "กึ่งศักดินา- กึ่งเมืองขึ้น" อยู่ ทั้งนี้เพื่อเสนอว่า การต่อสู้ขั้นตอนต่อไปในประเทศเหล่านี้ต้องเป็น ขั้นตอน "ประชาชาติประชาธิปไตย" หรือ ขั้นตอน "สถาปนาทุนนิยม" นั้นเอง มันเป็นทฤษฎีที่สร้างความชอบธรรมกับการทำแนวร่วมระหว่างพรรคคอมมิวนิสต์กับชนชั้นนายทุนทั่วโลก และในไทย พคท เสนอให้ทำ "แนวร่วมรักชาติ" กับนายทุนก้าวหน้าหลัง ๖ ตุลา ซึ่งในภายหลังมีการ ตีความต่อไปว่าควรทำแนวร่วมกับทักษิณ "เพื่อต่อต้านศักดินา" อย่างไรก็ตาม ทักษิณ ยืนยันอยู่ตลอดว่าเขารักและ จงรักภักดีต่อภูมิพล และเจ้าฟ้าชาย และรัฐบาลของเขาก็มีส่วนสำคัญในการรณรงค์ให้คนใส่เสื้อเหลืองและรักเจ้า

แนวคิดแบบนี้มองข้ามลักษณะการเป็นนายทุนสมัยใหม่ของกษัตริย์ภูมิพล และเครือข่ายอำมาตย์ ที่ประกอบไปด้วยทหาร ข้าราชการ และนายทุนธนาคาร และที่สำคัญ ไม่สามารถทำความเข้าใจ

---

[255] ดู เกษียร เตชะพีระ (๒๕๕๐) "ทางแพร่งแห่งการปฏิวัติกระฎุมพีไทย" เสวนาในวันที่๑๖ กันยายน ๒๕๕๐ จัดโดยมูลนิธิโครงการตำรา สังคมศาสตร์และมนุษยศาสตร์ โพสต์ในเวป ประชาไท ๑๗ กันยายน ๒๕๕๐ and ปาฐกถา ๑๔ ตุลาประจำปี ๒๕๕๐ หัวข้อ 'จากระบอบ ทักษิณสู่รัฐประหาร ๑๙ กันยายน ๒๕๔๙ วิกฤตประชาธิปไตยไทย'
http://www.prachatai.com/ 15/10/2007.

ได้ว่าทำไมนายทุนสมัยใหม่อย่างทักษิณ หรือนาย ธนาคาร จะส่งเสริมสถาบันกษัตริย์เพื่อประโยชน์ของนายทุนเอง

กรอบคิดอีกกรอบหนึ่งของนักวิชาการที่เชื่อว่าภูมิพลมีอำนาจ คือกรอบคิด "รัฐข้าราชการ" ที่เน้นแต่บทบาททางสังคมของ คนชั้นสูง โดยไม่พิจารณาบทบาทของคนส่วนใหญ่ในสังคมเลย สำนักคิดนี้ในไทยเติบโตมาจากงานของ Fred Riggs[256] ในยุค เผด็จการสฤษดิ์ที่เสนอว่าไทยเป็นรัฐข้าราชการ และคนส่วนใหญ่ในสังคมไม่สนใจและไม่มีบทบาททางการเมือง ในกรณี Paul Handley มีการเสนอว่าพลเมืองไทยโง่และอ่อนแอ[257] ซึ่งคล้ายๆ กับจุดยืนที่พวกเสื้อเหลืองมีต่อประชาชน ส่วนใหญ่ ดังนั้นนักวิชาการเหล่านี้จะไม่ให้ความสำคัญกับบทบาทของขบวนการเคลื่อนไหวทางสังคม ประชาสังคม และฝ่าย ซ้าย โดยเฉพาะ พคท ในการวิเคราะห์สังคมไทยเลย การมองแบบนี้ทำให้ละเลยการวิเคราะห์ความจำเป็นของชนชั้นปกครอง อำมาตย์ที่จะสร้างความชอบธรรมและครองใจประชาชน เพราะมองแค่ว่าคนข้างบนมีอำนาจข่มเหงเพียงพอที่จะควบคุม สังคมได้ ดังนั้นเขาจะไม่ค่อยศึกษาบทบาทสำคัญของกษัตริย์ในการเป็นสัญลักษณ์ของลัทธิอำมาตย์เพื่อปกป้อง ผลประโยชน์ของชนชั้นนายทุน

อย่างไรก็ตามเราไม่ควรปฏิเสธและไม่เคารพงานเขียนของนักวิชาการกระแสหลักเหล่านี้เลย เพราะเวลาอ่านโดยรวม เรา จะเห็นความพยายามที่จะวิเคราะห์ปัญหาที่พิจารณายากในสังคมไทย เพราะมีการเซ็นเซอร์และลงโทษผู้ที่พยายามแสดง ความเห็นเรื่องกษัตริย์ตลอดเวลา ถ้าใครจะเข้าใจลักษณะกษัตริย์ไทย คนนั้นจะต้องต่อยอดจากกองความรู้ของนักวิชาการ เหล่านี้

ข้อเสนอเรื่อง "เครือข่ายกษัตริย์" ของ Duncan McCargo มีความจริงอยู่ไม่น้อย เพราะเราจะพบเครือข่ายของทหาร ข้าราชการ นายทุนและนักการเมืองกษัตริย์นิยม ซึ่งพึ่งพาซึ่งกันและกันและร่วมมือกันในการผลักดันผลประโยชน์ มันเป็น ระบบอุปถัมภ์อันยิ่งใหญ่สำหรับการกอบโกยของอำมาตย์ แต่ประเด็นสำคัญคือ ในเครือข่ายนี้ภูมิพลมีอำนาจสูงสุด หรือเป็น แค่หุ่นเชิดในเชิงสัญลักษณ์ของเครือข่าย

Michael Connors เสนอว่ากษัตริย์ภูมิพลเป็น "กลุ่มอำนาจหนึ่ง" ในระบบการเมืองไทย[258] ซึ่งเป็นการยอมรับว่าภูมิพล อาจไม่มีอำนาจผูกขาด ในขณะที่ สมศักดิ์ เจียมธีรสกุล เสนอว่าหลัง

---

[256] Fred Riggs (1966) Thailand. The Modernisation of a bureaucratic polity. East West Press.

[257] Paul Handley (2006) อ้างแล้ว, หน้า 6,10,94,105

[258] M. K. Connors (2003) อ้างแล้ว

พฤษภาคม ๒๕๓๕ ภูมิพลขึ้นมาเป็นหัวหน้าของชนชั้น ปกครองไทยทั้งหมด.[259] แต่การวิเคราะห์แบบนี้ของสมศักดิ์ชวนให้เราคิดต่อว่า ภูมิพลเป็น "หัวหน้า" แบบไหน? แบบมีอำนาจเต็มๆและอำนาจสูงสุด หรือแบบที่เป็นประมุขสัญลักษณ์ที่ไร้อำนาจ?

<u>การศึกษาเชิงเปรียบเทียบ</u>

จุดเริ่มต้นที่ดีคือการศึกษาการปฏิวัติของชนชั้นนายทุนในอังกฤษในปี ค.ศ. 1640 เพราะหลังการล้มระบบขุนนางฟิวเดิล และ การประหารชีวิตพระเจ้าชาร์ลส์ที่หนึ่ง ชนชั้นนายทุนอังกฤษนำกษัตริย์กลับมา เพื่อยับยั้งไม่ให้การปฏิวัติออกไปจาก เป้าหมายของนายทุน เพราะในยุคนั้นกลุ่มสังคมนิยม เช่นพวก Levellers ในกองทัพของนายทุน ต้องการสร้างสังคมไร้ชน ชั้น.[260] ดังนั้นกษัตริย์ที่นายทุนนำกลับมาใช้ เป็นกษัตริย์ที่อ้างความโบราณ และอ้างว่าแต่งตั้งโดยพระเจ้า แต่แท้จริงเป็น เครื่องมือของชนชั้นนายทุนในการส่งเสริมลัทธิอนุรักษ์นิยมที่ปกป้องระบบชนชั้นและความเหลื่อมล้ำ.[261] การอ้างความเก่าแก่ โบราณสำหรับสิ่งที่พึ่งประดิษฐ์ขึ้นมาใหม่ เรียกว่า การสร้างประเพณีเก่าให้ดูใหม่ (Invention of Tradition) [262] สรุปแล้วในประเทศของยุโรปตะวันตกที่ยังมีกษัตริย์ สถาบันนี้ไม่ใช่ซากเก่าของสถาบันโบราณยุคขุนนางฟิวเดิลแต่อย่างใด แต่เป็น สถาบันประดิษฐ์ใหม่ที่ทำให้ดูเก่า เพื่อหนุนแนวคิดอนุรักษ์นิยมของชนชั้นนายทุน นายทุนจะได้ปกครองบ้านเมืองง่ายขึ้น

ในประเทศไทย การปฏิวัติเปลี่ยนแปลงที่ทำลายระบบศักดินาเก่า และเปิดทางไปสู่การสร้างรัฐทุนนิยมสมัยใหม่ ไม่ได้เป็น กระบวนการแบบในอังกฤษ ฝรั่งเศส หรือสหรัฐอเมริกา แต่เป็นการปฏิวัติในประเทศล้าหลังท่ามกลางการขยายตัวของระบบ ทุนนิยมโลกผ่านการล่าอาณานิคม ในประเทศล้าหลังหลายประเทศ เช่นเยอรมัน อิตาลี่ สก็อตแลนด์ หรือญี่ปุ่น การปฏิวัติทุน นิยมจะถูกนำจากข้างบน โดยชนชั้นปกครองเก่า ไม่ได้นำจากข้างล่างโดยชนชั้นนายทุนที่กำลังสู้กับขุนนาง มันเป็นการ ปรับตัวของชนชั้นปกครองเก่า ให้เข้ากับยุคทุนนิยม เพราะถ้าไม่ปรับตัวก็ต้องสูญพันธ์.[263] การปฏิวัติของรัชกาลที่๕ ที่ล้มระบบ ศักดินาและสถาปนาระบบ

---

[259] สมศักดิ์ เจียมธีรสกุล (๒๕๔๘) หลัง ๑๔ ตุลา วารสาร ฟ้าเดียวกัน ฉบับ "สถาบันกษัตริย์กับสังคมไทย" ตุลาคม-ธันวาคม ๒๕๔๘

[260] Paul Foot (2005) The Vote. How it was won and how it was undermined. Penguin / Viking.

[261] Christopher Hill (1959) The English Revolution 1640. An Essay. Lawrence & Wishart, London.

[262] Eric Hobsbawm (1995) Inventing Traditions. In: E. Hobsbawm & T. Ranger, T. (eds) The Invention of Tradition. Cambridge University Press.

[263] Neil Davidson (2004) The prophet, his biographer and the watchtower. Interna-

สมบูรณาญาสิทธิราชย์ในระบบทุนนิยม มีส่วนคล้ายกับการปฏิวัติในประเทศล้าหลังเหล่านี้ และเกิดขึ้นในยุคใกล้เคียงกันด้วย

การปฏิวัติในไทยสมัย ร.๕ มีส่วนคล้ายกับการปฏิวัติเมจิในญี่ปุ่น เพราะเป็นการสร้างรัฐชาติทุนนิยมโดยชนชั้นปกครอง เก่า เพื่อหาทางอยู่รอดในระบบทุนนิยมสมัยใหม่ แต่ไม่เหมือนในทุกประเด็น โดยเฉพาะในเรื่องการปฏิรูปและพัฒนาระบบ การใช้ที่ดิน ซึ่งเกือบจะไม่เกิดขึ้นเลยในกรณีไทย เพราะกษัตริย์ไทยสมัยนั้นกลัวว่าถ้าพัฒนาระบบการผลิต ทรัพยากรจะตก อยู่ในมือของทุนตะวันตก ในกรณีญี่ปุ่นมีการพัฒนาระบบการใช้ที่ดินแบบถอนรากถอนโคน ซึ่งส่งผลให้เศรษฐกิจขยายตัว อย่างรวดเร็ว แต่ในไทยกษัตริย์จักรีพยายามแช่แข็งการพัฒนา เพื่อปกป้องผลประโยชน์ตนเอง.[264]

ทักษ์.[265], ธงชัย.[266], เกษียร.[267] และ นิธิ.[268] ได้เขียนเรื่องการสร้างประเพณีใหม่ให้ดูเก่าในกรณีสถาบันกษัตริย์ไทย ประเด็นนี้จึง ไม่เป็นที่ถกเถียงเท่าไร แต่ประเด็นที่เราจะต้องมาให้ความสำคัญในช่วงนี้คือบทบาทกษัตริย์ในการเป็นสัญลักษณ์แห่งลัทธิ อนุรักษ์นิยม เพื่อยับยั้งศัตรูของชนชั้นนายทุนสมัยใหม่ในสังคมไทย เช่นขบวนการภาคประชาชน สหภาพแรงงาน พรรค คอมมิวนิสต์ หรือขบวนการเสื้อแดง

<u>บทบาทของกษัตริย์ไทยในการเป็นสัญลักษณ์ของลัทธิอนุรักษ์นิยม</u>

บทบาททางการเมืองของภูมิพลเริ่มชัดเจนขึ้นในสมัยเผด็จการจอมพลสฤษดิ์ ยุคนี้เป็นยุคสงครามเย็น และยุคสงครามอินโด จีน รัฐบาลเผด็จการของสฤษดิ์ได้รับการสนับสนุนจากสหรัฐอเมริกา เพราะสหรัฐเชื่อว่าสฤษดิ์เป็นแนวร่วมที่ดีในการสู้กับ คอมมิวนิสต์ ในหนังสือของทักษ์ เขาเสนอว่าสฤษดิ์ขาดความชอบธรรมที่คนอย่างจอมพล ป. หรือ อาจารย์ปรีดี เคยมี เพราะ ไม่ได้มีส่วนในการนำการปฏิวัติ ๒๔๗๕ ดังนั้นสฤษดิ์จึงแสวงหาความชอบธรรมในสายตาประชาชนโดยการชูและส่งเสริมภูมิ พล.[269] ประเด็นนี้จะจริงแค่ไหนไม่ทราบ เพราะเริ่มจากสมมุติฐานเท็จว่า

---

tional Socialism Journal No. 2:104, p. 23.

[264] Tomas Larsson (2008) Western Imperialism and Defensive Underdevelopment of Property Rights Institutions in Siam. Journal of East Asian Studies 8, 1-28.

[265] ทักษ์ เฉลิมเตียรณ (๒๕๒๕) อ้างแล้ว

[266] ธงชัย วินิจจะกูล (๒๕๔๙) อ้างแล้ว

[267] เกษียร เตชะพีระ (๒๕๔๙) บทวิจารณ์การสร้าง "ความเป็นไทย" กระแสหลักฯ ในวารสาร ฟ้าเดียวกัน ฉบับ "สถาบัน กษัตริย์กับสังคมไทย" ตุลาคม-ธันวาคม ๒๕๔๙ 40 http://www.prachatai.com/ 14/3/2006

[268] http://www.prachatai.com/ 14/3/2006.

[269] ทักษ์ เฉลิมเตียรณ (๒๕๒๕) อ้างแล้ว

ประชาชน "คงต้องรักเจ้า" แต่เราอาจหาคำอธิบายอื่น ได้คือ สฤษดิ์ต้องชูกษัตริย์ เพื่อให้ฝ่ายรักเจ้า อนุรักษ์นิยมในไทย และฝ่ายสหรัฐอเมริกาสนับสนุนเผด็จการของเขา

ในบริบทของสงครามเย็น สหรัฐอเมริกา และชนชั้นปกครองอนุรักษ์นิยมไทย รวมถึงเผด็จ การทหาร มองว่าสถาบันกษัตริย์ เป็นสัญญลักษณ์สำคัญของลัทธิที่จะใช้ต้านคอมมิวนิสต์ได้ หน่วยงานของรัฐบาลสหรัฐมีบทบาทสำคัญในการแจกรูปถ่ายภูมิ พลไปตามหมู่บ้านต่างๆ เพื่อวัตถุประสงค์นี้[270] ดังนั้นการเชิดชูกษัตริย์ภูมิพลผูกพันกับการปกป้องผลประโยชน์ของอำมาตย์ จากการที่จะถูกท้าทายโดยกระแสคอมมิวนิสต์

กระแสคอมมิวนิสต์เป็นสิ่งที่อำมาตย์ไทยกลัวมาก โดยเฉพาะในช่วงที่ประเทศรอบข้างกำลัง เปลี่ยนไปปกครองโดยรัฐบาล คอมมิวนิสต์ แต่หลังจากที่คอมมิวนิสต์ล่มสลาย ภัยจากประชาชน ที่มีต่อผลประโยชน์อำมาตย์ ไม่ได้หายไป เพราะมีการ เคลื่อนไหวของขบวนการทางสังคม สหภาพแรงงาน และกลุ่มเอ็นจีโอ ดังนั้นอำมาตย์ไม่เคยเลิกในความพยายามที่จะครอง ใจกลุ่มเหล่านี้ด้วยลัทธิกษัตริย์

ลัทธิ "ชาติ ศาสนา พระมหากษัตริย์" ที่มองว่ากษัตริย์เป็นหัวใจของชาติ หัวหน้าศาสนา และ สัญญลักษณ์ของ "ความเป็น ไทย" ที่ไม่ใช่คอมมิวนิสต์ มีความสำคัญมากในยุคสงครามเย็น และนี่ คือที่มาของบทบาทกษัตริย์ในการเป็นตัวแทนของลัทธิ ที่ให้ความชอบธรรมกับอำมาตย์ในยุค ปัจจุบัน

พวกอำมาตย์ ไม่ใช่ซากเก่าของระบบศักดินา แต่เป็นชนชั้นปกครองอนุรักษ์นิยมสมัยใหม่ที่ใช้ เผด็จการและความป่าเถื่อน ยิ่งกว่านั้นภูมิพลไม่ใช่หัวหน้าของแก๊งโจรเหล่านี้ แต่แก๊งโจรใช้เขา เป็นเครื่องมือสร้างความชอบธรรมต่างหาก โดยที่ภูมิพล ยินดีถูกใช้ตราบใดที่สามารถกอบโกย ความร่ำรวยและมีคนมากราบไหว้ต่อไปเรื่อยๆ

การสร้างความชอบธรรมจากกษัตริย์มีความสำคัญอย่างยิ่งสำหรับทหารไทย เพราะทุกวันนี้ กระแสประชาธิปไตยขยายไป ทั่วโลกในจิตใจประชาชน เวลาทหารทำรัฐประหารก็อาจพยายาม อ้างว่าทำ "เพื่อประชาธิปไตย" แต่ไม่ค่อยมีใครเชื่อ เพราะ บทบาททหารในการเมืองกับระบบ ประชาธิปไตยมันไปด้วยกันไม่ได้ นอกจากนี้กองทัพไทยไม่มีประวัติอะไรเลยในการปลด แอก ประเทศอย่างในกรณีอินโดนีเซียหรือเวียดนาม ดังนั้นทหารต้องอ้างความชอบธรรมจากที่อื่น เวลาทหารอ้างว่า "ทำเพื่อ กษัตริย์" จะได้ดูเหมือนว่าไม่ได้ยึดอำนาจมาเพื่อตนเอง จะเห็นได้ว่า การสร้างภาพว่ากษัตริย์มีอำนาจสูงสุด เป็นประโยชน์ใน การปิดบังความจริงเกี่ยวกับการใช้

---

[270] Katherine Bowie (1997) อ้างแล้ว

อำนาจของทหาร ที่ใช้อำนาจเพื่อประโยชน์ตนเองเสมอ และทุกกลุ่มทุกรุ่นที่แย่งชิงผลประโยชน์กันเองในกองทัพ ก็จะพยายามโกหกเสมอว่า "ทำเพื่อในหลวง"

การใช้กษัตริย์เพื่อเป็นลัทธิที่ให้ความชอบธรรมกับอำมาตย์ ต่างจากยุโรปตะวันตกตรงที่อำมาตย์ไทยยังไม่ถูกบังคับโดย ประชาชนให้ยอมรับประชาธิปไตย ดังนั้นลัทธิกษัตริย์ในไทย ใช้ในลักษณะเผด็จการพร้อมกับกฎหมายหมิ่นฯ หรือกฎหมาย เผด็จการอื่นๆ และมีการสร้างภาพว่ากษัตริย์เป็นเทวดาเหนือมนุษย์ด้วยการหมอบคลานและการใช้ราชาศัพท์ ถ้าไทยจะมี ระบบกษัตริย์เหมือนยุโรปตะวันตก ก็จะต้องยกเลิกกฎหมายหมิ่นฯ การหมอบคลาน และการใช้ราชาศัพท์ และต้องยินยอม ให้มีการวิพากษ์วิจารณ์กษัตริย์อย่างเสรีพร้อมกับการมีเสรีภาพในการเสนอระบบสาธารณรัฐอีกด้วย และที่สำคัญต้องมีการ ทำลายอำนาจอำมาตย์ลงจนยอมรับประชาธิปไตย ในสถานการณ์แบบนั้น เราไม่จำเป็นต้องมาปกป้องหรือรื้อฟื้นกษัตริย์ใน รูปแบบใหม่เลย ยกเลิกไปจะดีกว่า และจะมีประโยชน์กว่า เพราะจะประหยัดงบประมาณ และในอนาคตจะไม่มีใครสามารถ อ้างกษัตริย์ในการทำลายประชาธิปไตยได้อีก

<u>เมื่อภูมิพลตาย</u>

คนไทยจำนวนมาก ไม่ว่าจะแดงหรือเหลือง กำลังรอวันตายของ ภูมิพล ด้วยอารมณ์ที่แตกต่างกันไป เพราะ ภูมิพล มี ความสำคัญในสังคมไทย ทั้งในแง่บวกและลบ แล้วแต่จุดยืน เมื่อ ภูมิพล ใกล้ตาย บางคนอาจคิดว่าต้องมีการแย่งชิงอำนาจ กันเพื่อขึ้นมาเป็นกษัตริย์คนต่อไป มันจะเกิดจริงหรือ? ทหารของพระเทพฯจะรบกับทหารของเจ้าฟ้าชาย? หรือทหารของ ราชินี? ทหารของเปรมจะแต่งตั้งเปรมเป็นกษัตริย์แทนหรือ? ไม่น่าจะใช่ พวกอำมาตย์มันอาจจะแย่งกัน แต่สิ่งที่แย่งกัน คือ ว่า ใครจะมีสิทธิใช้สถาบันกษัตริย์เพื่อสร้างความชอบธรรมกับตนเองมากกว่า เขาจะแย่งกันผูกมิตรกับและควบคุมเจ้าฟ้าชาย

เมื่อ ภูมิพล ตาย ผมเดาว่าจะมีการสร้างพิธีงานศพมโหฬาร ใหญ่โต สิ้นเปลืองงบประมาณมหาศาล และจะใช้เวลาอย่าง น้อยสองเท่าเวลาที่เขาใช้กับ "พระพี่นาง" อาจถึงห้าปีก็ยังได้ อาจมีงานต่อทุกปีให้ครบสิบปีก็ได้ งานศพนี้จะมีวัตถุประสงค์ เดียว (ไม่ใช่เพราะว่าไพร่ทั้งหลายต้องใช้เวลาทำใจท่ามกลางความเศร้าหรอก) แต่เพื่อเสริมสร้างลัทธิกษัตริย์ ที่จะนำมาข่มขู่ กดขี่เราต่อไป

เมื่อ ภูมิพล ตาย ทหารจะยังมีอำนาจอยู่ ปืนและรถถังไม่ได้หายไปไหน และเมื่อทหารชั้นผู้ใหญ่ตกใจที่ภูมิพลตาย ก็ไม่ใช่ เพราะ "ไม่รู้จะรับคำสั่งจากใคร" แต่ปัญหาของเขาคือ "ไม่รู้จะหากินสร้างความชอบธรรมจากใครต่ออย่างไร" มันต่างกันมาก ผมเดาว่าเมื่อ ภูมิพล ตาย ทหารจะต้องการยืดงานศพให้ยาวนาน ภาพ ภูมิพล จะเต็มบ้านเต็มเมือง และใครที่คิดต่างจาก ทหารหรือ

อำมาตย์ หรือใครที่อยากได้ประชาธิปไตยแท้ ก็จะถูกโจมตีว่าต้องการ "ล้มภูมิพล" ทั้งๆ ที่ ภูมิพลตายไปแล้ว มัน ไม่สมเหตุสมผล แต่ลัทธิกษัตริย์ของอำมาตย์มันไม่ต้องสมเหตุสมผลทุกครั้งอยู่แล้ว

นอกจากนี้ ในขณะที่มีงานศพยาวนานพร้อมการคลั่งและเชิดชูคนที่ตายไปแล้ว ก็จะมีการเข็นลูกชายออกมารับหน้าที่เป็น กษัตริย์ใหม่ ปัญหาของอำมาตย์คือ ไม่มีใครเชื่อว่าลูกชายเป็นคนดีหรือมีความสามารถ ไม่เหมือนพ่อ ไม่มีใครรัก แม้แต่คน เสื้อเหลืองเองก็ไม่เคารพ แต่การจัดงานศพพ่อยาวๆ การ "ไม่ลืมภูมิพล" จะกลายเป็นเครื่องมือเพื่อเบี่ยงเบนความสนใจจาก ลูกชาย นอกจากนี้เขายังมีเมียภูมิพลอีกด้วย เข็นออกมารับงานได้ แต่ประชาชนก็ไม่รักเท่าไรตั้งแต่ไปงานศพพันธมิตรฯ ดังนั้นในเรื่องลูกชายและเมีย ก็ต้องย้ำเสมอว่า "เป็นลูกชายภูมิพล เป็นเมียภูมิพล" เพื่อไม่ให้เราลืม "ความดีงาม" ของ ภูมิ พล

ถ้าลูกชายภูมิพลไม่ได้รับความเคารพในสังคม ทำไมไม่นำลูกสาวขึ้นมาเป็นกษัตริย์แทน? ถ้าภูมิพลมีอำนาจจริง ทำไมเขา ไม่ประกาศว่าลูกสาวจะเป็นกษัตริย์คนต่อไปก่อนตาย? คำตอบคือ ภูมิพลไม่กล้า และที่สำคัญที่สุดคือการนำลูกสาวขึ้นมา โดยทหาร จะส่งสัญญาณอันตรายว่า ระบบกษัตริย์ไม่ได้อิงจารีตประเพณีอันเก่าแก่จริง ถ้าให้ผู้หญิงเป็นกษัตริย์ได้แทนผู้ชาย ที่ยังมีชีวิต มันจะทำลายนิยายของความเก่าแก่ศักดิ์สิทธิ์ของกษัตริย์ ยิ่งกว่านั้นจะส่งสัญญาณว่าในระบบกษัตริย์ ถ้ากษัตริย์ หรือเจ้าฟ้าชายไม่ดีหรือไม่เหมาะสม ก็เปลี่ยนคนได้อีกด้วย ถ้าเปลี่ยนคนได้ก็ยกเลิกไปเลยได้เหมือนกัน อย่าลืมว่ากษัตริย์มี บทบาทหลักในการเป็นลัทธิความคิดที่ใช้ครอบงำเรา มันไม่ใช่อำนาจดิบ ดังนั้นผลในทางความคิด ในการเป็นลัทธิที่อ้าง ประเพณีที่ฝืนไม่ได้ เป็นเรื่องใหญ่

เมื่อ ภูมิพล ตาย สังคมไทยจะไม่ปั่นป่วนกว่าที่เป็นอยู่แล้ว อย่าไปโง่คิดว่า "จุดรวมศูนย์หัวใจคนไทยหายไป" มันเลิกเป็น จุดรวมศูนย์นานแล้ว และไม่เคยรวมหัวใจทุกคนด้วย แต่สิ่งที่จะปั่นป่วนหนัก คือหัวใจของพวกอำมาตย์และเสื้อเหลือง ต่างหาก พวกนี้จะคลั่งมากขึ้น อันตรายมากขึ้น แต่อันตรายท่ามกลางความกลัว เขาจึงมีจุดอ่อน

เมื่อ ภูมิพล ตาย คนเสื้อแดงจำนวนมากที่เกรงใจ ภูมิพล และเคยรัก ภูมิพล จะไม่เกรงใจหรือรักลูกชายเลย ความปลื้มใน ระบบกษัตริย์จะลดลงอีกในสายตาคนส่วนใหญ่ แต่เมื่อ ภูมิพล ตาย คนเสื้อแดงที่ไม่เอาเจ้า เพราะอยากได้ประชาธิปไตยแท้ จะไม่ประสบผลสำเร็จง่ายๆ หรือโดยอัตโนมัติ เพราะฝ่ายอำมาตย์จะไม่เลิก อำนาจทหารจะยังมี และการรณรงค์ให้คลั่งเจ้าจะเพิ่มขึ้น ในมุมกลับ เมื่อ ภูมิพล ตาย อำมาตย์จะปั่นป่วน และมันเป็นโอกาสที่เราจะสู้ทางความคิดอย่างหนัก เพราะแหล่ง ความชอบธรรมของเขาจะอ่อนลง ดังนั้นเราจะต้องถามคนทั่วประเทศว่า ทำไมต้องมีระบบนี้ต่อภายใต้ลูกชายหรือแม่?

พลเมืองที่รักประชาธิปไตยไม่สามารถรอวันตายของ ภูมิพล ได้ เพราะมันจะมีทั้งภัยและโอกาสตามมา เราหลีกเลี่ยงการ วางแผน การจัดตั้งคน และการผนึกกำลังมวลชนไม่ได้ ประชาธิปไตยจะไม่หล่นจากต้นไม้ เหมือนมะม่วงสุก เราต้องไปเด็ด มันลงมากิน และเราจะต้องสอยอำมาตย์ทั้งหมดลงมาด้วย เพื่อไม่ให้ทำลายประชาธิปไตยอีก

1 ธันวาคม 2009

Kapitel 4

Ein historischer Ausblick: Vom Vor-Kapitalismus zur TRT
Die kapitalistische Umwandlung

Der Vor-Kapitalismus

Vor der Umwandlung des Staates nach dem Vorbild eines zentralisierten kapitalistischen Modells in den 1870er Jahren, existierte "Thailand" als Nationalstaat nicht[271]. Die Rückprojektion von „Thailands Geschichte" von der modernen Zeit bis Sukothai (AD 1270) und Ayuttaya (AD 1350-1782) muss daher als Umschreibung der Geschichte durch Personen wie Luang Wichitwatakarn und Prinz Damrong angesehen werden, um einer modernen nationalistischen Ideologie zu dienen.

Was vor den 1870er Jahren, als ein dominantes wirtschaftliches und politisches System in der Zentral- und Nördlichen Region entstand vorhanden war, kann am besten mit „Mandala"[272], "Galactic Polity"[273] oder "*Sakdina*" –Staat beschrieben werden. Es war eine lose verbundene politische Einheit die auf einem Flickenteppich von mächtigen Städten bestand, wie *Sukotai, Ayuttaya, Chiang Mai* usw, deren Macht nicht nur über die Zeit gesehen sich abschwächte, sondern deren Einfluss auch proportional mit der Entfernung zur Stadt geringer wurde. Es gab nicht nur keinen zentralisierten Nationalstaat unter einem allmächtigen König, sondern außerdem war die politische Macht über die Verteilung der Überschussproduktion dezentralisiert.

In diesem *Sakdina*-System war die Kontrolle über den Produktionsüberschuss, also des Produktionsanteils, der das Niveau der Selbstversorgung überstieg, abhängig von der Menge an Zwangsarbeit und dem möglichen Tribut, den man aus der Bevölkerung extrahieren konnte. Dies wiederum hing davon ab, wie man direkte Kontrolle über Menschen ausüben konnte, und weniger davon, wie viel Land man besaß. Diese Kontrolle über die Arbeitskraft war wichtig wegen der dünnen Besiedlung des Landes. Eine Schätzung geht im Jahr 1904 von einer durchschnittlichen Bevölkerung von 11 Personen pro Quadratkilometer aus, verglichen mit 73 in Indien[274]. Die Mehrheit der normalen Menschen (*Prai*) lebten neben urbanen Zentren und wurde für Perioden von mehreren Monaten zur Fronarbeit gezwungen. Es gab auch Lohnsklaven (*Taht*) und Kriegssklaven (*Chaleay Seuk*). Diese direkte Kontrol-

---

[271] Thongchai Winichakul (1994) Siam Mapped. University of Hawaii Press.

[272] O. W. Wolters (1968) "Ayudhaya and the Rearward Part of the World". *Journal of the Royal Asiatic Society* **3** / **4**, 166-178 & 173-176.

[273] S. J. Tambiah (1977) "The Galactic Polity". *Annals of the New York Academy of Sciences*. **293**, 69-97.

[274] Chattip Nartsupa (1985) *The economy of Thai villages in the past*. Sarng-San Press, Bangkok (In Thai).

le über die Arbeitskraft war unter verschiedenen *Moon Nai* (Bossen), Aristokraten und lokalen Herrschern (*Jao Hua Muang*) aufgeteilt, die die Macht hatten, die Arbeitskraft zu mobilisieren. Das Ergebnis war eine Dezentralisation der wirtschaftlichen und politischen Macht unter dem *Sakdina*-System.[275]

Handel spielte eine wichtige Rolle für die Wirtschaft. Kontrolle über die Flussmündungen als Exportzentren wurde wichtiger als der Handel über große Distanzen begann. Lokale Herrscher suchten Monopole über diesen Handel zu erreichen, indem sie Kooperationen mit chinesischen Kaufleuten eingingen die Segel-Dschunken bis nach China und in die arabische Welt sandten. Ayuttaya war ein wichtiger Handelshafen mit Schiffen die regelmäßig aus Europa, China, Java, Persien und Japan kamen. Die offiziellen Handelssprachen waren u.a. Malaiisch und Chinesisch und ein wichtiger Hafenbeamter war ein Shia-Händler aus Persien, der Gründer der Bunnarg – Familie (auch Bunnag).

Da das Sakdina-System dezentralisiert war, war es nicht das einzige Sozialsystem das auf dem Gebiet existierte, das jetzt Thailand ist. In den Gebieten weit weg von großen Städten lebten Menschen von unterschiedlichen Ethniken in kleinen Einheiten in halbautonomen Dörfern oder anderen menschlichen Siedlungen in verschiedenen Organisationsformen. Abgesehen davon existierte vor dem Aufstieg von Ayuttaya auch eine Vielzahl unterschiedlicher Staaten die die der Khmer oder der Tawarawadi Kaiser.

Imperialismus und kapitalistische Transformation

Auch wenn die zunehmende Penetration des Kapitalismus und des Weltmarktes in die Region die Wichtigkeit von Geld und Handel bereits erhöht hatte, speziell in der frühen Bangkok Periode[276], war es der direkte Druck des westlichen Imperialismus und der interne Klassenkampf der schließlich die Herrscher Bangkoks zu einer kapitalistischen Transformation zwang. Der Nachweis dieser Entwicklung kann aus dem Ergebnis des mit den Briten eingegangenen Bowring Treaty von 1855 geführt werden. Dieser Vertrag etablierte freien Handel und Freiheit für westliches Kapital um in das Gebiet einzudringen, **ohne dass die Notwendigkeit einer direkten Kolonisierung bestand**[277].

---

[275] R.B. Cruikshank (1975) "Slavery in nineteenth century Siam". *Journal of the Siam Society.* **63**(2), 315. Chatchai Panananon (1988) "Phrai, neither free nor bonded". *Asian Review* (Chulalongkorn University, Thailand) **2**, 1.

[276] Niti Eawsriwong (1984) *"Pak-gai la Rua-bai"*. Collection of essays on literature and history in the early Bangkok period. Amarin Press, Bangkok. (In Thai).

[277] Eine Kolonisierung bedeutet für die Kolonialmacht auch in Infrastruktur, Landesverteidigung, Bildung, Krankenversorgung, das Rechtswesen etc. investieren zu müssen. Ein teures unterfangen. Heute noch kann man inzwischen marode Wasser- und Telefonleitungen im Sudan bewundern, die seit dem Ende der Kolonialzeit nicht mehr modernisiert wurden. Und wenn man das Gesetz in Malaysia studiert, wird man feststellen, dass heute noch ein Artikel existiert der besagt, dass im Falle, dass eine Rechtsfrage nicht durch das Recht Malaysias geregelt werden kann, geprüft werden soll, ob eine Regelung im britischen Rechtswesen vorliegt.

Als das Monopol über den Handel der Sakdina Herrscher von Bangkok zerschlagen wurde, wurden große Möglichkeiten für die kapitalistische Produktion und den Handel von Reis, Zucker, Zinn, Kautschuk und Teak eröffnet. Eine günstige Gelegenheit entstand auch um den Staat unter einem mächtigen Herrscher zu zentralisieren. Thailands kapitalistische Revolution wurde nicht durch das Bürgertum im selben Stil wie die englische oder französische Revolution durchgeführt. In Thailands Fall brachte der Herrscher von Bangkok, König Rama V oder „*König Chulalongkorn*" eine revolutionäre Transformation für das politische und ökonomische System als Antwort sowohl auf den Druck von der Außenwelt, die bereits durch den Kapitalismus dominiert wurde, als auch als Reaktion auf den Klassenkampf im Inneren.

Die Revolution von Rama V bedeutete die Bildung eines zentralisierten und vereinigten Nationalstaates unter der Herrschaft von Thailands erster absolutistischer Monarchie[278]. Dies beinhaltete die Zerstörung der mächtigen *Sakdina*-Rivalen, der *Moon Nai*, der Aristokratie und der örtlichen *Jao Hua Muang*. Politisch wurde das realisiert indem eine Beamtenschaft ernannt wurde, die die äußeren Regionen politisch und wirtschaftlich kontrollieren sollten, indem die Macht zerstört wurde, Fronarbeit einzufordern und damit den Produktionsüberschuss zu kontrollieren. Zwangsarbeit wurde auch verboten als Antwort auf den Klassenkampf von unten, weil die *Prai* die Angewohnheit hatten sich dem Frondienst zu entziehen und sowohl *Prai* als auch *That* oft absichtlich ineffektiv arbeiteten. Zwangsarbeit wurde ersetzt durch Lohnarbeit und privates Eigentum, d.h. Landbesitz wurde erstmalig eingeführt. Darüber hinaus wurde die Investition in die Produktion von landwirtschaftlichen Erzeugnissen für den Weltmarkt zum ersten Mal wichtig. Fronarbeit wurde durch bezahlte Arbeit ersetzt und Privateigentum und Landeigentum wurde zum ersten Mal eingeführt. Darüber hinaus wurde die Investition in Produktionsmittel zur Erzeugung von landwirtschaftlichen Produkten für den Weltmarkt wichtiger als die einfache Nutzung der Überschussproduktion für Konsum und Handel. Das kann klar durch die verschiedenen Investitionen in Bewässerungskanäle für die Reisproduktion im Gebiet von Rangsit auf der Zentralebene gesehen werden. Diese Investitionen eröffneten das Land für die Siedlung und schafften Arbeit für die Landbevölkerung, die von Zwangsarbeit befreit wurden. So gab es temporär eine Klassenallianz zwischen der Monarchie und den Untertanen gegen die Sakdina-Herrscher und Bosse, die der herrschenden Klasse diente um ihre Interessen im globalen Reishandel voran zu treiben.

Die Knappheit an Arbeitsleistung für die kapitalistische Anhäufung wurde ursprünglich gelöst durch das Rekrutieren von Auslandschinesen zu Beginn des 20.

Durch den Bowring Treaty sparte sich Großbritannien nicht nur Kosten, sondern auch die Übernahme von Verantwortung für Thailand. Der Vertrag, so kann man durchaus feststellen, war für Großbritannien ein profitableres Geschäft als die zwangsweise Kolonialisierung hätte werden können.

[278] Chaiyan Rajchagool (1994) *The rise and fall of the absolute monarchy*. White Lotus, Bangkok. Kullada Kesboonchoo Mead (2004) *The rise and decline of Thai absolutism*. Routledge. Giles Ji Ungpakorn (1997) *The struggle for Democracy and social justice in Thailand*. Arom Pongpangan Foundation, Bangkok.

Jahrhunderts. Viel später, zu Beginn der 1960er Jahre, entstand eine große Welle von „inländischen" Lohnarbeiter-Bewegungen als Ergebnis der Tatsache, dass arme Bauern, die oft aus dem Nordosten stammten, von ihrem Land vertrieben worden waren, die nun in die produktiveren Handwerksbetriebe und Fabriken in den städtischen Gebieten zogen, speziell im Umland von Bangkok. Auch später noch hing der thailändische Kapitalismus von Arbeitsmigranten aus Burma und benachbarten Ländern ab.

Die kapitalistische Transformation und die Schaffung des ersten thailändischen Nationalstaates, ein Produkt des ständigen Wandels, fanden zu einer Zeit statt, als ähnliche Transformationen in den kolonialisierten Ländern Südostasiens zu sehen waren. In den benachbarten Kolonien von Großbritannien, Frankreich, den Niederlanden, basierte die staatliche Zentralisierung und die Entwicklung einer kapitalistischen Wirtschaft auch auf Lohnarbeit. Tatsächlich sollten wir auf die Bildung des thailändischen Staates wie auf eine „interne Kolonialisierung" des Nordens, Südens und Nordostens durch die Chakri-Herrscher aus Bangkok schauen. Die verschiedenen Revolten im Norden und Nordosten gegen Bangkok weisen darauf hin, dass dies der Wahrheit entspricht. Der Bürgerkrieg im muslimischen Süden hat auch seine Wurzeln in diesem „Kolonialisierungs-Prozess". Den wichtigsten Grund, den man aber im Kopf behalten sollte ist die Tatsache, dass die Veränderungen, die im „nicht kolonialisierten" Thailand zu beobachten waren, sich nicht sehr stark von denen unterschieden, die man im Rest des kolonialisierten Südostasiens sah.

Problem mit der stalinistisch/maoistischen Analyse

Probleme mit der stalinistisch/maoistischen Analyse der Staatsbildung.

Die Linke in Thailand hat beträchtliche Verwirrung hinsichtlich Thailands kapitalistischer Transformation gezeigt und das hat die intellektuelle Analyse bis heute beeinflusst. Diese Verwirrung resultiert aus der Anwendung eines marxistischen Modells in einer extrem mechanischen und unhistorischen Weise, was typisch für stalinistische und maoistische Tradition ist. Es ist auch keine Überraschung, wenn man erkennt, dass die einzige linke Organisation von Bedeutung, was die Anzahl der Anhänger und ihrer Ideen angeht, die Kommunistische Partei Thailands (CPT) war. Ein gutes Beispiel für die mechanische Analyse ist Jit Pumisaks Argument dass Landeigentum zentral für den Mehrwert war, der im thailändischen „Feudalismus" (dem Sakdina – System)[279] anfiel. Es war der Versuch, die thailändische Geschichte in ein westliches Modell zu pressen. Marx hatte niemals beansprucht, dass die asiatische Geschichte den gleichen Wegen folgen würde wie der historische Prozess in Europa. Als Beispiel für die unterschiedlichen Produktionssysteme in Asien erwähnte er, dass in gewissen Gebieten Gesellschaften auf Bewässerungskanälen basieren würden, und er nannte das das „Asiatische Modell der Produktion" (AMP)[280]. Es gibt keinerlei archäologischen Beweise, dass das Modell von

---

[279] Jit Pumisak (1995) *The nature of the Thai Sakdina system*. Nok Hook Press, Bangkok. (In Thai).

[280] Karl Marx (1992) "Articles on India and China". In: *Surveys from exile, Political Writings* volume **2**. Penguin Books, London.

Marx hinsichtlich AMP, mit seinem komplexen Bewässerungssystem und einem zentralisierten Staat, jemals in Thailand existiert hatte. Jedoch hätte er im Khmer-Kaiserreich existieren können, rund um Ankor. Aber die rein mechanisch denkenden Marxisten haben auch versucht zu beweisen, dass die vorkapitalistische Produktion in Thailand eine Mischung aus Sakdina und dem Asiatischen Modell der Produktion wäre[281]. Indem sie das taten, waren sie gezwungen die Bedeutung von AMP zu verändern und darunter nur noch ein System von dörflicher Produktion zu beschreiben.

Der rein schematische Ansatz durch die thailändische Linke verrät auch das vollständige Fehlen jeder Kenntnis der fundamentalen Natur des Kapitalismus. Kapitalismus ihrer Ansicht nach kann nur in den Händen privater Kapitalisten stattfinden. Sie sind unfähig das Konzept einer absolutistischen Monarchie oder einer Militärdiktatur als Teil des Systems der kapitalistischen Klasse zu verstehen. In der gleichen Weise waren sie unfähig die Theorie des Staatskapitalismus in Russland zu verstehen[282]. Die maoistische Doktrin, die die CPT dominierte bestand darauf, dass Thailand in den 1970er und 1980er Jahren eine „semi-feudalistische, semi-koloniale" Gesellschaft wäre, ein Modell das sie direkt von Maos Analyse Chinas entnommen hatten. Selbst heute versuchen viele Intellektuellen den Konflikt zwischen Thaksin und den konservativen Monarchisten zu erklären, indem sie sagen, dass Thailand noch ein kapitalistische Revolution vor sich hätte.

Kapitalismus ist ein System in dem Kapital mit der Absicht in den Produktionsprozess investiert wird, weiteres Kapital anzusammeln. Dieser Prozess verlangt nach zwei Dingen: Zunächst eine nennenswerte Anzahl von Lohnarbeitern die von den Arbeitsmitteln getrennt sind, damit die kleine Minderheit von Kapitalisten Kapital vermehren kann, indem sie den Mehrwert abschöpfen. Zweitens benötigt Kapitalismus die Existenz von marktwirtschaftlichen Kräften in der einen oder anderen Form, von Kräften, die zu Wettbewerb zwischen verschiedenen Gruppen von Kapital führen. Der wichtige Punkt hinsichtlich der kapitalistischen Klasse ist nicht seine äußerliche Form oder Titel oder die Angelegenheit von persönlichem Eigentum. Der wichtige Punkt ist die Tatsache, dass die Kapitalistenklasse die Produktionsmittel und die Mittel der Anhäufung von Kapital kontrolliert. Daraus folgt, dass die Kapitalistenklasse, besonders in unterentwickelten Ländern auch durch absolutistische Monarchen vertreten werden kann, durch Regierungsbeamte, durch Funktionäre der Kommunistischen Partei oder aber durch private Kapitalisten.

Der erste thailändische kapitalistische Staat wurde durch eine absolutistische Monarchie kontrolliert, die Teil einer einheimischen Kapitalistenklasse war. Unter diesem Staat gab es drei kapitalistische Gruppierungen: Die monarchistischen Kapitalisten, die chinesischen Händlerkapitalisten und die „ausländischen" (westlichen und später japanischen) Kapitalisten[283].

---

[281] Pakpat Tipayaprapai (1997) *The Asiatic Mode of Production as an explanation of Thai Villages*. The Office of Research Supporting Grants, Bangkok. (In Thai).

[282] Tony Cliff (1974) *State capitalism in Russia*. Pluto Press, London.

[283] Akira Suehiro (1989) *Capital accumulation in Thailand 1855-1985*. Centre for East Asian Cultural Studies, Tokyo.

Von der Revolution von 1932 bis zur Militärdiktatur von 1973

Thailand war in den 1930er Jahren gut in den Weltmarkt integriert und als Ergebnis hiervon, litt das Land unter den Auswirkungen der wirtschaftlichen Depression in den 1930er. Die politische Folge hieraus war, dass eine Gruppe von bürgerlichen und militärischen Beamten des Staates, unter Pridi Panomyongs (auch Banomyong) *Volkspartei* eine erfolgreiche Revolution gegen die absolutistische Monarchie von Rama VII im Jahr 1932 unternahmen. Die erste Erklärung der Revolutionäre identifizierte die Wirtschaftskrise Auslöser, mit Massenarbeitslosigkeit, Lohnkürzungen und erhöhter Besteuerung des größten Teils der Bevölkerung. Während die königliche Familie von diesen Steuererhöhungen ausgeschlossen blieb!

Die Revolution von 1932 wurde von einem weit verbreiteten Gefühl von sozialer Unzufriedenheit unterstützt. Bauern in ländlichen Gebieten wurden zunehmend hart und kritischer in ihrer schriftlichen Kritik an die Monarchie[284]. Aktivisten der Arbeiterklasse wurden auch in die Revolution einbezogen, jedoch waren sie nicht die Hauptakteure und jubelnde Mengen bildeten sich spontan auf der *Rachadamnern Avenue* als die Erklärung der Volkspartei von verschiedenen Vertretern die sich entlang der Straße aufgebaut hatten, verlesen wurden. Nakarin Mektrairat erklärt Details dieser breiten Bewegung sozialer Kräfte die schließlich zur Revolution führten. Es ist wichtig die Rolle verschiedener sozialer Gruppen bei der Bildung der Voraussetzungen für die Revolution von 1932 zu betonen, weil einige rechtsextreme Historiker behaupteten, dass es eine „Hand voll im Ausland ausgebildeter Beamter" gewesen wäre. Und tatsächlich gibt es einen ständigen Versuch der Rechten, sowohl innerhalb als auch außerhalb von Thailand, zu behaupten, dass die normalen thailändischen Menschen keine Kultur des Respekts gegenüber Autorität hätten und deshalb wenig Interesse an Politik zeigen würden.[285].

Die Revolution von 1932 hatte das Ergebnis einer weiteren Modernisierung des kapitalistischen Staates und erweiterte die Basis der herrschenden Klasse durch Spitzen der zivilen und militärischen Bürokratie, besonders aus dem Militär. Der Grund warum der Einfluss des Militärs schließlich so groß in der thailändischen Politik wurde, dass es schließlich in 16 Jahre ununterbrochene Militärdiktatur von 1957 an mündete, lag in der Tatsache begründet, dass die Volkspartei keine echte Massenbewegung außer der Bürokratie hinter sich hatte. Hinzu kam, dass private Kapitalisten und die Arbeiterklasse noch zu schwach waren was soziale Macht angeht, um mit dem Militär zu konkurrieren.

Die Revolution von 1932 bedeutete dass die Rolle der Monarchie signifikant verändert wurde, und das zum ersten Mal seit einem Jahrhundert. In den 1870er Jahren

---

[284] Nakarin Mektrairat (1990) *Beliefs, knowledge and political power in the 1932 revolution.* Social Science Association of Thailand, Bangkok. (In Thai).

[285] Fred Riggs (1966) *Thailand. The modernisation of a Bureaucratic Polity.* East West Press. USA. David Morell & Chai-anan Samudavanija (1981) *Political conflict in Thailand: reform, reaction and revolution.* Oelgeschlager, Gunn & Hain. David Wilson (1962) *Politics in Thailand.* Cornell University Press. John Girling (1981) *Thailand. Society and politics.* Cornell University Press, USA.

zerstörte König Rama V die Sakdina-Herrschaft zum Vorteil einer zentralisierten und modernen absolutistischen Monarchie. **Sechzig Jahre später, zerstörte die Revolution von 1932 die absolutistische Monarchie**, so dass der König kaum mehr als ein Teil der thailändischen herrschenden Klasse wurde. Dies ist die Situation von heute. Es ist wichtig dies zu verstehen, weil es eine Tendenz gab, sowohl von der Rechten als auch von der Linken die Wichtigkeit von „lange währenden Traditionen" der thailändischen Monarchie zu übertreiben. Der heutige König scheint in der Falle der „Tradition" gefangen zu sein, aber der Einfluss der Institution hatte in den letzten sechzig Jahren fluktuiert und in vielen Fällen war seine „Segnung" vom Militär und den zivilen Herrschern fabriziert worden um sich selbst mit politischer Legitimität zu versehen[286].

Viele Kommentare argumentieren, dass die Schwäche der marxistischen oder kommunistischen Ideologie in Thailand hauptsächlich auf der Tatsache beruhen würde, dass es dort keine Massenmobilisierung in dem Kampf für nationale Befreiung geben würde, wie wir sie in Indonesien, Burma oder Vietnam gesehen haben.[287]. Es ist nicht wahr, dass Massenmobilisierungen mit dem Ziel der Bildung einer Nation nicht vorgekommen wären. Die Revolution von 1932 war ein gutes Beispiel für eine solche Mobilisierung. Es ist auch nicht wahr, dass die Stärke der Linken in Thailand niemals groß gewesen wäre, speziell wenn man die 1970er Jahre betrachtet. Jedoch bedeutet die Tatsache, dass die CPT eine kapitalistische Staatenbildung als ihr vorderstes Ziel angesehen hat, entsprechend den Neigungen der anderen stalinistisch-maoistischen Parteien, dass die CPT wenig erreichte, da die Nationenbildung schon von Chulalongkorn begonnen worden war, und nach der Revolution von 1932 kontinuierlich verfolgt worden war.

Der Aufstieg der privaten Kapitalisten

Der Aufstieg der privaten Kapitalisten oder des Bürgertums.

Trotz der Tatsache, dass die Militärdiktaturen durch Studenten- und Arbeiteraufstände im Jahr 1973 und 1992 gestürzt wurden, war der hauptsächlichen Nutznießer hinsichtlich des Zugewinns an politischer Macht der Sektor der privaten Kapitalisten. Thailands modernes privates Bürgertum, darin eingeschlossen Thaksin, hat klar Vorteile aus dem Kampf für Demokratie von unten gezogen und politische Macht zu Lasten der militärischen Staatskapitalisten gewonnen.

Auch wenn sie aus den Forderungen der Demokratiebewegung vom Mai 1992 stammten, war der Entwurf der Verfassung von 1997 eigentlich ein wichtiger Sieg für das moderne private Bürgertum[288]. Strukturfunktionalismus[289] war der haupt-

---

[286] Thak Chaloemtiarana (1979) *The politics of despotic paternalism*. Social Science Association of Thailand.

[287] Chai-anan Samudavanija (1989) "Thailand: a stable semi-democracy." In L. Diamond, J.J. Linz & S.M. Lipset (eds) *Democracy in developing countries*. Vol 3, Asia. Lynne Rienner & Adamantine Press.

[288] Michael Connors (1999) "Political reform and the state in Thailand". *Journal of Contemporary Asia* **29**(2), 202-225.

sächliche politische Einfluss im Entwurfskomitee, und das Hauptziel dieser Verfassung war die Regierungsstabilität zu erhöhen und die offensichtliche Form der Korruption zu bekämpfen. Es ist eine Verfassung für Thailands moderne Kapitalisten.

Die private Kapitalistenklasse existierte seit der frühesten Periode des Kapitalismus in Thailand. Ursprünglich waren es Geschäftsleute mit chinesischen Wurzeln die mit den königlichen staatlichen Kapitalisten im späten 19. Jahrhundert zusammen arbeiteten, aber nachdem die königliche Familie aus der staatlichen Macht mit der Revolution von 1932 entfernt worden war, wurden die königlichen Kapitalisten Teil der Kapitalisten des privaten Sektors. **Heute kontrolliert der König wichtige Interessen in der thailändischen Wirtschaft, darunter Immobilienunternehmen, die Siam Commercial Bank und das Siam Cement Firmenkonglomerat.**

Die Bedeutung der Geschäfte ethnischer Chinesen, besonders jener, die mit den großen Banken verbunden waren, erhöhte sich während des zweiten Weltkrieges, als westliche Interessen zeitweise von Thailand ausgeschlossen waren[290]. Zwei weitere wichtige Quellen führten zur Entwicklung der wichtigsten chinesischstämmigen Unternehmen, sie waren Joint Ventures in importsubstituierende Industrialisierung[291] die von ausländischem Kapital abhängig waren, und es waren agrarindustrielle Konglomerate wie die gigantische C.P. Corporation[292].

Ein anderer wichtiger Bereich der privaten Kapitalistenklasse entstand aus dem Militär und den hohen Beamten, die ihre staatlichen Positionen zur persönlichen Bereicherung benutzten oder Vorteile aus Perioden militärischer Dominanz zogen. Frühe Beispiele waren die Familiendynastien verschiedener Diktatoren wie Sarit, Tanom und Prapat, aber auch die Choonhavan – Familie. Jedoch wurden in den letzten Jahren auch weitere Familien prominent, einige davon mit einem Hintergrund in der Provinz.

Die boomende Wirtschaft der späten 1980er Jahre und frühen 1990er Jahre produzierten auch eine neue Art von thailändischen Kapitalisten. Thaksin ist ein gutes Beispiel Auch wenn Thaksin aus einer Händlerfamilie des Nordens stammt, begann

---

[289] "Der **Strukturfunktionalismus**, eine theoretische Richtung der Soziologie, betrachtet soziale Systeme als ihre eigene Existenz erhaltende Gebilde. Es wird untersucht, welche Bestandsvoraussetzungen gegeben sein müssen, um den Bestand **strukturell** zu sichern und welche Funktion diese Struktur hat. Zum Teil wird der Strukturfunktionalismus zu den Handlungstheorien gezählt. (Wikipedia Dezember 2009)

[290] Hewison, Kevin (1989) *Power and politics in Thailand*. Journal of Contemporary Asia Publishers, Philippines.

[291] Die **importsubstituierende Industrialisierung** (ISI) ist eine Strategie von Entwicklungsländern zur Beschleunigung der industriellen Entwicklung. Die Importsubstitution ist neben der Exportdiversifizierung eine der Entwicklungsstrategien, in der der Importanteil durch die im Inland hergestellten Güter ersetzt wird. (Quelle Wikipedia Dezember 2009)

[292] Akira Suehiro (1992) "Capitalist development in postwar Thailand: commercial bankers, industrial elite and agribusiness groups". In *Southeast Asian Capitalists*, edited by McVey, Ruth Cornell University Press, USA.

seine kapitalistische Karriere als er die Polizei verließ und damit begann Computer an seine alten Kontakte in den Polizeibehörden zu verkaufen. Sein IT-Geschäft jedoch hob erst nach der teilweisen Liberalisierung des thailändischen Telekommunikationsmarktes wirklich ab. Ursprünglich trat Thaksin Mitte der 1990er Jahre in die parlamentarische Politik ein, indem er der *Palang Tum Partei* aus finanziellen Problemen half. Er gründete dann als Vorsitzender die *Thai Rak Thai* (TRT).

Auf sich selbst gestellt, hätte das private Bürgertum niemals den Kampf gegen die Militärdiktatur gewinnen können, aber nachdem Massenbewegungen von Arbeitern und Studenten die Demokratie erzwungen hatten, wurden sie schnell die eigentlichen Gewinner der neuen Situation.

Die 1970er Volksbewegung und "Oktober-Menschen"

Um die Volksbewegung voll zu verstehen muss man beobachten was in den so genannten „Sechzigern" mit seiner Welle von Kämpfen geschehen war. International gesehen war die Sechziger Bewegung charakterisiert durch einen Anstieg des Kampfes von unterdrückten Gruppen weltweit. Zentral für diesen Kampf war die Rolle der Studenten und einer neuen Generation von Arbeiter- und Bauernorganisationen. Dies wuchs zu einer Form der Bewegung gegen Rassismus, sexuelle Unterdrückung speziell dem Imperialismus. Aktivisten dieser Periode kann man heute in wichtigen Rollen im politischen System wieder finden, und zwar überall in der Welt. Jedoch ist ihre heutige Rolle oft entgegen gesetzt zu ihrem ursprünglichen Glauben in den Sechzigern. In Thailand hat die „Sechziger-Bewegung" geholfen den Weg zu politischen Programmen der TRT und den Eigenschaften der NGOs und der Volksbewegung zu formen.

Es wäre zutreffender von der "Siebziger Bewegung" in Thailand zu sprechen, wenn wir das Jahrzehnt anschauen wollen, als der Kampf um soziale Gerechtigkeit und Demokratie seinen Höhepunkt erreicht hatte. Es ist wichtig für das Verständnis festzustellen, dass es nicht möglich ist diese „Siebziger-Bewegung" von den Kämpfen der „Sechziger" auf internationaler Ebene zu trennen. Die Verbindung zwischen den Sechzigern und Siebzigern tritt auf zwei Arten auf. Zunächst war da die Welle der Studentenrevolten und der Aktivisten unter den jungen Menschen in Westeuropa und den USA, die „Bewegung von 1968", die eine Inspiration war, die den linken Kampf in den frühen 1970er Jahren in Thailand entzündete. Liberale linke Ideen von den westlichen Bewegungen wurden durch Nachrichten, Artikel, Bücher, Musik und die Rückkehr von thailändischen Studenten aus dem Westen in die thailändische Gesellschaft gebracht. Ganz wichtig waren Kunststudenten zu Beginn. Zweitens war da der Sieg der Kommunistischen Parteien in Indochina nach dem die USA begonnen hatte den Krieg in Vietnam zu verlieren, was einen großen Einfluss auf die sich entzündenden Bewegungen für eine neue Gesellschaft in Thailand hatte. Diese asiatischen kommunistischen Siege waren dialektisch direkt mit den Bewegungen der Sechziger im Westen verbunden. Die Radikalen im Westen waren inspiriert durch die lokalen Kämpfe gegen Imperialismus und Ungerechtigkeit in Südostasien und anderen Gebieten des Globus. Die Anti- Vietnam-Bewegung, die ein wichtiger Teil der späten Periode der westlichen "Sechziger" war, half die Fähigkeit der USA zu zerstören, den Krieg fortzusetzen[293].

Wie sahen die thailändischen „Siebziger" aus? Das erste Bild, das einem in den Sinn kommt, dürfte die halbe Million Menschen sein, in erster Linie junge Schüler und Studenten, aber auch normale Arbeiter und Angestellte, die rund um das Demokratie Denkmal am 14. Oktober 1973 demonstrierten. Dies resultierte in einem Sturz der Militärdiktatur. Es war der erste populäre Massenaufstand in der modernen thailändischen Geschichte. Der 14. Oktober und die folgenden Kämpfe, Siege und Niederlagen macht die thailändischen „Siebziger" aus, die auch heute noch die Art der Politik und Geschichte gestalten.

Der Aufstand vom 14. Oktober

Die militärische Dominanz des Militärs in der thailändischen Politik begann schon kurz nach der Revolution von 1932, aber das Konsolidieren der Macht kam mit dem Militärcoup von Sarit im Jahr 1957. Die wirtschaftliche Entwicklung während der Jahre der militärischen Diktatur in den 50er und 60er fiel zusammen mit einer boomenden Weltwirtschaft und einem lokalen Boom, der durch den Korea- und Vietnam-Krieg verursacht war. Dieses Wirtschaftswachstum hatte einen tiefen Einfluss auf die Art der thailändischen Gesellschaft.

Natürlich wuchs die Größe der Arbeiterklasse mit der Zunahme der Fabriken und sich entwickelnden Unternehmen. Jedoch waren Gewerkschaftsrechte unter Militärdiktaturen unterdrückt und die Löhne und Arbeitsbedingungen waren streng kontrolliert. Zu Beginn von 1973 war der Mindesttageslohn immer noch auf 10 Baht festgesetzt und das war gültig seit den frühen 1950er Jahren. Unverändert trotz um 50% gestiegener Lebenshaltungskosten. Illegale Streiks waren bereits während der gesamten Periode der Militärdiktaturen vorgekommen, aber Streiks nahmen schnell zu, weil sich die grundsätzliche wirtschaftliche Unzufriedenheit erhöhte. In den ersten 9 Monaten des Jahres 1973, vor dem 14. Oktober fanden insgesamt 40 Streiks statt und ein einmonatiger Streik der Thai Steel Company führte zu einem Sieg auf Grund der großen Solidarität der Arbeiter.

Die wirtschaftliche Entwicklung verursachte auch eine massive Expansion der Studentenzahlen und eine Zunahme von Studenten die einen Hintergrund in der Arbeiterklasse hatten. Der Aufbau der *Ramkamhaeng Open University* im Jahr 1969 war hierzu ein signifikanter Faktor. Studentenzahlen stiegen von 15.000 im Jahr 1961 auf 50.000 im Jahr 1972. Die neue Generation von Studenten in den frühen 1970er Jahren wurde beeinflusst durch die Revolten und Revolutionen die überall in der Welt in dieser Zeit stattfanden. Der Mai 1968 in Paris war ein Beispiel. Davor im Jahr 1966 wurde die radikale Zeitung *Social Science Review* von progressiven Intellektuellen gegründet. Studenten begannen Freiwilligenprogramm in Entwicklungs-Camps auf dem Land zu besuchen um die Probleme der ländlichen Armen zu verstehen. Im Jahr 1971 waren insgesamt 3.500 Studenten in insgesamt 64 Camps. Im Jahr 1972 wurde eine Bewegung zum Boykott japanischer Waren, als Teil des Kampfes gegen die Beherrschung der lokalen Wirtschaft durch das Ausland organi-

---

[293] Jonathan Neal (2001) *The American War: Vietnam 1960-1975*. London: Bookmarks.

siert. Studenten agitierten auch gegen die Erhöhung von Busfahrpreisen in Bangkok.

Im Juni 1973 wurde der Rektor der Ramkamhaeng Universität gezwungen zurück zu getreten, nachdem er versucht hatte, einen Studenten zu entlassen, weil dieser ein Flugblatt geschrieben hatte, in dem die Militärdiktatur kritisiert wurde.[294] Vier Monate später verursachte die Verhaftung von 11 Akademikern und Studenten wegen der Verteilung von Flugblättern mit der Forderung nach einer demokratischen Verfassung eine Demonstration von Hunderten von Studenten und Arbeitern die auf die Straßen Bangkoks zogen. Als Truppen mit Panzern auf die unbewaffneten Demonstranten feuerten, begannen die Menschen von Bangkok zurück zu schlagen. Busfahrgäste sprangen spontan aus den Bussen und schlossen sich den Demonstranten an. Regierungsgebäude wurden in Brand gesetzt. Die „Gelben Tiger" eine militante Studentenorganisation schickte einen Strahl von Bezin aus einem gekaperten Feuerwehrauto in die Polizeistation an der *Parn-Fa*-Brücke und setzte sie in Brand. Sie waren vorher aus der Polizeistation heraus von der Polizei beschossen worden.

Der erfolgreiche Massenaufstand vom 14. Oktober 1973 gegen die Militärdiktatur erschütterte die herrschende Klasse bis in die Grundfesten. Während der nächsten Tage war eine seltsame Atmosphäre in Bangkok zu spüren. Uniformierte Staatsbeamte waren von der Straße verschwunden und normale Menschen organisierten selbst das Aufräumen der Stadt. Pfadfinder regelten den Verkehr. Es war das erste Mal, dass die pu-nui (kleinen Leute) wirklich eine Revolution von Unten gemacht hatten. Es war nicht geplant gewesen und diejenigen die beteiligt waren hatten eine Vielzahl von Idealen und Ideen wie eine demokratische Gesellschaft aussehen sollte, die sie sich wünschten. Aber die thailändische herrschende Klasse war nicht in der Lage gewesen genügend Demonstranten zu erschießen um ihre Herrschaft zu beschützen. Es war nicht einfach ein weiterer Studentenaufstand gewesen um eine demokratische Verfassung zu verlangen. Es hatte Tausende von einfachen Mitgliedern der arbeitenden Klasse betroffen und fand auf dem Gipfel einer Welle von Arbeitnehmerstreiks statt.

Der Erfolg beim Sturz der Militärdiktatur nährte eine sich steigernde Zuversicht. Arbeiter, Bauern und Studenten begannen für mehr als nur parlamentarische Demokratie zu kämpfen. In den zwei Monaten, die dem Aufstand folgten, stand die neue vom König ernannte zivile Regierung von Sanya Tammasak vor 300 Arbeiterstreiks. Eine zentrale Gewerkschaftsorganisation wurde gegründet. Neue radikale Studentenorganisationen entstanden. Am 1. Mai 1975 demonstrierte eine Million Arbeiter in Bangkok und ein Jahr später nahm eine halbe Million Arbeiter Teil an einem Generalstreik gegen die Preissteigerungen teil. Auf dem Land begannen kleine Bauern Organisationen aufzubauen und sie kamen nach Bangkok um ihrer Stimme Gehör zu verschaffen. Arbeiter und Bauern wollten soziale Gerechtigkeit und ein Ende der lange gehaltenen Privilegien. Eine Dreifachallianz zwischen Studenten, Arbeitern und kleinen Bauern wurde gebildet. Einige Aktivisten strebten

---

[294] Später, nach dem Coup vom 19. September 2006 kollaborierten die meisten Universitätsrektoren mit der Militärjunta.

nach einem Ende der Ausbeutung und des Kapitalismus insgesamt. Der Einfluss der CPT wuchs schnell unter den Aktivisten in den städtischen Gebieten.

Als Teil des politischen Reformprozesses präsidierte der König persönlich im Dezember 1973 über einem handverlesenen Nationalen Forum (das oft die Pferderückenversammlung auf Grund des Versammlungsortes genannt wird). Dieses Forum, an dem Teilnehmer aus verschiedenen Berufen eingeladen worden waren, wurde damit beauftragt das neue Parlament auszuwählen. Kukrit Pramote wurde als Vorsitzender des neuen Parlaments gewählt, als es am 28. Dezember eröffnet wurde, während Sanya Tammasak Premierminister blieb. Aber das Parlament und die Sanya-Regierung war nicht in der Lage, die wachsenden Spannungen in der Gesellschaft zwischen den Konservativen und den Linken oder zwischen den Reichen und den Armen abzubauen.[295].

Die ersten demokratischen Wahlen seit dem Oktoberaufstand von 1973 wurden im Januar 1975 abgehalten. Das Parlament hatte eine linke Färbung bekommen und die Regierungspolitik reflektierte die Notwendigkeit sich mit den drückenden sozialen Problemen zu beschäftigen. Linke Parteien, wie die *New Force Party*, die *Socialist Party of Thailand* und die *Socialist Front Party* gewannen 37 Sitze (von gesamt 296) aber sie traten nicht in die Regierungskoalition ein. Die erste Koalitionsregierung wurde von der *Democrat Party* mit der *Social Agriculture Party* unter Seni Pramote gebildet. Diese nach rechts tendierende Regierung erklärte, dass sie „Sozialdemokratie" als Politik verfolgen würde. Jedoch verlor die Regierung im März eine Vertrauensabstimmung und wurde durch eine neue Regierungskoalition ersetzt, die von Kukrit Pramote von der Social Action Party angeführt wurde. Die neue Regierung führte eine Reihe von armenfreundlichen Programmen ein, darunter Arbeitsplatz schaffende Maßnahmen. Die Regierung stieß jedoch auf eine Periode zunehmender sozialer Spannungen. Streiks, Demonstrationen und politische Ermordungen fanden fast regelmäßig statt. Dann wurde das Parlament im Januar 1976 aufgelöst und im April wurden Neuwahlen abgehalten. Die Aprilwahlen resultierten in einem Rechtsruck. Dies war mit folgenden Faktoren zu erklären: Es gab eine dramatische Einschüchterung der Linken und einen Rechtsruck in der Mittelklasse, die Angst vor dem Radikalismus bekommen hatte.

Die Studentenbewegung nach dem 15. Oktober

Es ist wichtig sich zu erinnern, dass der 14. Oktober 1973 der Höhepunkt eines Kampfes gegen die Diktatur war, die dann in einen breiteren Kampf für soziale Gerechtigkeit und Sozialismus unter den Studenten, Arbeitern und kleinen Bauern mündete. Es ist interessant die Aktionen der sich radikalisierenden jungen Leute in Betracht zu ziehen, die später als die Oktober-Menschen *(Kon Duan Tula)* bekannt werden sollten.

Es ist diese Generation die eine wichtige Rolle in der Führung der Volksbewegung und in Bereichen des Establishments politischer Parteien in der heutigen

---

[295] Charnwit Kasetsiri and Thamrongsak Petchlertanun (1998) From 14 to 6 October. Bangkok: Social Science and Anthropology Book Foundation. (InThai).

thailändischen Gesellschaft spielt.

Aktivitäten der Studenten in der Gesellschaft

In der Periode, die zum Sturz einer Militärdiktatur am 14. Oktober 1973 geführt hatte, wurden viele Studentenzentren und -Koalitionen in verschiedenen Regionen und unterschiedlichen Ausbildungseinrichtungen gebildet. Und es gab Ansätze die Aktionen dieser verschiedenen Gruppen unter einem Schirm zu koordinieren: *The National Student Centre of Thailand*. Dieses und andere Studentenzentren wurden dann in verschiedenen sozialen Kampagnen noch aktiver und dabei oft als Teil einer Dreifach-Allianz mit Arbeitern und Bauern. Aber die Bewegung wurde von persönlichen und politischen Fehden erschüttert. Seksan Prasertkul, einer der Studentenführer vom 14. Oktober, bildete die *Free Thammasart Group* und Tirayut Boonmi, ein anderer Studentenführer aus dieser Zeit baute die *People for Democracy Group*[296] auf. Diese so genannten „unabhängigen" Gruppen waren der Meinung, dass das National Student Centre und deren Führung zu konservativ war und sich oft weigerte Studenten wegen wichtiger Probleme zu mobilisieren, wie zum Beispiel gegen die Rückkehr des gestürzten Diktators Feldmarschall Tanom Kitikajorn im Jahr 1974. Aus diesem Grund bildeten diese verschiedenen unabhängigen Gruppen ein alternatives Zentrum dass sie die *"National Coalition Against Dictatorship"* nannten, mit Sutam Saengpratoom als Generalsekretär[297].

Ein wichtiger Bereich der Aktivität der Studenten war der Kampf gegen den US-Imperialismus und für eine so genannte „thailändische Unabhängigkeit". Die Militärführung und -Diktatoren waren enge Alliierte der USA während des Kalten Krieges gewesen, und hatten symbolische Truppenteile aus thailändischen Streitkräften zur Unterstützung der USA nach Korea und Vietnam beordert. Im Jahr 1973 existierten 12 US-Militärbasen im Land mit 550 Kriegsflugzeugen und tausenden von Truppen auf thailändischem Boden die dazu bestimmt waren, die US-Kriegsanstrengungen in Indo-China zu unterstützen. Diese Basen waren legal gesehen US-Territorium, ein Punkt der hervorgehoben wurde durch die Verhaftung und Exekution eines thailändischen Staatsbürgers, Tep Kankla, durch ein Militärgericht, weil er einen amerikanischen Soldaten im Dezember 1973 ermordet haben soll.[298] Abgesehen davon hatten die USA von der Marinebasis U-Tapao Truppen ausgeschickt, die Kambodscha am 14. Mai 1975 angegriffen hatten, ohne vorher die thailändische Regierung davon zu unterrichten.

Die Anwesenheit einer so großen Zahl von US-Streitkräften, plus was als wirtschaftliche Dominanz der US-Firmen in der lokalen Wirtschaft angesehen wurde,

---

[296] Both Seksan Prasertkul and Tirayut Boonmi joined up with the *Communist Party of Thailand* for a period in 1976. They are now lecturers at Thammasat University.

[297] Sutam Saengpratoom wurde am 6. Oktober 1976 in Bangkok verhaftet. Viel später wurde er ein Junior-Minister in der ersten Thai Rak Thai-Regierung.

[298] Sutachai Yimprasert (2001) 'How did the 6th October incident occur?' In Ji Ungpakorn and Sutachai Yimprasert (eds.) State Crime in a period of crisis and change. Bangkok: The 6th October 1976 fact-finding and witness interviewing committee. (In Thai).

schien die maoistische Analyse der CPT zu bestätigen, dass Thailand eine „halbe Kolonie" der USA wäre. Nach 1973 gab es daher eine wachsende Kampagne die US Basen aufzulösen. Diese Kampagne gegen die US-Basen, die später Rückenwind erhielt als die USA in Vietnam geschlagen wurde, und die neuen geopolitischen Konsequenzen, führten dazu, dass Premierminister Kukrit im März 1975 die USA aufforderte, sich zurück zu ziehen. Dies wurde unterstützt durch massive Anti-USA-Demonstrationen am 21. März 1976. Die USA zog schließlich kurz danach ihrer Truppen aus Thailand ab[299].

Ein anderer wichtiger Bereich in dem die Studentenbewegungen aktiv waren, war das Gebiet der Menschenrechte und Demokratie. Studenten demonstrierten für mehr demokratisierende Änderungen an der Verfassung von 1974 und sie führten einen Kampf gegen die staatliche Unterdrückung. Am 24. Januar 1974 griffen Sicherheitskräfte das Dorf *Na Sai* in der nordöstlichen Provinz von *Nong Ka*i an[300] und brannten es nieder. Drei Dorfbewohner wurden durch die Regierungskräfte getötet. Ursprünglich hatte die Regierung erklärt, dass diese Gräueltat durch die Kommunisten durchgeführt worden wäre, aber Tirayut Boonmi war in der Lage der Öffentlichkeit zu beweisen, dass es das Werk der Regierung war. Druck von Studentenbewegungen zwang schließlich die Regierung die Tat zuzugeben und Schritte zu unternehmen, um den Dorfbewohnern eine Entschädigung zu bezahlen. General Saiyut Kertpol, Kopf der Einheit zur Unterdrückung des Kommunismus, wurde auch gezwungen zuzugeben, dass die Politik der Regierung „zu hart" gewesen wäre.

> Der *Na Sai*-Vorfall wurde gefolgt von der Enthüllung einer weiteren kriminellen Tat der Regierung in der südlichen Provinz von Patalung. Es wird geschätzt, dass zwischen 1971 und 1973 Regierungskräfte systematische Dorfbewohner verhaftet und befragte hatten, was in über 3.000 Todesfällen endete. Was als Rotes Fass (Tang daeng) Vorfall bekannt wurde, war der Vorgang, bei dem Dorfbewohner getötet und dann in Ölfässern verbrannt wurden oder aus Hubschrauber geworfen wurden[301].

Zusätzlich zu der Enthüllung von staatlicher Repression, waren studentische Freiwillige auch in eine eher bevormundende vom Staat bezahlte Kampagne in den Sommerferien 1974 einbezogen um „Demokratie unter der ländlichen Bevölkerung zu verbreiten"[302]. Jedoch brachte diese Kampgange für tausende von Studenten aus

---

[299] Seit dem 11. September hat die USA versucht die militärische Präsenz in Südostasien unter dem Banner des Kampfes gegen den Terror zu verstärken. Jedoch war der wahre Grund hinter der US-Militärexpansionspolitik die Rivalität mit China. Dem Militär von Singapur wurde kürzlich als erstem ausländischen Staat seit dem Abzug der US-Truppen in den 1970er Jahren erlaubt, sich permanent auf thailändischem Boden aufzuhalten.

[300] Sutachai (2001) Schon zitiert.

[301] Yos Juntornkiri (1975) 'Kicked down the mountain and burnt in Tang Daeng', in Social Science Review 13 (1), 41-71. Also Prachachart (1975) 21 February, 12. (In Thai).

[302] Die Mittelklasse hatte die Armen immer als dumm und ohne Verständnis für die

den Städten die Gelegenheit die sozialen Probleme in den Dörfern aus erster Hand kennen zu lernen, was die zukünftige Zusammenarbeit zwischen Studenten und kleinen Bauern in der Dreifach-Allianz stärkte. Die half die Aktivitäten der Studenten zu verbreitern und sie wurden immer stärker in Bereichen der sozialen Gerechtigkeit aktiv und dadurch immer stärker linksideologisch geprägt.

An der Kulturfront setzten sich die Studenten für Kunst und Literatur ein, die mehr im Einklang mit dem Leben der einfachen Menschen stehen sollte. Oft war das durch die engstirnigen und die schematisierten Ideen des stalinistischen „sozialistischen Realismus" geprägt, was man den Schriften von Jit Pumisak[303] entnehmen kann. Eine Ausstellung mit dem Titel „brennende Literatur" verdammte konservative Bücher die „feudalen" Interessen dienen würden. Zur gleichen Zeit gab es eine Bewegung die blühende neue „Literatur für die Menschen", ein „Theater für die Menschen" und die Geburt eines „Liedes für die Menschen" hervorbrachte. Wobei man manchmal thailändische Worte zu Noten aus westlichen Protestliedern aus der gleichen Periode hinzufügte. Eine Kampagne der Kritik wurde auch gegen das elitäre und den Wettbewerb fördernde Bildungssystem geführt. Diese Kampagne resultierte in einem Regierungskomitee das im Jahr 1975 gegründet wurde um eine Bildungsreform zu entwickeln.

Eine wichtige Organisation die aus diesen kulturellen Aktivitäten entstand war die *"Coalition of Thai Artists"*, die im Oktober 1975 Straßenausstellungen von „Volkskunst" auf der *Raddamnern Avenue* präsentierte. Diese Künstler und Kunststudenten waren auch sehr wichtig darin Agitationsposter und Banner herzustellen, die in den Kampagnen gegen den Einfluss des Militärs und gegen die US-Basen verwendet wurden. In vieler Weise war die Bewegung der Künstler pluralistischer als viele andere Studentenorganisationen, neben dem Einfluss der CPT[304]. Nach dem 6. Oktober 1976-Blutbad gingen viele Künstler in den Dschungel mussten aber damit kämpfen, ihren freien Geist in der engstirnigen maoistischen Ideologie der CPT nicht ausleben zu können.

Studentenpolitik innerhalb der Universitäten und Kollegs

Eine wichtige Konsequenz des Erfolgs des Aufstandes vom 14. Oktober 1973 gegen die Diktatur war die Gründung von linken Studentenparteien an Universitäten und Kollegs. Deren Kandidaten bewarben sich für die Studenten-Union. Einige gewannen sofort, während andere nach und nach ihren Einfluss auf Kosten der rechten Abgeordneten erhöhten. Bis Mitte 1976 hatten die meisten Universitäten und Kollegs linke Studentenkörperschaften, darunter war auch die Katsetsart Universität, die ursprünglich für eine Bastion der Rechten gehalten worden war. Als der Sieg der linken Parteien vollständig war, war die Studentenkörperschaft in der Lage sich wieder mehr um das National Student Centre zu vereinen, mit Kriangka-

---

Demokratie angesehen. Dies kann man klar im Coup vom 19. September 2006 erkennen.

[303] Jit Pumisak (1957) Art for Life, Art for the People. Tewawet Publishing Company. (In Thai).

[304] Ji Ungpakorn and Numnual Yapparat (2004) Revival of the struggle. From the old Left to the new Left in Thailand. Workers' Democracy Publishers, (In Thai).

mol Laohapaitrote[305] als Sekretär. Eine Auswirkung des Sieges der Linken an den Universitäten und Kollegs war die vorübergehende Aufgabe des Dienstalter-Prinzips (SOTUS)[306], denn die Studenten vertraten immer mehr egalitäre Ideen und versuchten die Gesellschaft aktiv zu verändern. Sommercamps wurden auf dem Land organisiert um die Erfahrungen der armen Dorfbewohner zu teilen und es wurde weniger Wert auf inter-universitären Fußball gelegt.

Trotz der Tatsache, dass es verschiedene linke Studentenparteien in verschiedenen Institutionen gab, die mehr oder weniger formal autonome Strukturen hatten, teilten sie doch die gemeinsame Ideologie die stark vom Maoismus der CPT beeinflusst war. Dies kann man in ihrer Konzentration auf die Arbeit auf dem Land erkennen, auch wenn einige Gruppen auch mit städtischen Arbeitern zusammen arbeiteten[307]. Ein prominenter Arbeiter-Organisator der der CPT nahe Stand war Terdpum Jaidee. Dreißig Jahre später wurde er Unterstützer der halb faschistischen Volksallianz für Demokratie (PAD) und ein leidenschaftlicher Monarchist.

Die Studentenbewegung war im Grunde eine sozialistische Bewegung die die Analyse der CPT teilte, dass Thailand eine halb-feudalistische Kolonie der USA wäre. Der bewaffnete Kampf durch die CPT auf dem Land wurde als Schlüssel zur Bildung einer besseren Gesellschaft angesehen. Viele linke Studentengruppen stellten sich in ideologischen Auseinandersetzungen mit Leuten wie dem früheren CPT-Anführer Pin Bua orn auf die Seite der CPT-Führung. Pin war gegen die Aufnahme des bewaffneten Kampfes und wollte die stalinistisch/maoistische klassenübergreifende Allianzpolitik weiter betreiben. Eine Politik die die CPT während der Pibun und der frühen Sarit-Diktatur vertreten hatte[308]. Studentengruppen schlugen sich auch auf die Seite der CPT-Führung als Fraktionskämpfe gegen Ende der Kulturrevolution in China stattfanden.[309].

---

[305] Kriangkamol Laohapairote hat spatter eine Position als Berater in der Thai Rak Thai Regierung angenommen.

[306] Das SOTUS System kehrte mit der Rache nach dem Blutbad vom 6. Oktober 1976 wieder zurück. Heute werden neue Studenten an den Universitäten *Chulalongkorn*, *Chiangmai* und *Kasetsart* systematisch einer grausamen Erniedrigung unterzogen, damit sie die Rang- und Hackordnung lernen und loyal gegenüber den Insitutionen sind. Mit der neuen Welle von „Grünen" Studentenaktivisten könnte jedoch bald wieder eine neue Welle des Widerstandes entstehen.

[307] Seksan Prasertkul war einer von vielen Studentenaktivisten, die mit Gewerkschaften zusammen arbeiteten.

[308] Stalinistische und Maoistische Parteien in der ganzen Welt setzten sich für klassenübergreifende Allianzen mit "progressiven" Führern und Kapitalisten ein, darunter Chiang Kai-shek in China, Sukarno in Indonesien und Nasser in Ägypten. Siehe Ian Birchall (1986) *Bailing out the system*. London: Bookmarks. Auch Charlie Hore(1991) *The road to Tiananmen Square*. London: Bookmarks . In Thailand drängte die CPT auf eine Allianz mit den Militärdiktatoren Phibun und Sarit. Siehe Somsak Jeamteerasakul (1991) *The Communist Movement in Thailand*. PhD thesis, Department of Politics, Monash University, Australia.

[309] Sutachai (2001) Chiang Kaishek.

Der Einfluss der CPT innerhalb der Studentenbewegung war keine geheime Verschwörung. Sie reflektierte das Anwachsen linker Ideen unter den Menschen in der thailändischen Gesellschaft. In der Praxis kam der Einfluss auf die Studentenkörperschaften aus drei verschiedenen Quellen: Erstens war die CPT die einzige übrig gebliebene linke politische Partei die eine zusammenhängende Analyse der thailändischen Gesellschaft anzubieten hatte, und ebenso einen klaren Aktionsplan. Das bedeutete natürlich, dass diejenigen die nach Antworten suchten, sich an die CPT wenden würden, speziell nach dem Sieg verschiedener kommunistischer Parteien in den Nachbarländern. Zweitens waren einige CPT-Jugendmitglieder (Yor) und Vollmitglieder (Sor) Aktivisten innerhalb der Studentenorganisation. Sie waren entweder schon in der Oberschule rekrutiert worden oder nachdem sie in die Universität eingetreten waren. Die Rekrutierung war ein lange dauernder Prozess, der kleine geheime Studentengruppen einbezog, die als Kontakte organisiert waren, aber der lange Prozess half dabei die Aktivisten in CPT Ideologie zu schulen. Drittens waren es Artikel die die politische Strategie der CPT erklärten und die in studentischen Zeitungen wie Atipat und von der CPT Radiostation „*The Voice of the People of Thailand*", einer Station, die damals sehr beliebt war, verbreitet wurde.

Es wäre fasch anzunehmen, dass die Studentenführer, selbst jene die Parteimitglieder wurden, direkte Befehle vom Zentralkomitee der CPT erhalten hätten. Zunächst waren die Parteiführer weit weg auf dem Land und außerdem sah die Partei den Kampf in der Stadt niemals als zentrale Aufgabe in der globalen maoistischen revolutionären Strategie an. Aus diesem Grund kann man annehmen, dass in dieser Periode zwischen 1973 und 1976 Studentenaktivisten einen hohen Grad von Selbstführerschaft zeigten und der Selbst-Organisation, während sie aber die allgemeine politische Analyse der Partei akzeptierten. Dies wird von vielen Studentenaktivisten aus dieser Periode bestätigt.[310].

Wie schon erwähnt hatten zwischen 1973 und 1976 linke Studentenparteien nach und nach alle Wahlen gewonnen. An der Thammasart Universität war die Palang Tum Party (Moralische Kraft) erst kurz vor dem Aufstand vom Oktober 1973 gegründet worden und gewann einige aufeinander folgende Wahlen, wobei Pirapon Triyakasem ihr Kandidat war. An der Ramkamhaeng Open University war die Saja-Tum Partys (Wahre Moral) die zunehmend Boden gewann gegen die Partei „des mittleren Weges" und schließlich im Jahr 1975 die Wahlen der Körperschaften gewann. An der Chulalongkorn Universität war die Chula Prachachon Party (Chula-Menschen-Partei) stärkste und gewann die Wahlen von 1976 gegen die rechtsextreme Partei und Anek Laoamata[311] wurde Präsident der studentischen Körper-

---

[310] Tongchai Winichakul und andere bestätigten dieses Bild in Interviews, die Giles Ji Ungpakorn für die Untersuchungen des Ereignisses vom 6. Oktober 1976 durchgeführt hat, und die durch Interviews des Zeugenkomitees im Jahr 2000 festgestellt wurden.

[311] Anek ist bekannt für seine akademischen Schriften über den Aufstieg der Mittelklasse und der politischen Spaltung zwischen dem ländlichen und städtischen Thailand. Er ging nach dem Blutbad von 1976 in den Dschungel um in die CPT einzutreten. Viel später wurde er Listenkandidat für die Democrat Party im Jahr 2001. Vor den Wahlen von 2005 half er dabei die neue Mahachon Partei aufzubauen, die von

schaft. An der Mahidol Universität und dem Sri-Nakarin Krankenhaus gewannen auch linke Parteien und in Chiang Mai gewann Chaturon Chaisaeng[312] von der *Pracha Tum Party* (Moral der Menschen) die Wahlen der Studentenunion im Jahr 1976.

Die langsame Bewegung zu linker Politik unter den Studenten während der Periode von 1973 bis 1976, bis die Linken den größten Einfluss hatten, reflektiert die Polarisierung zwischen Links und Recht die in der allgemeinen Gesellschaft stattfand. Daraus können wir sehen, warum die herrschende Klasse sich verpflichtet sah, welche Maßnahmen auch immer notwendig waren, sie zu benutzen, um die linke Studentenbewegung zu zerschlagen, und ihre Bemühungen trugen am 6. Oktober 1976 mit dem Blutbad an der Thammasart Universität ihre Früchte.

Das Blutbad vom 6. Oktober 1976

In den frühen Morgenstunden des 6. Oktober 1976 löste uniformierte Polizei, die auf dem Nationalmuseum, das neben der Thammasat-Universität liegt, stationiert ist, eine friedliche Versammlung von Studenten, Arbeitern und Angestellten auf dem Campus der Universität unter dem Geräusch von pausenlosem Feuer aus automatischen Waffen auf[313]. Zur gleichen Zeit drang eine große Gang von ultrarechten „informalen Kräften", bekannt als *Village Scouts*[314], *Krating-Daeng* and *Nawapon (auch Navapol)*, in die Universität ein und veranstalteten eine Orgie der Brutalität gegenüber jedem der in die Nähe des Eingangs der Universität kam. Studenten und ihre Unterstützer wurden aus der Universität gezerrt und an den Bäumen rund um Sanam Luang aufgehängt. Andere wurden lebend vor dem Justizministerium verbrannt, während der Mob rund um die Flammen tanzte. Frauen und Männer, tot oder lebend, waren Opfer der erniedrigenden und gewalttätigsten Behandlung.

Schon seit kurz vor dem Morgengrauen waren Studenten von der Polizei daran gehindert worden, die an jedem Gitter stationiert war, die Universität zu verlassen. Innerhalb des hermetisch abgeriegelten Universitäts-Campus wurde die Gewalt durch die schwer bewaffnete Polizei der *Crime Suppression Division*, (Spezialabteilung gegen Schwerverbrechen) der *Border Patrol Police* (Grenzpolizei) und der *Special Forces Unit of the Metropolitan Police* (Spezialkräfte der Stadtpolizei) ausgeübt. Unbewaffnete Frauen und Männer, die vor den ersten Schüssen im Ge-

---

einem lokalen Gangster-Politikern gekauft worden war, bzw. mit dem Vermögen von Sanan Kajornprasart finanziert worden war. Aber die Partei gewann nur zwei Sitze in den Wahlen von 2005. Im Jahr 2006 unterstützte Anek den Militärcoup.

[312] Er hatte Kabinettposten in der Thai Rak Thai-Regierung erhalten und wurde nach dem Coup vom 19. September 2006 amtierender Parteiführer

[313] Dies wurde aus Zeugenaussagen entnommen, die während einer Untersuchungskommission über die Ereignisse des 6. Oktobers 1976 im Jahr 2000 ermittelt worden waren. Die Aussagen waren von Ji Ungpakorn und Sutachai Yimprasert (eds) im Jahr 2001 veröffentlicht worden. *State Crime in a period of crisis and change*. Bangkok: The 6th October 1976 fact-finding and witness interviewing committee. (In Thai).

[314] See Katherine Bowie (1997) Rituals of National Loyalty. New York: University of Columbia Press.

> bäude der Wirtschaftsfakultät zuflucht gesucht hatten, wurden mit vorgehaltener Waffe gezwungen sich ohne Hemd auf den Boden des Fußballplatzes zu legen. Uniformierte Polizei feuerte mit schweren Maschinengewehren über ihre Köpfe. Die heißen Patronenhülsen verbrannten ihre Rücken. Andere Studenten die versuchten aus dem Campus-Gebäude durch den Hinterausgang zu entkommen wurden gejagt und ohne Gnade erschossen. Die Methoden der staatlichen Sicherheitskräfte am 6. Oktober 1976 zeigen eine furchtbare Ähnlichkeit mit den Methoden die die Thaksinregierung bei der Auflösung der Demonstration bei Takbai im Jahr 2004 anwandte, wobei ein halbes Dutzend unbewaffnete Demonstranten erschossen wurden und 87 Gefangene später auf der Ladefläche von Armeelastwagen während des Transports in eine Kaserne ermordet wurden.

Die Aktionen der Polizei und des rechtsextremen Mobs am 6. Oktober waren der Höhepunkt von Versuchen der herrschenden Klasse eine weitere Entwicklung der sozialistischen Bewegung in Thailand zu verhindern. Nach den Ereignissen an der Thammasat Universität folgte ein Militärcoup, der eine der rechtsextremsten Regierungen an die Macht brachte, die Thailand jemals gesehen hatte. In den Tagen die folgten wurden Büros und Häuser von Organisationen und Personen durchsucht. Gewerkschafter wurden verhaftet und Gewerkschaftsrechte wurden für ungültig erklärt. Mitte-Links und Linke-Zeitungen wurden geschlossen und ihre Büros verwüstet. Politische Parteien, Studentenvereinigungen und Bauernorganisationen wurden verboten. Das neue Militärregime veröffentlichte eine Liste von 204 verbotenen Büchern.[315]. Universitätsbüchereien wurden durchsucht und Bücher wurden konfisziert und öffentlich verbrannt. über 100.000 Bücher wurden verbrannt als der Buchladen von Sulak Sivaraksa und sein Lager geplündert wurden. Neben offensichtlich „Kommunisten" wie Marx, Engels, Lenin, Mao oder Jit Pumisak, wurden Autoren wie Pridi Panomyong, Maxim Gorky, Julius Nyerere, Saneh Chamarik, Chai-anan Samudwanij, Charnvit Kasetsiri und Rangsan tan apornpan auf der Liste der verbotenen Bücher aufgenommen.

Der Wunsch der thailändischen herrschenden Klasse die weitere Entwicklung der sozialistischen Bewegung zu zerstören, besonders in den städtischen Gebieten, kann verstanden werden, wenn man das politische Klima der Zeit betrachtet. Drei Jahre davor, am 14. Oktober 1973 hatte eine Massenbewegung das Militär gestürzt, das seit 1947 an der Macht gewesen war. Jedoch konnte der Beginn der Einrichtung einer parlamentarischen Demokratie alleine nicht die tief sitzenden sozialen Probleme lösen. Daher intensivierten sich die Proteste, Streiks und Fabrikbesetzungen. Zur gleichen Zeit verlor die USA den Vietnamkrieg. Im Jahr 1975 gab es kommunistische Regierungen im benachbarten Laos, Vietnam und Kambodscha und in Thailands ländlichen Gebieten war die CPT im Wachstum begriffen. Die Ereignisse des 6. Oktobers und der folgende Coup war nicht einfach die Rückkehr zur Militärdiktatur. **Es war der Versuch die populäre Bewegung für soziale Gerechtigkeit zu zerstören, die Linke auszuradieren und die Position der Elite zu stärken. Es war nicht das erste und das letzte Mal, dass die thailändische Elite zu Gewalt und Militärcoups gegriffen hat um ihre Interessen zu schützen.**

---

[315] Samak Suntarawej (Sundaravej) hatte die Anordnung als Innenminister unterzeichnet.

Es wäre falsch anzunehmen, dass es einen detaillierten und gut koordinierten Plan der gesamten thailändischen herrschenden Klasse gegeben hätte, die zu den Ereignissen des 6. Oktobers geführt haben. Im Gegenteil wäre es auch falsch anzunehmen, dass es nur ein oder zwei individuelle Gruppen gewesen wären, die hinter der Zerschlagung der Linken standen. Was am 6. Oktober stattfand, war das Resultat der Übereinkunft unter der gesamten herrschenden Klasse, dass ein offenes demokratisches System „zu viel Freiheit" für die Linken erlauben würde. Es ist wahrscheinlich, dass es Zustimmung und Ablehnung innerhalb der Kreise der herrschenden Mächte gab wie man genau vorgehen sollte. Die generelle Ansicht, dass „außerparlamentarische Mittel" genutzt werden müssten, führte zu der unkoordinierten Einrichtung von rechtsextremen semifaschistischen Gruppen.

Die Rolle des Königs an den Ereignissen des 6. Oktobers wurde von vielen Autoren diskutiert. Die am meisten geäußerte Ansicht war, dass der König in einem allgemeinen Sinn, indem er seine offene Unterstützung für die Rechtsextremen gezeigt hätte[316], den Weg für einen Coup ebnete. Was wir wissen ist, dass die königliche Familie die Village Scout-Bewegung öffentlich gefördert und unterstützt hatte. Hinzu kommt, dass der König eng mit der Border Patrol Police verbunden war, die die Village Scout-Organisation aufgebaut hatte, und auch eine zentrale rolle bei den Morden an der Thammasat Universität gespielt hatte. Schließlich hatten der König und die Königin die Rückkehr des Ex-Diktators Tanom unterstützt, indem sie ihn sofort nach seiner Rückkehr nach Thailand besuchten, und das kurz vor den blutigen Ereignissen.

Das generelle Bild der herrschenden Klasse das während des Jahres 1976 entstand ist ein Bild der Einheit in die Notwendigkeit die Linken zu zerstören, aber Uneinigkeit darüber was zu tun wäre. Und auch, und das war wichtiger, Uneinigkeit darüber wer das Land regieren sollte. Das hatte wichtige Konsequenzen für die Evolution der Diktatur in der Zeit nach 1976. Unmittelbar nach dem Eindruck des Blutbades an der Thammasat-Universität gingen tausende von Studenten aufs Land um in den bewaffneten Kampf gegen den thailändischen Staat einzutreten, der von der CPT angeführt wurde. Jedoch innerhalb von nur einem Jahr wurde die rechtsextreme Regierung von Tanin Kraiwichien von der Macht entfernt. Diejenigen die die Oberhand innerhalb der herrschenden Klasse gewonnen hatten, waren überzeugt, dass nicht nur das Ereignis vom 6. Oktober, sondern auch die Art mit der die Tanin-Regierung sich benahm, eine noch größere Spaltung und Destabilisierung innerhalb der Gesellschaft förderte, und dabei half dass die CPT wuchs. Es dürfte nicht überraschend sein, dass diejenigen, die sich für eine liberalere Linie einsetzten, jene Soldaten waren, die an der Front gegen die CPT kämpften. Sie hatten verstanden, wie so viele Militärs in dieser Position, dass der Kampf gegen die Linken durch eine Art von politischer Lösung beendet werden musste ... Wie General Prem Tinsulanonda, Premierminister von 1980-1988 in einer iTV-Sendung im Jahr 1999 beobachtete: *„Die Studenten gingen zu den Kommunisten weil sie brutal unterdrückt wurden. Der Weg den Kommunismus zu unterminieren war die Einrichtung von Gerechtigkeit in der Gesellschaft."*

---

[316] Katherine Bowie (1997) Bereits zitiert.

Drei Jahre nach dem Ereignis von 1976 verkündete die Regierung eine „Amnestie" für diejenigen, die auf der Seite der Kommunisten gekämpft hatten. Dies traf zusammen mit einer Spaltung und einem Streit zwischen den Studentenaktivisten und den konservativen CPT-Führern. Bis 1988 waren die Studentenaktivisten alle zurück in die Städte gekehrt und die CPT zusammen gebrochen. Thailand kehrte zu einer fast vollständigen parlamentarischen Demokratie zurück, aber es war eine spezielle Bedingung daran gebunden. Es war eine parlamentarische Demokratie ohne die Linken oder irgend eine politische Partei die die Arbeiter oder kleinen Bauern vertrat. **Davor hatte es linke Parteien gegeben, wie die *Socialist Party*, die *Socialist Front* und *Palan Mai* (neue Kraft), die 14,4% oder 1,5 Millionen Stimmen in den Wahlen von 1975 gewonnen hatten.** Diese Parteien hatten viele Sitze im Norden und in den nordöstlichen Teilen des Landes gewonnen. Und außerhalb der legalen Politik hatte die CPT auch enormen Einfluss. **Nun war die organisierte Linke zerstört.**

Das Problem mit der maoistischen Strategie der CPT war, dass sie mehr oder weniger die Städte der herrschenden Klasse überließ. Die CPT argumentierte, dass weil die Städte die Zentren der Macht der herrschenden Klasse wären, ein kommunistischer Sieg in Thailand nur durch eine Umzingelung der Städte mit "befreiten" Zonen möglich wäre. Die Tatsache, dass die herrschende Klasse eine Zerstörung der Linken vor dem 6. Oktober plante, war kein Geheimnis. Die CPT begann sogar ihre Schlüsselaktivisten aus Bangkok abzuziehen, bevor der Angriff stattfand. Ihre maoistische Strategie bedeutete, dass sie niemals jemals geplant hatte, einem rechtsextremen Schlag in Bangkok entgegen zu treten. Also die Politik der CPT versagte nicht nur darin die Linke in Bangkok im Jahr 1976 zu schützen, sie verursachte auch eine massive Demoralisierung unter den Linken als internationale Ereignisse begannen den Stalinismus und Maoismus zu unterminieren {und bloßzustellen}. Am 20. Jahrestag des 6. Oktobers kam eine große Ansammlung von ehemaligen Studenten und ehemaligen Kommunisten in der Thammasat Universität zum ersten Mal nach dem Massaker zusammen. Keiner der Sprecher auf der Bühne auf irgendeinem Treffen glaubte, dass es irgendeine Zukunft für den Sozialismus in Thailand geben würde. **Aber das derzeitige Wiederaufleben der thailändischen Linken hängt von ihrer Anti-Stalinismus-Einstellung, ab und davon, ob sie einer trotzkistischen Tradition anhängen, die die verschiedenen „kommunistischen" Regimes die einmal existierten als im Gegensatz zu wahrem Sozialismus und Marxismus stehend ansehen.**[317]

Die Erfahrung der Studenten mit der CPT im Dschungel

Es gibt viele Erklärungen für den Exodus der städtischen Studenten von den CPT-Hochburgen im Dschungel in den frühen 1980er Jahre, die vermutlich zum Zusammenbruch der Partei beigetragen hatten. CPT-Oldtimer argumentieren, dass die

---

[317] Seit der Gründung der Rothemden haben einige ehemalige CPT-Aktivisten davon geredet, die CPT wieder zu beleben, aber noch ist keine konkrete Organisation aufgebaut worden und die Politik dieser Aktivisten unterscheidet sich kaum von der der unternehmerfreundlichen TRT. Die Politik der neu wieder gegründeten Socialist Party ist auch schwer von der Politik der TRT zu unterscheiden und seine Mitglieder sind größtenteils Pensionäre.

Studenten keine „wahren Revolutionäre" gewesen wären, dass sie „nette bürgerliche Tendenzen" verfolgt hätten und dass sie nur in den Dschungel geflohen wären, um der Verfolgung in der Stadt zu entkommen. Das thailändische Establishment argumentiert ziemlich ähnlich. Es behauptet, dass die Studenten gezwungen gewesen wären aus der Stadt zu fliehen, und dass die meisten keine wirklichen Kommunisten gewesen wären (vielleicht weil keine geistig gesunde, gebildete Person ein Kommunist sein könnte). Es argumentiert auch, dass die CPT eine „ausländische" Organisation gewesen wäre, die von „chinesischer Ideologie" dominiert worden wäre. Nach den Mainstream-Erklärungen hätten die Studenten nur mit den linken Ideen geflirtet weil sie in ihrer Jugend in die Irre geleitet worden wären. Diese Idee scheint von einigen Studentenaktivisten selbst unterstützt zu werden. Besonders von jenen, die jetzt wichtige Stellungen in der Gesellschaft inne halten und die Vergangenheit vergessen wollen. Jedoch sind diese Erklärungen des Zusammenbruchs der CPT nur oberflächlich.

Die kommunistischen Ideen der CPT hatten einen großen Einfluss auf die jungen städtischen Aktivisten in der Periode von 1973 bis 1976. Dies ist aus zwei Gründen wenig überraschend. Erstens war die konservative Ideologie von „Nation, Religion und Monarchie" die hauptsächlich von Militärideologien benutzte Ideologe seit Jahrzehnten. Sie ging Hand in Hand mit Korruption an der Spitze und Armut an der Basis der Gesellschaft. Jeder der eine bessere Welt aufbauen wollte, hätte damals wohl kaum zur herrschenden Klasse geschaut um Lösungen zu finden. Zweitens war die Periode der 1970er Jahre eine Periode in der die Kommunistischen Parteien überall in der Welt Siege gegen den Imperialismus errangen und es schien als ob von den Kommunisten in vielen Ländern alternative Gesellschaften aufgebaut würden. Deshalb, trotz der späteren Dementis, betrachtete sich die Mehrheit der Studenten und jungen Aktivisten der 1970er als Linke und sie hatten sich eine sozialistische Transformation der thailändischen Gesellschaft zum Ziel gesetzt.

Tausende verlassen nicht ihre Häuser und Familien um den bewaffneten Kampf für Gerechtigkeit aufzunehmen und gehen nicht nur aus Spaß oder auf Grund eines Modetrends aufs Land. Das Leben in den Hochburgen der CPT war hart. Sie mussten gegen die Armee kämpfen, ihre eigene Nahrung anbauen und unter primitivsten Bedingungen leben. In der Regenzeit wurde ihre Kleidung oft niemals trocken und begann zu schimmeln. Das Essen war einseitig[318] und jede Annäherung zwischen den Geschlechtern war verpönt[319]. Aus diesem Grund ist es fair zu sagen, dass die Studenten, die nach dem 6. Oktober zur CPT-Basis gestoßen waren, dem Kampf für den Sozialismus ergeben waren. Natürlich bedeutete das unterschiedliche Dinge für die verschiedenen Personen. Jene, die weniger überzeugt waren, oder die persönliche Motive hatten, blieben in den Städten. Trotz der furchtbaren Ereignisse des 6. Oktobers 1976 war es für die meisten Studenten möglich, ihre Köpfe tief zu halten und, wenn sie sich aus der Politik heraushielten, unbeschadet davon zu kommen.

---

[318] See Seksan Prasertkul's account in the film *The Moonhunter*.
[319] Siehe Wipa Daomanee, die unter ihrem Kampfnahmen "Sund" 2003 schrieb: 'Looking back to when I first wanted to be a Communist'. In Ji Giles Ungpakorn (ed.) *Radicalising Thailand. New Political Perspectives*. Bangkok: Institute of Asian Studies, Chulalongkorn University.

Viele taten genau das und nur einige wenige wurden schließlich nach dem 6. Oktober in Bangkok gefangen genommen und getötet.

Der wahre Grund für den Exodus aus den CPT-Lagern einige Jahre später war nicht das fehlende Kommitment eines Teiles der Studenten. Es war das Versagen der CPT eine glaubwürdige Strategie für eine thailändische sozialistische Revolution zu entwickeln und somit ein Versagen sich mit der neuen Generation der jungen Aktivisten, die in den 1970er hinzu gekommen waren, zu verbinden. Der Grund dafür ist in der stalinistisch-maoistischen Politik der Partei zu suchen. Zunächst passte die Betonung auf den bewaffneten Kampf auf dem Land in Thailand nicht mit der Realität zusammen. Seit 1932 hatten alle signifikanten Veränderungen in der Stadt stattgefunden. Selbst ländliche Bewegungen kommen in die Hauptstadt um dort zu demonstrieren. Hinzu kommt, dass der Kampf von Kleinbauern wichtig war und ist was die Verteidigung von sozialer Gerechtigkeit für die Armen angeht, aber es ist fundamental ein defensiver und konservativer Kampf ums Überleben, nicht eine Auseinandersetzung um die Zukunft der Gesellschaft. Zweitens bedeutete die autoritäre Natur der stalinistischen und maoistischen Parteien, dass die Führung Angst davor hatte, unter Studenten zu agitieren oder ihnen sogar die Führung in der Führung ihres eigenen Kampfes zu überlassen. Die Studenten waren sicher in der Lage sich selbst zu führen. Nach allem waren sie alle Schlüsselpersönlichkeiten, die für den Sturz der Militärdiktatur in 1973 verantwortlich waren. Aber die wichtige Erfahrung der Studentenaktivisten im Dschungel mit der CPT war eine Unterdrückung von originellen Ideen und ein vollkommenes Fehlen von Diskussionsfreiheit[320]. Dies half dabei den Aufschwung, der durch den Zulauf der städtischen Bewegung entstanden war zu zerstören, nach dem es ursprünglich nach dem Oktober 1976 eine Phase der Flitterwochen gegeben hatte. Der Maoismus der CPT wandte sich schließlich gegen die Partei, als die chinesische Regierung der Partei in Thailand den Rücken zukehrte, um eine Beziehung mit der thailändischen herrschenden Klasse aufzunehmen. Die hieraus entstehende Demoralisierung unter den Aktivisten hatte zu der Ausformung der Politik der Oktober-Menschen und der thailändischen sozialen Bewegungen von heute geführt.

Als die CPT zusammen gebrochen und die Oktober-Menschen in die offene Gesellschaft zurück gekehrt waren, wurde Thailand nach und nach während der 1980er Jahre liberalisiert. Teilweise ein später Erfolg des Drucks aus den Revolten der 1970er Jahre, aber dann beschleunigte ein neuer Massenaufstand gegen eine Militärdiktatur im Jahr 1992 den Prozess. Die dann auftretende Wirtschaftskrise von 1997 wirkte zusätzlich stimulierend für einen Wechsel. Zwei wichtige Ergebnisse dieses Wechsels waren die Verfassung von 1997 und der Aufstieg der TRT.

Der Kampf der durch die Städter die zu der Kommunistischen Partei nach 1976 hinzu gestoßen waren und die massive Polarisierung der thailändischen Gesell-

---

[320] Kasian Tejapira stellte fest, dass die CPT-Führer in der Lage gewesen waren, "die Intellektuellen die in den Dschungel gingen zu zerstören". Siehe seinen Artikel veröffentlicht 1996 in *My University*. Somsak Jeamtirasakul and co (eds). Tammasat University Student Union. (In Thai). Selbst Udom Srisuwan vom CPT Zentral-Komitee gibt zu, dass die CPT Fehler bei der Behandlung der Studenten gemacht hätte. Siehe Po Muangchompoo (2000) *To the battlefield of Pu-Parn*. Matichon Press. (In Thai).

schaft waren nicht vollkommen nutzlos gewesen. Die herrschende Klasse war gezwungen anzuerkennen, dass sie den Kampf gegen die *pu-noi* nicht mit Gewalt und Unterdrückung alleine gewinnen konnte. Zu Beginn der 1980er waren sie durch den Grad des Widerstandes gezwungen das politische System zu liberalisieren. Dies fand maßgeblich unter der Herrschaft des Premierministers Prem Tinsulanonda statt, einem Militäroffizier der eine große Zeit seiner Karriere mit der Bekämpfung der Kommunisten verbracht hatte. Die herrschende Klasse kam zu einem Kompromiss mit den Städtern, die in die Berge geflohen waren und mit der Arbeiterklasse, die in Bangkok geblieben waren um gegen ihre Bosse zu kämpfen. Das Resultat war die Form eines bürgerlichen Parlamentarismus. Demokratie die die Interessen der Elite nicht herausforderte. „Geldpolitik" im Parlament wurde wichtiger um die Interessen des Bürgertums und des Militärs zu schützen, als die Wirtschaft sich ausweitete.

Die Veränderung der Ideologie in der post-kommunistischen Ära

Der Zusammenbruch der CPT resultierte in einer Veränderung der Ideologie innerhalb der Volksbewegung und der akademischen Gemeinschaft in Richtung eines Dritten Weges Reformismus[321], Autonomismus[322] und Post-Moderne[323]. Dies ge-

---

[321] Rechte Reformer akzeptieren, dass es keine Alternative zum freien Markt der Kapitalisten gibt. Die Ideen von Anthony Giddens.

[322] Das Wort **Autonomismus** ist aus dem griechischen Wort α ὐ τ ό -ν ο μ ο ς (auto-nomos) abgeleitet und bezieht sich auf etwas oder jemanden, der nach seinen eigenen Regeln bzw. Gesetzen und Wertvorstellungen lebt bzw. leben möchte. In diesem Sinne bedeutet Autonomie nicht Unabhängigkeit. Während Unabhängigkeit sich auf eine autarkische Art des Lebens bezieht, abgesondert von der Gesellschaft bzw. Gemeinschaft, bezieht sich die Autonomie auf das Leben in der Gesellschaft bzw. Gemeinschaft, aber nach eigenen Regeln und Wertvorstellungen. Aristoteles war folglich der Ansicht, dass nur Bestien oder Götter unabhängig sein und abseits der Gemeinde leben könnten, während Kant die Aufklärung über den Gedanken der Autonomie und das berühmte "sapere aude" (Habe Mut, dich deines eigenen Verstandes zu bedienen) definierte.

Autonomismus bezieht sich auf eine Reihe linksradikaler Politik und sozialer Bewegungen und Theorien, die der sozialistischen Bewegung nahestehen. Der Autonomismus hat sehr großen Einfluss auf die deutsche, holländische, italienische, französische & amerikanische Autonomen Szene, als auch auf die Entstehung weltweiter sozialer Zentren. (Quelle: Wikipedia Dezember 2009)

[323] Der Begriff **Postmoderne** (von lat. *post* = hinter, nach) dient zur Bezeichnung des Zustands der abendländischen Gesellschaft, Kultur und Kunst „nach" der Moderne. Vertreter der Postmoderne kritisieren das Innovationsstreben der Moderne als lediglich habituell und automatisiert. Sie bescheinigen der Moderne ein illegitimes Vorherrschen eines totalitären Prinzips, das auf gesellschaftlicher Ebene Züge von Despotismus in sich trage. Maßgebliche Ansätze der Moderne seien eindimensional und gescheitert. Dem wird die Möglichkeit einer Vielfalt gleichberechtigt nebeneinander bestehender Perspektiven gegenübergestellt. Mit der Forderung nach einer prinzipiellen Offenheit von Kunst wird auch kritisch auf die Ästhetik der Moderne Bezug genommen. Die Diskussion über die zeitliche und inhaltliche Bestimmung dessen, was genau postmodern sei, wird etwa seit Anfang der 1980er Jahre geführt. Postmodernes Denken will nicht als bloße Zeitdiagnose verstanden werden, sondern als kritische

schah nach dem Zusammenbruch der Berliner Mauer und dem Ende des Kalten Krieges überall in der Welt, in einem größeren oder kleineren Umfang. Jedoch würden nur wenige der Menschen der thailändischen Volksbewegung zugeben, dass sie Autonome oder Post-Moderne wären. Dies auf Grund der Tatsache, dass diese zwei politischen Strömungen die Menschen ermutigen jede politische Bindung abzulehnen. Thailändische Aktivisten artikulieren oft verschiedene internationale Ideologien während sie gleichzeitig glauben, dass sie selbst eine rein im Inland entstandene Bewegung wären.

Autonomismus

Autonomismus, wie er in Thailand praktiziert wird, ist die Form eines "lokalisierten" Anarchismus (*Chumchon-Niyom*)[324]. Er dominiert unter den Anführern der Versammlung der Armen (*Assembly of the Poor*) und unter anderen ländlichen sozialen Bewegungen. Es ist eine politische Ideologie die den Staat zurückweist, nicht indem er ihn zerstört oder stürzt, sondern indem er den Staat ignoriert in der Hoffnung dass er irrelevant werden wird. Das Ziel ist die Selbstorganisation auf kommunaler Ebene. Autonome lehnen die Bildung von politischen Parteien ab und stellen Aktionen über politische Theorie. Ihre Ideen haben viele Ähnlichkeiten mit denen die von den Autonomen auf anderen Kontinenten ausgedrückt werden, wie John Holloway, Toni Negri und Michael Hardt [325].

Der britische Marxist Chris Harmann erklärte, dass die Stärke des Autonomismus darin liege, dass er Initiative und Kreativität von Unten zelebriert und Kompromisse mit dem System ablehnt[326]. Dies konnte man klar in der Tatsache erkennen, dass die *Assembly of the Poor* sich weigerte die *Peoples Alliance for Democracy* (PAD – Volksallianz für Demokratie) zu unterstützen. Der Hauptgrund war, weil sie besorgt war, dass sie von konservativen Kräften innerhalb der PAD dominiert werden könnte, obwohl sie gewillt waren, gegen Thaksin zu demonstrieren. Sie wandte sich

---

Denkbewegung, die sich gegen Grundannahmen der Moderne wendet und Alternativen aufzeigt.

Prägend für den Begriff war Jean-François Lyotards Bericht *Das postmoderne Wissen*, in welchem er die philosophischen Systeme der Moderne für gescheitert erklärt. Bekannt wurde seine Rede vom *Ende der großen Erzählungen*, worin sich auch die Kernthese seiner Diagnose ausdrückt: Lyotard spricht nicht von philosophischen Systemen, sondern von „Erzählungen". Die einzelnen modernen „Erzählungen" legten, so Lyotard, der Welterklärung jeweils ein zentrales Prinzip zu Grunde (z.B. Gott oder das Subjekt), um auf dieser Grundlage zu allgemeinen Aussagen zu kommen. Damit scheiden sie jedoch das Heterogene aus oder zwingen das Einzelne unter eine allgemeine Betrachtungsweise, welche gewaltsam dessen Besonderheiten einebnet. (Quelle: Wikipedia Dezember 2009)

[324] Ein gutes Beispiel in der thailändischen Literatur ist Chattip Nartsupa *et al.* (1998) *The Theory of Peasant Community Economics*. Witeetat 7.

[325] John Holloway (2002) Change the world without taking power. Pluto Press. Michael Hardt & Toni Negri (2000) Empire. Harvard University Press.

[326] Chris Harman (2004) Spontaneity, strategy and politics. *International Socialism Journal* # 104, U.K. p 8.

auch gegen den Aufruf der PAD im April 2006, als diese den König aufforderte eine neue Regierung unter Sektion 7 der Verfassung von 1997 einzusetzen. Nach dem Coup vom 19. September nahm die *Assembly of the Poor* auch eine grundsätzlich oppositionelle Stellung gegen die Junta ein.

Auf der negativen Seite, drücken Autonome selten ihre Ansichten theoretisch aus und das ist eine Schwäche wenn sie gegen Neo-Liberalismus und andere Ideologien der herrschenden Klasse auftreten. Die *Assembly of the Poor* ist ein gutes Beispiel. Sie warnt gegen die Nutzung von Theorien weil viele ihrer Aktivisten die Erfahrungen mit der CPT haben, die die „ideologische Linie" von oben herab diktierte[327]. Wenn Autonome eine Theorie nutzen, wie im Fall von Michael Hardt, Toni Negri und John Holloway, so ist diese oft hoch abstrakt oder sie behaupten, ausschließlich lokal anwendbar zu sein. Die Tendenz praktische Theorie zurück zu weisen bedeutet, dass viele Autonome vor dem rechten Reformismus kapitulieren, und Kompromisse mit den Neo-Liberalismus und dem freien Markt eingehen.

Die Kapitulation der Autonomen gegenüber dem Neo-Liberalismus und dem rechten Reformismus ist aus ihrem entpolitisierenden Effekt entstanden. Ein wichtiger Faktor ist die Unterschätzung der Staatsmacht. Die Weigerung eine Partei mit Aktivisten aufzubauen, die eine vereinigende Theorie und ein Programm entwickeln, bedeutet, dass sie politischer Agitation und Debatte innerhalb der Bewegung den Rücken zukehren. Auch scheint es nicht notwendig die vorherrschende Ideologie der herrschenden Klasse heraus zu fordern, denn jede Gruppe agiert alleine, autonom in ihrer eigenen Gemeinschaft. Die Tatsache, dass es keine ernste politische Herausforderung der TRT durch die Volksbewegung gab, hatte den Panzerliberalen als zusätzliches Argument gedient, als sie behaupteten, dass es keine Alternative zum Coup vom 19. September gegeben hätte.

Autonome Strömungen in der Bewegung von heute unterstützen die „Direkte Demokratie", wie sie in selbst organisierten lokalen Gemeinschaftsaktionen zu sehen sind[328]. Diese wird der „Repräsentativen Demokratie" mit dem parlamentarischen Prozess vorgezogen. Autonome behaupten, dass „direkte Demokratie" oder „Direkte Aktion" den Staat unter Druck setzen kann, ohne dass man auf die Unterstützung von parlamentarischen Vertretungen oder politische Parteien warten müsste[329]. Sie lehnen die Bildung von politischen Parteien ab und auch das Ziel staatliche Macht zu übernehmen, sondern sie ziehen es vor Netzwerke zu organisieren, in denen sich autonome Einzelbewegungen zusammen tun, um dem Staat den Rücken zu keh-

---

[327] Wanida Tantiwitayapitak, ein Gründungsmitglied der „Versammlung der Armen" war in der CPT und hatte die autoritäre Führung mit erlebt. (Persönliche Mitteilung an G.J. Ungpakorn).

[328] Siehe Pitaya Wongkul (2002) Direct Democracy. Wititat Publications (In Thai). Also D. Morland & J. Carter (2004) Anarchism and Democracy. In: M.J. Todd & G. Taylor Democracy and participation. Merlin Press, U.K.

[329] Siehe John Holloway in "Can we change the world without taking power?, a debate with Alex Callinicos at the 2005 World social Forum. *International Socialism Journal,* 106, Spring 2005, p. 114.

ren[330].

Das Problem bei der Zurückweisung eines demokratischeren Modells der Nutzung von „repräsentativer Volksmacht" ist, dass Autonome gezwungen sind, die Macht der Klasse des kapitalistischen Staates in der Praxis zu akzeptieren[331]. Sie lehnen das Modell der Beteiligungsdemokratie ab, das in ein abberufbares repräsentatives System, das von der internationalen Bewegung der Arbeiterklasse in Zeiten des Kampfes entwickelt worden war, eingebettet ist. Die Pariser Kommune von 1871, der russische Sowjet vor dem Aufstieg von Stalin oder die verschiedenen Arbeiter- und Gemeinschaftsräte die während des Kampfes in Polen, dem Iran und Latein-Amerika in den letzten 40 Jahren aufgebaut worden waren, sind Beispiele.

In den frühen Tagen der TRT, hatten Wanida und die *Assembly of the Poor* einige Illusionen über Thaksins Partei, und sie begrüßten seinen Wahlsieg. Niti Eawsriwong[332] ist einer der vielen Akademiker der die "Repräsentative Demokratie" zurückweist, ebenso wie das derzeitige parlamentarische System. Stattdessen setzt er sich für „Direkte Demokratie" ein. Jedoch argumentierte er im Januar 2005 dafür für eine kapitalistische Partei zu stimmen, die in Opposition gegen die TRT stand.[333]. Die Lektion ist, dass direkte Demokratie in der Praxis nicht angewandt werden kann, ohne sich zuerst mit der Macht der herrschenden Klasse in einem kapitalistischen Staat anzubiedern. Um „direkte Demokratie" anzuwenden brauchen wir politische Parteien der Arbeiter und Bauern. Das war eine ständige Kritik der Marxisten an den Anarchisten.

Durch das Zurückweisen von formalen politischen Parteien zugunsten von losen Netzwerken, versagen sie auch darin interne demokratische Strukturen in ihren eigenen Organisationen einzubauen. Die *Assembly of the Poor* wird deshalb auch von nicht gewählten NGO-Aktivisten statt von armen Bauern selbst angeführt[334]. Die Zurückweisung von „Repräsentativer Demokratie" wird auf die interne Arbeit der Bewegung mit ernsten Konsequenzen angewandt. Soziale Bewegungen in Thailand werden durch nicht gewählte *Pi-liang* (NGO "Kindermädchen" oder Berater)

---

[330] Seksan (2005) *The politics of the peoples movement in Thai Democracy*, Amarin Press, benutzt nicht den Begriff "Autonomer" um diese Art von Politik in der thailändischen Bewegung zu beschreiben. Statt dessen nennt er es „Teil der radikal-demokratischen Bewegung", S. 173. Während er mit großen Teilen der autonomen Kommunalpolitik zu übereinstimmen scheint, ist Seksan selbst kein Autonomer, da er eine Form des Nationalismus unterstützt und darauf hinweist, dass es wichtig ist, den Staat zu nutzen, um gegen den freien Markt zu kämpfen. S. 83 & 211.

[331] Die Versammlung der Armen gibt an, dass sie keinen Wunsch habe staatliche Macht zu übernehmen, und zufrieden damit wäre, direkt mit der Regierung verhandeln zu können, um die Probleme von Dorfbewohnern zu lösen.

[332] Niti war einer der Gründer der Midnight University.

[333] *Matichon* daily. 31 January 2005. "Getting the dogs to bite eachother".

[334] Siehe Bruce Missingham (2003) The Assembly of the Poor in Thailand. Silkworm Books. p.187. and Ji Giles Ungpakorn (2003) Challenges to the Thai NGO Movement from the dawn of a new opposition to global capital. In: Ji Giles Ungpakorn (ed) *Radicalising Thailand*. Already quoted.

und *Pu-yai* (NGO "Ältere") beherrscht. Dies ist das reale Problem das mit dem Fehlen einer selbständigen Führung unter den Aktivisten und dem Fehlen von interner Demokratie einhergeht. Von jungen Leuten wird erwartet, dass sie den Älteren in der Bewegung zuhören und sich niemals zu einer Wahl aufstellen lassen. Zusätzlich gibt es ein Problem mit der Finanzierung durch NGOs, die den Aufbau von auf sich selbst vertrauenden Bewegungen, die Mitgliedsbeiträge einsammeln, entmutigen[335]. Einzelne Personen, die innerhalb der Bewegung den Schlüssel zur Schatztruhe verwalten drohen außerdem immer mit dem Zudrehen des Geldhahnes. Viele Teilnehmer am *Thai Social Forum* in 2006 erhielten eine Bezahlung, damit sie teilnahmen[336].

Postmoderne

Die Postmoderne ist immer noch an thailändischen Universitäten populär, trotz des Rückgangs in anderen Teilen der Welt. Postmodernismus lehnt alle „Grand Narratives" oder Ideologien zurück und wirkt daher ent-politisierend. Für Anhänger der Postmodernen kommt die individuelle Befreiung aus dem Geist, auf einer abstrakten Ebene. Die Postmoderne ist die akademische Schwester des Autonomismus, eine intellektuelle theoretische Version davon.

Wie Autonomismus ist der Aufstieg der Postmoderne ein Produkt der Desillusionierung durch Stalinismus plus einer ernsten Demoralisierung über die Möglichkeiten des Kampfes, aber die Theorie ist auf Grund der höchst abstrakten Natur nur unter Akademikern verbreitet[337].

Die Postmoderne behauptet, dass sie die Menschlichkeit „befreit" hätten, indem sie die „großen Erzählungen" oder großen politischen Theorien hinterfragt und zurückgewiesen hätten. Sie verweigern sich daher auch einer Klassenanalyse der Gesellschaft und weisen Marxismus zurück, während sie auch behaupten gegen Neo-Liberalismus und Kapitalismus zu sein. In der täglichen Praxis aber enden sie oft damit, die dominante Ideologie des Marktes zu akzeptieren oder neutral und passiv im Angesicht eines neo-liberalen Angriffes auf die Gesellschaft zu bleiben.

Wie Autonome auch, haben Postmoderne auch ihre guten Seiten. Die Zurückweisung von Autoritarismus und „Große Erzählungen" durch die *Midnight University* bedeutete, dass sie dem Aufruf an den König, eine Regierung unter Sektion 7 einzusetzen und dem Coup vom 19. September entgegen traten, ebenso wie *die Assembly of the Poor*. Die Webseite der *Midnight University* war vorübergehend deswegen durch die Junta geschlossen worden. Sowohl die *Assembly of the Poor* als auch die *Midnight University* haben sich konsistent der Unterdrückung des Südens durch den thailändischen Staat entgegen gestellt. Der Grund ist, dass sie einen engstirnigen Nationalismus zurückweisen.

---

[335] Siehe Ji Giles Ungpakorn(2003) *Radicalising Thailand.* indistinguishable, p. 311.

[336] Es gibt hier ein Dilemma weil ländliche Aktivisten oft extreme arm sind, aber selbst die Versammlung der Armen hat es oft geschafft die Dorfbewohner mit eigenen Mitteln zu mobilisieren.

[337] Siehe Alex Callinicos (1992) Against Post-Modernism. Polity Press.

Autonome und Postmoderne weisen eine Klassenanalyse der Gesellschaft zurück. Aus diesem Grund gab es eine Menge von Missverständnissen und Unterschätzung des Populismus der Thai Rak Thai in der Volksbewegung. Eine Klassenanalyse des Populismus erklärt, dass dieser entsteht, sowohl durch Druck von Unten, als auch auf Grund der Notwendigkeiten der kapitalistischen Klasse und zwar gleichzeitig. Viele in der Volksbewegung sahen den Populismus der TRT wie die 30-Baht-Krankenversicherung und die verschiedenen Dorf-Kleinkredit-Projekte als einen grausamen Schwindel an[338]. Viele behaupteten, dass eine solche Politik zu einer „Patron-Klienten"-Beziehung führen würde, die in Abhängigkeit der Dorfbewohner vom Staat enden würde. Dies ist die kritiklose Übernahme der neo-liberalen Kritik gegen den so genannten „Kindermädchenstaat" und Sozialprogramme, eine Kritik wie sie von Margaret Thatcher und anderen vertreten wurde.

Kurz gesagt ist die Kritik der Volksbewegung an der TRT bestimmt durch die rechte freimarktpolitische Position die von Neoliberalen wie Ammar Siamwalla und Tirayut Boonmi vertreten wurden, statt aus einer linken armenfreundlichen Sicht[339]. Diese Art von Analyse verfehlt zu begreifen, dass der TRT-Populismus reale Vorteile für die Armen geschaffen hat. Billige Krankenversicherung für alle ist ein realer, konkreter Vorteil für Millionen die vorher unversichert waren, und die große finanzielle Sorgen hatten, wenn sie krank oder alt wurden. Populismus der durch eine unverhohlen kapitalistische Partei wie die TRT geleistet wird, kann nicht anders funktionieren.

Auf dem Forum der Volksbewegung in Bangkok stellte der postmoderne Akademiker Somchai Preechasilapakul von der Midnight University fest, dass der gewerkschaftliche Kampf gegen die Privatisierung der Elektrizitätsversorgung nichts zu tun hätte mit den Interessen der Dorfbewohner. Aber Dorfbewohner benutzen Elektrizität und sie leiden unter Neo-Liberalismus auch in anderer Form.

Ein anderes Beispiel für das Akzeptieren des Freien Marktes kann aus den Veröffentlichungen des NGO-Koordinations-Komitees entnommen werden, in dem akzeptiert wird, dass der freie Handel von Vorteil sein kann. Veröffentlichungen, die auf „Peoples Forums" (Foren der Volksbewegung) zirkulierten, setzten sich für eine Trennung von Elektrizitätsgewinnung und Verteilung im Interesse von Wettbewerb ein. Noch schlimmer war die Illusion dass eine „unabhängige" kommerzielle Fernsehstation eine echte Unabhängigkeit von mächtigen Interessen entwickeln könnte. Dies war der beherrschende Glauben in der Volksbewegung Mitte der 1990er Jahre als iTV gegründet wurde. Diese Illusionen wurden zerstört, als große kapitalistische Organisationen den Sender übernahmen.

Thailändische Autonome und Postmoderne können ihre eigenen Theorien nicht in die Praxis umsetzen, wenn sie mit einem kapitalistischen Staat und dem kapitalisti-

---

[338] Erklärung durch Wanida Tantiwittayapitak, Berater der Assembly of the Poor, Peoples Assembly Treffen 23 January 2005.

[339] Siehe Tirayut Boonmi "analysis of Thai society" 5 January 2003. Auch Tirayut Boonmi and Ammar Siamwalla, Nation 4 page specials 9 May and 28 July 2003. Ammar Siamwalla war auch als Gastredner für die 2nd Peoples Assembly eingeladen worden, die an der *Thammasart* University im October 2003 stattfand.

schen freien Markt konfrontiert werden. Wenn Autonome und Postmoderne ihre Machtlosigkeit in der Vertretung der Interessen der Armen nach Angriffen des freien Marktes und des Staates bewiesen haben, fallen sie zurück in Pessimismus und verlieren jeden Glauben in irgendeinen Kampf für irgendeine Reform. Das Herauspressen von moderatesten Konzessionen aus der kapitalistischen Klasse wird ein „unmöglicher Traum". Dies ist die gleiche Rechtfertigung für die rechte Sozialdemokratie, die einen „Dritten Weg" eingeschlagen hat, oder vor dem Neo-Liberalismus kapituliert hat.

Der Einzelaktivismus ist einer der Hauptschwächen der thailändischen Volksbewegung. In fast jedem größerem Forum oder jeder Gruppe sind die Sozialbewegungen oder NGOs in unterschiedliche „Problem-Netzwerke" zersplittert. NGOs ermutigen auch zu Einzelaktivismus da es ihrer Art der Finanzierung entgegen kommt. Autonomismus geht Hand in Hand mit der Politik des Einzelaktionismus der NGO-Bewegungen. Sie mobilisieren ihre eigenen Gruppen um an Treffen teilzunehmen und Aktionen ohne große Publizität durchzuführen. Dies kann auch erkannt werden in der Art und Weise wie die *Assembly of the Poor* niemals versucht für Solidarität unter den anderen Gruppen zu agitieren und die Art in der die *Peoples Assembly* Treffen ohne jede Publizität organisiert.

Das Ergebnis ist, dass keine neuen Gruppen in die Aktivitäten einbezogen werden und wenig politische Schulung innerhalb der Bewegung stattfindet. Darüber hinaus beruht die Massenbewegung vieler autonomer Gruppen und NGOs in Thailand nur darauf, Einzelprobleme innerhalb einer kurzen Zeit zu lösen. Als die TRT-Regierung begann diese Probleme in einer effizienteren Weise zu lösen, weil sie die Ressourcen des Staates dazu nutzten, verloren die sozialen Bewegungen und die NGOs ihre politische Massenbasis[340]. Heute ist die *Assembly of the Poor* nur noch ein Schatten der Organisation die sie Mitte der 1990er war.

Die Zersplitterung der sozialen Analyse, die zusammen mit dem Einzelaktivismus auftrat, ist auch eine Spiegelung des Weges in der Wissen und Bewusstsein unter dem Kapitalismus zersplittert wird, um die Beziehungen der Mächte der Klassen zu verstecken[341]. Die Anwälte der so genannten „Neuen sozialen Bewegungen" argumentierten, dass die klassenlose Einzelaktionskampagne die Art der modernen Auseinandersetzung in der Ära nach dem Kalten Krieg wäre[342]. Aber internationale antikapitalistische Bewegungen und die Sozialforen realisieren, dass zum Gewinn von kleinen Einzelaktionskämpfen eine zentrale stärkende Bewegung notwendig ist. Nur wenn man das volle Bild der Gesellschaft erkennt, kann man eine neue und bessere Welt aufbauen.

Einzelaktionen können von Vorteil sein, indem sie kurzzeitig eine große Zahl von Menschen verschiedener politischer Überzeugungen hinter eine spezielle Kampag-

---

[340] Eine Ansicht, die auch von Seksan (2005) geteilt wird. Bereits zitiert, S. 185.

[341] George Lukács (1971) History and Class Consciousness. Merlin, London. S. 5.

[342] Siehe J.L. Cohen & A. Arato (1997) Civil Society and political theory. M.I.T. Press, USA and A. Touraine (2001) Translated by D. Macey. Beyond Neoliberalism. Polity Press, Cambridge, U.K.

ne motivieren, wie zum Beispiel der Kampf gegen Krieg und Diktatur. Jedoch werden früher oder später politische Analysen und politische Debatten auftreten wenn die Strategien und Taktiken besprochen werden, mit der die Bewegung voran gebracht werden soll. Unglücklicherweise ist der Einzelaktionsaktivismus in der thailändischen Volksbewegung oft eine zwar große, aber nicht lange Kampagne, für die jene gegen die Freihandelsabkommen ein Beispiel ist. Bei den meisten der Einzelaktions-Kampagnen geht es aber um einen langwierigen Kampf von sozialen Bewegungen, die sich mit Themen wie HIV, Dämmen, Landverteilung, Kraftwerken oder den Rechten der Einheimischen beschäftigen. Jedes „Problem-Netzwerk" (*Krua-kai Bunha*) agiert unabhängig und hat keine allgemeine Analyse die alle Teilnehmer an der Volksbewegung zusammen führen können. Die Solidarität über Einzelprobleme hinweg findet statt, aber ist schwach vertreten, weil sie auf „gutem Willen" aufgebaut ist, und daraus, dass man alle Fragen in Meetings zusammen bespricht ohne sie aber miteinander zu verbinden. Guter Wille ist unterschiedlich vom gemeinsamen Kampf der auf einem Verständnis beruht, dass es eine gemeinsame politische Wurzel der meisten Probleme gibt. Ein gutes Beispiel ist die Tatsache, dass HIV-Aktivisten nicht verstehen, wie der Kapitalismus funktioniert der HIV/AIDS zu einem Problem machen, in dem zu schlechte Finanzierung einerseits, Patente für Arzneimittel andererseits existieren. Und dass der Kapitalismus genau so Drogenabhängige oder die Probleme der Sexualität junger Leute durch Familienmoral betrifft.[343].

Das *Thai Social Forum* (TSF) versuchte im Oktober einen Weg um die Probleme des Einzelaktionismus zu beheben, indem es begann eine „problemübergreifende Plenarsitzung" zu organisieren. Das Organisationskomitee des TSF äußerte eine verbale Verpflichtung die Diskussion über die Einzelfragen hinweg zu fördern. Das *Peoples Democracy Forum* das später aus dem thailändischen Sozialforum heraus gegründet wurde, war auch verbal für eine solche Diskussion. Aber die meisten Treffen des TSF wurden immer noch von „Problem-Netzwerken" organisiert, in denen Aktivisten kamen, um ihre eigenen Probleme zu diskutieren, ohne den Versuch zu machen eine breitere politische Analyse anzugehen, die alle Probleme gemeinsam haben könnten. Die öffentlichen Hearings des *Peoples Democracy Forum* wurden ebenfalls in einer Weise organisiert, dass sie vorwiegend zur Diskussion von Einzelproblemen führten.

Der Dritte-Weg-Reformismus

Der Reformismus des Dritten Weges ist die dominante Ideologie der thailändischen NGO-Bewegung. Es ist die Akzeptanz von Neo-Liberalismus und des freien Marktes und die Zurückweisung der staatlichen Fähigkeit die Gesellschaft zugunsten der Armen zu verändern[344]. Die Begründung dahinter ist der Glauben an den Zusam-

---

[343] Das Flugblatt "Why capitalism makes AIDS a serious disease" (Warum Kapitalismus AIDS zu einer ernsten Krankheit macht), das von Giles Ji Ungpakorn für die Peoples' Coalition Party geschrieben worden war, stieß auf einiges Interesse weil es aufzeigte, wie der Kapitalismus mit den Problemen mit HIV verbunden war. Dies war von den aktionsorientierten Aktivisten bisher nicht erkannt gewesen..

[344] Anthony Giddens (1998) *The Third Way. The Renewal of Social Democracy*.

menbruch des „Kommunismus" und die schnelle Entwicklung der Globalisierung. Eine damit verbundene Begründung ist die pessimistische Ansicht, dass ein offener Klassenkampf zum Scheitern verurteilt wäre. Es ist eine Zurückweisung der Möglichkeit seriöse Reformen durch diejenigen zu bestreiten, die die Gesellschaft reformieren wollen. Stattdessen verwandeln sich NGO-Aktivisten in „Lobbyisten" die mit jeder Regierung Lobbyarbeit betreiben, ob sie demokratisch ist oder nicht und sie kooperieren sogar mit multinationalen Gesellschaften.

Während der Zeit der TRT-Regierung gab es viele Beispiele für offenen Klassenkampf. Eine der größten Herausforderungen für die Regierung der TRT entstand 2004 als die Gewerkschaft der staatlichen Elektrizitätsindustrie einen langen Protest durchführen, die auch inoffizielle Arbeitsunterbrechungen von nicht lebensnotwendigen Arbeiten in der EGAT-Zentrale im Norden von Bangkok betrafen. Diese Proteste wurden von anderen Gewerkschaften aus dem privaten Sektor unterstützt und ebenfalls von vielen Aktivisten aus der Volksbewegung. Es war ein einzigartiges Zusammenbringen von ländlichen Bewegungen und Gewerkschaften von staatlichen Unternehmungen. Der jährliche Mai-Marsch im Jahr 2004 war wesentlich militanter als in den vorherigen Jahren, und die Mehrheit der Arbeiter trennte sich von der üblichen von der Regierung bezahlten Veranstaltung und bildete einen klaren politischen Protest. Neben dem Problem der Privatisierung waren andere, wie der Widerstand gegen den Krieg im Irak und die Forderung nach dem Recht der Frau über eine Abtreibung selbst entscheiden zu dürfen, besonders bei den Textilarbeitern, voran gebracht worden.

Neben dem Druck der Arbeiter der staatlichen Elektrizitätsbetriebe, sorgte der Druck der Assembly of the Poor durch ihren verstärkten Protest dafür, dass die TRT-Regierung den Pak Moon Damm für eine gewisse Zeit[345] öffnete. Ein massiver Protest gegen die Freihandelsvereinbarungen zu Beginn des Jahres 2006 betrafen tausende von gut organisierten und hoch motivierten HIV-Aktivisten, die die Regierung dazu zwangen, die Verhandlungen zwischen Thailand und den USA zu vertagen. Schließlich sollte nicht vergessen werden, dass viele Aspekte der populistischen Programme der TRT den Druck widerspiegeln, der von der Volksbewegung ausgegangen war.

Maoismus: sein entpolitisierender Effekt und sein Untergang

Maoismus ist eine entpolitisierende Kraft. Er entmutigt sich selbst zu organisieren, selber politische Analysen anzustellen und sich selbst weiter zu bilden. Mitglieder der CPT wurden ermutigt nur einige wenige Texte zu lesen, die von Mao geschrieben worden waren. Marxistische Arbeiten wurden ignoriert. Die städtische Arbeiterklasse wurde als Kraft zur Veränderung der Gesellschaft unbeachtet gelassen. Nachdem die Studenten in den Dschungel geflüchtet waren, wurde die städtische Politik mit seiner intellektuellen Debatte, dem offenen Streit und Experimenten ausgetauscht gegen betäubende Politik die meist für die politisch zurück gebliebene Landbevölkerung entwickelt worden war. Politische Gedanken und Analysen waren einer Hand voll Spitzenleute vorbehalten. Theorie wurde herunter gespielt. Als die

---

Polity Press, Cambridge.
[345] Teufel: Während Trockenperioden

CPT zusammenbrach und später, als der autoritäre Staat sich liberalisierte, tat sich die Linke schwer damit sich zu erholen. Die blühende thailändische Wirtschaft in den 1990er trug auch ihren Teil dazu bei, dass die Linke schwach blieb. Bis zur Wirtschaftskrise von 1997 schienen die wirtschaftliche Verhältnisse immer besser zu werden. Der generelle Effekt war, dass, je mehr die Volksbewegung Theorie zurückwies, desto mehr war sie auf die Ideologie der herrschenden Klasse angewiesen. Die Akzeptanz des Marktes und des Nationalismus sind Beispiele.

Die Wirtschaftskrise von 1997

Die Periode die zu der Wirtschaftskrise von 1997 führte war eine, in der die thailändische Wirtschaft in märchenhafter Weise anstieg. Das durchschnittliche Wachstum des BPI erreichte 8% und gelegentlich wurden die jährlichen Zahlen verdoppelt. Die Hauptnutznießer waren naturgemäß die Reichen. Zwischen 1975 und 1988 erhöhten die reichsten 20% der Bevölkerung ihren Anteil am nationalen Wohlstand von 43% auf 55,4%, während der Teil, der von den ärmsten 20% kontrolliert wurde von 6% auf 4,5% fiel[346]. Viele Behauptungen wurden über eine schnelle Veränderung der thailändischen Gesellschaft aufgestellt. Nach dem Ende des Kalten Krieges, freuten sich pro-kapitalistische Kommentatoren über „den Sieg des freien Markt-Kapitalismus" und der Zerschlagung des Sozialismus und des Klassenkampfes. Diese Behauptungen wurden durch Viele aus der „Oktober-Generation", den Ex-Studenten-Führern unterstützt, die nun erfolgreiche Mainstream-Politiker und vermögende Geschäftsleute sind.

Die Wirtschaftskrise war für jeden ein Schock, denn niemand hatte ihn voraus gesagt. Nachdem die Krise ausgebrochen war, wurden die Sündenböcke schnell gefunden um den Status Quo nicht zu gefährden. Die eher neo-liberal eingestellte Sektion des thailändischen Big-Business, das immer eine Abneigung die gegen „populistische" und „unzuverlässige" Politik der *New Aspiration Party* (NAP) gezeigt hatte, schlug schnell vor, dass die Krise der Fehler von Premierminister Chavalit (Chawalit) Yongjayut und seiner Regierung wäre. Diese lächerliche Nachricht wurde durch den "*Silom Road* Business People's Protests" im Oktober 1997 verbreitet, als Geschäftsleute und Angestellte aus ihren Büros in der Silom-Road in Bangkok kamen, um auf der Straße zu demonstrieren. Sie verlangten und erhielten auch schon bald, den Rücktritt von Chavalits Regierung. Die Reichen waren aber nicht so gut im Demonstrieren. Viele beschwerten sich über die Hitze und andere brachten ihre Diner mit, um die Zahl zu erhöhen, und, damit diese ihnen kühle Drinks servieren konnten und sie zu dem Protest fuhren. Chawalits Rücktritt diente als öffentliches Opfer in einem Versuch, die Elemente der Gesellschaft zu befriedigen, die unzufrieden mit der plötzlichen Rezession waren.

Nachdem Chavalit zurück getreten war, wurde seine Regierung durch eine der Democrat Party ersetzt, die eine Koalition unter Chuan Leekpai anführte. Die Regierung schien ein modernes und internationales Image zu haben, tatsächlich unter-

---

[346] Voravidh Charoenlert & Teeranart Kanchana-aksorn (1998) "The economic crisis, the problem of unemployment and poverty" In *Poor people in Thailand*, Edited by Narong Petprasert, Political Economy No 7, Bangkok. (In Thai).

schied sie sich aber kaum von vorherigen Regierungen. Aber der neue Finanzminister, Tarrin Nimmanhaemind, wurde als zuverlässiger „Mann der Banken" angesehen. Diese Vorstellung wurde aus der Tatsache geboren, dass die Regierung schnell dazu übergegangen war, die privaten Schulden von 56 zusammen gebrochenen Banken und Finanzinstituten, **die Chavalit bereits geschlossen hatte**, zu verstaatlichen. Und dann machte er weiter indem er 300 Milliarden Baht staatlicher Mittel bereit stellte um das Kapital von überlebten Banken zu stärken. Insgesamt hatte die Regierung sich verpflichtet mindestens 1.200 Milliarden Baht öffentlichen Geldes in das Bankenwesen zu pumpen. Als Ergebnis dessen und als Ergebnis der Wechselkurse und dem Verfall der Wirtschaft, schätzt man, dass die öffentlichen Schulden von 4,6% des BPI im Jahr 1997 auf 25% des BPI im Jahr 2001 anstiegen.

Die gleiche Begeisterung der Nutzung öffentlicher Gelder wurde aber nicht gezeigt, als es darum ging den Armen und Arbeitslosen, die durch die Krise am härtesten betroffen waren, zu helfen. Die Regierung verabschiedete ein Gesetz das erlaubte, dass die Arbeitgeberanteile an den Sozialausgaben der Arbeitnehmer zurück gehalten werden konnten, und die Regierung verzögerte mehrmals die Einrichtung einer Arbeitslosenhilfe. Da es keine Arbeitslosenversicherung gab, sind keine verlässlichen Zahlen verfügbar. Die Weltbank schätzte, dass zu Beginn von 1999 die Arbeitslosenrate bei 8% der Arbeitnehmer oder 2,6 Millionen betrug. Die Zahlen die von Akademikern über „jene die ohne Arbeit sind" veröffentlicht wurden, variierten zwischen 1,5 Millionen bis 4 Millionen. Die Tatsache, dass diese alle als „jene mit Arbeit" bezeichneten, die nicht mindestens **eine Stunde pro Woche** bezahlter Arbeit fanden, kann zur Verwirrung nur beitragen. Jedoch ein verlässlicherer Indikator der Auswirkung der Krise auf die Arbeitsplätze war die „Qualität der Beschäftigung". Eine Untersuchung die für das National Economic & Social Development Board durchgeführt worden war, zeigte, dass die Einkünfte um 12,6% gesunken waren und dass es zu einer Verringerung der Arbeitszeit um 4,4% in der ersten Hälfte von 1998 gekommen war. Dies waren die Hauptfaktoren hinter dem Fall der Realeinkommen um 19,2% in dieser Periode[347].

Zusätzlich hierzu beobachtete die *Health Intelligence Unit* dass eine Zunahme an unterernährten Kindern von Frauen mit niedrigem Einkommen während der Krise zu beobachten war, und ein Weltbankbericht sagte voraus, dass die Zahl der Thailänder die in Armut leben müssen, sich bis zum Jahr 2000 auf 13 Millionen erhöhen werden. Schließlich fiel die Zahl der Schüler und Studenten wegen zunehmender Armut im Jahr 1998 auf ca. 300.000. Die absurde Natur des marktwirtschaftlichen Systems kann an der Tatsache erkannt werden, dass während Millionen vor einer Senkung des Lebensstandards standen, der Finanzsektor „von Überliquidität überflutet wurde", eine Überliquidität, die sie nicht loswurde. Investition in Armutsbekämpfung wurde nicht als profitables Geschäft angesehen.

Die rassistische Erklärung der Asienkrise die über asiatische Korruption redet, den asiatischen Kumpanen-Kapitalismus und eine fehlende *Gute Regierungsführung* ist

---

[347] Nanak Kakwanee & Jaroen-jit Po-tong (1998) "The effect of the economic crisis on the lives of Thais". *Newsletter of the National Economic and Social Development Board,* 24, October. (In Thai).

einer ernsthaften Betrachtung nicht wert. Denn vor der Krise hatten die gleichen Kommentatoren versucht kulturelle Erklärungen für das „Geheimnis" des asiatischen Wirtschaftswachstums zu finden. Ernsthaftere Mainstream-Erklärungen für die Krise schieben die Schuld auf ein Fehlen ordentlicher Kontrollen über die Investitionen nach der wirtschaftlichen Liberalisierung in den späten 1980er Jahren[348]. Auch wenn es wahr ist, dass die zunehmend freie Bewegung von Kapital nach und von Thailand den Boom und die Krise spektakulär gemacht hatte, waren diese sichtbaren Bewegungen des Geldes nur die Symptome von etwas, was in der Realwirtschaft ablief, und nicht die Ursache der Krise. Die Annahme der neoliberalen Erklärung war, dass wenn ordentliche Kontrollen bestanden hätten, die Krise niemals stattgefunden hätte. Die Beobachtung der westlichen Wirtschaften beweist, dass dies ganz klar Nonsens ist.

Die Theorie der kapitalistischen Krise identifiziert die Überproduktion und fallende Gewinnraten als den Schlüssel zu Faktoren, die die Krise auslösen. Beide Faktoren resultieren aus dem unkontrollierten Wettbewerb um Gewinn das unter dem Kapitalismus stattfindet. Die Hauptursache des generellen Falls der Gewinne ist die Zunahme von Investitionen in Anlagenkapital, verglichen mit Lohnarbeit (aus dem der Überschuss erwirtschaftet wird). Jedoch ist der fallende Gewinn nur eine allgemeine Tendenz mit vielen entgegen wirkenden Faktoren. Gewinnspannen können kurzfristig wieder hergestellt werden, indem die Effizienz des Arbeitseinsatzes erhöht wird, der Faktor Arbeit stärker ausgebeutet oder Wettbewerber zerstört werden.

In Thailand war Überkapazität und fallende Gewinnerwartungen nicht auf den Immobiliensektor beschränkt, über den allumfassend berichtet wurde, und der als Auslöser für die Krise fungierte[349]. Überproduktion sollte nicht alleine als nationales Problem angesehen werden, das auf die thailändische Wirtschaft beschränkt ist. Die sinkende Exportrate thailändischer Güter, ein wichtiger Faktor, der zu einem Run auf den Baht führte, beruhte auf einer Überproduktion von Exportgütern in Hinsicht auf den globalen Markt.

Überproduktion in einem ungeplanten Weltmarkt und die Tendenz eines sinkenden Gewinns verursachte eine Verschiebung aus dem Bereich der Investition in Industriegüter in Immobilien und Aktienspekulationen. Es wird geschätzt, dass im Jahr 1996 die Hälfte aller Investitionen mit Immobilien zu tun hatten und dass dies die Hälfte des jährlichen BPI ausmachte.

Der russische Revolutionär, Leon Trotzki erklärte einmal während der Wirtschafts-

---

[348] Siamwalla, Ammar (1997) "Trying to figure out how Thailand got into such a mess". *The Nation*, Bangkok, 12 November 1997. Jomo, K. S. (ed) (1998) *Tigers in Trouble. Financial Governance, Liberalisation and Crises in East Asia.* HongKong University Press, IPSR Books (Cape Town), University Press Dhaka, White Lotus (Bangkok) and Zed Books (London & New York). Rangsun Thanapornpun (1998) *Financial crisis and the financial sector in the Thai economy.* Kop Fai publishers, Bangkok. (In Thai).

[349] Jim Glassman (2003) Interpreting the economic crisis in Thailand: Lessons learned and lessons obscured. In: Ji Giles Ungpakorn (ed.) *Radicalising Thailand.* Already quoted.

krise von 1930, dass Wirtschaftskrisen nicht automatisch einen Klassenkampf auslösen. Die Krise kann gegensätzliche Wirkungen haben. Auf der einen Seite werden viele normale Arbeitnehmer verärgert über Senkung ihres Lebensstandards sein, besonders wenn sie denken, dass sie selbst keinen Anteil an der Krise haben. Jedoch führen die Größenordnung der Krise und die Bedrohung der Jobs zu einer Angst in den Herzen vieler Arbeiter, die verständlich erscheint. Eine Angst, die zu Passivität und dem Willen verleitet zu glauben, dass die derzeitigen politischen Herrscher die einzigen sein werden, die in der Lage sind, die Krise zu lösen.

Dieser Widerspruch kann in der Art der Reaktion der thailändischen Arbeiterklasse auf die Krise gesehen werden. Auf der einen Seite waren beträchtliche Gruppen von Arbeitern sehr verärgert als ihr jährlicher Bonus beschnitten wurde. Bei einer Gelegenheit wurde eine Fabrik in japanischer Hand die elektronische Bauteile herstellte, nieder gebrannt. Auf vielen Streikversammlungen von Arbeitern danach konnte man sich darauf verlassen, das Management in Angst und Schrecken zu versetzen, wenn man ausrief: „*Setzt den Mistladen in Brand*". Meistens war es nur ein Bluff. Bei einer anderen Gelegenheit blockierten Arbeiter der Summit Auto Parts den Highway als Antwort darauf, dass der Bonus beschnitten worden war, aber sie wurden durch die Polizei zusammen geschlagen, die durch „Freiwillige Unfallretter" und rechten Journalisten unterstützt wurden … und ihr Kampf war verloren.

Eine organisiertere Antwort auf eine Beschneidung des Bonus erfolgte, als Arbeiter der *Century Textiles* ihre Fabrik im April 1998 besetzten. Unglücklicherweise wurde selbst diese starke Antwort auf Grund fehlender Solidarität durch andere Arbeiter zerschlagen. Nur bei der Triumph-Unterwäsche-Fabrik wo die weiblichen Arbeiterinnen eine lange Tradition darin hatten, ein starkes Arbeiternehmernetzwerk zu entwickeln, waren die Arbeiter in der Lage eine respektable Lohnerhöhung zu erkämpfen, nachdem im Juli 1999 zwanzig Tage darüber debattiert worden war. Die einzigartige Natur der gewerkschaftlichen Organisation kann man an der Tatsache erkennen, dass sie NGO-Berater abgelehnt hatten.

Die Inflationsrate, die schnell (nach einem ersten Anstieg) fiel, als die Wirtschaft in die Rezession fiel, war auch ein Faktor der den Willen zum Kampf bestimmte. Für diejenigen die ihre Jobs behalten hatten, wurde ein scharfer Abfall des Lebensstandards durch den Rückgang der Inflation verhindert.

Ideologie spielte auch eine wichtige Rolle in der schwachen Antwort der Arbeiterklasse auf die Krise. Die meisten Arbeiter hatten keine Zuversicht, dass die Eigeninitiative von Arbeitern in der Krise einen echten Vorteil bringen würde. Teilweise resultierte dieses Gefühl daraus, dass den Arbeitern immer wieder gesagt worden war, dass sie schwach wären und dass sie bedauernswert wären. Dies war auch die politische Linie, die über viele Jahre durch die CPT verfolgt worden war, durch verschiedene NGOs und „sympathisierende" Akademiker.

Die dominante ideologische Antwort unter den organisierten Arbeitern und den linken Intellektuellen auf die Krise, und auf die Art wie die Regierung die Wirtschaft handhabte, war die eines linken Nationalismus. Diese Ideologie ist ein Spiegelbild des klassischen Nationalismus der herrschenden Klasse. Ein schneller Blick in die neuen Buchtitel in jedem thailändischen Buchladen während der frühen Phase der Krise hätte schnell aufgedeckt, dass eine wachsende Zahl von Publikationen Titel trugen wie „Das Land vor der Krise retten". Die meisten dieser Veröffentlichungen, die von Akademikern verfasst worden waren, die links von der Mitte angesiedelt sind, und von denen viele ehemalige CPT-Sympathisanten waren, betrachteten die Krise von 1997 als einen ernsten Angriff auf die „nationale Unabhängigkeit". Das passt zu der alten stalinistischen und maoistischen Ideologie der CPT aus den 1970er bis in die 1980er Jahre.

Der Grund für die Krise, so die Nationalisten, wäre die imperialistische Ausprägung der G7-Mächte, besonders der USA, die versuchte die asiatischen Tigerstaaten unter die Kontrolle des wirtschaftlichen Kolonialismus zu bekommen. Dies konnte man aus dem Vorschlag entnehmen, der besagte, dass die Krise in erster Linie die eines gewissen Modells des Kapitalismus wäre, d.h. eines „Schnellzug"-Kapitalismus oder Auslands-Investitions-Kapitalismus, das zu exportorientierter Produktion führen würde[350]. Viel von der linken nationalistischen Analyse lehnte sich stark an die Dependenztheorie[351] an, die die hauptsächliche Spaltung in der Welt zwischen der nördlichen Industriezone und den südlichen Unterentwickelten Ländern sah[352].

Von den linken Nationalisten wurde eine Anzahl von Lösungen präsentiert, alle innerhalb des Rahmens des kapitalistischen Systems. Zunächst bestand die naive und utopische Idee einer „Gemeinschaft der Wirtschaftenden" die glaubte, dass die thailändische Wirtschaft irgendwie zurück in die Selbstgenügsamkeit mit niedriger Technologie und einer landwirtschaftlich geprägten Wirtschaft könnte[353]. Statt ausländisches Kapital und Technologie sollte Thailand traditionelle „thailändische intellektuelle Ressourcen" nutzen. Das letzte Mal, dass diese Art von Dingen mit echtem Nachdruck versucht worden war, stammte aus der Zeit der „mörderischen Felder" (schreiendes Land[354]) Kambodschas unter den Pol Pot. In Thailand gab es aber niemanden, der vorschlug diese Politik mit den Taktiken der Khmer Rouge durchzusetzen.

Zweitens gab es einen Vorschlag Keynesianische Wirtschaftsmaßnahmen zu verwenden[355]. Es war argumentiert worden, dass der Staat die öffentlichen Ausgaben

---

[350] Walden Bello (1997) "Southeast Asia's 'fast track' capitalism". The Nation, Bangkok, 4 December 1997.

[351] Ursache für die Unterentwicklung von Ländern seien nicht innere, sondern äußere Faktoren, wie insbesondere der Kolonialismus. Durch Machtausübung gelinge es den weiter entwickelten Ländern, die weniger entwickelten Länder auch weiterhin arm zu halten. Mit dieser Aussage stellen sich die Abhängigkeitstheorien bewusst in Gegensatz zu den Modernisierungstheorien, die in inneren Faktoren, z. B. bestimmten kulturellen Gewohnheiten, die Ursache des niedrigeren Entwicklungsstandes sehen. (Quelle: Wikipedia Dezember 2009)

[352] Kramon Kramontrakun (1997) IMF Meritmaker or sinner? Ming Mit Publications, Bangkok. (In Thai).

[353] Chattip Nartsupa (ed) (1998) Already quoted.

[354] http://de.wikipedia.org/wiki/The_Killing_Fields

[355] Walden Bello, Shea Cunningham & Li Kheng Poh (1998) A Siamese Tragedy. Development and disintegration in modern Thailand. Zed Books, London & New York.

anheben sollte, um den Konsum anzuregen. Diese Strategie wurde dann später von der TRT nach ihrem Wahlsieg im Jahr 2001 eingesetzt.

Die Wahl der TRT-Regierung

In den allgemeinen Wahlen von Januar 2001, hatte die TRT einen Erdrutschsieg errungen. Der Wahlsieg war die Antwort auf die Regierungspolitik vorhergehender Regierungen unter der Democrat Party, die die Not der ländlichen und städtischen Armen vollständig ignoriert hatte. Die TRT hatte drei wichtige Versprechungen gegenüber den Wählern abgegeben: 1) Sie versprachen eine allgemeine billige Krankenversicherung für alle Bürger einzuführen, 2) sie versprach ein Darlehen von 1 Million Baht für jedes Dorf bereit zu stellen, damit die Wirtschaftsaktivität auf kommunaler Ebene angeregt wurde, und 3) sie versprach ein Schuldenmoratorium für arme Bauern zu gewähren, die ihre Schulden nicht rechtzeitig zurück zahlen konnten[356].

Die Politik der TRT erwuchs aus einer Reihe von Faktoren, hauptsächlich der Wirtschaftskrise von 1997 und dem Einfluss sowohl des Big Business als auch einiger ehemaliger Studentenaktivisten aus den Siebzigern, die in die Partei eingetreten waren. Wenn man die „Oktober-Menschen" heute in Betracht zieht, ist es notwendig, diese in zwei Gruppen einzuteilen entsprechend der Flugbahn ihrer politischen und sozialen Karriere. Einerseits haben wir viele Aktivisten die Teil der Volksbewegung wurden, wie wir sie heute sehen, sie führen soziale Bewegungen und NGOs an, die in den 1980er Jahren aufblühten. Auf der anderen Seite begannen auch Teile der herrschenden Klasse mit einer Anzahl von ehemaligen Aktivisten zu kooperieren und nahmen die Ex-Aktivisten in die politische Elite auf, um zu helfen eine Politik und populistische Programme zu entwickeln. Eine Politik die die Herzen und den Verstand der Menschen gewinnen sollte. Dieser Prozess begann schon mit dem Premierminister Chavalit Yongjaiyut und seiner „New Aspiration Party", entwickelte sich dann aber zur vollen Blüte unter Thaksins TRT. Und es gab auch „Oktober-Menschen" die neo-liberale Ansichten aufgegriffen hatten, und die als Akademiker oder Mitglieder in die Democrat Party eingetreten waren.

"Oktober-Menschen" die in die TRT Regierung eintraten

Vor dem ersten Wahlsieg der TRT hatte die Partei ernsthafte Versuche gemacht, eine breit angelegte Sicht der thailändischen Gesellschaft zu erhalten um mit ernsthaften Programmen zur Modernisierung des Landes auftreten zu können und mit einer Reihe von sozialen Missständen, wie der Armut fertig zu werden[357]. Es war ein zunehmender Grad von Frustration und Unruhe über die Selbstgefälligkeit der Democrat Party entstanden, die glaubte entschlossen und einfallsreich Wege beschritten zu haben, um das Land aus der Krise von 1997 zu führen. Ex-Studentenführer und NGO-Aktivisten, wie Pumtam Wejjayachai wurden in die TRT aufgenommen und wurden wichtige Verbindungsglieder zur Volksbewegung. Dr. Sanguan Nitayarumpong, der sich schon seit geraumer Zeit für eine allgemeine

---

[356] wodurch vermieden werden sollte, dass sie ihr Land verloren.

[357] Pasuk Phongpaichit & Chris Baker (2004) *Taksin. The business of politics in Thailand.* Silkworm Books.

Krankenversicherung eingesetzt hatte, wurde ein wichtiger Gestalter der neuen 30-Baht-Krankenversicherung. Die Oktober-Menschen ermutigten den Premierminister sich mit sozialen Bewegungen wie der Versammlung der Armen (Assembly of the Poor) zu treffen und sie koordinierten die Partei mit Bewegungen und NGO-Führern um Streite zu schlichten oder Proteste gegen Aktionen der Regierung zu dämpfen[358].

Pumtam Wejjayachai war der Direktor des thailändischen Freiwilligen-Service der junge Menschen ausbildete die NGO-Helfer werden wollten. Er wurde ein wichtiger Führer der TRT und erhielt auch Ministerposten. Er stand Thaksin sehr nahe. „Oktober-Menschen" wie Pumtam benutzten ihre vorherigen Kontakte zu sozialen Bewegungen um sie zum Nutzen der eigenen Regierung einzusetzen. Im Juni 2005 zum Beispiel intervenierte er um einen Protest von 5000 Bauern zu demobilisieren, die sich über die Schuldstundung verärgert zeigten. Auf der anderen Seite wussten einige NGO-Aktivisten dass, wenn man mit ihm sprach, man das Ohr der Regierung hatte.

Pumtam erklärte, dass Thailand eine „zweigleisige" Entwicklungspolitik brauchen würde, in der Kapitalismus und „Die Wirtschaft der Menschen" (Die auf kommunaler Ebene basierenden Aktivitäten) Hand in Hand gingen[359]. Er glaubte daran, dass man nicht einzelne Wirtschaftstheorien oder politische Theorien einsetzen konnte, und kritisierte die Linke wie sie an ihren Idealvorstellungen festhielt. Und dabei zum Beispiel dachte, dass Kapitalisten automatisch die Armen ausbeuten würden. Für solche Menschen hatte er einen einfachen Vorschlag als Antwort: „Geht zurück in den Dschungel in die alten CPT-Tage!" Indem er die Terminologie der „direkten Demokratie" verwandte, die von der Volksbewegung benutzt wurde, argumentierte er, dass die TRT einen „Direkt-Verkaufs-Ansatz" gewählt hätte, um die Probleme der Dorfbewohner zu lösen, eine Lösung, die auf Mittelmänner verzichtete. Wobei er die des Staates meinte. Für Pumtam waren die verschiedenen Regierungsprogramme zur Ermutigung von Unternehmertum auf Dorfbasis dazu bestimmt den Dorfbewohnern zu erlauben sich selbst aus der Armut zu befreien. Er schloss, dass NGOs sich selbst anpassen müssten um voll mit der Regierung zusammen zu arbeiten, und dass die Arbeit der Regierung nicht behindern sollten, weil, anders als die Regierung, könnten die NGOs nicht von sich behaupten, dass sie ein Wahlmandat der Menschen hätten.

Die Oktober-Menschen argumentierten beim Eintritt in die Thai Rak Thai Regierung, dass sie die Macht ergriffen hätten "ohne süße Kartoffel im Dschungel essen zu müssen", eine Anspielung auf die Härten des Lebens mit der CPT. Trotz ernsthafter Vorwürfe in der von Verrat die Rede war und von einem „den Rücken der

---

[358] Im Jahr 2002 als einige führende NGO-Organisatoren durch die Geldwäsche-Kontrollbehörde untersucht wurden, was auf eine Anweisung der Thai Rak Thai Regierung zurück ging, beschwerten sich einige der NGO Führer, dass sie früher hart daran gearbeitet hätten, Demonstrationen von Bauernorganisationen auf Bitte der Regierung hin aufzulösen, und dass sie sich nun plötzlich angegriffen fühlten. (*Bangkok Post* 3 October 2002).

[359] Siehe Interview *A Dayweekly* (2005).

Bewegung zukehren", war in einer Weise ihre Allianz mit einer wie sie es sahen „progressiven und modernisierten kapitalistischen TRT" keine so große Abkehr von der Strategie der klassenübergreifenden Allianzen. Manche alten CPT-Führer schlugen sogar vor, dass es notwendig wäre die TRT zu unterstützen um sich gegen die „alte feudalistische Macht" in der Gesellschaft (d.h. den Einfluss des Palastes) zu wehren. Natürlich dürfen wir nicht vergessen, dass diese stalinistisch/maoistische klassenübergreifende Strategie sich als Fehlschlag in verschiedenen Ländern wie China, Indonesien und dem Irak erwiesen hatte.

Die meisten Oktober-Menschen in der TRT dachten vielleicht ehrlich, dass ihre Aktionen der Gesellschaft dienlich waren. Aber wie es auch mit den Gewerkschaftsbossen überall in der Welt ist, wenn ihr Lebensstil mehr und mehr wie dass der Kapitalisten und hochrangigen Minister wird, mit denen sie Schulter an Schulter arbeiten, distanzieren sie sich immer mehr von der Volksbewegung. Noch wichtiger ist aber, dass die Strategie der Öffnung der Partei für Linke und Aufnahme in die Regierung das Ziel hatte, die sozialen Bewegungen zum Nutzen des Kapitals zu politisieren. Dies ist überall in der Welt weit verbreitet. Die Philippinen nach Marcos und verschiedene Linke und Sozialdemokratische Regierung im Westen sind gute Beispiele. Egal was sie vielleicht glauben, bevor sie in die Nähe der Korridore der Macht kamen, sie wurden mehr ein Instrument der herrschenden Klasse als Anwälte der Armen. Die TRT war keine Ausnahme. Es war eine Partei der reichen Kapitalisten für die reichen Kapitalisten und jedes angemessene soziale Programm das sie hätte entwickeln können, wäre doch dazu bestimmt gewesen, sozialen Frieden zu erkaufen und zwar auf dem billigsten möglichen Weg. Zum Beispiel hatte die Regierung keine Absicht die Reichen und die großen Firmen zu besteuern um die Gesundheitsversorgung zu finanzieren, und die Unterstützung der Regierung für die Rechte von multinationalen Pharmakonzernen im US-Thailändischen Freihandelsabkommen gefährdete die 30-Baht-Krankenversicherung.

Kapitel 5

Der Krieg im Süden Thailands

Seit dem letzten Ausbruch von Gewalt im südlichen Thailand, haben verschiedene Regierungen, begonnen mit Thaksins Thai Rak Thai Party (TRT), die Regierung der Militärjunta, oder die vom Militär installierte Regierung der Democrat Party darin versagt, die Krise zu lösen. Es wird klar, dass die Lösung des Bürgerkriegs in eine Sackgasse geraten ist.

1. Die meisten Militärkommandeure wissen, dass sie die Aufständischen nicht besiegen können[360]. Die einzige Strategie die sie haben ist zu versuchen die gewalttätige Situation in Grenzen zu halten, damit es nicht schlimmer wird. In der Zwischenzeit haben viele einfache Soldaten, von denen viele aus den armen Dörfern des Nordostens stammen, den Willen zum Kämpfen verloren. Sie kümmern sich in keiner Weise mehr um „den Schutz der Nation" und versuchen einfach während ihrer Dienstzeit zu überleben.

2. Die Aufständischen wurden immer effizienter und besser koordiniert. Sie können mehrere Ziele gleichzeitig angreifen und auch Ziele außerhalb der Region des tiefen Südens treffen. Mehr und mehr junge Leute in den Dörfern werden von den Aufständischen angezogen wegen der Gräuel, die durch den thailändischen Staat begangen werden. Aber die Rebellen können das Militär auch nicht schlagen, weil ihre Massenbasis zu klein ist.

3. Normale Dorfbewohner leben in ständiger Angst. Die Bewaffnung von normalen Dorfbewohnern erhöht nur den Grad der Gewalt. Regelmäßige Angriffe finden gegen Dorfbewohner, Lehrer und Priester oder Imame statt und oft können die Angegriffenen nicht sagen, wer sie angegriffen hat. Dorfbewohner wollen, dass die Gewalt endlich zu Ende geht und sie wollen, dass die Truppen und die Polizei sich jetzt zurück ziehen.

Zwischen dem Januar 2004 und März 2009 wurden insgesamt 3.300 Menschen im Bürgerkrieg im Süden Thailands getötet. Von dieser Zahl waren mehr als die Hälfte Muslime. Die große Mehrheit der in dem Konflikt Getöteten waren Zivilisten[361]. Kurz nach dem Militärcoup im Jahr 2006 startete das Militär eine „Flutwelle" in den Süden die vorübergehend die Anzahl der Angriffe reduzierte. Jedoch waren die Ergebnisse der Welle bis 2008 abgeklungen und die gewalttätigen Vorfälle begannen wieder anzusteigen. Dies zeigt dass die Militäroption des Staates nicht funktioniert, obwohl sie 60.000 bewaffnete Männer in der Region hat und 180 Milliarden Baht in 5 Jahren ausgab[362].

---

[360] Poldej Binprateep ein stellv. Staatssekretär des Sozialministeriums in der Regierung der Junta gab dies zu. http://www.prachatai.com/ 2007/1/15 (In Thai).

[361] http://www.deepsouthwatch.org/ (In Thai).

[362] Jom Petpradap, http://www.prachatai.com/ 11/06/2009 (In Thai).

In dieser Situation können die Antworten aus dem inneren Kreis des Establishments, egal ob zivil oder militärisch, in Antworten von der Gruppe der „Tauben" und der „Falken" eingeteilt werden.

Die Falken wollen den Druck durch das Militär und die Polizei erhöhen weil sie hoffen die Situation stabilisieren zu können und die Gewalt unter Kontrolle zu bekommen. Ihr Schwergewicht liegt auf der zunehmenden „Effizienz" der Sicherheitskräfte. Sie hofften, dass die Aufständischen sich ergeben wollen und dass Gespräche zwischen der thailändischen und malaysischen Regierung und zwischen der thailändischen Regierung und den „Separatisten-Führern" der PULU[363] helfen würden, eine Stabilisierung zu erreichen. Später wollten sie Unternehmen dazu bewegen, sich in dem Gebiet anzusiedeln. Diese Politik wird von den Top-Generälen der Armee und der Democrat Party verfolgt und ist kaum anders als die der Thaksin-Regierung vor dem Coup von 2006. Diese Falken sprechen von der Notwendigkeit einer „politischen Lösung" aber weil sie sich weigern die Ursachen der Gründe für den Bürgerkrieg anzuerkennen, sind sie in der Praxis nur bereit Maßnahmen vom Typ Militär oder Sicherheitskräfte in Betracht zu ziehen.

General Sonthi Boonyaratgalin, der Anführer des Coups von 2006 und der Matupum Party, argumentierte im November 2009, dass das *"Zusammenwirken der Ressourcen und Verantwortlichkeiten der betroffenen Behörden mit einer klaren Kommandostruktur einen Durchbruch im Süden ermöglichen wird"*[364]. Die *Matupum Party* besteht auch aus Muslim-Politikern der Wadah-Fraktion die früher in der *Thai Rak Tahi* waren, und davor waren sie Teil von Chavalit Yongjajyuts *New Aspirations Party*.

Im Oktober 2009 führte der Premierminister Abhisit Vejjajiva Gespräche mit seinem Amtspartner aus Sri Lanka, Ratnasiri Wickramanayaka, über den Erfolg der Bekämpfung der Liberation Tigers der Tamil Eelam Bewegung durch die Regierung von Sri Lanka. Der Regierungssprecher Panitan Wattanayakorn sagte, dass die Regierung an einem „Verhandlungsansatz" interessiert wäre so wie ihn Sri Lanka genutzt hätte und an den Methoden mit denen die Finanzierungsquellen der Tamil Tigers zum Versiegen gebracht wurden. Die Kooperation mit den benachbarten Ländern zu verstärken, indem sie ein Auge auf separatistische Bewegungen außerhalb des Landes geworfen hatte, war ein anderer interessanter Ansatz. Panitan sagte auch, dass die harte Zerschlagung auch ein Schlüssel zu Sri Lankas Erfolg in ihrem Kampf gegen die Rebellen gewesen wäre, was als gutes Beispiel für Thailand dienen könnte[365]. **Unter der Annahme dass die Regierung von Sri Lanka wahllose Gewalt gegen Zivilisten in seinem Krieg gegen die Tamilen eingesetzt hatte, hört sich das gar nicht gut an für die Einwohner des südlichen Thailands. Es gibt bereits heute eine Menge Beweise dass Sicherheitskräfte im südlichen Thailand die gesamte muslimisch malaiische Bevölkerung als potentielle Feinde ansehen und wahllos Gewalt gegen die Bevölkerung einsetzen, was lediglich**

---

[363] Diese alte Generation von Anführern lebt im Exil und hat keine Beziehung mit dem derzeitigen Aufstand.

[364] *Bangkok Post* 19/11/2009.

[365] *Bangkok Post* 23/10/2009.

die Unterstützung für die Aufständischen erhöht.

Die Falken beinhalten auch ehemalige TRT-Politiker wie Chaturon Chaisaeng, auch wenn er nicht so blutrünstig ist wie Panitan und dessen Bosse von der Democrat Party ist. Chaturon erklärt dass mehr Achtung einer „politischen Strategie" zu gewähren bedeuten würde, dass wenn die Regierung eine Militäroperation starten würde, sie die politischen Konsequenzen bedenken sollte[366].

Die Tauben, die auch pensionierte Militärs mit Erfahrung im Kampf gegen die Kommunistische Partei Thailands (CPT) beinhalten, begreifen, dass eine militärische Lösung im Süden nicht die Antwort sein kann. Sie glauben dass das Ende des Bürgerkrieges durch so etwas wie eine Autonomie oder Eigenständigkeit für die südlichen Muslimprovinzen erreicht werden könnte. Sie sind aber nicht bereit zuzugeben, dass die Provinzen das Recht haben sich vollständig von Thailand zu trennen und sie sind auch nicht bereit die militärische Lösung vollständig aufzugeben. Aber immerhin sehen sie eine politische Lösung als Priorität an. Diese Situation erklärt die Bemerkungen, die später unter dem Druck des Militärs zurück gezogen wurde und vom früheren Premierminister Samak Sundaravej und Innenminister Chalerm Yubumrung im Jahr 2008 gemacht worden waren, über die Möglichkeit eine waffenfreie Zone und eine limitierte Autonomie zu schaffen[367].

Im gleichen Monat als Abhisit zu dem Anführer von Sri Lanka gerufen wurde, schlug der Parteichef der Puea Thai, der pensionierte General Chavalit Yongjaiyut vor, eine Art lokale Autonomie und lokale Selbstverwaltung für den muslimischen Süden zu gewähren. Er ermutigte auch die Einrichtung von lokalen südlichen Komitees um politische Lösungen des Konflikts zu suchen[368].

Eine langfristige Lösung des Bürgerkriegs im Süden verlangt danach, dass soziale Bewegungen dringend auf die Anwendung einer politischen und nicht militärischen Lösung der südlichen Krise drängen. Um das zu tun müssen sie zunächst alle früheren Absichten des thailändischen Nationalismus und jede Idee dass Grenzen geheiligt wären aufgeben. Das wäre ein großer Schritt für die Rothemden. Zur gleichen Zeit sind aber die traditionellen Bewegungen die mit den NGOs verbunden sind schlimm kompromittiert seit ihrer Unterstützung für den Militärcoup von 2006.

Als Marxist glaube ich standhaft, dass wir uns auf die Seite derjenigen schlagen müssen, die vom thailändischen Staat unterdrückt werden. In der Praxis heißt dass, das Recht der Aufständischen zu unterstützen Waffen gegen den thailändischen Staat zu tragen, der eine lange Geschichte der gewaltsamen Unterdrückung des Südens hat. Abstrakte Aufrufe an beide Seiten „Gewaltlosigkeit" zu üben, wie oft von den NGOs verlangt, endet lediglich damit die Gewalt des thailändischen Staates auf das der Aufständischen anzuheben und führte dazu, die Legitimität des Staates, die Kolonien im Süden zu regieren nicht in Frage zu stellen. Nichts desto trotz als Marxist glaube ich auch, dass der bewaffnete Kampf keine Lösung ist. Die

---

[366] Seminar an der Thammasart University um sein neues Buch über den Süden vorzustellen, 15/01/2009. http://www.prachatai.com/ 15/01/2009 (In Thai).

[367] *Bangkok Post* 6,7,13/02/2008.

[368] http://www.prachatai.com/ 15/10/2009 (In Thai).

Antwort ist die Massenmobilisierung der Menschen gegen den Staat.

Der Anti-Kriegs-Autor Arundhati Roy[369] schrieb einmal **dass jede Verdammung der Regierung von „Terrorismus" nur gerechtfertigt ist, wenn die Regierung beweisen kann, dass sie positiv auf gewaltlose Opposition reagiert.** Die thailändische Regierung hat die Gefühle der lokalen Menschen im Süden seit Jahrzehnten missachtet. Sie ist taub gegenüber ihren Bitten um Respekt. Sie lacht in die Gesichter derer, die sich für Menschenrechte einsetzen wenn Menschen gefoltert werden. Unter den Ausnahmegesetzen gibt es im Süden keinerlei demokratische Bewegungsfreiheit um politische Diskussionen zu veranstalten. Welche Wahl haben die Menschen anders, als sich dem gewaltsamen Widerstand zuzuwenden?

In einem anderen Artikel erklärte Roy, **dass wir in den sozialen Bewegungen den Terrorismus nicht verdammen können, wenn wir selbst nichts gegen den staatlichen Terror unternehmen.** Die thailändische soziale Bewegung hat sich lange in Einzelaktivitäten engagiert. Der Geist der Menschen wurde durch den thailändischen Nationalismus immer engstirniger. Es wird Zeit den unterdrückten Süden zu unterstützen.

Das Staatliche Verbrechen Takbai

Am 25. Oktober 2004 lösten die thailändischen Sicherheitskräfte eine Demonstration in **Takbai** in der südlichen Provinz *Naratiwat* mit Gewalt auf. Außer der Nutzung von Wasserwerfern und Tränengas feuerten die Truppen mit scharfer Munition über die Köpfe der Demonstranten, einige feuerten direkt in die Menge und töteten sieben Menschen und verwundeten viele weitere, darunter einen 14-jährigen Jungen. Es waren Dorfbewohner jeden Alters und Geschlechtes in der Menge. Danach drangen die Truppen in die Menge und nahmen junge muslimische Männer fest. Die Frauen und Kinder wurden in eine Ecke zusammen getrieben. Während die Frauen und Kinder zusammen gepfercht wurden, wurden die Männer bis zur Hüfte entblößt und ihre Hände hinter dem Rücken zusammen gebunden. Die Gefangenen wurden gezwungen auf dem Boden entlang zu kriechen während die Soldaten sie traten und auf ihre Köpfe und Körper mit Stöcken und Gewehrkolben einschlugen. Viele der Gefangenen wurden mit einem Seil zusammen gebunden und gezwungen mit dem Gesicht auf dem Boden zu liegen. Der lokale Militärkommandeur der 4. Armee[370] **erklärte Reportern im Fernsehen, dass diese Aktion eine Lektion für jeden wäre, der es sich wagen würde, sich der Regierung zu widersetzen. „Wir werden dies immer wieder tun",** sagte er. Das ganze Ereignis war auf Video aufgenommen worden, und zeigte nur wie arrogant und selbstzufrieden die Sicherheitskräfte waren.[371]

---

[369] In her book *The ordinary Person's Guide to Empire*. 2004. Harper Perennial.

[370] Lt-General Pisarn Wattanawongkiri war zu diesem Zeitpunkt der regionale Kommandeur der vierten Armeeregion.

[371] Das Video findet man auch HIER: http://www.schoenes-thailand.de//video/politik-geschichte/violence-in-tak-bai-south-thailand.html

> Schließlich wurden die zusammen gebundenen Gefangenen auf die Ladeflächen von offenen Armee-Lastkraftwagen geworfen und sie wurden gezwungen dort zu liegen, Lage auf Lage, einer auf dem anderen. Soldaten standen auf der menschlichen Fracht und traten gelegentlich wenn jemand schrie oder um Wasser oder Luft bettelte und sagten zu ihnen „*So erfahrt ihr, wie die Hölle ist*". Viele Stunden später kam der erste Lastwagen an seinem Bestimmungsort, der *Inkayut-Kaserne*, an. Eine Reihe von Gefangenen die unten auf der Ladefläche des LKWs gelegen hatten wurde als getötet identifiziert, vielleicht erstickten sie oder starben an Nierenversagen. Sechs Stunden später kam der letzte LKW an und fast alle die unten auf der Ladefläche gelegen hatten waren tot. Während dieser sechs Stunden zwischen der Ankunft des ersten LKWs und dem letzten, wurde durch die Behörden keinerlei Versuche gemacht die Methoden des Gefangenen-Transportes zu ändern. Ingesamt starben fast 80 Gefangene. Wir müssen dem Bericht des Senats über das Ereignis zustimmen[372]. **Der Bericht schloss, dass die Maßnahmen „absichtliche kriminelle Taten gewesen wären, die Tode verursacht hätten", verursacht durch die Sicherheitskräfte.** Premierminister Thaksins erste Antwort auf den Vorfall war die Sicherheitskräfte für ihre gute Arbeit zu loben. Später behauptete die Regierung, dass der Tod von über 80 Demonstranten ein bedauerlicher „Unfall" gewesen wäre. Vier Jahre später, am 9. Februar 2008 erklärte Premierminister Samak Sundaravej gegenüber Al Jazeera, dass die Männer die in Takbai gestorben wären „einfach einer auf den anderen gefallen wäre" und „was war falsch daran". Später im gleichen Interview log er über das Massaker am 6. Oktober 1976 und sagte, dass „nur ein Typ starb".

Vom 6. Oktober bis TakBai – Kriminelle Taten des Staates

Die Kultur des Staates mit gewaltsamen kriminellen Taten zu reagieren.

Die Lügen, die Samak über Takbai und den 6. Oktober erzählte, sind deutlich miteinander verbunden. Jeder der das TakBai- Ereignis betrachtet, erinnerte sich an den 6. Oktober 1976 und das Massaker an der Thammasat Universität. Im Jahr 1976 wurden Männer und Frauen, nachdem sie bei einer friedlichen und gewaltlosen Demonstration mit automatischen Waffen angegriffen wurden, bis zur Hüfte entblößt, gezwungen auf dem Boden zu kriechen und mit Stöcken geschlagen. Einige Studenten wurden aus dem Campus gezerrt und an Bäumen aufgehängt, andere wurden lebend auf provisorischen Freudenfeuern verbrannt während rechte Schläger, von denen viele Mitglieder der rechtsextremen Village-Scout-Bewegung waren, um die Feuer tanzten[373].

Sowohl nach dem Takbai Ereignis von 2004 als auch dem Massaker am 6. Oktober 1976 hatten die Regierungssprecher blanke Lügen erzählt. Eine Lüge war, dass die

---

[372] Thai Senate Committee on Social Development and Human Security December 2004.

[373] Siehe Katherine Bowie (1997) Rituals of National Loyalty. An Anthropology of the State and Village Scout Movement in Thailand. Columbia University Press. See also, Giles Ji Ungpakorn ed. (2003) Radicalising Thailand: New Political Perspectives. Institute of Asian Studies, Chulalongkorn University.

Sicherheitskräfte gezwungen gewesen wären „zu handeln, da die Situation außer Kontrolle zu geraten drohte". Tatsächlich war dies niemals der Fall. In Takbai, so berichtete der Senator Chermsak Pintong, hätten die Sicherheitskräfte gegenüber einer Gruppe von Senatoren zugegeben, dass sie die Demonstration aufgelöst hätten, um 100 der Anführer zu verhaften, deren Namen und Fotos auf den schwarzen Listen der Regierung gestanden hätten. Unter der Verfassung von 1997 hatten thailändische Bürger das Recht friedlich zu demonstrieren. Unter der Verfassung von 1997 waren Bürger bis zu einer Verurteilung als unschuldig anzusehen. Die Aktionen der Polizei und Armee in TakBai zeigt, dass sie die Dorfbewohner nicht als Bürger angesehen hatten. Die Demonstration war mehr oder weniger friedlich bis sie mit Gewalt von den Sicherheitskräften aufgelöst wurde. In den Köpfen der Soldaten und ihrer Kommandeure waren die TakBai-Gefangene keine Bürger, sondern Kriegsgefangene, „gemeine Ausländer" oder „Feinde des Staates" die bestraft werden mussten. Und das gleiche hatte für die Studenten an der Thammasart Universität im Jahr 1976 gegolten.

Nach dem 6. Oktober 1976 und Takbai 2004, behaupteten Regierungssprecher auch, dass diejenigen die den Ärger machen würden Ausländer wären und kein Thai sprechen könnten. Im Jahr 1976 waren es angeblich Vietnamesen[374]. Im Jahr 2004 behaupteten sie, dass es Araber oder Malaien gewesen wären. Alle getötete oder festgenommene Gefangene im Jahr 1976 und in Takbai im Jahr 2004 waren thailändisch sprechende thailändische Bürger.[375] Regierungssprecher logen auch dass die Studenten im Jahr 1976 und die Demonstranten in Takbai im Jahr 2004 schwer bewaffnet gewesen wären und eine Gefahr für die Sicherheitskräfte dargestellt hätten. Es gibt keinerlei Beweise dafür. Auch keine Massenvernichtungswaffen wurden gefunden. In Takbai wurde eine rostige Flinte als Beweis vorgeführt, die seit Jahren im Fluss gelegen hatte.

Nach Takbai sprach die Königin ihre Besorgnis für thailändische Buddhisten im Süden aus. Die muslimischen Brüder und Schwestern wurden mit keinem Wort erwähnt. Auch TakBai wurde niemals erwähnt. Und noch schlimmer, rief die Königin die Village Scout Bewegung auf, sich wieder zu mobilisieren „um das Land zu retten"[376]. Glücklicherweise sind die meisten Village Scouts inzwischen im mittleren Alter und wollen sich nicht mehr auf gewalttätige Akte einlassen.

Nach dem Militärcoup vom 19. September 1006 reiste der Premierminister der Junta in den Süden, um sich für die Taten der Regierung Thaksin "zu entschuldigen"[377]. Er erklärte, dass die Anklagen „*gegen einige Demonstranten*" fallen gelas-

---

[374] Eine Behauputng, die von Samak Sundaravej und anderen aufgestellt wurde..

[375] Auch im November und Dezember 2009 behauptete die Regierung von Premierminister Abhisit wieder einmal, dass Ausländer von den Rothemden als bezahlte Demonstranten angeheuert worden wären, und dass Ausländer kein Recht zu demonstrieren hätten. (Siehe Thailand 2009, Band 2, Berlin 2010, Mark Teufel)

[376] *Post Today* 17/11/2004 (In Thai).

[377] Premierminister Surayud müsste sich dafür entschuldigen was ER während des blutigen Kampfes gegen die unbewaffneten pro-demokratischen Demonstranten getan hatte.

sen würden. Aber seine Regierung und die vorherige der Thaksin-Regierung haben kein einziges Mitglied der Sicherheitskräfte wegen des TakBai-Vorfalls bestraft. Auch wurde kein einziger politischer Amtsinhaber bestraft. Im Jahr 2007 führte die Junta die „Militärische Lösung" weiter fort, indem sie eine Welle von neuen Truppen in den Süden schickte. Im Jahr 2007 erneuerte die Regierung den Ausnahmezustand der Thaksin-Regierung, die den Sicherheitskräften beeindruckende Vollmachten und Immunität vor Strafverfolgung verlieh. Später im Jahr 2007, kurz vor den Wahlen verabschiedete die Junta ein neues Sicherheitsgesetz das die undemokratische Rolle der thailändischen Armee in der thailändischen Gesellschaft zementierte.

Takbai war nicht der einzige gewalttätige Vorfall der die Schlagzeilen der Nachrichten erreichte. Im April 2004 griffen circa einhundert Jugendliche, die „magische" islamitische Stirnbänder trugen, Polizeistationen an verschiedenen Orten an. Aber sie waren nur mit Schwertern und rostigen Messern bewaffnet. Sie wurden nieder geschossen. Durch ihre Selbstaufopferung drückten sie eine tiefe Unzufriedenheit und einen unglaublichen Grad von Verzweiflung aus.

Krue Sae Moschee Massaker und Saba Yoi

In einem der schlimmsten Vorfälle, griff die Armee die historische **Krue-Sae** Moschee mit schweren Waffen an, nachdem die Jugendlichen in das Gebäude geflohen waren. Ex-Senator Kraisak Choonhavan hatte erklärt, dass außer der Anwendung von exzessiver Gewalt durch den Staat, auch einige Gefangene bei diesem Ereignis gefesselt und kaltblütig exekutiert worden wären. Er erzählte auch von einer Gruppe von Jugendlichen eines lokalen Fußballklubs die aus kürzester Entfernung in **Saba Yoi** erschossen worden waren. Der Armeeoffizier der das Blutbad in der **Krue-Sae** Moschee kaltblütig befahl, war General Punlop Pinmanee. Im Jahr 2002 erklärte er lokalen Zeitungen, dass in den {guten} alten Tagen ländliche Dissidenten und Kommunisten erschossen hätten. Jetzt senden sie nur noch Soldaten um ihre Frauen zu umzingeln und einzuschüchtern.[378]. Für die Ereignisse an der Krue-Sae-Moschee wurde kein Beamter des Staates bestraft.[379]

Folter und Inhaftierung ohne Verfahren

Der erhöhte militärische Druck im Süden unter der Regierung der Junta, der im Juni 2007 begann, führte zu 1000 Verhaftungen ohne Verfahren in den ersten zwei Monaten[380]. Der Sprecher des „vereinigten zivilen, militärischen und polizeilichen

---

[378] Siehe Pasuk Phongpaichit & Chris Baker (2004) *Thaksin. The business of politics in Thailand*. Silkworm. S. 19.

[379] Auch über Krue gibt es ein Video: http://www.schoenes-thailand.de/video/widerstaende-konflikte-und-krisen/the-scars-of-krue-se-27-sep-07.html

[380] Hier müssen auch Richter mitgespielt haben. Denn das von Thaksin erlassene Ausnahmegesetz sieht vor, dass Richter Anweisungen zu geben und Verhaftungen zuzustimmen haben. Und dass Inhaftierungen alle 7 Tage erneut durch einen Richter bestätigt werden müssen und maximal 30 Tage andauern dürfen. ... Allerdings ist auch möglich, die Verhafteten nach wenigen Tagen erneut zu verhaften und wieder für 30 Tage festzuhalten.

Kommandos" im Süden, General Uk Tiproj, behauptete, dass die Verhafteten „*in die Irre geführte Meinungen hätten, die umgeschult werden müssen*"[381].

Das „Rechtsanwaltszentrum des Südens" berichtete, dass zwischen Juli 2007 und Februar 2008 59 dokumentierte Fälle von Folter durch die Sicherheitskräfte festgestellt worden wären. In zwei der Fälle endete die Folter im Tod der gefolterten Personen. Gegen Ende 2008 wurden 7 studentische Aktivisten von Yala verhaftet und gefoltert[382]. Foltermethoden beinhalteten Schläge, Haftbedingungen, Wasserbehandlung, besonders tief gekühlte Räume und Elektroschocks[383]. Das Anwaltszentrum gibt an, dass die meisten der Folterungen in den ersten drei Tagen der Gefangenschaft begangen wurden, als den Gefangenen keine Besuche erlaubt wurden. Die Orte an denen gefoltert wurde, waren die Yala Spezialeinheit 11, eine Sektion der Yala Army Ranger Kaserne und die Inkayut Kaserne in Pattani. Es erübrigt sich zu sagen, dass niemand für die Morde oder Folterungen bestraft wurde.

Die Erschaffung des thailändischen Staates ist der Beginn der Gewalt

Die Wurzel für die Gewalt von heute kann zurück in die Zeit der Gründung „Thailands" verfolgt werden, als der Nationalstaat im 19. Jahrhundert erschaffen wurde. Aber die historischen Gründe alleine können den derzeitigen Bürgerkrieg nicht erklären. Die unaufhörliche repressive Politik gegenüber den lokalen Einwohnern durch den thailändischen Staat über die vielen Jahre hat zu einer sich immer weiter gestiegenen Abneigung aufgebaut.

Duncan McCargo weist darauf hin, dass der Konflikt im Süden kein religiöser Konflikt zwischen Muslims und Buddhisten ist, und dass der thailändische Staat eine Tradition darin hat Mord, Massaker und Chaos im Süden zu verbreiten.

McCargo zeigt, dass der thailändische Staat eine zweigleisige Politik von Repression und Kooperation mit lokalen religiösen Führern und Politikern gefahren war, um das Gebiet zu kontrollieren, letzteres besonders in der Periode als Prem Tinsulanonda Premierminister in den frühen 1980er Jahren war[384]. Im Jahr 1988 war Thailand dann ein demokratischeres Land geworden mit einem vollwertig gewählten Premierminister und Regierung. Lokale Muslim-Politiker wurden ermutige in die wichtigsten Parteien einzutreten, wobei besonders der pensionierte General Chavalit Yongjaiyut {der heute die Führung der oppositionellen Puea Thai übernommen hat} mit seiner {damaligen} New Aspirations Party, in der sie eine Gruppe bilde-

---

[381] http://www.prachatai.com/2007/10/9 (In Thai).

[382] http://www.prachatai.com/ 18/2/2008 (In Thai).

[383] *Turn Left* March 2008. www.pcpthai.org/ (In Thai)

[384] Duncan McCargo (2008) "What's Really Happening in Southern Thailand?" ISEAS Regional Forum, Singapore, 8 January 2008. Duncan McCargo (2009) "Thai Buddhism, Thai southern conflict". *Journal of Southeast Asian Studies* 40(1): 1-10. Duncan McCargo (2009) "The Politics of Buddhist identity in Thailand's deep south: The Demise of civil religion?". *Journal of Southeast Asian Studies* 40(1): 11-32.

ten, die sich die *Wadah Faction*[385] nannte, ein Vorreiter war.

Gegen Ende der 1990er Jahre begann die Politik der Zusammenarbeit mit den lokalen Politikern auseinander zu fallen, weil deren Politik wenig dazu beitrug, die Marginalisierung der Bedeutung der Mehrheit der muslimisch malaiischen Bevölkerung zu beenden und die Lücke zwischen den Graswurzel-Menschen und den offiziellen Anführern immer größer wurde. Diejenigen, die alleine die Thaksin-Regierung für die Gewalt verantwortlich machen wollen behaupten, dass er sich in die Sicherheitsstrukturen eingemischt hätte, die den Frieden gesichert hätten. **Das ist historisch falsch und ignoriert vollkommen die Tatsache, dass der Aufstand in verschiedenen Formen seit einem ganzen Jahrhundert andauert, und dass „Friedensschließungen" die der thailändische Staat in der Mitte der 1980er Jahre mit der lokalen Elite gemacht hat, die wirklichen Leiden der Bevölkerung vollkommen missachtete.** Trotzdem hatten die Takbai und Krue-Sa-Massaker unter der Thaksin-Regierung einen Einfluss auf die Verschärfung des Aufstandes.

Die Geschichte staatlicher Unterdrückung im Süden[386]

Der Nationalstaat "Thailand" wurde durch Bangkoks Kolonialisierung des Nordens, Nord-Ostens und Südens geschaffen. Jedoch gab es eine Besonderheit im Süden, denn die herrschende Klasse in Pattani war niemals kooperativ darin, sich in die thailändische herrschende Klasse zu assimilieren und die muslimisch malaiische Bevölkerung wurde von Bangkok niemals als Mitbürger respektiert. Bangkok und London zerstörten und teilten das Sultanat Pattani zwischen London und Bangkok und Bangkok hat seitdem die Kolonie beherrscht {während der malaiische Teil ja in die Selbständigkeit entlassen worden war}.

1890 King Chulalongkorn (Rama V) besetzte das *Sultanat Pattani*. Das Sultanat wurde zwischen London und Bangkok aufgeteilt

1921 Eine Siamisierung wurde über die Bildung begonnen. Lokale Einwohner wurden gezwungen Steuern nach Bangkok abzuführen.

1923 Die Rebellion von *Belukar Semak* zwingt König Rama VI der lokalen Kultur gegenüber Konzessionen zu machen.

1938 Die Siamisierung wird unter dem ultranationalistischen Diktat von General Phibun wieder neu begonnen.

1946 Pridi Panomyong fördert lokale Kultur, wurde aber schon 1947 durch einen Coup gestürzt.[387]

---

[385] Carlyle A. Thayer (2007) *Insurgency in Southern Thailand: Literature Review*. http://www.scribd.com/doc/17965033/Thayer-Insurgency-in-Southern-Thailand

[386] Nik Anuar Nik Mahmud (2006) *The Malays of Patani. The search for security and independence*. School of History, Politics and Strategic Studies, University Kebangsaan, Malaysia.

[387] Die Ideen von Pridi hatten viel mit den europäischen Idee der Regionen gemeinsam.

Haji Sulong schlägt vor, die südlichen Provinzen zu einem autonomen Staat innerhalb Siams zu machen.

1948 Haji Sulong wird verhaftet

April 1948: Die Polizei begeht ein Massaker an unschuldigen Dorfbewohnern in Dusun Nyior Naratiwat.

1954 Haji Sulong wird von der Polizei unter dem Befehl des starken Mannes Pao Siyanond getötet.

Wenn man die Gewalt im Süden untersucht, muss man zuhören, was die lokalen Menschen einem erzählen. Lokale Muslime hassen keineswegs generell ihre buddhistischen Nachbarn. Der Bürgerkrieg war niemals „kommunale Gewalt" zwischen Menschen verschiedener Religionen. Auch heute noch ist das nicht der Fall trotz der Tatsache, dass einige buddhistische Mönche getötet wurden und der thailändische Staat versucht hat, den Aufstand in einen religiösen Konflikt umzuwandeln, indem er Dorfbewohner bewaffnete. Neben den Soldaten und Rebellen, sind lokale Händler, Schullehrer, Regierungsbeamte, Imams, Kautschukarbeiter Opfer der Gewalt. Die meisten die getötet wurden, könnten von den Sicherheitskräften getötet worden sein. In den späten 1990er hatten die meisten lokalen Einwohner keinen separaten Staat verlangt, trotz der Tatsache, dass die thailändische Regierung mit ihrer Gewalt nun die Leute zu einer Unterstützung des Aufstandes getrieben hat. Die südlichen Provinzen waren wirtschaftlich ignoriert worden und als es dort eine Entwicklung gab, war es nicht die Mehrheit der lokalen muslimischen Malaien, die davon profitierten. Es gibt eine hohe Arbeitslosenrate und viele Menschen versuchen Arbeit im benachbarten Malaysia zu finden.

Was die lokalen Menschen am meisten fordern, ist Respekt. Ihre Religion, Sprache und Kultur wird durch den thailändischen Staat nicht respektiert. Das staatliche Bildungssystem erzwingt Thai, legt das Schwergewicht auf buddhistischer und Bangkoker Geschichte und Kultur. Das ist der Grund, warum Schulen so oft nieder gebrannt werden. In den letzten 60 Jahren hatten aufeinander folgende thailändische Regierungen religiöse Anführer verhaftet, das Lehren der örtlichen Sprache *yawee* verboten, religiöse Schulen geschlossen, und Studenten gezwungen die thailändische Sprache zu lernen und Kleidung im thailändischen Stil zu tragen, und die Menschen aufgefordert, ihre Namen in „thailändisch" lingende Namen zu ändern. Und sie haben die lokalen Distrikte in „thailändisch klingende Namen" umbenannt. All das wurde durch die Regierungen in Bangkok durchgeführt, die eine Besatzungsarmee in den südlichen Provinzen unterhält[388].

In den 1960er Jahren siedelte die Militärdiktatur einige Buddhisten aus dem Nordosten in dem Gebiet an um die Besatzung „zu stärken". Es erinnert einen an die Rolle der Briten in Nordirland oder Palästina. Buddhistische Tempel wurden in überwiegend muslimischen Gegenden gebaut. In dieser Zeit wurden Muslime gezwungen sich vor Buddha-Statuen zu verneigen. Selbst heute noch müssen sie sich

---

[388] Ahmad Somboon Bualuang (2006) Malay, the basic culture. In *The situation on the Southern border. The views of Civil Society*. Published by the Coordinating Committee of the Peoples Sector for the Southern Border Provinces. (In Thai).

vor dem Bild des Königs verbeugen, was eine Beleidigung für ihre Religion ist. Es werden Hausdurchsuchungen durch Soldaten vorgenommen die Hunde dabei haben. Wieder eine furchtbare Beleidigung für Muslime. Kürzlich wurden Soldaten als Mönche eingeschrieben und die Tempel erhielten bewaffnete Wachen.[389]

Die Besatzungstruppen aus Armee und Polizei sind gefürchtet und verhasst. Die Arme behauptet, dass die lokalen Einwohner die Polizei und die Armee lieben würden. Das ist ganz einfach eine Lüge. Die Einheimischen wissen, dass ihre Söhne, Brüder und Väter in der Nacht abgeholt werden, gefoltert und getötet durch die thailändische Armee und Polizei, die oft ohne Uniform auftritt[390]. Im Jahr 2004 wurde der Anwalt Somchai Nilapaichit, der eine Schlüsselfigur der Menschenrechtsaktivisten gegen Folter war, in Bangkok von Polizei entführt und getötet worden. Er hatte versucht die Foltertaktiken die bei Verdächtigen angewandt wurden zu veröffentlichen, Folter an Verdächtigen, von denen behauptet worden war, dass sie im Jahr 2004 Waffen aus einer Kaserne gestohlen hätten. Die Verwicklung von verschiedenen Polizeieinheiten in dieser Mordsache zeigt, dass es Grünes Licht von oben, vom Premierminister Thaksin Shinawatra und anderen in der Regierung gegeben haben muss. Bis heute wurde niemand wegen des Mordes an Somchai angeklagt und sein Körper wurde niemals gefunden. Dies trotz der Tatsache, dass die Regierung der Democrat Party behauptet, anders als die TRT zu sein.[391]

Es ist nicht schwer, Grünes Licht von der Spitze zu bekommen, wenn es um staatliche Gewalt geht. Niemand wurde für das Blutbad von 1976 an der Thammasat Universität bestraft, niemand für das Massaker vom Mai 1992, niemand für das bei Takbai oder in der Krue-Sae Moschee im Jahr 2004. Die Thaksin-Regierung sanktionierte auch die außergesetzliche Ermordung von über 3000 „verdächtige Drogenhändler" in seinem Krieg den Drogen. Viele wurden im Süden getötet, andere unter den ethnischen Minderheiten im Norden. Der König genehmigte den Krieg den Drogen und das Massaker vom 6. Oktober. Das Militär installierte die Regierung der Democrat Party und hat zum Zusammenbruch des Rechtsstaates und freier Gerichte beigetragen, die aber schon immer diejenigen an der Macht geschützt hatten.

---

[389] Bangkok Pundit beschreibt am 14.12.2009 sehr anschaulich die Militarisierung der Tempel.
...."Das war sicher kein Wat. Das ist ein Militärlager. Hat mein Feld-Assistent , als er vorgeschlagen hatte, diesen Tempel zu besuchen, gewusst, dass er aufgegeben war und eine Kaserne geworden war? ...." Lesen Sie selbst den Rest:
http://uk.asiancorrespondent.com/bangkok-pundit-blog/militarization%20of%20temples%20in%20southern%20thailand%20:%20part%201

[390] Akerin Tuansiri (2006) student activities in the violent areas of the Southern border provinces. In *The situation on the Southern border. The views of Civil Society.* Already quoted (In Thai).

[391] Die Entführung Somchais war beobachtet worden, die Polizisten identifiziert worden, das Verfahren aber mangels Auffinden des Toten eingestellt, weil die Polizei das Recht gehabt hat, eine Verhaftung vorzunehmen. Ohne Körper aber nicht bewiesen werden konnte, dass sie ihn gefoltert und getötet hatten.

Nach der Wahl vom Februar 2005 hatte die TRT fast alle Sitze im Süden wegen ihrer Politik verloren, besonders wegen des TakBai-Vorfalls. Aber sie hatte dafür insgesamt auf nationaler Ebene hinzugewonnen. Die Regierung richtete die *National Reconciliation Commission* unter dem früheren Premierminister *Anand Panyarachun* ein. Dieser hatte früher als ziviler Premierminister unter der Militärjunta im Jahr 1991 gearbeitet. Die meisten Menschen im Süden hatten gezweifelt, ob die Kommission wohl ihre Probleme lösen würde. Anand wurde in der Presse zitiert, dass „Selbstverwaltung" und „Autonomie" außer Frage stehen würden, und dass die Menschen das TakBai-Massaker *doch vergessen sollten*[392].

Trotz der Bemerkungen von Anand enthielt der Bericht der National Reconciliation Commission dann doch einige progressive Feststellungen und Vorschläge[393]. Zunächst stellte sie fest, dass die Probleme im Süden aus der Tatsache entstanden, dass es fehlende Gerechtigkeit und Respekt der verschiedenen Regierungen gegeben hätte, die keine friedliche Lösung angestrebt hätten. Der Bericht fuhr dann fort zu erklären, dass die TRT Regierung systematische Menschenrechtsverletzungen begehen würde und in außergesetzliche Tötungen verwickelt wäre. Die Kommission schlug vor dass lokale Gemeinschaften im Süden in die Lage versetzt werden sollten, ihre eigenen natürlichen Ressourcen zu bewirtschaften und zu kontrollieren, dass der Zivilgesellschaft eine zentrale Rolle bei der Schaffung von Gerechtigkeit beigemessen werden sollte, und dass die lokale Sprache *Yawee* als Arbeitssprache neben Thai in allen Regierungsbehörden in der Region erlaubt werden sollte. Der letztere Vorschlag hinsichtlich der Sprachnutzung ist vital, wenn die Menschen nicht diskriminiert werden sollen, insbesondere nicht durch Behörden[394]. Aber die Vorschläge waren schnell sowohl von Thaksin als auch vom Präsidenten des Kronrats General Prem Tinsulanonda zurückgewiesen worden.[395].

Hilfreiche Erklärungen über die Gewalt im Süden.

Es gibt eine Reihe von irrelevanten und wenig hilfreichen Erklärungen für die Gewalt im Süden. Sie alle teilen eine gemeinsame Grundeinstellung die die Unterdrückung der muslimischen Malaien durch den thailändischen Staat ignorieren oder verleugnen. Sie teilen auch den Glauben, dass die Einheimischen irgendwie „unfähig" wären, einen Aufstand aus eigener Kraft ohne Anstiftung und Unterstützung vom Ausland zu organisieren. Wie die meisten Theorien der Elite wird die Geschichte und der Konflikt begrenzt auf Aktionen der herrschenden Klasse, während die allgemeine Bevölkerung als in erster Linie ignorant und passive Zuschauer angesehen werden. Wer solche Theorien unterstützt will die politischen und sozialen Ursachen des Konflikts und des Bürgerkriegs ignorieren und konzentriert sich darauf, das Militär und diplomatische Aktivitäten zur Lösung zu nutzen.

Eine Theorie behauptet, dass die Gewalt durch unzufriedene Armeeoffiziere ausge-

---

[392] *Bangkok Post* 10/8/2005, 9 May 2005.

[393] Siehe Bericht von der National Reconciliation Commission, 16/5/2006 (In Thai).

[394] Dieser Vorschlag wird durch den malaysischen (Oppositions-)Politiker Anwar Ibrahim unterstützt. http://www.prachatai.com/ 5/5/2009 (In Thai).

[395] *Bangkok Post* 26 and 27/6/2006.

löst worden wäre, die Angst davor hätten, ihren Teil des lukrativen Schmuggels oder Schwarzmarkthandels zu verlieren. ‚Diese Soldaten hätten die Gewalt angeheizt um zu „beweisen" dass die Armee immer noch gebraucht wird. Es ist wahr, dass das Militär in illegalen Handel verwickelt ist und dass, sollten sie aus dem Gebiet abgezogen werden, sie eine lukrative Einnahmequelle verlieren würde. Aber diese Theorie geht an der wichtigen Frage vorbei, warum die Soldaten überhaupt den Süden wie eine Kolonie besetzt hatten, anders als im Norden und Nord-Osten.[396] Es ist auch ziemliche klar, dass es eine Bewegung der Aufständischen während der gesamten Geschichte gegeben hat, und dass sie aus verschiedenen Bereichen der lokalen Bevölkerung unterstützt wird.

Eine andere Theorie behauptet, dass es das Werk von "ausländischen islamistischen Fanatikern" wäre, die es geschafft hätten, einige lokale Jugendliche eine Gehirnwäsche zu verpassen und sie in eine Aufständischenbewegung zu verwandeln. Das ist was die thailändische Regierung offiziell erklärt. George Bushs und Tony Blairs Ermutigung zu einer Phobie gegenüber dem Islam zur Unterstützung ihrer Invasion von Afghanistan und dem Irak, hatte solche Ansichten erzeugt und erlaubt, dass Menschenrechtsverletzungen gegen Muslime in der ganzen Welt begangen wurden. Aber warum sollten einheimische Jugendliche es erlauben, dass ihnen das Gehirn gewaschen wird, wenn es nicht ihr eigenes Anliegen wäre? Es gibt deutliche Zeichen, dass dieser Aufstand ausschließlich aus lokalen Kräften besteht: Es gibt eine Historie der staatlichen Unterdrückung. Trotzdem haben lokale Aufständische und Separatistenbewegungen Verbindungen zu wohlwollenden ausländischen Regierungen und Organisationen aufgenommen[397]. Das weist darauf hin, dass dieser Bürgerkrieg nicht durch das Ausland von „internationalen Muslim-Extremisten" angefacht wird.[398]

Noch eine andere Theorie kommt von denen, die eine Entschuldigung brauchen und erklären, dass Thaksin „schließlich nicht ganz so schlimm" gewesen wäre. Es sind die alten Anhänger der kommunistischen Partei Thailands (CPT), die sich auf die Seite von Thaksin geschlagen haben. Sie glauben, dass die Gewalt im Süden durch die CIA geplant gewesen wäre, um den Einfluss der US-Regierung in der Region zu erhöhen. Diese Verschwörungstheorie besagt auch, dass die CIA die Attentate vom 11. September in New York geplant hätte.

Einige Akademiker haben fest daran gehalten, dass die Gewalt ein "Flickenteppich-Krieg" wäre, zwischen dem Palast, den Unterstützern der Armee und der Thaksin-Regierung. Duncan McCargo[399] vermutet, dass es möglich wäre, dass der Konflikt im Süden zwischen dem „Netzwerk Monarchie" und dem „Netzwerk Thaksin"

---

[396] Wobei jedoch auf Wunsch von General Prem Tinsulanonda nun im Nordosten eine weitere große Armeeeinheit aufgebaut und stationiert werden soll. Analysten vermuten, dass dies in Erwartung von Unruhen im Norden und Nordosten der Fall wäre.

[397] Carlyle A. Thayer (2007) Bereits zitiert.

[398] Außerdem fehlen glücklicherweise bis heute die für internationale Attentäter typischen Selbstmordanschläge, die Nutzung der "Atombombe des armen Mannes".

[399] Duncan McCargo (2005) Network monarchy and legitimacy crises in Thailand. *The Pacific Review* **18** (4) December, 499-519.

stattfinden würde. Das ist ähnlich wie die Versuche den Coup vom 19. September als Konflikt zwischen „Feudalismus" und „Kapitalismus" zu erklären. Es ist wahr, dass die Thaksin-Regierung die Rolle des Militärs in der Kontrolle des Südens reduzieren wollte und Kräfte der Polizei in die Region versetzte. Aber das ist mehr ein Versuch gewesen, um die Regierungsführung in der Region zu „regeln" und auch den Schwarzmarkt zu eliminieren, eine Politik die in anderen Teilen des Landes bereits durchgeführt worden war. Dies hat zweifellos Ressentiments bei der Armee hervor gerufen, aber es erklärt nicht die Wurzeln des Bürgerkrieges.

Wer sind die Aufständischen?

Früher in den 1970er Jahren existierte eine klare Separatistenbewegung, die in ihrem Kampf gegen den thailändischen Staat mit den kommunistischen Parteien von Thailand und Malaysia kooperierten.

Die *Barisan Revolusi Nasiona* (BRN) wurde im Jahr 1963 gegründet und die *Pattani United Liberation Organisation* (PULO) im Jahr 1968. PULO hat nicht mehr viel mit dem zu tun, was tatsächlich bei den Aufständischen in Thailand passiert. Ein PULO-Aktivist gestand der BBC, dass *„Da ist jetzt eine Gruppe die viel junges Blut hat. Sie sind schnell und geschickt und sie kümmern sich nicht darum was passieren wird, wenn sie es tun. Sie kümmern sich nicht darum, weil sie wollen, dass die Regierung eine wirklich große Reaktion zeigt, die noch mehr Probleme schaffen wird."*[400].

Im Jahr 1984 hatte sich die BRN in drei Teile gespalten. Eine Organisation die die ursprüngliche BRN darstellt, ist die *Barisan Revolusi Nasional-Koordinasi* (BRN-C). Im Jahr 2005 wurde die *Runda Kumpulan Kecil* (RKK oder Pattani State Restoration Unit) bekannter für ihre Taten als Aufständische. Es wird angenommen, dass eine lose mit der BRN-C verbundene Gruppe in Indonesien ausgebildet wird. Heute scheint es eine Vielzahl von Organisationen zu geben. Sie beanspruchen keine Verantwortlichkeit für ihre Aktionen, indem sie absichtlich keine Erklärungen veröffentlichen, was es für den thailändischen Geheimdienst so schwierig macht zu verstehen, wer wer ist und welche Organisation nun was gemacht hat.[401]

Die Aufständischen im Süden verfolgen die gleichen Strategien wie die Kämpfer im mittleren Osten gegen den westlichen Imperialismus und lokale Diktaturen der herrschenden Klasse. In den 1960er Jahren und 1970er waren es eine weltliche Bewegungen die mit der kommunistischen Partei verbunden war. Aber mit dem Niedergang der kommunistischen Parteien, besonders im Mittleren Osten, wandten sich die Aufständischen an radikale Formen des Islam. Dies erklärt warum radikaler Islam wie ein Banner im Kampf der Aufständischen heute verwendet wird. **Es ist nicht der Aufstieg eines radikalen Islam der die Gewalt verursacht hat. Die brutalen Aktionen der thailändischen Regierung und das Versagen der CPT haben die Radikalen dazu geführt, den Islam anzuwenden.**

---

[400] Interview mit der B.B.C.,Kate McGeown 7/8/2006.
http://www.bbc.co.uk/worldservice/

[401] Zachary Abuza. Terrorism Monitor 8/9/2006 James Town Foundation
http://www.jamestown.org/terrorism/news/article.php?articleid=2370

Die Politik der Massen ist die Antwort

Der Widerstand besteht nicht nur aus dem Legen von Bomben und dem Erschießen von Beamten. Gemeinden agieren gemeinsam um sich selbst vor den Sicherheitskräften, die ständig Menschen entführen und töten zu schützen. Frauen und Kinder blockieren Straßen und halten Soldaten davon ab, in Dörfer einzudringen. Am 4. September 2005 blockierten sie den Eingang nach Ban Lahan in Naratiwat und erklärten dem Provinzgouverneur, dass er und seine Soldaten im Dorf nicht willkommen wären[402]. Zwei Wochen später blockierten sie die Straße nach Tanyong Limo. Davor waren zwei Marinesoldaten von Dorfbewohnern gefangen genommen worden und dann von militanten Unbekannten getötet worden. Die Dorfbewohner hatten vermutet, dass die Marines Mitglieder einer Todesschwadron gewesen wären, die ausgeschickt worden waren um lokale Anwohner zu töten[403]. Die Dorfbewohner hatten Plakate hoch gehalten in der sie den Behörden erklärten: *„Ihr seid die wahren Terroristen."* Im November 2006, sechs Wochen nach dem Coup, protestierten Dorfbewohner an einer Schule in Yala, und forderten die Truppen auf, die Gegend zu verlassen. Eines ihrer Poster sagte: *„Alle ihr bösen Soldaten, verlasst unser Dorf. Ihr kommt her und zerstört unser Dorf indem ihr unschuldige Menschen tötet, haut ab"*[404].

Auf den Straßen im Süden sind viele Slogans gepinselt. Im August 2007 schrieb „Darika"[405] einige auf:

"Frieden wird es geben, wenn die Soldaten gegangen sind"

„Wir wollen keine Soldaten in unserem Dorf, wir haben Angst vor ihnen"

„Ohne Soldaten sind die Menschen glücklich"

„Ausgangssperre ist ungerecht. Sie töten Unschuldige"

Solche Proteste in Dörfern gibt es bis heute, nachdem viele weitere Zwischenfälle den Sicherheitskräften zugeschrieben werden.

Am 31. Mai 2007 hat die „Student Network to Defend the People" eine Massendemonstration von 3000 Menschen an der Zentral-Moschee von Pattani veranstaltet. Die Demonstration begann weil Army-Ranger 4 Menschen ermordet und eine Vergewaltigung in einem Dorf in Yala begangen hatten. Die Forderungen dieses friedlichen Protestes waren der Rückzug aller Soldaten aus dem Gebiet[406].

Der Dozent Dr. Srisompop Jitpiromsri von der Songkla Universität berichtete, dass zwischen 2005 und 2008 insgesamt 26 Massendemonstrationen im Süden stattgefunden hätten. In dreizehn wurde die Freilassung von Inhaftierten verlangt und

---

[402] *Bangkok Post* 5/9/2005.

[403] *Bangkok Post* 22/9/2005.

[404] *The Nation* 6/11/2006.

[405] Darika (2008) Records from Kollo Balay village. A Village in the Red Zone. *South See* 5, Social Research Centre, Chulalongkorn University. (In Thai).

[406] http://www.prachatai.com/ 2007/6/4and http://www.prachatai.com/ 2007/6/17 . (In Thai)

weitere 5 forderten die Soldaten und Polizisten auf die Region zu verlassen. Diese Massenaktionen der Dorfbewohner und Studenten sind die wahre Hoffnung für Frieden und Freiheit im Süden. Aber der thailändische Staat und die Mainstream-Medien brandmarken diese Mobilisierung als „gewalttätig". **Sie machen keinen Unterschied zwischen friedlichen sozialen Bewegungen und dem bewaffneten Aufstand. Die Verhaftung und Folterung von 7 Studentenaktivisten in Yala im Jahr 2008 bestätigt diesen Punkt**[407]**. Aber das wird nur noch mehr junge Leute in die Arme der militanten Aufständischen treiben.**

Damit aber die Massenaktionen dieser gewaltlosen sozialen Bewegungen erfolgreich sind, müssen wir ihnen alle unsere Unterstützung und Ermutigung geben.

Frieden im Süden kann geschaffen werden durch:

1. Die Aufgabe von Ausnahmezustand und Sicherheitsgesetzen
2. Beendigung der Menschenrechtsverletzungen, Verschleppungen ohne Verfahren, Folter und außergesetzlichen Tötungen durch den thailändischen Staat.
3. Rückzug der Truppen und der Polizei aus dem Gebiet um eine waffenfreie Zone aufzubauen.
4. Ernsthafte politische Diskussionen unter den Einheimischen muss ermutigt werden damit sie in die Lage versetzt werden, zukünftig selbst die Entscheidungen zu fällen. Es sollten keine Vorbedingungen gemacht werden für diese Diskussionen und alle Formen der Autonomie selbst die volle Selbständigkeit sollte zur Diskussion zugelassen werden.
5. Soziale Bewegungen müssen gegen den thailändischen Nationalismus protestieren.
6. Der thailändische Staat muss die staatlichen Verbrechen zugeben um neue Menschenrechtsstandards glaubhaft vertreten zu können.
7. Die thailändische Gesellschaft sollte alle Ethniken, Religionen, Sprachen und Kulturen respektieren. Religiöse Feiern, die nicht buddhistisch sind, sollten auch in der Region als öffentliche Feiertage gelten dürfen. Unterschiedliche Sprachen sollten offiziell anerkannt werden und es sollte möglich sein, dass alle Sprachen in allen thailändischen Schulen gelehrt werden dürfen.

Wenn man sie lässt, werden die üblichen Politiker, das Militär und die Regierungsbeamten keine dieser Forderungen in die Praxis umsetzen. Nur eine echte „Friedensbewegung" von unten, die für den Respekt der muslimischen Malaien kämpft, kann auf eine Lösung des Bürgerkrieges hinwirken. Eine solche Bewegung sollte Teil der Demokratiebewegung der thailändischen Gesellschaft sein.

---

[407] http://www.prachatai.com/ 2008/2/2 (In Thai).

Stichwortverzeichnis

1973 146, 147, 164, 168, 169, 227, 239, 240, 268, 292, 301, 331, 333, 335, 336, 337, 338, 339, 340, 341, 343, 344, 345, 348, 349
1976 10, 81, 139, 167, 168, 184, 222, 227, 239, 268, 292, 338, 339, 341, 343, 344, 345, 346, 347, 348, 349, 350, 372, 373, 379
6 Oktober1976 75
Abhisit Vejjajiva 5, 226, 250, 298, 369
absolutistische Macht durch Wahlen 18
Alliierte der USA 339
Amartya thipatai 53
Amataya 29, 191, 192, 193, 194, 195, 197, 205, 207, 208, 211, 212
Amatayasystem 191, 195, 196
Ammar Siamwalla 239, 246, 248, 355
Amnesty International 222
AMP 330
Anan Panyarachun 246
Anand Panyarachun 379
Anek Laoamata 343
Anek Laotamatat 237, 246, 247
Anek Laothamatas 296
Anjaree 285
Aristokratie 328
Asiatischen Werten 246
Assembly of the Poor 264, 351, 352, 353, 354, 355, 356, 357, 359, 365
Autonomismus 350, 351, 354, 356
Ayuttaya 326
Bangkok Rainbow 285, 286
Banjong Nasa 266
Bawornsak Uwanno 232, 246
Belukar Semak 377
Benjamin Zawacki 222
Berufsverbot 10, 11, 93, 119, 123, 229
Bewässerungskanäle 329
Boonyuen Prasertying 288
Bunnag 327
Bunnarg 327
Campaign for Popular Democracy 260, 263, 283
Caravan of the Poor 264
Chai-anan Samudawnaij 290
Chai-anan Samudwanij 246, 255, 345
Chaiyan Chaiyaporn 246
Chaiyan Rajakool 247
Chalerm Yubumrung 370
Chamlong Srimuang 61, 64, 260

Chamlong Srimueng 194
Chaturon Chaisaeng 2, 10, 11, 15, 24, 37, 41, 49, 71, 78, 87, 92, 152, 343, 370
Chavalit Yongjaiyut 365, 370, 376
Chermsak Pintong 373
Choonhavan 82, 334
Chris Baker 1, 224, 247, 294, 365, 374
Chuan Leekpai 360
Da Torpedo 193, 288, 297
der Vater der Nation 185, 289
Diktatur des Parlaments 17
Direkte Demokratie 352, 353
Don Muang 54
Duncan McCargo 294, 298, 300, 314, 317, 319, 375, 376, 381
egalitäre Ideen 341
Fa Sri Rung 285, 286
Fronarbeit 291, 327, 328
Frondienst 328
Gelbhemden-Manie 299
Genügsamkeits-Wirtschaft 185, 198, 202, 222, 230, 231, 235, 269, 271, 272, 294
Giles Ji Ungpakorn 2, 3, 6, 167, 181, 182, 204, 219, 227, 246, 269, 281, 328, 343, 358, 373
Haji Sulong 377
Hun Sen 253
inoffiziellen Gewerkschaftsgruppierung 279
Jao Hua Muang 327, 328
Jit Pumisak 285, 330, 340, 345
Jit Pumisaks 329
Jom Petpradap 251, 368
Justizaktivismus 98, 99, 100, 101, 102, 103, 105, 106, 108, 109, 110
Justizdominanz 98, 99
Justizokratie 98, 99
Justizwillkür 99
Kaewsan Atipho 18
Kapitalismus 330
Karawane der Armen 264
Kasian Techapeera 17
katoey 286
Khmer 252, 327, 330, 364
Kindermädchen 354
Kochshow 242
Kon Duan Tula 338
Korn Chatikavanij 226, 251

Kotom Ariya 246
Kraisak Choonhavan 236, 374
Krating-Daeng 344
Kriangkamol Laohapaitrote 341
Krieg den Drogen 224, 249, 379
Kriegssklaven 327
Kronrat 111, 112, 113, 114, 115, 116, 117, 207, 208, 213, 239, 243
Krua-kai Bunha 357
Krue-Sae 232, 374, 379
Kukrit Pramote 337, 338
Kularp Saipradit 285
Landbesitz 328
Lesbenbewegung 285
Linke 163, 165, 239, 329, 330, 335, 337, 345, 347, 348, 359, 366, 367
Lohnarbeit 328, 329, 362
Lohnsklaven 327
Luang Wichitwatakarn 326
Mahasarakam University 247
Mai-Pen-Rai 178
Maoismus 269, 284, 342, 347, 349, 359
maoistische Doktrin 330
Marx 213, 261, 299, 302, 330, 345
marxistischen Modells 329
Massaker 6, 9, 232, 347, 372, 373, 374, 375, 376, 377, 379
McCargo's Netzwerk-Konflikt 299
Mehrwert 329, 330
Midnight Universität 247
Midnight University 228, 253, 287, 353, 355, 356
Militärausgaben 201, 230
Moon Nai 327, 328
Motherland Party 229
Na Sai 340
Nakarin Mektrairat 101, 331
National Reconciliation Commission 379
Navapol 344
Nawapon 344
New Aspiration Party 360, 365
New Order 186, 275
Newin 227, 250, 252
NGO 139, 141, 142, 199, 223, 228, 235, 245, 246, 248, 251, 253, 259, 260, 261, 263, 265, 266, 267, 269, 270, 271, 272, 273, 276, 279, 283, 284, 298, 354, 356, 358, 363, 365, 366
NGOs sind wie kleine Unternehmen 275
Nimit Tienudom 266, 267
Niran Pitakwatchara 254
Niti Eawsriwong 219, 267, 287, 298, 300, 303, 327, 353
Notlazarett 230

NPKC 120, 140
Nuanchawee Tepwan 285
Oktoberaufstand 337
Oktober-Mensch 174
Oktober-Menschen 8, 9, 168, 170, 171, 173, 334, 338, 349, 365, 366, 367
PAD 5, 24, 29, 51, 52, 53, 54, 55, 56, 57, 58, 59, 60, 61, 62, 63, 64, 65, 66, 67, 68, 74, 76, 77, 78, 79, 82, 94, 119, 127, 128, 129, 130, 131, 134, 135, 136, 138, 142, 143, 144, 148, 149, 150, 157, 159, 160, 163, 165, 166, 167, 168, 169, 170, 171, 172, 173, 179, 180, 181, 183, 184, 186, 211, 221, 224, 225, 226, 227, 233, 235, 238, 240, 243, 245, 252, 253, 259, 260, 261, 262, 263, 264, 265, 266, 267, 271, 272, 281, 282, 283, 286, 290, 293, 301, 342, 352
Pairot Polpet 266
Pak Nam 229
Panitan Wattanay-agorn 251
Panitan Wattanayakorn 246, 369
Panzer-Liberalen 231, 245, 300
Pao Siyanond 377
Pariote Ponpet 253
Partei 10, 11, 21, 22, 30, 31, 34, 36, 39, 43, 45, 53, 59, 60, 66, 72, 79, 82, 86, 87, 90, 93, 94, 96, 112, 119, 121, 122, 123, 124, 125, 126, 134, 157, 160, 183, 186, 187, 191, 201, 216, 217, 219, 224, 225, 226, 227, 229, 236, 238, 241, 242, 245, 247, 248, 249, 250, 258, 259, 261, 262, 265, 268, 269, 275, 287, 290, 291, 293, 298, 301, 329, 331, 334, 342, 343, 347, 349, 350, 352, 353, 355, 365, 367, 370, 381, 382
Paul Handley 205, 244, 290, 293, 294, 296, 298, 300, 309, 313, 316, 317, 319
People's Alliance for Democracy 51, 57, 63
Peoples Democracy Forum 358
Pibun Songkram 291
Pichit Likitkitsomboon 247
Pin Bua orn 342
Pink Business 286
Pipop Thongchai 260, 263
Pipop Tongchai 261, 262
Pirapon Triyakasem 343
Postmoderne 350, 354, 355, 356
PPP 7, 34, 35, 53, 79, 94, 225, 226, 240, 242, 243, 250
Prai 296, 327, 328
Prapart Jarusatien 291

Pratumporn Wucharasatien 246
Prawase Wasi 255, 271
Preah Vihear 252, 253
Prem Tinsulanonda 85, 244, 286, 346, 350, 376, 380
Priapan Salirathavaibhaga 253
Pridi Panomyong 345, 377
Pridi Panomyongs 331
Pridiyatorn Devakul 230
Prinz Damrong 326
Privy Council 111
Problem-Netzwerk 357
Produktionsüberschuss 326, 328
Prostrieren 296, 304
Pumtam Wechayachai 248
Pumtam Wejjayachai 365, 366
Punlop Pinmanee 374
pu-noi 350
pu-nui 336
Pu-yai 354
Rama VII 331
Ramkamhaeng Open University 336, 343
Rawadee Parsertjaroensuk 265, 266
Regierungskontrolle durch die Justiz 102
Repräsentative Demokratie 353
Revolution 337
Rosana Tositrakul 251, 266, 298
Rothemden 1, 2, 6, 74, 127, 128, 130, 131, 132, 133, 134, 135, 136, 137, 182, 193, 196, 204, 211, 213, 215, 216, 217, 218, 219, 222, 223, 226, 227, 228, 240, 243, 250, 252, 253, 254, 255, 256, 257, 258, 259, 262, 266, 267, 273, 281, 282, 283, 286, 288, 290, 297, 304, 305, 347, 370
Royal Hotel 230
Saiyut Kertpol 340
Sakdinasystem 291
Sakdina-System 238, 285, 326, 327
Samak Sundaravej 62, 242, 370, 372, 373
Sanguan Nitayarumpong 365
Sanoh Tientong 263
Santi Asoke 61, 260
Sanya Tammasak 337
Sapaan 285
Saree Ongsomwang 267
Sarit Tanarat 291, 303
Satit Wongnongtoey 227, 251, 298
Sayamon Kaiyurawong 266
Seni Pramote 338
Siam Association of Women 285
Socialist Party of Thailand 337
Somchai Nilapaichit 249, 378

Somchai Phatharathananunth 247, 255, 270
Somchai Preechasilapakul 356
Somkait Pongpaiboon 260, 261
Somkiat Pongpaiboon 262, 263
Somsak Kosaisuk 260, 261, 281
Sondhi Limthongkul 62, 224, 227, 259, 260, 263, 265, 297
Sonthi Boonyaratgalin 229, 369
Sopon Supapong 246
SOTUS 341
sozialistischen Realismus 340
Sozialstaat 6, 184, 228, 235, 248, 272, 293
Sri Lanka 369, 370
Srisompop Jitpiromsri 383
Stabilität 19, 38, 42, 55, 92, 122, 226, 254, 289, 292
Student Network to Defend the People 383
Sufficiency Economy 185, 198, 199, 200, 201
Sujinda 300
Sujit Boonbongkarn 246
Sukothai 326
Sulak Sivaraksa 345
Sungsit Piriyarungsan 246
Surapong Jaiyarnarm 246
Surat Horakul 246
Surayud Chulanont 27, 115, 229
Surichai Wankeaw 246
Suriyasai Katasila 233, 253
Sutachai Yimprasert 247, 339, 344
Sutam Saengpratoom 339
Suthep Thaugsuban 227, 252
Suvarnabhumi 51, 65, 135
Suwannabhumi 51, 54, 55, 56
Suwicha Thakor 288, 298
TakBai 232, 372, 373, 374, 379
Tanet Charoenmuang 287
Tanet Choroenmuang 247
Tanin Kraiwichien 346
Tanom Kitikajorn 291, 338
Tarrin Nimmanhaemind 360
Tawarawadi Kaiser 327
Tep Kankla 339
Teptai Senpong 253
Terdpum Jaidee 342
Thai Labour Solidarity Committee 260, 262, 264, 282
Thai Social Forum 286, 354, 358
thailändischen Sozialforum 264, 358
Thai-Stil-Demokratie 246
Thak Chalermtiarana 296, 303
Thaksinokratie 18

The National Student Centre of Thailand 338
Theerayut Boonmi 100
Tirayut Boonmi 239, 246, 248, 338, 340, 355
Triumph-Unterwäsche-Fabrik 363
Trotzki 299, 362
TRT 9, 11, 19, 32, 152, 191, 220, 221, 222, 223, 224, 225, 226, 229, 232, 236, 238, 239, 240, 242, 243, 247, 248, 249, 250, 255, 256, 257, 261, 263, 264, 270, 271, 272, 273, 281, 282, 299, 326, 334, 347, 350, 352, 353, 355, 356, 358, 359, 364, 365, 366, 367, 368, 370, 379
TSF 264, 286, 358
Tuenjai Deetate 266
Tyrannei durch die Mehrheit 18
UDD 133
Uk Tiproj 375
US-Militärbasen 339
Vajiralongkorn 290
Vereinigte Front für Demokratie und gegen Diktatur 133
Versammlung der Armen 264, 272, 351, 352, 353, 354, 365
Village Scouts 184, 293, 344, 374
Volksallianz für Demokratie 5, 51, 138, 224, 245, 259, 260, 342, 352
Volksbewegung 181, 231, 233, 245, 261, 262, 265, 268, 269, 274, 283, 284, 286, 287, 299, 301, 334, 338, 350, 352, 355, 356, 357, 358, 359, 365, 366, 367
Walden Bello 266, 364
Watana Asawahame 229
Wiboon Kemchalerm 266
Wicha Mahakun 101
Wipa Daomanee 247, 284, 348
Wira Somkwamkit 253
Wirtschaftswachstums 361
Witoon Permpongsajaroen 266
Wutipong Priapjeerawat 246
Ying Thai 285
Yodkeaw 266
Yuk Si-Araya 271
Zivilgesellschaft 14, 138, 139, 143, 144, 148, 175, 213, 223, 224, 254, 255, 259, 273, 379
Zwangsarbeit 326, 328